2012年第三届北京高校网络图书馆国际学术研讨会论文集

图书馆服务的区域合作与资源共享

Library Cooperation and Resource Sharing

主　编　熊　丽
副主编　何　钧　黄柏楼

首都师范大学出版社
CAPITAL NORMAL UNIVERSITY PRESS

图书在版编目（CIP）数据

图书馆服务的区域合作与资源共享/熊丽主编. —北京：首都师范大学出版社，2012.10

ISBN 978-7-5656-1099-8

Ⅰ.①图… Ⅱ.①熊… Ⅲ.①馆际合作—国际学术会议—文集 Ⅳ.①G259.13—53

中国版本图书馆 CIP 数据核字（2012）第 241804 号

TUSHUGUAN FUWU DE QUYUHEZUO YU ZIYUAN GONGXIANG

图书馆服务的区域合作与资源共享

主　编　熊　丽

副主编　何　钧　黄柏楼

责任编辑　马　岩

首都师范大学出版社出版发行

地　址　北京西三环北路 105 号

邮　编　100048

电　话　68418523（总编室）　68982468（发行部）

网　址　www.cnupn.com.cn

北京集惠印刷有限责任公司印刷

全国新华书店发行

版　次　2012 年 10 月第 1 版

印　次　2012 年 10 月第 1 次印刷

开　本　787mm×1092mm　1/16

印　张　26.5

字　数　643 千

定　价　98.00 元

编委会

前　　言

北京高校网络图书馆（以下简称“网图”）于 2002 年 6 月正式成立，至今已整整十年。为了更好地总结网图建设和发展的经验，探讨和解决网图建设过程中遇到的问题，网图决定结合今年举行的联盟建立十周年庆祝活动举办一次国际学术研讨会，由此，“北京高校网络图书馆成立十周年纪念暨图书馆区域联盟建设与资源共享学术研讨会”应运而生。为配合会议，从 2011 年 10 月起，网图向国内外图书馆同人开始征集论文，截止到会议开幕前，共征得论文 111 篇。为了保证论文质量，经过专家严格评审，从中选出了 68 篇中文论文，出版了本册论文集。

图书馆联盟的建设在国际上已有相当长的历史。早在 19 世纪 80 年代，美国的《图书馆杂志》(Library Journal) 就发表了一系列文章讨论图书馆合作的有关问题。20 世纪中叶以后，欧美的一些发达国家和亚洲的日本等，先后都进入了一个图书馆联盟的重要发展时期。1997 年，图书馆联盟国际联合体（ICOLC）成立，标志着图书馆联盟的发展开始进入国际化发展阶段，建立国际性图书馆联盟的热潮迅速在世界范围内兴起。一百多年来，国外发达国家的图书馆联盟建设与时俱进，形成了一套自己相对完善、流畅的运作体制，也取得了许多宝贵的经验，资源共享的观念已经深入人心。当然，国外图书馆联盟的发展也并不是没有问题，例如数据库公司与联盟经常处于商业性的博弈状态，许多联盟在经费上有一定困难，各图书馆之间的自我保护依然不同程度的存在等等。

中国的图书馆合作，最早可以追溯到 20 世纪 50 年代初北京图书馆发起的联合印刷新书目录卡片活动、北京图书馆与一些省市图书馆开展邮寄借书工作等，但严格意义上的图书馆联盟建设则要比国外一些发达国家晚很多。1998 年，中国高等教育文献保障系统（CALIS）正式获得项目批准建设，这是中国图书馆联盟建设的真正开始。此后，中国的图书馆联盟在国家和地区两个层面上都出现了一个建设和发展的热潮。由于起步太晚，发展过快，照搬国外经验较多，中国国情与欧美发达国家国情差异大，种种原因无不影响着中国图书馆联盟的建设和发展，中国的图书馆联盟在各自的建设过程中遇到了许多困难，产生了诸多问题。图书馆联盟的本质是资源共享，但中国图书馆人对资源共享内涵的理解程度还参差不齐，资源共享的理念并未在中国图书馆人中广泛地深入人心。各图书馆联盟无论在资源共享的广度还是在深度上都与国外发达国家图书馆联盟有较大的差距，各图书馆联盟在建设思想、内部组织、服务内容、经费来源、技术保障等一系列重大问题上或多或少都存在一些问题。联盟的建设离不开政府、图书馆、资源建设者、读者多方的合作，但各方在联盟发展中究竟应该承担怎样的责任、发挥怎样的作用，扮演何种角色，并不十分清晰；互相间协调不够顺畅，权益难以兼顾；即使是一个联盟中的成员馆内部也矛盾重重，难以形成共建的合力。还有其他问题，这里无法一一列举。所有这些问题，都非常值得研究。

现在，《图书馆服务的区域合作与资源共享》论文集问世了，从某种意义上说，它是对上述图书馆联盟建设和发展过程中所遇到的困难和问题的一种积极回应，是对解决这些困难和问题的一种研究和思考，有着切实的意义。倘若其中有一些想法，确实能给人启发，给人帮助，能在实践中帮助解决一个哪怕是很细小的一些实际问题，那一定会令人兴奋不已的。

最后，应该感谢北京高校网络图书馆管理委员会的每一位委员，感谢北京高校网络图书馆管理中心的每一位工作人员，感谢北京高校网络图书馆的每一个成员馆，感谢参加了本次论文征集活动的海内外每一位作者，感谢论文集编委会的每一位编委，感谢首都师范大学出版社，感谢所有参与过、关心过本论文集编辑出版工作的每一位人士，正是大家的共同努力，才有了本论文集的面世。

方　敏

2012 年 10 月 10 日于首都师范大学

目　录

图书馆联盟建设与发展

文献信息资源共建共享

图书馆技术合作研究

图书馆信息服务

图书馆人才交流与合作

其 他

图书馆联盟建设与发展

基于虚拟组织的图书馆集群创新合作体系探讨

李　峰

（华中农业大学图书馆）

摘　要：虚拟组织是一种松散、开放性的组织模式，将这种模式引入到图书馆的创新合作体系中有一定的合理性。本文分析了当前图书馆在合作模式和服务方式方面的现状和问题，然后在此基础上，提出了一种基于虚拟组织的图书馆集群创新合作体系，并从合作方式、服务内容和服务平台等方面进行了构建。

关键词：虚拟组织　服务模式　图书馆　知识服务　学科馆员

1　引言

通讯技术和计算机技术的飞速发展，以及资源免费开放、自由获取、Web2.0、云服务模式的理念提出，使得图书馆的外部环境发生剧烈的变化，用户对图书馆的服务形式和服务范围有了更高的要求，图书馆正在逐步失去社会文化、教育和知识中心的地位，“边缘化”的问题在图书馆领域变得越来越明显，如：图书馆员非职业化、服务外包化等[1]。究其原因归纳为以下几点：(1)图书馆受限于经费和资源的局限性，开展的服务项目单一，服务的对象有限，缺乏开展个性化服务动力；(2)图书馆工作不受重视，社会认知度不高，服务宣传工作做得也不够[2]；(3)图书馆的科研工作深入不够，缺乏有影响的人文社科的成果；(4)新技术和学习理念的变化，知识传播的方式和人们获取知识的途径不再局限于图书馆；(5)缺乏高素质人才，在技术和服务很难有所创新；(6)图书馆由于自身管理体制的限制和功能的不同，参与其他机构协同合作沟通的机会有限。基于上述情况，本文拟将虚拟组织的理念引入到图书馆集群的合作体系中，从创新服务的内容、合作模型、创新平台等方面进行了构建，形成一种以图书馆为创新服务中心的新的跨机构、部门的合作模式，拓展图书馆优质服务，构建图书馆服务品牌效应，进一步提升图书馆的社会核心竞争力。

2　虚拟组织与图书馆服务模式的契合点

2.1　虚拟组织的概述

“虚拟组织（Virtual Organization）”一词最早出现于《21世纪制造企业战略》的报告中[3]。美国NSF定义其是一个由不同个体所组成的团队，其成员和资源物理分散，但通过网络信息基础设施连成一个有机体的一种新型组织[4]。目前，虚拟组织还缺乏统一的定义，笔者认为其是一种利用现代信息通讯技术平台和开放服务的理念，把具有不同专业优势、资源优势及人才优势的个人、同性质或不同性质的机构组织成为一个阶段性的联盟体，联盟中的成员为了实现共同的目标，以共享资源、优势互补，跨越时间、空间和组织边界实现技术互动，从而提升虚拟组织的核心竞争力，达到共赢的创新型组织。虚拟组织的优势在于其整合了技术、人才、资源及创新机制等多层面。表现为几个方面：(1)组合方式的动态性和柔性：虚拟组织中的成员自由选择组合方式(如以项目为中心的合作)整合各项资源，地理位置分散的不同的部门、行业、机构随着虚拟环境的变化，自动地进行调整和撤并。(2)组织的开放性和扁平化：虚拟组织融入了当前新的开放存取理念和网络技术，建立一种基于知识共享和协作平台基础上的跨组织的合作方式，有别于传统组织的集权式的职能层次结构。(3)成员能力和资源的耦合性：虚拟组织的作用在于对组织成员的资源和能力进行优化整合，发挥每个成员的所长，实现能力和优势的互补，以期产生"1+1>2"的效益。(4)成员以信任为纽带：合作是虚拟组织存在的基础，但由于虚拟组织突破了以内部组织制度为基础的传统的管理方法，各成员又保持着自己原有的风格，需要通过协调增加成员的信任。(5)视角的敏锐性和环境的适应性：虚拟组织的组建和融合的虚拟环境也会随外部环境而变，组织具有快速的反应能力，能够捕捉外部信息，把握需求和服务的方向。

2.2 虚拟组织与图书馆合作体系的联系

目前，已有一些地方的公共图书馆和高校图书馆正探索与当地企业合作开展服务工作，如泰达图书馆为天津开发区的中小型企业提供行业简报、定题服务、代检代查、科技查新等服务[5]；清华大学、武汉大学等高校图书馆相继为社会用户提供了一定的文献信息服务，福州大学图书馆建立了信息管理研究所为当地企业提供简报定制、媒体信息检测、竞争情报培训、文献检索及翻译、电子产品制作等服务[6]。湖北省图书馆提出了构建区域合作发展模式与建设的构想[7]。图书馆不应局限于传统的借阅服务和咨询服务工作，而应成为创新知识传播与知识服务的中心，成为科研活动的发起者。虚拟组织的模式一直被很多大型企业所采纳，尤其以跨国企业中的波音公司和耐克公司等为代表，这种模式除了引入到企业运作的领域，还可以引入到知识服务和科研领域，加强图书馆与其他各种机构，如政府科技部门、文化馆、美术馆、科研机构、高新技术产业、行业协会合作的机会，扩大图书馆的知名度的同时，还能够支持新的研究类型，给科研文化和实践形式带来革新，个人能够获得的机会更多、更易合作，形式也变得更加开放；在提供给成员工具和资源的同时，还拓展了组织成员的内部交流和经验分享的途径，也促进不同区域之间合作，增加各学科领域研究人员联系的纽带，有助于形成跨学科的科研队伍，提高创新成果产出率；它鼓励更多的图书馆员参与服务中，增进馆员与其所服务的科研人员密切交流的机会，提升图书馆员的业务素质，不断提升服务的质量，拓展服务的内容，提升了图书馆核心竞争力。融入虚拟组织理念的创新合作体系，应从服务内容、合作模式、服务平台等几个方面进行构建。

3 基于虚拟组织的图书馆创新合作体系研究

3.1 基于虚拟组织的图书馆集群创新合作中介模型

本文引入一种基于虚拟组织的图书馆集群数字合作中介联盟，如图1。笔者仅选取模型中的某一个区域的图书馆数字合作中介联盟来进行阐述。区域图书馆集群数字合作中介联盟是一种盈利性的非政府组织，是一种以图书馆集群作为核心，由某一区域内的科研图书馆、公共图书馆、高校图书馆所组成，同时又具备融入其他信息服务机构(图情信息机构等)，从资源、技术、人才等方面有机整合的一种新型的虚拟组织。它负责收集和提供并输送知识服务，整体运作采用市场化运作，引入第三方来对整个虚拟组织进行管理。区域图书馆数字服务中介联盟是知识服务运作的核心，它与高校、科研型企业、科研院所、其他信息部门、公益服务部门等机构形成紧密联系。该服务中介外部环境的服务对象既是信息的使用者，同时又是潜在信息的提供者，它们对服务有个性化的需求，成为知识服务的重要客户群；而该联盟内部环境彼此之间都拥有各自的人才、资源和信息的优势，组合在一起互补形成合力。

在市场环境下，服务委托者通过区域图书馆数字合作中介平台发布信息后，中介联盟的工作人员对服务委托者的需求进行分析后，订立服务协议，并根据服务实际的开支收取一定费用。对于中介联盟的服务人员可以从成员馆的人员中挑选，主要以学科馆员、咨询馆员、科研馆员、技术馆员为主[2]，涉及多学科领域知识的人才，对当前信息技术有一定的了解，具有信息分析和信息检索素养，能够融入 Web2.0、SOA 及开放源技术到服务中。

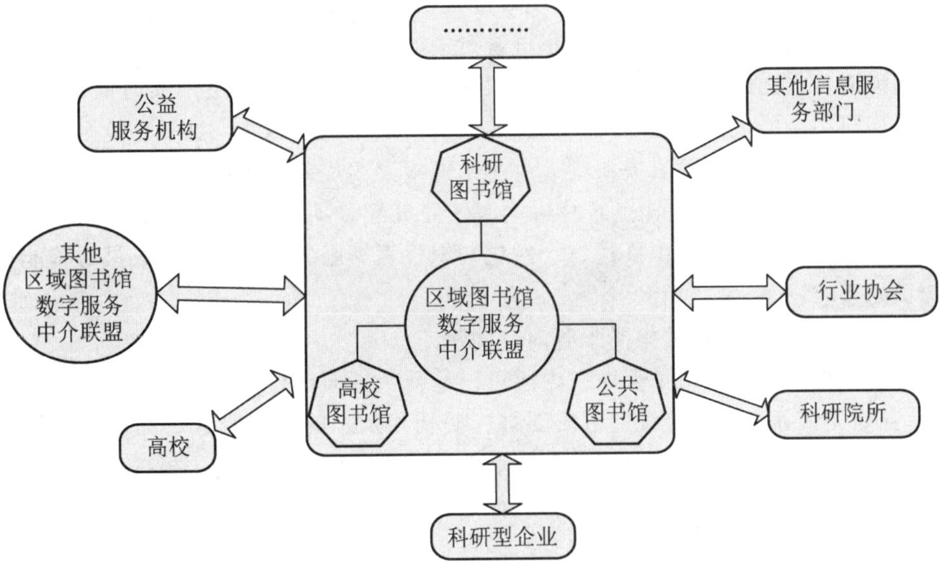

图 1 基于虚拟组织的图书馆集群数字服务中介模型

3.2 图书馆集群数字中介联盟知识服务平台探讨

如图 2，图书馆集群数字中介联盟知识服务平台主要有以下几个部分组成：

(1)用户层：知识服务平台的用户来自不同的渠道有企业的管理人员、科研人员；高校教师、研究生；科研工作者、社区服务人员、政府的公务人员、平台的服务的维护和管理人员、图书馆员等。

(2)知识门户层：整个知识服务平台对于参与人员的管理涉及安全和身份认证方面都有所考虑。对于发布服务需求信息和提供服务的人员都需要经过客户端(PDA、PC 机、智能手机、笔记本等)身份认证后，登陆到平台才能完全使用平台的相关服务。在保障系统安全性的同时，系统能够降低跨平台数据维护成本，保证数据的一致性和完整性。利用

VPN技术也能够解决无法校外访问高校数字资源的问题。知识导航则能够方便用户登陆后一站式浏览整个系统。

(3)知识资源层：该层汇集了与学科相关的各种科技资源库、专家库等信息资源，融入了图书馆中购买的各种电子资源、网络学术资源、特色数据库及Web其他资源的形式(开源软件、阅读器、绘图工具、文档、图片、视频等)。通过云技术或者链接方式将分散在不同机构的资源整合在一起，并进行组织、加工、挖掘和揭示。

(4)知识关联层：该层主要将知识资源层中的各种知识、信息进行汇聚、关联、分类、建模，并通过知识地图、知识图谱、知识导航等形式方便用户使用。从知识管理的角度，虚拟组织所需的知识往往涉及多领域的汇聚。知识地图、知识图谱具有将无序的知识进行有序化，从而发现显性知识与隐性知识以及隐性知识之间内在关系的功能，并通过简捷的图形表现出来，更好地展示知识。

(5)应用服务层：该层采用开放式的标准和协议，通过嵌入式的服务方式，将Blog、RSS、Wiki等Web2.0技术融入进去。组织成员可以通过系统实现项目的数据、材料和成果的管理，并且设置一定的权限，供组织中其他成员分享。运用Gmail Docs可以实现学术性资源的开发存储；Folksonomy实现对链接信息源的共享。虚拟社区提供了一种供组织团队成员交流的渠道，通过建立共享群进行沟通能够更好地解答问题、传递资料、共享经验，加强成员之间的联系纽带；远程会议模块能够实现团队成员的实时面对面的交流，尤其对于科研团队的成员，由于工作业务的需要而出差比较频繁，这种功能则能弥补无法面对面交流的缺陷。跨库检索模块则通过一站式检索实现分布式数据库的访问。成员管理模块用来方便团队成员的沟通、群的建立、任务分配、项目资料、系统维护等工作的管理。个性化服务模块通过知识推送、个性化知识检索等服务，满足组织成员对智能化和多元化知识的需求。

3.3 基于虚拟组织的图书馆集群服务内容构建

基于虚拟组织的图书馆集群服务内容可以从几个方面进行构建：

(1)咨询类服务：除了传统的纸质图书、期刊和杂志的借阅服务，提供诸如借阅信息及对应服务方面的咨询服务外，可以有针对性地对咨询体系分类化，根据用户实际需要按专题或者专业进行分类，同时根据难易进行划分；提供诸如社会热点、用户移动阅读推荐和社会生活服务类方面的专题检索和专题服务；还可以提供一些其他机构，类似美术馆、博物馆、科技馆等丰富的文化、科普类活动，一些名家名人讲座、沙龙、演讲报告等信息的服务。咨询馆员整合分散的信息的同时，也可以加强与其他机构在信息服务的沟通和优化，并进行发布。

(2)社区互动空间自助式服务：这类服务主要是一种虚拟服务，要求用户和管理员，以及用户与用户之间相互互动进行交流。可以通过微媒体，如Blog、Tag、RSS、Wiki、微博、桌面IM等工具建立的一种知识服务开放空间，允许用户在一定权限范围内以文字、图片、视频等方式进行信息的发布、交流和分享[8]。在此空间中，用户既是服务需求的发起人。又是服务的需求者，用户创造内容、分享内容，交流学习和生活，同时可以解决其他用户的问题。用户相互关注对方的微博和博客的内容，通过RSS实现订制，获取对方所关注内容的动态。互动空间的内容包括：社区微博、社区博客、社区视频、社区百科、社区知道等。

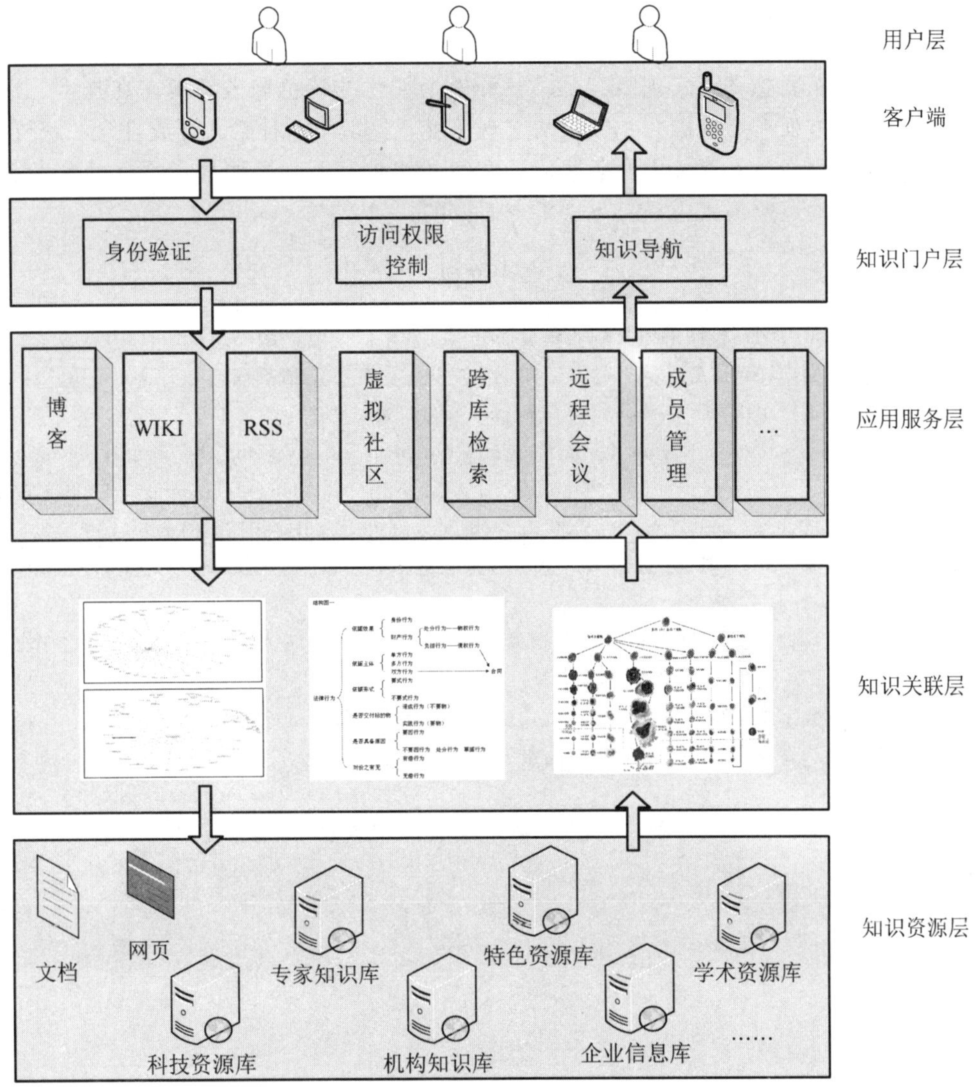

图 2　图书馆集群数字中介联盟知识服务平台

(3)个性化定制类服务：该服务可以分为面向企业的专题订制服务、面向科研的订制服务、面向人才培养的定制服务等。面向企业的专题服务主要是给企业和行业提供行业动态信息、专题检索、成果查新、战略咨询及培训服务等，通过对机构专家、学科馆员进行整合，建立起专家团队进行专题公关。面向科研的定制服务主要是针对高校、科研机构课题申报、成果报奖、专利检索，以及课题查新、课题追踪、学科趋势和知识脉络分析等多元化的专业服务，组建的攻关团队需要多专业人才的整合，包括专家、学科馆员、技术馆员及科研干事等。面向人才培训的定制服务则提供一些职业规划和职业定位、求职技巧、心理学、竞争情报等方面的培训，针对不同专业，不同性格的用户进行不同培训课程的定制，根据需要组建培训讲师团队(包括：专业导师、信息素养导师、心理学导师等)，使其实现跨专业和技能方面有所提升。

4 结语

当前，图书馆要想真正实现“走出去”，开展个性化的特色服务，亟需在技术、平台、机制、合作模式方面有所突破。本文仅从宏观角度，提出了一种融入开放理念的跨机构的合作体系，如何加强数字服务中介联盟成员之间的纽带联系，协调成员之间的利益关系，降低合作所带来的风险因素也是接下来重点研究的方向。

参考文献

[1]李峰，詹庆东．学习型高校图书馆员职业化发展分析与对策研究[J]．图书馆论坛，2012(5)

[2]李峰，詹庆东．面向知识服务的高校学习型知识门户构建研究[J]．情报理论与实践，2010(1)：135

[3]王学东，易明．虚拟组织及其性质研究[J]．科技进步与对策，2002(10)：21

[4]National Science Foundation. Beyond being there：A blueprint for advancing the design，development，and evaluation of virtual organizations. Washington，DC：National Science Foundation，2008[EB/OL]. http：//www. ci. uchicago. edu/events/VirtOrg2008/VO _ report. pdf，2012－04－08.

[5]马爱华．建立基于客户导向的公共图书馆企业信息服务体系—以泰达图书馆为例[J]．图书馆杂志，2010(11)：42

[6]刘敏榕．高校图书馆为企业服务的实践与探索—以福州大学图书馆为例[J]．图书情报工作，2008(10)：89－90

[7]徐力文．湖北省数字图书馆区域合作发展模式探讨[J]．图书馆论坛，2003(5)：57

[8]白惠文，王元锋．高校图书馆用户互动空间服务创新[J]．信息系统工程，2012(3)：24

作者简介：李峰(1983—　)，男，硕士研究生，研究方向：信息管理与信息系统。

图书馆联盟的发展策略研究

张　芳　李　琼
（首都师范大学图书馆）

摘　要：图书馆联盟是实现图书馆资源共建共享的重要途径，有力地促进图书馆事业的现代化建设。本文在分析联盟发展概况与发展问题的基础上，浅述了联盟应在联盟文化、保障资金、联盟作用、行为规范、图书馆学研究等方面落实工作，促进联盟健康快速发展。

关键词：图书馆联盟　发展策略　资源共享

Abstract： Library Consortium is an important way to achieve the Library Resource Sharing. It effectively promote the modernization construction of the library cause. This paper analyzes the situation and problems of the Union's development and explains that the Alliance should do alliance culture，security funds，the Union function，behavior，and library science research in order to promote the alliance healthy and rapid development.

Keywords： Library Consortium；Development strategy；Resource sharing

图书馆联盟(Library Consortium)是由各系统、各地区图书馆纵横交错、脉络贯通地通过某种协议建立组成，具有集中统一领导的地区性或全国性图书馆网。这种网的基本职能是协作和协调，所以也被称为“图书馆协作网”。图书馆联盟是现代图书馆的一种生存模式，图书馆的公益性也决定了联盟的非盈利性。

一、图书馆联盟的发展现状

1. 系统内联盟模式

成员图书馆隶属同一系统，管理方便，便于开展系统内的分工与协调、共建与共享。规模最大最成功的代表即“中国高等教育文献保障体系”(CALIS)[1]。CALIS 是经国务院批准的我国高等教育“211 工程”、“九五”、“十五”总体规划中三个公共服务体系之一。CALIS 的宗旨是在教育部的领导下，把国家的投资、现代图书馆理念、先进的技术手段、高校丰富的文献资源和人力资源整合起来，建设以中国高等教育数字图书馆为核心的教育文献联合保障体系，实现信息资源共建、共知、共享，以发挥最大的社会效益和经济效益，为中国的高等教育服务。CALIS 管理中心设在北京大学，下设了文理、工程、农学、医学四个全国文献信息服务中心，华东北、华东南、华中、华南、西北、西南、东北七个地区文献信息服务中心和一个东北地区国防文献信息服务中心。迄今参加 CALIS 项目建设和获取 CALIS 服务的成员馆已超过 500 家。

2. 区域性联盟模式

区域图书馆联盟是以地域为中心建立的图书馆联合协作组织，目的是促进地区内图书馆事业的发展，信息资源的联合共建共享，以及地区与地区之间的图书馆合作交流。地区性图书馆联盟分布广，数量众多。这类图书馆联盟整体上有经济实力购买和共享各种信息资源；同时，各个联盟成员地理位置接近，易于实现信息资源、特别是实体信息资源的交流和共享。但地区性图书馆联盟在合作项目、规模、资金来源等方面差异很大。根据鄂丽君和许子媛两位同仁对区域图书馆联盟的调研，将区域联盟图书馆按照成员单位的性质分为三种类型：高校图书馆联盟、公共图书馆联盟和跨系统的图书馆联盟。据统计 103 个区域图书馆联盟中，高校图书馆联盟的数量最多，有 67 个，其次是跨系统的图书馆联盟，有 32 个，另外 4 个是公共图书馆联盟。[2]代表性的区域联盟：

(1)北京地区高校图书馆文献资源保障体系(BALIS)[3]

“北京地区高校图书馆文献资源保障体系(BALIS)”是北京高校图工委领导下的北京地区高等教育公共服务体系之一。其宗旨是，在北京市教委的领导下，把国家的投资、现代图书馆理念、先进的技术手段、高校丰富的文献资源和人力资源整合起来，建设北京高等教育文献联合保障体系，依托中国高等教育文献保障系统(CALIS)，实现文献信息资源的共建、共知、共享，以发挥最大的社会效益和经济效益，为北京的高等教育服务，为北京的经济建设和社会发展服务。BALIS 管理中心设在中国人民大学图书馆，成立了原文传递、馆际互借管理、资源协调、培训、联合信息咨询五个中心，聘请北京大学图书馆和清华大学图书馆为 BALIS 顾问馆。

(2)上海市文献资源共建共享协作网[4]

上海市文献资源共建共享协作网由上海地区公共、科研、高校、情报四大系统图书情报机构共同组成。自 1994 年上海市文献资源共建共享协作网创办以来，在各成员馆的至诚合作和全力支持下，协作网的队伍不断扩大，服务不断深化，发展不断创新，综合实力不断提升，截止到 2011 年上海实现“一卡通”在 212 家街(镇)图书馆的全覆盖，文化共享工程已建各级中心和服务点 2411 个，基本形成覆盖全市城乡的四级服务网络。

(3)陕西公共图书馆服务联盟[5]

陕西公共图书馆服务联盟由陕西省图书馆发起，全面提升全省公共图书馆的集群效应与现代化水平，将分散、孤岛式的公共图书馆建设成为一个上下贯通、广泛互联、功能强大、无所不能的服务联盟。在建设思想上，陕西公共图书馆服务联盟本着统一规划、统一标准、逐步推进、合作建设、协调管理的原则，充分利用“陕西文化信息资源共享工程虚拟服务专网(VPN)”，推进全省公共图书馆业务合作与资源整合，减少资源浪费与基层的财力支出，实现优势互补与资源共享，促进全省公共图书馆管理工作制度化、规范化、标准化，保障各级公共图书馆事业均衡、协调、可持续发展，使省内各级公共图书馆真正成为“自由获取知识，缩小数字鸿沟”，享受文化权利的最佳场所。2006 年开始，陕西省图书馆联合全省各级公共图书馆，以统一的计算机管理系统为基础平台，用联合馆的模式，开展以计算机文献书目数据共建共享、馆际文献互借、地方文献联合征集、地方文献数据库联合建设、联合参考咨询、联合培训、讲座资源共建共享等为工作内容，最大限度整合全省公共图书馆文献信息资源，向全省人民提供“平等、免费、无区别服务”的公共图书馆服务共同体。

3. 学科性发展联盟

从专业文献的学科性角度建立联盟，加强专业学科文献的保障与服务。如全国外语院校图书馆联盟[6]由北京外国语大学图书馆、上海外国语大学图书馆、广东外语外贸大学图书馆联合发起成立于2009年。全国外语院校图书馆联盟旨在加强我国外语院校图书馆间的合作与交流，实现资源共享，为我国外语院校的读者打造一个优质的文献保障与服务平台。联盟下设资源协调、编目共享、咨询与培训三个工作小组，分别由北京外国语大学图书馆、上海外国语大学图书馆和广东外语外贸大学图书馆负责相关的协调与组织工作。2010年作为CALIS三期建设子项目的全国外语院校图书馆联盟CALIS共享域文献信息服务中心成立。中心的目标是以全国外语院校图书馆联盟之成员馆为主体，建立共享域特色文献信息服务系统，共享域成为面向全体成员馆的“资源整合中心”、“信息服务中心”、“技术支持中心”。这是全国第一个以学科为特色、跨地区的文献信息服务中心。

4. 综合化整体模式

这种图书馆联盟跨越了系统、地区和学科，代表机构国家科技图书文献中心[7]。该中心是2000年组建的一个虚拟的科技文献信息服务机构，成员单位包括中国科学院文献情报中心、工程技术图书馆、中国农业科学院图书馆、中国医学科学院图书馆。网上共建单位包括中国标准化研究院和中国计量科学研究院。中心设办公室，负责科技文献信息资源共建共享工作的组织、协调与管理。宗旨目标根据国家科技发展需要，按照“统一采购、规范加工、联合上网、资源共享”的原则，采集、收藏和开发理、工、农、医各学科领域的科技文献资源，面向全国开展科技文献信息服务。其发展目标是建设成为国内权威的科技文献信息资源收藏和服务中心；现代信息技术应用的示范区；同世界各国著名科技图书馆交流的窗口。主要任务是统筹协调，较完整地收藏国内外科技文献信息资源，制订数据加工标准、规范，建立科技文献数据库，利用现代网络技术，提供多层次服务，推进科技文献信息资源的共建共享，组织科技文献信息资源的深度开发和数字化应用，开展国内外合作与交流。

二、图书馆联盟发展存在的主要问题[8]

1. 联盟的约束力

图书馆联盟是图书馆之间由于自身发展的需要，在自愿的基础上结成的一种非正式组织。各成员馆是独立的个体，有其自身的发展规划和方向，由于联盟缺少一定的约束力，所以当图书馆联盟目标与个体目标发生冲突时，成员馆的选择却不尽相同，这对联盟组织会产生或多或少的冲击。

2. 资金问题

联盟资金主要来源于政府拨款、成员单位交纳的会费、一些赞助和捐赠等。这些资金主要用于电子信息资源购置和维护费以及联盟的日常工作费用等等。一般来说，联盟资金的投入与联盟运作效果好坏是对应的。资金缺乏、如何筹集经费是很多图书馆联盟存在的现实问题。

3. 法律问题

图书馆联盟在数字图书馆建设、商品数据库的联合购买与特色数据库的共建共享等行为方面都普遍的涉及知识产权问题。成员馆之间合作设计和开发大量的信息技术产品，权益人的产权保护问题。这些都需要联盟具有法律意识和法律知识，才能进行行为规范。

4. 技术问题

图书馆联盟在建设发展过程中都遇到了包括数据库、网络、计算、协议标准、软硬件设备等各种各样的技术问题。但这些问题都是暂时的，随着信息技术的飞速发展都将迎刃而解，甚至会成为促进联盟发展的因素。

三、图书馆联盟的发展策略

1. 加强联盟文化的培养

联盟文化是指把联盟内的各馆的共同利益和需要放在第一位考虑的特质，强调成员馆在利益和目标方面的一致性，从联盟的长远利益出发，强调成员馆在联盟内的同等地位。在一个由多个图书馆组成的联盟内，倡导联盟文化对于处理个体图书馆与联盟的关系，发展和维持联盟的有效协作是非常重要的。[9]对于图书馆个体来说，判断是否加入联盟，主要是综合考虑联盟前景、参与联盟后的实际收益、本馆在不同联盟中的生态位状况[10]。因此图书馆联盟要加强联盟文化的培养，协调好成员馆和联盟的关系，统一成员馆的意志和步调，加强成员馆之间的沟通和交流外，尽量减少成员之间的矛盾和冲突，营造积极、健康和统一的联盟文化。

2. 保障资金的连续性和稳定性

图书馆联盟的建设及其作用的发挥，必须要有充足的资金作为保障。我国的图书馆联盟目前的资金来源主要是政府拨款和专项经费，联盟还应当多途径来开辟资金来源。第一，适当收取成员费，但这些费用一定要投入到联盟的运作中，让成员馆切实感到联盟带来的实质性的利益，感到物有所值；第二，可通过与出版商或其他相关企业的合作而获得一定的赞助资金；第三，可以与相关的基金合作，吸引民间资金来建设图书馆联盟。[11]

3. 发挥联盟作用，真正实现共建共享，互惠互利

无论联盟采用哪种模式，可以通过协议约束成员馆服从联盟的领导。同时联盟要充分发挥出使成员馆共建共享、互惠互利的积极作用，资源共享和优势吸引成员馆积极参与到联盟的建设中。联盟运行中要统筹规划，统一管理，整体发展。在文献资源建设方面要协调文献的采集，确定各成员馆的收藏重点，实现分工入藏，避免不合理的重复与浪费。在文献采购方面要发挥联盟强大的购买力作用，在共建的基础上协调采购，享受团体优惠的价格，尽力节约资金。另外最好制定统一的规范，联合编目，建立联合目录，实现公共检索、馆际互借与文献传递服务。根据各成员馆的特色，协调数字图书馆、特色库的建设，实现软硬件的共享。建立咨询协作网，开展联合咨询工作。组织图书馆业务交流与培训，提高成员馆和馆员整体素质。健康发展的图书馆联盟的作用无可估量，联盟具有极强的凝聚力，吸引与推动成员馆积极参与，实现了成员馆与联盟的双赢局面，从而促进图书馆事业的蓬勃发展。

4. 运用法律保护与规范联盟行为

增强法律意识，聘请法律顾问，加强对法律的研究，规范图书馆联盟行为。图书馆联盟各成员馆之间的资源共建共享，需要法律来协调关系。目前国内外图书馆联盟的建设趋于网络化，其联合目录和联合编目、电子资源建设及资源合作贮存、计算机资源共享基本上以数据库的方式进行开发与应用，必然带来著作权侵权的风险。如实体资源建设主要涉及作品数字化，将带来不同著作权侵权结果；以 Web 方式进行的馆际互借和文献传递工作有侵犯著作权的风险。[12]法律知识可以使联盟规避风险与侵权行为。任何个体的行为都必须在法律规范内完成，任何违法行为都会受到法律的制裁。图书馆联盟要有较强的法律意识，规范合法行为，才能健康发展。

5. 开展图书馆学研究，促进图书馆学的发展

图书馆联盟是为了图书馆的生存与发展，图书馆学为图书馆工作实践提供理论和方法指导。离开图书馆专门人才的培养，图书馆事业的发展是不可能实现的。同时，图书馆学理论研究对图书馆事业建设和图书馆实际工作有着积极的推动作用。联盟组织开展图书馆学的研究，是联盟发展的需要，更是图书馆事业发展的需要。

图书馆联盟是图书馆事业有计划、有组织、协调发展的重要模式，是实现图书馆资源共享的重要途径，有力地促进了图书馆事业的现代化建设，健全和完善了全社会的信息传递与交流网络，充分发挥了图书馆的社会功能，在信息社会化的进程中将会更快更好的发展。

参考文献

[1]http：//project. calis. edu. cn[Z]
[2]鄂丽君，许子媛．我国区域图书馆联盟建设现状调查与分析[J]．图书馆．2012(1)：62－65
[3]http：//202. 112. 118. 46/zxdt/balisjj. html[Z]
[4]http：//www. libnet. sh. cn[Z]
[5]http：//www. sxplsc. org. cn/index. htm[Z]
[6]http：//wylm. calis. edu. cn/introduce. jsp[Z]
[7]http：//www. nstl. gov. cn/[Z]
[8]邱燕燕．我国图书馆联盟建设的现状与思考[J]．图书与情报，2004(6)：86－89
[9]戴龙基，张红扬．图书馆联盟——实现资源共享和互利互惠的组织形式[J]．大学图书馆学报，2000(3)：36－39
[10]沈静．图书馆选择联盟的决策路径研究[J]．图书馆论坛，2012(2)：36－39
[11]赖朝新．中美图书馆联盟比较研究[D]．四川大学，2005
[12]吉宇宽．图书馆联盟著作权侵权风险分析与控制[J]．图书与情报，2010(3)：59－63

作者简介：张芳(1976—　)，女，馆员，学士，研究方向：图书馆学。
李琼(1980－　)，女，馆员，硕士，研究方向：图书馆学。

共建共知共享信息资源联盟的新思考

毛垣生　王　宁　常　红　汤乃军
（天津医科大学）
王宗怡
（天津大学）

摘　要：根据十几年来国内外图书馆联盟、区域图书馆合作的现状及问题，浅谈共建共知共享云服务图书馆建设的新思考。

关键词：信息资源　图书馆联盟　区域合作　共建共知共享　云服务图书馆

Abstract：On the build is known to share the new thinking of the library building cloud services according to the current situation and problems of domestic and international library consortia in ten years，the regional library co-operation.

Keywords：Information Resources；Library Consortium；regional cooperation and build a known shared；cloud services Library

一、信息资源共享现状

1. 加拿大图书馆信息资源共享现状

加拿大图书馆联盟发展迅速，25 个大学图书馆参加，其主要功能是编目服务、资源共享、馆际互借、文献传递、电子内容提供、远距离获取服务及网络课程服务等。加拿大虚拟联合目录则是由加拿大国家图书馆牵头，利用 Z39.50 协议，可检索近 50 个成员馆的目录，也可检索某一地区或某一省范围内的图书馆目录。[1]

2. 欧洲图书馆信息资源共享现状

西方 7 个国家图书馆在巴黎组成 G7 数字图书馆联盟，以现有的数字化项目为基础，构建一个人类知识的虚拟馆藏，通过网络为公众服务。在欧洲 OPAC Network Europe 建立了由 8 个国家（丹麦、芬兰、法国、荷兰、挪威、瑞典、英国和澳大利亚）15 个成员馆组成的虚拟联合目录。[2]

3. 日本图书馆信息资源共享现状

日本在短短十多年时间里建立了具有日本特色的信息资源共享体系，赶上了欧美国家的水平。目前，日本图书馆通过馆际互借、馆际文献复制、大学图书馆面向社会开放和数字图书馆服务四种主要形式开展文献信息资源共享。[3]

4. 香港图书馆信息资源共享现状

香港大学教育资助委员会组成了大学图书馆联合咨询委员会（JULAC），达成了多项合作协定。如互惠借证、馆际互借、珠江三角洲特藏中心、中文联机联合编目、联合采购电子资源、联合采购电子出版物等。在香港科技大学建立虚拟联合目录可同时检索香港地区 7 所大学图书馆的馆藏书目，可分别显示从各馆检索到的结果，也可显示排序、去重后的统一检索结果列表。[4]

5. 台湾地区图书馆信息资源共享现状

台湾图书馆界完成了许多重要项目，例如 CNMARC，中文资讯交换码，全国图书资讯网路(NBINet)，台湾学术网路(TANET)等等，使台湾学术图书馆资讯网路的发展与世界各地图书馆并驾齐驱。[5]

6. 德国图书馆信息资源共享现状

德国图书馆信息资源共享模式是国际性的非正式组织联盟，目前包括了北美、南美、欧洲、澳大利亚、亚洲和非洲的约 200 个图书馆联盟。[6]

7. 俄罗斯开放高等教育资源共享现状

俄罗斯在高等教育全球化的背景下，“开放教育资源”逐渐成为高校资源建设未来的发展方向之一。俄罗斯拥有良好的教育传统，其高等教育“开放教育资源”在最近十几年中获得了较快发展，高校电子图书馆、资源共享联盟、大学网站、资源库、远程教育网等成为了教育资源的重要来源。[7]

8. 印度图书馆联盟资源共享现状

印度图书馆数量众多，联盟模式多样，如开放式联盟，此联盟类型非常灵活，没有严格的契约制度，任何一个机构、信息中心、图书馆都可以根据其意愿、兴趣，随时加入或退出，并可跨城市、跨地区联盟，联盟的形成与运作的指导方针和管理相对简单。在信息基础设施方面，加入联盟的成员在网络设施方面条件都较好，联盟总部以技术为中心。[8]

9. 美国图书馆信息资源共享现状

美国现在发展到国际性图书馆联盟发展阶段，以国际图书馆联盟为标志。ICOLC 的宗旨在于促进学术研究信息顺利流通，实现全球信息资源共享。全世界有 150 多个图书馆加盟 ICOLC 机构，我国的 CALIS 也加盟了 ICOLC。

国际性图书馆联盟有五种合作模式：(1)国际合作协调系统，如 Open Access 的联合计划很多是超越国界的；(2)以合同限制的合作系统；(3)国家级的合作系统；(4)多校园系统，在这个系统中各个大学图书馆仍独立运作，但有一个协调机构保证合作的开展。如 OhioLINK 和加州州立大学的 23 个分校的合作。加利福尼亚图书馆的口号是：“从一个门进入 8000 个图书馆”。如 OCLC 从传统的文献传递服务已实现了向 Internet 的网络化过渡，其会员范围已拓展到 74 个国家和地区的 3600 多家图书馆，成为一家全球意义的图书馆共同体。美国图书馆联盟具有中心联盟、一州内多个联盟、同州内跨类型联盟，向着全球数字图书馆联盟方向发展等特点。

可见，以美国为代表的发达国家的图书馆资源共享和文献传递网络正日新月异地迈向国际化、全球化。以国家政府为后盾便捷的图书馆资源共享和文献传递网络体系的发展，使得文献资源整体开发、利用的深度、广度以及传播的速度发生着根本性的变化。[9]

10. 中国信息资源共享现状

通过“九五”、“十五”、“十一五”三个五年计划十五年的建设，CALIS(中国高等教育文献保障系统)在中外文书、刊、学位论文、教学参考书联合目录，特色馆藏、数字资源联合采购取得很大成绩。NSTL(国家科技图书文献中心)在学术期刊、会议文献、学位论文、科技报告、外文文集汇编、中外标准、中外专利等取得很大成绩。CSDL(中国科学院文献信息中心)在中外书刊、文章、资源、WEB资源、标准专利、会议文献、科技报告、跨界信息等取得很大成绩。对于不同行业、不同领域资源保障起到重要作用，信息获取发生翻天覆地可喜变化。馆际互借、文献传递服务系统已见成效。

近15年来研究表明：从国内行业信息资源共建、共知、共享研究的层面展开，对国外研究有所增多。对于国内研究从我国的国家和地区两个级别展开，从高校图书馆、科研图书情报机构、公共图书馆系统资源共建、共知、共享视角加以研究，以对系统内纵向联盟研究为主要侧重点，单一化逐步转向整体化，这是我国图书馆联盟发展的现状。[10]

二、图书馆联盟、区域图书馆合作存在问题

近十几年来国内外图书馆联盟、区域图书馆合作得到长足发展，发展中还存在一些问题。例如：在不同行业重复引进很多资源，重视资源引进数量，忽视以重点学科为中心引进资源质量；分行业纵向建设，从读者需要出发，方便读者的跨行业一站式资源统一检索还没建成；忽视了帮助小型专业图书馆建设和加入到图书馆联盟；目前与网络发展相比资源获取速度还不能使读者满意；与国际世界图书馆建立图书馆合作获得资源还没有得到广泛应用。

1. 重点学科信息资源保障方面存在的问题

CALIS(中国高等教育文献保障系统)，NSTL(国家科技图书文献中心)，CSDL(中国科学院文献信息中心)在不同行业资源保障中起到重要作用，信息获取也发生翻天覆地可喜变化，以及馆际互借、文献传递服务系统已见成效。但是，不管是纸本馆藏还是电子资源，读者不能轻松一站式搜索到国内所有图书馆馆藏和各种学术文献，资源获取与网络发展相比还不够方便，还不够人性化。行业平台之间没有很好地形成全国信息资源一站式的统一联邦检索。

由于每年资源的涨幅和批准购买资源经费相比相差很多。因此，多年来采购的重点主要关注成包购买资源上，关注打包以外的资源不够，例如：OVID成包提供的全文电子期刊只有300多种，包之外的还有1000多种；Elserver成包提供的SDOS全文电子期刊只有800多种，包之外的还有1000多种，High Wire成包提供的给中国的全文电子期刊只有100多种，包之外的还有1000多种等等。全文电子期刊目前出版社打包的只提供一部分期刊，还有不少电子期刊需要单独购买，而且需要捆绑纸本期刊。我国购买资源主要依赖上级拨款，没有研究在国家拨款情况下如何减少重复购置资源。由于对重点学科需要的资源保障不够，致使有一些学科负责人将经费从图书馆抽出来自己购买重点学科资源，不愿意委托图书馆购买重点学科资源。近十五年来电子信息资源建设基本满足了学校学生本科和研究生学习的需要，对于重点学科建设资源保障还不能满足。高等院校、研究所、设计院国家批准经费主要购买打包的较便宜的资源，重点学科需求的资源较贵的购买的较少。不同单位、机构采购没有形成去重分工联合采购，资源出现重复引进。对引进资源主要关注引进资源的数量，对引进资源的质量关注少。通过调查发现组团购买电子资源重复率高，一种资源你有、我有、他也有，造成了全国整体经费投入大，但种类数量较少，保障率较低的现状。对于价格昂贵的非打包资源买不起，可是这部分资源又符合学科创新研

究发展的需要。通过调查发现纸质资源投入与品种锐减，保留的资源不是捆绑，就是核心；有些电子资源利用率不高，存在与本校用户需求不相符的采购行为。有用的资源买不起，买得起的资源用处不大；有许多用处大的资源，太贵买不起。从全局看重复引进资源造成了经费的极大地浪费，资源采购没有设法减少重复引进来解决经费欠缺的问题。总之关注引进资源数量多少的多，关注引进资源质量是否高的少。另外全国外文生物医学(纸质)期刊联合目录没有完全开放共享，没有充分发挥全国医学电子期刊联合目录的作用。该期刊联合目录还不够完善，缺少医院图书馆参与，很多医院图书馆资源正好是对高校、研究所图书馆资源的补充。因为医院图书馆更注重按照学科建设需要引进临床和科研需要的资源，而且很多资源都是用外汇购买很贵的资源。十一五期间天津医科大学国家财政投资一千多万元建设信息资源，天津市医学图书馆国家投资一千多万元建设信息资源，两个单位在不同领域购买资源大多数是重复的，而重点学科资源因为较贵双方都没有购买，需要加以解决。因此，只能保障对在校研究生和本科学生的学习和非重点学科资源的需求，对重点学科建设的资源保障是不够的。资源质量必然直接影响了学科建设和馆际互借、原文传递保障率。[11]

2. 现在一站式统一检索平台局限

现在 CALIS(中国高等教育文献保障系统)，NSTL(国家科技图书文献中心)，CSDL(中国科学院文献信息中心)，TIJMU(天津医科大学)、TJMIC(天津市医学图书馆)等等分系统、分行业、分部门机构都是按照行业和地区建设的统一检索平台，目前还没有形成一个市内、国内一站式的资源统一检索平台。因此，读者在这个平台找不到，还要进入那个平台去找，读者如果要查全资料需要花费很多时间，读者非常希望通过图书馆联盟建设的、经过去重的资源统一检索平台进行检索获取信息。如何最大限度满足读者快速获取资源的要求，减少读者检索获取资源时间，减少不同单位重复引进资源，分割建设资源现状，是建设资源中急需解决的问题。高校、研究所图书馆和医院图书馆联合起来，有分工、有合作、有计划去重资源，分工引进资源，会为国家和单位节省大量资金，将去重资金用到保障重点学科资源建设方向上来，是今后我们努力的方向。[12,13]

美国 ICOLC、Goolgle 云服务图书馆都在尝试将世界图书馆实现一站式统一检索资源和文献获取，深受读者欢迎。在这方面中国显得有些滞后，我们应该迎头赶上国际发展形势。[11]

3. 重视小型专业图书馆加盟问题

虽然 CALIS(中国高等教育文献保障系统)、NSTL(国家科技图书文献中心)、CSDL(中国科学院文献信息中心)以及馆际互借、文献传递服务系统初见成效，但由于按照行业对资源进行建设，他们之间没有真正形成联盟共享资源目录，造成资源重复率高，资源保障率低的现象。由于国家投资有限，对医学外文期刊国家投资 3000 万元，由协和医科大学引进 3000 余种外文纸本期刊，相比 PubMed 的总共 37560 种期刊的规模仍有很大差距。现有的馆际互借、文献传递系统未能整合好联合目录，未能真正实现二次文献资源与联合目录系统去重的整合。因此，读者反复查找文献获取资源速度就很慢，学科需要的资料不能保障尽快得到。走大中小图书馆联合之路，走电子和纸本联合之路，走普及和专业相结合之路，走一般和特殊用途相结合之路，才是完善资源保障之路。建设查重共建共知共享联合目录，不断完善联合目录平台，才能获取学科建设需要的更多文献，联合一切可以联合的力量实现对于重点学科的资源有效保障。

4. 进一步改善资源获取速度

由于行业分割建设使得获取重点学科资源周期长、速度慢。现在对于一般资源获取速度比较快，而重点学科资源需要转圈才能获得资源，文献传递周期太长。建设一站式图书馆联盟平台才能提高资源获取速度，实现读者“立等可取”的理想目标。

5. 云服务图书馆是资源共享发展方向

云服务是图书馆联盟最佳资源共建、共知、共享方案。但是由于对于新技术认识不足，担心云技术不够成熟，担心知识产权问题影响云服务图书馆建设速度，也阻碍了云服务在图书馆联盟中的应用。国外逐一解决了上述问题，云服务图书馆已经广泛使用，读者使用方便，深受读者喜爱。目前云服务图书馆已经发展到手机上，发展到移动图书馆。在这方面我们还应该从数字图书馆建设中转变到云服务图书馆建设上来，迎头赶上世界发展迅速的移动图书馆新形势。

三、图书馆联盟、区域图书馆合作发展趋势

1. 关注重点学科资源建设

当前资源建设关注注意力应转到保障重点学科资源建设上来，将大中小图书馆、研究所联合起来，引进资源去重，采购分工合作，集中国家和基层单位资金来保障重点学科资源建设，才能加快我国自主创新速度。由于小型专业图书馆采购资源首先关注的是学科和专业建设，因此订购很多好刊、贵刊都不惜外汇购买。相反在高校资源购买资源中关注的是打包的资源，重点学科需求资源放在第二位。建立更广泛的资源保障体系联盟，使得学校、研究所、专科图书馆，大、中、小单位资金集中来保障整体资源建设才是出路。所有单位资源目次共享在一个平台上共建、共知、共享，取长补短，去重分工负责采购资源，尽量减少冗余和重复，使有限的资金用于无限的资源建设中去。联合小型专业图书馆不用增加国家投资，而是合理组织经费就可以保障重点学科资源建设有一个较大的变化。[11]

2. 建设一站式知识发现和资源获取平台

使用全国性跨系统、跨行业的云服务一站式统一检索平台，是读者梦寐以求的理想。现在美国 ICOLC、Goolgle 云服务图书馆已经广泛应用，云服务图书馆实现了一站式检索世界几千个图书馆资源，受到世界上读者的欢迎和青睐。在这方面中国由于行业没有真正实现联盟，显得有些滞后，我们应该迎头赶上国际发展形势，建设全国云服务图书馆一站式知识发现和资源获取平台。[12]

3. 关注小型专业图书馆加盟

小型专业图书馆资源建设都是基层单位投资，对国家投资是一个补充。小型专业图书馆重点学科建设资金能够得到单位保障。因此，在重点学科资源建设中，小型专业图书馆建设具有一定重要性。国家资金加上基层单位资金投入用于重点学科建设，联合一切可以联合的力量解决重点学科资源建设保障资金不足的问题是最佳途径。

4. 提高资源获取速度

加快资源保障和获取速度是自主创新、从科技制造向科技创造发展的需要。美国 High Wire 期刊一个月以内的期刊认为是有价值的重要信息资源，一个月之后的期刊就没有人看了，认为是已经过时的垃圾信息了。我们往往滞后一年以后才看 High Wire 的免费

期刊，显然在信息上落后至少一年以上。因此，开放国内外图书馆联盟，读者才能以最快速度获取科研信息，这是保障自主创新的需要。

5. 联合起来建设中国云服务图书馆

资源共建、共知、共享大多只是停留在较低的层次区域共享联盟的图书馆中进行，每个馆的数字资源与纸质资源都是相对独立的。十几年来数字资源重复购置，一些图书馆在构建自己的数字资源的时候，往往没有考虑其他兄弟馆是否在这一领域已经开始建设或是已经完全建设成功。而只是自顾自地埋头建立自己所需的数字资源，这样彼此之间交叉重复的资源很多，如几个常用的资源的拥有率都很高，专业资源的拥有率都很低，这就造成了大量的人力、物力与财力的浪费。联合参考咨询、网上文献传送等信息资源共享存在一定的局限性，只是在实行区域图书馆联盟内开展。图书馆资源的共享往往只局限在一些对口以及接口单位。在一个联盟区域内，有不同类别与不同规模的图书馆，这些图书馆在数据资源建设上有很多区别，从而便出现了大馆数据与小馆数据不能兼容，因此就谈不上数据资源的真正共享。

云计算技术飞速的发展，将云计算应用到区域信息资源共享中，将会极大地提升信息资源共享能力。国外许多著名的资源共享系统都是地区性的，或者从地区共享系统发展成为全国乃至全球性的共享系统（如 OCLC、Ohio LINK、Minitex、RLIN、MEDLINE 等）。可以在互联网的状况下，通过电脑、手机等终端设备在任何时间、任何地点享受到云服务图书馆提供的资源与服务。在我国云计算发展也很快，2010 年国家工信部与发改委联合发布通知，在北京、上海、深圳等 5 个城市先行完成云计算服务创新发展试点工作。

云计算的全面运用，使图书馆在信息资源共建、共知、共享方面有了突飞猛进的提高，建立基于云计算的跨系统的共建、共知、共享网络，提高地区文献信息资源的保障能力，已经成为当前图书情报界区域信息资源共建、共知、共享的发展必然趋势。云服务图书馆解决了重点学科资源保障难题；解决了一站式知识发现和知识获取难题；解决了读者资源获取速度问题，促进人类科技创新发展，促进了人类进步。因此，云服务图书馆是解决资源建设中所有问题的必由之路。[14]

参考文献

[1]刘敏，邓益成．实现信息资源共享的数字图书馆联盟案例分析：以“加拿大数字图书馆倡议－全国联盟(CIDL)”为例．数字图书馆论坛，2008(12)：65－69

[2]杨丽，高波．西欧四国的图书馆信息资源共享模式．大学图书馆学报，2008.26(5)：39－42，48

[3]孙颉．日本大学图书馆联盟的发展与建设．图书馆学研究，2010(2)：90－93

[4]张晓雁．两岸三地医学图书馆联盟比较研究．大学图书馆学报，2010.28(6)：27－30

[5]马江宝．台湾图书馆联盟的信息资源共享模式及启示．新世纪图书馆，2011(8)：74－76

[6]朱前东，高波．德国的图书馆信息资源共享模式．大学图书馆学报，2008.26(5)：43－48

[7]俞紫梅，殷菲菲．俄罗斯高等教育“开放教育资源”建设与发展．中国电力教育，2011(31)：6－8

[8]夏亚云．印度图书馆联盟的建设对我国的启示．图书馆学研究，2010(12)：47－49

[9]敖晓梅．美国图书馆联盟的发展与经验研究．新世纪图书馆，2011(5)：33，88－90

[10]衣学娟，刘方山．CALIS资源建设与联盟图书馆资源共享模式研究．潍坊教育学院学报，2009(1)：90－91，97

[11]李华．云时代的图书馆联盟．新世纪图书馆，2011(8)：54，63－66
[12]杨朋润等．“一站式”信息资源服务平台的建设．石河子大学学报(自然科学版)，2004(5)：441－443
[13]罗岚．一站式人力资源服务管理模式研究．中外企业家，2011(11)：29－33
[14]魏晓萍，杨思洛，刘波涛．云计算在区域信息资源共享中的应用探究．图书馆学研究，2011(6)：26－30

作者简介：毛垣生(1946—　)，高级工程师、副研究馆员，研究方向：计算机软件、图书情报。

联盟管理与联盟绩效的交互关系

——基于图书馆联盟的分析

Analysis of Inter-relationship between Management and Performance of library Alliance

生修雯

（江西财经大学图书馆）

摘　要： 图书馆联盟在运作过程中，由于联盟的动态性、联盟成员的独立性、联盟本身的复杂性和不确定性等因素的存在，使得联盟管理面临诸多困境。通过对联盟运作发展过程中的障碍因素及联盟绩效的要素分析，找出二者之间的交互关系，从管理角度为联盟的运作发展及绩效分析提供一家之言。

关键词： 联盟管理　联盟绩效　交互关系　图书馆联盟

Abstract：Library alliance management faces many difficulties in the process of it，for the factors of the alliance dynamic，the independence of the members，the complication and uncertainty of the alliance. Through analysis the obstacle factors in alliance development and alliance performance，finding the interaction between both management and performance，in order to offer advice to the development and performance analysis from the angle of management.

Keywords：Alliance Management；Alliance Performance；Interactive Relationship；Library Alliance

1　图书馆联盟的性质

图书馆联盟是图书馆之间实现资源共享的有效合作形式。一般情况下，联盟合作项目不外乎“馆际互借、联合编目、联合采购、资源共享、技术服务、交流与培训”等。国内图书馆联盟成功的案例不少，如 CALIS、NSTL 等。CALIS 通过联机馆际互借、全文传递、在线数据服务等方式为读者提供资源的共建、共知、共享服务。NSTL 提供文献检索和全文提供等服务。但是据统计，现实中图书馆联盟的失败率大约 50%～60%。由于图书馆联盟是一项复杂多变的系统工程，存在着联盟体的多重性、成员的多元性、地域上的无界性和组织上的不确定性等诸多因素，使得联盟运行过程中不断出现各种困扰，如缺乏足够的经费支持、联盟协调管理复杂，运行成本不断上升、未能处理好相关利益关系、共享效率低、成员馆之间合作动力不足、缺乏统一的技术支撑平台等，这些问题的出现与图书馆联盟的性质不无关系。

1.1 联盟的动态性

图书馆联盟主要是以协议或契约作为各成员馆合作的基础，组织相对松散；由于各种因素的影响，联盟还会不断发展变化，必然会拓展新的功能和服务；联盟成员也并非固定，可以随时增减。联盟的这种动态性使联盟一直处于不稳定当中。

1.2 联盟成员的独立性

联盟中各成员馆各自独立，不存在行政隶属关系，遵循自愿互利原则进行合作，既有共同的目标和利益，又有各自不同的目标和利益。目标和利益的不一致使得联盟的整体利益与成员馆的个体利益及各成员馆的个体利益之间经常存在矛盾，必然会在运作过程中产生多种冲突。

1.3 联盟的复杂性

联盟的复杂性涉及成员馆的多元性、虚拟组织运行、联盟群体决策、联盟发展变化及外部环境协调等方面。各成员馆之间为竞争而合作，靠合作来竞争也增加了联盟管理的复杂性，从而加深矛盾解决的难度。

1.4 联盟本身的不确定性

图书馆联盟的组织章程要么是一种战略层面、非正式的“宣言”、“共识”或“备忘录”，要么是一种操作层面、正式的执行协议。不管是正式协议或非正式协议，由于组织结构障碍、机构或业务的不确定性，使这些在实际操作上难以协调一致。比如，有时候联盟运行会出现一定程度的停滞状态，于是很多参与者会认为联盟“失败”了，继而丧失对联盟的信任和运作积极性，从而最终导致联盟的真正失败。目前在图书馆联盟实践中出现的问题如经费不足、知识产权保护、组织与协调机制不健全、联盟文化冲突、信息共享和沟通不及时、资源和服务共享性差、技术障碍、信任等，的确证实了图书馆联盟的不稳定因素。赵晖认为，图书馆联盟内外部环境的不确定性，可能会产生一定程度的联盟风险，如联盟选择风险、不合作风险、自主权丧失风险、协调成本增加的风险、侵犯知识产权风险等。[1]

1.5 成员馆之间信任程度

各成员馆之间彼此信任是联盟合作成功和稳定发展的基石。由于信任的脆弱性、影响因素的复杂性和成员馆间信任关系的动态性，从而影响成员馆之间长期持久的信任关系和联盟的成功合作与健康运行。

2 联盟管理困境分析

在图书馆联盟形成、调整、持续发展过程中，如何有效管理一直成为联盟组织者与管理者考虑的头等大事。联盟管理主要是联盟的协调与协商、重塑与强化、成员馆间的凝聚与示范等，具体涉及的问题很多，如危机管理、风险控制、组织与管理创新、可持续发展、联盟绩效评价、联盟文化等。相应地，联盟管理必然与联盟管理困境相伴而生。

2.1 资金困境

图书馆联盟的发展是以稳定持续的资金作为物质基础的。国外图书馆联盟的经费一般以政府拨款、各种形式的基金会资助和社会捐助为主；而在我国，由于社会背景不同，有些方式很难效仿，经费不足一直成为联盟发展过程中的一大障碍。从目前已建成的区域性高校数字图书馆联盟情况看，资金来源主要有当地教育部门拨款和高校各自分担。教育部门拨款主要用于首期软硬件和数据库建设，如联盟中心的软硬件配置、研制或购买联盟管理软件、数据库的首期使用费和后期使用费的补贴等。各高校分担费用主要用于联合引进数字资源、数据库更新、联盟中心服务等。经费的收支管理由高校图工委或区域性高校数字图书馆联盟中心负责。由于经费有限，图书馆联盟的发展在软硬件上都受到限制。比如主干网狭窄，传输速度慢；电子信息资源建设远远滞后，自建数据库数量少、规模小，网络信息资源匮乏等。

2.2 技术障碍

无论资源整合、服务价值提升和整体优化都离不开技术的支撑。统一的技术标准、工作流程及信息交换模式是图书馆之间进行合作，开展联机联合编目，实现资源共享的前提和必要条件。由于我国图书馆自动化程度低，标准不统一，系统兼容性差，功能不完善，使用的文献管理软件和数据格式没有统一标准，建设信息资源数据库的兼容性差，使得各馆之间资源整合、网络合作和文献资源共享有一定的困难。[2]

同时，信息技术的加快发展，竞争环境、运营成本的日益加剧，也造成大多数图书馆无法满足主机不断升级、扩张的条件。一些地方高校图书馆虽然初步实现了计算机管理的现代化，但由于网络技术和应用水平等条件的限制，自动化管理软件的配备参差不齐，使文献采集、加工、报道、检索等操作方法不一，无法实现系统内联机联合编目和资源的共建共享进程。[3]

2.3 成员馆信任与利益分配问题

一个良好的管理体系和运行机制能够保障图书馆联盟长期可持续发展。不少图书馆联盟在发展一段时间后，由于缺乏信任、信息不能实现共享而解散或名存实亡。

在保障联盟正常运转方面，相对于正式协议，联盟成员间的战略伙伴关系可能更为重要。只有成员馆之间彼此信任，充分共享信息，才能保证联盟成员在利益冲突面前，能够有效协调而不使联盟偏离正常发展轨迹。如果合作各方不是主动承担责任，不能完成联盟分配的任务或不能提供充分的资源支持，同时，联盟各方未能建立有效的沟通渠道，不能保障各方信息沟通渠道的畅通，那么对于建立合作双方的信任机制和信息共享机制，解决联盟运作过程中可能出现的问题，甚至联盟本身都没有存在的价值了。

在战略联盟组建和运行过程中，利益分配直接关系到联盟的稳定性。如果联盟制定的利益分配方案不合理(至少有一个成员馆认为不合理)，那么联盟成员可能会中途退出或工作积极性受到打击，从而致使联盟中途解体。要想有效控制由于利益分配问题到导致的联盟解体或不合作，联盟管理者在制定利益分配方案时应保证尽量对权力、责任和利益分配进行详细规定，至少要做到以下两点：一是采用合理的科学理论作为利益分配方案制定的理论基础；二是由所有联盟成员共同参与利益分配方案制定，在制订分配方案过程中进行协商，以提高合作成员的满意度。

2.4 组织协调、沟通障碍

由于各类型图书馆分别隶属不同的管理部门，所采用的技术标准和服务平台不统一，各系统间缺乏横向协调机制和行之有效的组织管理模式，使同一区域不同系统的图书馆无法真正联合起来，致使多类型图书馆之间的合作产生很大阻力，从而在一定程度上降低了其他成员参与联盟的积极性；由于相应的法律规范缺失，使得有的联盟行为管理仅依靠联盟章程来约束，未能形成有效沟通与协调，联盟成员之间利益竞争无法协调。大多数图书馆联盟的组织机构并没有普遍建立起来或者不很完善，联盟活动难以协调管理和有序运行。如各高校图书馆管理自成一体，在资源共建共享体系中存在许多不协调因素，如由于局域网限制，校外用户获取馆内信息就十分困难，影响信息的存取自由和借阅效果，馆际互借也是在半封闭状态下进行，“最大限度满足用户需求”也在一定程度上受到限制。[4]

同时，信息沟通不畅是造成联盟资源难以充分利用的又一障碍。联盟管理中所出现的沟通问题，就是联盟管理者未能为联盟成员的各个环节建立良好有效的沟通平台，导致资源信息和文化冲突不能有效地整合沟通，阻碍联盟知识的转化，进而增加联盟管理成本；如果没有一个有效的沟通平台来协调联盟文化冲突，成员的意见分歧不能得到及时沟通协调，自然会提升联盟文化风险发生的可能性。

2.5 知识产权困境

图书馆联盟的信息组织，尤其网络信息组织会涉及许多法律问题，其中知识产权问题最为紧要。图书馆联盟与知识产权保护的冲突主要体现在收费问题、复制数量问题、随意传播问题等。[5]比如在馆际互借与文献传递方面，作品被非法复制，特种文献被不合理使用，文献被大量传递等；在数据库使用方面，数据库被非法复制、解密、修改、删除等；在参考咨询服务中出现的收费服务、网络传递等；在随书光盘的加工、共享过程中出现的随意删除、复制等。图书馆应维护知识产权的合理使用原则，维护著作权的根本利益。联盟相关的技术人员不仅要熟悉网络信息的知识产权交易，更要熟悉相关的知识更新产权法，以避免不必要的产权纠纷。各成员馆在开发自身馆特色信息资源并提供共享服务的同时，也应该注意自我产权的保护，保护自身的合法权益。

2.6 联盟绩效评价体系的缺失

图书馆联盟在我国已有多年的发展，但发展状况如何，存在哪些问题，发展前景怎样，联盟建立后资源的保障和满足程度是否提高？对于这些问题，目前国内还没有一套科学完整的评价体系来反映，[6]对这一问题的研究尚未形成规模。有的学者按照有用性、可靠性、有效性、准确性、实用性、比较性原则提出联盟评价指标体系，包括联盟工作效率、读者满意度、参考服务质量、营运成本、联盟合作能力，以及采购速度、读者总体满意度、远程服务满意度、信息共享广度、深度、问题沟通解决能力等。不管怎样，图书馆联盟绩效评价是以绩效为本，通过联盟各成员间、与读者间的沟通与交流，对资源共享、读者服务等绩效目标进行协调与监督，实现知识自由存取及成员馆自身运营效益最大化。

2.7 联盟文化冲突

图书馆联盟在很大程度上依赖成员馆间的高度信任来协调和管理。由于成员馆来自不同地区，分属于不同系统，图书馆之间不可避免地存在文化差异，这些差异表现为信息资源的组织方式、服务方式、服务理念、价值观等。一定的文化差异必然产生一定程度的文化冲突。也就是说，不同组织结构、管理风格的图书馆文化下的员工可能会对联盟中相同的工作程序重视程度不同，相同的工作标准执行程度不同，往往造成联盟效率损失。同时，由于文化冲突所产生的摩擦具有经常性、隐蔽性特点，影响联盟协调机制的构建，产生信任危机。

3 管理问题与联盟绩效的交互关系分析

3.1 联盟绩效评估的影响因素分析

图书馆联盟绩效评估作为一种管理方法，正在影响与促进图书馆联盟工作的开展。组建图书馆联盟的目的就是为了资源共享、风险共担、节约成本、增强竞争力及能力模仿等。图书馆联盟组织者要对联盟运作的有效性和预期目标的实现程度定期进行概括性评价，这种评价不是一次性的而是要定期对自己的活动所做出的总结，测评资金、人力的投入、资源的保障程度、用户满意度等，让成员馆及主管上级充分了解联盟的效率和效益，为本馆业务发展提供依据。

范亚芳，王传卫从文献资源、用户服务、管理资源、设备与人力资源等四个方面的共享收益对我国图书馆联盟绩效评估要素进行分析和评价，认为联盟绩效评估是以资源的有效保障为基础，以满足用户对文献需求最大化为目的，以节约文献采购与获取成本为宗旨，对联盟内文献资源共享收益、用户服务共享收益、管理资源共享收益、设备资源共享收益、人力资源共享收益等做出的评价。[7]

管理问题与联盟绩效之间存在着一定程度的交互关系，这首先要从二者的相关路径进行分析，如图 1 所示。图书馆联盟管理的关键组成要素包括交流合作管理(技术例会制度、共享教育和交流、互联信息系统、共享技术信息、共享用户需求信息)、共享合作管理(集中采购、共享成本信息)、公平合作管理(绩效衡量共同标准、协商确定资源采购价格)。联盟绩效的关键组成要素包括联盟满意程度(联盟合作满意程度)、联盟持续程度(续签联盟合作协议、愿意继续联盟合作)、战略目标实现程度(服务水平提高，预期战略目标实现)、联盟溢出效应(学习新技能，发展新技术、降低管理风险)。

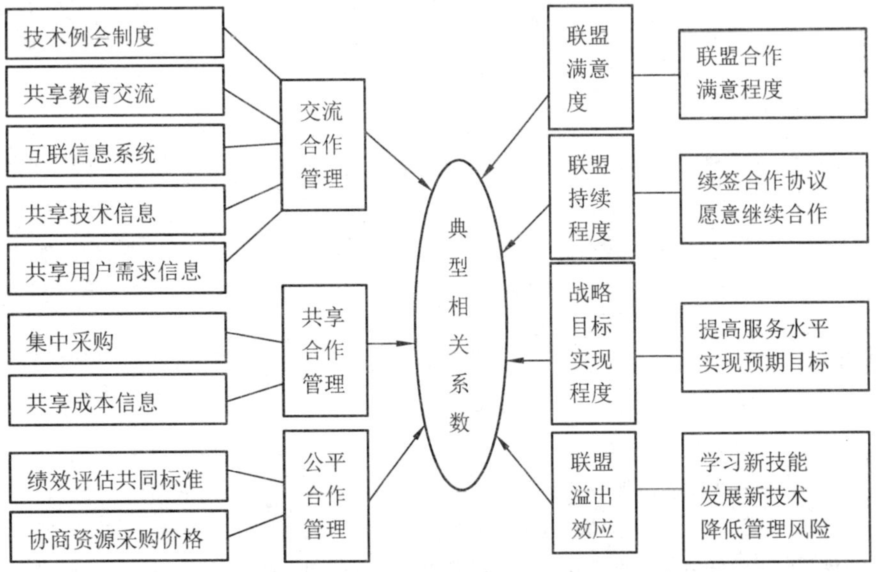

图 1 管理问题与联盟绩效相关分析路径

联盟绩效不仅与联盟管理结构或联盟效率相关，而且与联盟管理水平显著相关。对于国内图书馆联盟而言，影响联盟绩效的关键因素是联盟的组织能力。即使联盟各方技术能力差距较大，联盟管理程序也实现了联盟溢出效应，提高了自身的技术能力及信息服务能力。因此，目前图书馆联盟运作过程中要注重通过加强联盟管理来促进联盟绩效的提升。在联盟形成后更多的是依赖联盟溢出效应来影响联盟的绩效，而联盟目标实现程度、满意程度及持续程度是联盟持续程度的关键，也是影响联盟长期绩效的重要因素。

3.2　联盟管理与联盟绩效的交互关系

以绩效作为联盟管理的目标，将影响联盟绩效的主要管理因素归结为联盟结构、联盟效率、管理水平和利益相关者(成员馆)，各因素之间相互影响、相互作用，对联盟绩效产生双向影响。由于联盟运作及管理机制的复杂性，联盟管理各因素之间的交互关系，为联盟利用管理因素与绩效之间的关系，对联盟运行状况进行分析和诊断造成了障碍，同时也制约绩效对治理因素的影响。

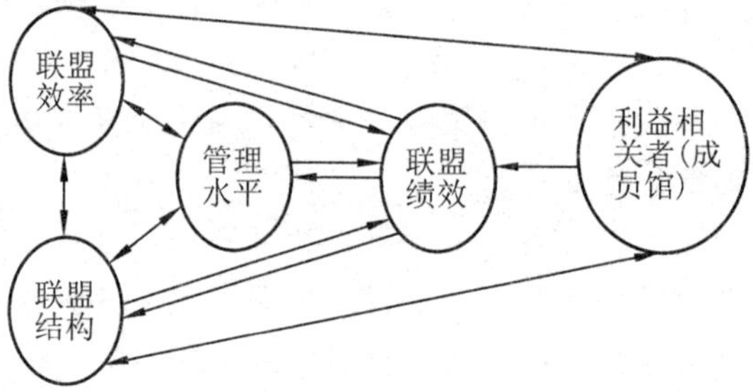

图 2　管理问题与联盟绩效交互关系

有效的监督和激励机制及合理的结构都将促使管理水平的发挥。联盟结构作为管理的基本因素不仅影响着联盟的作用和效率、管理水平的发挥和利益相关者(成员馆)的参与程度，而且对绩效产生积极作用。联盟效率同时受到结构和利益相关者的作用，对绩效的实现起到促进作用。利益相关者分别通过员工参与决策、领导的作用和社会责任影响着联盟效率和绩效的实现。反过来，绩效的优劣直接影响到联盟的发展，又会对联盟结构的合理性、效率、管理水平产生直接的影响和作用。管理问题与联盟绩效的交互关系如图 2 所示，较全面和直观地刻画了影响绩效的各个管理因素之间的关系以及各个因素对绩效的影响和作用。

总之，不论客观环境如何变化，图书馆联盟的合作需求永远存在，拥有完善的运作、管理和绩效评价机制，不断适应环境的变化而发展，联盟合作才有生命力并最终获得成功。

参考文献

[1]赵晖．图书馆联盟风险及其防范研究．图书馆，2009(03)：94－95
[2]贾维姝．我国图书馆联盟发展现状与对策思考．安徽农学通报，2010(23)：204－206
[3]杨克香，杨旭．我国图书馆联盟存在的问题及发展思路．情报探索，2010(09)：123－124
[4]何琳．我国区域性高校数字图书馆联盟建设现状调查分析．图书馆，2010(04)：61－63
[5]赵明霞．浅析图书馆联盟与知识产权保护．农业图书情报学刊，2010(07)：146－148
[6]李晓华．我国图书馆联盟的发展研究．湘潭大学硕士学位论文，2008：27
[7]范亚芳，王传卫．我国图书馆联盟绩效评估要素研究．图书馆工作研究，2010(11)：56－61

作者简介：生修雯(1972 年—　)，女，馆员。

区域性数字图书馆联盟建设过程中的若干问题研究

罗　钧
（南京大学图书馆）

摘　要：本文以江苏省高等教育数字图书馆(JALIS)为例，分析总结了JALIS十余年建设的经验，以及作为区域性的数字图书馆联盟在与CALIS协同建设的过程中的有关实践，归纳了在区域性数字图书馆联盟建设过程中遇到的若干问题，阐述了处理这些关问题的方法和原则。

关键词：资源共享　区域性合作　江苏省高等学校文献信息保障系统　图书馆联盟

Regional Digital Library Alliance Construction in some of the problems in the process of

Luo Jun
(Nanjing University Library)

Abstract: This article take the Jiangsu Province Higher Education Digital Library (JALIS) as an example, Analysis summarizes the JALIS more than 10 years of construction experience, As well as the Regional Digital Library Alliance in coordination with CALIS in the construction of a number of practice, Summed up the regional digital library alliance construction encountered several problems, Elaborated the method to deal with these problems and principles

Keywords: Resource sharing; Regional cooperation; Jiangsu province high school literature information guarantee system; Library Alliance

1　背景

“图书馆联盟是图书馆在现代社会中的生存模式，也是当今图书馆的发展方向。图书馆联盟一词准确地捕捉到了未来图书馆发展的主要特征，即通过资源共享互助合作的方式满足日益激增的读者需求。[1]”，图书馆联盟是解决网络环境下资源共享，推进国家信息化的必然要求，也是图书馆事业发展的时代要求。

中国高等教育数字图书馆(以下简称：CALIS)通过十余年的建设，已经形成全国中心、地区中心、省级中心的三级文献服务保障体系，自CALIS三期建设以来，加大了区域性高校公共服务体系的力度，同时，把区域数字图书馆联盟的建设，纳入CALIS体系的总体规划。CALIS通过直接资助以及地方政府的支持相结合的方法，提升地区内的合作和服务水平，通过区域性的数字图书馆联盟建设，加强CALIS服务的整体性，实现CALIS面向全国的辐射作用，达到"普遍服务"的基本目标。

2 区域性数字图书馆联盟的外部环境分析

目前，数字图书馆联盟仍然处于探索、实践阶段，就类型而言，有全国性的专业图书馆联盟(如CALIS)、综合性图书馆联盟，也有区域性的专业图书馆联盟和行业性联盟。发展的多样化体现了数字图书馆联盟的建设，应根据实际需要定位，并无完全统一的固定模式[8]。

首先，国内的区域性数字图书馆联盟都脱胎于传统的、历史悠久的地区性实体图书馆合作组织，传统的合作体系是基于长期固有的条块分割的实体图书馆体系，这种合作有其历史必然性，也发挥过重要的历史贡献。但是，这种"条块"结构对于地区性的合作，会形成天然的障碍。这就是区域性数字图书馆联盟建设的最为基础和现实的生态环境。

区域性数字图书馆联盟的财政支持主要来自地方财政，地方政府对投入的要求有不同的侧重点，投入与支持的力度又与地方经济、社会的发展水平有直接关系。地方政府希望对于本地区高等教育的投入，能够为本地区的经济发展发挥应有的作用。另一方面，不同地区在建设经费的数量、参建学校的层次、数量与规模、管理方式等方面，都存在着差异。

其次，区域性数字图书馆联盟的内部，成员馆之间不仅存在条块分隔的体系差异，而且也存在个体规模、服务需求、利益诉求之间的不同，这些情况受制于成员单位的建设方向、培养目标、读者类型等因素，因此，数字图书馆联盟内的各个成员馆之间，实际上处于相对松散的合作关系，而传统的图书馆联盟更多地是以人际网络的形式而存在的。

以江苏省高等教育数字图书馆(以下简称：JALIS)为例，作为国内启动最早的区域性数字图书馆联盟，在JALIS建设过程中所遇到的问题，也是其他区域性数字图书馆联盟遇到，或将要遇到的问题。江苏省的学校数量、在校学生规模等指标在全国居前列，2000年以后，江苏省高等教育进入了高速发展时期，招生规模急速扩大，2000年，江苏省普通高等院校共71所，在校学生45.19万人[3]。到2010年，普通高校就达到124所(其中"985"、"211"工程院校共11所)，在校生达到了164.9万人[4]。10年时间，学校数量增加了40余所，增长率57%，在校生总数增加了119万。但是，现有的院校中，64 %是高职民办学校，其中半数以上的高职院校是2000年以后升格的，相对于一个"教育大省"而言，发展也是很不平衡。这些成员单位对资源的需求、学校的规模、利益诉求都存在差异，因此区域性数字图书馆联盟的建设要在存在众多差异的环境下，求同存异，最终实现共同利益的最大化。

其三，区域性数字图书馆联盟所能够提供的数字资源的多少，并不完全取决于数字图书馆联盟组织者和成员馆的意愿，因为，绝大部分的数字资源都是第三方的商业公司提供的，这些资源的使用受到商业合同和相关法律的制约，必须遵守与商业公司的约定，控制使用的范围，商业资源的持续服务需要持续性的经费投入[9]。区域性数字图书馆联盟本身只能生产、提供部分的具有地方特色的数字资源，或是提供存量的纸本文献的服务，这也是地区性数字图书馆联盟所面临的外部环境。

其四，区域性数字图书馆联盟(江苏省高等教育数字图书馆联盟)依托于CALIS的建设，CALIS的共建共享机制的主要元素，就是人力共享、资源共享和技术共享，这是建设区域性数字图书馆联盟所必需的重要资源，在CALIS未来的发展中，这套机制还将发挥更大的作用。在数字图书馆联盟的环境下，这些共享的深度、广度是前所未有的，所有的成员馆都将面临理念、行为方式的挑战，同时，又涉及成员馆、资源供应商、系统供应商、一线业务人员的合作和协调，成员馆同时要扮演服务的提供者和享受者的不同角色。成员馆在整个区域性数字图书馆联盟的参与程度，以及对于数字图书馆联盟建设的认知程度，都将决定数字图书馆联盟成败，而在现实中，从CALIS到区域性数字图书馆联盟的一般成员馆，在观念认知上仍然存在着巨大的落差。

总之，在信息全球化的大背景下，区域性数字图书馆联盟发展的机遇与挑战并存，成功与否则取决于如何找到自身的定位，解决好自身内部的问题，扬长避短，才有可能把区域性数字图书馆联盟建设成为CALIS体系中的最具活力的基层组织，实现建设"服务主导型"数字图书馆联盟的目标，在总体方向和技术路线上与CALIS保持一致，在针对本地区的个性化服务方面，突出地区特色和个性化服务。地区数字图书馆联盟既是CALIS服务的重要载体，也是针对本地区的实际情况，开展个性化的数字图书馆服务的组织者。

因此，作为区域性的高校图书馆联盟都应面对自身的实际情况，制定符合本地区实际情况数字图书馆联盟的实施方案。每个区域性性数字图书馆联盟的建设者都应考虑将来自CALIS的投资与地方政府的支持结合起来，通过CALIS的技术支持，实现在本地区内的投资最大化，实现真正意义上的"普遍服务"等一系列问题，在全球化的环境下，找到自身的发展空间。才有可能建设读者满意、政府满意、成员馆满意，同时服务于社会公众的，具有地区特色的数字图书馆联盟。

3 江苏省高校教育数字图书馆联盟建设经验及研究探索

数字图书馆联盟诞生于在新的信息环境中，任何一个图书馆都不可能利用自己的收藏，完全满足读者的需要。而图书馆联盟则可通过虚拟收藏、联合共建来满足读者的需要。读者对信息的需求已经超越国家、地区限制转向全球信息需求。图书馆联盟打破了地区乃至国家间的地理限制，有利于满足读者的需求。总结JALIS建设成功的经验，最为关键的经验是，根据本地区的实际情况，制定相应的发展计划，并正确处理发展过程中出现的问题，不断地拓展本地服务的空间，不断地开展本地服务的创新，提升本地区的共知、共建、共享水平，提升管理科学化的水平。实践证明，这些问题及关系的处理，对地区性数字图书馆联盟的健康发展是至关重要的。

3.1 行业文化的建设

培养图书馆行业自身的"文化自觉"，实体图书馆时代强调树立"整体化建设"的观念，不能仅仅偏重于正确处理收藏与获取、共建与共享的关系，而应从行业文化的高度，审视作为行业整体发展的基本出发点。全球化的背景下数字图书馆联盟的建设，使得馆与馆、馆与读者的关系发生了变化，自身也面临多重的挑战。行业文化的重新构建与传承，开拓全新的地区性合作环境，这将关乎事业发展的未来，数字图书馆联盟的建设才会有出路。

树立“整体化建设”的新观念，正确处理收藏与获取、共建与共享的关系，这一关系处理的好坏，实际上体现了所有的参建单位对资源共享的认知程度，这也是我们传承历史，建立自身行业文化的起点，这一观念是区域性数字图书馆联盟建设的认识基础。实践证明，区域性数字图书馆建设中，“共知”是必不可少的。

3.2 正确处理政府支持与发挥自身优势之间的关系

对于区域性数字图书馆联盟的建设而言，政府部门的重视和经费保障是不可或缺的，JALIS 在本地区内的文献中心建设，自动化研发、数据库建设等大型、多方协同的项目建设中，没有政府的经费保障是难见成效的。根据 JALIS 建设之初所确立的经费使用原则，政府经费主要用于硬件及基础设施建设、重点服务的补贴、子项目建设的启动经费等三个方面，对于成员单位，按照对等投入原则提供配套经费，是必须履行的义务，分摊共建的资源建设费用和服务支撑费用。

根据以上原则，JALIS 一、二期的建设中，政府的投入只占总投入的 20%左右，80%的经费来源依靠参建学校自筹。但是，政府的财政支持对于服务体系的建设的发展起到了关键引导作用，正是由于政府财政的指导性投入，才有可能引导、盘活成员单位自筹资金的投入。再配套建立严谨、科学的管理体系，通过制度创新和体制创新，以管理促建设，建设创效益。

3.3 正确处理数字图书馆联盟内部各类型成员馆之间的关系

JALIS 中主要有地区中心馆与一般馆，地区中心馆是文献保障体系的骨干单位，发挥着领导与示范作用，同时，也是在地区数字图书馆联盟中创造服务效益最多的馆，地区中心馆在合作体系中的价值取向，将直接影响到本地区绝大部分成员馆的选择。

江苏省现有普通高等院校校 126 余所。有 11 所“985”工程和“211”工程学校，其余大部分是普通高等学校和高职高专类型学校。在 JALIS 的建设过程中，省内的重点高校图书馆，打破隶属关系的界限，甘于奉献，起了良好的示范、带头作用。承担了绝大部分的对外服务任务，同时也承担了大部分的服务基础设施的经费投入。以区域流通系统(即“江苏省高校通用借书证”)的纸本书服务、文献传递服务为例，每年的服务量的 80%以上是由 3—4 所学校完成，覆盖了 90%以上的成员馆(还不包括部分军队院校、科研机构)。正是合理地处理了与不同层次高校图书馆的关系，才在地区内形成了共知、共建、共享的大好局面，增加了本地区高校图书馆之间的凝聚力和向心力，也使得中心图书馆赢得了广大读者的尊重，在本地区内具有更大的号召力。

3.4 正确处理服务创新与技术创新的关系

对于区域性数字图书馆联盟而言，突出服务创新比技术创新更为重要，服务创新的含义，可理解为针对本地的环境特点，为本地高等教育发展的实现服务拓展。同时，结合本地区的特点，在 CALIS 的相关服务的本地化推广上，在内容上、形式上、管理上进行创新，创造出不同于其他地区的服务效益。这应当是区域性数字图书馆联盟的内涵建设的重点。

不能把技术创新与服务创新对立起来，也不能狭隘地把技术创新理解为具体的软件研发，一套物化的系统。区域性数字图书馆联盟是在实体图书馆的基础上，建设“服务主导型”的数字图书馆环境，项目的规划与建设应始终围绕服务这一永恒的主题，构建在服务、资源、管理等方面高度整合的数字图书馆整体框架，不断地根据形势的变化，寻求新的突破点和服务增长点，这种对于服务创新的愿望，才是地区性数字图书馆联盟发展的真正动力。JALIS 的建设坚持技术创新围绕服务创新为先导，在 JALIS 一期的建设中，针对基础建设的要求，首先提出了建立全省“同构化”的系统目标，开发了“汇文文献服务系统”，迅速地提升了江苏省高校图书馆的计算机管理水平，使江苏走在了全国的前列，其优势一直保持到今天。

3.5 正确处理重点保证与服务受益面的关系

数字图书馆联盟所面临的重要选择，关键在于两个必须兼顾的方向上寻求平衡点，重点保障是针对 985 工程，211 工程，国家级、省(市)级的重点学科，研究生教育等高层次的文献保障，而面向本专科、高等职业教育的普及性保障，也是作为区域性数字图书馆联盟义不容辞的责任。

国内其他地区的情况也相类似，普通高等院校、高等职业院校在地区内始终占有数量上的优势，“十五”以来，国家对教育的支持也在向职业教育和基础教育延伸。所以，如何确保足够大的服务受益面，对于地方政府和主要依靠地方财政支持的地区数字图书馆联盟的建设者而言，既是十分敏感，也是不可回避的课题。如果不能够在面向本专科教育的文献保障方面有所作为，就不能是一个成功的数字图书馆联盟。因此，服务的覆盖面、受益人数应当是评价本地系统建设绩效的重要指标，在重点保障与服务受益面二者之间，必须合理兼顾，有所选择。

驱动图书馆联盟运作的核心机制是利益，特别是经济利益[5]，一个地区的数字图书馆联盟，实际上是一个利益共同体，只有在各个参建单位之间求得价值取向的基本一致，有所取舍，相互协调，才有可能保障参加建设的个体，在共同体中的自身利益的最大化，通过 JALIS 十几年的建设，培育形成了共建、共知、共享的良好氛围。在资源建设、服务推广等方面，自觉地处理好收藏与获取、共建与共享的关系，以开放、科学的发展观指导工作，学会立足于资源共享的大背景考虑问题，转变办馆思想，更加积极地参与地区性的资源共享建设。这也是 JALIS 建设取得最大的成果。

通过 JALIS 的建设，构建起更为合理、科学的文献资源体系，使江苏省内各高校，特别是电子资源的共享，使得对资源相对贫乏的中小型学校的文献保障程度得到全面的提升，40 多万种中文电子图书，1 万多种中文期刊，全省 90％以上的共享服务面，显著的保障服务效益，正是通过共建的方式建设运行。同时，也为与江苏省内其他文献服务系统在资源整合、服务整合上取得突破打下了基础。这些成果的取得都得益于观念得更新。

3.6 建立可持续发展的长效管理机制

这也是国内其他的数字图书馆联盟建设也面临的重大课题。改革开放以来的历史已经证明，观念的更新比技术的更新更为重要，机制的建设比经费的支持更为重要。区域性数字图书馆联盟必须建立一套内部相互制衡、相互协调、均衡发展的管理机制，以维护地区图书馆联合的利益共同体。项目的建设、经费的投入都有明确的时间界定，但是，无论外部环境如何变化，区域性数字图书馆联盟都将一如既往地提供所承诺的服务。要做到这一点，制度保障显得尤为重要。

这一制度包括整个建设的管理方式、决策过程、经费筹措和控制、项目管理等各个环节，注重整体效益的发挥，用科学有效的制度保证发展，为长期的发展打下坚实的基础。保证共同体内的成员馆在自身的利益得到保障的同时，享受到优质的服务。各个层次的成员馆的意愿诉求都需要在平等的环境中到表达，受到决策层面的关注。

只有建立更为严谨、科学的管理体系，并努力创建可持续发展的长效管理机制，坚持科学的发展观，坚持制度创新和体制创新，以管理促建设，以服务创效益。才能保证区域性的合作体系健壮、正常的发展。正是由于JALIS在机制创新方面的努力，才使得JALIS的发展历经十年而不衰，不断的向前发展，走向成熟。

3.7 正确处理与本地区其他数字图书馆联盟的共建、共享的关系

区域性的数字图书馆联盟与本地区的政府，公共图书馆系统，科技情报系统具有传统的密切联系，彼此之间有着长期的合作历史，在新的形势下这种历史渊源又被赋予了新的含义，就一个地区而言，虽然隶属系统不同，但在支持地区经济发展，推进本地区的社会进步这一点上，目标是一致的。

在推动高校数字图书馆联盟快速成长的同时，要防止各行业、各部门、各企业从自身利益出发，建立各自独立的信息系统。各系统之间既不能相互融合，又无法做到资源共享，实际上形成一种“信息割据”的局面，并可能演化为新的信息障碍。因此，建立一个由跨行业、跨系统的图书馆联盟的联合体势在必行[8]。

高等院校图书馆的资源与服务力量在地区内，不论是绝对数量还是质量水准都占有优势，在资源共享理念得到广泛接受的今天，支撑技术环境相对成熟的条件下，从传统的手工业务合作，向基于平台的系统整合对接方式过渡，实现跨系统的实质性合作，顺应平坦化的趋势，打破不同类型读者获取知识与文献的障碍使得地区内的用户能够享受到“地区的全球化”服务。因此，作为地区高等院校数字图书馆联盟应当积极、主动地参与跨系统的合作，在共建、共享的过程中发挥主导作用，延伸服务。开拓新的服务空间，同时，争取更多的政府支持，支持地区高等院校数字图书馆联盟的建设。

3.8 正确处理地区性合作与全国的资源共享的关系

区域性数字图书馆联盟的定位是以面向区域服务为主，是CALIS服务体系的延伸和扩展，更多地是加强本地区内各类型院校的文献保障能力。区域性数字图书馆联盟的建设目标服从于CALIS的总体建设目标，JALIS在开展具有地区特点的资源建设和服务的同时，服从CALIS建设的总体目标。地区性数字图书馆联盟的所有子项目的规划与建设，也都充分考虑CALIS相关项目的衔接与配套，在数据标准、资源共享的层面上做到无缝的衔接。CALIS的总体目标和建设方案代表了我国高校图书馆未来发展的方向。地区性数字图书馆联盟的未来发展，也将继续在CALIS的总体建设框架内进行，以保证区域性数字图书馆联盟的总体目标的实现。

同时，参照CALIS的统一部署，做好区域性数字图书馆联盟的项目规划。遵守CALIS建设的技术规范，区域性数字图书馆联盟的建设在具体项目的实施上，可以有与CALIS不同的技术路线，但是在关键技术环节，都将执行CALIS提出的技术规范。每个区域性的数字图书馆联盟，都必须提供满足具有本地特色的本地化服务，有些服务可能是CALIS无法满足的，因此，区域性的数字图书馆联盟与CALIS的建设，彼此之间各有侧重，而又无法相互替代，区域性的数字图书馆联盟要使这种差异化的服务，在整合以后的本地数字图书馆环境中得到体现，地区性的数字图书馆联盟在规划时，所应当关注的工作重点就是这种差异，服务空间的开拓的基点也是基于这种差异。

4 结论

总之，江苏省区域性高校教育数字图书馆联盟是CALIS这样的广义数字图书馆环境的一个局部，它应当立足自身的文化建设，确定立身之本，同时也必须基于开放的互操作标准体系进行规划，顺应全球化的大趋势，基于地区、全国的大环境来考虑问题。同时，善于发现和关注地区与地区、全国体系与地区之间在服务需求上的差异，寻求新的服务增长点，使区域性数字图书馆联盟健康发展，成为CALIS服务体系中最具活力的子系统。作为CALIS整个服务体系的基础，地区性数字图书馆联盟承担着服务推广的主要任务，对于CALIS来说，强化对区域性数字图书馆联盟的指导与支持，有助于建立CALIS的整体服务形象。这是CALIS后续建设所面临的重要课题，也是CALIS未来稳步发展的重要一环。

参考文献

[1]戴龙基，张红杨．图书馆联盟 — 实现资源共享和互利互惠的组织形式．大学图书馆学报，2000(3)：36－39

[2]CALIS管理中心．中国高等教育文献保障系统十一五建设可行性报告(送审稿)，2009.7

[3]全省国民经济和社会发展主要统计指标(教育、科技、文化、卫生)．[2012－2－08]，http：//www.jssb.gov.cn/tjxxgk/tjsj/ndsj/200401/t20040118_3928.html

[4]江苏统计年鉴2011.[2012－2－08]，http：//www.jssb.gov.cn/2011nj/nj15/nj1516.htm

[5]廖球．跨系统图书馆联盟的可持续发展．新世纪图书馆，2011(10)：72－74

[6]CALIS介绍．[1999－12－08]，http：//www.calis.edu.cn/calisnew/calis_index.asp? fid＝1&class＝1

[7]姚晓霞，肖珑，陈凌．新世纪十年CALLS的建设发展．高校图书馆工作，2010(6)：3－6

[8]林嘉．网络环境下图书馆联盟建设的思考．中国图书馆学报，2003(2)：32－44

[9]陈宇青，彭仁贤．21世纪数字图书馆联盟：JULAC香港大学图书馆长联席会实例．图书情报工作，2003(9)：6－10

[10]董永梅．图书馆联盟信息生态系统构建研究．图书馆工作与研究，2011(9)：43－45

[11]费孝通著．费孝通论文化与文化自觉．群言出版社，2007(1)

[12]文化自觉．[2011－12－08]，http：//baike.baidu.com/view/89627.htm

[13]杨宗英，郑巧英．未来数字图书馆的发展方向之一服务主导型数字图书馆．现代图书情报技术，2004(9)：1－4

[14]路甬祥．科技创新需要体制机制和管理作保证．科技日报，2006－1－9

[15]李安．国外几种信息资源共建共享模式及其对我国的启示．情报理论与实践，2004，27(1)：100－102

[16]站在新的历史起点上创造江苏教育新辉煌．扬子晚报，2006－1－5

作者简介：罗钧，(1966—)，男，南京大学图书馆副馆长，副研究馆员，江苏省文献资源共享专业委员会副主任。

云技术支持下的高校图书馆区域联盟现状与问题研究

杜小丹　谢友宁　陈　舒

（河海大学）

摘　要： 为更有效的利用图书馆的资源，人们利用计算机相关技术构造了云图书馆，在此基础上又建立了区域联盟。本文从云图书馆、区域联盟及相关技术、图书馆区域联盟等概念入手浅析了国内外区域联盟现状。为使中国高校云图书馆更好的发展，提出了中国云图书馆区域联盟存在的一些问题，及相关建议。

关键词： 区域联盟　联盟服务　图书馆区域联盟

Abstract: For more effective use of library resources, people construct the cloud library with computer technology and establish regional alliance. The paper analyzed the current situation of regional alliance at home and abroad from the concept of cloud library, library regional coalition and related technology. It put forward the existing problems of Chinese cloud library alliance and related suggestions so that cloud library of Chinese universities.

Keywords: Regional coalition; Alliance service; Regional library alliance

1　基本概念

云图书馆：云图书馆就是利用云计算技术和理念构建的图书馆基础设施和服务。云图书馆的具体含义可从图书馆和读者两个方面来理解。对于图书馆工作者来说，数字图书馆的建设主要包括软硬件基础设施建设和资源建设两个主体，如图书馆集成管理系统、服务器、网络存储以及文献数据库系统等，图书馆建设与管理者只需关心在互联网上能否提供构建图书馆的各种组件，租用组件构建图书馆基础设施的性价比是否合理，能否可靠地支持图书馆的各项业务开展等。因而，利用云计算技术建成的数字图书馆即是云图书馆。对读者来讲，其根本目的是想获得图书馆所提供的各种服务，其重要的衡量标准是自己的满意度，相应的服务由谁提供，经过何种步骤完成的，是无须关心的，而只需为自己享受的服务付费。因此，对于读者来说，云图书馆是基于互联网提供并为之付费的服务，这些服务从形式上应是集成的，单点登录的。虽然云图书馆是虚拟的，但对读者来说是透明的，云图书馆给予读者的感觉与建于本部门、本系统的数字图书馆所提供的功能与服务是一致的，这种形式是更为广义的云图书馆。[1]

高校图书馆区域联盟：图书馆区域联盟就是利用现代通讯技术，依托网络，联合特定区域(省、市)范围内的高校图书馆，实现全面的文献信息资源共享。通过区域联盟，可以用相对较少的投入，形成一个新的服务能力，使各馆现有的文献资料、设备、技术、人力形成综合优势，促进学校的教学和科研工作，跟上时代的步伐，为读者提供更多、更完善的服务，使读者获得更多、更好的文献信息资料。这是高校图书馆事业发展的需要，也是推进教育信息化的必然要求。[2]

云计算技术：云计算[3](cloud computing)是基于互联网的相关服务的增加、使用和交付模式，通常涉及通过互联网来提供动态易扩展且经常是虚拟化的资源。云是网络、互联网的一种比喻说法。过去在图中往往用云来表示电信网，后来也用来表示互联网和底层基础设施的抽象。狭义云计算指 IT 基础设施的交付和使用模式，指通过网络以按需、易扩展的方式获得所需资源；广义云计算指服务的交付和使用模式，指通过网络以按需、易扩展的方式获得所需服务。这种服务可以是 IT 和软件、互联网相关，也可是其他服务。它意味着计算能力也可作为一种商品通过互联网进行流通。利用云计算技术，可以将信息资源集中到云的中心，各个云端对资源进行适当的存取，一定区域内的信息资源便实现了共享，避免该区域内的图书馆重复购买资源，造成人力、资金、资源的浪费。

2 高校图书馆区域联盟研究现状

在学术期刊网上(CNKI)中，以图书馆联盟为关键词约找到 1800 多篇论文，以图书馆联合体为关键词找到 84 条记录，以图书馆保障体系为关键词找到 6 条记录。联盟，联合体，保障体系这三个词表述的是一个意思，其相关论文都可以运用到本文中去。此文根据所需，选用了 20 多篇论文。根据文献分析可知，这种研究已进行了十余年。近年来，作为本省课题的有：江苏省社会科学基金项目(项目编号 06JSBXW005)，徐州师范大学承接；江苏省教育厅 JSLIS 三期项目；江苏省高校自然科学基金项目“区域图书馆网络化建设”(项目编号 01KJB52009)。图书馆区域联盟虽已经进行有实践例子，但是还是存在一些问题。本文在所检索到的论文中选择了一些有代表性的观点进行了分析研究。[4]

国内研究现状：(1)城市区域性图书馆门户构建研究。我国城市区域性图书馆门户的构建，存在简单易用工具的开发以及建立充分展示城市区域特色的信息资源模式和服务模式问题；他们研究了如何争取区域社会各界的大力支持、降低经营成本问题；以及一些较发达的城市如何为促进整个国家的信息、文化交流作贡献等问题。[5]

(2)图书馆区域联盟防火墙技术的研究。杨辉，黄杰东，刘琼英，[6]根据安全性、可靠性、先进性、可管理性、兼容性等原则设计了安全方案，他们将区域联盟局域网与 Internet 隔离开来拒绝非法访问和恶意攻击，保护了网络边界的安全，保护电子信息服务系统和信息发布系统，抵御来自公网的攻击，从而保护网络资源的安全。

(3)高校图书馆区域联盟资源共享平台研究。黄筱瑾，曹均，刘金玲[7]提出借助商用系统助力区域联盟资源共享的新途径，构建了区域联盟资源共享平台架构，解决电子资源和馆藏资源的整合，实现书目信息与资源共享。

(4)网络信息环境下图书馆区域联盟的研究。张永忠认为[8]网络化图书馆联盟，就是基于传统图书馆联盟合作理念，在资源共享、互惠互利、优势互补、平等协作、自愿参加的原则下，通过网络环境组建的共享知识体系。

(5)图书馆文献资源共享的共赢模式研究。梅向东[9]分析了地方公共图书馆与高校图书馆不同的性质特点，对共建资源共享的方式提出异议，他认为建立"图书馆区域联盟"的共享方式才是符合高校图书馆长远发展并促进社会文化事业多方共赢、繁荣的有效途径。

(6)图书馆联盟电子资源的研究。王倩，刘金玲，[10]为使图书馆区域联盟更好地利用商业电子资源，通过调查和定量分析来研究成员馆电子资源间以及和商业电子资源间的互补重叠关系，提出通过集团采购降低使用成本，提高效益；优化馆藏电子资源结构，减少重复率；实现联盟自建特色资源的统一整合和服务共享；建立和完善各类资源的联合目录与导航体系。

(7)区域图书馆联盟运行机制研究。范亚芳，郭太敏[11]研究了各运行机制(管理机制、调控机制、标准机制、评价机制与创新机制)对区域图书馆联盟建设的影响，推动区域性图书馆联盟持续健康发展。

综上，云图书馆资源共享的研究使得云图书馆和区域联盟的研究火热开来，对图书馆资源共享的研究有很大的帮助，对图书馆区域联盟的发展从基础到内延逐渐涉及，也包含了计算机的相关内容。

3 高校图书馆区域联盟

3.1 BALIS，即北京地区高校图书馆文献资源保障体系(Beijing Academic Library & Information System)，成立于2007年底，下设5个中心：原文传递中心、馆际互借中心、资源协调中心、培训中心和联合信息咨询中心。BALIS的宗旨是，在北京市教委的领导下，把国家的投资、现代图书馆理念、先进的技术手段、高校丰富的文献资源和人力资源整合起来，建设北京高等教育文献联合保障体系，依托成熟的系统平台，实现文献资源的共建、共知、共享，以发挥最大的社会效益和经济效益，为北京的高等教育服务，为北京的经济建设和社会发展服务。BALIS的启动标志着北京地区高校图书馆文献资源建设又向前迈了一步，北京地区高校图书馆在这个平台上的合作与交流将日益加强，更加有利于北京地区高校图书馆共建共享工作的开展。今后，在北京市教委直接领导下，在北京高校图工委的指导下，在全市各高校图书馆的大力支持下，BALIS一定会为北京地区高校图书馆资源共建共享、为北京高等教育的发展做出更大的贡献。[12]

目前BALIS馆际互借系统主要存在三方面的问题：第一，现在的馆际互借系统主要通过OPAC无接口程序实现"虚拟联合目录检索"，但在BALIS现有的81家成员馆中，部分成员馆没有OPAC系统，或其OPAC系统只能通过校园内网访问，这远远不能满足所有成员馆馆际互借畅通无阻的需求，应将统一检索作为一个重点进行研发；第二，目前，馆际互借系统和原文传递系统分为两个系统，这就造成读者需分别注册才能共享资源，所以应将两个系统合并，实现统一认证，从而使读者只需注册一次便可享受馆际互借和原文传递服务；第三，商业物流应保证馆际互借服务的时效性，在软件开发和系统维护上应考虑将联合体馆际互借的自取、商业物流、邮寄等多种运送方式整合起来，从而更加方便读者。[13]

通过云计算这一技术，可以有效地解决以上馆际互借系统存在的主要问题。利用云计算的契机实现对自身组织机制的变革，体现在两方面：一是通过内部资源整合，促进组织内部的业务流程重组以及与之相关的人员、资金、机构的重组，通过群体决策与分散管理相结合的模式，促使每个成员将自己的工作从以收集管理信息资源为主转变为以提供信息检索联结和传递为主，从以云计算为中心转变为以用户为中心，从而实现资源共享和再利用；二是通过外部资源整合，图书情报机构组织之间可以充分利用各自的优势资源，实现优势互补，进一步拓展共享空间。[14]

3.2 JALIS，即江苏省高等教育数字图书馆，它于2004年全面启动，是中国高等教育数字图书馆的一部分。JALIS分为三个层次：

服务管理层：由统一的JALIS资源管理、调度平台、文献传递服务系统、馆际互借、区域流通管理系统组成，是二期建设的重点，主负责对JALIS提供服务和资源；

资源层建设：它由JALIS集团采购的自建的特色数据库资源、学科导航库、数据库资源、书目数据资源等数据库实体组成。通过CALIS的统一资源管理平台，建立江苏省统一资源调度，接受CALIS调度，整合成CALIS虚拟资源。

基础层：是所有资源实体和服务所依托的硬件平台和以汇文为主的本地管理系统。基础层主要以八个学科、地区文献中心为主体，结合全部JALIS成员馆的本地管理系统，构成完整的服务基础层。[15]

服务管理层的建设中资源提交，资源层建设中的资源调度，将资源虚拟化利用，基础层中的各学科整合，各高校学科之间的整合，无不需要云技术的服务。

2011年6月6日，项目组完成本地系统与JALIS服务部门的联合认证接口测试工作，测试实现了JALIS读者服务部门户到馆际互借、文献传递服务系统、E读、CCC系统的单点登录。目前JALIS项目进行到第三期特色数据库建设。[16]

JALIS下面各个地区也建立了小区域性的图书馆联盟，利用云的虚拟化技术完成了馆际之间的借阅，实现了资源共享。

4 国外高校图书馆区域联盟[17]

4.1 美国：Ohio Link（俄亥俄州大学图书馆联盟）美国是图书馆联盟发展最快的国家。大多数研究性图书馆都得到了政府的资助，建设的比较好的是“俄亥俄图书馆与信息网络”。它是美国俄亥俄州大学、学院图书馆与俄亥俄州图书馆组建的图书馆联盟。按照合作协议采集并进行联机编目，开展网上图书流通服务，进行馆际互借，共同开发馆藏资源、运用网上电子文献资源。

4.2 德国：KOBV（德国柏林暨勃兰登催州区内图书馆联网组织）在区域性范围内德国通常以图书馆网络的形式开展合作。通过资源的整合充分实现信息资源的共享。KOBV用虚拟的公共在线检索目录取代传统的中央联合检索目录，读者只需通过一个界面就能找到需要但又属于不同图书馆的文献资源。利用一个入门网站，它将各种信息资源进行整合来为读者提供增值式服务。

4.3 英国：BLDSC（大英图书馆文献供应中心）英国更偏重于集中型模式，英国的国家中央馆藏中心——大英图书馆文献供应中心（BLDSC），以绝对的馆藏量占领英国馆际互借的中心，它接受的申请中3/4以电子方式提出，能在8至24小时把申请的资料寄给读者。

4.4 日本：NACSIS日本学术情报中心（National Center for Science Information Systems简称NACSIS）日本的图书馆资源共享以政府以及协会为主导，走的是一条高度制度化、组织化、有序推进的道路。NACSIS的建立标志日本开始进入以计算机网络为基础的资源共享阶段，这是一个全国性的资源共享。以NACSIS为中枢机构，全国国立、私立、公立大学共同参加，把人文、科学、社会等各个领域的学术信息作为对象，通过计算机和数据通信网连接大学的大型计算机中心、图书馆、综合信息处理中心等，由此日本形成了一个收集、整理并且为研究者提供所需要的学术信息的全国性综合信息共享系统。

5 高校图书馆区域联盟的问题讨论

5.1 观念问题[18]：观念更新也是一个极为重要的方面。区域图书馆网络的建设将从根本上改变图书馆的发展方式、意识及手段，这比将计算机技术运用到图书馆使其从传统走向现代给人的冲击更大。图书馆传统职能逐渐被削弱，图书馆人有些找不到自我，这些过程会使一些馆员困惑并且不适。再有是一些原有的知识结构区域图书馆在网络化面前会力不从心，一些人会怀疑自己的价值，不知道怎么自我定位。传统遗留下来的观念：图书馆服务是被动的，这种被动消极的服务意识滞留在很多人的脑中。

大馆需要的资料小馆没有，然而小馆向大馆仅仅索取没有付出，这将影响区域联盟的建设，小馆应加强对特色资源的建设，充分地将自身的优势发挥出来，在区域化资源共享中发挥一定的作用。大馆也应给小馆提供一些方法帮助，从而使区域资源共享向良性循环的方向发展。[6]

5.2 资金问题[19]：区域联盟的Ohio LINK的经费来源主要是州政府的财政拨款，这些款项用于系统的硬件与软件、参考资料库、网络维护、人事、软件维护、资料库签约、管理、办公设备等。而国内的区域联盟，以长三角图书馆联盟为例来说，秘书处的日常开销由挂靠单位三省市图书馆分别自筹。合作项目经费由项目小组根据各馆预测而明确各馆出资额度，也会得到资助单位支持，这说明该联盟没有固定的资金来源。

5.3 人才问题[6]：图书馆离不开信息技术人员，但现在存在这样的情况，图书馆目前待遇偏低，对高素质、高学历的技术人才缺乏吸引力。大馆有其自身的优势与经验，人才比较集中，而小馆引进正规专业的技术人才比较困难，这就造成了人才分布不均的情况。

5.4 管理问题：(1)、电子资源重叠问题。[9]作为主要信息源的期刊和电子图书等，无论是单馆还是各成员馆间，都会产生重叠购买的问题。出现资源重复率高，购买同类电子资源过多，这些数据库价格不菲无疑加重了图书馆的经济负担，在一定程度上造成浪费，并且影响到其他资源的购置。据统计期刊方面，CNKI有89%的期刊被维普、万方收录，万方有94%的期刊被维普、CNKI收录，而维普也有一半被另两库收录。[17]图书方面，超星和读秀收录的中文电子书几乎包括了书生之家和方正Apabi的全部品种，若一个图书馆这几个库全部购买，资源重复购置现象很突出。

(2)目前国内图书馆联盟建设是条块分割的，系统之间缺乏横向协调机制，采用多种技术标准，没有一个统一的建设平台。图书馆联盟普遍缺乏具有指导、规划、协调、管理的组织机构来领导、监督管理，也无有利于联盟发展的法律文件。一些联盟在管理上只依靠联盟章程来约束其行为，而没有一套切实可行的管理制度，不能有效协调和沟通，从而导致了资源开发时无法充分发挥联盟的作用。同时，成员受狭隘利益驱使的行为无法控制，并且联盟成员之间利益竞争无法协调，这些不利于联盟的发展。[7]

6 结论和建议

小结：区域数字图书馆联盟会在组织结构上各成员单位独立分布、地位平等，体系建设上资源共享、平台共建，服务与效益上是相互合作并互惠互利。将云计算引入数字图书馆的建设如提供强大的数据存储和网络服务功能，解决数字图书馆技术上的异质问题，减少数字图书馆存储空间的成本，提供更完善的人机交互功能。

建议：云图书馆区域联盟的发展给中国高校图书馆和用户提供了新的更有效的服务，并且为图书馆带来了一定的效益，但随之而来也有一些问题。云图书馆区域联盟的管理影响着它的发展，这是决定其能否成功的重要因素。上述问题以及如何有效的分配及利用人力、物力、财力、资源是今后建设区域联盟所要解决的主要问题。针对这些问题，可以改进以下几个方面：第一，加强共享理念与合作精神。现如今图书馆建设费用极高，计算机的加入以及科技的发展使得信息更新极快，而图书和期刊价格居高不下，电子资源价格也极高。我们必须要认清这个现状，加强各馆之间的协作，才是经济合理的途径。第二，建立完善的管理体系。应该建立一个大家公认的领导机构，选用行业的专家来负责日常的规划、运作、资金分配等。第三，整体上加强立法实管理，从根本抓起，来保障云图书馆区域联盟的信息安全，用户安全。

虽然我国云图书馆区域联盟起步较晚，发展慢了一步，但是相信随着我们工作人员的不断努力，它将逐步走向成熟，给人们提供更好的服务，自身得到更好的发展。

参考文献

[1]胡新平．云图书馆构想[J]．情报理论与实践，2010(6)

[2]赵冬梅．构建中学图书馆区域联盟探析[J]．中小学图书情报世界，2006(12)

[3]王静一．基于云计算技术的数字图书馆云服务平台架构研究[D]．吉林大学，2011

[4]谢友宁．区域图书馆联合体应加强规划与多样性建设[J]．新世纪图书馆，2011(1)

[5]李世玲，李素喜，王晓云．城市区域性图书馆门户的构建[J]．图书情报工作，2007(5)

[6]杨辉，黄杰东，刘琼英．防火墙技术在图书馆区域联盟网络构建中的应用[J]．内江师范学院学报，2012(2)

[7]黄筱瑾，曹均，刘金玲．基于高校图书馆区域联盟的资源共享平台构建[J]．图书馆学研究，2011(22)

[8]张忠．网络信息环境下图书馆区域联盟的发展趋势[J]．科技信息(科学·教研)，2008(13)：289

[9]梅向东．探索图书馆文献资源共享的共赢模式[J]．贵图学刊，2010(2)

[10]王倩，刘金玲．图书馆联盟电子资源的重叠及互补关系定量研究——以四川省高校图书馆为例[J]．图书馆

[11]范亚芳，郭太敏．我国区域性图书馆联盟运行机制研究[J]．图书馆工作与研究，2009(3)

[12]张慧萍．BALIS资源共享服务研究[J]．科技情报开发与经济，2011(21)

[13]赵晓晔．BALIS"馆际互借"的实践与发展[J]．图书馆建设，2009(9)

[14]陈江静．云计算环境下地方高校信息资源共享的最大化[J]．科技情报开发与经济，2011，21(15)：84－86

[15]沈明．"江苏省高等教育数字图书馆"(JALIS)建设全面启动 JALIS 管理中心[EB/OL]．http：//project. calis. edu. cn/calisnew/images1/neikan/2/1-8. htm，2005-01-06/2012-09-18

[16]JALIS 管理中心 JALIS 特色资源整合平台项目组．关于 JALIS 三期特色数据库数据提交的通知[EB/OL]．http：//202. 119. 47. 16/NTCMS-web/CmsViewAction. do? method＝getCon&data＝{ID：807}，2012-08-29/2012-09-18

[17]陈威莉，叶素萍．国外区域图书馆联盟的发展现状研究对我国的启示[J]．科技信息，2011(33)

[18]涂中群．区域图书馆：挑战与应对之策[J]．新世纪图书馆，2005(6)：59－62
[19]杨帅．论我国区域图书馆联盟的建设与发展——以长江三角洲图书馆联盟为例[J]．新世纪图书
[20]王靖，张金锁．综合评价中确定权重向量的几种方法比较[J]．河北工业大学学报，2001(2)
[21]王文清，陈凌．CALIS数字图书馆云服务平台模型[J]．大学图书馆学报，2009(4)

作者简介：谢友宁(1957—　)，男，现任河海大学图书馆(信息研究所)资源建设部主任，江苏省高校图书情报工作委员会资源建设委员会委员，硕士生导师；主要研究方向：信息安全管理、商业情报伦理、信息法、数据库与知识产权保护、出版与知识传播、文化遗产保护。
杜小丹(1987—　)女，硕士，研究方向：竞争情报。
陈　舒(1989—　)女，硕士，研究方向：竞争情报。

区域图书馆联盟资源共享制度优化策略分析*

——基于制度变迁理论的视角

周子剑

（江西财经大学图书馆）

摘　要：区域图书馆联盟是图书馆服务体制变革需求下的制度创新产物，基于区域图书馆联盟通过联盟成员馆之间的资源共建共享，有效解决读者信息获取与图书馆资源建设的矛盾，形成联盟、图书馆与读者的多赢局面。本文基于制度变迁理论的视角，以昌北高校图书馆联盟（CALA）文献传递为例，分析了区域图书馆联盟资源共享中的制度变迁收益与成本，提出了区域图书馆联盟资源共享的制度优化策略。

关键词：制度变迁理论　资源共享　昌北高校图书馆联盟（CALA）　文献传递　优化策略

Study on Resource Sharing Institutional Optimization of Regional Library Alliance

——Based on Institution Change Theory

Zhou Zijian

(Library of Jiangxi University of Finance and Economics)

Abstract: Regional library alliance is an outcome of the demand inducing innovation of library service system, which effective resolves conflicts between information acquisition of users and construction of library information resources by resources joint building and sharing among member libraries and creates multi-win situation among library alliance, member libraries and users. This paper takes document delivery of Changbei academic library alliance(CALA) for example and analyses the profit gained and cost paid of institutional change in resource sharing of regional library alliance and puts forward institutional optimization strategy in resource sharing of regional library alliance.

Keywords: Institution Change Theory; Resource Sharing; Changbei Academic Library Alliance(CALA); Document Delivery; Optimization Strategy

---

* 本文为江西省社会科学"十一五"(2010 年)规划项目"江西省高校图书馆联盟信息服务体系研究"(项目编号：10TW27)，江西省社会科学"十二五"(2011 年)规划项目"江西省数字图书馆阅读推广研究"(项目编号：11TW02)的阶段性研究成果。

进入“信息爆炸”时代后，面对读者信息需求几何级数的增长，高校图书馆的资源建设力度(包括纸质资源和电子资源)远远跟不上需求的脚步，高校图书馆体制亟需改变，区域图书馆联盟正是在这种背景下的制度创新产物。区域图书馆联盟的建立能够使联盟成员之间各类信息资源优化配置、共建共享，最大限度满足读者需求，而这其中，文献传递服务是区域图书馆联盟资源共享的主要途径之一(目前，国内学者对文献传递服务的内容概念有广义和狭义的理解，从本文的研究出发，笔者接受狭义的概念，随着网络技术的不断进步，电子资源的文献传递服务已成为文献传递服务的主流，本文的文献传递服务具体的是指电子资源的文献传递服务)。通过联盟成员馆之间的资源共建共享，有效解决读者信息获取与图书馆资源建设的矛盾，形成联盟、图书馆与读者的多赢局面。本文基于制度变迁理论的视角，以昌北高校图书馆联盟(CALA)文献传递为例，分析了区域图书馆联盟资源共享中的制度变迁收益与成本，提出了区域图书馆联盟资源共享的制度优化策略。

1 制度变迁与图书馆联盟

1.1 制度变迁理论

制度变迁理论(Institution Change Theory)是新制度经济学领域的一个重要理论分支。1993年诺贝尔经济学奖获得者 Douglass C. North(道格拉斯·C·诺思)认为制度变迁(Institution Change)就是制度的替代、转换与交易，是一种效率更高的新制度替代原有制度的过程，它表现为制度创新或制度发展，即新制度(或新制度结构)产生、扬弃或改变旧制度(或旧制度框架)的过程。制度变迁理论认为制度变迁之所以会发生是由于新制度可以给人们带来额外的收益，即制度变迁的动力来自再缔约所能够带来的收益。制度变迁的需求来源于现有制度下无法获得的收益，也即潜在利润，诺思将之称为“外部利润”。但有了潜在利润，制度变迁也未必发生，制度变迁是要支付成本的(制度是一种公共产品，它是由个人或组织生产出来的，这就是制度的供给。由于人们的有限理性和资源的稀缺性，制度的供给是有限的、稀缺的)。因此，只有“预期的净收益(即指潜在利润)超过预期的成本，一项制度安排就会被创新”[1]。

1.2 基于制度变迁视角的图书馆联盟形成机理

在制度变迁的过程中，制度与组织之间的相互作用，是制度变迁的关键点。组织从本质上说是一系列正式与非正式制度安排的集合体，是一种或一整套合约关系[2]，但不仅仅是合约，还有习俗和意识形态等等[3]。组织是在现存制度允许的范围内产生和发展的，它实现着制度的功能。而另一方面，组织又会影响制度变迁的方向及其进程。它既可以成为阻止制度变迁的巨大障碍，又可成为促进制度变迁的重要力量。

图书馆与图书馆联盟都是一种组织结构，在信息与网络技术尚未广泛应用之前，图书馆通过自身的文献资源建设满足本馆读者的文献需求：在既有的制度供给条件下，资源获取技术与途径有限(信息与网络技术未在图书馆应用之前，读者仅能通过手工或半手工来获取本馆馆藏资源——技术有限。即使在需求明确的前提下，面对巨大的馆藏文献(相对于单个读者而言，图书馆的馆藏是巨量的)，读者也往往难以全面获取所需的已有馆藏文献——渠道有限)，读者需求被限定在对已有的馆藏文献的获取中，图书馆力图通过提高文献馆藏种类、数量和文献检索途径优化等方式尽可能满足本馆读者的文献需求。而读者若想获取没有馆藏的文献，获取成本较大，图书馆往往难以向其提供(在该条件下，读者若希望通过文献传递获取全文，往往需要承担检索费、文印费、邮寄费等，其支出成本往往高于其获取信息所获得的收益)。在这种制度安排下，读者获取的资源往往是不全面的，读者需求受到制度安排的约束。想要改变既有制度安排，其制度变迁成本远远高于潜在收益。因此，图书馆是既定制度供给与制度需求均衡状态下的一种有效组织结构，它能够有效满足既有制度下的文献需求(尽管这种满足状态是读者的有限需求满足，但相对于额外需求所需付出的更多成本，在这种制度安排下的制度边际收益等于边际成本，制度供给与制度需求处于制度均衡状态)。但随着信息与网络技术的飞速发展以及广泛应用，信息总量以惊人的速度增长，随之而来的是读者的信息需求以乘数效应方式增长。然而图书馆的馆藏文献却远远赶不上文献资源的增长数量与更新速度。制度变迁相关理论研究指出：当某些外在因素的变化可能导致制度创新的潜在收入增加或进行制度创新的成本可能降低时，制度均衡状态将被打破，制度需求诱致下制度变迁将产生，新的制度安排可能会被创造[4]。网络技术的发展以及网络环境的变化形成了图书馆既有制度变迁的外在诱因，原有图书馆组织结构下的制度安排形成的文献资源供给无法满足新制度环境下的文献资源需求，图书馆的组织结构模式亟需变革，而图书馆联盟组织模式正是读者需求诱致下图书馆制度创新的产物。读者通过馆际间的资源共享，文献信息获取的成本大大降低，图书馆联盟组织模式的制度安排将有效满足信息时代读者的文献需求。因此，图书馆联盟是在图书馆原有制度供给不足情况下、制度需求诱致下的制度变迁结果。

1.3 昌北高校图书馆联盟(CALA)概述

昌北高校图书馆联盟(Changbei Academic Library Alliance，缩写为 CALA)的成立是本文前述的理论与现实实践背景下的产物，CALA 的产生有效地改变了各成员馆制度供给不足的情况。CALA 依托北京世纪读秀技术有限公司 Medalink 系统平台，以江西高校图书馆的传统文献和数字资源为基础，为读者打造的“一站式”资源统一检索和服务平台。它实现了各高校图书馆传统文献和数字资源在同一平台上的整合以及统一调度使用、电子文献原文传递、纸质文献馆际互借，为广大读者提供全方位的文献获取服务。CALA 的建立极大的满足了各成员馆读者的文献需求。据统计，2010 年 9 月 1 日至 2011 年 8 月 31 日期间，CALA 读者申请的各类电子文献资源(含中外文期刊、报纸、学位论文、会议论文、专利和标准等)共计 42042 条记录，日均申请约 115 条。CALA 各成员馆累计回复记录共计 12699 条，日均回复约 35 条。

CALA 的成员馆包括 JXCD 图书馆、HDJD 图书馆、JXND 图书馆、NCHK 图书馆和 DHLG 图书馆等江西高校图书馆。联盟成员馆所在高校主要学科专业涵盖了理、工、农、经管等，各校学科专业各有侧重点，又能够互为补充。与此相对应，各成员馆的馆藏资源也各自侧重本校的专业特点，由此在联盟内形成联盟馆藏专业涵盖面广，各成员馆馆藏各具特色、互为补充，这种资源分布特点能够有效保障联盟内读者的不同文献需求。CALA 的建立及相关制度的设定有效实现了各成员馆资源的共享，较好地满足了读者需求：(1)CALA 资源共享模式的创新推动了共享效率的提升；(2)读者资源获取的便捷性提高了读者文献需求的意愿；(3)成员馆间资源的优化配置与整合保障了资源共享的效率；(4)成员馆间的竞争合作机制激发了馆员资源共享的积极性。

2 CALA文献传递的制度困境分析

对于图书馆联盟而言，在图书馆联盟形成过程中的制度变迁会面临馆际协调、业务整合、业务流程变化、工作人员的业务素质等产生的困境。具体到CALA的文献传递服务，体现在以下几个方面：

2.1 系统平台联合目录不完善增加了文献检索与传递的困难

一个全面、准确、规范的联盟文献资源联合目录对于文献传递服务的效率与质量非常重要，读者只有准确检索文献并确定馆藏后才能决定是否需要申请传递，而后台传递馆员也以此确定本馆是否有馆藏，是否可以进行传递服务。CALA系统平台采用的是从各个成员馆馆藏数据库中抓取目次而自动生成数据库。这种方法虽然速度快、数据质量高，但笔者在实际应用过程中发现这也造成了一些弊端。首先，各成员馆未能向系统平台揭示馆藏数据库具体采购信息，导致系统平台抓取目次出错。例如：笔者所在成员馆未购置"中国知网"下的"中国重要会议论文全文数据库"，但在系统抓取目次时把该子库也确认为本馆馆藏，导致读者直接点击系统平台上的全文链接而无法获取全文，后台传递馆员也常常误以为有全文而接受该任务却无法完成该任务，影响了服务效率；其次，系统平台往往在一次抓取目录后很久不会更新，使得目录数据未能及时反映成员馆馆藏数据库变化情况，实际馆藏情况与数据库中的数据不符，造成提交申请后无法提供文献；再次，系统平台未能真实反映馆藏数据库中的文献是否有全文(主要集中在外文数据库中)，增加了读者与后台传递馆员操作成本。例如，很多外文数据库只提供某些文献的摘要目录而不提供全文信息，但系统平台在抓取目录时并未予以区分，读者或后台传递馆员则会将这些文献信息误以为都存在全文来点击获取，增加了操作成本；最后，对于同一文献可能在不同数据库均存在，但可能由于不同数据库的编目格式问题导致系统平台在抓取目录时并未将它们归类至同一目录信息下，导致读者在检索时同一文献多次显示，增加了读者使用成本。例如："高振均：重庆市城镇居民消费结构的实证研究——基于2000－2008年的数据[J].重庆师范大学学报：自然科学版，2011(2)"一文在系统平台通过检索题名"重庆市城镇居民消费结构的实证研究"就显示有三条记录，其中一条显示有本馆馆藏全文，而另两条则未显示有馆藏。这种情况往往造成读者疑惑，不知是否为同一文献，增加了其平台使用难度。

2.2 系统平台安全性风险与技术风险

为了方便联盟进行各类资源共享、实现各成员馆间检索、传递等业务的无缝链接，各成员馆服务器的部分端口必须相互放开，例如系统平台在抓取数据库目录信息时，需要成员馆开放相关端口。但这些端口的开放可能造成图书馆的网络和服务器更易遭受网络恶意攻击，对图书馆的网络及数据安全构成威胁；另外，联盟成员馆间的文献信息协调、跨系统的文献共享服务平台的建设需要信息技术的支持，但是由于各馆集成管理系统间缺乏统一的规划和统一的建设标准，可能导致后续资源共享体系建设过程中出现诸多在目前难以克服的技术难题，使得文献信息资源共建共享进程受到阻碍，由此将导致成本增加[5]。

2.3 版权问题引致潜在侵权风险

版权问题(Copy Right)一直是文献传递研究领域最为关注的热点问题之一[6-9]。但与CALIS、NSTL和CASHL等公益性质的传递服务不同的是CALA传递服务是基于商业模式下的文献传递，而传递平台供应商并不具有所有文献的版权或与相关版权所有人签订相关复制、传播协议，因而其侵权风险更高。

2.4 读者信息素养问题

在CALA文献传递服务过程中，笔者发现由于读者信息素养不高往往会导致复制性、重复性以及大量的文献申请问题[10]，从而增加传递馆员的相关成本。首先，读者通过系统平台检索文献后，对于检索结果不分辨本馆是否已有馆藏而一律申请传递(即复制性文献传递)，其原因可能是读者没有注意到相关信息下的本馆链接接口或存在对图书馆员的过分依赖性，希望馆员提供所需文献资源内容；其次，读者对同一文献提出几次申请(即重复性文献传递)，就笔者观察其主要原因是因为系统刷新不及时，读者以为提交失败，于是再次提出申请所导致；最后，同一时间段大量申请，读者往往在学位论文开题或课题申报时，对相关研究的文献信息在未确定其是否有价值而大批量的申请传递，结果造成资源的浪费。

2.5 传递馆员业务素质问题

在文献传递服务中，文献传递馆员收集信息、处理信息、传递信息的能力很大程度影响文献传递服务工作效率。首先，如果文献传递馆员业务素质不高，对文献分布、获取渠道不熟悉，信息检索技能不熟练都有可能导致本来可以检索到的文献"丢失"，从而人为地降低文献传递的满足率[11]；其次，传递馆员业务处理上会形成"路径依赖"(Path－Dependence，是指人类社会中的技术演进或制度变迁均有类似于物理学中的惯性，即一旦进入某一路径就可能对这种路径产生依赖。一旦人们做了某种选择，惯性的力量会使这一选择不断自我强化，并让你轻易走不出去)，即馆员已经习惯于原有状态下的工作模式或业务流程，而文献传递模式下新的工作模式或业务流程会使馆员有不适应的感觉，在一定程度上会影响文献传递的效率。

2.6 激励机制不完善引致无序竞争

有效的激励机制可以促进联盟内的适度竞争，进而提升文献传递服务绩效。目前，CALA的激励机制总体是有效的，提高了文献传递服务的质量。但笔者还是发现现有的激励机制仍不完善，在一定程度上可能会形成联盟的无序竞争，进而可能影响文献传递服务绩效。目前，联盟内文献传递服务的考核主要以各成员馆乃至各传递馆员的文献传递数量为依据，而这种"激励"下的结果会形成文献传递馆员"抢"任务(文献传递申请)的现象(目前各成员馆电子文献数据库在一定程度上具有同质性，文献传递申请，尤其针对中文文献，可能多个成员馆均可解决，这也是"抢"任务的前提基础)，最终会导致无序竞争状态。首先，文献传递馆员会通过不断刷新系统平台页面的方式"抢"最新的文献传递任务，这导致了系统平台服务器响应慢，反而延缓了文献传递效率；其次，文献传递任务会在不同的成员馆间无效往返多次而得不到解决。即当解决不了的文献传递任务被退回时，会被一个不知情的传递馆员"抢"走，而再次退回时，又会被再次"抢"走，如此往复；最后，文献传递馆员过度关注于文献传递工作，而忽视了作为图书馆员的其他本职工作，有点本末倒置。

3 CALA文献传递的制度优化策略

3.1 完善文献传递系统平台联合目录

文献传递服务的有效开展必须以充分的资源揭示能力为保证。联合目录集中地揭示了各成员馆馆藏特点及其分布情况，是图书馆联盟开展文献传递、资源共享必不可少的工具。首先，联盟内成员馆必须重视馆藏资源尤其是数字资源的揭示与整合工作，为读者提供一个高效率的资源体系；其次，更为重要的是，文献传递系统平台联合目录数据库的建设有待进一步加强，系统平台应与各成员馆加强协调沟通，至少每半年核对一次各成员馆馆藏与订购情况(由于图书馆馆藏资源特别是电子资源一般在年中或年末会集中进行订购或续订，半年一次更新联合目录数据库较为合适)，及时更新联合目录的数据，使之比较符合馆藏实际情况，从而为读者提供切实的文献获取检索保障。

3.2 加强网络安全与技术支持，提高文献传递效率

文献传递服务从最开始读者提交申请到最后获取文献的整个过程都离不开网络的支持，良好的、畅通无阻的安全网络环境是保证文献传递服务效率和质量的必要前提条件[12]。因此，文献传递系统供应商应该强化网络安全技术支持，配置更高安全性和性能的服务器，定期维护CALA网络环境，包括在联合目录采集、文献传递申请过程中以及后台处理过程中都应该加强网络安全监控与技术支持，为读者充分享用文献传递系统提供保障。

3.3 通过集中采购，建设特色馆藏，尽可能减少侵权风险

在目前版权问题没有最好解决方案的前提下，通过集中采购优化成员馆间的资源配置与整合，建设各具学科特色的馆藏，可以实现各成员馆在馆藏发展中高效、经济地实现获取与购买的平衡。不仅可以在联盟内以较低的成本支出来构建一个完备的、共同的资源保障体系，而且通过联盟内资源的相互获取尽可能减少版权侵权风险。

3.4 开展读者培训，提高读者信息素养

读者的信息素养是提高文献传递申请质量，减少传递馆员不必要的工作的前提，频率较高的复制性文献传递申请说明很多读者对图书馆的馆藏不熟悉，不知道如何利用图书馆资源。图书馆应该通过各种途径对其进行培训，提高其信息素养，主要途径有：利用图书馆主页宣传馆藏资源与文献传递服务、开展专题讲座、发放宣传材料、深入院系直接对师生进行培训等，使更多的读者掌握数据库检索技巧，充分利用馆藏资源，熟悉文献传递服务流程，更好地利用文献传递服务[12][13]。

3.5 加强文献传递馆员业务能力，提高文献传递服务质量

文献传递工作对文献传递馆员素质要求较高，因此应该提高馆员的业务能力和信息素养。要求文献传递馆员具备一定水平的计算机与网络应用能力，要熟练掌握文献传递系统平台各项功能的使用，要熟悉馆藏，能够准确、快捷的检索国内外各类数据库。不仅能够准确提供读者申请的文献信息，还能引导读者提高获取信息的能力。另外，还要加强文献传递馆员职业责任教育，培养馆员敬岗爱业，应始终以读者的根本利益和需要为一切行动的准则，尽可能满足读者需求。

3.6 优化激励机制，创建良性竞争氛围

目前，CALA的激励机制总体是有效的，提高了文献传递服务的效率和质量，提升了读者满意度。对于现有机制的不完善之处，笔者建议应该对现有机制进行微调，优化激励机制，创建良性竞争氛围。就是以文献传递馆员的文献传递工作与图书馆本职工作的全面考核为基础，综合考察文献传递数量、效率、质量以及读者获取资源的能力，也就是不仅考核其文献传递工作中的业绩，更要考核其为提高读者充分利用馆藏资源，熟悉文献传

递服务流程，更好地利用文献传递服务等所作的业绩。具体而言，对于文献传递服务，建议实现各成员馆轮值制度，以一个固定的周期(如一个星期或一个月)轮值开展文献传递服务，对于成员馆无法解决的传递申请通过联盟工作 QQ 群及时进行沟通协调，这样可以有效地避免众多馆员扎堆"抢夺"文献申请任务形成的无序竞争状态。而其余传递馆员应该致力于深化信息服务，对馆藏信息进行深加工处理，为读者提供精确的、高层次的二次信息产品，提升读者馆藏利用效率。

参考文献

[1]L. E. 戴维斯，D. C. 诺斯．制度变迁的理论：概念与原因[A]. 财产权利与制度变迁——产权学派与新制度经济学译文集[C]. 上海三联书店，1991

[2]周其仁．市场里的企业：一个人力资本与非人力资本的特别合约[J]. 经济研究，1996(6)：71—80

[3]邓宏图．组织、组织演进及制度变迁的经济解释——质疑"伪古典化"的"杨小凯范式"[J]. 南开经济研究，2003(1)：23—27，48

[4]L. E. 戴维斯，D. C. 诺斯．制度创新的理论：描述、类推和说明[A]. 财产权利与制度变迁——产权学派与新制度经济学译文集[C]. 上海三联书店，1991

[5]喻樟．财经高校图书馆文献资源共建共享问题初探[Z]. 中国高教学会财经分会图书资料协作委员会 2011 年会会议论文(内部资料)，2011

[6]林嘉．文献传递模式比较与启示[J]. 图书馆，2003(5)：19—22

[7]胡芳，钟永恒．电子资源许可协议对文献传递服务的影响及应对策略[J]. 图书馆杂志，2007(11)：27—29，5

[8]夏磊．近十年国外馆际互借和文献传递研究的文献综述[J]. 图书馆杂志，2011(7)：14—17，68

[9]赵秀君，葛贤．借助文献传递服务拓展中小型图书馆的资源与服务[J]. 情报理论与实践，2011(7)：89—91，70

[10]黄丹．文献传递服务中存在的问题及对策——以武汉大学图书馆为例[J]. 图书情报知识，2006(2)：53—55

[11]钟萍，翁淳光，肖廷超．图书馆文献传递障碍论析[J]. 现代情报，2006(11)：118—119，122

[12]肖景．文献传递系统推广中的问题及对策——以湖北省数字图书馆文献传递系统为例[J]. 图书馆理论与实践，2009(8)：55—57

[13]杨薇．区域性文献传递网组织管理模式的变革及对策研究——以福建省文献传递协作网为例

[14]徐速，杨广锋．区域性图书馆联盟文献传递服务分析[J]. 情报科学，2011(5)：742—746

[15]杨薇．区域性文献传递网组织管理模式的变革及对策研究——以福建省文献传递协作网为例[J]. 图书馆杂志，2011(6)：34—37

[16]陈蓉蓉，唐惠燕，任延安．用户馆文献传递服务模式研究与实践[J]. 图书馆理论与实践，2011(2)：106—109

作者简介：周子剑，(1975—)，男，江西南丰人，管理学硕士，助理研究员，就职于江西财经大学图书馆信息咨询部，研究方向：信息资源建设与信息服务。

中美图书馆联盟模式比较研究

汤谷香
（首都师范大学图书馆）

摘　要：图书馆联盟是图书馆发展的必然趋势。本文阐述了图书馆联盟的定义，介绍了美、中两国图书馆联盟的模式，并从地域范围、发展状况、资源共享的范围和技术等三个方面进行比较，借鉴美国图书馆联盟成功的运作模式，认为我国图书馆联盟可从加强区域性图书馆联盟建设、建设纵横交错的立交式图书馆网络体系、培养图书馆联盟合作及文化传承意识等方面进一步深化我国图书馆联盟建设。

关键词：中国　美国　图书馆联盟　模式

Comparative Study of China and US Library Consortium

Tang Guxiang
(Library，Capital Normal University)

Abstract：It is the inevitable trend to establish the Library Consortium for the development of libraries. The paper expounded the definition of Library Consortium，introduced the pattern of U. S. and China's Library Consortium，and compared them from the geographical scope，development，and the scope and technology of resource sharing. Learn from the successful mode of Library Consortium in USA，I think library Consortium in China can be further deepened through Strengthening the regional library consortium，constructing interchange library network system that crisscross，and bringing up the awareness of Library Consortium's Cooperation and cultural heritage.

Keywords：China；USA；Library Consortium；Pattern

海明威曾说“没有一个人能像小岛一样独自存在”，其实图书馆也如此。经费、空间等因素的制约与图书馆系统收藏这一永恒的矛盾，任何图书馆都无法回避。因此转而寻求合作，以期合力解决这一矛盾。于是，图书馆联盟应运而生，图书馆界开始不断地在实践中摸索图书馆联盟运作的最佳模式。而美国图书馆联盟起步较早，发展至今，其运作模式已较为成熟。本文选择美国图书馆联盟模式为研究对象，将其与国内图书馆联盟模式进行比较，分析国内存在的问题，旨在为国内该方面的工作提供借鉴。

1 图书馆联盟的界定

早在 1879 年，G. L. Campbell 就在“Grouping of places for Library purposes”[1]一文中提出“Cooperation”这一概念；1886 年，Molvil Dewey 在其“Library Cooperation”[2]一文中将概念进一步细化为 Library Cooperation。之后，图书馆联盟理论研究不断深入，国内外学术界对“什么是图书馆联盟”却有着不同的理解和界定。综合起来，大致可分为以下两个观点：

1.1 图书馆联盟是实现资源共享的联合体

马丁(Susan K. Martin)认为图书馆联盟是：“各自独立的图书馆相互结合或组织形成一个系统去达成某些特定的目标。这种图书馆的联合行动必须包括一个交流机构。”[3]国内学者胡立耘则认为，图书馆联盟是指为了实现资源共享、利益互惠的目的而组织起来的，以若干图书馆为主体，联合相关的信息资源系统，根据共同认可的协议和合同，按照统一的技术标准和工作程序，通过一定的信息传递结构，执行一项或多项合作功能的联合体。[3]此外，周明华也认为图书馆联盟是图书馆自动化网络的发展，强调的是网络环境下的资源共享，突破传统图书馆网的范畴，把图书馆视为信息信道系统中的重要一环，将图书馆与其他信息处理部门连接起来，共同完成对信息的处理与服务工作。[4]

1.2 图书馆联盟是对图书资源的共享活动

图书馆合作指两个或两个以上的图书馆，为了改进服务及减少成本，本着互利原则而开展的资源共享活动。[5]此外，学者朱晓华、王新明也认为图书馆联盟是指两个或两个以上图书馆按照自愿原则签订一定的合同或协议，为实现资源共享而结成的合作组织，可能有具体的组织实体，也可能没有实际的组织机构。[6]学者叶宏也指出：图书馆联盟可能有具体的组织实体，也可能没有实际的组织机构。[7]

笔者认为，无论是侧重于“联合体”这一机构层面，还是侧重于“资源共享”这一内容层面，图书馆联盟均应符合以下几项特点：其一，借助于互联网进行传递与交流，能够实现跨地域乃至全国甚至全球的图书馆资源共享，但联盟成员仍是相对独立和自治的实体；其二，在联盟的实际运作中，通过相应的规范和协议来控制和协调，联盟成员之间是平等、契约式的关系；其三，图书馆联盟的组织结构具有动态、开放的特点，联盟成员自身具有独立性和自主性；其四，图书馆联盟的终极目的是传承文明。外国学者谢拉就清楚地看到了这一点，他说：“不能忘记许多世纪以来形成图书馆、为其规定方向、建立了我们今天知道的大量藏书的人文主义价值准则。图书馆就是书和人。在这个意义上，它是人文主义的事业。”[8]他认为图书馆作为一个部门是社会文化的产物，其目的是通过帮助个人了解他自己和他所处的环境来改良社会，图书馆所关心的是具有理性的人。实际上，从杜威的图书馆服务三准则到阮冈纳赞的图书馆五原则，直至今天兴起的图书馆文化研究与建设，“传承文明”的宗旨源远流长、一脉相传。

2 美国图书馆联盟的模式

美国目前已有 200 多个图书馆联盟，其图书馆联盟目前已经发展成为一个从上到下纵横交错的大型网络体系，既有国际性的超级联盟，又有全国性的数字图书馆联盟，同时几乎每一个州都至少有一个全州范围的图书馆联盟，有的是公共图书馆联盟，有的是大学图书馆联盟，有的则二者兼而有之，在州下面，分布着各个地区性图书馆联盟，而地区下面，又有大量的以一县或一个较小范围为基础的地方性图书馆联盟。

2.1 国际级联盟模式

美国OCLC(Online Computer Library Center)堪称当今世界最大的图书馆网络，拥有400多种语言的文献资源，每年以200万条的数据记录速度递增，使成员馆95%的编目数据实现了网络套录。其开展的馆际互借和文献传输服务，每年向全球图书馆传输的文献多达500万份，实现了全球范围的共建共享。

2.2 国家级联盟模式

典型代表有NN/LM(National Network of Libraries of Medicine，国家医学图书馆网)，它是一个专业性的图书馆联盟。此外，还有美国法律图书馆协会(American association of Law Libraries)、美国研究目录中心(Bibliographical Center for Research)、美国信息科学和技术社会(American Society for Information Science and Technology)、美国数字化图书馆联盟(DLF)等。总体说来，美国的全国性联盟并不多，现有的绝大多数是某一专业方面的全国性图书馆联盟。

2.3 地区性联盟模式

这些联盟在美国占有举足轻重的作用，它们不仅是一个州的信息中心，还起着整合本地区图书馆的作用。其中表现最突出的如俄亥俄图书馆与信息网络(The Ohio Library and Information Network，简称OhioLink)，其成员包括17所公立大学、43所私立大学、23所社区/专科学院图书馆及州图书馆。

2.4 跨州性联盟模式

典型范例有科罗拉多研究机构图书馆联盟(Committee no Institution cooperation)、北卡罗来纳及皮德蒙特高原自动化图书馆系统(North Carolina-Piedmont Automated Library System)和伊利诺斯州西部与爱荷华东部的Quad-LINC等。这些联盟从地域来说其实也是相邻的。

3 我国图书馆联盟的模式

随着社会信息化、数字化、网络化的迅速发展，我国图书馆联盟也开始蓬勃发展起来。

3.1 国家级联盟模式

目前我国国家级图书馆联盟又可分两大类型：一种是综合性联盟，如中国高校文献保障系统(CALIS)、国家科技图书文献中心(NSTL)和中国数字图书馆联盟等。它们都是由国家级的部门牵头，将一些具有较强实力的文献信息中心联合起来构成的一个强大的联盟组织，具有雄厚的购置信息资源的资金、设备和技术力量。另一种是专业性联盟，如全国外语院校图书馆联盟，该联盟旨在加强我国外语院校图书馆间的合作与交流，实现资源共享，为我国外语院校的读者打造一个优质的文献保障与服务平台。

3.2 区域性联盟模式

在CALIS和全国文化信息资源共享工程的实施项目背景下，2000年以后，区域性图书馆联盟开始兴建起来。值得注意的是，国内区域图书馆联盟的名称不一定会以“联盟”的字眼出现，常会命名为“文献资源共建共享协作网”、“网络图书馆”、“数字图书馆”、“文献保障系统"等。

目前国内主要的区域图书馆联盟有：北京高校网络图书馆、北京高校图书馆联合体、北京地区高校图书馆文献资源保障体系、上海市文献资源共建共享协作网、上海教育网络图书馆、天津高等教育文献信息中心、广州地区高校图书馆联盟、广东高校网络图书馆、广东省文献资源共建共享协作网、江苏省高等教育文献保障系统、河北省高等学校数字图书馆联盟、四川高校文献保障体系、河南省高等教育文献保障系统、湖南省文献信息资源共建共享协作网、湖南省高等学校数字图书馆、湖北省高等学校数字图书馆、山东省网上图书馆共享服务平台、吉林省图书馆联盟、浙江网络图书馆、江西昌北高校图书馆联盟、中国西南地区市地州图书馆联盟等。上述这些区域图书馆联盟中，除中国西南地区市地州图书馆联盟外，其余大部分其服务功能都是辐射本省区域。从地域分布来看：东部地区数量众多，且成熟度高；中部地区图书馆联盟数量较多，近年来发展迅速；西部地区图书馆联盟数量少，发展长期滞后于东、中部。

4 中美图书馆联盟的比较

中美图书馆联盟起步时间不同，联盟发展的社会环境和文化环境有很大的差别，使得他们的情况也有很大的区别。

4.1 地域范围方面

中美两国图书馆联盟的数量基本持平，但从图书馆联盟所涉及的地域范围而言，美国图书馆联盟的类型多样，中国图书馆联盟的类型略显单一。

从上文可知，目前美国图书馆联盟已形成一个较为成熟的网络体系，可以说触角已伸至各个图书馆。而在中国，全国性图书馆联盟中发展较好的主要是三类：以高校图书馆为主的联盟、以中国科学院为基础的联盟及以国家图书馆为中心发起的公共图书馆联盟。此外，以各省、自治区、直辖市为单位的省内区域性的图书馆联盟数量也相对较多。但总体而言，中国几乎没有跨省、跨地区的图书馆联盟。同时，我国图书馆联盟有一个较大的缺陷，大量的中小学图书馆被摒弃在外，显然这对处于求知欲极强阶段的中小学生信息获取意识、能力培养非常不利。这主要是因为国内图书馆条块分割严重，使基层的图书馆联盟需要多个地方机构为合作提供条件，而各地方政府对联盟的支持度不同，造成国内图书馆联盟类型单一，基层联盟不易发展。

4.2 发展状况方面

在中美两国众多图书馆联盟中，大学图书馆联盟都占有绝对地位，但从图书馆联盟发展状况而言，美国地区性图书馆联盟发展最好，而我国却是全国性图书馆联盟。

在美国，大学图书馆联盟或以大学图书馆为主的联盟差不多占了联盟总数的一半以上，许多著名的图书馆联盟都是以大学图书馆为主的，如佐治亚州的 GALILEO(Georgia Library Learning Online)、路易斯安娜州的 Library Network、俄亥俄州的 Oh1oLINK、德克萨斯州的 TexShare、弗吉尼亚州的 VIVA 等。在中国，大多数高校图书馆都参与了 CALIS(中国高等教育文献保障系统)，成为其服务馆或用户馆，即使是尚未加入这一联盟的，也或多或少参与了 CALlS 的项目，如集团采购国外电子资源。省级范围内，高校之间的合作也最为广泛，很早就开始进行了联合采购，为成员提供期刊联合目录。

而就发展状况而言，美国全州范围合作的图书馆联盟及以某一地区范围内图书馆为成员的图书馆联盟发展最为突出。根据对美国图书馆联盟的统计：国际性联盟有 2 个，全国性联盟 1 个，跨州范围联盟 5 个，州际联盟 33 个，地区性联盟 55 个，地方性联盟 10 个[9]。显然，美国地区性联盟数量占绝对优势。这是因为各州政府对联盟的投入多，对本州的信息资源起到很好的协调作用。而中国的图书馆联盟以全国范围内的大型图书馆联盟发展最为突出，而这与政府政策的支持和资金的投入、技术力量雄厚等因素分不开。但是，国内以省为区域范围的图书馆联盟虽然数量较多，然而合作类型较少，主要以联合编目、联合采购为主，共同的研究项目也不多，因此联盟的作用发挥得不是很好。

4.3 资源共享的范围和技术方面

两国图书馆联盟的资源共享在手段和方式方面大体相同，但范围和技术上差距则较大。

资源共享的对象有印刷型资源和电子资源，其共享方式一般可分为馆际互借、馆际文献复制、文献传递和馆际互阅等。从资源共享所采用的手段和方式方面来看，中美两国图书馆大体相同。但就资源共享的技术和范围来看，差距则相当大。美国图书馆信息共享资源内容丰富，且技术手段多样，实施资源共享的程度也比较深入和广泛，能采取便捷、有效的措施来保证资源的共享。此外，美国图书馆联盟共享的范围也因成员日益综合化而扩大到几乎所有公民。而我国图书馆相对较小，对用户设置了多种限定条件。在共享技术方面，国内仅有少数几个图书馆采用了多种手段和方式来实现资源共享，大多数图书馆联盟信息共享技术手段单一，技术落后，还有不少共享协议由于缺乏广泛的宣传和有效的贯彻实施，并没有达到其最初的目的。

5 美国图书馆联盟模式对我国的启示

作为图书馆联盟发源地的美国，其图书馆联盟的发展非常迅速。因此，借鉴美国图书馆联盟的发展经验是提高国内图书馆联盟发展水平的一个有效途径。

5.1 加强区域性图书馆联盟建设

上文已述及美国区域性图书馆联盟发展很成熟，从实践上看，地域范围小的联盟更容易成功组建和实施，各个联盟成员地理位置接近，易于实现信息资源、特别是实体信息资源的交流和共享。目前国内已有 CALIS、NSTL、CASHL、中国数字图书馆工程、全国文献资源共建共享网等全国性联盟。全国性大型联盟有其优势，但成员区域分布过广，联盟合作的基础参差不齐，理念及水平不同，信息服务的方式和手段也有很大差距。这种情况下，要达成一致的意见并付诸实施有一定的困难。因此，加强区域性图书馆联盟的建设，尤其是西部地区图书馆联盟的建设是我国图书馆联盟发展的方向。无论从文献资源建设投入的经费、文献的品种还是文献的总量，东西部同类型的图书馆都不在同一个水平线上。西部地区文献资源的总体水平较东部低得多，需要国家采取一些政策性的措施加以提高，以保证西部图书馆资源的共享。同时，图书馆联盟可以考虑以大学和科学院系统的图书馆为主干和牵头单位，争取在较短时间内发挥效益。

5.2 建设纵横交错的立交式图书馆网络体系

笔者以为图书馆联盟是一个综合开展各项合作的联盟，而非以单一目标为主的联盟。而从美国图书馆联盟的模式来看，因联盟的类型多样，各个图书馆可以根据自身需要同时参与多个联盟，以寻求利益的最大化。从这个经验来看，图书馆联盟最终的目标也应该是这样一个纵横交错的跨系统、跨行业的大型体系，而不再条块分割、泾渭分明。

5.3 培养图书馆联盟合作、文化传承意识

毫无疑问，在图书馆联盟的建设中，信息资源共享意识是联盟最终是否成功的基础，没有这一基础，合作是根本无法完全成功的。在美国图书馆界，普遍都有一个共识，那就是无论一个图书馆的类型、大小，它都拥有自己独特的馆藏，都有合作的价值。同时，由于绝大多数图书馆都是政府投资的公共机构，图书馆有这个义务将其所有的信息资源提供给尽可能多的公众。因此，采用各种方式来实现这一目标是其重要的任务，图书馆联盟就是在这一条件下成功建设的。而在我国，尽管几乎所有图书馆都赞同信息资源的共享，但在实践中却远非如此。例如资源共建的概念早已在图书馆联盟中提出，但各馆仍按大而全的方式去建设各自的馆藏。此外，服务意识的欠缺也是信息资源共享的一个重要障碍。有不少图书馆仍以保存为主，服务意识淡漠。这种意识的缺乏同样阻碍了信息的充分利用。

应当说，图书馆联盟的建设和发展所涉及的远不止上述这些，但通过对上述思路的实践和实现，可以从整体上为我国图书馆联盟的发展提供良好的基础，并抓住联盟发展的重点来有的放矢、务求实效，从而对联盟的建设和发展起到重要的推进作用。

参考文献

[1]Campbell，G. L. Grouping of Places for Library Purposes[J]. Library Journal，1897(4)：9—10

[2]Dewey，Melvil. Library Cooperation[J]. Library Journal，1886(11)：5—6

[3]胡立耘．图书馆联盟简论[J]. 图书馆，2003(5)，5—8

[4]周明华，谢春枝．美国大学图书馆联盟研究[J]. 中国图书馆学报，2003，47(5)：77—82

[5]肖容．基于国外图书馆联盟的经验[D]. 成都：西南财经大学，2009(硕士)

[6]朱晓华．在合作中生存发展——论图书馆联盟[J]. 图书情报工作，2004(7)，6—12；王新明．构建图书馆联盟的要素分析[J]. 图书馆工作与研究，2005(5)，13—14

[7]叶宏．构建图书馆联盟[J]. 图书情报工作，2005(1)，29—33

[8](美)杰西·H·谢拉．图书馆学引论[M]. 兰州：兰州大学出版社，1986

[9]American Library Directory(57th). http：//www.americanlibrarydirectory. com/Results. asp[OL]

作者简介：汤谷香(1983—)，女，馆员，硕士，研究方向：图书馆学、历史学。

香港地区高校图书馆联盟(JULAC)的策略、实践与启示

李开颖　霍建新
（首都体育学院）

摘　要：文章介绍了香港地区高校图书馆联盟 JULAC 的联盟概况和项目背景，从联盟的管理方式、组织结构、开展业务出发，介绍了 JULAC 联盟的运作方式和工作实践。最后，文章就 JULAC 联盟特色，提出问题和思考以及对内地同行的启示。

关键词：图书馆联盟　JULAC　香港高校图书馆

The Strategies, Practices, and Illumination of JULAC

LiKaiying　HuoJianxin

Abstract: This paper introduces the background and status of Hong Kong University Library alliance——JULAC(The Joint University Librarians Advisory Committee). First of all, management, policies, organizational structure, business of this library consortium are analysed. Then the paper account for JULAC's operation mode and work practices. Finally, the article put forward the thinking and illumination of JULAC.

Keywords: Library alliance; JULAC; Hong Kong academy Library

1　引　言

图书馆联盟(library consortium 或 library alliance)，是指以实现资源共享、利益互惠为目的，以若干图书馆为主体，联合相关的信息资源系统，根据共同认可的协议和合同，按照统一的技术标准和工作程序，执行一项或多项合作功能的联合体。

图书馆间合作有着悠久的传统，早在 19 世纪 80 年代，美国《图书馆杂志》就发表了一系列文章讨论图书馆合作的有关问题，并建议图书馆加强合作以共享资源。1972 年，Ruth J. Patrick 的《图书馆合作：大学图书馆联盟发展》首次将“联盟”一词应用于对图书馆合作的描述。由此可见，图书馆联盟实际上是以大学图书馆联盟为肇始，其所蕴含的精神始终在于合作。20 世纪 90 年代以来，网络资源的发展带来了图书馆联盟再度蓬勃活跃。在图书馆联盟发展新趋势中，资源协同采购、馆际互借、文献传递、统一标准体系等都成为新的亮点。

香港作为东西方文化交融的最前线，其地域性高校图书馆联盟始终紧紧围绕国际图书馆联盟发展前沿的核心理念，把握新技术、新手段、新趋势，联盟发展一直处于华语地区高校图书馆联盟的最前列，其发展策略和实践探索都值得内地同行学习和借鉴。

2 香港地区高校图书馆联盟——香港高校图书馆咨询委员会(JULAC)概况

香港高校图书馆联合咨询委员会(The Joint University Librarians Advisory Committee，JULAC)是一个拥有8所高等教育学院的地方性图书馆联盟，由香港特别行政区下属的大学教育资助委员会(University Grants Committee，UGC)提供资金资助。委员会成立于1967年，最初由香港大学校长委员会(the Heads of Universities Committee)，宗旨是提供一个平台，来讨论并协调8所UGC资助高校图书馆间资源共享和服务方面的问题。参与JULAC的8所高校是：香港城市大学、香港浸会大学、香港科技大学、岭南大学、香港中文大学、香港教育学院、香港理工大学、香港大学。JULAC的成立主要源于香港大学图书馆面临的馆舍空间、经济压力，以及城市经济发展和社会信息化的要求，其宗旨是希望通过大学图书馆之间的合作，广泛利用信息技术资源，提高用户服务水平，增强图书馆的社会竞争力。

3 JULAC组织机构和运作模式

JULAC每年6月份选举主席，任期至少12个月，每年至少召开4次会议，所有事务都由常委会(Standing Committees)和特别工作组(Special Task Forces)的专业馆员执行。此外，JULAC还授权了一个秘书处来完成JULAC的行政以及业务工作，目前JULAC秘书处设在香港城市大学。2011－2012年JULAC主席由城市大学图书馆馆长Hsianghoo Steve Ching教授担任。在JULAC管理委员会下有11个工作组负责JULAC的各项工作。JULAC主要工作组及其职责简要介绍如下：

存取服务委员会(Access Service Committee)：主要职责是考虑如何让JULAC所有成员馆获得新技术，以便更好地开展流通借阅服务，加强8所成员馆间的合作。

书目服务委员会(Bibliographic Service Committee)：主要任务是加强JULAC成员馆在书目服务领域更广泛、更正式的合作以推进香港中文名称规范计划(Hong Kong Chinese Authority Name Project，HKCAN)的发展。

保护与保存委员会(Committee on Conservation & Preservation)：讨论JULAC成员馆间保护与保存的议题，提供保护与保存的相关战略和解决方案。委员会也会探索有益于JULAC成员馆的最新趋势和更多项目，提供目前采用的有关保护与保存好的做法的信息交流平台。

Consortiall(原合作发展委员会，Collaborative Development Committee，CDC)：整合CDC(合作购买数字资源)，HKMAC(合作购买英文印刷本书籍)，ERALL(合作购买英文电子图书)三个有关图书馆资源合作采购的JULAC核心委员会。目前负责合作购买各语种、各载体形态的学术资源。Consortiall委员会除8个成员馆，还有13个分部于港澳及珠江三角洲地区的附属成员馆。

多媒体信息委员会(Committee on Media)：2004年6月正式成立，目标是讨论8个成员馆对RTHK(香港广播电视台)、ATV(香港亚洲电视台)和TVB(香港无线电视台)的电视节目的记录和数字化工作的标准化问题。此外，工作组也对在多媒体资源的合作编目、共享 DVD－R 格式和 VOD 文档方面可能的协作方式进行探讨与论证。

版权委员会(Copyright Committee)：密切联系各成员馆，就共同关心的版权事宜形成解决方案。

大学联合典藏学术书库（JURA 港书库)项目委员会和工作组(JURA Project Committee/JURA Working Group)：2011 年开始建设的 JURA 项目将在 2013 年底完工，预计在 2014－2029 年保存 790 万种较少使用的图书，而委员会和工作组负责项目实施。

学习策略委员会（Learning Strategies Committee)：倡导与扩大高校网络学习、信息服务和信息素养教育的机会；推广与分享探索性学习和网络学习策略的实践经验；凝聚成员馆，合作提高学习和发现的教育技术；为成员馆就上述一些问题提供专业知识和发展策略的交流平台。

统计委员会：定义、收集并且报告与 JULAC 成员图书馆相关的一系列有关馆藏和服务统计数据，提供新的有用统计数据。

系统委员会(Systems Committee)：就信息技术和 ILS 以及其他系统问题提供解决方案和策略，探索有益于成员馆的新项目和技术新趋势，介绍专业经验并分享成员馆已有经验。

4 JULAC 资源服务共享项目

与其他区域性图书馆联盟一样，JULAC 也有自己的资源共享项目。对于大多数项目，8 个成员馆都能积极参与，但也有些项目因兴趣范围、机构需求问题，只有部分成员馆参与。本文重点介绍以下几个 JULAC 开展得比较深入的资源共享项目：

4.1 大学联合典藏学术书库(Joint Universities Research Archive，JURA)

香港地少人多，空间面积有限，大学的建筑有严格的规定，所以图书馆的馆藏空间一直是最严峻的挑战。以香港城市大学为例，若依据 Hong Kong Property Review(2007)的房地产租金与买卖统计资料估算，城市大学位于九龙塘总馆每本书平均藏书的地价成本是＄466.68 港元(每座书架以七层计算)。图书馆西文书每册的平均单价约＄50 美元，相当于＄392 港元，显示对香港城市大学图书馆而言，馆藏建设最昂贵的经济资源是土地——馆藏空间，而非图书的采购经费。因此，在这样普遍面临的经济压力以及信息时代带来的用户对数字化信息资料的更加依赖的双重推动力之下，JULAC 成员馆建议设立一个可供 8 个高校图书馆共同使用的研究资料储存库，来解决各图书馆长期面临的书籍及资料存储的问题——各图书馆都没有足够的空间来存储这些不是经常使用，但仍具有研究价值的书籍及期刊。

JULAC 这个建议得到了大学校长委员会的支持，UGC 也认为这个项目值得支持，是一个可以满足各图书馆长期存储需求的解决方案。因此，JULAC 成立了专责的委员会，并在 2007 年 2 月提交初步报告书，经修订后在 9 月向 UGC 提交建议计划，经审批后经过相关的政府部门和特区立法会通过，开始建设。建成后的 JURA 由 8 家成员共同拥有，成本共担，资料仍为寄存图书馆财产。资料需经 HKALL 编目获取，有条形码，不能现场访问，目的是将它们永久保存。

4.2 资源协同采购项目

高校图书馆电子资源链接网(Electronic Resources Academic Library Link, ERALL)和香港书籍采购联盟(Hong Kong Monograph Acquisitions Consortium, HKMAC)是JULAC核心委员会Consortiall负责的共享项目。前者负责电子资源的集团采购，后者负责纸本资源的集团采购。

ERALL的主要作用有三个方面：(1)在原有购买力的基础上，增加了英文电子书的藏书量。通过英文UGC资助，JULAC购买了超过16000种电子图书的永久性并发使用权；(2)电子书能同时共享和获取，并发访问免除了馆际互借、文献传递等手续，直接实现了文献共享；(3)联盟采购所带来的好处是可以实现买方最大的话语权，从而获得最大折扣和对供应商的协议条款的谈判影响力。成立于2005年的香港书籍采购联盟(HKMAC)主要功能就是发挥集团优势，以较大折扣购买英文印刷版书籍。

4.3 港书网(香港高校图书馆链接网，HKALL)

4.3.1 HKALL项目背景与概况

HKALL是JULAC内部成员馆间馆际互借和文献传递的共享服务。2002年4月，JULAC组织8家成员馆代表组成任务组，就开展馆际互借服务的可行性进行调研，2002年9月形成的中期报告认为HKALL服务适于香港，并可以有JULAC内部软件平台满足服务需求。在组织建立初期，出于对运行费用、本地馆藏、读者和工作人员影响的考虑，只有岭南大学、城市大学和港大于2004年1月到9月进行了试验。如今，HKALL已有成熟的运行规则和模式，8所图书馆都加入到这项馆际互借和文献传递的联盟服务中，读者通过公共检索系统可借阅8所高校图书馆的900万册图书和33万种视听资料。2008—2009年，该网的借书量已达到42万册。与传统的馆际互借系统相比，使用HKALL开展馆际互借服务更加便宜(借出图书的费用减少了42%，借进图书的费用减少了45%)，能够提供更快速的服务(95%的用户请求在两个工作日内完成，而传统的馆际互借系统在两个工作日内只能完成9%的用户请求)。

4.3.2 HKALL馆际互借、流通与阅览管理规定

支持HKALL馆际互借的是8家成员馆授权的JULAC联校证，联校证签发对象是8所高校的教师及研究生，持有者可以在网上检索目录，查询其他图书馆书目信息，可以跨馆借阅、复印各馆馆藏文献，也可跨馆归还图书。在流通权限方面，各馆对研究人员和教师以及行政人员有细微差别，一般而言，借书权限如下表(各馆将HKALL借书册数计入总借阅权限中)：

表1 HKALL通借通还权限

读者类型	HKALL借书权限	HKALL借书期限	续借次数
本科生 *	10	15天	2
研究生	10	30天	2
研究人员	20	30天	2
教师	20	30天	2
行政人员	20	30天	2

其中，研究生以上各类人员免费注册JULAC联校证，联校证使用期限为在校期间；本科生则需要付费注册开通联校证使用功能，每所图书馆注册费用为50元，有效期从当年8月1日至下年7月31日。持联校证的学生，也可在其他图书馆登记入馆，并在馆内使用馆藏及研习。其中，值得一提的是香港科技大学是8家图书馆中唯一一家对社会公众开放的图书馆，访客入馆研习及看书不受阅览证限制。

4.3.3 HKALL 馆际互借流程

HKALL采用Innovative公司INN-Reach系统实现馆际资源共享，中央数据库即时跟踪8个图书馆本地书目数据，自动同步。读者在网上通过统一检索系统检索到所需书目，提交跨馆借阅需求。以港科大用户借阅港大书目为例，一个典型的借阅流程如下：(1)科大用户请求港大图书馆的图书；(2)港大图书馆打印图书条目；(3)港大图书馆从书架中找出所需图书并进行校验处理；(4)从港大图书馆到科大图书馆进行图书运送；(5)科大对到书进行签收记到；(6)科大图书馆通过电邮通知读者到书；(7)科大向读者借出图书；(8)科大收回读者还书；(9)从科大图书馆到港大图书馆进行图书运送；(10)港大签收记到还回图书并上架。成功借阅的书籍由外聘的速递公司负责传递，一般24小时内该书籍会送到请求人所属的高校图书馆，48小时内即可到达读者手中，差错率极小；对于急需文献的互借传递，馆际之间采用传真方式，或以电子形式传递互借文献，大大方便了读者。

4.4 香港中文名称规范项目(HKCAN)

1999年1月，香港数所大学图书馆建立了香港中文名称规范数据库(Hong Kong Chinese Authority (Name)，简称HKCAN)工作组，旨在建立一个能反映中文著者和机构名称特点的规范数据库，率先参与此项目的是岭南大学和中文大学图书馆。采用类似合作编目的方式，HKCAN工作组的目标是改进和简化规范工作，在产量“更多”的同时，做到“更好”、“更快”、“更便宜”。

除建立一个能反映中文著者和机构名称特点的规范数据库外，HKCAN的职责还包括在服务器上建立多语种、多脚本的统一而集中的数据库；建立人名、团体名称、会议名称、统一题名及丛编题名的统一标准；以及确定可以多语种远程访问HKCAN的软件，使用该软件，成员馆可以复制记录，并且可以按照自己的编目操作生成记录等。

4.5 快递互借联盟(RapidILL)

JULAC成员馆长期以来有馆际互借的机制，但为进一步加强JULAC的馆际互借和资源共享，JULAC各图书馆共同加入成为RapidILL正式会员。RapidILL是一个快速和具有成本效益的系统，起源于1997年7月28日，一次突发性严重水患摧毁了美国科罗拉多州立大学(Colorado State University)摩根图书馆的大多数期刊馆藏，为处理这个危机，该馆创造了RapidILL系统前身——FastFlood，以便于大学师生直接通过互联网发出请求单，系统自动将请求单送到6所答应提供支援的合作馆，合作馆同意在24小时内处理请求。由于系统处理每篇文献成本不高，且90%的请求文章可以在2天内到达申请者手中，因此催生了文献双向传递，可以应用在一般大学间的期刊文章馆际互借系统——RapidILL。加入RapdiILL后，JULAC成员馆可向在美国、加拿大和台湾等地211个RapidILL加盟大学图书馆发出馆际互借申请，用户可最快于24小时内取得本馆没有收藏的西文期刊文献。RapidILL系统对于JULAC院校图书馆而言，一方面可以减少使用频率不高的英文纸本期刊的订阅，降低了外文纸本期刊的订阅费用；另一方面又扩大了可接触英文期刊的种类，间接扩大了用户可获得文献的范围。JULAC 院校图书馆为校内用户配备了一定的免费馆际、跨地域文献传递定额，超出免费定额部分，按照相关规定收取一定费用。

5 JULAC 对内地高校图书馆区域性联盟合作发展的启示

5.1 JULAC 联盟组织目标清晰，机构高度有序

JULAC 联盟的形成是为了应对联盟成员馆共同面临的社会挑战，实现成员馆共同的发展远景和共同的利益。联盟每年从 8 所大学遴选轮值主席，通常由 8 所大学图书馆馆长担任，成员馆间也属于平行合作关系，联盟有规范的常委会，特别工作组和秘书处分别处理专业问题管理和行政问题处理，具体事务有专人负责，一切项目、运作事宜均严格依照理事会程序和联盟协议进行。从联盟目标和组织看，香港高校图书馆联盟成熟而有序。

5.2 JULAC 联盟组织的灵活性与开放性

地处东西方文化交汇的国际化都市，香港高校图书馆联盟具有更为开放的胸怀和视野。既关注业内问题的国际前沿发展方向和解决方案，又积极在组织运作上争取合作。不仅是 ICOLC(国际图书馆联合会)成员，还是 ISCA(国际学术交流联盟)的成员；不仅参加国际专业组织，还引进 Rapidill 这样高声誉度的国际化专业服务。不仅对世界开放，JULAC 也对国内专业联盟组织开放，积极跟 CASHL（中国高校人文社会科学文献中心)联系合作，而共享项目 ERALL 也广泛接纳珠江三角洲地区附属会员。

5.3 JULAC 联盟重视以技术解决生存发展问题，但更重视“以人为本”的人性化服务本身

JULAC 联盟的组织架构以及共享项目，甚至是技术解决方案，最终目的都落实在“以人为本”的人性化服务理念本身。从 HKALL 到 Rapidill 到各式各样的参考咨询、信息素养教育，无不落实在从用户使用需要的角度出发，以用户为中心，充分考虑各类服务与设施的方便、快捷、有效性。

5.4 JULAC 联盟覆盖全面的专业问题，面向未来，重视联盟自身与各成员馆的可持续发展要求

JULAC 联盟各业务委员会涉及的议题，除常规存取问题、书目控制、馆藏发展、参考咨询外，还涉及版权、媒体、共享存储、统计、系统等，除了关注联盟与成员馆面临的当前挑战和现实问题，还考虑到馆藏、服务的可持续发展，甚至包括制度和规则的优化和改进问题，考虑到联盟和成员馆未来核心竞争问题，这无疑也体现了 JULAC 联盟发展的前瞻性眼光。

参考文献

[1]http：//www.julac.org/

[2]戴龙基，张红扬．图书馆联盟——实现资源共享和互利互惠的组织形式[J]. 大学图书馆学报，2000(3)：36－39

[3]高凡．对美国大学图书馆联盟的思考[J]. 四川图书馆学报，2005 (2)：72－76

[4]吴南雁．大陆与港台区域性大学图书馆联盟对比研究[J]. 图书馆学刊，2009(7)：83－86

[5]于春丽．图书馆馆藏发展与管理战略——香港城市大学策略研究[J]. 图书馆学研究，2008(9)：24－26

[6]李沛．馆际互借联盟——HKALL馆际互借模式研究[J]. 图书馆学研究，2008(5)：26，64－66
[7]陈丽业．香港高校医学图书馆资源共享的建设及发展[J]. CALIS全国医学图书馆文献资源建设研讨会内部资料
[8]胡燕菘．香港地区高校图书馆的读者服务[J]. 图书馆学研究，2005(8)：48－51
[9]黄燕妮，蔡孟欣．JULAC：区域性图书馆联盟的典范[J]. 图书与情报，2008(2)：70－74
[10]http：//www. rapidill. org/Default. aspx
[11]http：//library. ust. hk/serv/dssborrowing. html
[12]http：//www. lib. cuhk. edu. hk

作者简介：李开颖(1977－　)，女，首都体育学院图书馆信息咨询部馆员，硕士，负责信息资源建设和参考咨询工作；霍建新(1962－　)，男，首都体育学院图书馆馆长，教授，硕士，研究方向为体育场馆设施管理与营销。

国内图书馆联盟研究文献之计量分析

陈 娜 林 莉

（北京农学院图书馆）

摘　要：本文以CNKI《中国期刊全文数据库》；维普《中文科技期刊数据库》；万方《学术期刊全文数据库》为数据源，运用文献计量分析方法，对国内有关图书馆联盟研究的论文从时间分布、期刊分布、主题分布、基金分布、被引频次和下载量进行定量分析，并对论文的作者机构、合著情况及核心作者进行了分析，以期全面了解国内图书馆联盟的研究现状，为促进我国图书馆联盟事业的发展提供有力的理论依据。

关键词：图书馆联盟　文献计量分析

Biblio-metrological Analysis on Chinese Theses of Library Consortia Research

Abstract: Based on the literature source of CNKI, VIP and WANFANG database, this paper applies biblio-metrological analysis methods on the thesis time, origin periodicals, subjects, fund support, citations, downloadings and authors about the Chinese theses of library consortia research, in order to comprehensively understand the research situation of this field and provide theoretical basis for promoting development of library consortia research in our country.

Keywords: library consortia; bibliometric analysis

1　图书馆联盟的概念和发展历程

图书馆联盟(library consortia)是图书馆联合的最新形式，是为了实现资源共享，利益互惠的目的而组织起来的，受共同认可的协议和合同制约的图书馆联合体。它既可以理解为馆际合作，也可以理解为传统图书馆与数字和虚拟图书馆、纸型资源与电子资源的互补共存[1]。

图书馆联盟最早是图书馆为了改进服务及减少成本，本着互利原则，开展的资源共享活动[2]。随着合作的加深和网络技术的发展，图书馆联盟逐渐向网络环境下资源共享的模式发展，继而向着数字图书馆联盟的方向发展。

2　数据源选取及处理方法

选取国内3大中文期刊数据库CNKI《中国期刊全文数据库》、维普《中文科技期刊数据库》、万方《电子化期刊全文数据库》为数据源，以“图书馆联盟”为关键词，限定检索字段为题名和关键词，限定检索时间为1986—2011年，检索结果经去重整理后，得到有关图书馆联盟研究的论文1174篇。

3 统计分析

3.1 论文时间分布

按照论文的出版年进行统计，得出时间分布曲线图，见图1。

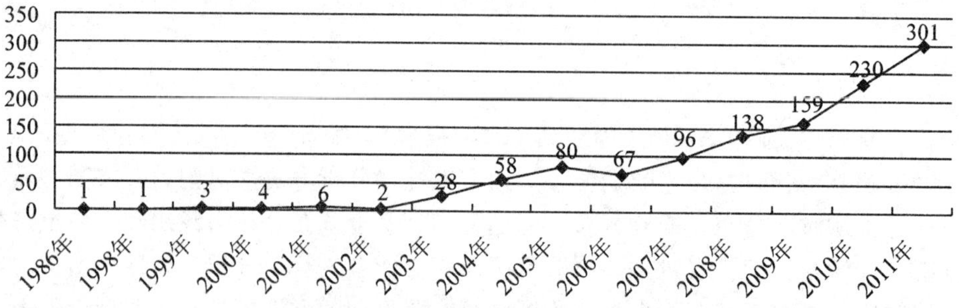

图1 图书馆联盟研究的论文时间分布曲线图

从图1中可以看出，国内有关图书馆联盟研究的论文总体上呈上升趋势，但真正引起学者关注的研究始自2003年。"图书馆联盟"一词较早出现在文章中是1986年刊登在高校图书馆工作第4期的《大学图书馆的相互协作》由(日)横山桂著；华炎翻译。"第二，协作成员馆通过交换协定或合同来明确协作目的、范围和方法，保证协作的进行。这种协作形态叫做图书馆联盟。"[3]。石海玉的《虚拟网络环境下的图书馆组织——华盛顿研究图书馆联盟》一文，发表于1999年《图书馆杂志》第5期，文章详细介绍网络环境下美国图书馆联盟组织结构、运作管理等方面的内容[4]。戴龙基的《图书馆联盟——实现资源共享和互利互惠的组织形式》一文，发表于《大学图书馆学报》2000年第3期，是我国较早系统介绍图书馆联盟的定义、历史任务、联盟文化、联盟模式和联盟管理等概念的文章。

3.2 论文期刊分布

有关图书馆联盟研究的论文主要分布在3类期刊上(详见表1)，分别是图书情报学专业期刊、高等院校学报和其他专业期刊。其中图书馆情报专业期刊发文911篇，刊载量最多，说明图书馆联盟领域受到了图书情报界学者的广泛关注[5]。

表1 刊载图书馆联盟论文的期刊学科分布

类别	图书情报专业期刊	高等院校学报	其他
期刊(种)	66种	83种	93
篇数(篇)	911	94篇	169
百分比(%)	77.6	8.0	14.4

本项研究统计的1174篇论文分布在242种期刊上，平均每种期刊刊载图书馆联盟研究论文4.8篇，刊载图书馆联盟研究论文超过4.8篇的期刊共有44种，合计刊载论文916篇(见表2)。根据核心期刊的测定方法，刊载论文量排名前8位的期刊所载的414篇论文占全部文献量的35.3%，超过文献总量的1/3，依据布拉德福的文献分散定律[6]，这

8种期刊处于第一区，可认为是国内图书馆联盟研究领域的核心期刊。

表2 发表图书馆联盟研究论文5篇以上的期刊分布

序号	期刊名称	刊文量(篇)	序号	期刊名称	刊文量(篇)
1	图书馆学研究	93	23	中国图书馆学报	15
2	图书情报工作	76	24	科技信息	13
3	科技情报开发与经济	64	25	黑龙江科技信息	11
4	现代情报	46	26	大学图书情报学刊	10
5	图书馆学刊	38	27	图书与情报	10
6	图书馆建设	33	28	兰台世界	9
7	情报资料工作	32	29	高校图书馆工作	9
8	图书馆理论与实践	32	30	河南图书馆学刊	9
9	农业图书情报学刊	31	31	数字图书馆论坛	8
10	图书馆工作与研究	31	32	晋图学刊	7
11	情报杂志	29	33	图书情报知识	7
12	图书馆论坛	27	34	云南图书馆	7
13	大学图书馆学报	26	35	当代图书馆	6
14	新世纪图书馆	26	36	山东图书馆学刊	6
15	图书馆杂志	23	37	上海高校图书情报工作研究	6
16	图书馆	22	38	医学信息学杂志	6
17	情报探索	21	39	中华医学图书情报杂志	6
18	四川图书馆学报	21	40	中国科技信息	5
19	情报理论与实践	21	41	河北科技图苑	5
20	情报科学	20	42	图书情报工作动态	5
21	江西图书馆学刊	19	43	现代图书情报技术	5
22	内蒙古科技与经济	15	44	浙江高校图书情报工作	5

3.3 论文主题分布

根据主题对关于图书馆联盟的论文进行整理归纳，共涉及8个主题(详见表3)。从表3可以看出，关于图书馆联盟理论研究方面的论文所占比例最大，为52.21%，而实践研究的论文仅占到14.90%，说明目前我国关于图书馆联盟的研究还集中在理论探讨和构建策略上，具体的实践研究相对较少。国外图书馆联盟研究和国内外对比研究方面的论文占11.50%，说明国内研究者在图书馆联盟方面已经开始广泛关注国外的相关研究，并借鉴其经验。

目前我国已经建成的图书馆联盟包括国家级、省级、地市级、大学城级和跨区域级均有典型案例[7]，但是关于联盟建设绩效评估的论文只有17篇，仅为实践性论文的10%。对于联盟及其成员馆来说，绩效评估有助于全面了解联盟的基本情况，并在评估结果基础上弥补不足，增进优势，促进联盟的可持续发展，因此关于图书馆联盟绩效评价方面的研究应该加强。

表 3　图书馆联盟研究论文主题分布

主题	概述	理论研究	实践研究	国外研究	数字图书馆	相关技术	绩效评估	其他
数量(篇)	23	614	176	135	84	35	17	90
百分比(%)	1.96	52.3	14.99	11.5	7.16	2.98	1.45	7.66

3.4　经费资助来源分布

在图书馆联盟的研究文献中，322 篇论文得到 209 项基金支持的，其中国家级社科基金 19 项，国家自然基金 2 项，省部级基金 82 项，市级(含直辖市)基金 23 项，高等院校研究项目 43 项，科研单位 2 项，其他课题及项目 38 项。基金中有 6 项资助于公共图书馆，152 项资助于高等院校图书馆(按第一作者单位计算)，51 项资助于高等院校和其他科研院所，可见高等院校是图书馆联盟研究的主力军。

3.5　论文被引频次和下载频次分析

图书馆联盟研究论文被引频次排名前 10 位的文献见表 4，(文献被引频次按上述 3 个数据库显示的最大值计算)。其中 3 篇是概述性文献，4 篇是关于图书馆联盟建设的文献，3 篇是介绍国外图书馆联盟研究进展的文献。

根据 CNKI 文献下载频次的统计结果(万方和维普无)，获得下载频次排名前 10 的文献见表 5。其中 3 篇是概述性文献，3 篇是关于图书馆联盟建设的文献，4 篇是介绍国外图书馆联盟研究进展的文献，这与论文被引频次的分析结果基本吻合。

从表 4 和表 5 可以看出，有 4 篇文献的被引频次和下载频次均排名前 10 位，并且这 4 篇文献的主题也是关于图书馆联盟基本概况、构建思路和国外研究现状的，说明这些问题是目前国内图书馆联盟研究的热点问题。

此外，从论述国外研究现状的论文可以看出：美国是图书馆联盟建设研究最普遍的国家，在联盟组建、运作、管理等方面具有丰富的经验，可为今后我国图书馆联盟建设提供借鉴和参考。

表 4　图书馆联盟研究论文被引频次分析

序号	题　名	作者	文献来源	发表时间	被引频次
1	图书馆联盟——实现资源共享和互利互惠的组织形式	戴龙基 张红扬	大学图书馆学报	2000 年	255
2	图书馆联盟的构建模式和发展机制研究	燕今伟	中国图书馆学报	2005 年	131
3	美国大学图书馆联盟研究	周明华 谢春枝	中国图书馆学报	2003 年	112
4	网络环境下图书馆联盟建设的思考	林　嘉	中国图书馆学报	2003 年	98
5	图书馆联盟简论	胡立耘	图书馆	2003 年	73
6	区域性信息资源共建共享保障体系建设研究	吴慰慈 李富玲	图书馆论坛	2005 年	63

续表

序号	题　　名	作者	文献来源	发表时间	被引频次
7	我国图书馆联盟建设的现状与思考	邱燕燕	图书与情报	2004 年	51
8	中美图书馆联盟比较研究	张　勤	图书馆理论与实践	2005 年	51
9	试论图书馆联盟与资源共享	蔡筱青	图书馆学研究	2004 年	51
10	欧美及我国图书馆联盟的建设与发展	林　嘉	图书情报知识	2003 年	49

表 5　图书馆联盟研究论文下载频次分析

序号	题名	作者	文献来源	发表时间	下载频次
1	图书馆联盟——实现资源共享和互利互惠的组织形式	戴龙基 张红扬	大学图书馆学报	2000 年	989
2	我国图书馆联盟研究综述	王丽华	图书与情报	2008 年	888
3	图书馆联盟的构建模式和发展机制研究	燕今伟	中国图书馆学报	2005 年	877
4	图书馆联盟共建共享机制研究	张学福	中国图书馆学报	2008 年	775
5	美国的图书馆信息资源共享模式	孔令玉 高　波	大学图书馆学报	2008 年	712
6	1998—2007 年我国图书馆联盟研究综述	谈大军 高　波 贾素娜	情报理论与实践	2010 年	671
7	中美图书馆联盟比较研究——以 Calis 和 OhioLINK 为例	马先皇	情报资料工作	2007 年	646
8	美国大学图书馆联盟研究	周明华 谢春枝	中国图书馆学报	2003 年	628
9	区域性信息资源共建共享保障体系建设研究	吴慰慈 李富玲	图书馆论坛	2005 年	627
10	国外图书馆联盟研究进展	高　凡 徐引篪	图书情报工作	2006 年	621

3.6　论文作者统计分析

3.6.1　作者机构分析

对全部论文第一作者进行统计，得到 936 人，其中来自高校图书馆的论文 644 篇，高校 311 篇；公共图书馆 118 篇；科研院所 19 篇；党校及党校图书馆 17 篇，其他 65 篇。可见高校图书馆是图书馆联盟研究的主要机构。

3.6.2　论文作者合著情况分析

统计 1174 篇论文涉及 1697 位作者，平均作者数约为 1.45。其 1174 篇中独著论文 785 篇；约占全部论文的 66.9%；二人合著论文 286 篇；三人及三人以上合著 103 篇。根据公式：

合作度＝(一定时期内相关文献)作者总数/(一定时期内相关文献)论文总数

合作率＝(一定时期内相关文献)合作论文数/(一定时期内相关文献)论文数×100％

计算得出图书馆联盟研究的论文合著度是1.45，合著率是33.1％，说明关于图书馆联盟研究的论文合作度不是很高。

3.6.3 核心作者统计分析

普赖斯定律(Price Law)：杰出科学家中最低产的那位科学家所发表的论文数等于最高产科学家发表论文数平方根的0.749[8]，计算公式 $m \approx 0.749\sqrt{n_{max}}$（$n_{max}$ 为最高产的那位科学家发表的论文总数）。经统计(按第一作者计算)，发文量最多的作者论文篇数为8，$m \approx 2.12$。由此，发文在3篇以上的作者可视为核心作者，得到46人(见表6)，说明关于图书馆联盟的研究已经形成了自己的核心作者群。

表6 发文3篇以上的作者分布

序号	作者	发文量(篇)	序号	作者	发文量(篇)
1	袁 静	8	24	黄如花	3
2	范亚芳	7	25	井春兰	3
3	唐 虹	7	26	李书宁	3
4	莫泽瑞	6	27	李伟超	3
5	许军林	6	28	刘圣君	3
6	赵 晖	6	29	宋 怡	3
7	常 红	5	30	苏海潮	3
8	李明子	5	31	王登秀	3
9	张洪艳	5	32	王 军	3
10	高 波	4	33	王丽华	3
11	高 凡	4	34	王 真	3
12	刘光容	4	35	鲜 鹏	3
13	龙 叶	4	36	肖希明	3
14	陆 地	4	37	熊筱琴	3
15	马江宝	4	38	徐晓琳	3
16	王 宇	4	39	张士靖	3
17	叶 宏	4	40	张曙光	3
18	郑邦坤	4	41	张忠秋	3
19	陈 颖	3	42	周九常	3
20	鄂丽君	3	43	周欣娟	3
21	郭一平	3	44	周玉陶	3
22	何 琳	3	45	朱红涛	3
23	胡 臻	3	46	朱俊波	3

4 结论

1. 关于图书馆联盟的研究，近年来已经成为研究的热点，相关论文增长迅速。高等院校及其图书馆是研究的主要力量，获得各项基金的资助最多，发文量也最多。

2. 77.6%的研究论文刊登在图书馆学、情报学专业期刊上，其中《图书馆学研究》是刊载图书馆联盟论文最多的期刊，同时也是图书馆学、情报学领域的核心期刊。

3. 关于图书馆联盟基本概况、构建思路和国外研究现状是目前研究的热点问题。此外，美国是图书馆联盟建设研究最普遍的国家，可为今后我国图书馆联盟建设提供借鉴和参考。

4. 关于图书馆联盟的研究已经形成一定的核心研究作者群，且集中在高校及高校图书馆，但是研究者之间的合作程度不高，人均发文量有限。因此围绕该问题开展广泛的合作与研究，将有助于提高研究的层次、深度和广度。

5. 从研究的内容来看，关于图书馆联盟建设的理论和构建策略方面的研究较多，而有关运行实施、管理和绩效评价方面的研究较少。今后的研究重点应放在加强联盟的运行管理机制方面，尤其是符合我国国情，适合自身实际情况的研究；注重联盟运行的绩效评估、挖掘联盟深层服务及新技术在图书馆联盟运用的研究。

参考文献

[1]小佳的屹耳．图书馆联盟．2012 年 6 月：http：//baike. baidu. com/view/1525762. htm

[2]王真．图书馆联盟建设研究[M]. 天津：天津大学出版社，2011：8－9

[3](日)横山桂，华炎译．大学图书馆的相互协作[J]. 高校图书馆工作，1986(4)：56－62

[4] 石海玉，王芳芳，肖莉明等．虚拟网络环境下的图书馆组织——华盛顿研究图书馆联盟[J]. 图书馆杂志，1999，18(5)：41－43

[5]牛红艳．我国图书馆联盟研究文献计量学分析[J]. 农业图书情报学刊，2011，23(5)：71－75

[6]庞景安．科学计量研究方法论[M]. 北京：科学技术文献出版社，2002：154－173

[7]曾征宇．我国各级区域性图书馆联盟典型案例研究[J]. 情报探索，2010(9)：50－53

[8]罗式胜．文献计量学概论[M]. 广州：中山大学出版社，1994：309－310

[9]叶佩珍．从文献计量学视角看我国图书馆联盟的研究和发展[J]. 现代情报，2007，27(10)：136－138

[10]李桂贞．国内知识组织研究文献计量分析[J]. 科技情报开发与经济，2006，16(8)：30－32

[11]石鹤峰，能昌华．河南省医学期刊载文及引文分析[J]. 河南医学研究，1997，6(2)：175－178

[12]陈哲．国内外图书馆联盟信息资源共享模式比较研究[J]. 现代情报，2012，32(1)：60－62

[13]宋燕．我国图书馆信息资源共享问题的研究综述[J]. 现代情报，2010，30(6)：174－177

[14]王丽华．我国图书馆联盟研究综述[J]. 图书与情报，2008(2)：29－33

[15]刘艳苏．我国图书馆联盟理论与实践研究概述[J]. 现代情报，2009，29(3)：219－221

[16]谢春枝，燕今伟．图书馆联盟绩效评价的研究实践及思考[J]. 图书情报知识，2007 (2)：96－99

[17]韩芳芳．2009－2011 年《情报科学》基金资助论文计量分析[J]. 情报科学，2012(6)：858－861

[18]刘霞，魏攀．我国区域性文献资源共建共享研究的计量分析[J]. 图书情报知识，2012 (1)：86－92

作者简介：陈娜(1978—)，女，馆员，学士，研究方向是图书情报。

林莉(1977—)，女，馆员，硕士，研究方向是图书情报。

理解、尊重与沟通

——建立图书馆联盟之间的心理联盟

刘　芳[1]　朱　沙[2]

（1. 湖北三峡大学图书馆；2. 湖北三峡职业技术学院图书馆）

摘　要： 区域图书馆联盟是实现资源共建共享，充分满足读者个性化信息需求的有效组织形式，是高校图书馆发展的必然方向。本文阐述了宜荆荆图书馆联盟的意义，并针对当前图书馆联盟发展状况及存在的问题进行分析，提出对未来发展策略方向的一些意见和建议。

关键词： 宜荆荆城市圈　图书馆联盟

宜昌是楚文化发祥地之一。伟大的爱国诗人屈原、民族团结和睦使者王昭君就出生在这里。自古以来，这里就是鄂西、湘西北和渝东一带的物资集散地和交通枢纽，素以“三峡门户”、“川鄂咽喉”著称。荆州自古就有文化之邦、鱼米之乡的美誉，是国务院首批公布的国家历史文化名城，有着深厚的历史文化底蕴，孕育出楚文化、三国文化，传承下了极为丰富的民俗文化遗存。荆门是沟通南北、连接东西的重要交通枢纽，素有“荆楚门户”之称，历来为兵家和商家必争之地。

2010 年 1 月 26 日，“宜荆荆”城市群的概念在湖北省政府工作报告中正式提出，宜昌、荆州、荆门三地一同被网进 1 小时城市群，3 座散落的城市串在一起，如同为湖北省

西南大地戴上一条璀璨的钻石项链。宜荆荆三市呈品字形分布，三市面积占全省的25.6%，人口占22.2%，GDP占22%，宜荆荆城市圈将能够逐步成为湖北的第二经济中心，成为继武汉城市圈后的湖北经济发展第二极。宜荆荆城市圈的经济建设离不开文化事业的支撑，而推进宜荆荆图书馆联盟的建设进程将大大有利于城市圈文化建设。构建宜荆荆图书馆联盟将整合圈域内的各种信息资源，统一资源的规划和布局，实现信息资源的优势互补和文化事业的共同发展。

“联盟”即英语中通常说的三个“CO”：cooperation（合作）、coordination（协调）、collaboration（协作）。“图书馆联盟”中合作是联盟的手段，资源共享是联盟的目的。图书馆联盟强调的是互助合作，这既可以理解为馆际合作，也可以理解为传统图书馆与数字图书馆、纸型资源与电子资源的互补共存，相得益彰。它兼容并求同存异，是当前图书馆的发展趋势。

“宜荆荆图书馆联盟”是以宜荆荆地区图书馆的传统文献和数字资源为基础，以“资源共知、服务共享”为目标，“整体规划、联合建设、共享资源、共同发展”为宗旨。联盟将为广大读者打造一个“一站式”的资源统一检索和参考咨询服务平台。

如何突破行政管理体制的局限，实现公共、高校、科技三大系统图书馆资源共享的美好理想，“让更多的人读更多的书”，这需要智慧，需要创新，更需要寻找高起点的突破口。图书馆联盟开放的不仅是硬件，更要是心理的开放、彼此的接纳及情感的共鸣，建立信任感、归属感和共同感。

1 关注馆员对图书馆的满意度、忠诚度、归属感和幸福感，建立馆员之间的心理联盟

人文精神是图书馆发展的内在动力和价值观的核心，反映了图书馆对人的现实存在的思考，对人的价值、人的尊严、人的生存意义和生存质量的关注，对真善美的自觉体验与永恒追求。图书馆所主张的“图书馆是用户的图书馆”、“建立以用户为核心的图书馆服务体系”、“在图书馆面前人人平等”、“图书馆是体现人类自由与平等理想的圣地”、“图书馆学是关于如何帮助人、方便人的学问”等等，其思想核心都是以人为本的人文追求。

长期以来，我国图书馆人一直将“读者第一，服务至上”奉为自己的服务宗旨和理念核心，这种理念影响了我国几代图书馆人，激励着无数图书馆员在图书馆事业上默默地耕耘。“读者第一，服务至上”要求图书馆一切工作都要以读者为中心，紧紧围绕读者开展服务工作，一切工作都以让读者满意为目标。

我国图书馆界王世伟教授1999年在《图书馆杂志》上刊登的一篇文章中，提出了“馆员第一”的管理理念，但遇到了一系列文章的质疑和反对。无论是“读者第一”还是“馆员第一”，都是从现实社会分工的角度来看待读者与图书馆员之间的关系的，两种观点共同的致命弱点便在“第一”上。“第一”的说法直接将图书馆员与读者尖锐对立起来，要么图书馆员是图书馆的主体，要么读者是图书馆的主体，简单地以一方主宰或否定另一方，人为地使读者和图书馆员成为一对不可调和的矛盾。

图书馆中的“人”分解成读者和图书馆员，是社会分工下读者与图书馆员的不同角色定位。读者与图书馆员的关系是图书馆中最直接、最复杂、最活跃的一对关系，二者既互相

依存，又互有区别。图书馆员与读者就如同人字的一撇和一捺，只有互相支撑才能构成一个完整的人字，图书馆员与读者也只有互相依托，才能支撑起一个图书馆。

印度著名的图书馆学家阮冈纳赞注重读者第一，但他也不否认图书馆员的作用。他曾断言："一个图书馆成败的关键在于图书馆工作者。"湖南省图书馆馆长常书智指出：读者的满意度是由内部职工的满意度所决定的，只有感到满意的职工才会交付满意的服务，才会有满意的读者。

图书馆员是图书馆事业的核心力量，是图书馆事业的灵魂，是图书馆各项工作中最基本、最活跃、最关键的因素，也是实现图书馆现代化的先决条件。只有关注图书馆职业幸福感、职工对本单位满意度和忠诚度，尊重理解馆员，才能激发广大图书馆员的主动性、创造性，从而更好地推动图书馆事业的创新发展。

2 关注读者的需求，建立馆员与读者之间的心理联盟

2.1 一切围绕读者需求，充分图书馆联盟的作用

图书馆联盟首先要及时满足区域内读者需求，提高用户需求的满意度，使文献的效益得到极大发挥。其次要提高各图书馆的工作效率和质量，使成员馆的服务重心从以文献管理为中心逐渐过渡到以读者服务为中心，提供统一的用户界面，达到信息资源的共享，以及人才资源、设备资源的共享和效益的互惠互利。

2.2 一切围绕读者需求，建设可持续发展的网络信息平台

图书馆联盟网络信息平台的建设，应该以简单的读者操作、便捷的检索服务和海量的数据保障为基本要求，同时还应该朝着个性化、主动化、多样化的目标迈进，并能够提供个人数字图书馆、信息推送等新的服务。

2.3 一切围绕读者需求，搭建互动交流的平台

为了让更多的基层读者认识图书馆、了解图书馆，同时在高校学者与全社会读者之间搭建一个交流互动的平台，仅仅提供一个图书服务的场所是不够的，必须让他们主动走入图书馆，深入基层传播先进文化。

2.4 一切围绕读者需求，构建联盟绩效评价体系

图书馆联盟绩效评价以最终满足用户需求为根本，通过联盟各成员间、联盟成员馆与读者间的沟通与交流，对联盟的资源共享、读者服务等绩效目标进行协调、监督与制衡，实现知识自由存取最大化以及成员图书馆自身运营效益最大化。

3 理解、尊重与沟通

理解：理解自己的工作，理解读者的需求

尊重：尊重自己的工作，尊重读者的需求

沟通：与同事多沟通，与读者多沟通

在读者服务过程中，图书馆应充分体现以读者为中心、以人为本的服务理论。如果一个人能真正关心和喜爱他人，自己同样会感到生活的充实、幸福。如果人人都努力营造一种和谐、适应人类健康发展的氛围，人们自身的潜能就可以得到发展和完善，于人于己、于工作大有裨益。这不仅是我们的幸福，更是所有读者的幸福。

十七届六中全会提出：满足人民基本文化需求是社会主义文化建设的基本任务。必须

坚持政府主导，加强文化基础设施建设，完善公共文化服务网络，让群众广泛享有免费或优惠的基本公共文化服务。大力发展公益性文化事业，保障人民基本文化权益，实现“文化育人、文化传承、文化创新、文化引领、文化交流”等功能。图书馆员承担着文化工作者的历史使命和文化责任，要提高文化自觉，不断深入揭示馆藏文献、拓展服务内容、提升服务水平，要为读者提供更多更优质的文化服务，为树立文化自信，增强文化自觉，推进文化自强的目标做出贡献 。

联盟的力量远远大于个体力量的简单相加。要提高图书馆联盟的核心竞争力，应以高品位的文化陶冶人，高质量的服务温暖人，学术化的氛围引导人，成为城市圈建设中最美的“盆景”！

参考文献

[1]郭效．高校图书馆联盟建设与发展研究[J]．现代情报，2010(2)：18－20

[2]燕今伟．图书馆联盟的构建模式和发展机制研究[J]．中国图书馆学报，2005(4)：24－29

作者简介：刘芳(1975—　)，女，副研究馆员，三峡大学图书馆副馆长，华中师范大学信息学学士，研究方向：信息学。朱沙(1974—　)，男，副研究馆员，湖北省三峡职业技术学院图书馆馆长，华中师范大学信息学学士，研究方向：信息学。

高校图书馆凭借合作共享推送区域文化建设

顾声权

（华北电力大学）

摘　要： 本文阐述了馆际合作资源共享在高校图书馆推送区域文化建设的重要地位及可行性，指出馆际间分工合作实现资源共享，最大限度地开发馆藏资源，满足读者个性化的信息需求。高校图书馆图文展览是资源建设的手段，也是文化传播的理念，更是服务读者的路径。我馆凭借馆际合作、资源共享，成功举办“印象保定”图文展览推送区域文化建设，教化读者具有归属感、认同感。高校图书馆就要承担社会责任，依托激活现有资源来满足读者的文化需要，为区域发展建设服务。

关键词： 高校图书馆　合作共享　区域文化

University Library with the cooperation and sharing the regional cultural of the push construction

Gu Shengquan

（Hebei ，Baoding . North China Electric Power University）

Abstract：This paper describes the status and feasibility of the interlibrary loan resource sharing in the university library to push the construction of regional culture. That between the division of labor in the interlibrary sharing of resources to maximize the development of library resources to meet the information needs of readers personalized. Photo Exhibition of the University Library is a means of building resources，the concept of cultural transmission，it is the path to the service of readers. Our library with interlibrary loan resource sharing successful holding of the regional cultural construction of the impression Baoding Photo Exhibition push to educate the reader has a sense of belonging identity. The university library should shoulder social responsibility，relying on the activation of existing resources to meet the cultural needs of the readers，for regional development and construction services.

Keywords：University Library；Cooperation and sharing；Regional cultural

1　引言

图书馆馆际合作资源共享已成为前进的方向，信息社会读者要求高校图书馆紧跟潮流，配合需求调整服务理念，改变单位独享馆藏资源的传统观念，开放现有资源升级为合作共享，大力拓宽知识挖掘，以适应文化发展要求。

高校内新兴学科和交叉学科不断涌现，读者对信息资源的需求呈现复杂多样趋势。高校图书馆要凭借特色优势，使其知识资源转化为有效生产力，促进经济建设精神文明建设发展。而任何单个图书馆都不可能提供全部知识文献，组织图文展览推送区域文化建设必须依托馆际合作资源共享等途径完成。

2 展览

2.1 策划“印象保定”专题图文展览

高校图书馆一切工作的落脚点就是满足读者的学习需求，读者对知识需求越来越向直观形象化发展。科技提升也对高校图书馆提出更高要求，深化传统服务进行功能拓展，成为信息资源的加工推送中心实施素质教育。作为宣传教育的重要形式，高校图书馆举办图文展览就是其拓展功能的重要措施。华北电力大学是全国重点工科高校，其学生来自五湖四海，对之普及区域文化教育是图书馆分内职责，大型乡土教育图文展览“印象保定”的构想就应运而生。而我馆现有馆藏支撑区域文化建设项目就显得捉襟见肘，依托馆际合作资源共享就是必然的选择。

高校图书馆文化是其特定的精神财富，对读者具有感染教化功效。图文展览形象直观生动，具有浓厚的感知教育功能。高校图书馆组织图文展览，既加强图书馆馆藏文献的宣传利用，又以独特的形式潜移默化地影响读者，积极引导世界观、人生观、价值观及审美情趣的提高，成为高校图书馆凭借馆际合作、资源共享推送区域文化建设的重要方式。

区域文化以不同的形态显露出来，碰撞交流形成其观念结构，普遍比较零乱不成系统，图文展览一定程度上保证了其继承传播。高校图书馆具有发展传播文化的深刻基础，区域文化建设已成为社会发展的重要资源。高校图书馆就要凭借馆际合作资源共享承担社会责任，我馆组织“印象保定”专题图文展览满足读者需要，推送区域文化建设为精神文明发展服务。

2.2 组织“印象保定”专题图文展览

馆际合作资源共享是业内现实课题，是服务读者的重要途径。馆际合作是资源共享的前提，资源共享范围的发展扩大必然要求开展多种形式的协作配合。合作共享的内涵不断扩展延伸，已成为高校图书馆的具体工作方式，使读者得到更多的知识服务。通过加强不同体系图书馆间的联系协调，有效地促进图书馆事业发展。业内有的馆服务对象主要是专业人员，以支撑科学研究为重点；有的馆主要服务对象是普通读者，以普及科学文化知识提高民族科学文化水平为重点，构成分工与配合相辅相成的服务体，从而满足不同读者群体个性化的需要。高校图书馆服务读者的终极目的是揭示馆藏传播知识，图文展览是在书刊借阅、文献传递、媒体点播等日常传统业务的基础上，开拓出服务读者新路径。我馆曾组织了许多专题图文展览，其中最有代表性的是“印象保定”大型图文展览活动，实现了以服务支撑文化、文化延伸服务的目的。

我校是建校时间短后期搬迁到保定的工科高校，地域文化专题文献储备先天不足，组织“印象保定”专题图文展览难度可想而知。在完成专题立项后，着手保定区域文化资料组织整理。第一，普查馆内现藏的各类与保定区域文化相关的纸本、电子版文献，确立几个分主题基调，入选图文占总量的约48%。第二，求助Balis系统通过馆际互借、文献传递等方式向相关单位索取与立意板块必需的原始图文，参考摘录使用，解决了大框架的需求，入选图文占总量的约27%。第三，由领导出面协调“驻保高校图书馆联盟”共建共享的支持，从几所校龄百年的当地高校图书馆的特藏部调取珍贵文档，拍照复制佐证支撑，完成了重要亮点的填充，入选图文占总量的约21%。第四，依托于互联网海选与主题相关散落于市井的信息，多头查询增补遗漏，尽力避免缺失，归类甄别去伪存真，力争补充完善，入选图文占总量的约4%。

然后把不同渠道索取的专题信息按统一要求整合集结在一起，制成标准的图文展板，而声光电等不同载体的其他文本，以多媒体的形式链接传播，向读者开放。在“印象保定”专题活动过后，应“驻保高校图书馆联盟”成员馆的邀请，其展板群又派送到兄弟馆进行巡展，最大限度地实现资源共建共享广大读者受益。

2.3 “印象保定”专题图文展览的收效

我校是211院校，学生来自祖国各地，只要踏进了华北电力大学保定校区的大门，就注定与这座城市结缘。日后提及保定，其他人希望知道更多的关于保定的历史人文知识，希望能给之讲述关于保定的故事。通过“印象保定”专题图文展览给学生以归属感和认同感，增加人文素养了解保定的地域文化，直观地接受地域文化教育，有效地配合了新生入学教育，使之尽快融入当地文化生活。

“印象保定”专题图文展览，由保定概况、文化名人、名胜古迹、红色经典和民间文化”五个部分内容组成。图文展览还独具特色的向师生们推荐了近千种，反映保定地方文化的我校图书馆通过馆际合作资源共享获取集成的相关纸本图书、电子图书以及视频资料，以帮助参观读者拓宽视野，获得更多的知识和信息。通过“印象保定”图文展览揭示地方文化，展现了当地特色文化形成原因发展基础，显示了当地人民长期奋斗成就，对保持发扬文化特色成为巨大精神财富奠定必要基础。保定物华天宝、人杰地灵，而且“自古燕赵多悲歌慷慨之士”，读者在参观图文展览之后，还能体味到一种百折不挠、蓬勃向上的精神力量。

2.4 “印象保定”专题图文展览的启示

“印象保定”专题图文展览的全部图文都是有我馆普通工作人员依托馆际合作资源共享自主搜集、整理、编纂、撰写完成。在教育读者的同时，也锻炼了队伍，提升了自身的素质，实现了资源扩充。读者在参观展览后，纷纷留言，感慨颇多，均把保定视为第二故乡，都以知晓相关文化为自豪。通过图文展览引导读者养成良好的学习观摩习惯，更注重实用性，为其提供了馆际合作、资源共享学术知识的机会。

“印象保定”图文展览推动了读者文化素质教育工作的开展，提高我校的文化品位和文化格调，形成浓郁的科学人文氛围，有利于读者充分利用图书馆，在学习中加强社会实践和科学实践，使之在知识能力和文化素养方面得到协调发展，图文展览成为一道永恒而亮丽的风景线。我馆普通工作人员凭借馆际合作资源共享用自己的设备技术，用艺术表现形式讴歌伟大成就，多侧面反映地域风土人情，展示社会发展日新月异的突飞猛进。

通过图文展览，强化了馆际合作资源共享的功效，进一步繁荣区域文化，让读者通过视觉的享受，感受辉煌成就，表达赤诚热爱和美好祝愿。用图文形态体现区域文化积淀，直观展示文化氛围，以图文展览实现资源推送。“印象保定”在当地反响强烈，保定电视台等多家地方媒体对其开幕式及相关活动等作了连续报道，提升了我馆的知名度。此次图文展览活动还分别荣获河北省图书馆学会和河北省高校图书情报工作委员会的年度特别表彰，不同领导均给予高度赞扬。

3 思考

3.1 合作共享推送区域文化有馆藏特色

馆际合作就是各馆打破条块分割，使之馆藏利用效能构成整体，利用合力来促进图书馆职能的发挥，最大限度地满足不同读者需求。各高校图书馆由于发展沿革学科专业不同，其服务范围馆藏资源存有差异。高校图书馆馆际合作是充分利用信息资源上的互补性，通过资源使用整体配置，实现优势互补，共同发展达到共建共享的目的。

馆藏有特色才能形成优势，根据自身特点，准确定位重点建设特色资源，保证其新颖系统权威性，由不同的特色馆藏构成资源互补。高校图书馆信息资源建设要突出地方文化特色，根据自身所处的地理环境和当地文化资源特色，推送区域文化建设彰显文化特色，突出实用性先进性。合作共享要用全新的观念整合资源，充分发挥其在硬件、人才及信息资源等方面的优势。我馆大型图文展览“印象保定”就是集合兄弟馆的特色馆藏，通过馆际合作资源共享打造而成。

3.2 合作共享推送区域文化是可靠平台

高校图书馆具有丰厚的资源积累，合作共享就能充分利用，使大量闲置资源被激活，其优势得以充分发挥。通过可靠平台开发利用蕴藏丰富的信息资源，使其成为真正意义上的精神财富宝库，由开放的管理服务体系，最大限度地满足读者对知识的渴求。通过建设平台扩充重点需求的文献，使之与不同高校的学科专业更紧密地联系起来，有针对性地搜集选择适合地方经济的信息资源，组建专题特色数据资源，为读者创新发展提供及时有效的信息资源服务。

建立信息资源共享利用的可靠平台，才能完善高校馆际合作共享网络平台。在可靠的网络平台基础上，实现高校信息资源共享。我馆大型图文展览“印象保定”推送地方文化建设的做法就是各高校图书馆具体行动任务的体现，通过建设一个规范、覆盖面广、操作方便的信息共享平台，使大家受益。信息资源共享建设与馆际合作发展保持良好的优势和成长势头，促进信息资源更好地为社会建设和经济发展服务。

3.3 合作共享推送区域文化用文献传递

实现合作共享，是各高校图书馆解决资源不足经费紧张的有效措施，还能带来社会效益和经济效益。文献传递是指对特定文献的使用需求，由高校图书馆将其在适当的时间内，以有效的方式与合理的费用，直接传递给使读者的服务。充分利用文献传递服务，是合作共享的有效服务策略手段。随着网络数字信息技术发展，文献传递的优点突显，成为现今资源共享的主流模式。我馆大型图文展览“印象保定”就是通过文献传递服务，可以促进高校图书馆的文献资源建设，最大限度地满足读者的文献信息需求，更好地履行图书馆的教育职能和信息服务职能。

高校图书馆间的合作由来已久，与馆外部合作亦日趋广泛。伴随文献信息载体和文献传播方式的革命性变化，使知识生产管理传播的分工不断分化融合，馆际适应要求自觉与外部合作。伴随知识信息产业组织在社会效益、利益追求的驱动下强势涉及高校图书馆馆藏，馆际被动接受外部合作。伴随高校图书馆对知识传播认知深化，图书馆业内与时俱进，馆际逐步融入外部合作体系。高校图书馆职能在合作中不断调整，利用文献传递功能，为建设区域文化担负起社会赋予的神圣职责。

3.4 合作共享图文展览宣扬区域文化

高校图书馆与区域文化建设有着千丝万缕的联系，高校图书馆只有在馆际合作资源共享的条件下，用图文展览给区域文化挖掘提供了广阔的空间。区域文化和高校图书馆是相辅相成的关系，区域文化收藏是形成特色馆藏的必经之路，决定成为特色图书馆标志。高校图书馆充分利用自身的优势，搜集与区域文化相关的文献，采集特色的乡风民俗，挖掘精华发扬光大。高校图书馆利用空间优势开展区域文化专题图文展览，强化读者地域文化的感知，体会独一无二不可复制性的特有文化积淀的核心竞争力。

高校图书馆图文展览依托馆际合作资源共享开放融合，注重实用性与教育性的结合，拓宽渠道营造求知创新的教育氛围，真正履行高校图书馆的教育职能。图文展览强化审美鉴赏趣味的特点，体现健康向上的准则，突出寓教于乐雅俗共赏的核心，充实培养文化理念的内涵，完全展现精神生活的思想境界。图文展览构思时紧紧抓住区域文化与先进思想相融合的意念，推动传播优秀文化，促进读者人文修养的提高，引导校园文化的健康发展。图文展览以开发馆藏为核心的思路才是便利的方式，凭借馆际合作资源共享的契机，根据文化建设主题，系统检索收集资料，编辑撰写加工制作，走联合之路深化合作性。

区域文化丰富多彩、贴近生活融入民众，有极大的亲切感、认同感，组织“印象保定”图文展览取其精华、推陈出新，对精神文明建设产生重大影响。高校图书馆凭借馆际合作资源共享进一步强化社会职能，扩大服务领域，增加服务内容，改变服务方式，开拓服务途径，做好文献信息资源的开发利用，满足广大读者需求。通过图文展览对读者实施影响，陶冶感情气质，使之增进高尚业余情趣，丰富精神文化生活。通过图文展览宣扬区域文化，使读者有归属感、认同感，造就高校图书馆工作取向，利用条件培养读者良好的文化习惯，揭示社会进步的希望。

4 结语

高校图书馆图文展览是资源建设的手段，也是文化传播的理念，更是服务读者的路径。通过领导重视支持，完成组织策划，我馆全体人员依托馆际合作、资源共享积极参与广泛配合，读者参与热情高、收益大，最终各方多赢。通过系列的图文展览大力推进文献资源的建设，实现信息资源共享，最大限度地满足广大读者对信息和知识的需求，通过开展馆际合作、资源共享加快传递和获取知识的速度，已成为高校图书馆螺旋上升的新力量源泉，各兄弟馆只有协同发展，形成一个互为补充、互惠互利的文献信息资源保障体系，才能使高校图书馆充分发挥强大的生命力，开拓广阔的发展空间，为读者提供越来越广泛的信息服务。

参考文献

[1]吴慰慈．图书馆学概论[M]．北京：北京图书馆出版社，2002
[2]朱强．高校图书馆现代化建设之探索[M]．北京：北京图书馆出版社，2007
[3]梁洪杰．图书馆科学管理论丛[M]．北京：机械工业出版社，2008
[4]刘磊．信息资源共享评估研究[M]．南京：南京大学出版社，2010

[5]许传宏．会展策划与组织[M]. 北京：高等教育出版社，2010
[6]赵小明．文化艺术符号治疗[M]. 北京：世界图书出版公司，2011
[7]蔡尚思．中国文化的优良传统[M]. 北京：北京大学出版社，2012

作者简介：顾声权(1964—　)，男，馆员，本科，研究方向：高校图书馆文献资源建设。

普通高校图书馆参与 CALIS 工作的分析和建议

——以大连医科大学图书馆 CALIS 三期服务示范馆建设为例

邓岩彬　王虹菲　刘薇薇　冯　研　赵云艳

（大连医科大学图书馆）

摘　要：以大连医科大学图书馆参与 CALIS 三期服务示范馆建设工作为实践，回顾如何与 CALIS“结缘”，详细介绍普通高校图书馆图书馆参与 CALIS 三期子项目的建设目标及成果，对整个图书馆工作产生积极影响。重点分析普通高校图书馆共享 CALIS 云服务的意义，提出作者对普通高校图书馆参与 CALIS 建设的一些意见和建议。

关键词：CALIS 服务示范馆　高校图书馆　编目外包　期刊服务　虚拟参考咨询

Abstract: This article was based on practice of Dalian medical university library participating in the third stage CALIS services demonstration projects. At first the authors reviewed how to cooperate with CALIS. Then they detailed the objectives and achievements of their library to participate in the construction of the projects. And analysed significance of academic library shared CALIS cloud service. At last the authors put forward the suggestions of the academic libraries participating in the CALIS construction.

Keywords: CALIS services demonstration projects; Academic Library; Outsourcing Cataloging; journals services; Virtual Reference services

背景介绍

2011 年 9 月中国高等教育文献保障系统(China Academic Library & Information System，以下简称 CALIS)发出 2011-021 文件：关于申报 CALIS 三期服务示范馆项目的通知。CALIS 三期采用“预研一批、试点一批、推广一批”的工作思路，在充分挖掘大型图书馆的研究能力与服务能力的同时，引导中小型图书馆广泛参与，从而缩小“211”院校与国际一流高校图书馆的差距，缩小普通院校与“211”院校图书馆的差距，缩小西部欠发达地区与发达地区的差距，全面提升我国高校图书馆整体信息服务水平。[1] CALIS 三期服务示范馆建设的目的是 CALIS 牵头，由地区中心馆组织，各省中心馆负责开展业务，并以这种示范馆的形式带动和推进各地区成员馆的 CALIS 工作的开展。

本馆所在的辽宁省是全国最后成立 CALIS 省中心的省份(2011 年底成立)，所在的市是全国第一家成立城市共享域的城市。作为一个普通高校图书馆，我馆积极参与申报 CALIS 三期服务示范馆项目，五个项目申请四项，成功获批了三项，服务示范馆的获批表明本馆在基础业务和参考咨询服务方面管理规范，在高校图书馆中具有一定示范意义。

1 回顾与 CALIS"结缘"

CALIS 从 1998 年开始建设以来，主持开发了联机合作编目系统、文献传递与馆际互借系统、统一检索平台、资源注册与调度系统，形成了较为完整的 CALIS 文献信息服务网络。我馆 2002 年从联机编目开始参与 CALIS 的活动和建设，走出一条普通高校参与全国高校联盟活动的建设之路，对于普通高校图书馆来说具有一定的典型意义。

1.1 2002 年参加 CALIS 联机编目，使本馆编目水平有了极大的提高，数据更加标准规范，由于参加该项目，本馆多名馆员参加了 CALIS 联机编目员的培训，目前有 5 名馆员具有 CALIS 三级编目员资格证书，3 名馆员具有中文图书编目上传资格，1 名馆员具有西文图书编目上传资格。联机编目的参与规范了本馆数据，提高了馆员能力，减轻了工作强度。

1.2 使用 CALIS 的 CCC 服务，参与维护：上传本馆期刊馆藏数据，扩大本馆读者外文期刊获取的范围。

1.3 参加 CALIS 组织的团购数据库。本馆订购的外文数据库绝大多数是参加 DRAA 的联合采购，节约了采购的资金成本、时间成本、人员成本。享受数据商提供的更多的诸如培训、工作交流会议等服务。

1.4 利用 CALIS 的文献传递服务。CALIS 文献传递扩大了文献获取的渠道，享受 CALIS 的补贴，减少了服务的成本。

1.5 参加了 CALIS 二期的特色数据库建设项目。通过参加该项目建设，提高了馆员特色库建库的能力，在行为科学专题数据库(CALIS 二期项目)基础上，又根据我校教学的需要，建立了超声医学数据库、美容医学数据库。这些数据库的建立基本上是在没有项目经费的情况下，由图书馆员自行设计库结构、搜集专题资源、进行标引和数据录入，这些数据库在有关专业的教学中发挥了巨大的作用。此外，我们还建立了外文电子期刊导航库、外文医学电子图书导航库、媒体大医数据库、大医学术论文库、大医 SCI 收录论文榜、VOD 医学视频数据库等。之所在没有经费投入的情况下能够完成这么多数据库的建设，主要是通过参与 CALIS 二期项目的建设，培养了一批视野开阔、建库经验丰富的馆员。

2 参与 CALIS 三期项目情况

收到 CALIS 三期服务示范馆项目申报的通知后，馆长组织各部门负责人一起研究了申报的条件和意义，本着促进本馆业务工作的目的，在不花费太多精力和不需要有多少经费投入的基础上，能够使本馆的业务工作再上一个台阶，并参与到国家层面的数字图书馆建设，获得更多的技术支持和资源。

服务示范馆项目共分五个子项目：编目外包示范馆、e 读示范馆、期刊服务(CCC)示范馆、馆际互借示范馆、虚拟参考咨询示范馆。经过对各子项目申报的条件逐一分析，了解到其中馆际互借示范馆有一个条件是要利用 CALIS 共享版馆际互借系统开展本馆馆际互借与文献传递服务。因为这个软件 CALIS 最初是以租用的方式给成员馆使用，我们馆虽然从 2002 年就已经开展了文献传递业务，但并没有使用这一软件系统，最后本馆确定了申报五个子项目中的四个项目。经过明确分工之后，分别开始申报工作。最后获批三个子项目：编目外包示范馆、期刊服务(CCC)示范馆和虚拟参考咨询示范馆，其中 e 读示范馆项目因为当时省中心还没有正式成立，没能获批。

2.1 编目外包示范馆

本馆自 2005 年起开展中文图书编目外包业务，属于国内较早开展编目业务外包的图书馆之一。经过几年的实践，形成一套规范的操作流程。2006 年本馆开始对中文图书采购招标，本馆的编目业务外包正式纳入招标合同中，实行中文纸质图书的采购、加工、运输及伴随服务的统一招标，将编目业务外包交给中标的书商来完成。经过几年的运行，建立了较完整的编目业务外包流程和适合本馆的远程外包模式。[2]

这次编目外包示范馆子项目全国共 13 家高校图书馆通过审批。通过这次示范馆项目，我们又重新梳理和认真总结，对我们的编目外包业务又有了新的思考。

2.1.1 建设的目标

(1)将本馆编目外包的成功经验与各成员馆分享；

(2)加强对外包商的编目外包工作的培训和规范管理，促进编目工作规范化；

(3)探索编目外包质量控制的有效途径。

2.1.2 操作与成果

(1)项目的小组成员制定和完善本馆编目外包的相关工作流程和规范文档，上传 CALIS 项目中心，与成员馆分享经验。

(2)将本馆书目数据及馆藏数据上传 CALIS，参与共建共享。

(3)制定并将继续探索对编目外包质量有效控制的可行性方法。

(4)通过研讨会方式与同行交流和分享研究成果。2012 年 4 月 18 日，由本馆和 CALIS 大连城市共享域中心(大连理工大学图书馆)共同主办了中文图书采编业务外包研讨会，来自 16 所高校的近 40 名业界同行参加了此次研讨。会上由本馆馆员分别就采编业务外包理论研究、外包数据批量验收、外包编目数据审校及上传、外包质量控制等向与会同行汇报了本馆中文图书编目外包的研究成果和实践经验，详细介绍了本馆中文图书采编业务外包具体情况及相关质量控制流程，并就有关问题同与会人员研讨。

2.2 期刊服务(CCC)示范馆

2.2.1 建设目标

充分利用 CALIS 期刊建设平台，为本校读者提供有力的期刊服务。

CALIS 外文期刊网是 CALIS 建设的外文期刊综合服务平台，可有效帮助本校读者获取外文期刊论文；也是馆际互借、文献传递的强大的基础数据源；同时图书馆馆员可自行维护本馆的期刊联合目录。

2.2.2 操作与成果

(1)外文印刷本期刊馆藏数据的整理和上传。外文期刊馆藏数据的整理和上传工作以前也做，但没有连续更新，数据准确性和完整性都不高。通过项目建设，本馆制定了详细的完成时间表，并挑选责任心强的馆员担任，最大限度地保证数据的质量。

(2)在CCC上更新和维护本馆电子期刊 。CALIS的数据库勾选电子期刊最初也不太灵活，在三期项目开展过程中，该平台也不断完善，最后达到预期效果，实现了勾选子库的功能，使用电子期刊的数据显示的更准确。

(3)在本馆主页上嵌入CALIS外文期刊网的篇名检索，增加本馆OPAC的检索结果页的相关资源链接，可链接到CCC相关文献的详细信息页面，实现CCC检索结果到本馆OPAC馆藏的链接。

通过CCC项目，为本校读者提供了多种期刊服务途径，延伸了服务方式，加深了服务深度。读者从原来的期刊数据库检索，增加了外文期刊的篇名统一检索。检索更深入全面，获取全文的途径更方便。

2.3 虚拟参考咨询

2.3.1 建设目标

(1)利用CVRS虚拟咨询服务系统构建大连医科大学虚拟参考咨询服务。

(2)参与到辽宁地区服务、乃至更大范围的多个高校在内的服务共享体系。

2.3.2 建设成果

由于开通时间短，读者暂时不习惯CVRS系统的服务方式，目前没有实现CVRS系统的虚拟咨询服务的大量用户服务，用户咨询方式会有一段时间的惯性。CVRS在线咨询的优势在于多馆共同合作，采用分布式联合虚拟参考咨询平台；以本地服务与分布式联合服务相结合，建立可持续发展的、多馆协作咨询的规则和模式；而且方便建立相关的知识库、学习中心等。

3 图书馆共享CALIS这朵“云”的意义

3.1 提高高校图书馆文献资源的总体保障率

CALIS三期项目建设的目标是全面挖掘、整合国内高校图书馆以及其他各级各类文献信息服务机构的资源和服务，有重点的整合国际相关机构的各类信息资源与服务。

3.2 可以提升高校图书馆数字化服务能力

CALIS三期具体将构建合作编目与书目配送、协调采购与资源建设、公共检索与资源导航、文献传递与原文获取、代查代检与专题咨询、软件共享与技术支持、业务培训与资格认证七大服务系统。上述系统一旦安装好之后，成员馆就可以免费使用数字图书馆的各种软件和平台：比如统一检索平台、虚拟参考咨询系统、文献传递和馆际互借系统等，获得CALIS技术支持，全面提升本馆数字化服务的能力，扩展数字资源的获取范围，共享区域内图书馆的集体智慧。

CALIS三期将实现“一个账号，全国获取”的服务模式，为读者提供更多获取资源的途径。延伸了图书馆的服务方式，加深了服务深度。读者通过自己的证号和密码(即OPAC系统中的读者卡号)就可以实行统一身份认证，享受各种服务。

本馆已经开通QQ、TQ、MSN等多种方式并行的网络实时咨询服务。CVRS为读者又打开一条咨询的“通道”。

3.3 帮助图书馆突破资金、资源瓶颈

帮助图书馆突破资金、资源瓶颈，这也是中小型图书馆参与其中的最重要的意义所

在。尽管有许多商业化的统一检索平台、实时咨询软件、文件传递系统等，但中小型图书馆一般经费有限，在这些平台和软件建设方面很少会有预算。如果能够充分利用 CALIS 的相关服务，可以不需要投入太多就能够将数字图书馆的服务范围和深度有一个大的提升，使读者服务更上一个台阶。

3.4 可以开阔馆员视野，提高馆员能力

CALIS 不仅提供软件平台，还提供技术支持和培训，可以使馆员在更广阔的范围内了解数字图书馆的发展，通过项目的实施建设，可以锻炼馆员队伍，极大提升馆员的能力。

4 提出几点建议

(1)CALIS 各级中心馆需要为成员馆提供平台、技术支持和服务，建议各级中心馆全面推广和开展 CALIS 服务项目。

(2)各高校图书馆应积极参与，扩大参与面，形成我国的高校数字图书馆服务的网络，使资源的覆盖更广泛。目前 211 院校已经全部是 CALIS 成员馆，但全国高校的参与比例仅为 42.73%。[3]因此还需要多方宣传 CALIS 的项目与服务，争取更多的高校图书馆参与。

(3)多开展有关的业务交流，培训馆员，提高高校图书馆应用 CALIS 服务的能力。

(4)高校图书馆应将 CALIS 服务嵌入或链接到本馆主页，并向读者宣传 CALIS 的服务，扩大本馆读者获取资源和服务的范围。

在整个项目过程中，我们也遇到过一些问题，在项目验收时 CALIS 中心做了一些调查，本着实事求是的态度提了一些意见和建议。希望 CALIS 建设得更好，真正实现信息资源共建、共知、共享，这一目标也是各种图书馆联盟的真正意义所在。普通高校图书馆参与 CALIS 项目建设当中也将极大地促进 CALIS 各项工作的有效开展。

参考文献

[1]北京大学图书馆 CALIS 管理中心项目管理部．CALIS 三期建设初见成效：全面提升高校图书馆信息服务能力．[2010-09-21]，http：//pkunews. pku. edu. cn/xwzh/2010－09/21/content _ 184128. htm

[2]邓岩彬．高校图书馆采编业务外包研究[硕士学位论文]．长春：东北师范大学，2007

[3]CALIS 图书馆导航．[2012-04-08]，http：//www. calis. edu. cn/educhina/libnav. do？ page＝libnavby-calis

作者简介：邓岩彬(1972—　)，女，副研究馆员，硕士学位，文献资源建设，数字图书馆等。

王虹菲(1966—　)，女，研究馆员，硕士学位，图书馆学，图书馆管理等。

刘薇薇(1968—　)，女，研究馆员，硕士学位，图书馆学，文献检索教学等。

冯　研(1972—　)，女，副研究馆员，硕士学位，图书馆技术，数字图书馆等。

赵云艳(1969—　)，女，副研究馆员，硕士学位，参考咨询及信息检索，文献检索教学等。

建立黄河三角洲区域性医学信息资源联盟的构想

韩进军

（滨州医学院图书馆）

摘　要：通过对黄河三角洲地区医学文献信息资源现状分析，提出了建立区域性医学信息资源联盟与服务平台的必要性和可行性，并从联盟的构建模式、构建策略等方面提出了联盟构建设想以及联盟建设的保障措施，对联盟建设中应注意的相关问题进行了探讨。该联盟的建立对黄河三角洲地区医疗卫生事业的发展将起到积极的促进作用。

关键词：信息资源共享　图书馆联盟　信息网络建设

The idea of how to build the yellow river delta regional medical information resources alliances

Han Jinjun

（Library of Binzhou Medical University）

Abstract：Through the analysis of medical literature of the Yellow River Delta Resources，the necessity and feasibility of the establishment of regional Medical Information Resource Alliance and Service Platform，and Put forward the building idea of the alliance and union safeguard measures from the construction model and building strategies of the alliance，Discussed the problems in the alliance-building. The Union will play a positive role in promoting the development of Medical and health services in the Yellow River Delta.

Keyword：Sharing of information resources；Library Consortium；Building of information networks

构建黄河三角洲区域性医学信息资源联盟，旨在该地区内联合各医学院校、医院、医学科研所等医药卫生系统图书馆，组建一个区域性医学专业图书馆联合体，它是在平等自愿的基础上为了实现资源共享，利益互惠目的，按照共同协商、合作协议组成的图书馆联盟，并按照协议要求实现信息资源建设、信息存储、信息加工和信息交流，以促进该区域医疗卫生事业的蓬勃发展。

近年来，信息资源共建共享的研究一直是人们关注的热点，产生了大量的研究文献，但专门针对医学领域的区域性信息资源共建共享的研究却鲜有报道[1]。随着我国经济、科技和卫生体制改革的深入，以生物医药技术为重点的高新技术产业的形成和发展，对医学信息事业产生了很大的影响。各级医药卫生行业管理部门，广大医学教学、科研及临床专家学者等对医学信息的需求日益增加。因此，建设一个区域性的医学文献信息资源联盟与服务平台是医疗卫生事业发展的需要。

1 构建区域性医学信息资源联盟的必要性

1.1 提高该地区医学专业图书馆整体水平的需要

从目前情况来看，黄河三角洲地区的医学教育及卫生事业发展水平比较落后，19个县地市中除只有极少数几个县市比较发达外，大部分县市的医学教育水平及医疗条件比较落后。由于资金匮乏，这些县市的医学信息资源建设起步晚且进展缓慢，受其馆藏文献、人员、技术设备等方面的制约，无法满足其医疗单位工作人员对医学文献信息的需求，由于缺少获取医学信息的基本渠道，不能及时得到最新的医学动态及科研信息，严重影响了该地区医疗水平的提高。其次，医疗卫生系统各部门在文献资源建设方面各自为政，重复建设、资源浪费的问题比较严重。因此，建设黄河三角洲区域性医学文献信息资源联盟，实现医学信息资源共享势在必行。

1.2 图书馆深化读者服务工作的需要

随着计算机和互联网技术的飞速发展及国家对黄河三角洲地区开发力度的加大，黄河三角洲地区各领域信息化建设已经逐步展开，电子政务、电子商务、企业信息化等已全面启动，信息技术在政府、企业和公共服务部门得到广泛应用，但该地区医学文献信息资源没有得到有效整合统筹，严重制约医学专业图书馆读者服务工作的开展，这势必对该地区医学教学、医疗、科研等方面产生不良影响。因此，构建黄河三角洲区域性医学信息资源联盟实现资源共享为广大医疗、科研人员提供优质服务，满足其对文献信息的需求，是当今图书馆深化读者服务工作的内在要求。

2 区域性医学信息资源联盟的构建规划

通过黄河三角洲地区的高等医学院校图书馆、医学科研机构及各医院图书馆参与协作共建，逐步建设结构科学布局合理、能长期提供服务保障的资源共享系统，最终实现馆藏资源数字化、本地资源网络化、外域资源虚拟化，使黄河三角洲地区医疗卫生系统内的每位读者无论何时何地都能获得所需的文献信息。

2.1 联盟构建模式

首先要成立中心馆，再以中心馆为核心，依托各地医学院校、医学研究所及各大医院图书馆各自所属系统及信息资源，贯通当地医学专业图书馆的强势资源与服务，促使本区域乃至外地区医学信息服务机构加盟。选择各地级市基础较好的医学专业图书馆为基层中心馆，基层中心馆再管中小图书馆的形式，调动它们的积极性，为小型医学专业图书馆的发展提供良好的保证。滨州医学院图书馆作为医学文献信息中心馆，以潍坊医学院图书馆、东营胜利油田中心医院图书馆等作为基层中心馆，联合黄河三角洲地区医学院校图书馆、医疗单位、医药卫生行业以及医疗主管部门，形成由实物层、数据库层、网络层构架的涵盖滨州、东营、潍坊等6个设区市的19个县(市、区)地市医疗系统的医学文献信息资源服务网络，促进该区域医学教学及医药卫生事业的发展，为黄河三角洲地区各医药管理部门决策的科学性和准确性及对医药卫生行业宏观调控提供信息保障。

2.2 联盟构建前期的调研

全面调查目前黄河三角洲地区各医疗、卫生等单位网络和资源建设的实际情况。中心馆滨州医学院图书馆，负责滨州市及德洲乐陵市、庆云县，淄博高青县；基层中心馆，潍坊医学院图书馆负责潍坊市、寿光市、昌邑市和烟台的莱州市；东营胜利油田中心医院图书馆负责东营市。其重点一是摸清黄河三角洲地区医疗科研、医药卫生部门、医学院校图书馆等文献收藏单位数量及医学文献资源的类型、数量、使用情况，重点是电子文献资源，如数据库、自建数据库、光盘数据库及网络检索系统等；另一方面了解目前通过网络可供使用的医学文献，即国家 CALIS 医学信息中心、解放军医学图书馆、中国医学科学院图书馆以及与各大医学图书馆所签订合作协议的国内权威信息机构的医学文献等等。所有信息由中心馆负责汇总，为下一步资源整合、信息共享做好准备工作。

通过了解，黄河三角洲地区大小医院近 400 家，省属高等医学院校 2 所；另有医疗科研单位、医药卫生管理部门及其他医学相关行业等近 100 家，他们对医学信息的需求量相当大。近年来随着我国医疗、卫生事业的不断发展和社会网络化、信息化、全球化步伐的加快，黄河三角洲地区各地市已无法满足医学信息用户对医学科技文献的需求，这就为该地区医学信息资源联盟与服务平台的建设和应用推广提供了广阔的空间。用户的信息需求是医学信息资源共享体系建设的原动力，而该体系的建设与应用推广又在很大程度上促进了本地区医疗卫生事业的发展，刺激了信息需求，二者相辅相成，相互促进。

2.3 中心馆的实证分析

2.3.1 中心馆滨州医学院图书馆，馆藏纸质文献近 100 万册；电子图书 200 多万册，先后引进了中国期刊全文数据库、维普期刊全文数据库、超星数字图书馆、中国生物医学文献数据库、PubMed、EBSCD、OVID 医学期刊数据库、Springer、Highwirepress 电子期刊等大量国内外医学文献数据库，为建设医学文献信息平台提供了资源保障。多年来滨州医学院图书馆还与全国众多医学院校图书馆有着长期稳定的业务联系，在医学信息学领域有着广泛的合作。另外，基层中心馆潍坊医学院图书馆，同样在纸质文献和电子图书、医学数据库等方面也不逊色于滨州医学院图书馆，使用的管理系统都是“金盘图书馆管理系统”，东营胜利油田中心医院图书馆，近年来在文献信息资源建设方面的投资力度也在不断加大，这些有利的条件和丰富的信息资源为黄河三角洲地区医学信息资源共享体系的建设，打下坚实的基础。

2.3.2 中国教育和科研计算机网(CER2NET)始建于 1994 年，目前联网大学、教育机构、科研单位超过 1300 个，用户超过 1500 万人，是我国教育信息化的基础平台[2]。滨州医学院除与该网络联网外，还建立了良好的校园网，为医疗系统各单位医学文献信息检索与文献传递提供了强有力的支持。滨州医学院图书馆于 1999 年就建成了局域网，搭建了以“金盘图书馆集成管理系统”为平台的自动化系统，该系统各项功能不断完善、升级，山东省已有多所医学院校使用该系统，反应良好。

2.3.3 滨州医学院设有医学信息学专业，该专业 2007 年创建时挂靠在图书馆，该专业多门课程的教学任务是由图书馆老师承担，图书馆又是该专业学生实习的基地。因此，滨州医学院图书馆在业务能力和师资水平方面有绝对的优势。图书馆情报部门人员构成，一是资深教授；二是医学信息学及其他方面毕业的研究生。他们长期开展医学文献检索和医学信息学方面的教学和科研工作，并培养了一大批熟练掌握医学信息检索技能、熟练从事医学信息的搜集、加工整理、信息分析的业务骨干。另外，图书馆通过定期举办培训班、专题讲座等，使馆员的整体信息素质有了很大的提升，为黄河三角洲区域性医学信息资源共享体系的建设提供了人员保障。

3 区域性医学信息资源联盟的实施策略

3.1 优化文献资源配置，确保联盟体系建设

为保障黄河三角洲区域性医学信息资源联盟体系建设，应本着系统性、连续性、完整化、特色化原则，由中心馆负责总体策划和本项工程的实施细则；签订医学专业图书馆联盟开发契约；解决联盟之间合作开发文献资源中凸显的各种矛盾；区域医学文献信息整合；合理搭配数据库结构；确定网点和节点的位置等，并根据各馆医学文献收藏的特色和图书采访计划，制定出联盟文献资源建设长远发展规划，在此基础上确定各成员馆的资源建设目标和馆藏体系，协调各馆的购书经费，避免重复购藏。各成员馆联合采购、联机编目，建立标准化、规范化的中外文书目数据库，为资源共享打下良好技术基础，保障黄河三角洲地区医学信息资源体系的建设。在电子资源采购方面，联盟应采取互惠互利、优势互补的原则，由中心馆负责数字资源的试用、评估，在广泛征求意见的基础上，代表联盟与供货商签订联合采购合同，并有计划地实施、落实。总之，在中心馆的统一领导下，各馆要做到分工到位，责任明确，既方便联盟的管理，同时也可增强各馆之间的交流与合作，使每一个成员馆都在联盟中发挥重要作用，实现真正意义上的医学文献信息与服务的共建、共知、共享。

此外，各馆都有自己的特色数据库，如滨州医学院图书馆自建的“眼科”、“神经解剖”、“呼吸循环”等专题数据库；潍坊医学院图书馆的“潍坊医学院学术论文全文数据库”等，对各馆的专题数据库要重点整合，因为这是他们的特色。同时，联盟也要建立自己的特色数据库，并制定出建设的方向和目标。

3.2 通过文献资源共建共享服务平台，实现馆际互借

黄河三角洲区域性医学信息资源联盟建成后，中心馆滨州医学院图书馆，将整合后的信息资源，通过联盟的服务平台——“金盘图书馆集成管理系统”完成医学信息资源共享。通过通用阅览证、提供馆藏文献查询、网上续借、共享数据库检索等功能，为本区域读者提供随身、随行的网络信息服务。

4 区域性医学信息资源联盟建设的保障措施

区域性医学信息资源共享体系建设是一项非常复杂的系统工程，涉及方方面面，需要协调各方面的关系。而打破部门之间、单位之间的条块分割、相互封闭的格局，形成协调一致、分工合作的工作机制，必须要有强有力的组织保障[3]。黄河三角洲区域性医学信息资源共享体系建设涉及多个地市的医疗、教学与科研单位以及医药主管部门等，设立专门的组织机构，明确分工，从而在组织上保证资源共享体系建设的顺利进行，这样才能更好地服务于社会，才能建立起覆盖黄河三角洲地区医学信息资源网络，推进联盟规范化、制度化、可持续发展。

4.1 发挥政府调控作用，争取企业支持，保障资金供给

资源共享带来的社会效益、经济效益是明显的。但为了实现资源共享，在一定时期内必须有更多的经费投入。除必须征得政府相关部门的支持外，政府相关部门给予一定的财政拨款是必要的，但仅靠政府投入是不行的，企业是社会经济的支柱，也应成为研究开发的主体，实现资源共享，争取企业的支持是一条重要的途径。在区域性医学信息资源共享体系建设中，可联合与医疗相关的各个企事业单位，共同筹措资金，使资源共享体系建设有充足的经费保障，使共享体系建设得以顺利进行。

4.2 加强业务培训，提高馆员适应的能力

人员培训包括对参与共享体系建设人员的培训和用户培训两方面。信息资源共享体系建设是一项复杂的系统工程，不论信息搜集，还是数据分析都需要很多熟练掌握专业技能的人员参与，人员培训在信息资源共享体系建设中占有非常重要的作用，它决定着信息资源搜集、整合的质量，进而影响整个共享体系的质量。高素质的人员是实现信息资源共享的保证，必须采取各种措施加强人员培训，切实提高共享体系参与人员的综合素质。此外，对使用共享体系的用户进行培训，让每位用户学会使用，同样有着非常重要的作用，否则将背离共享体系建设的初衷。

4.3 共享标准体系建设

标准体系建设是联盟资源共享的重要保证，是自动化、网络化的基础，是信息交流、共享资源的必备条件。如果图书馆的业务工作没有实现标准化，技术设备再好也不能发挥其应有的效益，也难以实现资源共享。标准建设应包括：信息加工标准、记录标准、检索标准、传递标准以及质量管理和控制标准[4]。

5 区域性医学信息资源联盟建设应注意的问题

5.1 联盟运行法律保障

目前，在信息资源整合、信息资源共享等方面还没有国家立法机构制定的条例、法规。现行的一些条例、规章不具有国家法律的强制性、统一性、普遍性和规范性，存在不稳定性；并且都是按系统颁布的，客观上形成了各自为政的状态，强化了条块壁垒，给统一规划、资源共享和网络建设带来障碍[5]。因此，黄河三角洲地区要实现医学信息资源的共建共享，必须制定适合本地区的、具有稳定性的规章条例，以保证资源共享体系建设的顺利。

5.2 医学信息资源共享与知识产权保护的关系

信息资源共享体系建设必然涉及知识产权保护问题。在信息资源共建共享中，知识产权保护与实现信息资源共享是一对矛盾，如何解决好这一矛盾是当前信息资源共建共享必须面对的重要问题。首先，信息资源共享必须建立在知识产权保护的基础之上。在区域性医学信息资源共享体系建设过程中，必须严格遵守知识产权保护制度。其次，信息资源共享与知识产权保护要化对立为统一。必须明确，遵守知识产权制度是信息资源共享体系建设得以顺利进行和长期发展的必然要求，也是真正实现资源共享的必然选择。知识产权保护是资源共享的重要保证，而资源共享是知识产权保护的重要目标。在进行信息资源建设过程中，既不能割裂二者的内在联系，也不能片面夸大某一方面的影响和作用。否则，必然加剧知识产权保护和信息资源共享的对立，导致二者从本质上流于形式[6]。

6 结语

黄河三角洲区域性医学信息资源联盟，不仅可满足网络条件下用户的信息需求和利用图书馆方式的变化，同时实现了信息资源、人力资源、设备资源的高度共享。国务院2009年12月已正式批复《黄河三角洲高效生态经济区发展规划》，黄河三角洲的发展已上升为国家战略，成为国家区域协调发展战略的重要组成部分。我们一定要应抓住机遇，加强区域性医学信息资源联盟与服务平台的建设，为该地区医疗、科研、医学教学等领域众多用户提供更加快捷、方便、统一的资源共享服务，促进该区域医疗卫生事业的蓬勃发展，为该地区的经济建设，人民的身心健康作出贡献。

参考文献

[1]周志超，刘小利．扬医学图书馆联盟典范：NN/LM对我国区域医学信息资源共享的启示[J]. 数字图书馆论坛，2011(2)：2－5

[2]黄晓骊，廉立军，廖志江．唐山地区医学信息资源共享体系建设的构想与实现[J]. 中华医学图书情报杂志，2007(1)：12－14

[3]石刚．完善信息资源共享环境分析[J]. 图书馆论坛，2006(1)：23－25

[4]谷遇春．论大湘西区域文献信息资源共建共享[J]. 中国图书馆学报，2006(1)：73－76

[5]周井娟．关于建设广东省图书馆资源共享体系的思考[J]. 图书馆论坛，2005(1)：97－99

作者简介：韩进军(1962—)，男，副研究馆员。

宜昌地区图书馆联盟构建设想

李晓萍　赵惠婷
（三峡大学图书馆）

摘　要：通过对宜昌地区图书馆文献信息资源现状分析，提出建立宜昌地区图书馆联盟的必要性，从联盟的构建模式、构建策略等方面提出联盟的构建设想，提出保障联盟建设可持续发展的措施，期望为湖北省图书馆联盟的构建打下良好基础。

关键词：图书馆联盟　资源共享　信息资源

Yichang Region Library Alliance Construction Ideas

Abstract：through analysis of Yichang region library information resources，Put forward to build the necessity of Library Alliance in Yichang area，From the alliance construction mode，construction strategy and other aspects of the union construction，put forward the development measures of security alliance construction ，expectations to lay a good foundation for Hubei Library Consortium construction

Keywords：Library alliance；Resource sharing；Information resources

宜昌市现辖5县(远安县、兴山县、秭归县、长阳土家族自治县、五峰土家族自治县）3个县级市(宜都市、当阳市、枝江市)5城区(夷陵区、西陵区、伍家岗区、点军区、猇亭区)，作为世界水电之都，中国动力心脏的宜昌，拥有举世瞩目的长江三峡水利枢纽工程、葛洲坝水利枢纽等百余处水利枢纽工程；湖北宜昌这座富庶美丽、充满活力的现代城市正在崛起。目前，宜昌市正大力推进文化名市建设，借以提高全民文化素养，增强宜昌地区的核心竞争力。图书馆作为广大人民群众学习先进文化的重要场所，拥有丰富的文献信息资源，是市民进行自我提升的主要阵地。宜昌地区的各级图书馆在馆藏建设、信息服务能力等方面各有区别，为了打破各类图书馆的资源分割壁垒，对区域内文献信息资源进行有效整合，实现信息资源的共建共享，应建立宜昌地区图书馆联盟，提高图书馆的文化服务能力，推动宜昌地区图书馆整体事业的发展。

区域图书馆联盟是指在一定的地域范围内，图书馆之间通过平等、自愿的原则建立的图书馆联合体，通过有序组织、整合区域内高校、科研、公共图书馆及情报系统等馆藏信息资源，以利益互惠、资源共享、合作共赢为出发点，以协作化运作、整体化发展、便利化服务为目的，向用户提供方便、快捷、统一的资源共享服务，促进地区图书馆事业的均衡化发展。

1 构建宜昌地区图书馆联盟的必要性

1.1 宜昌地区图书馆提高整体水平的需要

目前，宜昌地区各类图书馆发展很不平衡，公共图书馆系统尤其薄弱。主要表现在以下方面：(1)购书经费缺乏，各系统图书馆发展不均衡。截止2012年底，全市公共图书馆总藏书量为70万册，人均不到0.4册。高校图书馆年生均采购图书册数相对较多，如三峡大学图书馆达生均3.2册。(2)电子文献资源严重不足。宜昌地区目前仅有一所公共图书馆能够提供电子文献资源，很难满足读者对电子文献深度和广度方面的需求。高校图书馆数字资源相对丰富，其中三峡大学图书馆藏有中文纸质图书191万册，电子图书142万册，中文数据库12种，外文数据库14种。但服务对象仅限于校内师生及少数校外办证人员，受众面较窄。(3)馆藏资源不完全，人员、技术条件等受限制。高校、科研、公共三大系统图书馆文献资源收藏各有侧重，具有互补性，通过整合宜昌地区各类型图书馆不同学科、专业的文献资源，可以丰富区域内读者对资源的选择空间，还可打破图书馆之间人才资源使用及技术壁垒，有效利用各馆优势资源，满足区域内读者需求。

1.2 图书馆深化服务的需要

随着计算机和互联网技术的飞速发展，宜昌地区各领域信息化建设已经逐步展开，电子政务、电子商务、企业信息化和农业信息化已全面启动，信息技术在政府、企业和公共服务部门得到广泛应用，但图书馆文献信息资源在宜昌地区没有得到有效整合统筹。对高校和科研机构图书馆而言，为当地经济和社会服务已成为一种神圣职责。对公共图书馆而言，服务的广度与深度还需要不断地拓展和加强。建立宜昌地区图书馆联盟可整合人才及信息资源，为党政机关决策和当地经济发展服务，最终必将实现互助多赢的局面。

1.3 建设教育强市、文化名市的需要

目前，宜昌市正大力推进教育强市、文化名市建设，以提升侨乡的人文精神。宜昌地区中小型公共图书馆、图书室、文化站遍布各个地(市)、县(区)，街道、乡镇，是当地的文献资源中心，也是市民提高文化修养的场所。但这些中小图书馆长期分散建设，彼此没有构成合力，提供的服务是初级的、有限的。区域图书馆联盟可结合全国文化信息共享工程基层站点的建设，形成覆盖宜昌、城乡一体、功能完善、资源共享、管理规范的新型图书馆服务系统。让图书馆联盟成为公共文化服务体系的重要支点，成为关注民生、民众享有公平文化权益的重要载体[1]。

2 宜昌地区图书馆联盟构建规划

宜昌地区图书馆联盟构建应遵循从小到大、循序渐进、逐步发展的原则，实现行业性的纵向联合及区域性的横向联合，整合宜昌地区不同系统的文献资源和数据库，提高本地区文献信息资源保障率，形成系统、专业及区域相结合的信息资源保障体系和全方位、多功能的服务体系。

2.1 联盟构建模式

首先在宜昌市区成立中心馆，再以中心馆为核心，依托公共、高校及科研机构图书馆各自所属系统及信息资源，贯通下属单位在各自所属系统中建设系统性的强势资源与服务，促使本地区乃至外地区信息服务机构加盟。各系统大中型图书馆与小型图书馆可实行

总分馆管理模式，在各地级市选择基础较好的图书馆分管若干个基层中心，基层中心再管许多基层服务站的形式，发挥各级图书馆、文化馆、乡镇文化站的作用，为小型图书馆的发展提供良好的保证。在组织管理方面，组建“宜昌地区文献信息资源共建共享领导小组”，由政府的职能机构来履行并强化规划和调控指导职能，对本地区各部门、行业之间的信息机构进行协调，制定联盟中长期发展规划和经费预算，对联盟整体行政事务进行管理。下设“联盟理事会”，具体操作文献信息建设的实施和检查指导工作。在中心馆内设立“文献资源建设工作小组”、“数字化建设工作小组”及“图书馆服务保障工作小组”。各图书馆做到分工明确，既方便联盟的管理，同时也可增强各图书馆之间的交流与合作，使每一个成员单位都在联盟中发挥重要作用。

2.2 联盟构建策略

2.2.1 优化文献资源配置

保障宜昌地区文献资源体系建设联盟应本着系统性、连续性、完整化、特色化原则，由“文献资源建设工作小组”确定各成员馆的资源建设目标和馆藏体系。规划实施文献的分工购藏，建立分布合理、保障有效的区域性文献资源体系，协调并统一调配各部门、各单位的购书经费，避免重复购藏。各成员馆应联合采购、联机编目，建立标准化、规范化的中外文书目数据库，为资源共享打下良好技术基础，保障宜昌地区文献资源体系的建设。在电子资源采购方面，联盟应采取互惠互利、优势互补的原则，由“数字化建设工作小组”负责资源的试用、评估及采购，并有计划地实施、落实。由“联盟理事会”代表联盟签订联合采购合同，由成员馆各自签订本馆采购协议。

2.2.2 共建数据库，加强特色专题数据库的建设

联盟应遵循“馆藏特色、地方特色、高等教育特色”原则，在调查各成员馆专题资源建设现状、计划的基础上，紧紧围绕宜昌地区经济、科技、文化、教育等领域，统一制订特色资源建设规划，整合、建设一批具有地方特色的资源库群。如：(1) 在三峡大学现有的武陵地区资源数据库资源基础上，整合各馆资源，对武陵地区的自然资源、文化遗产、民间文化传人的信息进行全面收集整理，并对武陵地区地方文献进行整理、分类、编目、处理，建立《武陵地区资源数据库》，实现信息资源共享。(2)建立和完善工程移民专题库，随着长江三峡工程的兴建，区域内移民达百万之众，引起党和国家的高度重视和全社会的极大关注，学术界随之对工程移民展开了广泛研究，并取得了丰富的研究成果。收集、整理与工程移民相关的法律法规、移民安置规划、移民历史文献、地方移民志、国际和国内各种移民研究资料、移民现场调研资料、反映移民搬迁与安置的视听资料等，建立完备的工程移民专题库，实现资源共享。(3)宜昌是我国珍稀濒危植物最集中的城区之一。宜昌境内建立了 2 个国家级的自然保护区，4 个省级自然保护区和 5 个国家级森林公园，地域内有各类高等植物 3000 多种，有国家级珍稀植物 43 种，国家一、二级保护动物 42 种。但随着近年大型水电工程的建设以及其他生产、开发活动的影响，原来的生态环境受到极大的破坏，许多珍稀、特有植物种群数量减少，部分品种因为生境破坏已面临物种灭绝的边缘。为有效保护宜昌地区珍稀濒危的植物品种，汇集这些珍稀濒危特有植物品种的各种信息，建立《三峡地区珍稀濒危特有植物研究专题数据库》。(4)宜昌旅游资源独具特色，万里长江第一坝葛洲坝，与世界最大的电站三峡大坝之间的“百里画廊”，构成了世界独有的“两坝一峡”景观，还有屈原故里、昭君宅第、长坂坡、关陵庙、三游洞等众多的历史文

化遗址。图书馆联盟可借助这些优势的旅游资源，建设宜昌地区旅游资源数据库，更好地促进宜昌地区旅游事业的发展。

2.2.3 构建文献资源共建共享服务平台，实现馆际互借

制定联盟馆际互借公约，以规范、标准的形式，实施馆际互借业务。要实现跨系统的文献资源共享，除了建立相应的体制和运行机制外，还必须建立跨系统的文献资源共享技术平台。湖北文化信息资源共享工程于2002年7月与“共享工程”国家中心签约，计划“十五”期间的4年中，省财政每年安排资金200万元，用于扶持全省“共享工程”建设，该工程的实施，为全省公共图书馆可持续发展奠定了坚实的基础，构建了湖北数字图书馆公共服务的网络平台。宜昌地区图书馆联盟可采用加入“协作网”，或借鉴“协作网”的模式开发服务平台，为本区域读者提供随身、随行的网络信息服务。

3 图书馆联盟建设的保障措施

区域图书馆联盟只有在明确资源共享目标及原则的基础上，建立一系列保障体系，才能更好地服务基层、服务大众，建立覆盖宜昌地区的图书馆服务网络，推进联盟规范化、制度化、可持续发展。

3.1 发挥政府调控作用，保障资金供给

联盟建设是一项系统工程，不仅涉及各级政府的职能部门，还涉及人、财、物的投入和各项工作的协调与管理。不同系统的图书馆分属不同部门，大都各自为政，这就需要政府部门的干预、指导、支持，包括资金上的投入。对于文化落后的农村等信息匮乏的地方，借助国家要求公共馆免费开放等扶持政策，积极争取地方财政的专项资金，用于联盟软、硬件基础设施建设、资源建设及人员培训，重点加强资源共享的调配力度。

3.2 共享标准体系建设

标准体系建设是联盟资源共享的重要保证，是自动化、网络化的基础，是信息交流、共享资源的必备条件。如果图书馆的业务工作没有实现标准化，技术设备再好也不能发挥其应有的效益，也难以实现资源共享。标准建设应包括：信息加工标准、记录标准、检索标准、传递标准以及质量管理和控制标准[2]。

3.3 增强合作意识，加强宣传和推广力度，扩大联盟影响

长期以来，各图书馆在藏书建设上片面追求小而全的藏书体系；在用户服务上宁可拒借也不互借；在馆际关系上，虽然都受到来自经费、空间、人才等方面的困扰，但也不通过协作来解决问题。因此，建立图书馆联盟，实现文献资源共享，各成员馆要树立互补观念和共赢观念，在合作中取长补短，共同发展，最终实现共赢。

3.4 加强业务培训，提高馆员适应的能力

联盟的建设实际上是智力开发和技术开发，对图书馆工作人员也提出更高要求。工作人员不仅应掌握图书情报专业知识，还要掌握信息处理技术，加强版权保护法律意识，对某些专业技术领域的发展趋势有较深入的研究和分析，有一定的外语水平和较强的信息处理能力。联盟应通过各种方式全面提高区域图书馆馆员素质，使其知识结构和专业素质适应新环境下的需求。

4 结语

构建宜昌地区图书馆联盟不仅可满足网络条件下用户的信息需求和利用图书馆方式的

变化，同时实现了信息资源、人力资源、设备资源的高度共享。目前，湖北省正在进行文献资源共建共享协作网的建设，宜昌地区图书馆应抓住机遇，积极整合本地区文献信息资源，既充分满足成员馆的需要，又最大限度地为社会各阶层提供便利服务，为湖北省图书馆联盟建设打下良好基础，为构建和谐湖北做出新贡献。

参考文献

[1]石丽珍，仲维华．关于创建吉林省图书馆联盟的几点思考[J]. 图书馆学研究，2008(9)：57－59
[2]谷遇春．论大湘西区域文献信息资源共建共享[J]. 中国图书馆学报，2006(1)：73－76
[3]郑颖毅．浅谈湖北文化信息资源共享工程的四大功能[J]. 图书情报论坛，2004(1)：40－41
[4]陈琳．地区图书馆联盟建设的思考．图书馆论坛，2004(12)

作者简介：李晓萍(1965—　)，女，副研究馆员，三峡大学文献资源部，发表论文多篇。

天津市高职院校图书馆联盟建设探究

安静宜
（天津职业大学）

摘　要：高职院校图书馆要适应高职教育的大力发展，必须走图书馆联盟建设之路。本文分析了天津市高职院校图书馆的现状，提出了建设天津市高职院校图书馆联盟及实现共建共享的必要性和可行性，并阐述对天津市高职院校图书馆联盟建设及实现策略的思考。

关键词：高职院校　图书馆联盟　资源共享

Abstract：The vocational library have to adopt Library consortium in order to adapt the devel-opment of vocational education. This paper not only analyses the current situation of Tianjin vocational college and proposes the essential and feasibility of Tianjin vocational college libr-ary consortium and common construct and sharing but also states the thinking on strategies of Tianjin vocational college library consortium building and achieving.

Keywords：vocational college；library consortium；resource sharing

图书馆作为学校办学条件的重要组成部分，面对全球信息化迅猛发展形势，应作出适应性的整合与变革。美国学者贝克(S・K・Baker)认为，“今天的图书馆正处于一个相互依赖的时代，每一个图书馆都必须摆脱自给自足的状态”。在信息化全面推开的今天，各种信息需求量急增。大多高职院校图书馆深深感受到，单凭自身拥有的信息资源很难最大限度地满足用户的信息需求，图书馆的建设和发展也显得滞后。笔者以为，在当前与将来一个时期内解决高职院校图书馆可持续发展的最佳途径是建设图书馆联盟，实现资源共享。

1　天津市高职院校图书馆的现状

1.1　馆藏资源现状

目前，天津市高职院校有 26 所，除天津职业大学外，其余都是在 2000 年左右由重点中专升格、本行业内学校资源合并后改建、部分成人业余大学等转制而形成的。这些高职院校图书馆规模一般较小，多数图书馆的馆藏图书量不足 50 万册，文献形式以印刷型文献为主，虽然电子资源建设有了一定的发展，但尚显严重不足。据 2006 年天津市教育事业统计资料统计显示：藏书量在 50 万册以下的学校有 24 所，其余 2 所也只达到了 62 万册左右。到 2009 年藏书量有了一定变化，一是为了迎接教育部的人才培养工作水平评估，部分高职院校图书馆在短期时间内都连续采购了大批量图书；二是经过示范校的建设，藏书量有了长足的进步。迁入“天津海河教育园区”的高职院校，馆舍面积达标了，但是在经费投入仍然不足；另外，这些高职院校为了验收达标集中突击购置图书，致使图书质量不高，影响馆藏结构。2011年天津市高职院校图书馆藏情况见表1。

表1　2011年天津市高职院校图书馆藏书量的情况

现有藏书量	10万册以下	10—50万册以下	50—75万册以下	75—100万册
学校(所)	2	17	5	2
所占比例(%)	7.69	65.38	19.23	7.69

从表1中可以看出，藏书量在10万册以下有2所，占天津市高职院校总数的7.7%，部分高职院校一次性采购图书数量较多，质量难以得到保证，藏书体系不尽合理，影响了文献信息服务的质量。

据天津市教育事业统计资料显示，2006年天津市高职院校图书馆电子图书量在百万册以上电子图书的学校有2所，在45万册以上的有1所，其余23所在30万册之内，还有10所学校电子图书还不到6万册。近几年电子图书资源的建设逐渐得到了学校的重视，但由于图书经费投入有限，还有14所学校电子图书资源量较少。2011年天津市高职院校图书馆电子图书量情况见表2。

表2　2011年天津市高职院校图书馆电子图书量的情况(GB)

现有电子图书量	500以下	500—1000以下	1000—5000以下	5000以上
学校(所)	14	1	8	3
所占比例(%)	53.85	3.85	30.77	11.54

1.2　馆员队伍现状

目前，天津市高职院校图书馆的馆员组成：一是由升格、合并或改制以前的各单位图书资料室的人员组成，虽有一些实际工作经历，但服务水平不高；二是转到图书馆工作岗位上来的教师、引进人才的家属、需要照顾的人员及临时工等，本身不具备图书馆专业知识和相关技能，且观念意识滞后；三是普通高校的应届毕业生。

据2011年对天津市25所高职院校有关统计资料显示：从事图书馆工作的人员共有264人，达到30人的只有一所学校，20—30人的也只有一所，其余均少于20人，10人以下的学校竟多达14所。具备馆内计算机维护人员的学校有13所，只占全市高职院校的50%，馆员中仅有少部分人员是图书情报专业或计算机专业，大多数人员为其他专业。近几年，有个别发展较快的高职院校已开始引进研究生人才，但图书馆专业的甚少。因此，馆员的专业技术力量薄弱，不能充分发挥图书馆的职能，难以突出图书馆在院校中的地位。

1.3　服务模式现状

天津市高职院校图书馆大部分还是延续着传统的服务模式，表现为“借借还还”式的简单服务，服务内容单一，极少数图书馆还是人工操作，自动化程度较低。各个高职院校图书馆不能进行馆际互借，互通有无，无法进行资源共享，从而造成信息资源没有被充分利用，这种单一馆运行模式已阻碍了高职图书馆的发展。

2 建设天津市高职院校图书馆联盟的必要性与可行性

2.1 图书馆联盟的涵义

所谓图书馆联盟(Library consortium)是指为了实现资源共享、利益互惠的目的而组织起来的，受共同认可的协议和合同制约的图书馆联合体。图书馆联盟实质是以联盟的形式在区域或某一方面的合作，实现图书馆之间的资源共享，降低图书馆的运行成本，改善读者获取文献信息的条件。

近几年，各地图书馆联盟得以不断发展壮大。实践显示，图书馆联盟是图书馆事业的发展方向，图书馆联盟建设是文献资源利用最大化的必然趋势，图书馆联盟是图书馆可持续发展的方式选择，图书馆联盟是学习型社会图书馆的必然走向。

2.2 建设图书馆联盟的必要性

据 2010 年统计资料显示，天津市高职高专院校还有相当多的图书馆馆舍不达标，很多学校图书馆没有专门建设图书馆馆舍，而是借用学校教学楼，有的学校图书馆只有一个资料室。26 所院校图书馆的纸质藏书量共 926 万册，其中馆藏量超过 50 万册的只有 7 家，阅览室座位超过 1000 个的只有 8 所，26 所图书馆中有 8 所无外文期刊订阅，图书文献量相对匮乏，缺少特色馆藏。服务师生的功能没有得到最大限度发挥，还有少数图书馆无网络连接。

高职图书馆要适应高职教育的大力发展，必须走联盟建设之路，积极推进图书馆的区域合作，增强学术交流，彼此抱团取暖，实现资源共享。

2.3 天津市高职院校建设图书馆联盟的可行性

天津高校图书馆联盟是图书馆业界的一个成功案例。2001 年，天津市高等院校数字化图书馆建设管理中心成立，中心具体负责该建设项目的组织与实施，天津市 19 所高校图书馆全部以成员馆身份参加该项目的建设。2004 年 11 月改为天津高等教育文献信息中心，并在 2004 年经 CALIS 批准成为 CALIS 天津省中心即 TALIS，负责组织天津市的文献信息建设和服务工作。经过十年的运行，取得了显著的成绩，为了不断扩大联盟的作用，提升天津市高职院校图书馆的整体水平，推进图书馆的建设，2010 年 12 月 24 日，天津市高职高专院校图书情报工作委员会和天津市高职高专教育文献信息中心成立，这意味着天津市高职院校图书馆联盟的起步。

“天津海河教育园区”的建成为实现高职院校图书馆联盟建设提供了条件。图书馆联盟的生存和发展都离不开资源共享，而图书馆联盟是图书馆开展资源共享的必然发展阶段和行之有效的途径。天津已成为国家职业教育改革创新示范区，职业教育平台提升到“创新示范”高度，抢占了新一轮发展的制高点。在首批入驻“天津海河教育园区”的 5 所高职院校中，有 2 所国家级示范高职，2 所国家级高职骨干校。同时，4 所高职院校为“滨海新区技能型紧缺人才培养基地”参与建设校。园区将逐步实行职业教育资源共享，园区内院校之间教师互聘、课程互选、学分互认，同时，园区内还建成了一所公共图书馆，这些都为实现高职院校图书馆区域联盟建设提供了条件。由于园区内相邻各馆地理位置较近，不受交通、通信条件的限制和影响，便于组织各成员馆之间进行信息交流，为实现园区内的资源共建与共享提供了便利条件，园区内的文献资源将得以充分开发利用。由于园区内的各图书馆是依据本校办学特点来建设，因此在馆藏建设方面会各有侧重、各有特色，这样建立联盟及共享就可进一步强化各馆的藏书特色和整个园区文献资源的综合能力，可有效地解决高职图书馆经费短缺、文献资源缺乏等制约图书馆发展的问题。海河职教园区内的图书馆可成为实现高职院校图书馆联盟建设的先行者。

3 天津市高职院校图书馆联盟建设策略

天津高校图书馆联盟是19所普通高校为成员馆共用一个图书馆自动化管理系统平台、资源高度共建共享为特点的图书馆联盟集中模式的运行方式。这种方式大大减少了各图书馆软硬件方面的开支，减少了重复劳动，将所有高校的自动化管理水平拉近到同一个层次，经过十年的运行效果显著，为高职院校图书馆联盟的建设提供了宝贵经验。

3.1 运用好 TALIS，先行建立“天津海河教育园区”图书馆联盟

“十二五”期间，天津高等教育文献信息中心(即 TALIS)将高职高专、独立院校、军事院校吸收进来，目的是让高职图书馆也享用中国高等教育文献保障系统(即 CALIS)的服务，更好地推广服务，扩大共享规模，天津市高职院校图书馆联盟是天津高校图书馆联盟的一个分支机构。目前，大部分高职院校图书馆已经初步开通共享 CALIS 的 E 读、CCC 和文献传递的服务，文献传递是实现馆藏资源共享的最基本、最直接的手段，这种共享模式可弥补本馆馆藏资源的不足，也是当前图书馆交流与合作的发展趋势。天津高职院校图书馆馆藏资源相对匮乏，很难适应高职教育的发展及用户与日俱增的文献信息需求，而文献传递作为文献资源建设的一个重要补充手段，使广大师生拓展了获得文献及数据库资源范围。

依据高职院校图书馆的现状，首先在“天津海河教育园区”建立图书馆联盟，并可在电子资源建设上采取由政府支持牵头，借助园区内公共图书馆进行联合采购和同类型同服务方面的合作模式，借此可展示本行业特色和本馆的馆藏特色，形成园区内资源共建共享局面，并逐步实现天津市高等职业院校图书馆的资源共享，提升图书馆的整体水平，可见高职院校图书馆联盟建设实现资源共享工作势在必行。

3.2 以行业背景为基础进行各馆馆藏资源的优化配置

图书馆资源优化配置是对图书馆各类信息资源的有效整合，进而使各类信息资源和各项服务功能得以最大限度发挥，同时也能最大限度的满足读者对信息的需求。建立天津市高职院校图书馆联盟，能够使图书馆联盟内部成员之间的资源优化配置，对克服高职院校图书馆的馆舍不足、经费紧缺、单馆作战、各种信息资源不足等方面是一个有效的途径。在这种前提下，各高职院校应以行业背景为基础进行馆藏资源的优化配置，这样对整个园区而言，通过图书馆联盟就能形成门类丰富、结构合理、方便经济的有机整体，达到改善和提高系统信息保障能力。

3.3 在 TALIS 信息中心的指导下实现资源共建共享

单个图书馆作为一个独立的组织有自己的资源建设计划，长期以来，很多图书馆为了追求资源的全面进行了大量投资。从一个区域的角度看，这种建设是重复的，浪费的。通过图书馆联盟的资源共建共享，有利于集团采购、避免重复建设，既能降低办馆成本，又能满足区域内的信息需求，使图书馆的资源进行集约建设，对图书馆的长远发展具有战略意义。高职院校图书馆资源共建共享的目的在于各个成员馆发挥一定的作用和服务，用有

限的资金资源建立起单独一个图书馆无力承担的共享系统，实现资源最大限度利用，而图书馆联盟恰好为其提供了一个条件，使行业办学的特色资源共享畅通。

图书馆资源共享(Library Resources Sharing)是由联盟图书馆共同分担的运行方式，目标是提高图书馆的经济和社会效应，即读者可以获得更多的材料和服务，而各馆可用最少的经费提供尽可能多的资料和服务，共享的资源可以是实物、人员、资金还包括馆藏、技术等。

随着天津高职教育事业的发展，高职高专图书馆也实现了蜕变，特别是通过高职院校人才培养水平评估与示范校建设，图书馆藏书量、资源建设以及人员构成与服务质量等整体水平得到极大提升。而这种提升又构成资源共建共享的前提与保障。依据图书馆联盟建设，实体资源与数字化资源共享，为读者提供优质的信息服务。目前各院校图书馆都在努力开展个性化特色化的服务，这些也是图书馆联盟的宝贵资源，推广图书馆服务项目特色化也是联盟共建共享的内容之一。

4 结束语

天津高职院校图书馆联盟之间的资源共享需要有约束力的制度作为保障，这种制度的制定可以参考中国高等教育文献保障系统的管理制度。制度的制定要依据资源共建共享的实际情况来制定，同时要保证制度的执行。

天津高职院校图书馆联盟的建设实现图书馆间互助合作、集团采购、共享资源的方式，满足日益激增的读者需求，切实可行。这种凭借强大的整体力量的图书馆联盟，联合采购的电子资源、共担风险、提升服务水平，最大限度地满足用户的信息需求的功能已经成为图书馆成长发展的一种新趋势、新力量和新理念，成为在现代社会中的生存模式，代表了当今图书馆的发展方向。

参考文献

[1]谈大军等.1998－2009年我国图书馆信息资源共享模式研究成果统计分析[J].图书馆论坛，2011(4)：43－47

[2]2006年－2009年.天津市教育事业统计资料

[3]王应等.关于高校图书馆资源共享的研究[J].科技情报开发与经济，2010(35)：37－39

[4]李秋实.天津高校图书馆联盟建设实践[J].晋图学刊，2007(6)：8－10

[5]王明惠，王慧莹.陕西省图书馆联盟模式构建及其实现途径研究[J].图书馆学研究，2010(12)：17－21

[6]张苗苗.我国图书馆信息资源共建共享模式比较探究[J].图书馆建设，2010(2)：21－24

[7]王丽华.我国图书馆联盟研究综述[J].图书与情报，2008(2)：29－33

作者简介：安静宜(1964—　)，女，副研究馆员，研究方向：图书情报及文献资源建设。

对建设甘肃市县公共图书馆数字共享联盟的思考

李芬林　祖　央
（甘肃省图书馆　北京师范大学珠海分校图书馆）

摘　要：本文简要叙述了目前国内公共图书馆数字联盟的现状，对甘肃市县 93 个图书馆网络硬件、数字资源、网站建设、文化信息共享工程支中心建设等基本情况做了统计，分析了全省市县图书馆主要管理软件的功能和使用情况，介绍了甘肃省图书馆购买的主要数字资源情况，提出了建立甘肃省公共图书馆数字联盟建设的构想。

关键词：图书馆联盟　甘肃省　文化信息共享工程　管理软件　数字资源

1　国内公共图书馆数字联盟现状

在网络发展迅猛的今天，读者对信息的需求已经超越国家、地区的限制转向全球信息需求。网络信息的快速传递使图书馆的工作面临更多的挑战，资源共享、图书馆联盟建设是近些年来图书馆界最为关注的话题。图书馆联盟是在网络发展到一定阶段出现的一种新型的资源共享形式。所谓图书馆联盟，就是某一地理区域、某一类型、两个或两个以上图书馆为了实现信息资源共享，利益互惠的目的而组织起来的，受共同认可的协议和合同制约的图书馆联合体。图书馆联盟打破了地区间的地理限制，通过资源共享互助合作来满足读者需求的服务方式，它被视为图书馆现代和未来发展的主流方向和生存模式。

我国开始尝试建设图书馆联盟始于 20 世纪 90 年代中期，最初主要是高校图书馆联盟（如 CALIS）、科研类图书馆联盟（如 NSTL）的建设。公共图书馆于 2002 年开始建立图书馆联盟，目前已初具规模或正在建设的比较有代表性的大型公共图书馆联盟有“上海市文献资源共建共享协作网”、“长春市协作图书馆”、“北京市公共图书馆信息服务网络”、“珠江三角洲地区公共图书馆网”、“中国西南地区市、地、州图书馆联盟”等；地（市）、县（区）中小型图书馆之间的联盟如“重庆市涪陵区数字图书馆联盟”，温州市图书馆和泰顺、平阳、龙湾区、洞头县、文成县等图书馆的六馆联网，实现了图书通借通还、数字资源共享。这些形式的图书馆联盟的成立及其运作，为该地区读者带来了更为快速便捷的服务，而且通过领域内广泛的共建共享，提高了图书馆信息服务的整体水平和服务能力。

数字图书馆联盟是在图书馆数字化日趋发展、适应数字环境下图书馆生存的需要、数字图书馆规模化和水平建设而产生的，是对图书馆联盟的继承和发展，是数字环境下成员馆间为共建、共知、共享信息资源，开发联机合作编目系统、联机公共检索（OPAC）系统、馆际互借与文献传递系统、网络导航、特色文献数据库建设等组成的图书馆联合体。如美国著名的联盟有 GeorgiaLibraryLeaming Online、The Louisiana Library Network、The Virtual Li-brary of Virginia、Texshare、OhioLINK 等，中国目前建立的较为知名的有2000年4月成立的中国数字图书馆联盟、2002年5月CALIS(中国高等教育文献保障系统)中心成立的中国高等学校图书馆联盟、2000年6月成立的国家科技图书文献中心(NSTL)、JALIS(江苏高等教育文献保障系统)、2001年12月成立的国防科工委所属院校图书馆联合体、上海高校网络图书馆、2002年3月成立的中国教育科技数字图书馆(CERDLIB，技术中心设在浙江大学和中国科学院研究生院)等。台湾地区1999年曾召开了主题为“电子资源与图书馆联盟”的国际学术会议，探讨数字资源与图书馆联盟的相关问题。

我国目前公共图书馆联盟的整体发展还比较落后，参加图书馆联盟的公共图书馆数量少，地域发展不平衡，沿海一带明显发展较快，中西部地区受经济发展影响，发展缓慢；地(市)以上大中型图书馆较容易结成联盟，而县(区)以下小型图书馆很难达成联盟。数字图书馆联盟建设的成功案例尤其少，这是由于公共图书馆管理体制的制约、读者成分复杂、需求不同，各馆业务和网络硬件、技术能力差异、经费困难等因素，导致联盟合作难度大。从2008年起，国家图书馆向全国公共图书馆免费提供数字资源服务，每年购买并在广域网上发布电子新书1万种以上，在本馆局域网上提供使用的数据库达100个以上，已先后在互联网上发布72万册件、在局域网上发布超过百万册件的电子书，同时将数字资源通过国家数字图书馆平台和全国文化信息资源共享平台传输到全国各级基层图书馆，为公众提供服务，这就意味着国家图书馆将引领我国数字图书馆联盟建设发展，为我国数字图书馆服务走向公益、共享之路做出有意的尝试。

数字资源共建共享的实现过程，必须通过计算机在网络环境下才能完成。所以，大力加强中国计算机自动化和网络化建设是实现数字图书馆联盟的必备条件，建设好各成员馆的局域网应是首要任务。因为只有通过局域网与互联网的连接，才能实现真正意义上的资源共享。目前，中国中东部地区和一些经济文化较发达的省市图书馆在自动化、网络化建设方面水平较高，随着文化部实施文化信息资源共享工程的推进，西部地区的县级图书馆网络设施及管理软件得到迅速发展，这为推动这些地区图书馆联盟建设创造了硬件条件。目前西部地区面临的问题是：一方面图书馆花费大量资金购进电子资源；另一方面存在着读者使用量低、中小图书馆没有资金购买、服务不足的问题。因此，通过馆际联盟合作，建立共享网络使现存纸质资源与数字资源互为补充，减少重复购买并通过合作增强购买力，尤其是增强购买电子资源的能力，分摊费用，拥有电子数据库的使用权，改变分散发展、小而全的自给自足闭关自守的模式，是缓和这一矛盾的理想途径。

2 甘肃市县公共图书馆网络硬件基本现状

甘肃省市县图书馆网络硬件基本情况调查汇总表

序号	图书馆名称	计算机硬件		管理软件系统		电子阅览室建设及台数	共享工程设备(套)	电子资源建设	网络出口
		服务器	PC机	软件名	使用时间				
1	兰州市图书馆	5	100	金盘	2010	50	1	书目数据库	10M
2	西固区图书馆	1	43	Interlib	2009	30	1	书目数据库	10M
3	安宁区图书馆	1	40	Interlib	2009	30	1	书目数据库	6M

续表

序号	图书馆名称	计算机硬件		管理软件系统		电子阅览室建设及台数	共享工程设备(套)	电子资源建设	网络出口
		服务器	PC 机	软件名	使用时间				
4	红古区图书馆		20	文津单馆	2010	15	1		10M
5	永登县图书馆	1	39	Interlib	2011	30	1	书目数据库	ADSL
6	榆中县图书馆	1	43	Interlib	2009	30	1	书目数据库	10M
7	皋兰县图书馆	2	37	Interlib	2011	32	1	书目数据库	10M
8	嘉峪关市图书馆	9	200	金盘	2012	160	1	书目数据库	20M
9	金昌市图书馆	1	80	金盘	2008	31	1	书目数据库	10M
10	永昌县图书馆	1	38	Interlib	2009	30	1	书目数据库	10M
11	白银市图书馆	2	93	金盘	2010	40	1	书目、专题数据库	10M
12	白银区少儿图书馆		2						
13	平川区图书馆		4	文津单馆	2011	30	1	书目数据库	10M
14	靖远县图书馆			文津单馆	2011	30	1		10M
15	会宁县图书馆	1	35	Interlib	2009	30	1	书目数据库	光纤
16	景泰县图书馆		1	文津单馆	2010	30	1		10M
17	天水市图书馆	1	65	ILASⅡ	2007	46	1	书目数据库	10M
18	麦积区图书馆	1	48	慧尔	2004	34	1	书目数据库	10M
19	清水县图书馆		20	慧尔	2003	15	1	书目数据库	10M
20	秦安县图书馆	1	39	Interlib	2009	31	1	书目数据库	10M
21	甘谷县图书馆		2	文津单馆	2010	30	1		
22	武山县图书馆		1	文津单馆	2010	30	1		
23	张家川县图书馆		1	文津单馆	2010	30	1		
24	武威市凉州区图书馆	1	46	Interlib	2009	30	1	书目数据库	10M
25	民勤县图书馆	1	36	Interlib	2009	30	1	书目数据库	10M
26	古浪县图书馆		1	文津单馆	2011	30	1		
27	天祝县图书馆	1	30	文津单馆	2010	30	1		10M
28	张掖市甘州区图书馆	1	51	Unicorn	2004	35	1	书目数据库	10M
29	临泽县图书馆	3	41	Interlib	2008	30	1	书目数据库	10M
30	民乐县图书馆		3	Interlib	2009	30	1		
31	高台县图书馆	1	36	Interlib	2009	30	1	书目数据库	10M
32	肃南县图书馆	1	43	Interlib	2010	32	1	书目数据库	10M
33	山丹县培黎图书馆	1	70	Interlib	2009	50	1	书目数据库	10M

续表

序号	图书馆名称	计算机硬件		管理软件系统		电子阅览室建设及台数	共享工程设备(套)	电子资源建设	网络出口
		服务器	PC机	软件名	使用时间				
34	平凉市图书馆	1	30	金盘	2010	20		书目数据库	10M
35	平凉市崆峒区图书馆		18	文津单馆	2011	12	1		10M
36	泾川县图书馆	1	30	文津单馆	2012	30	1		
37	灵台县图书馆		13	文津单馆	2010	10	1		10M
38	崇信县图书馆		4	文津单馆	2011	30	1		
39	华亭县图书馆	1	42	Interlib	2009	30	1	书目数据库	10M
40	庄浪县图书馆		20	文津单馆	2011	20	1		
41	静宁县图书馆		31	文津单馆	2010	30	1		10M
42	酒泉市肃州区图书馆	1	45	慧尔	2009	30	1	书目数据库	10M
43	金塔县图书馆	1	40	Interlib	不详	30	1	书目数据库	10M
44	肃北县图书馆		12	Interlib	2009	30	1	书目数据库	
45	阿克塞县图书馆		10	Interlib	2009	10	1	书目数据库	10M
46	瓜州县图书馆	1	38	Interlib	2009	30	1	书目数据库	10M
47	玉门市图书馆		1	文津单馆		30	1		10 M
48	敦煌市图书馆	1	65	Interlib	2009	55	1	书目数据库	10M
49	庆阳市图书馆		40	天图	2008	17		书目数据库	ADSL5M
50	西峰区图书馆	4	2	瑞天	2012	30	1	书目数据库	10
51	西峰区少儿图书馆			瑞天	2012		1	书目数据库	10M
52	庆城县图书馆	1	22	天图	2009	11	1	书目数据库	10M
53	环县图书馆		2	文津单馆	2010	30	1		
54	华池县图书馆		4	文津单馆	2010	30	1		
55	合水县图书馆		10	文津单馆	2010	7	1		10M
56	正宁县图书馆		2	文津单馆	2010	30	1		
57	宁县图书馆	1	35	文津单馆	2010	30	1		10M
58	镇原县图书馆		2	文津单馆	2010	30	1		
59	定西市安定区图书馆		25	文津单馆	2010	25	1		ADSL
60	通渭县图书馆	1	34	华夏 2000	2006	20	1	书目数据库	宽带接入
61	陇西县图书馆	1	57	Interlib	2009	50	1	书目数据库	10M
62	渭源县图书馆	1	38	Interlib	2009	30	1	书目数据库	10M
63	临洮县图书馆	1	60	Interlib	2009	47	1	书目数据库	10M

续表

序号	图书馆名称	计算机硬件		管理软件系统		电子阅览室建设及台数	共享工程设备(套)	电子资源建设	网络出口
		服务器	PC机	软件名	使用时间				
64	漳县图书馆	1	50	Interlib	2009	42	1	书目数据库	10M
65	岷县图书馆	1	31	文津单馆		30	1		10M
66	临夏州图书馆	1	16			15			2M
67	临夏市图书馆		1	文津单馆	2010	30	1		
68	临夏县图书馆			文津单馆	2010	30	1		
69	康乐县图书馆		1	文津单馆	2010	30	1		
70	永靖县图书馆	1	30	文津单馆	2010	30	1		10M
71	广河县图书馆			文津单馆	2011	30	1		
72	和政县图书馆								
73	东乡县图书馆			文津单馆	2010	30	1		
74	积石山县图书馆		1	文津单馆	2011	30	1		
75	甘南州图书馆		20	Unicorn	2005	10		书目数据库	10M
76	陇南市图书馆		4	文津单馆	2011	4	1		
77	临潭县图书馆		1						
78	卓尼县图书馆		1	文津单馆	2010	30	1		
79	舟曲县图书馆			灾后重建					
80	迭部县图书馆		2	文津单馆	2011	30	1		
81	玛曲县图书馆		3	文津单馆	2011	30	1		
82	碌曲县图书馆		2	文津单馆	2011	30	1		
83	夏河县图书馆		2	文津单馆	2010	30	1		
84	陇南市武都区图书馆	1	56	Unicorn	2006	30	1	书目数据库	10M
85	成县图书馆		15	文津单馆	2011	15	1		APSL
86	文县图书馆		1	灾后重建					
87	宕昌县图书馆		25	文津单馆	2010	24	1		10M
88	康县图书馆	1	20	文津单馆	2010	19	1		
89	西和县图书馆								
90	礼县图书馆		8	文津单馆	2011	30	1		
91	徽县图书馆		10			10			暂停
92	两当县图书馆			文津单馆	2011	30	1		

截止到2012年6月底，甘肃省现有公共图书馆93所(含少儿图书馆2所、兰州市少儿图书馆未列入)，其中省级馆1所。地市级馆9所，县级馆83所。全省计算机2568台，

省级馆 301 台，地级馆 406 台，县级馆 1858 台。

2003 年甘肃省成立文化共享工程建设领导小组，开始了工程建设，截至目前已建成省级分中心 1 个、市级支中心 14 个、县级支中心 86 个，结合国家实施的乡镇综合文化站建设规划并于“农党”合作，建成集文化娱乐、图书阅览、体育健身为一体的乡镇综合文化站 644 个，村级服务点 16147 个。县级支中心依照国家标准，86 家县级支中心以 68 万元标准配备设备，除了兰州市城关区、七里河区、文县、西和县、徽县、临潭县、舟曲没有完成外，其余基本建设完成，市州支中心自筹经费自行建设，各地进展不一。

表 1 中显示，从网络硬件上看，甘肃全省市县图书馆中，有 43 家图书馆配置了服务器，57 家图书馆建立了电子阅览室，并实现了因特网的互联，网络出口带宽多为 10M，具备了开展信息阅览服务的必要条件，并配有投影幕等开展户外服务的技术设备。其余图书馆仅有 1 台或数台工作用电脑，6 家图书馆无电脑及周边设备，它们主要分布在经济相对落后的少数民族聚居地甘南、临夏两州。特别是 5.12 地震及舟曲泥石流灾害，一些图书馆受自然灾害破坏已经关闭，正在恢复重建中。可喜的是，2011 年以来，文化共享工程的建设直接推动了图书馆信息化的步伐，为基层图书馆的生存与发展提供了新的机遇。

从管理软件上看，2011 年先后有多家图书馆实现了图书馆业务管理自动化。截至目前，全省共有 41 个图书馆实现了图书馆业务管理自动化，业务管理软件中由于 Interlib 为文化共享工程招标产品，全省共有 19 家图书馆在使用，用户数最多。Unicorn 为甘肃省图书馆选用的业务管理软件，有白银市、张掖甘州区、陇南市、甘南州等 4 家图书馆单位共用。其余的金盘、慧尔、ILASⅡ、天图、华夏、瑞天等均为中小型图书馆管理软件，各有 2—4 家图书馆选用。2011 年全省共享工程招标的软件为文津管理软件。

从网站建设上看，有 8 家图书馆建立了自己的网站，可通过 Internet 访问，其中兰州市图书馆、白银市图书馆、金昌市图书馆等网站内容较为丰富，临泽县为唯一建立网站的县图书馆(麦积区图书馆与麦积区文化馆网站共建，对外称麦积区文化馆网站)。

从电子资源购买上看，全省各市县图书馆中，只有少部分图书馆藏有电子资源，且大多种类单一，应用不多，其中绝大部分为文化共享工程提供的视频资源数据库的建设，基本上处于起步阶段，除白银市图书馆建有数个具有地域特色的专题外，其余均为馆藏书目数据库，数字资源总量严重偏少。

甘肃的市县公共图书馆虽然大多数步入自动化、网络化时代，图书馆网络、基础建设、服务能力和服务水平有所提升，但和我国图书馆事业的总体发展态势相比，差距还很大。目前甘肃市县图书馆普遍存在购书经费紧缺、新书入藏量不足、无法满足读者需求而导致读者流失现象，由新闻出版总署配备的“农家书屋”工程却因需求不足而闲置，已经建立的电子阅览室因资源缺乏而无人问津，造成新的现代化设备浪费，或闲置或被某些部门挪用。面对这种现象，作为甘肃地区龙头馆的省图书馆，一方面花费大量资金购买电子资源而使用率极低，另一方面作为基层馆的市县馆又缺乏资源而无法满足读者需求。在目前已经具备网络条件的图书馆开展数字图书馆联盟，共享省图书馆的资源是发展趋势，也是省图书馆联合基层馆从事资源共享，形成跨地区资源服务的责任和义务。国家图书馆已经开展了公共电子阅览室建设和数字图书馆推广工程，这为推动我省公共图书馆数字联盟起到了极大的推动作用。

3 甘肃公共图书馆数字资源联盟建设的构想

甘肃市县图书馆发展到今天，随着网络硬件建设的普及，目前困扰市县图书馆工作最大的问题是文献资源少，不能满足读者需求，而最大化的利用资源为读者服务是图书馆的使命。在甘肃区域内，需要整合图书馆群的文献、数字化资源信息，通过建立联盟统一购买和签订使用协议，从而降低信息服务成本，达到为读者更好服务的目的。

从上表中我们看到：甘肃市县有 19 个图书馆使用 Interlib 管理软件，Interlib 作为资源共建共享的新的实现形式，通过 Internet 网络、城域网将图书馆联合起来，组成一个区域性的虚拟图书馆群，建立一个区域图书馆群的电子化、数字化、网络化的立体信息空间。Interlib 图书馆集群管理系统是实现区域图书馆集群管理较好的软件系统平台，通过开放的多层结构，达到与国内外其它图书馆资源共享与协作的目的，真正意义上实现区域内图书馆群的资源管理和业务协作。但是由于共享工程后续配备软件不是 Interlib 软件，从而导致理想中的甘肃公共图书馆联盟建设搁置，这是典型的缺乏统一计划、没有可持续发展目标、不利于一个地区图书馆发展的案例，尤其是在网络条件比较发达、资源共享早已被业界达成共识的情况下既成了这样的事实，导致后续一系列工作无法补救，这应当引起决策者的深思。

目前全省有 4 家图书馆使用金盘图书馆管理系统，它可以对图书馆的书刊和非印刷资料(视听资料、光盘、文献等)的采访、编目、典藏、流通、公共查询、馆际互借、参考咨询等业务工作进行自动化管理。适用于各级专业中型图书馆、各类大中专院校、企事业单位的图书馆和资料室的现代化综合管理。

2010—2011 年，甘肃文化信息共享工程给各县级馆配备了文津单馆系统，此系统成功应用 Z39.50 协议，顺利实现了在 Internet 互联网络上异构机的数据共享、联机编目、远程数据访问、数据上下载的各项功能。但是由于这些图书馆使用的是文津单馆系统，没能实现网络数据资源的共享，大多数图书馆都没有使用该软件。

全省使用 Unicorn 系统管理软件的有 4 家，Unicorn 图书馆系统管理软件是 2003 年甘肃省图书馆从美国 SIRSI 公司引进的，该系统包括编目、采访、流通、期刊控制、管理信息、报表、OPAC、联合编目等模块。该系统遵循国际公认的各种网络和数据传递协议，对各种网络协议的支持，使该系统不仅可以在局域网上运行，还可以远程运行，无需考虑硬件配置和物理地点的限制，从而扩大了图书馆的服务范围，为图书馆的业务工作提供了新的窗口和更多的信息资源。甘肃省图书馆已经投入使用了包括流通借阅、OPAC 公共查询、编目(与国家图书馆和上海图书馆实现在线书目的下载和上传)、期刊编目、请求、报表和管理等模块。白银市、张掖甘州区、陇南市、甘南州等 4 家图书馆成为甘肃省图书馆的分馆，实现了统一编目、书目共享、远程访问等功能。按照甘肃省图书馆最初的思路，是要把甘肃省的地级市图书馆发展成为省馆的分馆，但是由于并发用户数、系统升级等各种因素，导致这种真正意义上的分馆制只联合了 4 家而没有继续下去，目前有关问题已经得到解决，一批新的分馆会继续加入进来，这对我省图书馆分馆建设起到了引领发展的作用。

图书馆联盟通过互助合作实现资源共享，必须有统一的技术标准和规范的业务标准为桥梁。如果各成员馆采用不同的文献管理软件和数据标准，那么计算机在文献管理中的应用就只能局限于本馆，馆际之间在系统平台上的资源整合、传递上缺乏开放性和互联性，给文献资源共建共享造成障碍。因此，各成员馆在建立计算机自动化网络系统时，一定要考虑计算机的兼容性，规划统一的图书馆网络系统，使用统一的平台和数据库，以确保图书馆联盟能很好地进行资源整合和传递。甘肃市县图书馆业务管理软件的多样性给全省图书馆的资源共享提出了新的难题，目前有利的一点是甘肃市县图书馆大多数具备了网络条件，可以实现在网络上访问甘肃省图书馆的数字资源。

甘肃省图书馆目前购买的主要数字资源有：中国知网(期刊、报纸、硕士、博士、年鉴、工具书、百科全书、社区书屋、党建、政务等)、北大方正电子图书、国研网、惠科新闻数据库、全国报刊索引数据库、人大报刊复印资料数据库、中华连环画数字阅览室、点点书屋、读秀数据库、金图外文数据库、NSTL 数据库等，集电子图书、电子期刊、报纸、外文、漫画等形式，内容有综合类、经济类、新闻类、科技类、时政类、娱乐类、书目类，投入资金过百万，基本能够满足不同层次读者的需求，由于以上数据库都是在馆内阅读，读者利用率较低。我馆早在 2007 年就关于全省图书馆共享数字资源的问题召开过全省公共图书馆数字资源共享研讨会，邀请 20 多家网络硬件较好的公共图书馆与中国知网数据公司商谈联盟共享资源事宜，会上共同商讨了资源购买、资源更新、维护、人员培训及加盟馆的责任和义务，数据公司也给予了资金上的极大优惠，但是当时由于各馆网络条件、经费的制约，此次讨论没有达到数据共享的目的。2010 年，随着第四次公共图书馆评估，各上级单位对图书馆工作的大力支持和共享工程在各省地区的推进，我省公共图书馆的网络及硬件设施达到普及和发展。随着 2011 年文化部、财政部落实三馆免费开放工作的推进和全国数字图书馆推广工程工作的进一步开展，建立甘肃省公共图书馆数字资源联盟的条件已经逐步成熟。

但是，鉴于目前甘肃公共图书馆管理软件的不统一，还无法在统一的平台上实现统一编目、联合共享书目及数字资源，实施数字共享联盟只能是采取具备网络条件的图书馆通过登陆英特网访问甘肃省图书馆网站，使用网络帐号形式共享我馆数字资源。目前甘肃省馆已经取得了“中国知网数据库”、“点点书屋动漫阅览室”、“中华连环画”三个数字资源的馆外使用权，有网络条件的市县图书馆可以与甘肃省馆签订使用协议，共享这些数字资源。

要实现我省市县数字共享联盟，首先要制定一个完善的组织机构、章程、工作计划、工作目标。由上级主管部门、省文化厅牵头，设立联盟理事会，由成员馆的主要领导组成，下设联盟常务理事会。联盟理事会是联盟的最高决策机构，讨论、确定联盟数字图书馆建设的重大问题，制定统一管理、统一维护制度，成员馆分摊的维护费、成员馆的责任义务、成员馆信息服务人员业务培训、读者使用方法培训等，共同推动甘肃市县图书馆数字联盟工作的进程。

建立甘肃市县公共图书馆数字联盟是甘肃图书馆事业发展的必然趋势，甘肃省馆应该为甘肃市县图书馆建立数字联盟做出积极的贡献，甘肃图书馆界的同仁要统一认识、加强联合、共享资源、服务大众，要借文化部公共图书馆免费服务政策的东风，尽快建立甘肃数字图书馆联盟，为构建文化大省、提升甘肃地区图书馆信息服务水平、创建和谐文明社会做出贡献。

参考文献

[1]王东波．数字图书馆联盟及中国特色数字图书馆联盟建设策略[J]．新世纪图书馆，2004(1)：33－36
[2]潘杏仙．关于区域图书馆数字资源共建共享联盟的构想[J]．四川图书馆学报，2010(1)：27－30
[3]郭向东、陈军．甘肃省市县图书馆信息化现状调研与分析[J]．图书与情报，2010(3)：77－81

作者简介：李芬林(1963—)，女，副研究馆员，本科，文献学，数据库建设。

基于“结构洞”视角的区域图书馆集群共享战略研究

王　爱　李明伟
（淮海工学院图书馆）

摘　要： 介绍了“结构洞”的基本原理，从该理论的视角论述了区域图书馆集群共享建设的战略问题。对如何跨越结构洞，实现区域资源共建共享进行了探讨。

关键词： 结构洞　区域资源共享　图书馆集群　集群管理

Regional Library Cluster Sharing Strategy Based on the Perspective of "Structural Holes"

Wang Ai; Li Mingwei
(The Library of Huaihai Institute of Technology)

Abstract: This article introduces the basic principle of the "Structural Holes", disscusses the strategic issues of a regional information cluster from "Structural Holes" perspective. How to across the structural holes, achieve to the really sharing is also discussed.

Keywords: Structural Holes; Regional Resources Sharing; Library Consortia; Cluster Management

美国学者 Baker 在《资源共享的未来》一书中写道：今天的图书馆生存在一个互相依赖的时代，每个图书馆要将自己视为世界图书馆体系的一部分，必须迅速、合算地从图书馆体系中获取资料并送到自己用户手中，同时将自己的馆藏资料提供给其他图书馆。随着新技术和网络的发展，用户对信息资源所在的地点已经不再关心，重要的是获取这些信息资源的途径、时间和费用。因为人们渴望图书馆信息系统能够屏蔽内部组织、功能和流程的复杂性，迫切希望图书馆系统能够提供一站式、信息集群式的快速服务，快速、准确的将有用的信息传递给信息需求者。欧美很多国家的图书馆都加入区域内两个以上不同类型的图书馆联盟，以最高的效率获得更多的文献信息资源以最大限度的实现信息资源的服务优化[1]。

1　区域图书馆集群的概念

作为信息资源的存储和提供中心、知识服务的核心社会机构，图书馆长期以来一直面临着所拥有的信息资源难以满足所有读者需求的矛盾，因此信息资源共建共享便成为图书馆始终追求的目标，也是整个图书馆业界的理想。这就必须打破目前各个图书馆信息共享模式的体制和形式，按照不同的地域组成一个更具有竞争力的信息组织服务系统，将各种系统的图书馆联合起来建立一个统一体，对这个共同体内各个成员馆的信息资源集群管理，这个按照区域组成的统一体就暂且称为图书馆信息集群。

区域图书馆集群是以图书馆服务为核心的互相联系的各级各类图书馆在该区域空间内的集合。从系统上看包括了高校馆、公共馆和专业情报馆；从规模上看包括了大馆和小馆。它们能够构成区域集群的特征表现在：区域上具有地缘性、在用户服务上具有相关性、满足用户需要上有天然的分工性、具有网络环境下具有开展工作的可能性[2]。

国内有很多成功的区域图书馆集群案例，如吉林省图书馆联盟、长三角地区文献资源共建共享服务网、上海市图书馆文献资源共建贡献服务网等等。江苏省目前存在的JALIS（江苏省高等学校数字图书馆工程）的业务水平虽然在整个高校系统里走在前列，取得明显的成效，已经形成了联合编目、馆际互借和联合虚拟参考咨询为基础的共享网络。但是在横向方面来看，JALIS仅仅还是一个相对独立的系统，没有与本省内的公共图书馆、科情图书馆进行有效的联合。因为运行在不同的系统之中，各个系统不能进行有效的兼容和沟通，更不能进行一站式检索，导致三大系统之间形成很多“信息孤岛”，每个“信息孤岛”之间存在着非常大的业务和数据的重叠和冗余，它们之间互相封闭，互不兼容，缺乏标准，极大的阻碍了信息共享的发挥，如何消灭这些“信息孤岛”之间的信息鸿沟，加强各种类型图书馆之间的有效信息交流，把各种信息资源的损耗降低到最小是目前图书馆界内亟待解决的关键问题。

2 “结构洞”理论的相关概念

美国社会学家、芝加哥大学商学院罗纳德·伯特(R. Burt)教授在1992年结合格兰诺维特关于找工作的研究和库克关于网络交换的研究的基础上，出版了《结构洞：竞争的社会机构》一书中提出的[3]。该理论一经问世，便在西方社会学界引起了轰动，在美国及欧洲的企业界也得到了广泛的关注。所谓的机构洞，即在社会网络中的某个体(ego)和其他个体(alters)发生联系，但这些个体互相之间不发生直接联系。这些个体无直接联系或关系间断的现象，从网络整体看好像网络结构中出现了洞穴[4]。Burt认为，一个结构洞是两个行动者之间的非冗余的联系[5]，在结构洞中，将两个无直接联系的两者连接起来的第三者拥有信息优势和控制优势。

例如，在图1中，“图书馆”与A、B、C中的任意两者之间的关系机构就是一个结构洞。图中，粗线表示强关系，细线表示冗余关系。因为，A和B都与“图书馆”有关系，但是二者之间不存在关系，相当于有一个空洞。“图书馆’”如果希望把信息传递给A和B，则需要分别通知；但是在图2中我们可以发现，图书馆仅仅需要把信息传递给A’即可，因为A’可以把信息传递给B’。换句话说就是对于“图书馆”来讲，A与“图书馆”的关系和B与“图书馆”的关系都是非冗余的，而对于“图书馆’”来讲，A’与“图书馆’”的关系和B’与“图书馆’”的关系则是冗余的。在整个信息流动中，“图书馆”就是该结构洞中的中间人或第三者。

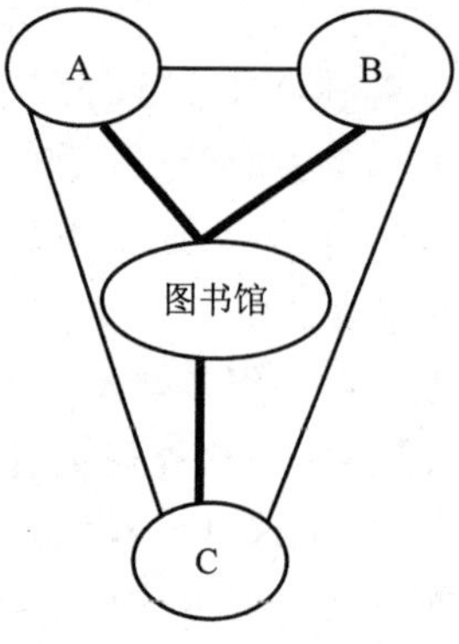

图1 信息流动中的机构洞

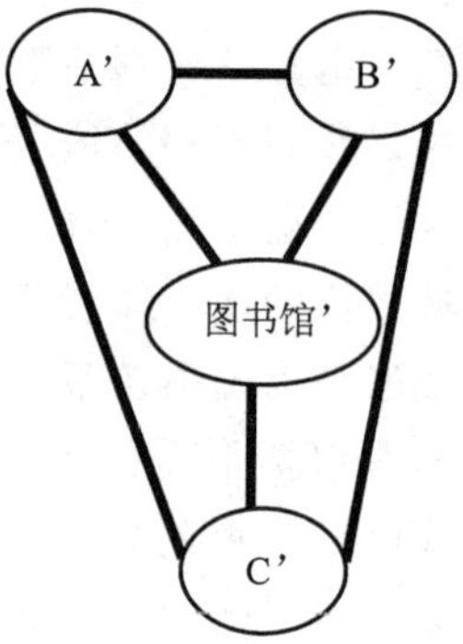

图2 信息流动中的机构洞

Burt认为，结构洞能够为中间人或第三者获取“信息利益”和“控制利益”提供机会，从而比信息网络中其他位置上的成员更具有信息竞争优势。因此，组织和组织中的个人都要争取占据结构洞中的第三者的位置，并且为保存结构洞存在自身的优势而不能让另外两者轻易地联系起来[6]。

3 区域图书馆信息集群中结构洞存在的成因

3.1 图书馆的条块分割导致传统消极思想存在

传统的门户之见严重影响到跨系统之间的资源共享[7]。区域图书馆信息集群里的成员馆一般都分别隶属于不同的行政系统之下，各行其是。存在很多传统消极思想：(1)很多图书馆仍依据馆藏的绝对数量作为其重要的评价依据，一般认为图书馆要“大而全”，硬件条件相对差的图书馆也要达到“小而全”的藏书效果。只要是本馆的文献，就认为是本馆私有，不需要与外界协作，久而久之就陷入了恶性循环：一方面由于本馆经费的不足，导致无法满足本单位科研的文献信息需求；另一方面，在全国的信息资源中整体呈现“重复与空白”并存，无法发挥其信息效益。(2)很多大型图书馆馆藏信息门类齐全，信息资源相对丰富，认为本馆自己有能力为本单位的读者提供文献服务，同时出于“自私”的心理，怕本馆的信息资源被其他馆过度使用，增加本馆的馆际互借工作人员的工作量，参加信息资源的共建共享得不到应有的回报和补偿，因此他们不愿意将本馆的珍本、孤本等价值相对较高的特色馆藏进行信息共享，导致信息资源共享的价值被大打折扣；同时小型的图书馆认为自己可以借助大馆的馆藏资源进行原文传递或者馆际互借，搭顺风车而不重视本馆的信息资源的建设[8]。(3)存在害羞的心理，认为本馆的信息资源一旦放到共享平台上，就能明显的暴露出该馆某些专业方面的不足，怕被同行“嘲笑”。还有一些图书馆出于安全方面的考虑，担心共享使用会给本馆的硬件或软件方面带来安全隐患。

3.2 资源标准和检索平台不统一，导致一系列“信息鸿沟”

区域集群内的各个成员馆，由于采用的不同的管理系统以及系统集成商提供的检索平台，存在着硬件系统、软件系统、技术规范和数据库标准不一的现象，因此不能互相兼容，更不能一站式检索。因此跨行业、地区的资源整合，特别是自建特色数据库资源共享存在着较大困难[9]。

3.3 馆际互借和原文传递没有真正的开展起来

馆际互借和文献传递在欧美国家开展的较早并卓有成效。如在德国的图书馆联合系统在 2004 年馆际互借请求 90 余万件，满足率是 87.9%[10]。而我国馆际互借和原文传递工作起步较晚，这项工作与国外相比很不成熟，存在较大差距。从管理方面看，各个图书馆由于没有良好有效的沟通和权威组织的协调，以及有效法规的规范，操作流程比较繁琐，读者获得文献周期比较长，并且各个馆在借出的数量和费用上极其不均衡，导致资源丰富的大馆或中心馆任务负担过重，而小馆几乎是坐享其成。从操作手段来看，主要是复印纸质文献和下载本地数据库电子文献，手段单一，办理的手续比较复杂，拒接率比较高。以淮海工学院图书馆 2011 年馆际互借为例，全年的互借申请量为 626 次(件)，其中拒绝 294 次，满足率仅仅为 46.96%。

4 跨越“结构洞”，实现区域图书馆信息集群的信息共享

4.1 加强区域图书馆信息集群内的平台标准化建设

没有统一的信息数据和技术标准，一切信息共享和信息集群都是空谈。因此要想使得区域图书馆信息集群运行良好稳定，产生一定的效益，减少甚至消除文献工作中的无序和重复现象，达到集群内的数据和技术的规范化和统一化，是建设初期所面临的重要且艰巨的任务。区域图书馆信息集群内标准化建设的关键就是建立基于图书馆信息集群系统间统一的检索系统平台，使得能够在以后的异构系统之间进行有效的连接、检索和传输，从而满足图书馆信息集群之间进行统一的 OPAC 查询、联机编目、馆际互借和信息检索等等各种业务需求，从而为进一步实现更大范围的图书馆信息集群打下基础[11]。

4.2 加强区域图书馆信息集群内的数据库建设，重视新技术的发展和应用

数据库是图书馆信息集群内的网络信息资源，是图书馆之间开展合作的基础，图书馆集群内数据库数量的多少、质量的高低，将在很大程度上决定图书馆信息集群的水平和效益。因此要发展区域图书馆信息集群，第一步的工作就是要对该集群进行统一的规划，切实做好集群内馆藏数书目数据库、各个成员馆的专题库和特色数据库的建设和整合。因此图书馆信息集群内各成员馆在数据库的建设引用上要加强合作、统筹规划、共同建设、避免低水平的重复建设，造成人力、物力和财力的极大浪费。同时区域图书馆信息集群是一种区域网络上的互联，因此计算机技术和网络技术对图书馆信息集群的关键性的作用，因此图书馆信息集群技术机构应该密切关注新技术的发展和更新，为图书馆信息集群提供有效的技术保障。

4.3 建立区域图书馆信息集群统一检索界面

图书馆信息集群的主要优势就是充分利用网络、协调资源建设、共享成员馆的资源，构建一个统一的信息资源服务平台，满足广大读者的个性化需求。一个信息集群成败与否，主要取决于是否有一个便捷、统一的资源检索平台，假若没有的话，一切共享都是纸上谈兵。和商业领域的电子商务一样，利用网络优势可以大大降低产品的存储和流通成本，区域图书馆信息集群也可以利用网络使得各个成员馆的产品和服务的存储，以及传播大大的降低。根据前文国外成功的信息集群案例，统一的检索平台界面都是不争的事实，同时在统一的平台框架下，大力采用诸如 Alert、RSS、Toolbar 等信息推送技术推送馆藏文献的 OPAC，使得多个专业数据库整合到统一的检索平台以实现跨库检索，有效发挥信息集群的效益。因此图书馆界迫切需要建立一个打破系统、冲破区域限制的，按照不同的区域组成一个更具有竞争力的信息组织服务系统，将各种系统的图书馆联合起来建立一个

统一体。这个统一体能够统一规划、统一检索平台，各个成员馆的信息可以在统一的平台下实现无缝链接，提供一站式的信息检索。

4.4 加大馆际互借和文献传递的力度

馆际互借和文献传递以较低的成本补充各馆资源的不足，通过优势互补，更好地服务读者用户。目前区域图书馆信息集群模式中，大多数图书馆已经正式开展了该项服务，但是各馆由于该岗位人员的不同、收费价格不一致，已经成了困扰开展馆际互借工作的主要因素。从读者的角度来说，对于本馆的馆藏可以免费使用，而馆际互借需要付出相关的费用，因此很多单位读者的文献传递和馆际互借的热忱不高。所以笔者认为，在区域图书馆信息集群建设中，迫切需要从更高的层次制定出一系列的政策，在各馆明确设立馆际互借和原文传递专门岗位，统一制定出合理的优惠的价格或者统一给予一定的经费补贴，充分发挥图书馆信息集群的作用。

纵观国内外，凡是成功的区域信息集群共享案例，都有着复杂的链式结构以及灵活的联结方式，都具有很强的系统性。在实施区域集群战略步骤的过程中都是一步一步密切相连、环环紧扣，并且互相制约、互相牵制的，每个步骤、每个环节和每个接点都是非常重要的。因此在区域信息集群建设中要跨越集群内存在的结构洞，真正实现区域集群内资源的共建与共享。

参考文献

[1]高凡，徐引篪．图书馆联盟的社会网络资源配置[J]．中国图书馆学报，2006(3)：14－16，27

[2]许军林．地市级区域图书馆联盟建设研究．成都：西南交通大学出版社，2011

[3]刘军．局部桥和结构洞：意义、测量及拓展．改革开放与中国社会学学术年会获奖论文集．长春：社会科学文献出版社，2008

[4]罗纳德·博特．结构洞．任敏，李璐，林虹译．上海：格致出版社，2008：1－3

[5]Burt，R. S. Structural Holes：The Social Structure of Competition. Cambridge，[M]. Canbridge，MA：Harvard University Press，1992

[6](美)罗纳德·伯特著，任敏，李璐，林虹译．结构洞：竞争的社会结构．上海：格致出版社，2008

[7]慎金花，龙甜恬．区域性科技文献资源共享服务机制探索[J]．大学图书馆学报，2008(5)：65－67，81

[8]杨克香，杨旭．我国图书馆信息共享模式存在的问题及发展思路[J]．情报探索，2010(9)：129－130

[9]于丹辉．图书馆数字资源的保障机制研究[J]．图书馆学研究，2012(4)：38－42

[10]陈新艳，郭玉强，谢岩屏．德国图书馆馆际互借发展的启示[J]．理工高教研究，2006(3)：93－94

[11]宜建军．图书馆信息集群知识共享研究[J]．图书馆学研究，2010(1)：27－30

文献信息资源共建共享

BALIS 馆际互借满足率探析*

吴雪芝　钟文娟

（首都师范大学图书馆）

摘　要：各高校图书馆根据其学校的专业设置特点，资源建设侧重于重点特色专业，而读者的需求日趋多样化，各高校图书馆凭借本馆的资源很难满足读者的需求。因此，越来越多的地区进行区域合作，开展馆际互借和文献传递等资源共享的服务，BALIS 馆际互借服务在这样的背景下应运而生，它"集中一分布式"的管理模式为研究 BALIS 馆际互借满足率提供了便利，通过对 BALIS 馆际互借满足率的分析，探究高校其满足率低的缘由，探索其可行的解决办法。

关键词：满足率　BALIS　馆际互借　馆际互借满足率

Discussion on satisfaction rate of BALIS interlibrary loan

Wu Xuezhi　Zhong Wenjuan

(Capital Normal University Library)

Abstract: The university library resources are difficult to meet the needs of readers due to readers' versatile demands, the library resources focus on the key specialty according to the school characteristics. Therefore, more and more libraries in the same areas engage in regional cooperation about resource sharing, such as interlibrary loan and document delivery service. BALIS interlibrary loan service emerged at that time. It centralized-distributed management model provides a convenient instrument for investigation on satisfaction rate of BALIS interlibrary loan. By this way, we can find out reasons of low satisfaction rate and explore the feasible solution.

Keywords: satisfaction rate; BALIS; interlibrary loan; satisfaction rate of BALIS interlibrary loan

文献资源的满足率是指文献资源满足读者需求数量与读者需求总数量的比率，它是文献资源满足读者需求程度的直接反映，可以作为衡量文献资源服务质量的重要尺度[1]。尽管首都师范大学作为北京市属院校在文献资源经费的投入上连续增长，但依然无法满足所有用户对文献资源的需求，因此，通过不同图书馆的协作，特别是馆际互借就成为大学图书馆资源共建共享、互助协作满足用户需求的重要途径。BALIS 馆际互借服务即在这样

* 北京市属高等学校人才强教深化计划一中青年骨干人才项目（项目号：PHR201108160）资助。

的背景下应运而生，它“集中一分布式”的管理模式为研究图书馆借阅满足率提供了便利。笔者通过对BALIS馆际互借满足率的分析，试图了解图书馆纸本文献资源低满足率的原因，寻找可以提升满足率的办法。

1 BALIS馆际互借服务文献满足现状

BALIS馆际互借服务于2008年4月1日正式投入使用，成员馆由最初的55家到2011年初的75家。各成员馆提交请求数量及接收请求数量见表1[2]。

表1 BALIS馆际互借系统接收请求统计数据表

年度	2008	2009	2010	2011
提交请求条数	628	3979	6742	15564
满足条数	297	2221	3859	8049
满足率	47.3%	57.9%	57.2%	51.72%

备注：统计数据时段为2008.4.1—2011.11.30。

由表1可知：BALIS馆际互借系统2008年接收请求628条，到2009年底接收请求数量为3979条，2010年达到6742条，2011年提交的请求数更是达到了15564条，BALIS各成员馆辛勤的工作取得了令人瞩目的成绩。但四年来，文献的满足率最高也只有57.9%，文献的低满足率直接影响着馆际互借服务的质量。表2和图1给出了BALIS馆际互借成员馆2010年12月1日—2011年11月30日接收请求满足情况。

表2 BALIS馆际互借成员馆2010年12月1日—2011年11月30日满足条数一览表

序号	单位名称	满足数量	序号	单位名称	满足数量
1	中国国家图书馆	4079	16	北京农学院	79
2	清华大学	632	17	北京工业大学	72
3	中国政法大学	370	18	北京交通大学	63
4	中国人民大学	331	19	首都医科大学	51
5	北京理工大学	310	20	北京语言大学	47
6	北京航空航天大学	263	21	华北电力大学	47
7	上海图书馆	258	22	北京外国语大学	26
8	北京大学	236	23	中国劳动关系学院	26
9	北京科技大学	217	24	北京服装学院	24
10	中央财经大学	136	25	北京理工大学良乡馆	23
11	北京邮电大学	126	26	中国农业大学东区	23
12	首都师范大学	111	27	中华女子学院	22
13	首都经济贸易大学本部	96	28	北京体育大学	19
14	北京第二外国语学院	85	29	北京联大应用文理学院	17
15	北京工商大学	80	30	北京劳动保障职学院南	14

续表

序号	单位名称	满足数量	序号	单位名称	满足数量
31	中国人民公安大学	14	47	中国青年政治学院	5
32	北工大耿丹图书馆	13	48	中央音乐学院	4
33	北京联合大学	13	49	北京化工大学	3
34	北京林业大学	11	50	北京化工大学北方学院	3
35	北京师范大学	11	51	北京农职学院南校区	3
36	中国石油大学(北京)	10	52	中国传媒大学	3
37	北京城市学院	9	53	北京政法职业学院	2
38	北京青年政治学院	7	54	北京工业职业技术学院	1
39	北京信息科大南校区	7	55	北京教育学院	1
40	北方工业大学	6	56	北京农职学院北校区	1
41	北京大学医学部	6	57	北京石油化工学院	1
42	北京信息科大小营区	6	58	外交学院	1
43	对外经济贸易大学	6	59	中国矿业大学(北京)	1
44	中国农业大学西区	6	60	中国社科院研究生院	1
45	北京建筑工程学院	5	61	中央广播电视大学	1
46	国际关系学院	5		总计	8049

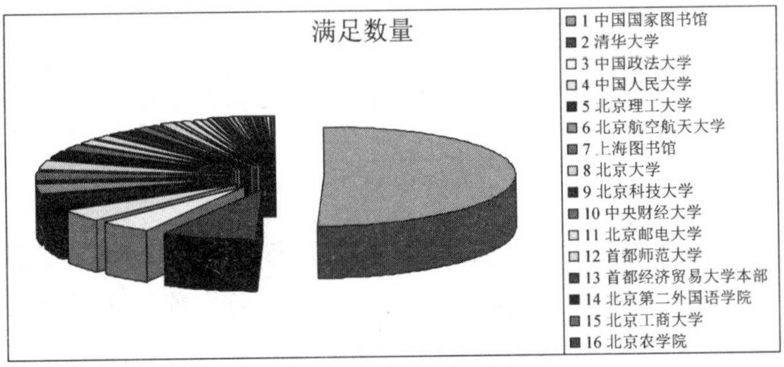

图 1 BALIS 馆际互借成员馆 2010 年 12 月 1 日—2011 年 11 月 30 日接收请求满足情况对应图

从表 2 和图 1 我们可以得到：2010 年 12 月 1 日—2011 年 11 月 30 日馆际互借各成员馆共计满足 8049 条，其中国家图书馆满足 4079 条，占全部满足量的 50.67%，其次是清华大学图书馆 7.85%，中国政法大学图书馆 4.60%，中国人民大学图书馆 4.11%，北京理工大学图书馆 3.85%，北京航空航天大学图书馆 3.27%，上海图书馆 3.21%，北京大学图书馆 2.93%，北京科技大学图书馆 2.70%，这 9 个当年满足 200 条以上的图书馆全年共计满足 6696 条，占全部满足量的 83.19%。这些数据表明北京地区高校图书馆文献资源分布差异比较显著，馆与馆之间拥有的资源不对等，这样在馆际互借服务中，资源丰富的图书馆付出相对较多，长此以往将制约馆际互借服务的进一步深入发展。

2 首都师范大学图书馆 BALIS 馆际互借服务现状

2.1 首都师范大学图书馆 BALIS 馆际互借服务接收请求状况

表 3 给出了首都师范大学图书馆自 2008 至 2012 年间 BALIS 馆际互借接收请求的情况。从表 3 统计数据来看：

(1)首都师范大学图书馆馆际互借服务在前 3 年停滞不前，没有深入开展，这是大多数成员馆共同的状态，也是新事物被接受过程中必然经历的现象；随着宣传、培训的深入开展，以及得益此项服务读者的口口相传，BALIS 馆际互借服务被越来越多的读者熟悉和接受，2011 年首都师范大学图书馆接收的请求数由 2010 年的 33 条增长到 303 条，2012 年前半年已达到近 2011 年全年的请求量，BALIS 馆际互借服务逐步显示其重要作用。

(2)首都师范大学图书馆提交请求数量前 3 年因为接收与满足条数基数太小，不能说明实质性意义。现就 2011 与 2012 年上半年的满足率来说，都没有到达 50%，满足率处于相对较低的水平。

表 3 首都师范大学图书馆 BALIS 馆际互借接收请求统计数据表

年度	2008	2009	2010	2011	2012	合计
接收请求条数	8	8	33	303	296	648
满足条数	0	3	22	137	138	300
未满足条数	7	5	7	129	131	297
系统规则拒绝条数	0	0	1	10	9	20
读者撤销条数	1	0	3	27	17	48
未处理条数	0	0	0	0	1	1
满足率	0	37.5%	66.67%	42.57%	46.62%	

备注：统计数据时段为 2008.4.1—2012.6.19。

那么造成以上结果的原因是什么呢？通过对首都师范大学图书馆从 2008 年 4 月 1 日—2012 年 6 月 19 日接收的 648 条请求进行分析，减去系统规则拒绝 20 条和读者撤销 48 条共计有 297 条未满足，对这未满足的 297 条数据，根据系统菜单中给出的拒绝理由，列表如下：

表 4 首都师范大学 BALIS 馆际互借接收读者请求拒借 279 条信息统计

BALIS 馆际互借系统拒借理由	拒绝数量	占全部被拒绝请求的百分比
本馆无此馆藏	201	67.68%
分馆/院系保存本图书，暂不提供外借	38	12.97%
开架图书，暂不在书架上	12	4.04%
图书已借出，不能提供外借	8	2.69%
重复请求/读者重复提交请求	8	2.69%

续表

BALIS 馆际互借系统拒借理由	拒绝数量	占全部被拒绝请求的百分比
图书正在采购中，不能外借	4	1.34%
非外借图书	3	1.01%
电子书不可借	2	0.67%
借入馆暂停服务，不能外借	1	0.34%
图书正在编目，不能外借	1	0.34%
图书清点中，暂无法提供外借	1	0.34%

备注：统计数据时段为 2008.4.1—2012.6.19。

从表 4 可以看出：

1. 在各高校读者提交请求被首都师范大学图书馆拒绝有 201 条是因为无此馆藏，占全部拒绝数量的 67.68%，这说明：(1)BALIS 馆际互借系统平台检索不是很准确。因为读者在提交检索前一般会进入系统检索哪些馆有馆藏，大部分读者不会在不知道某个馆是否有馆藏的情况下随意提交请求。(2)读者不太了解 BALIS 馆际互借成员馆的检索系统。如果读者在提交请求前进入相应馆的 OPAC 检索系统中查看馆藏，应该不会出现提交的请求中有这么大量的无馆藏图书。

2. 因首都师范大学图书馆将图书放置在“分馆/院系保存本图书，暂不提供外借”拒绝 38 本，占全部被拒绝量的 12.97%。首都师范大学图书馆放置在分馆 /院系的图书，对全校读者开放，但只对本系读者提供外借服务，其他院系读者只能阅览。涉及馆藏地的典藏原则是：两个院系以上读者使用的图书不得放置在分馆/院系。但在判断某本图书是否有多少院系读者使用，有很大的主观性；同时现在跨学科和交叉研究日益增加，放置在分馆/院系的图书给读者使用带来了不便。但在总馆拥挤不堪，总馆不可能容纳下全部图书的现实条件下，对分馆资源能否考虑给全校读者同等借阅权限。

3. 因“开架图书，暂不在书架上”而拒绝 12 条，占全部拒绝量的 4.04%；图书已借出，不能提供外借和读者重复请求各 8 条，占 2.69%。由此说明：BALIS 馆际互借服务在 2011 和 2012 年集中宣传后在文献提交和接收请求量上有了很大的飞跃，呈几何级数增长，但在读者培训，服务内容细化等方面有待进一步的深入。

2.2 首都师范大学图书馆 BALIS 馆际互借服务发送请求状况

表 5 和表 6 分别给出了首都师范大学图书馆自 2008—2012 年的 BALIS 馆际互借服务发送请求情况及各馆满足情况。

表 5 首都师范大学图书馆 BALIS 馆际互借发送请求统计数据表

年度	2008	2009	2010	2011	2012	合计
发送请求条数	0	18	47	199	238	502
满足条数	0	12	30	89	122	253
未满足条数	0	6	15	84	100	205
系统规则拒绝条数	0	0	2	13	9	24

续表

年度	2008	2009	2010	2011	2012	合计
读者撤销条数	0	0	0	13	7	20
未处理条数	0	0	0	0	0	0
满足率	0	66.67%	63.83%	44.72%	51.26%	

备注：统计数据时段为2008.4.1—2012.6.19。

表6 首都师范大学图书馆BALIS馆际互借向各馆发送请求满足情况一览表

序号	首师大发送请求学校	发送请求数	满足条数	未满足条数	撤销条数	系统拒绝条数
1	国家图书馆	264	140	99	12	13
2	中国人民大学图书馆	51	30	20	0	1
3	中国政法大学图书馆	27	22	2	0	3
4	北京航空航天大学	12	8	3	0	1
5	清华大学	36	7	27	2	0
6	北京大学	26	7	18	1	0
7	北京理工大学图书馆	11	7	4	0	0
8	中华女子学院	4	4	0	0	0
9	中国劳动关系学院	4	3	1	0	0
10	北京科技大学	3	3	0	0	0
11	北京外国语大学	16	2	13	0	1
12	北京工业大学	4	2	1	0	1
13	北京邮电大学	4	2	1	0	1
14	北京联大应用文理学院	3	2	1	0	0
15	北京语言大学	3	2	1	0	0
16	北京第二外国语学院	2	2	0	0	0
17	北京化工大学(东区)	2	2	0	0	0
18	北京交通大学	2	2	0	0	0
19	北京师范大学	8	1	6	0	1
20	中国传媒大学	2	1	1	0	0
21	北京城市学院	1	1	0	0	0
22	北京林业大学	1	1	0	0	0
23	中央财经大学	1	1	0	0	0
24	中央戏剧学院	1	1	0	0	0
25	首都师范大学	10	0	5	5	0
26	北京中医药大学	2	0	0	0	2
27	中国农业大学东区	2	0	2	0	0
28	合计	502	253	205	20	24

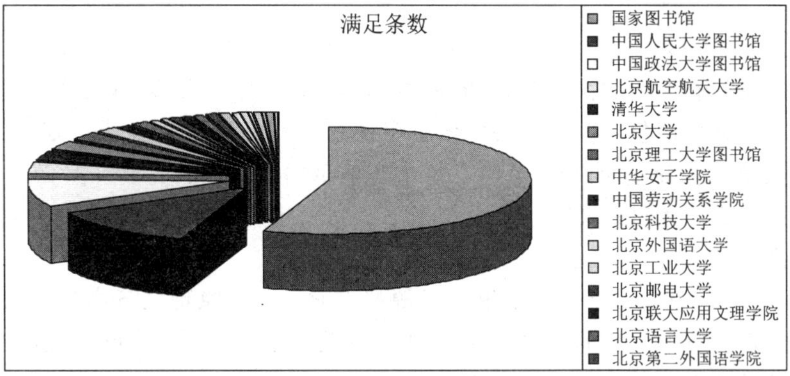

图 2 首都师范大学图书馆 BALIS 馆际互借向各馆发送请求满足对应图

由表 6 和图 2：我们可以看出国家图书馆满足首都师范大学图书馆发送请求 140 条，占首都师范大学图书馆总体被满足量 253 条的 55.34%，其次是中国人民大学图书馆 11.86%，中国政法大学图书馆 8.70%，北京航空航天大学图书馆，北京大学和清华大学图书馆均为 3.16%。这 6 个馆共计满足首都师范大学图书馆请求 214 条，占全部满足量 253 条的 84.59%。与 BALIS 馆际互借各成员馆接收馆际互借满足情况相拟合，大馆承担主体作用。

3 BALIS 馆际互借服务满足率低的原因及其对策

通过对 BALIS 馆际互借服务数据统计与分析，导致其满足率低的原因主要存在以下几个方面：

(1)BALIS 联合检索系统信息不准确、收录的成员馆少、且已经收录的成员馆信息也不全、更新速度慢。在信息更新和维护上，BALIS 馆际互借的联合检索系统存在比较严重的滞后现象，一定程度上导致了文献满足率的下降。

(2)读者提供的文献信息不全面、不准确或是有误，不仅加大各馆馆际互借工作人员的工作量，同时延长获取文献资源的时间，有时甚至无法得到自己想要的文献。

(3)人力资源不充足：BALIS 馆际互借服务发展到今天快 5 年，但真正配有专职馆际互借工作人员的图书馆很少，大多馆是兼职的，大部分人工作满负荷，馆际互借工作只能插空完成，保证及时处理馆际互借申请都有困难，无法保证提供高质量的服务。更谈不上加强自身在这方面的学习。

(4)各学校图书馆的馆际互借借阅政策对馆际互借满足率产生重要的影响：对馆际互借成员馆开放的馆藏资源一般不是本馆的全部资源，这样读者在提交请求时不了解哪些文献可以提交馆际互借请求，只要在对方馆中找到可自己想使用的资源就提交申请，导致被拒绝比率上升。

(5)在传递馆际互借图书过程中存在图书损坏、丢失现象，导致某些图书馆馆际互借服务无法继续开展。2011 年 5 月国家图书馆和上海图书馆的加入，是 BALIS 馆际互借服务发展重要的里程碑，从 2011 年和 2012 的统计数据可以看出国家图书馆在 BALIS 馆际互借服务中的重大作用。上海图书馆虽然在地缘上不具有国家图书馆那样的优势，但上海图书馆丰富的馆藏及特色馆藏，是 BALIS 馆际互借成员馆读者的福音，但上海图书馆在为BALIS馆际互借提供半年多服务后因丢书现在严重而被迫中止提供服务，对BALIS馆际互借服务体系是一大损失，对广大读者来说也是一大损失。尽管BALIS馆际互借中心做了细致的安排，有专门的快递公司传递文献，配备印有“BALIS馆际互借管理中心”字样的、专用的文献传递包，但文献丢失依然存在。在BALIS馆际互借文献由“出借馆—快递公司—借入馆—读者”这四个环节中，每个环节都需认真对待，哪个环节出问题，都可能导致文献的丢失，大量的文献丢失会使图书馆馆际互借服务无法开展，因此导致文献满足率无法提高。

(6)BALIS馆际互借成员馆拥有文献资源的不对等：北京地区各高校文献资源拥有量不均衡，致使拥有资源丰富的图书馆在BALIS馆际互借服务中一直处于服务的地位，这对该项业务的长期发展产生不利的影响。

针对上述问题，笔者以为应从以下几个途径加以改进：

(1)建立检索精确快捷统一的系统平台。工欲善其事，必先利其器。作为馆际互借的重要平台，它的功能的好坏强弱直接影响到馆际互借服务的水平。因此，BALIS馆际互借管理中心应就联合检索系统中存在的问题，尽快与合作公司进行协商洽谈，做好进一步完善和升级的工作。香港八大学校成功的馆际互借案例即已表明，一个检索准确、快捷、统一的系统平台，对馆际互借的服务效率会有质的飞跃与提升。

(2)加强各馆文献资源在馆际互借服务中的提示与标识。包括各馆可以外借或是不提供外加的资源做出标示，提醒读者哪些资源可以借。提示读者在提交请求时尽可能把信息填写全面，不只是书目名称，包括著者、出版社、出版年等信息都填写全部。这样不仅给负责馆际互借的老师带来便利的同时，读者自己也能尽早使用、利用文献资源。

(3)加强宣传与培训。各成员馆应加强面向读者做馆际互借宣传，介绍系统的使用，各成员馆馆藏资源的建设，同时启发读者潜在的信息需求，提高其信息素质，培养读者获取电子图书的能力。

(4)协调馆与馆之间的文献资源建设，避免重复建设。在现有条件下，文献拥有量相对较少的图书馆不可能有资金在短期内大量购置文献，但可以根基所在学校的专业特点发展自己的特色馆藏。同时做好在中心的统一管理下发展自己的特色。避免馆与馆之间的重复建设，争取资源效益最大化。

致谢：感谢BALIS馆际互借中心提供部分数据。

参考文献

[1]陈力，韩红．对提高文献传递满足率的一些思考——以中国科学院国家科学图书馆成都分馆文献传递服务为例[J]．现代情报，2008(6)：51－53

[2]王茜．BALIS馆际互借服务研究[J]．高校图书馆工作，2009(5)：16－17

作者简介：吴雪芝(1972—)，女，馆员，硕士，研究方向为读者服务、文献资源建设。

纸本文献信息资源的区域共享研究

——以江苏省高校图书馆图书纸本文献馆际互借为例

赵曼娟　邓　滨

(南京工业职业技术学院图书馆)

摘　要：在对江苏省高校图书馆文献信息资源共享历程回顾的基础上，分别从现实意义、存在问题、保障机制等方面详细阐述了江苏省高校图书馆图书纸本文献馆际互借在当下发展的必要性、重要性和发展思路，并指出只要不断转变观念，拓展服务功能，加大技术创新，图书纸本文献馆际互借一定会在江苏省高校图书馆文献资源区域共享事业中发挥更大的作用。

关键词：馆际互借　资源共享　JALIS

A Study on the Regional Sharing of Information Resource On Book: Taking the Interlibrary Loan of Paper Documents in Jiangsu Academic Library for Example

Zhao Manjuan　Deng Bin

(Nanjing Institute of Industry Technology Library)

Abstract: Basis on the review of Jiangsu academic library information resource sharing course, the paper describes in detail the necessity, importance and development ideas of Jiangsu academic library interlibrary loan on paper documents, from the practical significance, problems and protection mechanism, ang points out that the interlibrary loan on paper documents must play a greater role in the cause of literature resource sharing in Jiangsu academic library, only changing ideas, expanding services and increasing technology updating.

Keywords: Interlibrary loan; Resource Sharing; JALIS

自从现代图书馆兴起以来，实现不同图书馆之间的文献资源共享一直是图书馆和读者的共同向往与追求。早在19世纪中叶，普鲁士就有十所大学通过建立馆际互借关系进行图书文献资源共享服务；德国于1893年制定了馆际互借规则；美国图书馆协会则于1912年提出了馆际互借办法草案，并于1968年6月27日正式通过实施[1]。我国馆际互借始于20世纪50年代，因为历史原因一度中断，直到20世纪80年代中后期，馆际互借服务才得以恢复和蓬勃发展。1998年底，中国高等教育文献保障体系(CALIS)开始建设，中国高校图书馆界的馆际互借进入了一个新的时期。之后，国家科技文献中心(NSTL)、中国高校人文社会科学文献中心(CASHL)，以及一批具有鲜明特色的地方性文献资源共享协作网络的建立与成功运营，标志着我国区域文献资源共建共享取得了显著成就。

1 江苏省高校图书馆文献信息资源区域共享历程回顾

江苏省高校图书馆文献信息资源共享协作始于1995年。1995年5月，“江苏省高校文献资源共享协作网”正式启动，同年发放两期“江苏省高校通用借书证”，共计800本，受益高校40所。1997年，江苏省高等教育文献信息保障系统(JALIS) 正式启动。JALIS坚持资源的共知、共建、共享，推动全省高校图书馆文献资源建设与区域共享的进程。

JALIS已建设三期，每期都有特色和重点。JALIS一期建设自主开发了“汇文”管理系统，实现了全省高校图书馆自动化管理软件的统一[2]；JALIS二期建设致力于全省高校文献信息资源保障建设和学科布局，标志性成果之一就是JALIS区域流通管理系统的启用。其目标是构建JALIS区域流通管理系统与各成员馆流通管理系统相链接的网络化服务体系[3]；JALIS三期建设重在推动区域性共享服务水平的全面提高。教学联合体文献资源的共建、共享得到了很大发展。部分教学联合体开展面向更广读者、适用更多范围、更高层次的图书纸本文献馆际互借服务工作。

2 网络环境下谈图书纸本文献馆际互借的现实意义

2.1 实施效益

图书纸本文献馆际互借的实施，把原本分散在各高校图书馆的文献资源整合成同一平台的文献资源体系，资源体系的开放为各校师生获取文献提供了极大便利，应用效益明显。具体表现如下：

2.1.1 馆际互借规模不断扩大，受益馆数不断增加

图书纸本文献馆际互借运行之初，面向的是省内普通本科院校的教师以及研究生以上读者，采用纯手工操作。2002年以后，随着通用借书证发放范围扩展至高职院校教师读者，以及JALIS区域流通管理系统的启动实施，图书纸本文献馆际互借为越来越多的读者接受和欢迎。办证数不断上升，服务量不断扩大，受益馆数不断增加，如表1所示。

表1 通用借书证16年办证数、服务量、受益馆数对比[1]、[4]

年份	办证数	服务量(借阅册次)	受益馆数
1995年—1999年	8275本	33549册次	40个
2000年—2004年	16781本	85175册次	124个
2005年—2011年	46921本	241122册次	136个

2.1.2 馆际间资源共享加强，节省了大量的财力和物力

根据江苏省高等教育数字图书馆区域流通管理系统的业务统计数据(如表2所示)，截止到2011年12月，136家成员馆际互借馆中，有49家成员馆向他馆出借图书，占总成员馆数的36.02%；115所家从他馆借入图书，占总成员馆数的88.46%，通过馆际互借，

馆际间资源共享加强；此外，根据表 1 数据统计，从 1995 年至 2011 年，16 年来馆际互借的借阅量累计已达 359846 册次，如果按平均 30 元/册来计算，相当于节省了 1000 多万元的购书经费，经济效益十分显著。

表 2 通用借书证流通量数据统计[4]（2004 年 12 月 1 日至 2012 年 4 月 1 日）

单位	发证数	实用数	单位借入量	单位借出量	单位实用比例
南京大学	217	130	1532	53389	41.01%
东南大学	3726	1024	9623	8327	27.48%
南京师范大学	1905	819	7473	19521	42.99%
南京理工大学	737	226	1763	5043	30.66%
南京航空航天大学	1970	540	4757	12344	27.41%
河海大学	3592	1413	15668	716	39.34%
（以下 130 所省内其他高校数据省略）					
合计	46921	12246	120539	120583	26.10%

2.1.3 为读者提供便利

图书纸本文献馆际互借的开展，让读者凭借一张通用借书证就可以进入省内任一所高校成员馆借阅图书；其次，JALIS 区域流通管理系统的实施，让读者可以随时查阅本人在他馆的借阅情况和违章处理等信息；再次，随着馆际互借服务对象、范围、手段在部分教学联合体内扩展，越来越多的普通读者开始享受到馆际互借带来的众多便利，如：部分教学联合体将馆际互借对象由研究生、教师和科研人员扩展至普通在校本、专科生；馆际互借范围扩展至图书以外其他信息资源；借助物流实现图书通借通还等等。

2.1.4 对成员馆服务工作提出更高要求，带来各馆服务工作水平的提高

馆际互借工作开展以来，各成员馆除了要服务本馆的读者以外，还要为持有通用借书证的读者提供咨询和借还书服务，从而给成员馆的服务工作带来更高要求，促进成员馆服务工作水平的提高。如，各馆的网络资源必须 24 小时全天上网，各馆阅览时间和借还书时间均要根据需要增加和延长；馆员的服务态度和服务技能均在接受来自全省各高校师生检验中得到提高[5]。

2.2 与文献传递服务相得益彰

文献传递是随着近年来网络的普及、电子与网络文献的迅速增长应运而生，是网络环境下图书情报机构为满足用户的实时需求，提高效率而产生的服务。与图书纸本文献馆际互借相比，文献传递有更大的覆盖面，文献载体更为多样化，服务方式更为灵活。

然而在具体操作中，还存在一些障碍制约着文献传递的发展。如：①费用较高。文献传递是一项收费服务，每次服务的费用由两部分组成：一是由提供文献的图书情报机构确定的，包括：查找、复制、扫描、邮寄等产生的费用，二是本馆在传递过程中实际产生的通讯、打印等费用[6]。据武汉大学 2002 年文献传递费的成本核算得出，本馆请求的每笔文献传递成本为 58.62 元，外馆请求成本为 24.4 元[7]；②缺乏统一的经费标准和补贴标准。就经费标准而言，一方面，高校图书馆基于本馆馆藏提供的文献传递服务收取的费用，以及基于其他图书情报机构提供该服务收取的服务费缺乏统一的标准；另一方面，对

于不同的文献传递服务对象也会采取不同的收费标准；就补贴标准而言，各馆会根据各自条件，为校内不同层次的读者提供不一样的补贴标准，如，南京师范大学图书馆就规定：教师100元/年，研究生50元/年，本科生25元/年；③有关知识产权方面的法律问题也困扰着文献传递。文献传递涉及复制权、信息网络传播权的保护和利用等版权问题，图书馆绕开版权人而自行从事的文献传递是不合法的，因此，在开展电子文献传递服务、共享电子资源的时候，图书馆总是小心翼翼[8]。

图书纸本文献馆际互借服务可以理解为文献传递服务的另一种实现方式，这种方式是在特定区域内，由读者自行完成，对于特定区域范围内的读者而言，两种服务应是互为补充的并行服务，而不是相互取代的服务方式[9]。

2.3 区域教学联合体的建立赋予其新的功能和发展机遇

从2004年开始，JALIS先后在江苏境内成立了13个教学联合体，教学联合体的建立，让地理位置靠近的高校之间实现联合建设，资源共享。部分教学联合体发放联合体通用借书证，扩大馆际互借读者适用范围和使用权限。以南京高校(江宁地区)图书馆联合体为例，新发放的联合体通用借书证，在使用范围、借阅册次、借阅期限和总借阅量等方面均进行重新设定。如：联合体高校内所有教师和在籍学生均有资格享受通用借书证服务；通用借书证年借阅册次不限；读者可以合理使用成员馆除图书以外的其他信息资源，包括可以到建有特色数据库的图书馆内部下载使用资源、进行电子阅览等。

此外，部分教学联合体馆际互借服务方式更加灵活，尝试借助物流实现成员馆间图书的通借通还服务。以“南京城东高校图书馆文献资源共享联合体”(以下简称联合体)为例，2005年11月，南京航空航天大学、南京理工大学、南京农业大学三所高校图书馆依据地域和学科互补优势，成立了“联合体”。“联合体”试运行之初，每个馆都对其他成员馆的教师、研究生读者开放文献阅览、电子阅览、打印、复印等除图书外借以外的所有服务；2006年10月开始，开放服务对象扩大至全体本科生；2009年11月，“联合体”共同推出三校图书通借通还服务，以物流方式连接三馆馆藏纸质资源，真正实现“服务本地化，书动人不动”[10]。

3 图书纸本文献馆际互借存在的问题及借鉴方案

图书纸本文献馆际互借的开展，弥补了个体图书馆馆藏的不足，扩大了图书使用范围，促进了馆际间资源共享，为读者带来便利。尽管如此，随着馆际互借服务的深入开展，结合对国内外高校图书馆馆际互借做法的分析，发现江苏省高校图书馆图书纸本馆际互借服务存在如下方面的问题：

3.1 服务对象、范围狭窄

当前，江苏省高校图书馆图书纸本文献馆际互借服务对象仅限于省内普通高等院校研究生、教师和科研人员，并且服务范围基本局限于纸本图书借阅。虽然联合体高校对此有所突破，但也仅限于联合体内读者。相比较而言，国内外许多高校图书馆在这方面走在前列，如日本大学图书馆，不仅服务于本校读者，而且还面向校外社会读者提供服务，只要提供身份证明，就可以进行馆际互借[11]；海南省高校图书馆资源共享服务则面向全省高校全体师生读者，无论大小馆、本专科馆，无论何种级别、职称的科教人员，无论专、本、研的在校学生，都能平等地享受馆际互借服务[12]；此外，海南省高校馆际互借范围不只局限于纸质图书借阅，读者还可以阅读他馆的电子图书、电子期刊、教学多媒体课件等信息。

因此，可以借鉴日本和海南的服务理念，将馆际互借服务对象扩大至成员单位的每一位读者甚至社会读者；同时进一步扩大馆际互借的服务范围，让馆际互借向电子资源领域扩展，提供参考咨询、科技查新、文献传递等深层次服务。

3.2 通用借书证有效期短，办理手续繁杂

江苏省高校通用借书证只在每年的5月份和11月份集中办理，有效期1年。每次办证前，读者均需前往本校图书馆注册并提交照片。一年期满后，要上缴旧证，重新注册和提交照片，手续颇为繁琐。反观海南省高校的做法是：取消各校独立的借书证，全省高校师生办理的均是“海南省高校图书馆通用借书证”；各高校会为每年的新生和新调入职工统一办理馆际互借通用借书证；通用借书证只在每年的元月份验证一次，验证完毕即可重新使用。

海南省的做法简单实用，值得借鉴。当然，在资金和技术的允许下，也可以让每一个成员馆办理的每一张借书证都是通用借书证，可以随时办理随时享用，同时在系统内设置通用证延期功能，一年有效期满后，继续使用的读者可以不用换证。

3.3 服务模式单一

目前，江苏省高校图书馆图书纸本文献馆际互借服务采取的还是“人动书不动”的直接借阅模式，这种借阅模式要求借还操作都由读者亲自去目的馆完成。它的最大优点是拒借率低，成员馆付出的成本也低。但是缺点也很突出，它的借阅量受距离和交通的影响[13]。

纵观目前国内馆际互借服务开展较好的省、市高校图书馆联盟，采取的多是通借通还服务模式。以海南省高教文献信息资源保障体系和BALIS为例。海南通借通还的做法是：一馆读者能够通过网络借阅其他馆图书；一馆读者能够直接到其他馆现场借阅图书；读者可以在任意图书馆还回图书；文献所属馆可以随时对还回馆或读者所在馆进行催还图书；BALIS通借通还的做法则是：借助物流，实现读者本地借还异地馆图书，做到“书动人不动”。当前联合体高校实行的通借通还基本属于此种类型。

可以借鉴他们的做法，变单一的“人动书不动”的直接借阅模式为直接借阅、通借通还等多种服务模式相结合，为读者带去更多便利。

4 图书纸本文献馆际互借进一步发展的保障措施

4.1 持续的观念更新是进一步发展的前提

在2009年11月召开了江苏省高校图工委读者工作委员会全体委员会议上，与会专家就通用借书证达成下列共识：通用借书证是江苏省高校图工委读者工作委员会的一项重要成果，在全省乃至全国都有重要的影响力，应将其作为一个常规的项目不断向前推进，加强推广力度，不断拓宽各项服务。《江苏省高等学校数字图书馆(JALIS)三期建设方案(试行)》(以下简称“方案”)更是明确规定，“继续推进现有成熟的服务方式(馆际互借、通用借书证服务等)，构建一个真正开放、没有围墙的江苏高等学校数字图书馆。”根据“方案”规定，JALIS拟建立覆盖全省各地级市的纸质和电子图书文献资源服务网点。在巩固现有的学科地区中心基础上，建设一批数字图书馆加工与服务基地，一批纸质文献跨地区通借通还服务试点高校，真正实现全省高校区域内、跨区域以及跨系统的文献资源信息共享[14]。

在文献传递等新型信息服务日益普及的今天，JALIS和江苏省图工委不仅没有放弃图书纸本文献馆际互借服务，而是继续关注它、研究它，为它注入新思维。

4.2 持续的技术创新是进一步发展的动力

图书纸本文献馆际互借服务由手工向电子操作的第一次飞跃源于JALIS区域流通管理系统的成功研发与实施。未来，依据JALIS建设计划，图书纸本文献馆际互借进一步发展目标，如建成20所左右覆盖全省地级市的跨区域通借通还文献传递服务站点，实现全省高校纸质型图书的通借通还；江苏省高校借书证发放范围基本普及在校本专科生，实现本专科学生自助式跨校借阅；实现区域教学联合体高校图书馆联合目录集中查询、通借通还、馆舍开放共享等等，无不需要持续的技术创新。

重点需要解决的技术问题包括：①解决通用借书证进一步发展中的系列技术问题，如：没有安装本地系统馆的数据上传问题、为违章读者通用证延期问题、开发通用借书证手机短信服务问题、预充值问题以及异地授权问题等等；②在完善JALIS虚拟联合目录服务平台的基础上，进一步整合联合目录一站式检索服务、建立和完善教学联合体内的区域联合目录系统；③进一步整合区域流通管理系统，将区域流通管理系统打造成“分层次”、“立体化”平台。

4.3 不断转变观念，延伸服务功能是进一步发展的根本

依前所述，现阶段江苏省高校图书馆图书纸本文献馆际互借发展还存在许多致命性的问题。如：服务对象、范围狭窄；通用借书证有效期短、办理手续繁杂；服务模式单一等等。这些问题都在一定程度上影响读者的使用，也在一定程度上制约了图书纸本文献馆际互借的发展。因此①进一步拓宽通用借书证的服务对象，简化办理手续。借鉴海南省高校馆际互借的做法，将服务对象扩大至全省高校的每一位读者；同时通过图书馆代办证、验证、系统内设置延期功能等方式，实现证件自动延期；②不断拓宽服务范围，除了纸质文献的借阅，还要增加如：参考咨询、科技查新、文献传递、知识推送等一些深层次的服务功能，以满足各个层次读者的需要；③变单一的直接借阅模式为直接借阅、通借通还等相结合的复合服务模式，彻底克服地域和时间所带来的限制。

4.4 主管部门领导支持、各高校成员馆积极参与是进一步发展的关键

JALIS一、二、三期的建设之所以都能够顺利进行，无不得益于省财政厅、省教育厅的宏观指导、经费资助和政策支持，图书纸本文献馆际互借作为一个子项目受惠其中。自始至终，图书纸本文献馆际互借工作得到了省教育部门领导、省图工委领导以及各图书馆领导多方面的大力帮助，它的进一步发展更是离不开主管部门领导的大力支持。各高校成员馆作为图书纸本文献馆际互借的实施主体，他们的积极参与、公平、互惠合作、信守协议是图书纸本文献馆际互借持续发展的助推器。当然，这之中发挥大型图书馆和中心馆的奉献精神和团结协作精神也是成败的关键。以南京大学、东南大学为首的大馆和各中心馆以大局为重，摒弃本位观念，把推动全省高校的文献资源共享工作看做义不容辞的责任和任务，起到了很好的领头羊的作用。

5 展望

图书纸本文献的馆际互借作为一种符合时代发展的成功尝试，自实行以来为江苏省高校图书馆文献资源共享事业做出了很大的贡献，虽然凸显出一些问题，但是并没有被时代

淘汰。目前，江苏省高校图书馆图书纸本文献馆际互借工作在完善和巩固现有省域高校领域内服务的同时也在积极向外延伸，一方面，向省内的科研究所和军事院校扩展；另一方面，与国内著名大学图书馆和大型公共图书馆开展馆际互借服务。我们相信，只要不断转变观念，拓展服务功能，加大技术创新，图书纸本文献馆际互借一定会真正满足各个层面读者的不同需求，在江苏省高校图书馆文献资源区域共享事业中发挥更大的作用。

参考文献

[1]刘八一，伍玲玲．文献资源共享新模式的探索与实践—江苏省高校“通用借书证”运作十年的回顾与思考[J]. 大学图书馆学报，2006(5)：11－15

[2]周建屏，谢欢．JALIS 信息资源共建共享模式研究[J]. 图书情报工作，2011(9)：6－9

[3]朱晓菁．高校通用借书证发展趋势的思考[J]. 图书馆建设，2009(10)：39－42

[4]江苏省高等教育图书馆区域流通管理系统使用统计[EB/OL][2011-12-31]，http：//202. 119. 47. 112/tongyon

[5]黄玉华，王永喜，安邦建．海南省高校图书馆网络环境下的馆际互借服务模式[J]. 大学图书馆学报，2003(4)：47－49

[6]鄂丽君，许子媛．高校图书馆馆际互借与文献传递服务的调查与分析[J]. 图书馆杂志，2011(11)：59－63

[7]涂文波，陆敏．文献传递成本核算方法及安全研究[J]. 大学图书馆学报，2004(2)：29－33

[8]江新．论区域性文献资源共建共享活动的运行障碍[J]. 图书馆建设，2009(4)：11－13

[9]沈鸣．江苏省高等教育数字图书馆建设总体技术方案[EB/OL][2011-11-04]，http：//www. doc88. com/p－908591699431. html

[10]段梅，赵晖．高校图书馆联合服务实践与探索[J]. 图书馆建设，2010(8)：78－80

[11]王宝英，马爱芳．山东省高校图书馆馆际互借服务状况调查及对策[J]. 图书馆建设，2006(5)：85－87

[12]黄玉华，王永喜，苏文，安邦建．海南高校图书馆网络环境下馆际互借服务模式的特点[J]. 大学图书馆学报 2005(5)：41－42

[13]曾征宇．直接借阅模式对区域馆际互借影响分析—以江苏省为例[J]. 图书馆学研究，2010(12)，67－72

[14]江苏省高等学校数字图书馆(JALIS)三期建设方案[EB/OL][2011-11-04]http：//wenku. baidu. com/view/bb3d00c608a1284ac85043e9. html

作者简介：赵曼娟(1979－)，女，硕士，南京工业职业技术学院图书馆阅览部主任，馆员，发表论文6 篇。

用户驱动模式下的大学图书馆电子资源校内共建共享研究

——以首都师范大学图书馆为例*

钟文娟　吴雪芝

（首都师范大学图书馆）

摘　要：以首都师范大学图书馆电子资源建设发展状况及用户使用为例，从电子资源产品特点、用户需求的不同层级与学科特色，以电子资源从试用到采购、后续使用及续订等流程中用户角色的参与阐述了以用户为主导驱动的大学图书馆电子资源校内共建共享的模式和途径方法。

关键词：用户驱动　大学图书馆　电子资源　共建共享

The Research of building and sharing about electronic resources in the User-driven mode ——Taking Capital Normal University Library as an Example

Zhong Wenjuan　Wu Xuezhi

(Capital Normal University Library)

Abstract: Taking Capital Normal University Library as an Example, this paper analyzes development overview and utilization of the electronic resources, and summarizes the way and method about building and sharing about electronic resources in the User-driven mode from trying, purchasing and using to ordering about the electronic resources.

Keywords: User-driven; University Library; electronic resource; building and sharing

随着信息技术与网络的发展，大量电子资源进入大学图书馆，成为图书馆文献信息资源建设中的一支强大的资源集群，改变了图书馆文献信息资源的布局结构，丰富了馆藏模式、服务模式以及用户利用图书馆和资源的方式，对图书馆产生了深远的影响。随着商业性数据库产品的增加，电子资源在大学图书馆资源中所占的比重的日趋增长，越来越多的用户离不开电子资源的服务。近几年来，首都师范大学图书馆在引进电子资源方面有了显

---

* 北京市属高等学校人才强教深化计划－中青年骨干人才项目（项目号：PHR201108160）资助。

著发展，从 2004 年的不足 50 个数据库发展到目前的超过 100 个数据库，增长了将近 2.5 倍。那么，在电子资源的快速增长和投入中，它们是否得到了有效利用？如何在有限的经费范围内让更多的用户获得最大的收益？笔者以首都师范大学图书馆近几年的电子资源建设与用户使用为例，探索电子资源校内共建共享发展的模式与途径，以期为电子资源的合理建设与规范管理工作提供参考性建议。

1 首都师范大学图书馆电子资源建设与利用概况

首都师范大学作为北京市重点发展高校，在文献资源的投入上得到北京市的高度重视。从 2004 年的中外电子资源不足 50 个到 2011 年，目前电子资源数量已超过 100 个。经过近 10 年的发展，首都师范大学图书馆的电子资源呈现以下主要特点：

1.1 电子资源经费投入增长迅速，与纸本资源投入逐步齐头并进

从图 1 可以直观地了解到首都师范大学图书馆近几年的纸本资源与电子资源经费投入发展概况。2007 年至 2010 年，纸本资源的增长率为 58.35%，电子资源的增长率为 377.12%；2007 年至 2010 年，纸本资源由原来占据当年文献资源总量比重的 76.66%下降到 52.16%，而电子资源则由原来占据当年文献资源总量比重的 23.34%上升至 47.84%。纸本资源与电子资源的投入比例接近 1∶1。

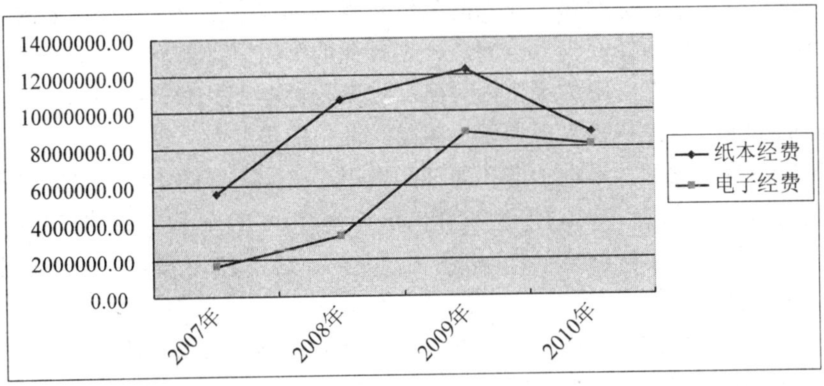

图 1 首都师范大学图书馆纸本资源与电子资源历年经费投入概况

1.2 电子资源利用率逐年增加，使用成本降低，用户关注与依赖程度增加

随着电子资源的日趋成熟，用户对电子资源的利用和关注程度也在逐年增加。仅以中文电子资源为例，2011 年全年的访问量为 1153619 次、检索量 2228860 次、浏览量 1029970 次、下载量 2019205 次，总使用量达到 7132767 次；与 2010 年的总使用量 5085352 次相比，整体增长 2047415 次，增幅比例达到 28.70%。在用户使用排名前 20 位的中文电子资源中，排在前列的分别有电子期刊 4 种、学位论文 2 种、电子图书 5 种、多媒体资源库 7 种、学科类专业资源 2 种。

随着用户的使用率的提高，电子资源的使用成本在逐步降低。如中文电子期刊的维普期刊 2011 年的下载成本仅 0.04 元/次，读秀知识库的使用成本为 0.18 元/次；CNKI 硕士论文的下载成本为 0.53 元/次。与中文电子资源相比，外文电子资源使用成本相对较高，但如 Elsevier、Springer、JSTOR、Science 和 Nature 等电子资源的使用成本基本达到集团采购成本平均值或更低。

利用率越高、使用成本越低的电子资源在用户的认知和认可重视程度也越高，在一项用户的调查使用中对电子资源的认可和重视程度也体现了上述特点，95%的用户表示经常使用中外的综合性的电子期刊数据库，而有84%的用户表示会使用读秀知识库去获取无法获得的纸本图书资源；80%以上的用户对专业性的学科电子资源表示很有用以及经常使用，如瀚堂典籍数据库、Science和Nature等。

2 电子资源建设与利用中存在的问题

以电子资源为基础信息支撑的数字图书馆改变了传统图书馆的运作模式，实体馆藏与虚拟馆藏并存构成大学图书馆用户的文献信息海洋。我们的文献信息容量早已呈几何级数的增长，但即使面对如此的文献信息保障资源，我们仍然不禁要问："读者有其书，书有其读者"真的做到了吗？而事实上，阮岗赞比给图书馆提出的这条定律，不仅是图书馆生存的法则，同样是图书馆最基本也最难实现的理想。理想很丰满，现实却很茫然。无论我们的经费投入有多少，用户使用量有多大，我们终归还需面对诸多问题：

2.1 永远有限的电子资源经费？

尽管首都师范大学图书馆在电子资源的投入增长迅速，近三年来文献资源经费总投入在全国各高校图书馆的排名已跻身前20位，但电子资源产品的增长速度依然超过了大学图书馆经费增长的速度。即使今天我们的电子资源经费增长已经是10年前的3倍，但依然必须在有限的电子资源经费投入范围内去选择我们可以引进的商业性数据库产品。也许最糟糕的不是我们必须在有限的经费内对膨胀的商业性电子资源产品做出抉择，更为不妙的是当我们的电子资源经费投入根本无法跟随其涨幅的步速时，被迫放弃购买。哈佛大学图书馆在无法负载高额的学术电子期刊的订购费用时宣称其模式不可持续，即为现实的困境，而在此之前的2010年6月初始至8月，由于Nature和旗下67种期刊的提价行为几乎导致了一场全加州大学抵制Nature集团的风波[1]。这不过是大学图书馆与电子资源供应商之间无数次博弈的其中之一二，而这种博弈将一直持续。国内大学图书馆电子资源的经费投入尽管不同于西方国家的大学图书馆的经费申请模式，但这种国家行为的投入也终归需要计算成本，当这种负荷无法完成时，就必然需要大学图书馆做出有效购买的抉择。我们的问题不在于现在没有面临，而在于有一日面临时可能束手无策。

2.2 永远无法满足的用户需求？

事实上，"读者有其书"永远都只能是一种最理想的状态。没有一个图书馆敢说它的用户需求全部可以满足。笔者从首都师范大学文学院的几位资深教授的发文的参考文献的对比中得出：其中最高的一位用户的文献保障率可达到90%，而最低的可能只有50%。在一些对外文电子资源需求程度更高的理工科的学科用户的调查结果中，文献保障率还要更低。那么，我们的电子资源经费是否应该划分不同等级的用户？是否可以通过其他的途径或方式来满足那些不够级别的用户的需求？那些没有从大学图书馆获得文献信息资源保障的用户，他们是从哪里获取到了所需要的信息资源？用户是否既可以是电子资源投入的受益者，也应该是其责任承担者？

3 电子资源校内共建共享发展模式探索

无论是首都师范大学图书馆还是其他的大学图书馆，在向他们的电子资源采访馆员咨询时，他们几乎一致答复只要大学图书馆的经费许可他们几乎全部满足了用户提出的所需购买电子资源的要求。但似乎那些被某些用户极力推荐购买的电子资源正式引进之后的使用情况并不理想。这种情况在一些专业性较强的专题类电子资源上表现尤为突出，如首都师范大学图书馆引进的文渊阁的四库全书、GALE 等。可见，当用户仅仅作为使用者和受益者时，对于电子资源的考量或许存在误差与偏差，而电子资源的建设事实上从进入试用开始到采购，到后续的订购，应该与用户休戚相关、利益相连，因此确立用户参与、以用户为主导驱动的电子资源共建共享模式尤为重要。

3.1 区分电子资源产品的用户适应性、区分用户的不同层级，实现电子资源的共建共享

电子资源产品的设计有其适应的对象，因此，电子资源产品天然地区分了其潜在的用户。对于大学图书馆而言，确定可能需要引进的电子资源的可适用的用户，对于那些具有综合性、满足大多数学科用户需求的电子资源优先纳入图书馆的电子资源购买计划；另一方面，对于那些有超过整体学科用户一半以上需求的电子资源，同样优先考虑进入图书馆的电子资源购买计划。而学科用户的需求量过低，同时所需要引进的电子资源产品的费用过高的情况，则不在有限考虑之列。要实现以上的优先原则，需要在实际的用户需求驱动下取得相关的支撑数据。大学图书馆可以考虑把相关潜在的，需要优先引进的电子资源通过图书馆网站记名投票、读者调查建议等，多方面收集用户主动需求信息，同时区分不同层级的用户对该电子资源的评价和需求程度，综合给出评分，按所得分数从高到低在经费许可的范围内购买。

3.2 区分电子资源投入经费的承担主体与获益主体，实现电子资源的共建共享

“谁受益，谁出力”，也许更适应于具有专题类或特定用户的电子资源的建设与发展。从某种意义上来说，大学图书馆的电子资源经费投入应按照公平原则投入到用户的使用当中，但事实上，任何一个大学的学科专业发展都不可能绝对平衡一致，总有一些学科专业走在更前列，为学校的发展做出更多的贡献。是否在这样的前提下，一些重点发展的学科专业用户拥有电子资源经费投入的优先权呢？应该说，在经费充足的情况下，这种情况往往是普遍的，大学图书馆必然对重点发展学科专业有所倾斜或优先考虑。但在经费有限的情况下，这种原则却有待商榷。从图书馆的使命来说，它应该从公平的角度来最大限度地满足最多数的用户的需求。因此，当学科用户提出他们的需求时，相应地学科用户也应该作为其利益的投入者之一或部分利益的投入者之一来分担大学图书馆的经费负担，这样才能更好地体现公平原则，同时也能有效促进学科专业用户对已购学科类或专题类电子资源的持续关注和有效利用。以首都师范大学文学院为例，2007－2009 年该院系的文献经费总额即高达 300 万元，这个数值达到首都师范大学图书馆中文电子资源三年平均投入的 80％。尽管目前院系的文献资源经费统一纳入大学图书馆的经费管理，但事实上大学图书馆仅仅是被动地完成学科用户提出的购买需求，而这其中的大多数用户指定购买的文献资源为纸本资源，甚至有高达 10 个以上复本的中文图书历年重复购买，这无疑是一种浪费。而一些缺乏经费的学科用户，如某些学科的教授提出的专业性的电子资源的购买，却因为大学图书馆经费的有限只能延迟采购。如中国基本古籍库，仅单库永久使用权的购买费用

即占据当年中文电子资源整体经费的70%，很显然，让大学图书馆来为这个适应文史类部分学科用户的电子资源买单确实存在困难与疑问。在此情况下，合理调配院系文献资源经费投入，由其主要受益用户来投入，面向学科用户使用无疑是一种更好的选择。最终，中国基本古籍库以首都师范大学文学院出资、图书馆托管，首都师范大学全部用户获得3个并发的使用权完成了该库的采购使用。因此，对于某些特定的专业类极强的电子资源，由学科用户出资或部分出资与图书馆共同建设，应该是电子资源共建共享模式中值得探索发展的途径。

3.3 完善资源整合、促进电子资源与纸本资源的协调发展，实现电子资源的共建共享

电子资源的投入增长丰富了用户的资源选择，但与此同时，不同电子资源产品的平台功能的不同、使用上存在的差异将导致用户使用热情的降低，也同样会分散用户对电子资源的关注与利用。电子资源引进的数量越多，所引进的电子资源文献类型越全面，对于资源的整合需求就越高。而只有快捷有效的资源整合为用户提供高效快捷的使用途径，才有可能长久持续地留住用户。同时，电子资源的高速投入正在不断压缩纸本资源的投入与利用率。不可否认，众多大学图书馆的入馆人数与纸本资源的利用率均有所下降。这与用户对电子资源的利用增长有关系，但同时实体馆藏空间的有限、复本的有限、纸本资源的限期或限制使用条件，都可能使用户的信息寻求方式发生转移。但事实上，基于不同载体的纸本资源与电子资源并不应该存在信息的差异，它们原本可以有序相连、协调发展。而要提供这种功能则需要大学图书馆对已购电子资源与馆藏纸本资源实现有序关联，使它们成为一体，无论何时何地，总有一种资源是可以提供给用户使用的，这也是电子资源共建共享发展的结果和价值体现。

3.4 以用户驱动促进电子资源产品的优化，实现电子资源的共建共享

任何一种电子资源产品如果没有用户的参与使用，就失去了应有的价值。因此，从这个角度而言，当用户关注与利用某个电子资源产品达到一定数量时，用户对电子资源产品的市场定位即有相应的导向作用与发言权，由此可以促使电子资源产品更为优化发展，如在达到一定的下载数量时对全文提供类电子资源产品提出更为优惠的定价方式；在大多数用户对电子资源产品的使用提出否定意见达到一定数量级别时确定停止订购该产品。如果大学图书馆将用户的这种主导驱动引入到电子资源的采购与续订中，无疑电子资源产品的供应商将对产品的售后更为关注，对其所提供的统计功能将更趋于规范，会有越来越多的电子资源产品能够提供具备国际COUNTER标准的使用数据统计，使不同电子资源供应商的使用数据具有可靠性、一致性和可比性[2]，使今后的电子资源统计更严格客观。电子资源供应商所提供的更为规范有效的使用统计数据将不仅为图书馆的电子资源使用评估提供可借鉴的指标，对其使用效益做出科学评价，同时也可为图书馆电子资源的战略决策提供更可靠的依据，图书馆或用户对电子资源的科学评价和有效利用则能促使电子资源获得良性和长足发展。通过大学图书馆、用户、电子资源提供商的三方协作，相互促进相互监督，推进电子资源的共建共享，这将是一个“三赢”的结果。

参考文献

[1]哈佛大学宣布图书馆期刊订购模式已经不可持续[EB/OL]. [2012-06-22], http://blog.sciencenet.cn/blog-411136-579151.html

[2]COUNTER-Online Usage of Electronic Resources [EB/OL]. [2012-06-22], http://www.project-counter.org/

作者简介：钟文娟(1972—)，女，副研究馆员，硕士，主要研究方向学科信息咨询、文献计量学。
吴雪芝(1972—)，女，馆员，硕士，主要研究方向学科信息素质教育、读者服务。

高校图书馆与院系资料室文献共建共享的新探索

——以首都师范大学图书馆为例

李　琼*　张　芳
（首都师范大学图书馆）

摘　要：高校内部图书馆与院系资料室的文献共建共享是文献信息资源共建共享的一个重要层面，虽然学界都已经意识到这个问题的重要性，提出了不少解决办法，但对具体实践的总结还较少。本文分析了高校图书馆与院系资料室文献共建共享的现状，介绍了本校在图书馆与院系资料室共建共享方面的一些新探索，总结了在具体实践中发现的问题，并对其未来的发展提出了一些看法。

关键词：高校图书馆　院系资料室　共建共享　新探索

Abstract: This paper analyzed the current situation in common construction and sharing between the college library and the department reference rooms. It expounded new exploration of integrating the department reference rooms with university library in Capital Normal Universrty. Through the analysis on special advantages and existing problems in the practice, this paper proposed some solutions.

Keywords: college library; department reference room; common construction and sharing new exploration

随着科学技术的迅猛发展，信息资源爆炸式增长，同时边缘学科、交叉学科越来越多，教学、科研工作人员对文献信息的需求质量也在日益提高，迫切需要大量内容新颖、类型完整、形式多样、来源广泛的信息。文献收藏的有限性与用户需求的无限性这一矛盾越加尖锐和突出。各高校图书馆都在探索不同层面、多种形式的馆际合作来缓解这一矛盾。经过十几年的实践发展，目前图书馆间已经实现了一定范围内的资源共享，提高了图书馆的文献资源建设与保障能力。但是作为最为基础的一环，校内图书馆与院系资料室的合作与资源共享却由于各种各样的原因，进展不尽如人意。

一、高校图书馆与院系资料室文献共建共享的现状

高校图书馆与院系资料室有着共同的属性，都是为教学和科研提供文献信息保障，有共同的特性，但是又各有优势和特色。虽然对于院系资料室的存废问题已经讨论的几十

年，而现在院系资料室仍然广泛存在，说明图书馆和资料室都有存在的必要，无法相互替代。在两者并存的情况下，它们的关系问题一直是学界所关心的问题。《对高校图书馆与资料室关系问题研究的回顾与反思》一文中，作者将此类研究总结为图书馆与资料室共建、资料室合并于图书馆、建立分馆三方面。其中在图书馆与资料室共建方面，学界的研究主要集中在管理体制、资源管理和建设及人才三个方面。在图书馆与资料室走一体化道路方面的研究中，学界的研究有集中在院系资料室的管理现状和如何改善上。也有不少研究认为总分馆模式是较为成功的模式，并提出了一些建设意见。[1,2]从这些研究可以看出，目前高校图书馆和院系资料室的情况千差万别，这就造成了各种文献共建共享模式同时存在。虽然无论是图书馆和资料室都已经形成共识，就是共建共享才是大势所趋。但是大家所认为的制约共建共享的因素如制度问题、管理问题、人才问题等依然存在，并且在近期内能有大幅改善的可能性不大。总的来说这些研究侧重在理论研究，具体实践经验的总结还很少，也没有提出比较行之有效的，能尽快推进高校图书馆和院系资料室文献共建共享的方法。如何在现有的条件下，实现共建共享的路径和方法才是今后应该着重研究的问题。

二、高校图书馆与院系资料室文献共建共享的探索实践

1. 设立专门部门负责学科分馆与院系资料室相关工作

随着高校的发展，高校图书馆与资料室不同程度上都有发展。有的资料室实力雄厚，愿意与图书馆合作建立学科分馆，有的资料室则功能逐步弱化，还有一些新设立的院系又要建设新的资料室。为了更好的协调图书馆与各学科分馆和院系资料室的关系，加强图书馆与院系资料室的共建共享，我校图书馆特设分馆建设管理办公室，由专人来负责对校内院系资料室逐步开展调研工作，规划建设方向，逐步开展各院系资料室的数据回溯，并具体负责现有学科分馆的相关事宜，新建设学科分馆的筹备和运行工作等。

设立专门部门负责学科分馆与院系资料室相关工作以来，我馆与各分馆和资料室的共建工作取得了突破性进展，全校 30 多个资料室大部分已经完成数据回溯。新建了一个学科专业分馆，并负责部分学科分馆的日常运营。对于现有的资料室和新建分馆资料室的建设也积极参与其中，在学校的影响力逐步增大。

2. 建立示范性学科分馆

成立图书馆学科专业分馆取代原来院系所属的资料室，使图书馆与学科分馆实现一体化，实行统一的领导，统一的发展规划，统一的管理制度，建立一个能够全面、完整揭示本校文献资源数据库，使图书馆与院系资料室在业务上整体协调，既相互合作又有分工，充分发挥各自优势的动态管理模式。它可以有效地实现文献信息资源、机构、人员、经费、设施等合理配置，从而减少文献信息资料、设备等购置以及工作内容上的重复和浪费。这种模式在国外已经普遍存在，这也是我国高校图书馆和院系资料室之间进行整合的一个重要的发展趋势。

目前国内高校对基础较好的院系资料室经过共建发展为学科专业分馆的实践也有很多，我校目前就有 3 个这样的学科专业分馆。2005 年 9 月，图书馆与历史学院共建的“首都师范大学历史学资料中心”，作为我校第一个研究型图书馆正式开馆。2005 年 11 月，位于图书馆(北一区)五层的“首都师范大学中国语言文学资料中心”建成并投入使用。2011

年10月，“外国语言文学资料馆”正式开馆。学科分馆重点收藏有专业特色的文献，服务对象以研究生和教师为主。但是这3个分馆又在很多方面有所不同，文学院分馆主要由文学院管理，历史学分馆则由图书馆和历史学院都出人员共同管理，文献由图书馆统一采购和编目，还有相关技术支持，历史学院则负责文献建设的规划和选择，历史学分馆除主要为历史学院师生提供借阅服务外，也对全校师生提供阅览服务，但是图书馆提供统一编目和技术服务。外国语言文学资料馆则全部交给图书馆管理，外语学院负责文献建设指导，但目前仍存在开放时间较短，主要面向外语学院师生服务等问题。

各个分馆共建共享的方式程度各有不同，这些不同正是由于这些学科分馆原来作为院系资料室的基础条件有差别造成的。根据不同的基础条件，实行不同的各有特色的总分馆模式，无疑为进一步整合图书馆和院系资料室的资源提供了多种示范性样本，积累了相关经验，也可以认为是十分行之有效的方法。

3. 图书馆利用经费和购书渠道优势参与院系资料室文献建设

从2008年起，我校院系老师申请的文献专项经费统一划拨到图书馆，图书馆参与院系资料室文献建设有了经费保障。为了规范经费的使用，充分利用好这些经费，图书馆编制了文献采访的相关规定，为院系文献建设和经费使用提供全方位保障。除此以外图书馆还进行了一系列准备工作来应对这一新情况。

首先，图书馆建立了一支素质较高、有一定学科背景的学科馆员队伍，面向各院系有文献专项经费的老师提供一对一服务。学科馆员负责为院系专家讲解文献采访政策、方法，督促经费支出进度，在文献采购过程中进行沟通工作。其次，图书馆指定采访馆员专门负责此类文献的采购。采访馆员负责接收专家所选书目，利用图书馆自身较为成熟的文献采购网络，为院系专家提供服务。图书馆可以为院系专家提供全品类最新的书目信息，或根据专家的需求提供分类专题书目。图书馆也与专业书店建立合作关系，为院系专家现场选书提供方便。图书馆还负责对采购的图书进行统一的编目加工，并典藏到各院系资料室。最终这些图书的信息可以在图书馆的管理系统中查询到，为提高这些文献的利用率提供了保障。

虽然这部分经费和购书并不是院系资料室新增经费和文献的全部，但这种模式至少保证其中的一大部分，在采购阶段就并入图书馆文献管理中，为今后利用这些文献提供了基本保障。并且在此过程中，基本是遵循统一的文献采访规定进行，图书馆负责查重，部分避免了不必要的重复购置和经费浪费。

虽然图书馆一直希望专家能积极参与图书馆馆藏建设，但事实上由于专家都工作繁忙，很难抽出时间进行这项工作。而在个人项目文献专项经费划拨到图书馆后，专家不得不将需要的书目信息提交给图书馆，这些信息能帮助图书馆了解一线专家和教师的研究方向和文献需求，图书馆在日常选书的基础上参考这些信息，调整和补充图书馆馆藏，提高了图书馆购置图书的针对性、专业性。同时图书馆以优质高效的服务，让专家感到将图书交给图书馆购置更方便，推广图书馆和资料室共建共享的理念，从资源共建开始，逐步推广到共建共享。

三、高校图书馆与院系资料室文献共建共享探索实践中存在的问题

1. 分馆建设办公室力量薄弱

新设立的分馆建设办公室成立时间不长，人员编制不多，除了很少几位有丰富的图书馆工作经验，很多是刚刚招录的新人，大部分人员目前承担的工作也多是维持学科分馆的正常开馆、负责相关文献的回溯和典藏等基础性工作。很多有开创性的工作还没能开展，一些工作推进困难。

2. 共建的学科分馆发展缺乏系统的规划和深层次服务

图书馆与院系共建的学科分馆数量在稳定增加，但是对于学科分馆今后的发展方向是怎样的，共建双方应负有哪些责任等问题思考和规划得还不够深入，很多运行的机制还没建立起来，双方的关系还没有理顺。目前这些学科分馆主要承担日常开馆运行和一部分文献建设的任务。在提供学科性、深层次和个性化的服务，如文献借阅、学科参考咨询和对现有文献进行深层次的挖掘和整理，为院系师生提供专业的文献服务等方面还比较薄弱。

3. 院系经费购书系统性差、管理困难

虽然目前图书馆掌握部分专项文献购置经费，但由于这些经费很多是教师个人申请的图书经费，经费没有延续性。很多教师也仅仅根据目前的教学科研需求购置一部分图书，如果教师项目经费没有继续划拨，相关的新书就难以继续购进。这就造成很难形成系统的有延续性的馆藏。同时，这部分经费购书老师个人的支配权力大，虽然这些图书数据都进入图书馆管理系统，但实际上很多老师不通过正常借阅手续，而是直接从资料室借出，很久都不归还，图书和资料室都很难对这些图书馆进行管理。

四、高校图书馆与院系资料室文献共建共享的展望

虽然高校图书馆与资料室的文献共建共享有一定的难度，但是发展的趋势已经形成。一方面是学校发展强大的内在动力推动，二是信息环境的发展需要这种联合和整合，并且由于经费管理越来越规范化，要求文献建设不仅要有数量更要有效益。这些因素都将推动共建共享工作不断向前推进。

我校的相关经验说明，高校图书馆与资料室的文献共建共享虽然困难，但还是非常有可为的。虽然在实践过程中遇到了各种问题，但这些问题也是可以在实践中解决的。上述谈到在实践中遇到的三个重要问题，可以逐渐克服。比如适当加大对相关部门的投入，从学校和图书馆两方面给予人力物力和政策支持。学科分馆的发展和深层次服务问题也需要图书馆和院系共同努力，双方都需要加大这方面的投入，加大对人员培训的力度。院系经费购书系统性差的问题，则需要图书馆方面对教师的文献需求做跟踪研究，利用图书馆经费有延续性的优势，在院系教师经费不能保证的情况下，继续购置相应文献。

当然，高校图书馆与院系资料室的整合，要对各个方面的原有机构设置、隶属关系、信息资源、工作人员等方面实行管理体制、运行机制等全面创新，[2]过程可能会非常艰苦，需要方方面面的支持配合以及努力。但是高校图书馆与院系资料室信息资源整合势在必行，整合后的高校图书馆与院系资料室，建立起全新的校内文献信息保障体系，不但可以使现有的信息资源利用最大化，也可以节省更多的人力物力，减少资源的重复建设，还可以提供全方位、高层次的服务，将极大地满足教学科研工作的发展需要，体现出我们工作

的价值。

参考文献

[1]苏全有，赵倩倩．对高校图书馆与资料室关系问题研究的回顾与反思．公共图书馆，2012(1)：62－67

[2]李强．高校图书馆与院系资料室整合机制探讨．现代情报，2012(3)：170－172

作者简介：李琼（1980—　），女，馆员，硕士研究生，主要从事高校图书馆文献建设方面的研究。

中国农大东区图书馆馆际互借服务与问题分析

——兼论BALIS馆际互借系统

王利萍

（中国农业大学图书馆）

摘　要：文章阐述了中国农大东区图书馆馆际互借服务在以代借代还、北京高校图书馆联合体、BALIS馆际互借系统为主要模式的服务内容和特点，分析了各阶段存在的问题和解决方案；介绍了本馆开展BALIS馆际互借的现状，总结了BALIS馆际互借申请未满足的原因，并探讨了BALIS馆际互借系统本身需改进之处。

关键词：图书馆　馆际互借　BALIS

Chinaagricultural university east campus library's interlibrary loan service and problem analysis

——Also on the interlibrary loan system BALIS

Wang liping

(China agricultural university library)

Abstract: This Article discusses China Agricultural University East Campus Library Interlibrary Loan service in lieu of Borrow, the Beijing University Library of the Commonwealth, BALIS interlibrary loan system as the main mode of services and features, analysis of the problems and the various stages Solutions; describes the status of the BALIS ILL , ILL BALIS summarized the reasons for application are not met, and discussed the BALIS interlibrary loan system itself needs improvement.

Keywords: Library; Interlibrary loan; BALIS

1　以代借代还为主的馆际互借服务

在上世纪90年代，我馆只与国内诸如国家图书馆、中国农科院图书馆、中国农机院图书馆等几家图书馆有合作关系。服务的对象主要是学校的老师和一些研究生，服务形式是由图书馆的联系人去馆际合作单位代为复制资料或借还书。90年代末，我馆又与清华大学、北京大学等高校图书馆建立了馆际合作关系，除代借代还外，读者还可以自己去这些高校图书馆查阅资料或借还图书，不仅方便了读者，图书馆也省去了一部分联系人代为借还的工作。由于增加了清华和北大图书馆的借书证，使得更多的读者了解了这项服务，在这期间我馆馆际服务的利用率开始上升。由于图书馆之间没有一个统一的协议，这些馆际借书证都是靠关系或人情办理的，每个证都要收取昂贵的押金，而且每年还需缴纳几百元的办证费，对于经费不太充裕的图书馆来说是一个不小的支出。另外馆际互借合作馆太少，不能满足读者需要。

2 以图书馆联盟为主的馆际互借服务

2002年11月，本着“资源共享、优势互补、互惠互利、自愿参加、平等协作”的原则，由北京邮电大学图书馆牵头，北京交通大学、北京师范大学、中国人民大学等11家高校图书馆成立了北京市“北三环—学院路”地区高校图书馆联合体[1]。学院路高校联合体的成立，大幅度增加了我馆的馆际互借范围，由于我校区地处学院路，读者可以非常便捷地与其他成员馆进行资源共享。到2006年3月，成员馆已经由主要分布于“北三环—学院路”地区的11家，向北扩至北五环外，南至大兴，西至石景山，东至东四环外的39家，联合体也更名为“北京高校图书馆联合体”[1]。北京高校联合体的成立为我馆的馆际互借服务提供了更广阔的空间，根据联合体的馆际互借协议，成员馆间互相提供10个免费借阅证，读者持馆际互借证即可到对方馆借阅图书，并享有对方读者同等的待遇，这样就免去了每年去各个合作图书馆办证的烦琐，成员馆间互免的服务方式，也解决了图书馆经费窘迫的问题，在这个时期我馆的馆际互借服务开展的非常活跃。

2.1 我馆联合体馆际互借服务统计分析

我们统计了2006至2010年五年间联合体借书证的用证次数和借书量，如表1。表中数据显示：2006年6月北京高校联合体成立后，用证率开始上升，到了2007年和2008年用证次数达到最高，借书量也达到最高点。2009年后由于BALIS馆际互借系统的出现，以及免费服务的推出，联合体借书证的用证数次和借书量有所下降。

表1

年份	用证次数(人/次)	借书量(册)
2006	247	91
2007	289	183
2008	270	127
2009	221	143
2010	135	63

以往，在很多读者的印象中，认为用其他图书馆的文献资源有很多限制条件，并且是一个手续复杂的行为，很多读者只用本馆的文献，不去尝试其他。北京高校图书馆联合体馆际互借的出现，无疑让读者开扩了思路，并深切感受到每一个人都有文献共享的权利。尤其在我校，分为东西两个校区，由于两校区专业分布和资源建设的特点，导致工程类学科的藏书量校少，而工程类专业主要设置在东校区，东馆的馆藏很难满足工程学科读者的需要。而北京高校联合体大多为理工科院校，与东校区的很多院系和专业相近，并且这些院校与东校区同在学院路高校密集区，给我校区的读者带来极大的方便，联合体借书证的利用率高也在情理之中。

2.2 联合体馆际互借存在的问题

通过几年来的实践，北京高校图书馆联合体已充分体现了它的优势，但也有一些欠缺之处：(1) 没有统一的书目检索系统，读者在本馆馆藏查不到所需文献时，需要获知该文献哪个图书馆有，这时就需要登录各成员馆图书馆的主页进行书目检索。对于那些对成员馆所设专业有所了解或对成员馆馆藏有一定分析能力的读者，会根据所需文献的类别锁定在某一个或某几个图书馆进行目录检索，能较快速地确定馆藏单位，而大部分读者没有这种意识，面对自己所需文献，只能通过查询众多图书馆的馆藏目录才能确定其收藏单位，这样大大增加了读者检索文献收藏单位的时间。读者迫切需要一个北京高校图书馆联合体的联机书目检索系统，通过一次检索就可获取多个图书馆的馆藏信息。(2)没有统一的借书证管理系统。对于联合体馆际借书证的管理，没有统一的办法。目前联合体已发展到了40多个成员馆，成员馆间都互为拥有10个借书证，每个成员馆都有几百个联合体的借书证，对于几百个借书证如何管理是一个突出的问题。由于没有一个统一的管理系统，各馆只有寻求各自的管理方式。① 手工管理：我馆采取的是手工管理方式，需要馆际借书证的读者可以持本馆的借书证作为抵押来换取所需的馆际借书证，换取时读者要进行登记，登记读者姓名、所在院系、电话、借证日期、证号，还证时还要登记还证日期、外借的图书书名等信息。图书馆负责馆际借书证的管理人员，依据读者登记的信息以及对成员馆借书证借阅状态的查询，进行统计、催还等工作。这样的手工管理经常出现漏洞，比如，有的读者借了书没有登记，有的读者登记的信息不全，有的读者借的书逾期不还或还了书没有交罚款等，给管理造成了很大麻烦，也给成员馆之间造成了很多尴尬，尤其是在学生毕业时查询起来非常不方便。② 纳入书目管理系统：也有的成员馆把联合体借书证纳入到了本馆的书目管理系统中，将每一个借书证分配一个条码，读者每借一个借书证就相当于借了一本书，这样的好处不仅对读者起一个约束作用，而且也方便地进行系统催还和发送过期信息，尤其学生在毕业时如果没有归还馆际借书证，或没有归还外馆图书，或有欠款都会影响到毕业手续的办理。如果联合体借书证有一个统一的管理系统就会解决成员馆的很多问题。

3 BALIS 馆际互借服务

BALIS 馆际互借是北京地区高等教育文献保障系统下设的馆际互借中心，于2007年11月正式启动。该中心的建设目的是：采用集中式门户平台和分布式服务相结合的方式，充分利用北京高校丰富的馆藏资源和便捷的网络环境，为北京地区高校读者提供馆际互借服务[2]。BALIS 馆际互借的出现，为我馆的馆际互借提供了一个新的平台，读者可以足不出校就能借到北京众多高校图书馆的藏书，更令人惊喜的是系统运行以来一直是免费提供服务。2010年5月，BALIS 开通了与国家图书馆馆际互借服务，成员馆可向国家图书馆提交图书外借请求。国家图书馆对北京高校的开放，敞开了读者借阅外文文献的大门，以往国家图书馆的外文书借阅办证门槛高、费用高，很多读者都望而却步，BALIS 开通与国图的馆际互借，标志着文献资源的共享上了一个新的台阶。

BALIS 馆际互借系统不仅仅是为北京高校搭建了一个资源共享的平台，更可贵的是把读者的需求贯穿于中心工作的始终，不断改进服务措施，真正体现了服务至上和读者第一的理念。BALIS 每年都举办宣传月活动，宣传月活动能让更多的读者了解并利用 BA-

LIS系统，通过每次的宣传月活动我馆的BALIS馆际互借就会有新的提升。BALIS每年都要进行年度总结，总结一年来的工作并表彰先进图书馆，以此来促进各成员馆的共同进步。同时BALIS还经常进行问卷调查，了解读者需求，今年BALIS为每个成员馆制作了宣传展板，并在成员馆间进行巡回展览，以进一步了解成员馆的馆藏和服务。考虑到书的开本大或数量多，BALIS馆际互借中心还给每个成员馆配备了专递包。通过一系列的措施，BALIS馆际互借服务取得了非常好的效果，其细致周到的工作是其它馆际互借服务系统所无法比拟的。

3.1 我馆BALIS馆际互借服务分析

在BALIS馆际互借系统便捷的服务和诸多优惠政策下，截至目前为止，我馆注册用户已达570多人，发送请求近180条，接收请求200多条。通过BALIS馆际互借服务的实践，我们发现注册的人多，发送请求的人少，读者一般是通过图书馆的各种宣传知道了BALIS系统就注册了，但是注册后不一定有需求，说明BALIS的宣传活动起了一定的作用，读者对图书馆服务的关注度有了提高。造成发送请求少的另外一个因素是，读者对系统不熟悉，不清楚如何注册、如何提交申请，遇到困难时可能就放弃了。这可能也是很多图书馆存在的问题，所以成员馆做工作不能停留在表面，应做更深入的工作，不仅让读者了解系统的功能，还要让读者真正学会如何用，更重要的是让读者意识到BALIS馆际互借系统对他们学习和科研的作用。BALIS为北京高校图书馆提供了一个很好的系统，而成员馆的任务就是让它发挥出最大的作用，利用率低可能是大多数成员馆存在的问题，如何提高利用率也是成员要解决的问题。

3.2 我馆BALIS馆际互借未满足出借申请的原因分析

在免费服务期间我们发现我馆出借申请中未满足的比较多，以112条未满足的申请为例，有几种原因：(1)文艺类图书：在未满足的申请中，其中有40条是文艺类图书，占约30%。由于我馆的文艺书收藏较少，本馆的读者一次只能借2本文艺书，为了保障本馆读者的需要，我馆设置的BALIS系统的借书范围不包括文艺书，所以文艺书的请求自然就不能满足。(2)出借馆混淆：由于我校的东馆和西馆是两个不同的成员馆，读者经常混淆，书在西馆而申请发给了东馆，再加上西区图书馆近一年来因大修闭馆暂停服务，读者把申请发到东馆当然也不能满足，未满足的112条中有22条是这个原因，占了近20%。(3)开架图书不在架上：还有一个原因，可能也是很多图书馆普遍存在的现象，即馆藏目录中查到的图书不在架上。该原因占到了约15%。这种现象说明了图书馆书库管理的漏洞，原因可能是归还的书不能及时上架、没有及时理顺书架、没有及时发现读者为了自己阅读方便私自藏书、馆藏目录数据库没有及时更新丢失或剔除的图书信息。通过BALIS馆际互借系统的实践，也反映了成员馆存在的管理问题和有待改进的环节。

3.3 BALIS馆际互借系统本身需改进之处

尽管BALIS为北京高校图书馆的馆际互借服务做出了巨大贡献，但还有许多需要完善的地方。(1)BALIS馆际互借系统的书目检索功能不完善：书目检索系统没有包括所有的成员馆，也不能同时进行列表中所有成员馆的联合目录检索，最多可同时检索不超过10个成员馆的馆藏目录。(2)缺乏统一的借阅规则：各成员馆应承担的责任和义务等不明确，只能参照本馆的借阅规则处理各种问题。由于没有制定统一的借阅规则，系统也就没有过期书的催还和罚款告知的功能。BALIS系统应该明确馆际互借的目的和宗旨，由于馆际互借是返还式服务，借还书都需要快递公司送达，馆际互借成本相当高，如果不加任何限制，尤其在免费期间读者发送申请时不够慎重，发送一些无关紧要的申请，或抱着试试看的心理随意申请，这也是造成成本高的一个原因。为避免此类现象，成员馆可以规定借书范围，只借本馆的特色藏书，比如我馆主要以农业工程类图书为主，其它类馆藏较少，借阅规则规定校内读者只能每次最多借 2 本文艺书，所以我馆设置的 BALIS 馆际互借范围就不包括文艺类图书，各个馆可以根据本馆的具体馆藏限定借阅范围。(3)设置优先级别：系统应按照就近原则，设置优先级别，可以大大降低流通费用。各成员馆可适当增加外文书的借阅权限，以缓解国家图书馆借还外文书的压力。

总之，尽管系统还存在着这样或那样的问题，但 BALIS 馆际互借系统为区域性的馆际互借开辟了一个前所未有的新渠道，为图书馆的资源共享做出了突出的贡献，所有的成员馆和广大的读者都希望通过 BALIS 中心和各成员齐心协力的努力，让 BALIS 真正成为北京地区资源共享的楷模。

参考文献

[1]周婕，崔海媛，张红军．北京高校图书馆联合体合作实践与发展研究．图书情报工作，2007，51 (3)：121－124

[2]王茜．基于系统的返还式馆际互借服务研究．图书馆学研究，2009 (6)：62－64

[3]北京高校图书馆联合体．http：//lib. bupt. edu. cn/lht/lht. htm，2011-12-20

[4]BALIS 馆际互借中心．http：//59. 64. 144. 53：8080/union/index. jsp，2011-12-20

作者简介：王利萍(1964—　)，女，副研究馆员，大学本科，长期从事图书馆信息咨询与馆际互借工作。

图书馆技术合作研究

RFID 系统在图书馆的实施与思考

——以人大图书馆为例

史红娟　何雅琪
（中国人民大学图书馆）

摘　要：以中国人民大学图书馆 RFID 系统的实施为例，介绍了人大馆 RFID 系统的基本情况、实施的关键步骤及各步骤需要关注的问题以及关于 RFID 的再思考。提出 RFID 技术要充分与图书馆的战略规划、管理理念相配合，辅以必要的教育宣传与培训跟进，以便发挥 RFID 技术应有的功效。

关键词：RFID 技术　高校图书馆　实施　战略规划

Implementation and Thinking of RFID System in Libraries

Shi Hongjuan　He Yaqi
(Renmin University of China Libraries)

Abstract: Taking the RFID system in Renmin University of China libraries for example, the paper introduces the basic situation of RFID in Renmin University of China libraries, the key steps of the implementation and the problems and rethinking which should be focused on. The effect of RFID technology is closely related to strategic planning, management philosophy, propaganda and training of libraries.

Keywords: RFID; University Library; Implementation Strategic Plan

RFID(Radio Frequency Identification)即无线射频识别技术，具有快速、远距离识别、非接触式、多标签读取、穿透性能好等优势。继在很多领域取得很好的应用效果后，RFID 技术在图书馆领域也有了较大的应用发展。1998 年新加坡 Bukit Batok 社区图书馆率先采用 RFID 系统，拉开了 RFID 系统在国外图书馆界的应用序幕。RFID 系统在国内图书馆的应用是从 2006 年 2 月集美大学采用 RFID 系统开始的，之后，RFID 系统在国内图书馆的应用开展得如火如荼。截止到 2011 年底，国内应用 RFID 系统的图书馆数量约为 60 家左右[1]。

目前，RFID 技术应用仍是图书馆界的一个研究热点。但就国内研究的情况来看，大部分发表的 RFID 文章主要集中在对 RFID 系统功能的反复阐述上，应用研究方面仍然还存在一定的空缺。笔者试图尝试通过回顾和整理中国人民大学图书馆（以下简称“人大馆”）

整个RFID项目的实施过程，对过程中每一个环节出现的问题进行分析，为将来实施RFID系统的同仁们提供一些经验借鉴。

1 人大馆RFID系统的基本情况

人大馆自2009年4月开始组建了RFID项目组，对RFID项目进行考察与研究，先后实地参观考察了“北京石油化工学院”、“北京农学院”、“杭州市”、“陕西省”、“西安理工大学”等图书馆，并电话咨询了“北京理工大学图书馆”、“上海市图书馆”，同时接触了“远望谷”、“上海阿法迪”、“深圳海恒”、“3M”、“博美讯”等RFID系统供应商。

在前期工作中，需要决定的关键问题有：频率的选择、相关标准及数据模型、RFID图书定位排架方案。其中，由于频率的选择直接关系到厂商、标签等的选择，因此需要在招标之前就确立下来。

RFID系统的频率分为高频和超高频两种，对这两种频率的选择，进行讨论的文章很多，但难分伯仲。高频与超高频各有优缺点：高频技术具有应用馆较多、不易误读的优点，但同时存在标签价格昂贵且下降空间不大、标签隐蔽性差、远距离读写效果差等缺陷；超高频则具有刚好相反的优缺点，优点是标签价格相对较低并且具有较大的下降空间、标签隐蔽性强、远距离读写效果好的优点，但存在应用馆少、易误读的缺点[2]。从目前来看，尚不能得出哪种频率具有绝对优势的明确结论。虽然从众不一定是明智之举，但是用户量的多少必然会成为图书馆进行技术选择时考虑的重要因素之一，尤其是在这两种频率尚不能分辨绝对优劣的情况下。

人大馆实地考察参观并咨询了一些包括国图馆在内的采用高频技术的图书馆，这些图书馆宣称使用高频RFID系统并未发生丢书率明显上升的现象。基于上述调研和考察的结果，人大馆最后确定采用高频RFID系统，单芯片运行模式即新书不再粘贴磁条，只使用RFID监测门，不再对磁条进行监测，并根据本馆的RFID应用规模，确定了标签、自助借还机(包括还书箱)、馆员工作站、清点车等的数量；同时，购买两台24小时自助还书机，分别放置于学生生活区、上课区，便于学生就近还书。由于地理空间有限，所以未购买分拣系统。

人大馆RFID系统最终确定的功能模块包括：自助借还、馆员工作站、馆藏盘点系统、安全检测系统、架位导航系统、24小时自助还书机。

2 RFID在人大馆的实施关键步骤

2.1 前期准备阶段

在前期准备阶段，人力资源是RFID项目需要首先配备的重要资源。人大馆在项目初期成立了RFID项目小组，小组成员分别由系统部、资源部(采编部)、流通部、办公室等部门的相关人员共同构成。该小组负责组织协调集成商、厂商、馆员，进行工程实施的前期准备工作。包括：

(1)项目实施的后勤保障工作。产品到货验收、确定工程进度时间计划表、实施方式的确定(阅览区分区)、工程实施所需条件的协调安排(如书车、办公房间、插线板等)。在准备阶段确定工程进度时间计划表是十分必要的，一方面可以保障项目按时完成，另一方面也可以按照计划表进行工作的调整。

(2)确定标签的数据标准，即标签的内容与格式。人大馆购买使用了 3M 公司的 RFID 标签，标签转换工作也由 3M 公司完成。因此需要事先与 3M 公司制定本馆的标签数据标准，并就特殊的图书附件处理进行研究和试验。标签内容需要在合理范围内进行平衡，既不能太少也不能太多，太少会造成信息不全，太多则会造成读写缓慢。

(3)层架标的信息格式。由于人大馆藏书一直采用按照索书号顺序排架，读者对图书的排架方式也非常清楚，因此，对层标的需求不大；而且，如果采用层架标的方式，还会带来不必要的数据采集量的增大。所以，人大馆使用不带有层标的架标方式。

(4)自助借还机基本流程设计。人大馆在准备阶段仅要求自助借还机具有“借书”、“还书”、“统计管理”三种功能，未把“查询”功能列入自助借还机的流程中。但在实际使用中还是重新进行了调整，将“查询”功能列入自助借还机的功能要求中，以便于读者使用自助借还机借还书时查询自己的借阅情况。

2.2 RFID 标签转换与数据采集阶段

RFID 标签转换与数据采集工作是 RFID 项目实施的重点环节，标签转换的质量和数据采集的准确性会对图书馆日常的流通业务产生直接的影响。在此阶段，大量的机械重复工作会给加工采集人员带来巨大的挑战，因此，该阶段往往不是因操作流程复杂，而是因操作过程冗长单调而导致诸多问题。比如在实际工作中，曾发生由于操作员情绪不满，而将一批书的标签贴得完全不合格的情况，导致标签浪费和重复劳动。

在标签转换与数据采集阶段，图书馆严格而充分的质量监测是必不可少的。为此，RFID 项目小组制定了标签转换的流程和规范，内容包括标签粘贴位置、质量等方面的要求，没有条码和封底等各种问题的处理，馆员日抽查比率及抽查出现问题的记录与处理等。但是，经过质量监测过程的标签转换仍然不能达到百分之百的准确度，在接下来的数据采集过程中仍会发现标签漏贴或质量不合格的情况。原因在于标签、采集手法、金属书架及锡箔纸图书会对 RFID 信号的产生一些屏蔽影响，实际过程中总存在漏采的情况。对此，人大馆采取了逐个书架进行人工点数与采集数量进行比对的办法，来提高采集数据的准确性。

2.3 自助借还机应用阶段

RFID 自助借还功能是 RFID 系统最受读者欢迎的功能之一，是 RFID 技术在图书馆应用的必选功能。RFID 系统的自助借还功能已经非常成熟，每家 RFID 提供商都可以提出完整的解决方案。本阶段的关键问题是 RFID 自助借还设备与图书馆管理系统及一卡通系统的对接。因此，不同系统间的整合十分重要，特别是 RFID 系统集成商与图书馆自动化系统供应商之间的协作，往往能决定整个 RFID 系统项目工作效率甚至成败。由于双方沟通不畅或者其他各种原因而不能充分协作，导致图书馆 RFID 项目陷入僵局的例子也有发生[2]。在双方或多方的协调中，图书馆常常会处于核心地位，要帮助并督促 RFID 系统提供商和自动化系统提供商建立良好的沟通渠道，在遇到利益分歧的时候能够尽快找到平衡点，从而保证 RFID 项目的顺利进行，降低 RFID 系统的实施风险。

2.4 RFID 安全门的调试安装阶段

人大馆根据本馆的实际情况确定使用单芯片运行模式，即不再使用磁条进行安全防盗，仅使用 RFID 标签进行安全防盗检测。这就对 RFID 安全门的准确度与灵敏度提出更高的要求。一般情况下，RFID 安全门的侦测工作是稳定可靠的。但是，由于 RFID 是通过无线电波侦测芯片特定安全位的方式进行安全报警，导致它存在着不能忽视的弱点，包括：(1)遮挡会影响无线电波对数据的准确读取，因此，当读者用手或身体其他部位刚好挡住标签时，安全门报警就可能失效；(2)金属干扰对无线电波影响巨大，一张口香糖锡箔纸就可以使标签报警失效；(3)高频 RFID 标签隐蔽性差，很容易被发现，也很容易被破坏，从而导致安全门报警失效；(4)标签刚好重叠的情况下，其中的部分图书标签将不报警。

虽然磁针安全系统也存在种种缺陷，但从人大馆的实际应用情况来看，RFID 安全门存在的安全隐患相比较起来范围更广。虽有文章称从近几年国内图书馆应用情况调查来看，丢书现象并不严重，丢书率没有明显上升，但实际上这种说法不够严谨。一方面，国内图书馆开始部署 RFID 系统起步时间较短，不能说明随着时间的推移，丢书率的发展趋势；另一方面，已经部署了 RFID 系统的图书馆，真正使用 RFID 完成清点的馆并不多，个别馆的数据是否能全面代表 RFID 安全检测的问题也值得商榷。

针对 RFID 标签存在的以上弱点，3M 公司推出"RFID＋磁条"的双芯片运行模式，这种模式既保证了安全性，又发挥了 RFID 的作用，但是这一模式使图书馆的加工成本和劳动量大幅度上升。

2.5 架位导航功能实现阶段

架位导航是结合图书馆 OPAC 系统，使用三维立体图来标示图书位置的一项 RFID 功能，可以帮助读者尤其是那些初次到馆的读者，快速定位并获得所需文献。对于建筑面积 4 万多平方米，图书量 200 多万册的大型图书馆来说，读者即使十分熟悉图书馆，可能也要花上一段时间找书，对于初到馆的读者耗时就会更长。架位导航功能可通过三维视图技术，将存储在图书馆集成管理软件系统中的架位信息，准确定位到图书所在的楼层、区域、架位，并通过模拟三维清晰路线图告知读者，大大节约了读者找书的时间。图 1 是人大馆实际使用的架位导航图的一部分，图中标示了三维最短路径示意图、目标书架以及所在哪个架位等详细信息，以帮助读者尽快定位图书。

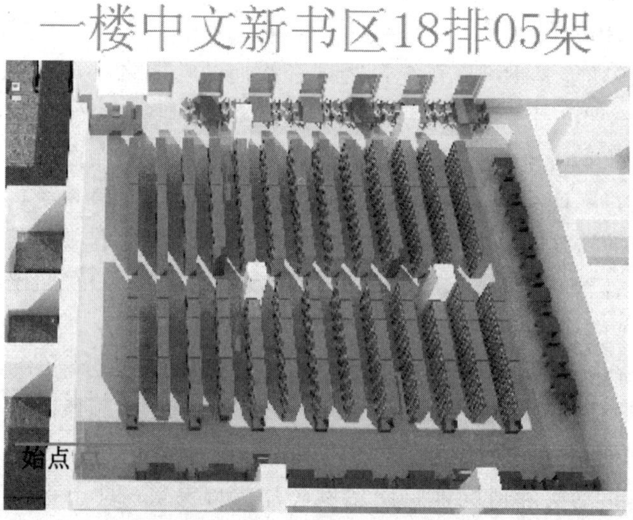

图 1 人大馆架位导航图示例

2.6 书库盘点阶段

到目前为止，国内RFID用户中，真正大面积地进行书库盘点的图书馆并不多。理论上，使用RFID后，只需馆员用手持RFID点检仪在书架上扫描一遍就能完成馆藏清点工作。但在实际操作中，RFID盘点功能，无论是清点速度还是方便程度都不能达到图书馆所期望的效果；而且，清点流程虽然相似，但是各馆仍然有自己的个性化需求，这也需要厂商对清点程序进行定制开发。目前，人大馆尚未对书库进行大面积盘点，仅对盘点程序进行了测试并提出个性化修改意见。

3 关于RFID的再思考

3.1 RFID与图书馆的战略规划

RFID项目具有历时长、涉及面广、影响力大、成本高的特点。因此，RFID项目的实施应与本馆的战略规划紧密结合，并配合以组织变革、新服务开展甚至空间布局等各方面的转型。目前，国内图书馆在战略规划的制定及部署方面还处于一定的劣势，关于RFID项目如何与图书馆战略计划相配合，并推动图书馆战略规划的实现方面的论述比较少。

3.2 RFID的评估

RFID确实可以减少流通柜台，实现自助借还，提高书库管理能力，但是RFID是否已经足够安全可靠，其应用将在多大程度上减少图书馆的事务性操作，投资回报如何，这些问题的回答和风险的规避都要求进行RFID评估，同时RFID评估也可以帮助图书馆确定频率、安全方案、数据模型等的选择。因此，RFID评估是必要的。目前，国内图书馆在RFID评估方面的工作还存在比较大的缺陷和不足。

3.3 图书馆人力资源的配合

RFID项目在实施的不同阶段应由不同的人力资源主导或介入。为此，图书馆有必要提早对人力资源与组织变革作出应对，以保障RFID的实施及运行效果。RFID项目调研阶段：人力资源安排主要侧重在RFID项目的决策方面，包括最终决定是否要采用RFID系统及系统的选型等；RFID项目实施阶段：人力资源安排主要侧重于全面推进项目的进展，全局的把握与沟通比较重要；RFID项目实施后：人力资源安排则集中在教育培训、设备管理与信息服务等方面。香港城市大学图书馆在这方面提供了很好的例证，他们在每个阶段都对人力资源进行了明确的划分[3]。

3.4 RFID教育宣传与培训工作的跟进

对读者进行自助借还机的使用流程及相关问题的教育培训，在RFID系统运行初期是非常关键的。对自助借还书涉及的各种问题，一方面要有相关的馆员进行指导和咨询，另一方面也要设计合理的操作指南供读者自学习使用，同时图书馆在进行新生入馆培训时就要着意培养读者使用自助借还机的习惯。调查分析表明，对于通过何种途径学习使用自助借还书设备，有83%的读者选择阅读设备使用操作说明，只有10%的选择通过咨询管理人员，5%的选择新生入馆培训，2%的选择其他途径。这说明简单清晰的操作指南是读者使用最广泛的一种自学习的培训手段[4]。

3.5 图书馆组织机构面临的冲击

RFID系统对图书馆而言是一种新的技术和新的服务理念，该技术的实施应用将对图书馆的组织机构带来冲击。如人大馆部署RFID系统之后，借阅部前台工作人员由原来的11人减少到3人，精简人员可转岗到其他部门的岗位。同时，RFID系统却没有使采编工作变得简单，反而因RFID标签转换使采编部门的图书加工工作量增加了近1/3。通常情况下，图书馆期望能够通过RFID项目的实施来推动组织机构变革从而促进服务转型。如香港城市大学图书馆将原先从事书库管理的人员转型到信息技术服务岗位上，因其需要大量技术人员从事信息技术设备的病毒防范、软件管理、设备维护等工作[3]；但从内地图书馆的实际情况来看，这些馆员的业务再培训工作将是不小的挑战。

3.6 图书馆面对RFID技术的态度

可以预见，在未来一段时间内，RFID技术在图书馆界仍然是一股潮流。图书馆对待RFID的态度大概有以下三种。一是激进态度，即图书馆愿意承担新技术发展过程中的风险，认为目前RFID带来的利益足以弥补风险。这种态度的优点是能够引领图书馆界技术发展，缺点是可能会承担风险，造成人力物力财力的损失。二是跟随态度，即图书馆积极关注图书馆RFID技术的发展，对RFID进行全面的评估，采取相对谨慎的态度。在信息技术日新月异的今天，跟随态度的优点是所花费的成本远远低于激进态度所需的成本。三是忽略态度，即不关心RFID技术的发展，完全不考虑RFID在本馆的应用。笔者认为RFID项目成本高、实施复杂，图书馆在考虑RFID技术的应用时，应尽可能采取谨慎的态度，在充分评估的基础上作出符合本馆实际情况的决定。

4 结语

在高校图书馆的建设发展中，技术归根到底只是手段，技术的实施并不是最终的目的。如何充分利用技术来实现图书馆自身的战略规划与理念，实现图书馆应有的价值才是技术最终要实现的目的。RFID技术也同样。如果RFID技术不能很好地配合图书馆的战略规划，不能很好地帮助图书馆完成“以用户为中心”的服务理念，就失去了RFID技术应该发挥的功用。因此，虽然有人认为RFID技术将促进图书馆业务的重大变革，推进图书馆事业的极大发展。但笔者认为，从RFID实施的实际情况看来，这一天还远未到来。高校图书馆仍应本着从本馆实际情况出发，不盲从，不追风，认真考虑RFID技术对本馆战略规划的促进情况，充分了解RFID发展状况，全面进行RFID评估，从而有效把握引入RFID技术的最佳时机。

参考文献

[1]朱小梅.RFID系统在图书馆的应用与存在的问题研究[J].图书馆学研究，2012(7)：34－37

[2]杨明华等，图书馆在应用RFID时必须面对的几个问题——汕头大学图书馆RFID项目的实践[J].图书馆论坛，2011(2)：79－80

[3]景祥祜等.香港城市大学图书馆服务转型蓝图——从图书馆RFID项目开始[J].中国图书馆学报，2008(6)：70－77

[4]刘白秋.图书馆RFID技术应用调查分析——以集美大学诚毅学院图书馆为例[J].吉首大学学报(社会科学版)，2009(11)：141－142

作者简介：史红娟(1973—)，女，副研究馆员，本科，信息技术在图书馆的应用。

高校图书馆学科服务平台建设的分析研究

赵　宁　李　莘　宁　岩
（哈尔滨工业大学图书馆）

摘　要： 近年来，为满足科研需求和知识服务工作的多样化，各高校图书馆重视学科服务的建设，学科服务形式包括很多，学科馆员、学科分馆、学科库、学科导航、学科信息门户……而构建各学科相应的知识服务平台已成为主流趋势，设计整合资源和服务的网站，主要基于内容管理系统 CMS 的建设、利用其他 Web2.0 嵌入等技术，通过自主研发并建立、利用其他开源软件或利用商业软件依托运营商，结合服务模式，将学科馆员的服务与资源结合，构建以用户为中心的，一站式、个性化、交互式特点的学科服务平台。

关键词： 学科服务　平台　内容管理系统　Web 2.0　LibGuides

Abstract: In recent years, in order to meet needs of research and diversity subject services, the university libraries emphasis on construction subject services construction. There are many forms of subject service, such as subject librarian, subject sub-library, discipline knowledge repository, subject guides, subject information gateway and so on. Construction subject service platform of various disciplines has become a main trend. Design the website of integration resources and services is mainly based on the content management system, web2.0 embedded technologies. Combined with the service mode, using independent research and development or using open source software or relying on the operation business builds a user-centric, one-stop, personalized service, interactive subject service platform.

Keywords: subject service; platform; content management system; Web 2.0, LibGuides

1　学科服务平台的背景和应用现状

高校图书馆学科服务平台形式各异、功能不同，总体来说还是趋向于模式化发展[1]。从方式上概括，学科库、学科导航和学科信息门户是从资源上的整合，而学科平台为资源和服务的双重整合[2]。具体上来讲，学科服务平台是由学科馆员进行学科资源组织和揭示的整合信息平台，为学科用户不断地提供各专业的资源和服务；内容上，涵盖资源导航、整合检索、馆藏指引、资源链接、学科热点、社区、推荐资源等；服务上，以“用户为中心”，为特定目标用户提供专业、主动、个性化的服务；形式上，通常以网站的形式出现；

运行上，学科平台的完善需要平台运行、用户进行访问使用后，用户进行参与，网站根据反馈和需要进行改善。

国外学科化服务出现在上世纪中叶，美国大学最先开展面向用户的网络服务[1]，之后通常以学科为对象进行学科馆员服务模式，学科信息门户作为信息平台的方式，如BUBLLIN、EEVL、OMNI、LII、GEM、INFOMINE 等[3]，大多仅提供简单的网络导航，并不是整合的资源导航和信息服务平台。目前国外许多高校图书馆利用内容管理工具建立学科服务平台或者学科导引(subject Guide 或 Research Guide by subject)，比较知名的是 Springshare 公司开发的 LibGuides，它为用户提供一站式和个性化的服务平台[4,5]。目前已有 32 个国家 2600 多家图书馆使用此系统[2,7]，如芝加哥大学图书馆[7]、加州理工大学图书馆[8]、麻省理工大学图书馆[9]……国内上海交通大学图书馆、厦门大学图书馆、浙江大学图书馆等也相继应用 Lib Guides，由于其不是开源软件，在国内推广不如国外。国内高校图书馆学科服务起步较晚，也通过重点学科导航、学科博客、学科资源整合等数字化方式实现学科服务[4]。清华大学图书馆的学科服务平台包括学科网页和学科博客，平台实践还处于初级阶段。由于系统和技术的原因，在数据处理和标准问题上存在分歧，无法实现知识交流和共享，用户的交互性和个性化服务功能少[10]。2004 年以来，各图书馆也相继建设了多样化的一站式信息服务网站[11]。总的来说，建设学科服务平台包括三种方式：自主研发并建立、利用开源软件二次开发、利用商业软件依托运营商。

2 现有学科服务平台的实现方式和相关系统的技术特点

学科平台服务的内容有所不同，但国内外学科服务的主要差异，在于内容管理系统的应用[5]。具体来说，学科服务平台的实现方式包括：

2.1 自主研发并建立

一些学校通过自主研发并建立网站、管理系统平台，为学科进行内容整合、编辑、发布等内容管理方式，实现网站的数据共享。这种方式实现上可能比较复杂，也可能实现的功能过于简单，可能只是学科博客、学科网页……[12]

2.2 使用开源系统软件的二次开发

一些学校通过实现的博客、机构库、学科门户、创立的学科导引实现学科知识平台服务，常用资源导引所用的软件多是围绕 Web2.0 技术的开源软件进行网页设计[12]。其中开源软件系统包括：

2.2.1 开源内容管理系统(Content Management System，CMS)是一种用综合方式创建、编辑、管理信息与内容的工具。通常来说 CMS 是一个软件包，是一个广泛的称谓，从一般的博客程序到综合性网站管理程序都可以称为内容管理系统，采用了自定义模块、模型的方式，提供不同的特色功能。Blog 系统虽然可以实现基于学科通知用户相关的资源、个人知识创建和管理、用户的论坛、为一个特定的研究部门创建主题导引、用户评价[12]，但多数图书馆将全部信息平台假设在 Blog 系统上的还比较少。目前国外图书馆信息平台 CMS 主要有 Greenstone、DSpace、Fedora、Drupal、Xoops、eZpublish、Joomla、Plone 等，国内图书馆 CMS 有 Phpcms、Dedecms 等[13]。利用开源 CMS 构建学科服务系统需构建者自己进行维护。

2.2.2 开源社会化网络系统(Social Networking Services，SNS)，也是 Web2.0 的一

个技术架构，可以构建好友关系的核心网络，提供人与人之间的互动。国外的构建系统有Dolphin、OpenPNE、NetWorX、Elgg等，国内的有Spacebuilder、iWebSNS、UCenter Home等。微博属于SNS的一种形式，开源微博客(MicroBlog)系统，如ThinkSNS、StatusNet等，传递消息，建立话题，传播快，提供了一种有效的互动方式。通过社区、微博进行学科服务，可以使得学科馆员进入用户所在的地方。

2.2.3 开源Wiki协作平台，Wiki作为内容管理系统，允许用户修改任何页面并能产生新的页面。有些学科网站包括学科Wiki，通过馆员和用户的合作，可以用于共同创建协作性的动态学科导引，用户能参与进来引导讨论、合作编辑文档，互动性强[14]。如俄亥俄州大学创建的商业Wiki，揭示商业资源，实现资源的优化和建立知识协作平台。

2.2.4 一些学科网站包括RSS提供信息聚合、共享、推送、订阅和发布，学科馆员广泛收集馆内外信息源并按一定主题和学科内容进行组织和集成，RSS同于Blog环境，可以使得文档互通[15]。用户随时添加聚合源地址，为用户提供增值的个性服务[12]。开源RSS软件有Lilina、Gregarius以及SXNA。

2.2.5 IM系统在学科资源实时交流和共享方便有很重要的作用，提供便捷及时的服务。即时通讯开源控件，如PowerTalkBox等，可以在学科平台中引入基于Web的即时通讯功能，使得学科服务具有个性化和交互性。

2.2.6 开源Digg社区资讯系统，是融合了社会性标签、主题评论、RSS订阅等多种Web2.0元素的网站解决方案。

2.2.7 开源Portal框架。Portal是一种Web应用，提供个性化、单次登录、聚集各个信息源的内容。一般portal框架都能附带的发布一些可被重用的门户功能组件portlets。开源Sakai 1.5，uPortal，GridSphere，Liferay等适用于不同的项目。如中国科学院国家科学图书馆在liferay基础上研发基于Portal信息门户和CMS内容管理系统的平台。

2.2.8 开源学科导引软件。如利用基于php和MySQL编程工具，比较新的是Libdata和Subjectplus，一些北美的高校用它建立学科导引，属于数据库驱动解决方案，但是需要编码，操作复杂，缺少文本和技术支持。

使用开源软件二次开发系统学科平台，是利用AJAX、Mashups、Web Service和开放应用程序接口等技术模式再把它们有机的整合起来，实现用户参与、共享与协同，从而为学科信息服务。

2.3 利用商业软件依托运营商

如果高校图书馆经费允许，CMS也可以选择外包开发，购买商业CMS，如国内重庆维普资讯有限公司开发的LDSP图书馆学科服务平台。美国大学大多应用LibGuides建立学科导引，它是由美国Springshare公司融合使用嵌入Web2.0技术开发的，基于Web的内容管理与发布系统，学科馆员可为读者筛选与学科相关的资源，通过可定制的方式组织和管理，能够把馆藏、网络资源、课程研究、学科馆员博客、院系信息等等一系列内容整合，通过LibGuides系统建立并发布[6]。功能上融合了浏览、Email提醒、学科标签和分类、RSS定制、podcast、视频嵌入、服务咨询、信息评价、用户评论和社区聊天等[16]。用户、学科馆员、技术人员都可以参与内容管理与知识共享平台，在线沟通，交流与共享，三方协同工作。平台的特点是：

技术上，云计算SAAS技术，软件托管模式，将已有的CMS与SaaS服务模式集合[16]。但基础设施在国外，国内没有镜像，访问速度受网络限制。

界面上，体现服务平台的社会性。通过创建模块共享方式加载动态内容，比如可使用其他已经创建的内容链接，基于 LidGuides 形成资源的整合链接模块，其用户间可以互相利用[16]。通过开放 API 实现服务组件化，使得与其他站点内容关联。每个内容框可以嵌入具有开放接口的应用工具，如 RSS、搜索单元、调查表等小工具等。

使用上，学科馆员、技术人员和用户都可以参与内容管理与知识共享平台[16]；后台管理灵活；具有动态交流的功能。但是缺点为基于云计算，只能在平台上修改部分内容，无法深层开发，本地改造受限。

其他利用商业软件进行学科服务，像国外学科馆员使用 Facebook、Twitter、Mysapce，既有效传递了信息，维护的工作量也最小。Facebook 可以将第三方应用加入，Twitter 也有内置搜索。耶鲁大学科学图书馆的微博 Twitter 有接近 2000 多个收听者，贴出讨论问题，其 Mysapce、Facebook 有资源介绍、提供组织页面，注重服务。其他高校在 del. icio. us 建立学科导引；国内也有像豆瓣网的 SNS 社区、新浪博客微博进行学科服务。

以上学科服务平台的方式均改变了传统、单向的模式。

3 构建学科服务平台具有的服务模式和功能特点

3.1 学科服务平台应该实现的服务模式

对于多目标公开的信息环境，采用平台资源服务共享的模式，即面向整体的服务，可以提供该学科的资源列表和链接内容；多目标主动信息传递，学科馆员将收集到的信息传递给各学院用户或者科研机构团队，比如：推荐的资源、二次文献报道、blog 扩展、信息聚合。

对于单目标个性化信息环境，采用信息订制、推送、嵌入等技术，把信息传递到个人信息空间。平台服务应用于单目标被动信息传递：参考咨询、wiki 交流、学科馆员根据自己的经验和信息资源提供解决方案；单目标主动信息传递：实时交流，根据个性需求提供主动性、针对性的学科服务。

3.2 构建学科服务平台应具有的功能特点

3.2.1 集成化一站式服务

3.2.1.1 建设一个一站式的资源平台，具有集合资源、资源揭示模块

国内外都致力于建设一个一站式的资源导航平台。以往的学科化服务系统比较分散，包括整合的资源列表、常用数据库、专题列表，其中有开放资源、最新收录、会议追踪、机构追踪、人物追踪等资源模式，还有学科信息门户网站，学科博客、微博、微群等社区化平台……构建一站式的学科资源平台要把这些元素融入到一起，以学科为界，和图书馆内部的门户、管理系统、电子资源、OA 关系起来[13]。建设学科综合信息服务模块集合资源、资源揭示模块，多种格式的资源揭示，通过多媒体组件实现。

3.2.1.2 嵌入一站式检索，建立检索模块

对于平台上有检索系统的嵌入，可以有效方便地查询对应学科的资源列表，并且检索上也是可以一次进行购买数据库的跨库检索，建立统一的学科资源检索入口的方式，为用户提供方便的信息检索和服务入口，在学科服务平台上建立检索模块。如美国图书馆建立学科网页，每个网页都是将网络资源整合在一个页面，支持基于学科的浏览检索。

3.3.2 实现上的需要

3.3.2.1 资源整合准确、链接有效，需要链接检查和更新功能

有些学校用有自主研发的学科导航系统，存在着失效链接较多、维护不力等诸多问题，需要解决。针对用户，整合的学科资源应该对该学科的知识服务起到准确、有针对性、深层次的作用，时效性强，才会使用户利用好该学科服务平台。以用户为中心，满足各层次需求服务，不仅要实现平台服务功能，也要注重知识积累。

3.3.2.2 以用户为中心的扩展 Web2.0 技术性，向改进的 Web3.0 的技术发展

Web2.0 是一种以用户为中心的网络技术与服务，主要代表有 Wiki、Blog、Tag、RSS 及 SNS，应用集成和资源建设等方面。Lib2.0 是 Web2.0 在图书馆信息服务中的具体应用，进行知识共享系统，交流、推送，体现了以用户为中心，互动参与的社会性[10,14]。Web2.0 特点即共同建设、互动、跨平台使用，但面临着一些带宽、应用程序速度和基于云计算服务的限制，而 Web3.0 是通过第三方信息平台的信息整合，网站间的信息可以进行交互，对于用户生成的内容 UGC 进行整合聚合，用户拥有自己的数据，可以实现信息订制的一种整合。其技术特征即搜索、Tag 标签、智能匹配，可以模块订制，使得用户数据在不同网站上使用，做到以用户个性化需求为中心，可以更好地进行推送。未来将使用 Web3.0 的技术和 Lib2.0 的资源，为读者服务提供效率更高的个性化的服务。

3.2.3 个性化、双向互动性

3.2.3.1 具有个性化交流模块、咨询模块、信息发布模块

个人信息推送，用户定制该学科平台的内容，采用 E-mail、RSS，按照用户学科、专业、项目、课题来获取、组织、检索、存储、传递和提供信息资源；个人信息发布，比如 blog 和 Wiki、RSS，定位服务，确定关注的人群；个性化订制，通过数据推送、智能代理、信息挖掘和 Web 数据库技术，也可以实现不同用户显示不同界面，订制自己的学科服务 isubject，如加拿大温哥华图书馆根据移民地区的特性，针对不同语种的人们设计的界面。

3.2.3.2 双向互动性需要具有管理模块、评价模块、交互模块，具有用户输入统计功能、社会化标签功能

根据服务模式的发展，学科服务平台应具有使得用户参与、互动化。用户主动参与方式包括：用户协同参与的内容管理与构建知识共享平台；用户参与网站调查、资源排序、在线交流。双向交互性的参与包括：给学科服务平台设计可用性测试环节，通过迭代任务测试以确定网站设计的潜在问题，网站定期评估检测是否达到成效，学科馆员根据评估和意见进行改进和知识的更新，关注评论，并进行连贯性和一致性的服务，将学科服务网站建立为永久测试版本。

4 总结

目前图书馆为用户提供的学科服务仍存在图书馆处于能动的服务主体，而文献与读者处于被认知、被选择和被接受的客体的现状。以“用户为中心”的学科型知识服务，深层次的知识化、个性化服务开始备受关注。学科平台应根据学科馆员主动了解学科需求，组织协调基于需求驱动的学科资源采集整合、知识组织及情报研究，提供个性化指导服务和专业参考咨询。学科平台的建设，可以利用 Web2.0 或 Web3.0 与学科平台相结合，利用

CMS系统搭建功能模块建设网站，嵌入实现集合资源、资源揭示模块、整合检索模块、评价模块、交互模块等各功能模块。

另外，学科服务平台的问题有服务供求失衡，图书馆重视多样化服务模式，但平台缺乏智能性；对于不同用户的使用，适用于各层次用户的要求；在可用性设计上缺乏灵活性，界面；偏重服务方面，缺乏知识积累；用户评估机制不完善；宣传的方式需要改进，扩大感召力。对于Web2.0面临的障碍，基于Web3.0学科服务平台的技术实现。

参考文献

[1]李春旺．学科化服务模式研究[J]．图书情报工作，2006，50(10)：14－18

[2]冯坤．高校图书馆学科型服务体系构建的研究[D]．天津大学，2011

[3]柳翔．关于学科信息门户建设的研究．图书馆学刊，2008(6)：79－81

[4]熊欣欣．中美高校图书馆数字化学科服务比较分析[J]．图书情报工作，2011，5(13)：130－134

[5]修薇薇，马爱芳，赵建梅．基于网络平台的高校图书馆学科化服务调查——以211工程院校为例[J]．图书馆杂志，2008(8)：41－44

[6]美国Springshare公司为图书馆学科服务设计的LibGuides[EB/OL]．[2012－5－27]，http：//www.springshare.com

[7]芝加哥大学图书馆Research Guides by Subject的各学科网页[EB/OL]．[2012－05－27]，http：//guides.lib.uchicago.edu/home

[8]加州理工学院导航系统[EB/OL]．[2012－5－27]，http：//library.caltech.edu/collections/research.htm

[9]麻省理工学院导航系统[EB/OL]．[2012－05－27]，http：//libraries.mit.edu/multi/research－guides.html

[10]廖志江，李志刚．基于Web2.0的高校图书馆学科服务平台建设[J]．河北联合大学学报(医学版)，2012，14(1)：131－132

[11]孙扬．Web2.0环境下高校图书馆学科化服务平台的构建[D]．辽宁师范大学，2010

[12]熊欣欣，李艳芬，周晓丽．高校图书馆学科服务解决方——LibGuides综述[J]．图书馆学研究，2011(6)：33－36，32

[13]刘泳洁．国内外图书馆内容管理系统的比较研究[J]．图书情报工作，2009，53(23)：103－106，147

[14]Kroski，E.，The social tools of Web 2.0：opportunities for academic libraries[J].Choice，2007，44(12)：2011－21

[15]Jeffrey Pomerantz，Frederic Stutzman. Collaborative reference work in the blogosphere[J].Reference Services Review，2006，34(2)：200－212

[16]张洁，黄敏．基于LibGuides学科服务平台应用调查分析——以美国8所大学图书馆为例[J]．图书馆杂志，2011(6)：29－33

作者简介：赵宁(1980—)，女，硕士，馆员，研究方向：计算机应用与信息咨询。

李苹(1977—)，性别：女，硕士，副研究馆员，研究方向：图书情报与信息咨询。

宁岩(1961—)，性别：女，硕士，副研究馆员，研究方向：图书馆管理。

基于 Libguides 平台的美国高校图书馆学科服务调研

张 玲 李 莘

(哈尔滨工业大学图书馆)

摘　要：在美国，学科服务是每个高校图书馆和研究型图书馆的核心业务，每个学科馆员会负责一个学科或者几个学科，本文选取美国三所采用 Libguides 平台展开学科服务的高校图书馆进行调研，以期分享其学科服务的经验，为本馆使用该平台开展学科服务工作提供参考。

关键词：学科服务　学科馆员　Lib Guides　Meeboo

Abstract: Subject service is the core business of university libraries and research libraries in U. S, each subject librarian will be responsible for one department or several departments. This paper selects three university libraries with libguides in the United States to commence subject service research, and learn their experience which will provide a reference for carrying out our subject service.

Keywords: Subject Service; Subject Librarians; Lib Guides; Meebo

学科服务是当前国内高校图书馆和专业图书馆最具创新性的服务模式。关于学科服务和学科馆员的概念我们并不陌生，1981 年，学科馆员起源于美国卡内基梅隆大学图书馆，他们率先推出“跟踪服务”(Track Service)。在国内，自清华大学 1998 年首创学科馆员制度开展学科服务以来，学科服务在国内高校图书馆及专业图书馆进行得如火如荼，高校图书馆的学科服务虽然提出了 IC^2，嵌入过程等方式，但是由于学科馆员的学科背景局限等原因，相对而言不如中科院等专业图书馆能真正融入教学及科研的第一线，并且高校图书馆的嵌入式学科服务主要集中在人文社会科学学科，对于理工类专业比较缺乏。

因此，本文通过调查分析美国比较有代表性的综合性或以理工科为主的大学的学科服务模式，以期为理工类院校开展学科服务提供可供借鉴的国外同行的学科服务经验，以便更好地设计本馆的学科服务平台。本研究侧重两个方面：一方面考察学科服务网站建设的基本内容，一方面注重其创新性的业务和特色内容。通过综合对比分析各馆学科服务的共性内容和特色内容，更好地设计学科服务体系中的每个环节，为我馆开展学科服务工作提供参考。

我们选取的美国三所大学图书馆为卡内基梅隆大学图书馆(Carnegie Mellon University Libraries)，麻省理工学院图书馆(Massachusetts Institute of Technology Libraries 和康

奈尔大学图书馆(Cornell University Libraries)。其中，卡内基梅隆大学图书馆属于最早开展学科服务的研究型图书馆，在全世界科技领域大学排名第七；麻省理工学院是一所综合性私立大学，有"世界理工大学之最"的美名，因为同是以理工类学科为主的院校，麻省理工学院图书馆的学科服务工作对我们来说，比较有学习借鉴的意义；康奈尔大学图书馆是美国最大的学术研究图书馆之一，在北美研究型图书馆协会(ARL)的排名中一直位居前10名。同时，我们选取的这三所大学的学科服务平台均采用Lib Guides平台。

在写作过程中，对于美国高校图书馆如何开展学科服务，以及融入师生和科研团队的问题，咨询了卡内基梅隆大学图书馆的Matt Marsteller和麻省理工学院图书馆的Mathew Willmott两位学科馆员，感谢他们的耐心解答。

1 卡内基梅隆大学图书馆的学科服务网站建设基本内容及特色服务

卡内基梅隆大学是一所研究型私立大学，位于美国宾夕法尼亚州匹兹堡，1967年由卡内基理工学院和梅隆工业研究所合并成立，拥有全美第一所计算机学院和戏剧学院。卡内基梅隆大学被评选为新常春藤(New Ivies)之一，其学科服务网站Lib Guides分为三种浏览方式：By Subject、By Librarian和All guides(alphabetically)。在All guides浏览方式下，又细分为特色内容浏览，最受欢迎内容浏览，最近更新内容浏览以及浏览所有guides。在学科导航页上有特色数据库推荐和简介。有的学科会列出各种会议信息、培训课件、网络免费资源链接、开放课程、特色课程，通过索取号找文献；有的把Google的图像搜索嵌入到学科服务网页中，读者推荐新的相关内容网站资源栏目。读者可以通过邮件订阅网站上感兴趣内容的更新提醒。每一个具体学科服务网页设置栏目是不同的，学科馆员可以根据学科特点，结合工作需要，自己安排栏目内容。一般使用Meebo进行即时通讯，同时提供电话传真咨询、预约面对面咨询、直接到馆咨询、邮件联系等方式。关于学科服务的调查问卷非常有借鉴价值，问题设置比较科学，数量掌握合理，以选择打分为主。

卡内基梅隆大学图书馆的特色服务内容包括：推出ipad2免费借用服务，每个卡内基梅隆大学的学生和教职员工都可以享受此服务，7天免费使用或者馆内2小时免费使用。归还ipad时会要求填写一个反馈表，借以调查读者感兴趣的app应用，以及是否使用智能手机之类的调查问题，此活动由Berkman发展基金(Berkman Faculty Development Fund)提供赞助；Kindle借用服务，免费借用2周，不可续借，损毁丢失或者过期归还均有相应费用。Kindle即Kindle e-book reader，是亚马逊的产品。亚马逊不但提供内容，还提供从硬件到服务的一条龙服务，内容会从云端直接推送到读者的阅读器。通过读者定制，学科馆员也可以开展Kindle订阅推送服务。在国外，Kindle的使用非常普遍[1]。

Science Library的主任Matt Marsteller介绍，今年夏天，有一位学生将帮他们做一个能完成图书馆基本任务的机器人助手，这个机器人可以直接面对读者解答一些最基本常见的学科服务问题。他们希望通过这样的合作，使教师和学生把图书馆当做他们软件和设施的一个实验场所，通过这种方式融入他们的科研活动中。他也指出，他们的学科馆员为了融入学校生活，每年两名馆员都会在一个暑期讲习班帮忙——这个讲习班针对可能对工程学感兴趣的14岁女孩举办。从他的介绍中不难看出，为了融入学校生活，学科馆员也是非常努力的积极创造条件。

2 麻省理工学院图书馆的学科服务网站建设基本内容及特色服务

麻省理工学院是美国一所综合性私立大学，有"世界理工大学之最"的美名。位于美国马萨诸塞州的剑桥市，麻省理工学院的图书馆资源丰富，包含 280 万册印刷图书，缩微资料 220 万件，43000 份印刷或电子杂志订阅和 570 个数据库。MIT 于 2002 年实行了开放式课程网页，当时公布了 500 门课程(到 2006 年年底，已开放 2000 门课程)，以期建立全球统一的知识库，让全世界各地的使用者可以透过国际网络了解各项专业知识内容。

麻省理工学院图书馆由 7 个馆和多个办公区组成，而且学科馆员不一定是固定在一个地方办公，但一般来说每个学科馆员有一个"Home Location"，在图书馆馆员列表中，按照不同馆来定位学科馆员，以及用具体办公区域来划分学科馆员及学科服务的方式；按照学科馆员的名字浏览；按照 "Location"浏览，因为国外的大学图书馆并不集中在一个区域，布局比较分散，所以很多图书馆都会提供图书馆地图和指南给读者参考；按照图书馆部门浏览：主任办公室、行政管理服务、信息资源服务、技术部、研究与教学服务；按照学科专家浏览，列出学科和相对应的学科馆员。学科服务网页内容由具体的学科馆员负责，所以不同学科略有区别，但都有按照学科搜索馆内电子资源和馆藏资源。有的学科比如数学，有全文电子书栏目。

研究导航把各学科和图书馆服务内容分为 6 大类：Interdisciplinary(各学科都要涉及的内容，比如 Endnote 使用)，Art & Architecture，Engineering，Humanities，Management & Business，Science，Social Sciences。每一大类下包含更细的学科分类，可以链接到对应的学科服务网页，对于一些常用数据库，例如 Inspec，Web of Science 都有视频教程。学科网页中有"How Can I help you"，比如，擅长哪些学科的信息服务，能提供什么样的学科服务，有些会写得很具体，会写出学科馆员的教育经历。还有一个栏目"Tell Us"：请告诉我们您的建议，可以帮助我们更好地提供学科服务[2]。

MIT 图书馆新技术服务，名为 Betas & Widgets(在首页的 Library Services - Tools 栏目下)，以 Lib Guides 为平台建立，在形式上与 Google 实验室更相似，不但有当前试用品 Current betas，也有毕业试用品 Beta graduates，甚至有试用品墓地 beta graveyard。这些试用品都标注了开始日期、终止日期、很有记录价值。

当前试用品 LibX 2.0 beta 是一个浏览器扩展元件，可以在 Firefox 和 Chrome 浏览器上安装 Libx2.0，它的上一版本 Lixl.5 已经成为毕业试用品，可以帮助读者从任何地方直接访问麻省理工学院的资源。有 ipad 外借 4 小时服务，希望使用者给出在工作中如何使用 ipad。两台 Kindle 和两台 Nook(在电子阅读器市场，Kindle 和 Nook 互为竞争对手)外借项目，最长可借用一周时间，希望使用者给出试用感受。Betas & Widgets 汇集的新技术服务有简介、有提供日期，并提供相关活动、相关服务以及详细功能介绍链接。除上述三个部分，还单列了 Widgets 与移动应用两个部分，汇集对学术有用的工具、应用与网站等，非 MIT 馆员所开发。这些也是图书馆信息素养培训中用户比较感兴趣的内容[3]。

麻省理工学院图书馆的学科馆员 Mathew Willmott 介绍，每个学科馆员由于负责的院系和研究团队的不同，学科服务的深度完全取决于院系和研究团队是否希望你融入他们的工作。他常做的工作之一，就是去学生的课堂，看他们都分配了什么样的学期论文，这样他可以帮助他们学习一些研究方法，为论文写作做准备。麻省理工学院图书馆的一些学科馆员也会走进各个实验室，并准备图书馆可以提供的与该研究相关的信息资源。Mathew正准备走访一个会产生大量实验数据的实验室，和他们讨论制定数据管理方案。他同时也建议学科服务在初始阶段还是要和院系负责人会面，要让他们知道你们能提供怎样的服务，能帮助他们更好地完成工作。如果他们看到，你确实对他们的研究工作有帮助，他们会把你分到具体的科研人员身边，这样开展学科服务就比较容易了。他们的学科馆员个人业务素质的确很高，比如，Mathew，他一人身兼数职，既是物理学科的学科馆员，又是这个学科的图书采买专家，还负责联系各实验室和研究团队。

3 康奈尔大学图书馆的学科服务网站建设基本内容及特色服务

康奈尔大学图书馆共有20个单位，是美国最大的学术研究图书馆之一，藏书达800万册以上、缩微胶卷有850万卷、电子化档案5000个，以及2000 M^3的手稿，50万件其他资源，包括电影、DVD、录音资料[4]。

康奈尔大学图书馆的Lib Guides分为按学科浏览和按课程浏览，或者按照馆员浏览三种浏览方式。图书馆大多数学科馆员参与教学培训，从事与课程相关的合作教学，把信息素养教育嵌入到大学教学环节中。因为国外电子书使用比较普遍，所以学科馆员也要负责考察电子图书市场现状，制定推进电子图书采编与管理的策略[5][6]。康奈尔大学图书馆学科馆员在Lib Guides上编制了针对课程的指南Course Guides，内容包括专业资源、确定研究主题、文献管理等，将其嵌入网上教学管理系统(Course Management System，简称CMS)之中，学生通过网上教学管理系统可以直接链接到学科馆员为该课程设立的课程指南上。课程指南页面上会显示该指南今年被浏览的次数，从几十到上万次浏览，每个学科指南的浏览次数都不同。

康奈尔大学图书馆2011－2015年战略规划里提到了要达到的7个目标：确保康奈尔大学的相关人员能够访问所有的学术记录；大力改善学术资源的查找和应用系统；为整个研究和学术交流系统提供支撑服务；增强图书馆服务对各年级学生在教育上的影响力；为实体和虚拟图书馆空间投资；通过公共服务扩大图书馆服务范围；提升组织文化，帮助图书馆员工适应环境变化，融入到康奈尔大学的工作中[7]。

每一所高校都有自己的特点，图书馆的发展目标都是结合本学校的实际情况来制定的，他们的目标充分考虑了资源以及系统建设、社会服务、读者信息素养教育、馆员发展、馆际合作等众多方面因素，对我们制定本馆的发展规划具有参考意义。

4 三个图书馆学科服务的共性内容

以上三个图书馆均使用Springshare来制作Lib Guide平台；每个图书馆的学科服务网页虽然都有各自的特点，但基本的检索、数据库列表、相关书目等信息必须具备；学科服务网站上设有文献管理软件Endnote、RefWorks、Zotero等；学科馆员联系方式一般包括电话传真、E-mail、预约咨询、到馆咨询和在线交流；在线交流工具，多数人使用Meebo(Meebo是一个用AJAX编写的网上即时通讯软件，并与主要的即时通讯软件，如：AOL、ICQ、Yahoo! Messenger、MSN Messenger、Jabber及Google Talk相容的系统，使用户免除安装即时通讯软件之余，就能与其他人保持联系)，还有一部分使用yahoo!；通过Twitter和Facebook发布最新消息或建立专题页，每个学科馆员一般在

Wordpress 或者图书馆博客上有自己的专题博客，读者可以选择性订阅；对于本馆没有的资源，可以通过馆际互借来获取；国外大学分馆较多，一般都提供电子地图和导航(康奈尔大学甚至设计了几种到达方式：骑车、步行、驾驶。不同的交通方式给出不同的路线，这种服务用户体验非常好)；每个馆都非常重视用户反馈，给出常见问题汇总以及解决方案[8][9]。

5 结论

通过综合对比分析，三所高校的学科服务平台与图书馆的特色服务、学科服务、学科馆员负责的工作内容是基本一致的，包括馆藏建设、教学培训、参考咨询和院系联络工作。卡内基梅隆大学图书馆学科馆员对于与院系各学科师生的沟通同样面临困难，院系师生很少主动联系学科馆员，图书馆为了增加学科馆员与师生们的交流机会，积极创造各种条件，包括馆员走进院系和邀请师生加入图书馆举办的各种活动；麻省理工学院图书馆的 Betas & Widgets 为师生提供作品展示平台；康奈尔大学图书馆的嵌入教学。每个图书馆都竭尽所能，为师生提供最周到的服务。通过调研，我们不难发现，图书馆的学科服务工作能进行到什么程度，除了资源因素，最关键的就是馆员自身素质。所以不断学习，是学科馆员必须面临的问题。

参考文献

[1]http：//guides. library. cmu. edu/index. php

[2]http：//libguides. mit. edu/

[3]http：//libguides. mit. edu/content. php? pid=138449&sid=1184862

[4]http：//guides. library. cornell. edu

[5]范爱红．学科服务发展趋势与学科馆员新角色：康奈尔范例研究[J]. 图书情报工作，2012，56(5)：15－20

[6]范爱红．美国康奈尔大学的学科馆员工作模式及其启示[J]. 图书馆杂志，2008，27(2)：63－66

[7]许德山(编译). 迈向 2015：康奈尔大学图书馆 2011－2015 战略规划[OL]http：//ir. las. ac. cn/bitstream/12502/3670/1/%E5%8A%A8%E6%80%811103%E6%9C%9F _ %E5%8F%91%E5%B1%95%E6%88%98%E7%95%A5 _ %E8%BF%88%E5%90%912015%EF%BC%9A%E5%BA%B7%E5%A5%88%E5%B0%94%E5%A4%A7%E5%AD%A6%E5%9B%BE%E4%B9%A6%E9%A6%862011－2015%E6%88%98%E7%95%A5%E8%A7%84%E5%88%92. pdf

[8]张沙丽．美国高校图书馆的学科馆员[J]. 图书情报工作．2008(2)

[9]王晓力．国外高校图书馆学科馆员服务模式[J]. 图书情报工作．2008(2)

作者简介：张玲(1979—)，女，馆员，学士学位，从事信息服务研究。
李莘(1977—)，女，副研究馆员，博士生，主要从事学科服务、情报分析及文献计量学研究。

基于云计算的智能虚拟图书馆构建研究

刘祥瑞　王梦丽
（北京航空航天大学经济管理学院）

摘　要：针对知识经济为主要特征的时代，图书等信息资源丰富复杂、存放较为分散，各类人群寻找自己所需知识费时、费力等问题，本文对如何利用云计算、云存储、数据挖掘、智能检索等前沿技术，对构建智能虚拟图书馆进行了分析和探讨。

关键词：云计算　数据挖掘　智能虚拟图书馆

Abstract: For knowledge-based economy As the main features of the era, Books and other information resources stored are more dispersed, its time-consumed and laborious for people to find the knowledge they need. in this article, how to use cloud computing, cloud storage, data mining, intelligent retrieval, and other advanced technologies to build intelligent and virtual library is analyzed and discussed.

Keywords: Cloud Computing; data mining; intelligent; Virtual Library

1　引言

在当今社会，知识资源的占有、配置、生产、使用已经成为最重要生产因素，它彻底使科学技术、知识信息、创新变革成为经济发展的核心动力，如何实现资源共享与充分利用，帮助人们快速、准确、全面的获取他们所需的知识，已经成为社会各界研究的热点问题，近几年，图书馆界等知识信息服务领域在以下几个方面取得了很大的进展：

(1)随着社会信息化的不断推进，传统图书馆基本实现了信息化改造，建立了电子图书馆，并出现了一批现代信息服务机构，如万方数据、超星数字图书馆、书生之家数字图书馆以及CNKI数字图书馆，这些机构不仅拥有数量巨大的数字化信息资源，它们还以信息技术为先导、以传统图书馆业务为基础来拓展自己的业务空间，此外，这些机构利用先进的信息技术与管理模式来提高信息利用率，缩短了对用户的响应时间。

(2)区域合作架构已经形成，北京等地也开展了地区性合作(如图书馆联盟等)，首都图书馆联盟已经形成，由位于北京行政区域内的国家图书馆、党校系统图书馆、科研院所图书馆、高等院校图书馆以及医院部队、中小学图书馆和北京市公共图书馆共110余家图书馆，自愿联合发起成立。并取得阶段行进步。

(3)初步的云图书馆已经投入使用，特别是百链云图书馆的成立，是图书馆服务模式发生转变里程碑，在一定程度上实现了资源共享和图书馆之间的协作，并且其业务范围也不断扩大，在原有的基础上，增加了在线图书查询、阅读、专题定制等服务。

尽管各图书馆已经基本实现了信息化、数字化改造，纷纷建设了一批虚拟图书馆，一些地区也成立了图书馆联盟这样组织，它在一定程度上实现了图书等知识资源的共享。但是，目前这种知识服务模式不能实现真正意义上的资源共享，人们仅靠一个用户接口无法获取所需的图书资料信息或其他知识资源。该研究综合利用不断走向成熟的云计算和智能搜索及网络相关等技术，构建一个“智能虚拟图书馆”，实现实时的对区域内所有图书资源调度，帮助用户一键搜索到所需知识资源。

2 蓝云解决方案与智能虚拟图书馆

2.2.1 蓝云解决方案

2.“蓝云解决方案”是由 IBM 云计算中心开发的企业级云计算解决方案，该解决方案可以对企业现有的基础架构进行整合，通过虚拟化技术和自动化技术，构建企业自己拥有的云计算中心，实现企业硬件资源和软件资源的统一管理、统一分配、统一部署、统一监控和统一备份，打破应用对资源的独占，从而帮助企业实现云计算理念。

2.2.2 智能虚拟图书馆

虚拟图书馆是指通过云计算等计算机信息及网络技术实现的具有传统图书馆的基本功能的网络实体，既可以实现跨地域跨时空的信息采集和管理，又可以对跨地区图书馆服务器等资源进行调度和使用；智能虚拟图书馆就是在虚拟图书馆的基础上，通过数据挖掘等智能处理技术，对虚拟图书馆的数据进行挖掘等智能化处理，为管理人员提供一个智能化的管理平台，为用户提供一个智能化的知识获取平台，帮助用户以最方便、最快捷、最直观的方式获取他们所需的知识或知识的相关信息，

3 智能虚拟图书馆的构建

在该研究中采用 IBM 的“蓝云解决方案”来解决图书馆资源共享问题。在该方案中，以图书馆为核心，以各类社会人员为服务对象，利用目前的图书资源及网络信息资源，通过使用云计算、云存储、云服务等技术，构建一个覆盖整个联盟区域的、扩展和维护简捷方便的图书知识网络服务体系，把分布在不同地方的图书馆集成为一个虚拟的图书馆。在不影响各图书馆独立开展自己业务的前提下，实现对图书馆联盟内所有图书馆资源实时调度，虚拟图书馆超级用户或者的各层管理员在任一个地方通过电脑、笔记本、手机等方式接入该服务中心，对图书馆进行管理与控制，并实现各类读者使用各种通信工具对所需信息定制、阅读、查询等。为用户提供一站式的知识服务平台，下图 1 为智能虚拟图书馆的层次结构图：

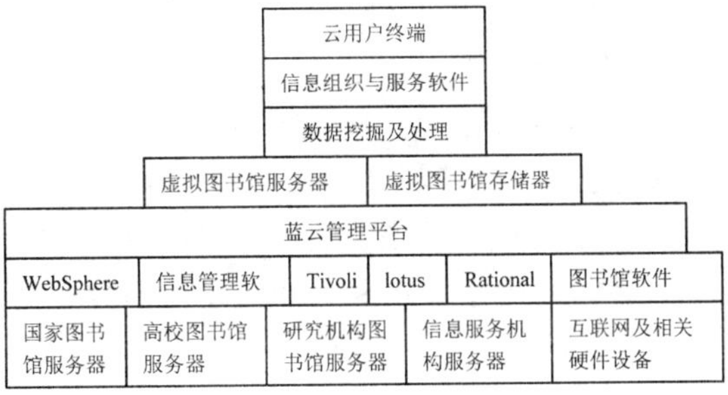

图 1

3.3.1 图书馆云计算中心硬件层

图书馆云计算硬件层由各图书馆原有的服务器组成，蓝云解决方案就是要把原图书馆的硬件资源(包括 x86 或 Power 的机器、存储服务器、交换机和路由器等网络设备)纳入到云计算中心，所有硬件资源及服务可以由软件层统一灵活调配和使用，形成一个具有极大计算能力的虚拟处理器和具有强大存储容量的虚拟存储器，这些存储器中存放着各图书馆的电子图书及图书信息。

3.3.2 图书馆云计算中心软件层

软件层也被称为"蓝云计算平台"，它是整个虚拟图书馆的核心，通过它可以实现组织、调配、利用硬件层的各种硬件资源，它由一个数据中心、IBM Tivoli 部署管理软件(Tivoli provisioning manager)、IBM Tivoli 监控软件(IBM Tivoli monitoring)、IBM WebSphere 应用服务器、IBM DB2 数据库以及一些开源信息处理软件和开源虚拟化

软件共同组成。"蓝云"软件平台的特点主要体现在虚拟机以及对于大规模数据处理软件 Apache Hadoop 的使用上。

在图书馆对大量数据进行处理时，根据图书馆领域知识特征、图书信息元数据特征等，对纳入云计算中心的图书资源进行信息整合，使经过云计算形成的虚拟图书馆和真实图书馆一样，各种图书资源根据专业、年代等进行分门别类，以便用户进行查询。

在云计算中心软件层，采用虚拟化技术，实现硬件及开源软件两个级别的虚拟化，硬件级别的虚拟化可以使用 IBM p 系列的服务器，获得硬件的逻辑分区 LPAR(logic partition)。逻辑分区的 CPU 资源能够通过 IBM Enterprise Workload Manager 来管理。通过这样的方式加上在实际使用过程中的资源分配策略，能够使相应的资源合理地分配到各个逻辑分区。Xen 是软件级别上的虚拟化，能够在 Linux 基础上运行另外一个操作系统。

3.3.3 虚拟服务器层

各图书馆的服务器等软硬件资源，通过制定统一的资源标准与复杂蓝云计算，形成的一台和实际服务器结构一样、具有超大规模计算能力和存储能力但实际看不到的虚拟服务器，虚拟服务器的计算能力取决于各图书馆的服务器的综合计算能力，需要注意的是其计算能力与存储能力是可伸缩的，是可以被灵活调用的，而且其调用也不影响各图书馆对服务器独立维护和使用。

"智能虚拟图书馆"蓝云计算平台中的存储体系结构对于云计算来说也是非常重要的，无论是操作系统、服务程序，还是各图书馆及其应用程序的数据都保存在存储体系中。云计算的存储体系结构包含类似于 GoogleFileSystem 的集群文件系统以及基于块设备方式的存储区域网络 SAN 两种方式。

在设计云计算平台的存储体系结构的时候，不仅仅是需要考虑存储的容量。实际上随着硬盘容量的不断扩充以及硬盘价格的不断下降，使用当前的磁盘技术，可以很容易通过使用多个磁盘的方式获得很大的磁盘容量。相比于磁盘的容量，在云计算平台的存储中，磁盘数据的读写速度是一个更重要的问题。单个磁盘的速度很有可能限制应用程序对于数据的访问，因此需要将数据分布到多个磁盘之上，并且通过对于多个磁盘的同时读写以达到提高速度的目的。对于计算平台数据如何放置的问题，把数据分配到多个节点的多个磁盘当中。能够达到这一目的的存储技术可采用类似于 GoogleFileSystem 的集群文件系统或基于块设备的存储区域网络 SAN 系统。

3.3.4 数据智能处理层

数据智能处理层位于“蓝云”解决方案构建的虚拟图书馆之上，该层按照客户的特定需求和应用场景对云中数据进行二次开发，实现用户知识获取的智能化处理。该层作用主要有以下：

建立用户信息库。根据图书馆藏书特征、各类用户特征、及查询需要，制定一套用户信息数据库标准，当用户注册时，对身份特征进行填写，并在每次用户进行查询时，根据其输入的关键词及查询结果满意度等，抽取其查询特征，并将其存入用户信息库处理或更新完善。另外用户也可以进行信息定制，定制信息要求也将存入用户信息库。

实现用户请求语义的识别。建立各领域的本体库、用户信息库、相关知识库及推理机，通过基于本体的语义检索技术并结合用户信息库中用户特征及身份信息，实现对用户查询请求语义的准确识别，根据语义识别结果，对虚拟服务器虚拟数据中的数据进行查询，保证查询结果的全面性与准确性，并实现查询的智能化。

用户查询结果的智能化处理。对于电子图书的查询处理，结合自然语言处理技术、统计分析和机器学习技术及语言知识库，实现自动分词、自动分类、自动聚类、文本相似性检索(自动排重)、自动摘要、主题词标引、信息过滤、信息抽取、关联关系挖掘；而对于非电子图书的馆藏及特征信息，各图书馆都已建立了自己的元数据库，通过云计算，实现对各图书馆统一管理；通过整合，最后将电子资源与非电子资源的资源状态及获取方式等统一显示给用户。

3.3.5 用户接口层

该层为用户与智能虚拟图书馆进行交互的界面，通过该层、用户可以对图书馆资源进行维护、信息定制，知识查询等，最终查询结果也通过该接口进行个性化显示。

在该研究中，智能虚拟图书馆主要解决了以下几个问题：

(1)实现资源有效整合、发展了图书馆联盟，方便了读者。该研究利用网络和高性能计算机环境及云计算、数据挖掘、虚拟化等技术，将区域内加盟的所有图书馆的电子、多媒体、印刷等各种信息资源组织起来，并对其进行统一管理与调度，将所有图书馆虚拟构建成一个图书馆，读者或用户通过一个 URL 地址与一个界面就可对所有图书馆的信息资源进行查询或访问，这就极大地方便了读者。当在虚拟图书馆进行查询时，是对所有图书馆的图书文献资源进行查询，无论读者所需资料在哪个图书馆，读者都能查得到、借得到，解决了有时图书馆文献资料没有读者借阅，而读者在指定图书馆找不到所需要文献资源的问题。利用智能虚拟图书馆，读者可以根据就近、方便、及时等原则选择和借阅所需文献。

(2)实现自然语言智能检索，资料获取更加准确、简单、快捷、省力。采用基于本体的语义检索、数据挖掘、云计算等技术，实现智能的自然语言检索，并通过用户身份认证，提取用户的类别及其检索偏好等特征信息，对检索界面接口进行特征化、简单化处理，使检索方式更加方便、更加人性化，检索结果更具有针对性、更加准确。通过上述技术，通过一个接口就可以准确查询到所有图书馆图书资源的资源名称、类别、介绍、馆藏信息、资源状态、获取方式等。

(3)服务器等计算机硬件资源得到充分利用，处理用户请求能力和存储能力得到极大地提高。由于该虚拟图书馆是通过云计算，将计算任务分布在各图书馆服务器等计算机资源构成的资源池上，使智能虚拟图书馆应用系统能够根据需要获取计算力、存储空间和软件服务。本地计算机只需要通过互联网发送一个需求信息，所有的处理都通过由加盟的计算机组成的云计算机群来完成，最后将查询结果返回到本地计算机。这样在不用增加服务器等计算资源的条件下，就可以获得极大的计算能力和存储能力，这是任何单个服务器所无法做到的。

(4)数据的及时更新。虚拟图书馆利用云计算将各图书馆的服务器组织起来，并对其数据进行管理与挖掘，其数据的更新是随着各图书馆的更新而随时自动更新的。

4 结语

尽管该研究通过使用云计算、数据挖掘、语义检索、元数及互联网等技术构建的虚拟智能图书馆，具有强大的信息处理能力、极快的响应速度与极广的知识覆盖范围，实现了联盟内所有图书馆的信息资源共享，方便了人们对信息资源的获取，符合节约资源与信息社会人们对信息及其获取方式的需求，在该研究中还存在数据隐私、安全及网络传输等问题，这些问题也就是我们下一步研究的重点。

参考文献

[1]ZhengWeimin，XuPengzhi，HuangXiaomeng，etal. Dosigneloudstorageplatformfor Pervas-veeom Putlng environments. ClusterComputing，2010，13(2)：141－151

[2]胡小菁，范并思．云计算给图书馆管理带来挑战[J]. 大学图书馆学报，2009(4)：8

[3]OCLC announces strategy tomove librarymanagement serv-ices toWeb scale[EB/OL]. [2010-0111]http：//www. oclc. org/us/en/news/releases/200927. htm

[4]王文清，陈凌．CALIS数字图书馆云服务平台模型[J]. 大学图书馆学报，2009(4)：13－18

[5]翁海珠．图书馆核心价值的再认识[J]. 科技创新导报，2009(22)：213

[6]刘炜．图书馆需要一朵怎样的“云”？[J]. 大学图书馆学报，2009(4)：5－6

[7]田冠华，孟丹，詹金锋．云计算环境下基于失效规则的资源动态提供策略．计算机学报，2010，33(20)：1859－1872

作者简介：刘祥瑞(1977—　)，男，工程师，在读硕士研究生，研究方向：情报教育与知识管理。

王梦丽(1957—　)，女，研究馆员，硕士研究生，研究方向：情报信息收集与管理、信息素质教育、科技情报综合分析与服务研究。

Web 挖掘技术在图书馆采访中的应用

范媛静
（北京物资学院）

摘　要：利用 Web 挖掘技术，帮助图书馆采访员快速制作高质量、个性化电子书目，改变采访馆员完全依靠书商的被动工作状态，从繁琐人工劳动中解放出来，从而进一步满足读者大量的个性化阅读需求，提高自采访的针对性、实用性，减少盲目性、主观性。

关键词：图书馆　采访　电子书目

Web Data Mining technology in Library Acquisition Application

Fan Yuanjin
（Beijing Wuzi University）

Abstract： Using Web data mining technology，the acquisition librarians produce high-quality，personalized electronic bibliography，which change the acquisition librarians passive state depends entirely on the bookseller，from the tedious manual labor to liberate，to meet more personalized reading needs of reader further，improve targeted practical acquisition，reduce blindness，subjectivity.

Keywords： Library；Acquisition；Electronic Bibliography

1　引言

书目数据是图书馆开展信息资源建设的先导，无论是采访、编目部门的工作，还是流通、技术部门的工作，都需要详尽而准确的书目信息作为基础。书目信息的收集和整理是图书馆采访工作的前提。

电子书目是用数字格式存储书目信息并通过计算机与网络传递的一种书目，具有时效性、快捷性、生动性，内容丰富，不用考虑篇幅的多少。随着网络的日益发达，大多数出版社已经在网上发布可供下载的征订数据。一些大型书店和书商根据自己的业务需要也编制整理自己的电子书目。电子书目促进了采编工作的自动化、网络化。电子书目的质量也变得非常重要，成为影响采购质量的一个重要因素。

目前图书馆纸质资源的采访工作大多以圈选书目、现采、网络等手段为主，很多图书馆在其网站上做了图书荐购系统，让读者来圈选图书。这就需要大量适合读者需求的电子书目，甚至是图文并茂的适合读者阅读习惯的书目信息，而不仅仅是生硬的图书名、IS-

BN号、介绍、适合人群等内容。电子书目的质量就变得非常重要。

由于存在书商、出版社的利益驱使，书商、出版社提供的书目信息不一定能满足图书馆采访的全部需求，划单采、现采都有一定的盲目性、片面性，致使图书馆的纸本资源建设工作不能满足读者多方位的信息需求。

本文提出利用Web数据挖掘技术图书馆采访员自己做出个性化、实用性电子书目。

2 网上的书目信息资源

网上人气极高的大众书评网“豆瓣”的图书内容、分类、筛选、排序都由大众产生和决定。豆瓣网相信大众的力量、多数人的判断和数字的智慧。豆瓣网的推荐系统有着去中心化的特点，关注的是每个用户的阅读习惯特征，为每个用户都提供发表、交流意见的平台。豆瓣网的大众标注分类、新书快递分类、综合排序、按日期排序、评价排序等书目信息给图书馆采访员提供了重要的参考信息。

人气高的购书网站“当当”、“亚马逊”都有自己的热卖图书排行、阶段性热卖图书排行、图书分类排行，并各有其特色。这种“书目排行”是采访员采书时很好的书目资源，具有很好的参考价值，采访员应特别关注。但是对于采访员来说，如何利用好这些书目信息资源便成为难题。这些书目量巨大，又不是图书馆所用的标准分类。

3 批量电子书目DIY

以笔者实践为例，采访员通过网上大型图书、阅读网站的图书分类排行、畅销书排行、大众书评排行等为参考，来确定采访书单。这种书单由采访馆员做出，个性化、有针对性，在丰富馆藏的同时可增加读者借阅量、阅读量。但是，大多数馆用于零散的读者推荐采购。如果是大量的自制电子书目费时费力、效率低下。由书商来做读者推荐的大量图书的电子目录的话，由于读者的推荐信息不全、无ISBN号、无出版社、无版次等情况，书商提供出来的书目往往不是读者真正需要的。比如读者推荐《红楼梦》一书，有很多出版社出版此书，但是《红楼梦》的版本类型多种多样，精装的、平装的、作序的、有注释的、小学生版的、中学生的等等，价格差异也很大。

题名	作者	出版社	出版时间	价格
红楼梦(精装)(注音解词释疑 无障碍读原著)	曹雪芹，高鹗 著	长春出版社	2006.1	28
红楼梦	曹雪芹；高鹗	华夏出版社	2007.1	19.8
红楼梦(上、下)——语文新课标必读丛书(高中部分)	作者：曹雪芹，高鹗著	上海人民美术出版社	2008.10	48
小学生语文新课标必读读本：红楼梦	作者：曹雪芹，高鹗著，吴敏改写，夕梨雅，江多多等绘	广州出版社	2008.10	12.8

通过Web挖掘技术，编制一定的小程序，来帮助采访员建立自己的电子书目，这样

既节省了自制书目的时间，又提高了制作书目的效率、采访的质量，制作出个性化、有针对性的电子书目单。

4　书目信息挖掘

通过 Web 挖掘技术，在现有知名图书网站上根据排行、销售量、书评、综合排名等信息进行自动数据挖取，主要提取出 ISBN、价格、书名、简介等相关信息，将挖掘的信息与馆藏进行自动查重，馆藏系统中未有图书信息提交采访员，由采访员或读者进一步衡量挑选从而执行采购。

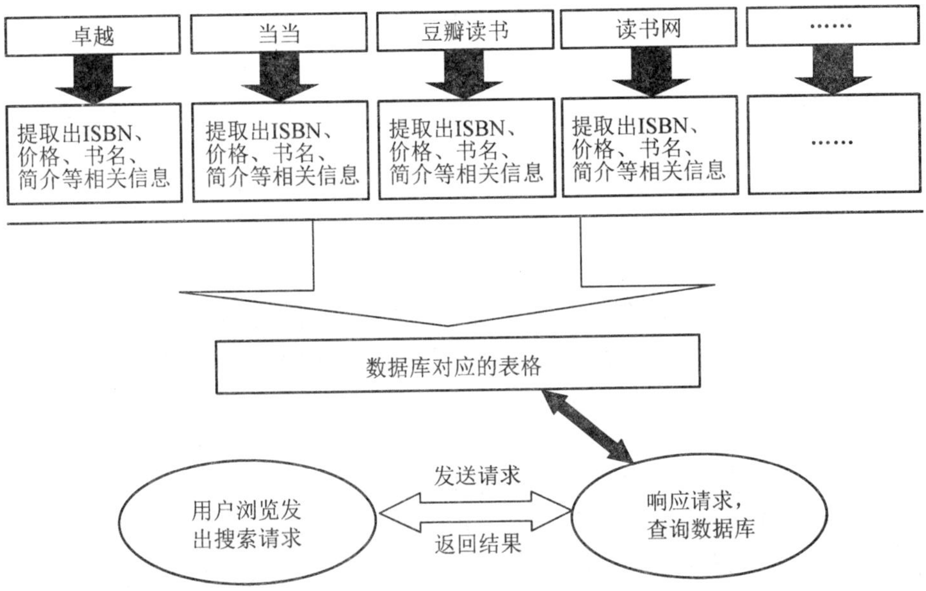

5　关键技术的实现

此程序采取特定对象抓取，选定合适的图书信息网站或者二级代理网站进行页面分析。通过正则表达式匹配方法，优化 Web 挖掘算法。实现图书信息自动采集技术。

由于随着信息的高速发展，图书的类别和数量也随之迅速膨胀。因此如果采用传统的固定类别版面的方法来管理图书，显然是远远不能满足当前的需要。为了尽可能地解决这一问题，此程序采用通过对各大图书网站相关类别信息抓取，生成 excel 文件，并与馆内藏书系统结合取得最终数据。关键技术程序主要代码如下，主要以豆瓣网为例：

```
sub htmltotxt($){　//抓取详细图书信息页面函数
open (MYFILE,"wget －q http：//book. douban. com/subject/$count －O－ ｜")
for($i=0；$i<@text；$i++){
    //正则表达式贪婪匹配书名
    if ($text[$i]=～ m/<span property=\"v：itemreviewed\">(. *?)<\/
span>/is ){
    }
    //正则表达式贪婪匹配 ISBN
```

```
        if ( $ text[ $ i]=~ m/<span class= \ "pl \ ">ISBN：< \ /span>(. * ?)<br
\ />/is ){
        }
    }
    subhtmlpm( $ ){//抓取一级图书页面，调用出详细图书页面链接函数
    system ( " wget/opt/netmac/bin2/temp. htmhttp：//book. douban. com/tag/ $ tag?
start= $ countshu&type=T")；
    for( $ z=0； $ z<@textpm； $ z++) {
    //正则表达并按排名取出匹配详细图书页面链接
    if ( $ textpm [ $ z ] = ~ m/< aclass = \ " nbg \ " href = \ " http： \ / \ /
book. douban. com \ /subject \ /(. * ?) \ / \ "   title= \ "/is ){
    }
    for( $ zz=0； $ zz<3000； $ zz= $ zz+20) {//按排名对图书信息遍历
    htmlpm(20)；
    }//注明，以上程序省略了不重要的代码
```

书目单内容丰富，包括题名、ISBN 等重要的图书馆查重所需信息，还包括读者感兴趣的图片、书评、章节目录等信息，生成书目单后可与网上图书馆的荐书系统相结合，把书目单放入荐书系统，供读者进一步筛选。

Web 挖掘技术在图书馆采访工作中的应用改变了采访馆员的工作状态，由被动接收数据变主动搜集，从繁琐的人工劳动中解放出来，又能满足读者大量的个性化阅读需求，提高自作书单的工作效率。

六、总结

由于网上书目信息量大而且直观，采访馆员可以直观地从多方面、多角度了解图书的内容和特色。通过 Web 挖掘技术产生大量针对性、读者真正需要的、高质量的书目。减少圈选书目的盲目性、主观性，真正的推行构建基于读者需求的决策采购模式。构建基于读者需求的决策采购模式，使读者真正参与到图书采购中来，大大提高了图书馆的服务质量和藏书质量，读者的阅读兴趣也将得到提高。

在网络时代的采访实践中，图书馆采访员不仅要具备较高的专业素质，还要涉略广博的知识门类。除此之外，本文更强调采访员还应重点掌握计算机知识和编程技术、多媒体技术和网络应用能力。通过编制简单使用的小程序，简化采访员工作，提高采访的针对性、实用性。

参考文献

[1]刘哲．电子版新书目在图书采访工作中的应用[J]．中国图书馆学报，2004(4)

[2]司姣姣．豆瓣网对图书馆工作的影响[J]．图书馆学刊，2011(8)

[3]王平等．基于 INNOPAC 系统构建清华大学图书馆读者荐书服务模式[J]．现代图书情报技术，2008(8)

[4]孙彤等．高校图书馆图书采访工作的发展趋势研究[J]．科技信息，2012(9)

[5]阿北．豆瓣的去中心化(1). http：//blog. douban. com/，2008(3)
[6]郑敏．印刷型书目与电子书目在采访工作中的应用探析[J]. 科技情报开发与经济，2006

作者简介：范媛静(1978—)，女，中级职称(馆员)，图书馆学硕士，研究方向：数字资源长期保存、图书馆资源建设。

基于云数据中心的数字图书馆管理系统研究

张潇璐　刘晓艳　毕　剑

（云南大学图书馆）

摘　要：随着数字图书馆的复杂度和建设规模的不断扩大，依托云计算技术建设、管理数据中心已成为数字图书馆发展的必然。本文提出了一种基于云数据中心的数字图书馆管理系统策略，该策略改变了原有的数据中心模式，实现了信息资源的共享共建，提高了高校图书馆基础资源利用率和服务能力。

关键词：云计算　云数据中心　资源共享

Research on the digital library management system Based on Cloud data center

Zhang Xiaolu，Liu Xiaoyan，Bi Jian

（Yunnan University Library）

Abstract：With the increasing expansion of the complexity and construction scale of digital library，data center has become the inevitable trend of developing digital library supported by the construction and management of the cloud computing technology. This paper introduces a strategy on digital library management system based on cloud data center，which not only changes the existing data center model and reaches the aim to share and build information resources but also improves the service ability and the utilization efficiency of infrastructure in university library.

Keywords：Cloud computing；Cloud data center；Resource-Sharing

在网络技术的推动下，云计算逐渐成为一个高速发展的技术领域。作为一种新型的计算模型，它提供了安全可靠的数据存储、强大的计算能力和方便快捷的互联网服务，具有分布式、可扩展性、高可靠性、高性价比和高度灵活性等优点，与传统的数据库中心的计算模式相比，具有较大的优越性和应用性。云计算的出现为新一代数据中心的提出创造了基础，将分布在各个地方的大量异构数据信息有机的联合起来，解决了信息孤岛、重复存储、安全威胁、低效管理问题。利用云计算技术实现的云数据中心为数字化图书馆的建设、管理和维护提供了可操作性、可靠性和可扩展性的优化支持，为读者提供了安全、高效、便捷的个性化云服务，提高了图书馆基础资源的利用率与云服务能力。

1　云计算

云计算[1]是一种把资源、数据、应用作为服务的计算方式，以互联网作为中心和传输方式，提供给用户安全的、便捷的和快速的数据存储和网络计算、应用服务。云计算融合了分布式计算、网格计算、并行计算、效用计算、网络存储、虚拟化、负载均衡等众多计算机网络技术，将计算任务分布在大量机构的资源池上，使各种应用系统能够根据需要获取计算力、存储空间和各种软件服务。从技术角度看，云计算包括三个层次：IaaS，PaaS，SaaS. IaaS(将基础设施作为服务)，将硬件设备等基础资源封装成服务，为用户提供按需付费的弹性资源服务。PaaS(将平台作为服务)为用户提供应用程序的运行环境。SaaS(将软件作为服务)将特定应用软件封装成为服务，为用户提供以网络为中心的、给予可扩展云架构的按需定制的软件服务。从目前的研究现状上[2]可以看出，云计算具有相当的规模，通过一定的协调调度策略，云计算模式可以将数万至百万的普通计算机联合起来，提供超强的计算能力，支持用户在任意位置、使用各种终端获取应用服务。采用数据多副本容错、计算节点同构可互换等措施来保障服务的高可靠性。同时，提供高可扩展性，云的规模可动态伸缩，满足应用和用户规模增长需求。

2 云数据中心研究现状

随着科学技术的发展，数据中心经历了以数据存储为中心阶段，主要承担数据存放和管理等功能；以数据处理为中心阶段，主要承担核心计算的功能；以信息中心为阶段，承担了核心计算和核心业务运营支撑功能；以数据运营服务中心阶段，在此阶段，数据中心承担着组织的核心运营支撑，信息资源服务、核心计算，以及数据存储和备份功能等。随着数据中心的发展，尤其是云计算技术的出现，数据中心已经不只是一个简单的服务器统一托管、维护的场所，它已经衍变成一个集大数据量运算和存储为一体的高性能计算机的集中地。将传统数据中心中以单台为单位的服务器通过各种方式变成多台为群体的模式，在此基础上开发诸如虚拟化、云计算、云存储等一系列的功能，以提高单位数量内服务器的使用效率。云计算数据中心作为新一代数据中心，如微软、Google 等数据中心，基于标准构建模块，通过模块化软件实现自动化计算与管理，并以供应链方式提供共享的基础设施、信息与应用等 IT 服务，是一个整合的、标准化的、最优化的、虚拟化的、自动化的适应性基础设施和高可用计算环境[3]。

相对传统数据中心，云数据中心具有如下主要特点[4][5]：

(1)模块化的标准基础设施：云数据中心需要对服务器、存储设备、网络等基础设施按标准进行模块化配置设计，简化数据中心的环境，实现使用一套可扩展、灵活的 IT 系统和服务来构建更具适应性的基础设施环境，从而提高数据中心工作效率，降低复杂性和风险。

(2)云数据中心采用虚拟化技术将物理资源集中在一起形成一个共享虚拟资源池，通过服务器虚拟化、存储虚拟化、数据中心虚拟化等解决方案等，不仅可以降低服务器数量，还可以优化资源利用率，从而更加灵活和低成本地使用资源。

(3)云数据中心具有良好的可扩展性，包括支持十万甚至百万台服务器的低成本扩展；支持增量扩展，当增加新的服务器时，不会影响已有服务器的运行；通信协议设计是可扩展的。

(4)云数据中心必须具备足够的物理冗余和良好的容错性，当硬件、软件和能源等因素引起各种各样的服务器、链路等故障时，能及时恢复。

(5)云数据中心采用位置无关的地址结构，服务需要采用与物理位置无关的地址结构来解决数据中心对服务器地址的限制问题。这样数据中心的任意服务器都可以成为任意资源池的一部分，既保证了服务的可扩展性又可以提高资源利用率。

(6)传统数据中心设计追求的是性能，而新一代数据中心在当今能源紧缺与能源成本迅猛增长的情况下，必须综合考虑能源效率问题，提高数据中心空间利用率。

3 基于云数据中心的数字图书馆管理系统

进入数字图书馆时代，图书馆事业面临无数机会的同时也经历着各种挑战。各地高校图书馆购置大量的电子图书、期刊、论文以及其他各专用数据库资源，很多资源只能单独利用或者各馆重复存储信息，无法实现快捷便利的资源共享共建。图书馆虚拟电子资源的不断增加，在传统数据中心的支撑下，增大了基础资源设备的投入，降低了管理工作效率。用户和读者要求数据中心可以提供安全、可靠、便捷、可操作性强的数据和应用服务。因此，在云计算环境下，采用虚拟化、自动化、基础设施的高度整合技术建立云数据中心来提高数字图书馆资源利用率，简化管理模式，确保图书馆的高效服务能力。

3.1 云数据中心建设

单独的云计算数据中心基础架构[6]主要包括三个部分：资源池、管理系统和表现层。资源池包括了基础设施，如计算资源池、存储资源池、网络资源池，或者数据库和移动中间件；管理系统是云计算的核心组件，包括安全管理、资源分配等；表现层主要负责把管理系统分配好的资源统一地展现给最终用户。表现层要把通过最终用户的压力值，实时地通知给管理系统。然后管理系统动态地从资源池里获取更多或者减少资源，发给最终用户，从而实现整个云计算平台的弹性扩展和灵活的伸缩。基于管理系统获取内部资源池的使用效果、使用频率和用户访问量等信息，从而构成独立的云计算数据中心。

3.2 云数据中心管理系统架构

目前，国内大部分高校图书馆拥有自己的独立服务器和存储系统，强大的服务器系统、网络带宽资源以及图书馆系统，可以建立一个中小规模的单个数据中心。剩下的问题是如何把固化的数据中心或者是已经具备了云计算模式的单个数据中心连接起来，组成一个云数据中心。依靠云计算技术，建立一个统一、全局的图书馆云数据中心管理系统，确保云数据中心提供高效、可靠、安全的云服务应用。

云数据中心管理系统架构包括物理层、管理层和应用层。物理层包含服务器集群、云存储设备、系统管理服务器、网络交换设备等。由于多个图书馆数据中心组成的云计算数据中心基础设施资源种类繁多、结构复杂等特点，需要加强对系统设备的标准化智能管理，正确配置系统网络与设备参数。建立相应的虚拟管理层，将不同的云服务器计算能力和基础设施存储资源虚拟化，形成统一的计算与存储资源池，根据用户云应用需求实现资源动态、统一适时分配调度。管理层根据图书馆云服务模式、内容、服务需求制定，实现业务管理、效率管理、安全管理、网络管理等功能，为图书馆云数据中心应用层提供服务支持。云数据中心的业务管理包括云系统进程与处理资源管理、作业管理、存储管理、设备管理、文件管理。海量数据传输、存储、安全管理是云数据中心管理的核心工作，为降低资源服务开销，提高数据中心数据存取效率，管理系统需要对图书馆用户云服务需求、云服务效率和内部网络传输质量进行智能化分析，同时兼顾不同数据中心间的全局负载均衡，采取数据冗余备份技术，避免单点云服务器失效。此外，云数据中心管理系统实现对硬件设备的监控和检测功能，对服务器 CPU、内存、硬盘、云存储设备空间的使用率、I/O 情况等关键设备指标进行监控，当系统工作异常时，自动启动对相应设备的监控并报警。云数据中心管理系统的应用层包括提供给云用户的软件服务、计算服务、存储服务、平台服务、安全服务等。各个图书馆可以根据自身的需求和发展状况获取计算、存储、软件资源以及供用户开发体现基于云数据中心的数字图书馆平台特点的应用程序。

基于云数据中心的管理系统策略对存在于云系统中的多个图书馆存储设备、服务器、应用软件、开发平台等资源实现虚拟化、自动化，实现了基础资源按需分配、软件合理部署、负载均衡、安全保障功能，改变以往数字图书馆数据中心机械、复杂的管理模式，提高高校数据中心的综合效率和服务能力。

4 结 语

云数据中心是云计算环境下数字图书馆建设和管理的核心，具有基础设施结构复杂、服务模式多样、海量数据存储，安全级别高等特点。本文提出的基于云数据中心的数字图书馆管理系统策略，建立统一、全局的管理系统架构，将单点数据中心组合成云数据中心。通过优化数字图书馆基础设施结构，数据的统一管理，资源的协调分配等，实现各个高校信息资源的共享，满足图书馆业务的发展需求，提升图书馆的服务效率和质量，从而最大限度地发挥图书馆的作用。

参考文献

[1]陈康，郑纬民．云计算：系统实例与研究现状[J]. 软件学报，2009，20(5)：1337－1348

[2]Jeon S. H，Yvette E. G，Byungjoo P. Next generation cloud computing issues and solutions. International Journal of Control and Automation，Vol. 5，No. 1，March，2012

[3]朱伟雄，王德安，蔡建华．新一代数据中心建设理论与实践[M]. 北京：人民邮电出版社出版，2009

[4]牛宪龙，陈华平等．新型数据中心网络结构研究进展综述[J]. CNGrid，2010

[5]Albert G，Parantap L，David A. M，Parveen P，Sudipta S. Toward a next generation data architecture：scalability and commoditization. Proceedings of the ACM workshop on Programmable Routers for Extensible Services of Tomorrow. 2008，57－62，Seattle，WA，USA

[6]张凌超．基于"云计算"的数字图书馆建设模式初探．图书馆学研究，2010

[7]邓健敏．云计算在数字图书馆建设与服务中的应用．科技情报开发与经济，2010，20(17)

[8]周舒，张岚岚．云计算改善数字图书馆用户体验初探[J]. 图书馆学研究，2009，4(7)

作者简介：张潇璐(1983－　)，女，馆员，硕士，主要研究方向：云计算，对等网络。

基于效用管理的图书馆统计分析系统设计*

严　彬　丁海利

（南京邮电大学图书馆；南京图情信息技术有限公司）

摘　要：这项系统设计的提出有别于当前使用的管理系统，本文将设计思想和实现方法提出来，列出各项菜单下的功能，对统计公式和主要功能进行说明，对显示结果加以讨论。经过我们多年的研究认为将统计公式嵌入到系统内并与管理系统分离，具有独特的效果。

关键词：效用管理　统计公式　系统设计　图书评价　资源分析

System Design for Statistical Analysis of Service in Library Based on Utility Management

Yan Bin[1], Ding Hai-li[2]

(1. Library, Nanjing University of Posts and Telecommunications;

2. Nanjing Information Technology of Books and Information Ltd.)

Abstract: The system design of statistical analysis is different from the current management system. This paper proposes design ideas and implements, and lists out functions under the various menus, and explains the statistical formulas and main functions, and displays the results to be discussed. After our many years of research, we think that the system has a unique effect which statistical formulas embedded in the system and separated from the management system.

Keywords: Utility management; Statistical formulas; System design; Book evaluation; Resources analysis

1　概述

目前图书馆普遍使用的管理系统，离现代化管理和服务需要还存在一定的距离，还不具有人工智能的分析、预测等方面的功能和实现管理理念的改变。与管理系统相配的图书馆必须要有馆藏，需要有与实物文献相对应的电子文献作为真实的馆藏。那么图书馆就具备了收藏各种文献并将其保护完好的职责，就需要进行经常性地评价馆藏的使用情况，这就是图书馆文献资源存在两个方面的效用，即收藏效用和使用效用。在图书馆，古籍文献

---

* 本文系教育部人文社会科学研究规划基金资助项目“基于效用的图书评价测度模型的研究”(10YJA870028)的研究成果之一。

有特藏库、图书有三线书库、过刊有合订本期刊库、过时电子文献有非纸质收藏室，这些已经失去了当前实际使用的效用价值，必然存在收藏效用价值。而对于一、二线阅览室的书刊，就要通过利用效用的评价，在普遍使用的基础上提高有些种类和个别类别文献的使用量，达到合理调配文献利用各等级的目标，落实降低成本、延长利用实效、补充馆藏等管理措施，来满足读者的文化需求。

对一套安装在单台服务器上的管理系统，处理几百万条记录的统计运算需要消耗大量的 CPU、内存等内部资源；数据库的表列设计在有限的存储单元中，在同时进行多进程读、写操作时，也无法及时中断操作转换，那么处理时间长是必然的。但是在多用户终端进行统计的同时进行写的操作时，就可能出现较长字符串写错数据库中的数据表或数据列的现象；如果在多校区长距离传输，就可能出现丢掉数据包的现象，即该写的数据没有能够写进数据库中，这些都会造成更加严重的数据危险。多用户在同一数据源中进行不同的操作(多对一)，会发生相互干扰，造成写入数据丢失和运行速度下降[1]。云存储和云计算是实现多对多访问和读取数据的技术，在一座图书馆是无法实现的。

图书馆的管理系统相对数据量少，统计功能分设在各子系统内，造成综合分析功能缺少，不能客观评价图书馆工作[2]；其统计公式、统计限定、统计结果存在诸多不完善的地方[3]，还没有形成真正的、独立的统计分析系统。就存在：(1)相同的统计功能出现在不同的统计子系统中；(2)显示数据缺少智能化的分析；(3)缺少统计说明的要点；(4)没有馆藏分布统计；(5)统计结果显示时间过长等现象，需要加强和完善统计功能[4]。为了更有效地进行经常性地评价馆藏的使用情况，现就独立于管理系统之外的统计分析系统设计进行说明，在网页上设置统一功能和服务器群的模式，形成相互呼应的、完整的信息管理系统[5]。

2 业务统计公式的嵌入

现有管理系统中的统计功能只是做到数据的简单加减，虽有图书馆业务统计公式的物理意义说明，其结果的可信度不高。在我们设计的统计分析系统中除保留传统的图书馆业务统计公式[6]以适应不同层次馆员的工作外，主要有如下公式：

• 每册图书的读者持有天数(D_h)

$$D_h = d_i - d_0 + 1 \quad (i>0) \tag{1}$$

统计值以天数为单位。(1)式中 d_i 是还书日期，d_0 是借书日期。当发现有些读者借出某册书当时或当天又还回这册书的现象，主要是受到借阅规则的限制，借册限制已满后无法再借，就会在几册书中重新选择，才发生“即借即还”的现象($d_i = d_0$)。统计中作“无效借出册数或次数”处理，不计出借次数和持有天数。去除“即借即还”后，那么最少的持有天数为 2 天。将某一类(无论分类粗细)的持有天数加和($\sum D_h$)，就是这类图书在读者手中的持有天数。类目统计分两种，一种是绝对分类号统计，即只支持精确匹配；另一种是向下位类目支持的分类号统计，即支持向前的模糊匹配。

• 某类图书读者每次出借的平均持有天数(D_{ev})

$$D_{ev} = \frac{\sum (d_i - d_0 + 1)}{m} \quad (i>0) \tag{2}$$

统计值以天数/次为单位。(2)式中 m 是某类图书的出借次数。由于各类图书在读者手中持有的平均天数是不同的，而且各个图书馆对各类图书的借阅规则也有所区别。如果读者每次平均持有天数 D_{ev}，在标准规则借期天数(假如为30天)或者某一常数值前后摆动，说明该种类图书对读者的知识获得有较大的帮助，就为最大的利用效用；其他 D_{ev} 的数值由多种因素造成不能作为最大利用效用。设定合理的各类图书借阅规则或获得常数值，可以判断读者对某类图书的阅读行为，有利于提高图书周转效率。

• 去重复算术等式

在实物统计中往往出现重复累加量的过程即算术累计的计算，造成累加值 S 偏大。利用如下统计公式可以验证统计结果，寻找累加出现的原因。

$$S = n + \sum_{i=1}^{n}\left[(a_i - 1) \bigcup_{j=1}^{n} (a_j - 1) \right] \quad (i \neq j) \tag{3}$$

(3)式中 n 表示项数，a_i 表示事物数。

• 图书使用因子(F_u)

$$F_u = \frac{c_i}{\sum_{i=1}^{n} c_i} \qquad (\sum c_i = C) \tag{4}$$

(4)式中 c_i 是 i 种图书的出借次数，由该种分类号所属的全部种类图书出借次数的总和 C。根据不同的使用因子值可以对同属一类不同种的图书进行评价，也可以按照不同年度计算出该种使用因子值，判断其效用时域。图书使用因子的有效值应小于0.3，大于该值就存在多样性缺失。对多数类目实际值可能会很小，应保留小数点后6位有效数字。

• 图书使用半衰期($T_{1/2}$)

$$\ln x - \ln x_0 = -kt, \qquad \ln\frac{x}{x_0} = -kt, \qquad x = x_0 e^{-kt} \quad T_{\frac{1}{2}} = \frac{\ln 2}{k} \tag{5}$$

(5)式中 k 为衰变常数，x_0 为使用量最大值，$T_{1/2}$ 为半衰期。图书分别属于不同的类位，同一类别又有不同的种，同一种又分别有如出借次数或其他使用项目。如果取图书的一类以出借为用途，根据图书使用半衰期的定义，取同类图书入藏后三年内某中图法分类图书出借总和的年平均数 x_0，当某年出借总数减少到年平均数 x_0 一半时的年度，说明该类入藏年图书到出借数降低到一半时的持续年数，就是图书使用半衰期。k 也可为出借总册数，$T_{1/2}$ 也指图书老化程度或读者阅读偏好。

• 图书阅览数(R)估算

$$R \approx c_1 - c_2 - c_3 \tag{6}$$

(6)式中 c_1 是书架某节应该摆放的图书量，c_2 是已经出借的量(没有上架的已还书)，c_3 是清点后实际架上存在的册数。通过输入书架某节起始和终止的中图法分类号，统计在该节应该有的图书册数，减去已经出借的册数，得到应该在这些架位上存在的图书册数；清点实际摆放在架位上的册数，相减后就是读者阅读的册数。这种估算只能得到此时此刻正在阅览的册数，无法计算多次被阅览的次数。

3 功能设计要求

3.1 功能菜单

管理系统的主要目的是管理，把内部事务信息用流程进行控制。它的数据统计分析功能只是作为管理系统的一部分功能却不是主要功能，自然影响统计分析功能的发展和特色的体现。采用获取图书馆管理系统中的数据[7]进行实证分析，以补充系统统计功能的不足，是当前从事图书馆业务分析工作的主要方法。许多简单业务能用 Excel 实现统计就能完成的，现有的统计软件产品也很多[8]，应用较广的如 SPSS(Statistical Product and Service Solution)即统计产品和服务解决方案软件，具有很强的统计和分析能力，也是十分流行的数据处理工具。但这套在数据管理和查询方面比较弱[9]，只能满足一般性统计的需求，其功能在许多管理系统中业已具备。而特殊的行业统计和分析其又无法实现，需要根据图书馆的业务重新设计更加专业的统计分析系统。鉴于独立的图书馆业务统计分析系统的需要，我们设计完成如图 1 的独立的统计分析系统，其功能菜单有数据整理、证件分析、读者分析、资源分析、图书使用因子、出借分析、书商分析、出版分析、学科专业分析、学科馆员分析、流通量分析、图书状态分析、架位分析、资产分析、系统管理、参数设置等 17 项。

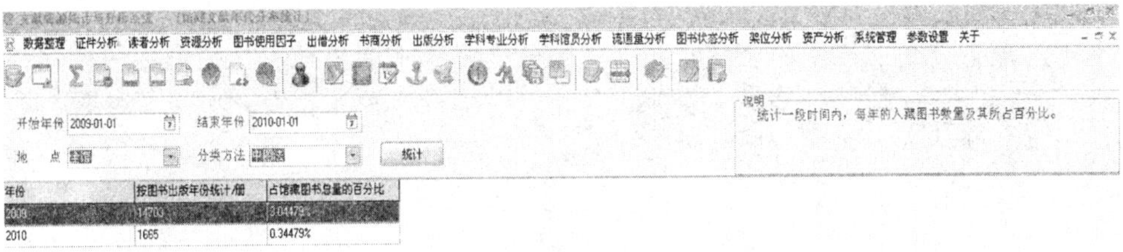

图 1　统计分析系统的菜单

3.2　主要功能说明

• 证件分析

图书馆的借书证有各种功能权限，有的证件只能入馆阅览，有的证件可以进入电子阅览室上网，有的证件可以借出书刊等等，统计各借书证的使用数据，可以分析各类读者增加或流失的趋向和应及时采取改进的服务措施。通过对有效证件、停证、挂失、注销、未使用等的证件状况，按月进行统计从中了解读者来图书馆的需求。

• 读者分析

一般来讲，读者都是平等的，不能在借阅期限、使用阅览室、文献种类上有所区别。但是，在实际需求资源操作上仍然是不同的，如高校图书馆可划分读者群为研究生导师、院校领导、相关部门领导、教工、退休等读者，对学生可分博硕研究生、本科生、其他学生。由于管理系统本身设定的读者类型各馆存有差异，通过检索各类读者的借阅历史，与相关类别(中图法)的馆藏情况，用比较合理的统计数据进行修正读者群的区分；统计利用馆藏情况，开展特殊需要的上门服务；各年度对各类读者数的统计或百分比，说明读者结构、服务的主要对象；结合证件统计年度中读者类型占当年有效证件读者数的比例，分析服务读者群的不同对策。

• 资源分析

馆藏资源是图书馆的服务基础，具备良好的馆藏资源能够吸引更多的读者到馆阅览。馆藏的资源分布与合理的建设结构，可以提高管理效率、降低管理成本。传统的馆藏布局主要依据中图法，分为大学科阅览室、特殊专业阅览室以及专门读者阅览室；也分成一至三线书库、样本库、合订本库、特藏库。统计馆藏的目的主要是针对近年来，馆藏文献仍在阅览室摆放的使用情况，得到采购这些文献的使用分布。对使用量少的须加强使用宣传和采购预警，也可调整至二、三线书库。

• 图书使用因子

作为图书评价的公式，指采用统计年对图书馆一种入藏图书的出借次数(出借天数)或电子图书的下载次数与图书馆现有或同一入藏年同类馆藏图书的出借次数之比，其中同类馆藏图书指按照《中国图书馆分类法》或学科、专业进行的分类。可以获得对一种图书在入藏后的使用情况，分析一种图书的使用时域；也可获得一类图书的多样性分布，分析效用平衡存在的风险。

• 图书使用半衰期

图书使用的评价方法，采用对一类图书出借量或下载量进行统计，得到一般在入藏三年内出借总和的年平均出借量为最大值，当以后连续各年出借量或下载量下降到一半值时所对应的年或月，在年度跨越范围内为图书使用半衰期；设计图书使用半衰期公式，可以得到该年入藏各类图书使用的衰减常数，用于分析各年不同类别入藏图书利用情况；建立《中国图书馆分类法》与学科分类、专业目录相对应的动态连接关系，可以对学科、专业的图书使用半衰期进行评价。可以获得读者对某一类图书的阅读倾向，衰减常数 k 来判断为流通册数，分析对该类图书需要增减的评估。

• 图书阅览数估算

图书阅览始终是无法得到比较明确的量纲和方法，一般来讲图书在架位上只要有过阅览，那么一定是不会摆放整齐的[10]。采用计算机计算加手工盘点的方法可以估计阅览册数。

• 风险评估

有投入就会有风险，入藏风险主要是制定风险等级和提出风险预警。此功能采用三年中满 36 个月或五年满 60 个月的各月入藏种册数统计，按照中图法扩大分类设定某年度的某月入藏的实际购买种、册数，年度分类净增(总和－剔旧－丢失)数进行统计。在参数设置功能中制定每年应该完成的各类文献种册数，设定某类超出或减少应完成量的 5%提出警示，超出或减少 10%提出警告。

• 学科馆员分析

下设重点读者和专业读者两项功能。重点读者指一个学科团队、一个课题项目组，是由两个以上读者组成；主要将已设定好的相关学科、专业检索出他们近期借出的图书，并将没有进行关联所借出的书也显示出来，分析学科、项目组成员需要提供哪些类别的图书(文献)，以便今后更好地为他们服务。专业读者是一个特定的读者如学术带头人、学科带头人、项目负责人等，方法同重点读者，主要分析他近期感兴趣的研究领域，与目前馆藏相关的情况，是否能够满足他们的需要等等。

• 参数设置

此菜单下有若干项功能需要在进行各项统计分析前来设置的，有读者分类设置、多分类设置、馆藏基础数据设置、架位涨度设置和不完整数据条件设置。

架位涨度设置也为了不断调整的阅览室和服务模式而设置的。由于电子出版物采购量加大，使纸质文献的采购量减少，造成撤架改阅览桌椅的状况在扩大。现有书刊架位也会出现各类排架松紧不一，需要依靠计算结果来安排倒架。此功能分阅览室架位涨度和书库架位涨度。

4 设计效果与讨论

4.1 设计效果

• 图书使用因子

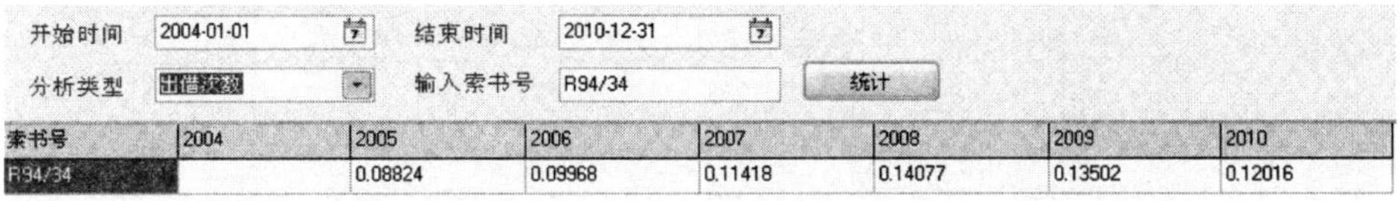

索书号	2004	2005	2006	2007	2008	2009	2010
R94/34		0.08824	0.09968	0.11418	0.14077	0.13502	0.12016

图 2 中图法索书号 R94/34 图书使用因子连续数值列表

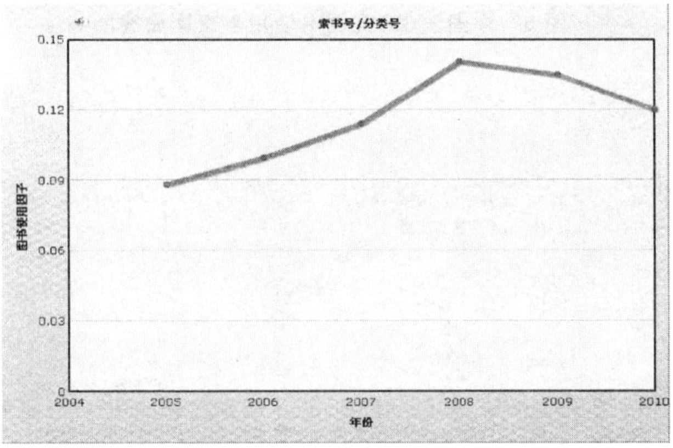

图 3 中图法索书号 R94/34 图书使用因子连续数值曲线

采用数值列表图 2 和曲线图图 3 的显示形式，效果会更好，使用户有更加直观的感觉。

• 图书使用半衰期

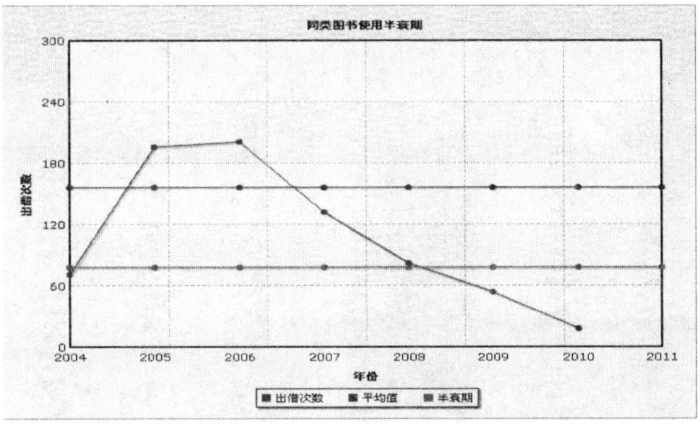

图 4 中图法 R94 类图书使用半衰期曲线图

图书各类的使用半衰期曲线会显示各种各样，正常的状态如图 4；当出现图 5 的两个峰值时，说明读者对 TP 类图书存在使用波动。这样的效果显示更直观。

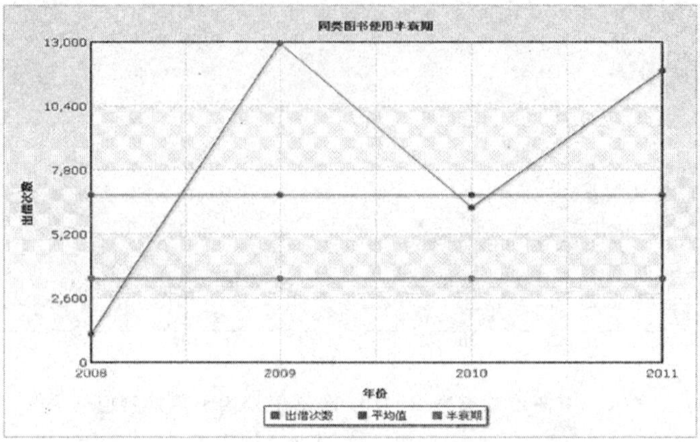

图 5　中图法 TP 类图书使用半衰期曲线图

• 传统统计方法

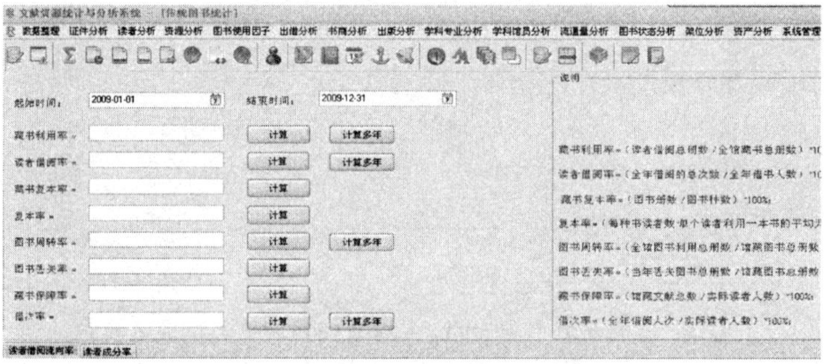

图 6　传统统计计算

图 6 是根据图书馆常用的统计公式设计的简单计算方法。

• 入藏风险评估

图 7　入藏风险列表

图 7 为中图法扩展类入藏风险列表，红色为警告，黄色为警示。

• 特定出版社统计

图 8　人民邮电出版社入藏统计

位于出版分析菜单下的特定出版社的入藏统计，显示见图 8。图中选出的两条数据，它们的索书号均为“F606.6/3－10”，表明这条记录为同一种书。由于它们在不同的馆藏地，这里显示为两条记录，还有许多这样的记录导致记录条数“770”，一种书在多个馆藏地导致多条记录的产生，大于上框中的种数“572”。

4.2　设计讨论

图书馆的馆藏数据与实际馆藏数量始终是个未知数的关系。在本系统功能的设计上，我们只考虑馆藏建设规划如风险评估，在近年来入藏图书给读者能否带来需求，规划读者阅读倾向。也有读者阅读行为评价如使用半衰期，对某种图书的使用评价如使用因子；也结合手工统计解决阅览量的如阅览估算。对读者的管理有证件分析来统计借书证的使用和流失结果，有对重点读者的特色服务来开展实质性的学科馆员工作。

在具体的参数设置上有的参数修改。通常在年末就要上报下一年度的经费分配，与此相应的参数设置已经完成，但实际拨付的经费和到账日期是变化和滞后的，需要进行修改。

在统计功能的设计中，考虑到 T 大类的统计结果往往远远大于其他 21 大类的数值，无法获得可比较的效果。采用按中图法扩大分类(21 大类加 T 大类的 17 个二级类目)的方法，在有些统计中已有采用[11]，但管理系统却不存在。我们采用限制输入这些字母的方法，除非在此字母后添加复分号。

另外，在馆藏资源统计中，不使用图书的现象比较多有怀疑遗失、实际丢失、样本书等，用统计使用量比较简单。对风险评估结果的分析是需要馆员找出其原因，及时处理怀疑遗失的核实工作和实际丢失的补救措施。

图书阅览数(R)估算也可用于图书丢失的侦测，结合统计出在近年来例如入藏 3 个月、6 个月、9 个月以至 1 年以上没有被读者出借过的图书，得到结果报表后利用手工核对。发现某类、某种、某个区域存在丢失的现象，就要加强管理和采取防范措施。

参考文献

[1]Bin Yan. Formulas of Retrieval Rate in Database Base on Normalization Design [J]. Computer and Information Science，Vol. 2，No. 3，August 2009，pp. 32－39

[2]王婷．自动化管理系统的统计功能与图书馆科学管理[J]．图书馆杂志，2003，22(4)：28－29，27

[3]余和剑．从统计角度剖析汇文 Libsys 3.0 的不足之处[J]．情报探索，2008，(10)：37－38

[4]席冬娜，孙睿阳，薛丹丹．汇文 Libsys 3.5 系统编目模块应用体会[J]．农业图书情报学刊，2008，20(9)：46－49

[5]Bin Yan，Feng Shi. New management System Design：Stressing on Data Statistics and Analysis [J]. Computer Science and Engineering，2011(40)：5483－5487

[6]周士本．图书情报学中的数理统计[M]．北京：地质出版社，1996：194－196

[7]张炜．读者借阅行为的时间序列统计模式实证分析与对策思考[J]．图书馆论坛，2011，31(3)：26－28

[8]国内流行的十大统计分析软件[EB/OL]．(2011-04-19)[2012-4-15]. http：//www. dpsw. cn/dps _ users. htm.

[9]严彬．图书利用的统计应用[J]．图书馆杂志，2009，28(7)：31－34

[10]Ferne B. Hyman. Collection Evaluation in the Research Library [J]. Collection Building. 1993，Vol. 9 Iss：3，pp. 33－37

[11]赵秀君，张同莉．高校图书馆资源建设统计分析——以北京科技大学图书馆为例[J]．情报探索，2009，(7)：45－47

作者简介：严彬(1951—)，男，研究馆员，研究方向为信息管理理论与技术，发表论文 50 多篇。
丁海利(1973—)，男，总经理。

以学科导航为核心的蒙医药数字图书馆建设研究

程　鸿

（内蒙古医科大学图书馆）

摘　要：文章概述网络时代蒙医药文献检索与利用重要意义；提出建立以学科导航为核心的蒙医药数字图书馆及其作用，从建设规范、建设模式及资源采集方法和途径，探讨以学科导航为中心蒙医药数字图书馆的建设及要点。

关键词：蒙医药　学科导航　蒙医药数字图书馆　知识组织

A Research on the building of the discipline navigation-centered Digital Library of Mongolian Medicine

Cheng Hong

（Library of Inner Mongolia Medical University）

Abstract：This paper gives a generalization significance of the Internet age Mongolian Medical literature usage and literature search. It also puts forwards building up the discipline navigation－centered Digital Library of Mongolian Medicine from its construction specifications，building patterns and resource acquisition methods and some key issues in the building process are reflected on at last.

Keywords：Mongolian Medicine；discipline navigation；Digital Library of Mongolian Medicine；knowledge structure

蒙医药学具有两千多年的历史，是我国传统医药学伟大宝库中的瑰宝，蒙医药学不仅历史文献繁多，而且整理挖掘及研究成果丰硕。现形成载体形式多样、多种文字的、数量可观的蒙医药学文献资源。随着对蒙医药学信息资源重要性认识的加深，蒙医药学文献资源信息化网络化工作的开展，蒙医药学信息资源检索与利用成为亟待解决的重大问题。学科导航作为针对特定学科领域的网络资源的深层组织模式，有效地解决了网络信息资源检索利用时专指性差、检准率低、可信度弱等问题。建立以学科导航为核心的蒙医药数字图书馆将成为解决获取和利用蒙医药学资源的有效途径。

1　以学科导航为核心的蒙医药数字图书馆建设意义

建立以学科导航为中心的蒙医药数字图书馆，就是以蒙医药学科为单元，对 Internet

信息资源进行搜集、分类、组织、评价和有序化整理，并对其进行简要的内容揭示，建立分类目录式的蒙医药资源组织体系、动态链接的蒙医药学科资源数据库和检索平台，发布于网上，为用户提供蒙医药学科网络信息资源导引和检索线索的导航系统，也就是建立蒙医药学科导航数据库[1]。

蒙医药学科导航数据库是一个虚拟的信息资源库，是按学科或主题收集 Internet 上的网址，通过访问导航库而对蒙医药学科或主题网址进行访问，从而快速、准确地获取所需的蒙医药学科信息，既省时、省力，又节约检索资费。

2 以学科导航为核心的蒙医药数字图书馆的作用

蒙医药学科导航数据库建设是高校图书馆网络资源开发和虚拟图书馆资源建设的重要组成部分，为读者利用虚拟馆藏引路导航，在现代图书馆信息资源建设及信息服务中起着重要作用。

2.1 实现蒙医药学科分类和主题检索线索的导航

通过蒙医药资源数据库和检索平台，对蒙医药文献进行有效地知识组织和挖掘，在网上为读者提供网络蒙医药学科信息资源导引和检索线索的导航。

2.2 提供准确、方便、快捷的蒙医药学科信息

用户以蒙医药学科导航数据库为桥梁，读者可以在统一检索平台上快捷、方便、准确地获取学科信息资源，节省检索资费。

2.3 动态反映蒙医药学科领域学术信息

蒙医药学科导航数据库对数据进行更新与维护，为读者提供实时更新有效的蒙医药学术前沿动态、学术交流信息、学术研究成果、行业动态、行业组织研究机构等学术信息。

3 以学科导航为核心的蒙医药数字图书馆的建设

蒙医药学科导航系统为读者提供质量受控的信息服务，所有入藏信息资源要依据严格的标准选择和采集，这个过程要基于一个统一的平台下进行。

3.1 以学科导航为核心的蒙医药数字图书馆建设规范

蒙医药学科导航数据库建设要遵循 CALIS 重点学科导航库建立的统一的标准。以《资源选择与评估标准》、《网络资源元数据规范》、《网络资源元数据描述著录规则》、《资源类型控制表》(分别简称为《资源选择标准》、《元数据规范》、《著录规则》、《资源类型表》)以及制订一些附加标准，如分类体系、语种代码等作为建库的标准与规范[2]。

对于资源的要求是：数据不能少于 200－300 条。资源的类型为参考资源(15%)、全文资源(20%)、教学资源(10%)、媒体资源(5%)、黄页资源(40%)、交互资源(5%)、事件(5%)、其他(10%)[3]。

3.2 以学科导航为核心的蒙医药数字图书馆建设模式

蒙医药学科导航数据库建设应符合互联网发展趋势的学科导航模式，应建立以用户为中心、为驱动力的、互动式的学科导航数据库。

3.2.1 确定蒙医药学科导航库的资源类型

根据《CALIS 学科导航门户的资源类型表》，把蒙医药学科导航数据库中的资源分为参考资源、全文资源、教学资源、多媒体资源、黄页资源、交互资源、事件、其他等。

3.2.2 确定蒙医药学科导航库分类体系和结构

学科的知识体系是数据库贮存文献的基本框架，必须拥有一个科学合理的知识分类体系以及全面揭示描述科学知识体系的详细类目，才能合理储存揭示文献，方便用户高效利用。蒙医药学拥有完整的学科知识体系，但是《中国图书馆图书分类法》(第五版)中未设蒙医药学科详细类目。蒙医药学科导航数据库建设可依照蒙医药学类目研究最新成果“蒙医药学详细类目设置的研究”[4]，利用研发的蒙医药学类目表揭示组织蒙医药学信息资源。

3.2.3 蒙医药学科信息的搜集、加工并集成

蒙医药学科信息的搜集主要包括高质量优先选择的信息资源：图书馆购置的纸质或数字化蒙医药资源，资源共享的其他高校的数字化资源；重要补充资源：因特网上免费的蒙医药学科学术信息资源。

蒙医药学科导航内容的加工和集成。针对网络资源本身的特征和 CALLS 重点学科导航库建设的具体要求，在网站著录的过程中主要遵循著录简单性和准确性、通用性和容纳性、标准性和互操行性原则。建立蒙医药学科导航数据库，既要链接相关网站，还要反映出网站的类型、内容和特色，对资源进行深层次的描述和揭示，以方便读者检索和利用。同时对网站编写摘要，设立星级推荐标准进行评价。

3.3 以学科导航为核心的蒙医药数字图书馆资源采集方法和途径

通过科学的途径和手段获取网上学科资源是建好学科导航库的前提。蒙医药学科导航数据库重点采集蒙医药学文献数据库、电子期刊、专利、标准、学术会议、学位论文、新闻讨论组等动态学科信息。对网上分散而庞杂的资源进行查找和采集时，要遵循以下方法和途径。

3.3.1 利用“搜索引擎”采集

在借助雅虎、新浪、网易、搜狐等搜索引擎时，一是利用搜索引擎提供的“关键词”检索，如蒙医、蒙药、蒙医药；二是利用各搜索引擎现有的索引式主题分类进行查询蒙医药的信息资源。

3.3.2 利用专业网站采集

利用搜索引擎查找到专业网站，以网站为线索查找，进行比较、筛选。综合利用各种检索工具，互相指引，互相补充，这样查找出来的信息才比较完整。

3.3.3 利用学科主题指南采集

学科主题指南一般是由学会、大学、研究所和图书馆等学术团体和机构编制的网络学科资源导航目录。学科主题指南经过专业人士的加工和组织，所含的信息切合主题，实用价值较高。通过全国大学图书馆能搜集到大量很有学术价值的网络学科资源导航目录。

3.3.4 利用专业性期刊采集

蒙医药专业期刊提供本专业领域主要的网站的地址信息，同时专业协会的通讯杂志是引导专业信息搜集的门径，其印刷本网络版上都有本协会网站的介绍。

3.3.5 利用开放获取的蒙医药信息资源

利用开放获取(Open Access)期刊，读者可以免费获取蒙医药信息资源，不需考虑版权或注册的限制，如 e-PrintarXiv、奇迹文库、中国预印本服务系统等。

3.3.6 利用网址类检索工具书采集

利用网址大全 Internet 、黄页和工具书、年鉴、新书通报等，获取较全面的网址类的

书目信息，并对蒙医药专业的网址类工具书进行检索和分析，亦可获得大量的所需信息。

同时，建设好蒙医药学科导航数据库，需要馆员和学科专家等的密切合作，以便学科导航库能更好地为教学、科研、临床医疗服务。

3.4 以学科导航为核心的蒙医药数字图书馆建设要点

我国图书馆学科导航系统软件的开发应该以CALIS统一检索系统为范本，加速实现学科导航数据库系统软件的标准化、检索平台的统一化[5]。蒙医药学科导航库作为了解因特网上蒙医药学科信息资源的一个重要窗口，在建设过程中应注意以下关键问题。

3.4.1 及时更新蒙医药学科导航库信息

及时对导航数据库进行更新与安全维护，才能真正发挥导航库的功能。要对资源及时进行补充、过滤、修改，确保资源的数量及质量；对过时的网站或无法访问的网站及时剔除，还要对相关的新的学科资源站点及时补充。

3.4.2 注意蒙医药学科导航库系统的安全

为防止网络病毒入侵、网络黑客攻击而导致系统瘫痪和数据丢失等严重后果，相关技术人员应对导航库进行安全防护，安装合适的杀毒软件和防火墙等，对数据库进行备份、定期查看网络日志、及时更新防病毒软件、修补系统漏洞，并对用户权限进行安全设置。

3.4.3 建立学科前沿信息交流平台

蒙医药学科导航数据库在网上建立“信息导航博客”，与用户展开直接的互动；开设学术论坛，为专家学者提供相关行业的学术交流空间。专家学者可借助网络介绍自己的学术观点及研究成果，与同行进行学术交流，信息导航员可以通过信息交流平台及时了解和收集科研人员最新研究成果，进一步了解掌握学术前沿的科技动态，并可以利用网络信息技术对学科导航库进行及时的更新、补充。

3.4.4 加强与学科专家的合作

学科专家是信息资源的直接使用者，他们掌握了该学科领域的丰富专业知识，对学科的发展有着敏锐的洞察力，在建设蒙医药学科导航数据库的过程中应不断听取专家们的意见和建议，以便学科导航库能更好地为教学科研服务。

3.4.5 增加用户推荐资源的功能

可增加一个用户推荐资源的表单，再由信息导航员进行审查、著录，充分发挥终端用户的学科优势。

以学科导航为核心的蒙医药数字图书馆的建设是在网络环境下为学校教学、科研服务的新举措，蒙医药学科导航数据库是现有基础上资源的搜集和整合，是对蒙医药学科信息的知识挖掘，它为传统的信息服务方式注入了新的生命和活力，也极大地丰富了图书馆现有馆藏资源，对促进蒙医药学发展必将产生深远影响。

参考文献

[1]陈源．学科导航库的建设与发展[J]．图书馆论坛，2008(3)

[2]张惠君．“CALIS重点学科网络资源导航库”的标准与规范建设[J]．高校数字图书馆，2005(4)

[3]CALIS重点学科网络资源导航库资源选择与评估标准[EB/OL]．[2008-08-15]．http：//202.117.24.24/html/CA2LIS/daohangku/zyxz.pdf

[4]李红军等．蒙医药文献类目设置的研究[J]．图书馆学研究，2011(1)：46－47

[5]刘秀华．关于我国学科导航共建共享的思考[J]．图书馆建设，2008(11)：29－35

作者简介：程鸿(1966—　)，女，内蒙古医科大学图书馆文献信息教研部主任，副研究馆员，大学本科，主持并参与科研项目5项，编写著作1部，发表论文20余篇。研究方向：信息检索及教学、医学查新、馆际互借、学科服务、数字图书馆建设。

互联网时代实体图书馆的发展趋势

——以“青番茄”为例，谈实体图书馆如何利用互联网实现共赢

The Trend of Development of Solid Libraries in the Era of Internet A Brief Talk on How Solid Libraries Achieve Mutual Benefits by Using the Internet，taking Green Tomatoes Library as an Example

杨　梅
（北京第二外国语学院图书馆）

摘　要：互联网的普及、发展以及相关技术的开发、应用对信息行业产生深远影响。图书馆作为信息的储存、提供和使用者，面对互联网带来的深刻变革，不仅需要在技术上不断更新，保持与互联网发展相适应的同步发展，还需积极利用互联网的各种技术，为图书馆的长远发展开拓新途径。本文以“青番茄”网络图书馆为例，探讨图书馆利用互联网技术实现更好的发展。

关键词：互联网　实体图书馆　“青番茄”网络图书馆

Abstract：The popularization and development of the Internet and the exploration and application of related technologies have a far-reaching impact on information industry. As a keeper，provider and user of information，the library should not only upgrade related technologies to keep pace with the development of Internet，but also carve out new ways of its further development by using all kinds of technologies in the face of profound changes brought about by the Internet. This paper mainly focuses on how the library can achieve greater development by using Internet，taking Green Tomatoes On-line Library as an example.

Keywords：Internet；solid library；Green Tomatoes On-line Library

互联网的显著特点是使信息量更大，传播速度更快，传播渠道更多样，接收方式更直接，互动和交流更便利。这为图书馆的信息存储和使用提供便利的同时，也给传统的图书馆服务带来了危机：一是读者更愿意使用网络资源。随时随地、快速便捷的网络信息很容易满足读者的表层需要。相比之下，实体图书馆对读者的各种手续要求，以及地点、时间的限制，使读者容易选择放弃实体图书馆；二是年轻的读者更青睐于使用数字信息。下载便捷、使用方便，使数字信息相比纸质资料更容易被年轻读者接受，而相比专业网络公

司，实体图书馆在数字信息的存储、传播、使用等方面并无明显优势；三是读者获取信息的目的更为功利，海量、实用、有趣是网络信息的特点，与“以修身养性”为目标的实体图书馆有明显的差异。因此，面对互联网的不断冲击，多数实体图书馆以防守应对：被迫投入巨额资金加强数字资源建设；为配合数字资源的使用，引进大量先进设备；转变服务重心，开展以数字资源为主要内容的图书馆服务等。但不尽如人意的是，尽管图书馆积极应对，多数实体图书馆仍须面对读者数量不断流失的局面。

青番茄，全称“深圳市青番茄文化传媒有限公司”，2010 年 5 月创立，8 月上线运营，该公司本着“让更多人多读两本书”的理念，以互联网为平台，创建了全球最大的中文网上实体书图书馆，为用户提供终生免费借、阅、送、还上门服务，在年轻人中产生强烈的反响。青番茄目前已经开通了深圳、北京、上海、广州、苏州、南京、天津、杭州等 20 个城市的图书借阅服务，已服务 60 多万读者。“享受书式生活”不仅为年轻人所追求，也成为所有喜爱读书的中国人的追求目标。

1　青番茄的特点

1.1　充分利用互联网技术，开拓读者群

虽然是实体书图书馆，但青番茄不同于实体图书馆。青番茄的读者都是通过网络注册产生的。对于熟悉网络注册的人，都能很轻松地完成读者注册——成为会员。省去了去实体图书馆办证的繁琐手续和借阅图书受时间、地点的限制的麻烦，扩大了读者群。同时通过要求会员缴纳一定数额的押金，将虚拟会员的水分挤掉，留下了的就是真正有读书需求的读者。巧妙的设计不仅补充了青番茄的购书经费，提高了会员的质量，也使会员与图书馆的联系变得更为紧密。

1.2　免费借阅，发挥图书馆的公益性

免费借阅实体图书，是青番茄的最大亮点。会员根据自己选择的“阅读尺码”(押金额)在青番茄的网站上选定图书，提交后，图书的交送就由公司完成。2－3 日后，当青番茄特殊包装的书袋免费快递到会员手中时，会员的快乐不言而喻。许多会员会在个人微博上发表收到青番茄的环保书袋时的照片，既传递了个人的快乐心情，也扩大了青番茄图书馆的影响力。同样，当会员完成阅读后，只需网上点击“还书”，快递就会免费上门取书。终身免费——会员在支付押金后，无论借多少本、借多少次书，都无须再支付额外的租金，凸显图书馆的公益性质。

1.3　个性服务，重视用户体验

图书馆服务的重点是图书的品质，青番茄对此有严格要求，并设置专门的图书采购部。“我们从一开始就和三联、广西师范等优秀的出版社合作，及时跟进好书，我们还有‘量身订阅’业务，书是限量的，但一定要合私人口味。用户喜欢的书在网站没有找到，可以通过系统提出申请。网站后台会根据申请来补充新书。”青番茄公司副总裁张丽娟坦言，“这种人性化、知性化的阅读导航正迎合了在这个数字时代依然坚持高品质阅读的用户的需求。”个性服务是青番茄图书馆的重点追求。

充分利用互联网技术，青番茄除了提供借阅排行、热搜图书、热门书籍、新书推荐、新书上架、热点书评等基本服务外，还轻松实现了对会员的个性化服务，甚至每个会员都可以利用网络技术搭建自己的虚拟书房，撰写阅读心得，并与人人、QQ、新浪微博、开

心网和豆瓣网建立了链接，方便会员在网上分享心得、体验。“大学生读书履历卡”是青番茄新近推出的服务，是将会员的借阅记录开发成一个成果：通过了解个人阅读特点来了解并完善个人的兴趣、特点及个性，从而为个人成长及企业单位招聘人员具体了解大学生综合能力提供帮助。

通过这些个性化的服务及对用户体验的重视，青番茄赢得了会员的支持和信任。

1.4 创造独特气氛，提升服务品质

青番茄营造独特的气质，使其不同于其他的网络服务。“读者中很多人是被青番茄的气质所吸引才加入的，比如青番茄提出享受‘书式生活’就必须提倡环保，从来不用塑料袋装书，每次快递图书都用一个有青番茄 logo 的棉布袋子”。“在青番茄还有一个独特的‘漂书码头’，很多用户将自己看完的书寄来或我们上门收取，以此方式将书漂出与大家分享。这成为很多用户喜欢的一项业务。这些细节让用户感觉到青番茄不仅是一个图书馆，更是一个可以寻找到相同气质、相同爱好的伙伴的平台。”通过一系列独特的行动，青番茄的会员享受的不仅代表一种便捷的图书借阅方式，更是一种生活方式，甚至是对独特品质的追求。

青番茄的独特品质，也为其带来了高端客户的青睐，宜家和星巴克知名企业在青番茄网页进行广告宣传，不仅为企业带来了广告收益，也强化了青番茄为高品质生活的这一理念，成功地将读书升华为一种高生活品质的追求。

1.5 开展有偿服务，保障经费来源

个人免费借阅，而企业建馆却需付费。青番茄利用其在图书领域的优势，帮助企业客户构建一个外包式的图书馆。相比自建图书馆，企业可以花更少的钱，由青番茄去配备企业所需的专业书，并向员工提供借阅服务。迄今为止，包括华为、联想、万科、富士康等大型企业已经成为青番茄的企业客户。青番茄通过收取企业年费的方式，获得经费支持，确保图书馆的正常运行。

“当企业用户达到一定数量后，平台的魔力将开始显现。”比如企业之间可以实现知识共享，企业既是信息的获得者，同时也是信息的发布者。而作为平台的所有者，青番茄将获取巨大收益，比如推介一门培训课程。此外，随着个人用户基数和借阅次数的增加，青番茄将掌握一个庞大的阅读趣味“数据库”，阅读趣味能够反映读者的爱好、兴趣乃至个性。任何对这个数据库的利用都是极有价值的，比如，针对不同阅读偏好的网站广告推送，或者根据不同书籍主题的书签广告，都可以实现精准营销的效果。

有偿服务使青番茄摆脱了传统图书馆的开销巨大、使用落后、缺乏收益的不良局面，成功转型为自负盈亏的新型“实体图书＋电子商务”模式的网络图书馆。

2 青番茄对实体图书馆的启示

2.1 图书馆服务无止境

当互联网技术飞速发展，给信息产业带来革命的同时，图书馆也在惊呼“狼来了”。一场围绕着“纸本图书”是否生存的下去的大讨论，一直刺激着图书馆人的脆弱神经。为此，许多图书馆不惜花重金，费大力气开发或装备数字信息资源及设备，以不断满足互联网时代人们对信息的需求。而传统的实体图书的借还则沦为图书馆的次要工作。

与此相反，青番茄通过大量的调研发现，相比数字信息，中国的大多数读者仍然青睐

实体图书，去图书馆借阅实体图书的人数的下降，并非是人们不需要实体图书，而是我们现有图书馆的服务无法适应现代社会个人对便捷、个性服务的要求。实体图书的借阅不仅不应该萎缩，相反应该花大力气去加强。只有转变我们现有的以图书馆管理为中心的服务模式，实现以读者为中心的服务理念的变化，才能让实体图书馆真正跟上时代的步伐。

不仅借还书如此，所有的图书馆服务均如此。图书馆的存在价值从根本上说在于其服务，读者的满意度是衡量图书馆服务的唯一标准，而服务是永远没有止境的，没有最好，只有更好。

2.2 充分利用互联网的先进技术

互联网为信息的快速传递提供了便利，图书馆要充分利用现代技术手段，实现信息的更快速、更全面、更高效的采集、检索、利用和传递。

互联网的快速发展，给图书馆生存带来危机的同时，也带来了机遇。相比其他行业，图书馆在适应数字化信息的过程中，更新了许多技术设备，积累了大量的经验，也培育了很多的人才。因此在利用先进的信息技术方面具备很大的优势。

将图书馆自身的网络服务融入全民网络环境中，是图书馆发挥互联网优势、深化服务的基础。网上注册、验证，不仅节省了读者大量的时间、精力，也为图书馆积累了大量的用户资源；通过网络技术可以轻松实现新书推荐、借阅排行、个性化推荐等服务；网上预约借还图书，帮助读者实现足不出轻松阅读的梦想；增加与其他社交网站的链接，让读者的心得体会能及时与他人分享……利用网络技术，图书馆不仅能够实现便捷的信息传播，更应该对读者开展更深更广的个性化服务。

2.3 满足读者的深层需求，挖掘读书的内在价值

读书的目的不仅是要解决实际问题，达成具体目标，更要满足读者深层次读书需求——身心成长的需要。图书馆只有唤起读者的深层需要，并提供达成需要的途径，才能与读者维持长久甚至是终身的密切联系。

青番茄通过创意广告，将读书与高品质的产品(宜家、星巴克)建立联系，让会员在享受读书带来的快乐的同时，与高品质的生活产生联想，使读书摆脱了单调、枯燥的形象，成功转型为一种时尚生活方式。

发掘读书的内在价值，还原阅读的独特乐趣，将读书转化为现代人的文化特征及品味追求，发扬读书的自我完善功能，使之成为滋养现代人心灵的最佳选择。

图书馆可以利用现有场所、条件，开展相关培育工作：读书会、诗歌朗诵会、书画欣赏甚至各类公益环保活动，只要持之以恒，形成品牌，将读书与个人品味、生活方式相结合，升华为现代人的精神追求。

2.4 拓展服务领域，深化服务层次

长期以来，图书馆因定位于公益组织，所以与“有偿服务”无缘。“大量的公共支出＋私人捐赠＝仍然落后的图书馆系统＋零收入”已是天经地义的恒等式。这种“公益”模式不仅制约了图书馆系统的更新，更制约图书馆开展深层次的服务。

青番茄作为一个企业，将建“企业图书馆”作为企业发展和盈利的重要手段，也为“公益性质”的图书馆破解了一个难题：公益≠零收入。相反，为更好地开展公益服务，图书馆急需来自不同渠道的经费支持。相比政府拨款、个人捐赠，图书馆自身的造血机制(有偿服务)也需发展。

拓展图书馆的服务领域，深化服务内容，在公益服务的基础上，产生具有一定的品质和独特性的产品：为企业建图书馆，提供读者行为分析报告，甚至与不同企业开展合作，提供宣传场所和培育潜在客户等，不仅为图书馆带来一定的收益，而且将图书馆与企业、个人发展联动起来，成为整个社会变化的一部分。

图书馆的收益要用来实现图书馆服务的公益性方面。当图书馆有了经费支持，免费借还才能真正实现，解决“将图书快递到读者手中”这一制约实体图书借还的最后障碍。

3 互联网时代的实体图书馆

3.1 实体图书馆的永恒魅力

相比虚拟网络，实体图书馆具有不可比拟的优势：环境优雅，藏书丰富，更为重要的是，在实体图书馆，每位读者面对的无论是图书，还是咨询员或者其他读者，都是活生生的客观存在，有效抵抗了现代人内心深处的虚无感和不安全感，安静舒适的阅读环境使实体图书馆成为人们寻求心灵宁静的最佳场所。

此外，读者与咨询员面对面的交流，直接解决读者问题，给予读者个性化的指引和陪伴。同时，高素质的咨询员通过细心的观察，不断积累、总结，及时解决一般问题及潜在问题，使读者的体验更为人性、舒心。借助书籍，图书馆实现了高水平的人际交流。

图书馆更是一个创新的知识发源地。作者与读者、出版社与读者、读者之间的思想交流，也是实体图书馆的优势。图书馆不仅能提供场所 ，更能在这些交流碰撞中，产生新的想法和创意，“现场感”是实体图书馆制胜的法宝。

3.2 互联网技术的开发与利用

高效、快捷以及海量的信息存储，精准的个人服务，是互联网技术的优势。特别是数字时代，平板电脑，手机，mp4，PSP……移动终端层出不穷，移动阅读势不可挡，文字、图片、声音、影像的多媒体触控和体验彻底颠覆了纸质阅读的单一视觉感受。便捷快速，随时享用，信息触手可得，移动互联网为阅读方式变革提供了最大的便利条件。QQ、飞信、微博的广泛使用，将人性化设计、用户体验、互动分享提到一个全新的高度。

另外，创新的理念，简单、美观的界面设计，能够吸引用户的关注；便捷的服务模式，无所不在的游戏元素，将复杂的技术、繁琐的服务过程都交由后台完成，节约了用户成本；通过高度人性化的设计，增加用户体验，来提高用户的黏性。这些都是实体图书馆需要借鉴和学习的。

3.3 实现共赢

互联网时代的阅读革命不意味着传统纸质阅读的消亡，网络图书馆的兴起也只是实体图书馆的一种补充。但实体图书馆与互联网的结合是大势所趋。

实体图书馆在互联网技术的开发与利用中，要始终坚持“书为本，技为末”原则，充分利用互联网技术来扩展图书馆的主业——信息的传播、利用，弥补图书馆在理念、服务方面的不足。同时也要继续发扬实体图书馆的优势，实现实体图书馆与互联网的共赢。

4 结论

实体图书馆在网络时代面临更多的机遇和挑战。实体图书馆要充分利用互联网技术，开展更为深入、细致的图书馆服务，不仅在技术、设备上与网联网时代接轨，更要利用网联网的特点开展更适合现代人生活特点的读者服务。在这些方面，青番茄的网络实体书图书馆为我们开创了一个很好的先例。建立实体图书馆与互联网合作共赢的基本理念，开展具有特色及深度的读者服务，相信实体图书馆在互联网时代会得到更好的发展。

参考文献

[1]钱华．互联网对高校图书馆的影响分析．大学图书情报学刊，2010(1)：66—68
[2]齐洁．青番茄：电子阅读"书式生活" 中国经营报－中国经营网，2011-02-05
[3]李天阳．免费图书馆的赚钱魔法．《福布斯》中文刊，2011，5月上刊
[4]周凡恺．"青番茄"能否成为未来图书借阅趋势？天津日报，2011-03-08
[5]叶文东．青番茄：全民阅读营销．新营销，2011-11-18
[6]周执．青番茄：一群80后的网上实体图书馆．南方都市报，2012-03-29

作者简介：杨梅(1968—　)，女，副教授，硕士，图书馆管理及德育教育。

图书馆信息服务

学科服务的精准营销

李 莘 宁 岩 李 纪

（哈尔滨工业大学图书馆）

摘　要：为避免学科服务陷入被认知、被选择与被接受的境地，提出对学科服务实施精准营销。根据精准营销的理论对用户精准定位，建立与用户良好的传播沟通渠道，充分考虑用户的个性化需求并推送给其所需的产品，从而实现对用户的增殖服务，追求用户愉悦。

关键词：学科服务　精准营销　个性化　增殖服务

Precision Marketing of Subject Services

LiShen　Ning Yan　Li Ji

(Harbin Institute of Technology Library)

Abstract: In order to avoid subject services into acknowledged, chosen and accepted the situation, subject services need precision marketing. According to the theory of precision marketing, this article precisely analyzes the users, establishes good communication channels of with the users, pushes what the users need and gives full consideration to the individual needs of users. Its ultimate aim is to accomplish the value-added service for users and make them be pleasure.

Keywords: subject service; precision marketing; personality; value-added service; customer pleasure

学科服务自 1998 年在我国图书馆界开展以来，取得了蓬勃的发展。北京大学的嵌入式学科服务模式、中科院国家科学图书馆“融入一线，嵌入过程，提供学科化、个性化、知识化、泛在化服务”的“第二代学科馆员和学科化服务”[1]、上海交通大学提出的 IC^2 及 Living Library 的创新服务模式、上海对外贸易学院提出的发展合作项目嵌入科研过程的深化学科服务模式等，都是高校及科研机构结合自身特点开展学科服务的成功模式。随着学科服务的深入发展，学者也不无担忧地提出：目前图书馆为用户提供的学科服务仍存在图书馆处于能动的服务主体，而文献与读者处于被认知、被选择和被接受的客体的现状。这样的学科服务会成为一种“独白”，学科服务的各方不能积极参与、互动交流[2]。因此，本文提出对学科服务进行精准营销，以便让图书馆的学科服务实现“个性化”、“7×24 小时”，从而更接近其服务的最终追求。

1 精准营销的概念

精准营销(Precision Marketing)就是在精准定位的基础上，依托现代信息技术手段建立个性化的顾客沟通服务体系，实现企业可度量的低成本扩张之路。其有三层含义[3]：

(1)精准的营销思想。

营销的终极目标就是无营销的营销，到达这个目标的过渡就是逐步精准。

(2)实施精准的体系保证和手段，而这种手段是可衡量的。

(3)达到低成本可持续发展的企业目标。

精准营销通过可量化的、精确的市场定位技术突破传统营销定位只能定性的局限；借助先进的数据库技术、网络通讯技术及现代高度分散物流等手段保障与顾客的长期个性化沟通；精准营销的系统手段保持了企业和客户的密切互动沟通，从而不断满足客户个性需求，建立稳定的企业忠实顾客群，实现客户链式反应增殖，从而达到企业的长期稳定、高速发展的需求；借助现代高度分散的物流实现个性关怀。其个性化体系包括：精准的市场定位体系，与顾客建立个性传播沟通体系，适合一对一分销的集成销售组织，提供个性化的产品，顾客增殖服务体系[3]。

2 学科服务精准营销的必要性

学科服务实质上是图书馆面向用户的一种营销。通过学科服务，图书馆向用户推销所购置的图书、期刊、报纸、电子资源等文献资源，同时推销可为用户提供的各种服务，包括传统借阅服务，查收查引服务，科技查新，资源及软件使用培训等。学科服务不同于传统图书馆借阅服务被动地等待用户各取所需，其有很强的对象针对性，是图书馆在对学科用户需求和学科文献的充分了解基础上主动提供的服务[2]。通过了解用户需求对用户精准定位，进而建立良好的用户传播沟通渠道，推送给用户其所需的产品并充分考虑用户的个性化需求，从而实现对用户的增殖服务。这与精准营销的理念恰好是一致的，因此，实现学科服务的最好手段就是实施精准营销。2010年图书《网络整合营销兵器谱》在微博上的成功营销和清华大学图书馆的《爱上图书馆》系列视频(此系列视频获IFLA营销大奖)都是图书馆的成功营销个案。有网友对《爱上图书馆》这样评价，“看过一集，很有青春气息，真的能叫人爱上图书馆，图书馆理应有这种营销精神。现代社会，没有什么是必然的，我们必须用自己的工作和努力去证明和保持我们的价值。”[4]。

3 学科服务实施精准营销的具体步骤

实施学科服务的前提是对目标用户群的精准定位，将用户群按不同需求层次加以分类，了解每类用户对图书馆服务的特定需求，以便更好地为该类用户提供针对性的学科服务。

3.1 学科服务目标用户群的精准定位

首先，根据马斯洛的需求层次分析，将用户群定位为三阶，即初阶、中阶和高阶。初阶的用户群包括高校低年级的本科生及外校考入的研究生，该类用户群多数不了解图书馆的资源及服务，图书馆需要提供入门指导服务，推送教辅用书、社科类书刊，中文电子资源的使用等内容；中阶用户群包括高校高年级本科生、硕士研究生及新进的年轻教师，他们多数经过初阶用户群的培训，需要更系统地了解图书馆外文信息资源如何使用，如何利用资源开展课题研究，如何找到就业及职业培训信息，专业的开放课程，出国留学及考研、考博的信息等，对于此类用户群图书馆需要提供各类外文资源的使用培训，利用文献资源来跟踪课题的研究进展的培训，利用网络资源寻找就业及培训信息，查询各国高校相关专业排名等服务；高阶用户群主要是高校的教师和博士研究生，他们主要需要了解怎样通过使用资源来节省科研时间、如何找到潜在的竞争对手/合作伙伴、在科研的全过程如何保证自己始终处于领先地位、怎样使自己的教学更加吸引学生以及了解科研成果评价及报奖信息等，这类用户群更需要课题跟踪、科技查新、整合的开放课程、查收查引的推送等服务。

为避免在用户群定位中出现文献[2]所提及的图书馆视角的“独白”，本文采取与用户群“对话”的方式完善对用户群的精准定位。这些方式包括在教学过程中巧妙设计小问答或者问卷来了解用户群的真正需求；通过预约培训、主动走访、座谈等方式接触不同院系的师生，与师生座谈了解他们对图书馆学科服务的深层次需求，如对本学科的评价(如 SCI、EI、ISTP 等论文收录引用情况，国内引用情况)，国内外对该学科的研究情况分析(研究主题、核心研究人员、研究团队、该学科持续举办的国际/国内会议等)，国内外基金资助情况，本学科的核心期刊，博硕士如何发表论文(如今年被 SCI 收录的期刊上录用的文章明年是否会被 SCI 收录，什么样的国际会议和 SCI 刊源可投稿?)等。

3.2 精准营销策略的选择

在完成对用户精准定位的基础上，需要选择恰当的营销策略来满足用户的个性化需求。本文主要采取了两种策略：第一，利用云技术建立学科网站，该学科网站是主要按照上文的用户群分三阶以满足不同阶段用户需求；第二，以个性化学科网站、微博、一对一的分销模式等方式与用户群建立个性化传播、沟通体系。

3.2.1 学科网站建设

本文采用云计算技术构建泛在知识环境下第三代图书馆的学科网站。文献[5]提出图书馆发展已经进入第三代，即云图书馆，它也是泛在化知识环境下的泛在图书馆[6]。泛在知识环境在服务理念上要求图书馆脱离馆舍甚至“图书馆”这样一个物理观念，将图书馆看做是集现代知识交流、知识加工、知识传播和知识聚集于一身的动态学术中心/社区。在服务需求上，一方面，实现物理空间的资源高度聚集，在规划和实施上，倡导信息共享，打造促进资源利用的共享空间；另一方面，积极深入教学、科研一线，融入研究过程。同时搭建虚拟社区，利用网络服务方式开展与用户需求相对应的服务，成为真正意义上的泛在图书馆[5]。通过云计算技术构建的学科网站的基本功能就是实现读者的一站式检索，利用 muse 的整合检索系统按照上文提及的用户群定位为其定制该阶用户专属的学科资源。这些资源既包括图书馆订购的涉及该学科的资源，也包括图书馆工作人员为其整合的网络免费资源如 OA 期刊等。同时，我们将用户其他常用资源按类整合为论坛、学者博客、开放课程、国内外知名大学(含此学科的)的访问链接，企事业信息等栏目，SCI/EI 最新收录该学科论文动态报道，本校该学科学者最新发文(中外文被 web of science，EI，中国知网等数据库收录的情况)，会议追踪，学科专家、机构追踪，新书、现刊、资源推荐，各类科研信息等。同时，结合我们发放的小问卷的反馈信息在该阶用户的网站上定制他们关注的内容。例如，初阶用户针对我们问卷中“你对图书馆学科服务平台及学科服务博客的建议?”这个问题提出了很多宝贵的建议，包括加入教师上课视频、资料、参考书、历年考研材料，学科常用软件(包括绘图软件、计算软件)，在平台上加入学生与专业老师交流平台，增加专业培训、职业培训、撰写论文及专业软件使用培训等，嵌入校内信息发布(包括教务信息、研究生信息、课程信息、学院动态等)，增加企业信息方便用户了解企业与就业信息，开发基于 ios 及安卓系统的图书馆客户端软件等。

结合问卷中用户的建议，我们逐步完善学科服务平台，力求整合过程充分考虑该阶段用户所有显性及隐性的需求，以便用户在建设自己的个性化学科网站时定制相应内容。同时，为了更好地满足用户需求，学科网站的建设会吸纳来自不同部门、不同院校、科研院所的馆员、用户群来共同完成。

3.2.2 与用户群建立个性传播沟通体系

3.2.2.1 个性化学科网站定制

借鉴 iGoogle 及豆瓣网的模式[7]，允许用户按照自己的需求定制专属的学科网站，该网站可以自建主题，随意添加应用并创建 RSS，而用户仅需简单拖拽即可完成。同时，让用户作为网站中学科博客、论坛、讨论组的博主、版主，由他们来为自己感兴趣的文献信息资源打分，作推荐，加标签等，使学科服务能够推送用户真正感兴趣的资源。

3.2.2.2 微博营销

2010 年 2 月 4 日 15：00，图书《网络整合营销兵器谱》由我世界发布会在新浪微博、豆瓣、滴答等十余家微博上直播，直播时《网络整合营销兵器谱》化身一名可爱的武侠高手出场，其用幽默风趣的语言为大家进行精彩直播，推送会半个小时共为听众推送 170 条微博信息，新浪微博听众从 0 增加至 600 人，而且听众非常精准，80%是从事网络营销、电子商务的专业人士，十余家微博听众共计 50000 多人，该案例被称为图书微博营销的里程碑[8]。

借鉴这个图书营销的成功案例，给学科服务加个“围脖”，可以弥补学科博客更新周期较长、即时性不强等不足，实现个性化、7 * 24 小时的精准服务。在微博上，用户与用户、用户与学科馆员互加关注，可以形成特定研究主题的微群，用户在这样的微群中可以随意发表对某一研究主题的想法，轻松找到专业问题的答案及可以合作的研究伙伴，并及时修正研究中可能出现的误区、找到潜在的研究方向。

3.2.2.3 一对一的“分销”学科服务

一对一的“分销”学科服务包括为用户专门定制适合其专业的预约培训，查收查引服务，科技查新服务等。由馆长亲自带队服务于科研第一线的校内科研院所，主动与用户座谈，倾听用户需求，为用户作定题研究分析报告，内容包括前沿分析，潜在竞争对手分析，科研基金资助获取情况，举办的国际会议情况等等。这种一对一的“分销”方式，会得到用户的积极配合从而取得良好的效果。同时，在学科服务的营销中加入一些小噱头吸引用户积极参与，如：在面向博士开题查新的活动中，我们增加了优惠限额 50 名，发布公告当天即提交 20 余份查新申请，收效十分明显。(图 1 为活动公告)

3.3 提供个性化的产品，实现增殖服务

为用户提供 iGoogle 式的学科网站，用户可在网站上定制专属自己的学科网站“iSubject”，同时，通过微博即时推送图书馆最新的书讯、刊讯、电子资源、免费资源信息、各类数据库、软件培训信息、企业信息、教务考研等信息。与此同时，让用户成为学科服务

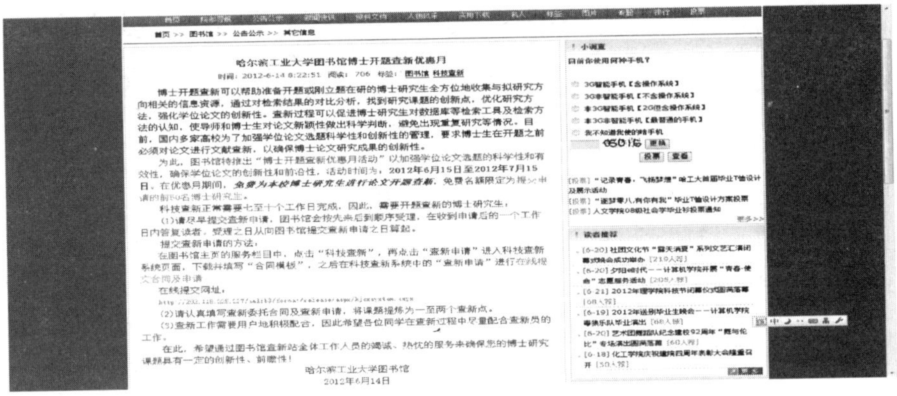

图 1　宣传小嚟头

的主要参与人，令其有归属感并主动对感兴趣的资源进行评价、推荐，让用户成为微群群主、博主、论坛版主等学科服务体系中的负责人，使更多的用户关注图书馆的学科服务。让图书馆的学科服务在学科馆员与用户的交替互动中得以增殖，从追求用户满意到追求用户愉悦。

4　做好学科服务的精准营销，追求用户愉悦

学科服务需要对用户群的精确定位，了解用户真正的需求，从而与用户建立良好的沟通渠道，推送用户所需的文献资源及图书馆服务，并在服务的全程考虑用户潜在的个性化需求，从而实现学科服务的精准营销。营销的过程中，积极地与用户建立良好的客户关系，让用户成为学科服务的主要参与人，共同完善图书馆的学科服务体系，从而使每一个被服务同时也是服务于其他人的用户感到愉悦，由他们来帮助图书馆更好地服务学科领域的入门者、初高级研究人员，使学科精准营销真正实现面向用户、关心用户、一切围绕用户为中心，追求用户愉悦[9]。

参考文献

[1]潘卫，兰小媛．近年来图书馆用户群服务发展的十大层面[J]．图书馆建设，2008(10)：16－21

[2]郑勇．从对话的视角看高校图书馆学科服务策略[J]．图书馆论坛，2010，30(2)：10－12

[3]百度百科．精准营销[EB/OL]．[2012-05-09]．http：//baike.baidu.com/view/5695.htm

[4]书蠹精．清华大学图书馆的《爱上图书馆》系列视频获 IFLA 营销大奖[2012-06-01]．http：//blog.sina.com.cn/s/blog_495d62640102dyok.html

[5]张梅．第三代图书馆与学科服务[J]．情报杂志，2010，29(12)：193－194，180

[6]宋海艳．泛在知识环境下的图书馆学科服务模式与动力机制研究——基于学习空间融合服务的探索[J]．情报理论与实践，2010，33(7)：58－62

[7]李慧美，陈朝晖，杨广锋从豆瓣网看图书馆学科信息服务的改进[J]．图书馆杂志，2009，28(8)：35－38，15

[8]曹玉．2010 微博营销 10 案例[J]．科技与企业，2011(3)：42－46

[9]张玲．整合营销传播(IMC)在 H 客车公司品牌营销中的应用[D]．武汉：华中农业大学，2007：6－13

作者简介：李莘(1977—)，女，副研究馆员，博士生，主要从事学科服务、情报分析及文献计量学研究。
宁岩(1961—)，女，副研究馆员，硕士，主要从事图书馆办公自动化研究。
李纪(1974—)，女，馆员，硕士，主要从事竞争情报分析，图书编目细则研究。

关于学科馆员与教师合作建设馆藏的思考*

孙书霞
（首都师范大学图书馆）

摘　要：高校图书馆的现有馆藏已不能满足用户需求，传统采访模式亟待改变。论证了学科馆员与教师合作建设馆藏的必要性和可行性，并构建了基于学科馆员与教师合作的馆藏建设模式，提出了学科馆员与教师合作开展馆藏建设工作的具体途径。

关键词：高校图书馆　学科馆员　教师　馆藏建设

Abstract: Academic Library's existing collections can not meet users' needs, the traditional acquisition mode must be changed. Demonstrate the need and feasibility of the cooperation between subject librarian and faculty for collection building. Establish a faculty-subject librarian collaborative model for collection building, and propose the specific approach for the cooperation.

Keywords: Academic library; Subject librarian; Faculty; Collection building

1　引言

自1998年清华大学图书馆在国内率先开展学科馆员工作以来，迄今为止已有超过200所高校图书馆设立了学科馆员制度[1]，学科馆员普及率之高说明图书馆设此岗位已成为一种趋势。

通过文献调研，笔者发现相关研究主要集中在学科馆员的工作职责、继续教育、学科馆员制度、队伍建设、服务模式、中外大学图书馆学科馆员比较以及学科化服务等方面。近几年，有关学科馆员与教师合作的理论和实践研究越来越受到业界同仁的关注，但更多地集中在信息素质教育和学科联络方面，而学科馆员与教师合作进行馆藏建设的研究并不多。从实践层面来看，国内大多数图书馆的馆藏建设工作仍然沿袭传统由采访部负责，学科馆员只是部分参与，主要是负责征求院系教师意见或建议，并不实际从事资源建设工作[2]。院系教师参与图书馆馆藏建设工作也仅局限于选划书目、零散荐购文献、提供咨询建议等，而且常常因为没有相应的制度作保证，热情不高。可以说，国内图书馆在与教师合作建设馆藏方面的研究和实践还处于探索阶段。

高校教师不仅是图书馆的服务对象，更是重要的信息供应者[3]。与教师建立合作伙伴

---

* 本文是2011年北京市教育委员会社科计划项目“大学图书馆学科馆员与教师合作的实践研究”(项目编号为：SM201110028015)的研究成果之一。

关系，充分发挥教师作为内容建设者的作用，不仅有利于图书馆的馆藏建设，也将是学科服务的发展方向。

2 合作建设馆藏的必要性和可行性

2.1 学科馆员负责馆藏建设的必要性

一方面，国内高校图书馆的馆藏建设工作通常由采访部负责，按照文献资源类型和语种设立相应的采访馆员岗位。采访馆员基于所学专业以及个人精力和时间的限制，在资源选择的过程中不可避免会出现一些盲目性、随意性和个人的偏向性，导致采访工作出现偏差，从而影响图书馆馆藏建设的质量，使得现有馆藏不能满足用户需求。例如，北京大学图书馆在2006年学科抽样调查中发现，该校优势学科——经济学全部中英文文献的满足率仅为54%[4]。由此可见，传统的采访模式亟待改变。

另一方面，近几年不少高校都施行了学科馆员制度。学科馆员通过和院系的联络，熟悉对口专业学科特点，了解师生需求，并且熟悉学科馆藏资源分布和文献出版信息。让学科馆员负责相关学科馆藏建设，可弥补传统采访模式下按文献类型配置采访人员的不足，有利于图书馆优化馆藏资源结构、全面而有重点地发展既有特色、又反映院系师生教学研究需求的馆藏。

2.2 学科馆员须与教师密切合作

新的信息环境下，信息获取的复杂性和技术化使得馆藏建设不再只限于选书买书，而是更注重资源的内容和多种形式的开发。针对网络资源和电子资源的学科资源集成开发、学科机构库等资源建设和整合服务日益重要。这些不仅需要技术支撑和专业标引，更重要的是文献来源。许多重要的学科资源掌握在教师手中，例如教参资料、会议论文、科研数据资料，以及重要学术活动的演示文稿等，馆藏建设工作必须得到院系教师的支持配合。

学科馆员与其所服务的对象——教师相比，即便有学科背景，加强专业培训，也很难熟悉每个研究方向，学科知识匮乏是学科馆员深入开展服务的掣肘[5]。因此，在馆藏建设过程中，学科馆员必须与院系教师密切合作，充分利用教师的专业知识和学科资源来开发、丰富图书馆的馆藏。

2.3 学科馆员制度为合作奠定了基础

目前高校图书馆十分重视学科馆员队伍建设，积极引进各学科的专业人才，并注意对学科馆员进行再培养。高校图书馆的学科馆员人员构成中，或者是具有中级甚至高级职称并具备丰富工作经验的馆员，或者是新引进的各学科专业硕士以上学历非常有可塑性的高素质人才。比如，北京大学图书馆对学科馆员的选拔要求具备硕士学历或副高职称且有较好的业务能力，并对学科馆员进行每个月一次的培训和系统学习[6]。学科馆员队伍中各种学科专业人才的储备和整体素质的提高，为学科馆员负责学科馆藏建设奠定了基础。学科馆员在与院系教师联络的过程中，已经同教师建立了良好的关系，也为进一步的合作创造了有利条件。

2.4 教师对合作目标的期望

教学与学科资源相辅相成。院系教师与学科馆员合作建设馆藏过程中，在帮助学科馆员选择和发现学科资源的同时，还能使教师充分了解该学科的馆藏情况及特定课程或科研项目所需的现有馆藏及其缺陷。图书馆与教师合作开发学科机构库，不仅可作为本馆的特色资源，同时也为教师的研究成果提供传播途径，有助于学术成果的推广和利用。

调查显示，曾与学科馆员一起帮助图书馆购置最需要的学术资源的教师中，认为合作对馆藏建设有重要价值或影响的占 89%，其中 68%认为与馆员形成互动合作关系是有效提高馆藏建设的重要环节[7]。学科馆员与教师合作开发完善馆藏资源，是一个教学与资源相长、双向受益的有效方法[8]。

3 基于两方合作的馆藏建设模式

为了拓展和深化图书馆与院系的合作，推进学科馆员与教师合作进行馆藏建设，笔者构建了学科馆员—教师合作的馆藏建设模型，如图 1。

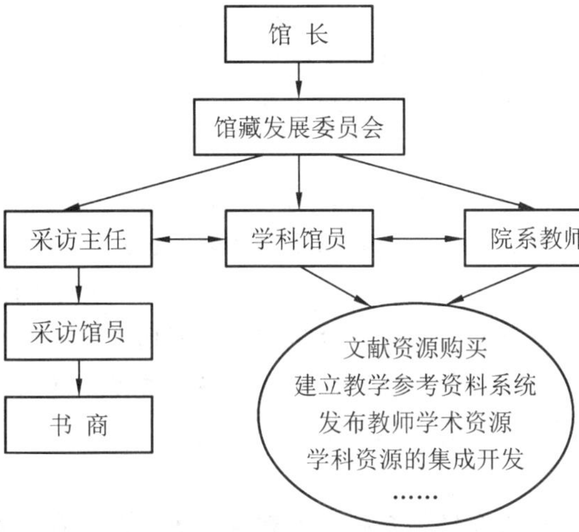

图 1 学科馆员一教师合作的馆藏建设模式

3.1 设立馆藏发展委员会

高校图书馆可根据本馆的实际情况设立馆藏发展委员会，该委员会以馆长为核心，委员由各院系负责人、学科带头人、教师代表、采访主任组成。馆藏发展委员会负责编制并修订本馆馆藏发展政策，统一规划全校文献资源发展、合理分配使用文献购置经费，明确馆藏发展相关人员的责任归属，制定文献采选的基本原则和基本操作程序，使之制度化、规范化。

3.2 明确学科馆员与教师的权利与责任

在制定馆藏发展政策时要对学科馆员、教师及相关采访人员的权力与责任、需要教师参与的工作环节等进行相应的说明，使图书馆与教师合作发展馆藏常态化与制度化。图书馆还应以馆藏建设定位学科馆员的核心职责，争取校领导、院系领导的支持和相关职能部门的配合，对与图书馆合作的教师实行实质性的奖励。例如，台湾景文科技大学对参与图书馆工作的教师给予每学期 10 篇免费馆际互借论文及额外 2 分的年度教学评估分数，并在学期末校长给予表彰[9]。

3.3 建立分工协调的采选机制

在馆藏发展委员会的指导下，建立分工协调的采选机制，采用采访主任、学科馆员、教师、采访馆员四位一体的操作模式。采访主任负责采访工作总体业务的管理协调，包括：确定和拓展采购渠道、分配学科经费额度、审核订单、控制文献购置经费支出进度等。学科馆员负责学科文献信息源的搜集、与所联系院系的师生联络沟通及用户调查分析等，并和教师共同选购馆藏。采访馆员负责与书商办理具体的文献采购手续。

3.4 学科馆员与教师的合作途径

3.4.1 文献资源购买

可采用的方式有：书单荐购(包括定期的书目推送和零星的书目推荐)、主题书展、院系资源共建。学科馆员可通过网络/软件平台，定期推送书目供院系教师选书；根据院系教师需求举办主题书展；并逐步推动图书馆和院系馆藏资源的全面揭示和共建共享。

国内高校图书馆已经开始重视文献资源购置中和院系教师的合作。例如，清华大学图书馆自 2009 年起，学科馆员每月将筛选的外文书单发给院系教师，征集购买意见，图书馆还与院系合办外文书展。台湾景文科技大学实施的“馆员—教师合作方案”则要求教师必须参加日常的图书、期刊和电子资源的选择工作。

3.4.2 建立教学参考资料系统

图书馆利用学校教学信息服务网平台，与学校教务处、网络中心共同开发建设全校课程的教学参考资料系统，整合教师指定教学参考资料与课程信息。教师通过所授课程入口提交课程需要的指定教参信息，图书馆便可自动获取教师对教参的需求，并将教参书目和全文再推送回教学信息服务网平台，这样师生就可查看所授或所选课程的教参全文。教参资源可涵盖图书、论文、开放课件、多媒体资源等各种类型，还可将教参资源主动推送至各类终端(PC、iPad、手机等)，让教参资源随手可得。

3.4.3 发布教师学术资源

通过建立教师文库、机构仓储等系统开发教师学术资源，存储本校教师具有较高学术价值的著作、期刊论文、工作文稿、会议论文、科研数据资料，以及重要学术活动的演示文稿等。既有利于长期保存、展示本校教师的学术成果，也方便校内外及国内外同行学者之间的学术交流、评议、知识共享等，加快学术传播，提高本校学术声誉。

3.4.4 学科资源的集成开发

学科馆员与院系教师合作挖掘本馆的、馆外的以及网络上的学科资源，加强对各种数字资源的整合和数据库的开发管理。同时，还应该根据图书馆的馆藏发展目标，以本校重点学科专业为特色，把本馆收藏的富有特色的学科知识资源、专家科研成果进行深度加工整合，形成具有自主知识产权的特色数据库、课件资源库以及内生资源库等。

4 结语

新的信息环境下，高校图书馆不仅应将教师当做服务对象，而且应将其作为学科馆藏建设的合作伙伴，学科馆员与院系教师的合作亟待进一步拓展和加强。学科馆员与院系教师合作建设馆藏模式的实现需要校级领导支持、图书馆领导的重视及其他职能部门的配合，图书馆应当主动寻找合作机会，不断创新实践，探索理论，实践与理论并举，以寻求更大的发展和突破。

参考文献

[1]胡琳等. 论馆藏资源建设是学科馆员制度的核心[J]. 图书情报工作，2011(5)：19－22

[2]韩丽风，张秋．图书馆资源建设学科化的实践与思考[J]．图书情报工作，2011(4)：63－67

[3]李桂华．与教师合作——高校图书馆服务开发的新路径[J]．图书情报工作，2007(4)：132－134

[4]肖珑等．高校人文社科外文资源的布局与保障方法[J]．大学图书馆学报，2008(6) ：2－ 7

[5]范爱红，邵敏．学科服务互动合作的理念探析与实践进展[J]．图书馆杂志，2010(4)：40－42

[6]李辉华．北京高校图书馆学科馆员服务研讨会综述[J]．大学图书馆学报，2007(6)：96－101

[7]崔林．合作：信息时代高校图书馆与教师关系的发展方向[J]．南京理工大学学报(社会科学版)，2008(4)：96－101

[8]金旭东等．21 世纪美国大学图书馆运作的理论与实践[M]．北京：北京图书馆出版社，2007：92

[9]Ti Yu. A new model of faculty-librarian collaboration：the faculty member as library specialist. New library World，2009(9/10)：441－448

作者简介：孙书霞(1980－　)，女，馆员，硕士，研究方向：文献资源建设、学科服务。

TBL 教学模式在高校信息素质课程中的探索和思考

——兼论美国信息素质教育发展的启示

苏 健

（三峡大学图书馆）

摘 要：本文探讨以团队为基础的学习（Team-based learning，TBL）教学模式在高校信息检索课程教学中的设计与应用，包括教学目标、教学内容、教学评价、团队建立等环节。认为 TBL 模式有助于提高学生学习的主动性和团队协作精神，以及综合运用知识分析和解决问题的能力。

关键词：TBL　信息素质教育　教学方法　高校

Exploration of TBL in the Information literacy Education Course

——Also On the Revelation of Information Literacy Education Development in America

Su Jian

（three gorges university library）

Abstract：The paper is based on the theory of group dynamics to discuss the design and application of team-based learning（TBL） in Information Retrieval Courses, including teaching aims, teaching content, teaching evaluation and team building. TBL could improve students' learning initiative and the spirit of teamwork, as well as the integrated use of knowledge to problem-solving skills.

Keywords：Team-based learning（TBL）；information literacy education；Teaching Methods；Universities

随着信息技术的发展和社会信息化程度的不断提高，信息素质已成为大学生终身学习能力和创新能力的基础，信息素质教育对培养大学生信息意识、信息获取能力、自学能力及独立研究能力的重要性越来越突出。目前，在我国高校开设信息检索课程仍是提高大学生信息素质的主要途径，也是对大学生进行信息素质教育的主要方式。然而，传统的教学模式存在一些问题和局限性，制约了高校信息素质教育的发展[1]。因此，对信息素质教育课程的内容、教学方法与教学模式、评价体系等进行改革，提高信息检索课质量，加大信息素质教育的力度，是目前亟须研究的重要课题。本文通过对 2000 年美国大学和研究图书馆协会(ACRL)发布的《高等教育中信息素质能力标准》(以下简称为《标准》)的思考，采取 TBL 教学法实践于信息检索课程教学中，探寻信息素质教育课程新的教学模式。

1 美国信息素质教育的发展历程

信息素质一词是 1974 年由美国信息产业协会主席 Paul Zurkowski 首先提出来的。此后，又出现了一系列围绕信息素质的研究成果。较有影响、人们引述较多的是美国图书馆协会(ALA)信息素质委员会 1989 年所下的定义，其对信息素质作了这样的描述："作为有信息素质的人，必须能够知道何时需要信息，并具有确定、评价和有效利用信息的能力"[2]。1983 年美国信息学家霍顿(Horton)指出教育部门应开设信息素质课程，以提高人们对联机数据库、电子邮件及图书馆网络等的使用技能。1985 年后美国的信息素质教育进入了快速发展阶段。1987 年，美国图书馆协会成立了信息素质教育委员会，目的是明确信息素质在学生学习、终身教育和成为一个良好公民过程中的作用；1998 年美国学校图书馆协会和教育通信和技术协会出版了《学生学习的信息素质标准》，对中小学学生的信息素质能力标准进行明确的规定；2000 年 1 月美国 ACRL 协会通过了最具影响力的《高等教育中信息素质能力标准》，其中包括 5 项标准和 22 项操作说明[3]，作为教师或图书馆员评估学生信息素质能力的指南；2003 年 6 月，ACRL 下属的信息素质研究所发表了"信息素质实践课程标准指南"，主要面向本科生及研究生设计实践课程。

1.1 五项标准的主要内容

标准一是学生能明确信息需求的内容与范围；二是学生能高效获取所需信息；三是学生能客观、审慎地评价信息与信息源，利用知识基础和价值系统选择适当的信息；四是学生作为个人或作为群体一员能有效利用信息实现特定的目标；五是学生能够理解有关信息使用的经济、法律以及社会因素，获得和使用信息时能自觉遵守道德规范和有关法律。22 项操作说明分别是对应于五项标准的具体阐述，同时 22 项操作说明又一共细分为 86 条行为指标。五项标准精华在于它涵盖了信息意识、信息能力和信息道德三个方面的内容，强调获取与创新、理论与实践、公德与法律意识的培养，这与我国 21 世纪高等教育中对学生的信息素质教育培养目标是大体相同的。

1.2 美国《高等教育中信息素质能力标准》的启示

从美国的《标准》可以看出：信息素质教育是一个完整的教育体系，已成为各专业人才的基础教育，它涉及社会、法律、经济、伦理等方面相关问题；信息素质教育的内容体系包括信息意识、信息能力和信息道德三方面，而信息能力教育又是信息素质教育的核心，因《标准》中主要评估的是教育对象的信息获取能力、信息分析能力、信息加工能力、信息创新能力及信息利用和交流能力；另外，馆员——教师合作模式是信息素质教育发展趋势[4]。我国的大学生信息素质教育还存在不足，需要改革现有课程的内容、教学方法与教学模式、评价体系等，以突出大学生信息能力的培养；教师也需要转变观念，重视大学生的信息素质能力评估，制定具体的标准和方法，将学生的信息素质能力评价与学业成绩结合起来。

2 TBL 模式的内涵及在信息检索教学的实践

TBL(Team Based Learning) 教学法是一种以团队为基础的学习，2002 年由美国教育学家 Michaelsen LK 正式提出，他在 PBL(Problem-Based Learning)教学模式基础上改革创新形成的一种有助于促进学习者团队协作精神，注重人的创造性与实践特点的新型成人教育模式[5]。TBL 教学法的基本流程是：教师将团队分为几个小组；教师提前将教学内容告知学生，学生上课前预习；课堂教学包括个人测试、小组测试和应用性练习三个环节；教师根据个人和小组测试结果判断学生掌握基本知识的情况，教师有针对性的讲解相关内容；然后进行应用性练习，各小组在老师指导下开展讨论，小组代表上台讲解，老师最后评价与总结。通过激发学生学习的兴趣和热情，促进学生主动学习和团结协作精神，提高分析问题和解决问题的能力。

2.1 TBL 教学设计与实践

本课程的宗旨是以提高大学生信息意识、信息能力、信息道德及创新思维为指导思想，着重培养学生分析获取信息的能力和解决问题的能力。在解决问题的过程中，培养学生团队协作意识、自主学习观念、人际沟通能力和创新思维。在 TBL 教学中还需遵循以下原则：(1)小组要合理组织，大小适当，成员保持稳定，每组 3－7 人；(2)成员必须对团队有所贡献；(3)任务要科学设计。具体教学实践如下：

2.1.1 小组构建

本校各专业本科学生共 60 名，分为 10 组，每组 6 人；考虑学生的不同年级、专业、性别及能力等情况进行调配；每组选有一名沟通能力强、责任感强的学生担任组长。

2.1.2 教学安排

共 24 学时，将 24 学时平均分为 8 次(3 学时为一次)教学。每次课程中，都安排一个小时上机操作训练。本课程的主要教学内容包括信息检索基本知识、图书馆资源与利用概述、搜索引擎原理与实践、中外文网络数据库使用与评价、毕业论文开题和写作及知识产权介绍等。在整个课程教学中，采用传统教学法与 TBL 教学法相结合，对操作性较强又是本科生必须熟练掌握的教学内容选为 TBL 方法教学。以中文数据库教学为例，采取 TBL 方式授课，共安排 2 次课、6 学时。在教学前一周，将教学课件、相关资料及应用性练习放在网上，供同学下载预习。

2.1.3 教学过程

首先是个人预习认定测试过程。中文数据库的第一次课开始用约 10 分钟时间进行个人测试，学生独立完成闭卷试题。测试题目较简单，主要是了解学生预习及基本知识掌握情况。个人测试后以小组为单位进行团队任务测试，以完成试卷的形式结束，不同之处是允许本小组内成员讨论。接下来，教师根据同学两次测试情况，有针对性地进行基本知识及检索策略教学。最后是应用性练习过程。课堂教学完毕，学生到电子阅览室上机训练及小组讨论，时间约 1 小时。讨论的问题已在一周前交给学生，学生通过上机实践验证及小组讨论达成一致方案，整个过程在教师引导下进行。第二次课为小组讨论、代表演讲与互评。由各组派一名代表上台讲解，对前次课讨论的问题进行解答，然后由各组进行团体互评打分。本次课结束前 30 分钟，教师根据各代表解答问题情况，针对本单元学习进行评述、总结、答疑。待该部分内容全部结束后，小组成员之间互相打分以确定各个成员对团队的贡献大小。

2.1.4 教学评价

TBL 教学评分系统构成包括三部分：个人成绩、团队成绩和个人对团体贡献成绩，所占比例分别为：20%、60%、20%。个人成绩即个人测试成绩，团队成绩由各组给出团体互评分数与教师给出各组分数的平均分组成，个人对团队贡献由组内成员互评后的平均分组成。整个课程结束后统一笔试考试，满分为 100 分，其中，基础知识题型的分数为 40 分，利用信息资源解决问题的综合应用题型分数为 60 分。重点考查学生运用知识综合分析解决问题的能力。

3 TBL 教学实践的思考

3.1 学生分析能力和解决问题能力提高

TBL 教学中，教师设计多种测试问题和综合性讨论题给学生思考，学生经过课前准备、多环节的测试及小组讨论的学习过程，其所学知识会不断得到强化与深入，最终使学生对教学内容的记忆、理解及应用能力大大提高[6]。从我们对 60 名学生的调查问卷中看到，有 83.93%的同学对 TBL 有助于提高信息获取的分析能力和运用能力表示认同。

3.2 学生沟通能力及团队协作意识增强

TBL 教学目标主要是通过团队讨论的形式来完成的，团队成绩占学生总成绩的比例较高，因此，学生在小组讨论中必须共同努力，分工合作，达成共识，给出解决问题的最适合选择，增强了学生的团队协作意识。另外，TBL 教学中，小组的每个成员都要参与到问题分析和解决中去，并通过相互的沟通来达成共识，提高了学生的沟通能力。美国《标准》中的第三项的具体评价说明中这样写到："通过与其他同学、学科专家等的讨论进一步理解和阐释所获得的信息"；这明确阐明了信息素质教育有对学生沟通能力的具体要求。

3.3 学生自主学习能力提高

TBL 教学法中课前预习和团队讨论等过程也是自主学习的过程。学生在课前预习的过程中会遇到各种问题，在团队讨论中会遇到争论。面对这些问题和争论，学生需要尽自己努力，查阅课内外学习资料和学习其他成员分析问题的方法，最后解决问题。在不断发现、探索和解决的过程中，提高了学生对知识的运用能力，调动了学生的主观能动性，提高了学生的自主学习能力[7]。

3.4 转变教师教育观念、促进教学相长

传统的教学模式以教师为中心，学生被动地接受知识，教师可按同一教案反复授课。而 TBL 教学，更新了我们在教育目标、学习观、教学观和教育评价等方面的观念，教师在教学中由主导地位转变为指导地位，教师不仅是小组讨论的引导者，还是整个教学过程的组织者，教师要进行角色的重新定位[8]。另外，TBL 教学法对教师课前教案的准备要求很高，教师课前要做大量的准备工作，他们不但要熟悉自己讲授的内容，还要了解相关学科知识，因为应用性练习的综合问题在小组间讨论，很容易跳出课本的知识范围。TBL 模式不仅改变了学生的学习方法，同时也激发教师不断学习，提高自己的教学技能和水平。

3.5 TBL 教学中存在的问题

首先，组长的沟通和组织能力的认定不易把握，导致个别小组的成员积极互动不够；其次，小组成员搭配完全均衡较难做到，造成组间成绩有一定差异；再次，会占用学生一定的课余时间，然而我们采用传统教学与 TBL 教学法相结合的方式，基本可解决这个问

题；另外，在讨论及实践环节，只安排一位教师很难有效地参与到每组讨论和实践指导中去。

通过对美国《标准》的思考，更好地把握和利用TBL模式教学，是对高校信息检索课程教学改革的尝试。尽管TBL教学中还存在一些问题，有待今后不断地探索和完善，但TBL教学法可以提高大学生主动学习的积极性，提高人际沟通能力、分析和解决问题的能力，也培养了学生自学能力和终生学习的能力，得到学生的普遍认同，学生希望在今后的信息检索与利用课程中继续使用TBL教学方式。

参考文献

[1]彭奇志，柯平．高校信息素质教育的分析与实证研究[J]．情报理论与实践，2010(12)：75－79

[2]郭伟．美国《高等教育信息素质能力标准》述评[J]．东北大学学报(社会科学版)，2004，6(2)：148－150

[3]黄晓斌．美国高校的信息素质教育及其启示[J]．大学图书馆学报，2001(4)：65－67

[4]陈晓林．美国“高等教育信息素质能力标准”对我国高校信息素质教育的影响[J]．黑龙江教育学院学报，2006，25(3)：40－42

[5]Michaelsen LK，Knight AB，Fink LD. Team-based learning：a transformative use of small groups [M]．Westport(CT)：Greenwood Publishing Group，2002：3－50

[6]韩媛等．以团队为基础的教学模式在泌尿外科护理教学中的应用[J]．护理研究，2011，25(7)：1759－1761

[7]方仙桃等．TBL对学生自主学习观念和能力影响的调查[J]．浙江医学教育，2011，10(2)：14－16

[8]李晓楠等．儿童保健学教学中应TBL模式的探索与意义[J]．中国高等医学教育，2010(3)：84－85

作者简介：苏健(1964—)，女，副研究馆员，主要从事信息服务与管理研究。

Web2.0 与信息服务和学习型城市建设
——谈高校图书馆开展社会信息服务的意义及手段

赵润旗
（北京联合大学图书馆）

摘　要：社会科技快速发展，使知识创新成为国家和城市竞争力的核心要素。建设学习型城市是提高全民素质，促进全人类可持续发展的需要。建设学习型城市离不开社会再教育，而社会再教育的前提是建立健全全民终身教育体系。高校图书馆自身的特点决定其在建设全民终身教育体系和开展社会再教育方面具有无与伦比的优势。高校图书馆以网络为依托，以电子资源为基础，有条件地开展社会教育，不仅可以促进学习型城市的建设，反过来还会促进高校图书馆事业自身的发展。

关键词：图书馆　个性化服务　信息服务　学习型城市　终身教育

Web2.0 and Information services and learning city
——Talk about university library in developing the information service of the social significance and means

Zhao Runqi
(library of Beijing Union University)

Abstract: Social science and technology rapid development, Knowledge innovation has become a national and the urban competitiveness of core essential factor. The construction of learning city is to improve the quality of the promotion of sustainable development needs of all mankind. The construction of learning city is inseparable from the social re-education, the premise of social re-education is to establish and improve lifelong education system. University Library with its own characteristics with unparalleled advantages in building a lifelong education system, to carry out social rehabilitation. University library to network rely on, Based on electronic resources, The conditional approach to develop social education. University library in carrying out the social education, Not only can promote the learning city construction, In turn will also promote the university library cause the development of itself.

Keywords: Library; personalized service; Information services; Learning City;

Lifelong education

1 学习型城市及学习型城市建设的意义

社会科技的快速发展，使知识创新速度大大加快，知识生产和消费成为经济发展、社会进步的重要方式，成为国家和城市竞争力的核心要素。知识创新的前提是终身学习，联合国教科文组织早在一份报告中就提到，终身学习是打开21世纪光明之门的钥匙。美国在上世纪就提出，要把美国变成人人学习之国，把社会变成大课堂。我国在1993年就开始使用“终身教育”的概念，强调成人教育是传统学校教育向终身教育发展的一种新型教育制度，教育是民族振兴的基础。学习型城市建设就是为适应经济全球化，增强城市综合竞争力而提出来的。所谓学习型城市，正如殷开明在《学习型城市的内涵及特征剖析》一文所阐述的，“是以知识经济发展为导向，以终身教育的体制实施和学习型社会的实现为基本特征，以不断更新和开发劳动力的潜能和素质为基本任务，以保持和不断增进城市经济的可持续发展和不断提高城市人们生活质量为根本目的的城市”。

建设学习型城市不仅是人类现实物质文化生活的需要，还是提高全民素质、促进全人类可持续发展的需要，是引导大众实现社会经济发展与人类发展相互协调、相互促进的现实需求。只有建设、完善社会现代教育体系，形成人人爱学习、时时能学习、处处可学习的人类终身学习氛围，积极构建社会终身教育和学习服务体系，创造良好条件来满足人们多样化的学习需求，才能完善学习型城市建设，适应未来社会的可持续发展。

2 高校图书馆开展社会信息服务的条件及意义

建设学习型城市是时代和未来的呼唤，是现代城市可持续发展的迫切需要。建设学习型城市离不开社会全民终身再教育，社会全民终身再教育的前提是完善现有的教育制度，开展社会大众化读者信息服务，建立健全全民终身教育体系。

而高校图书馆作为学校的文献信息中心，在社会全民终身教育体系建设中，有其自身的优势。它不仅具有丰富的馆藏图书、独具特色的各类专业文献资源和各种网络数据信息资源，还有一大批受过专业训练的图书、情报信息服务人员及无与伦比的学习环境。对社会读者来说，高校图书馆无疑是本地区巨大的知识宝库和重要信息源头，而其优异的学习环境和浓厚的学习氛围，又是读者学习的最佳场所。

反过来，高校图书馆有针对性地开展社会读者再教育，不仅可以促进学习型城市的建设，还会促进高校图书馆事业内部自身的发展。

高校图书馆开展社会读者信息服务有其自身的条件和意义，但高校图书馆如何以其自身丰富的物质基础为条件，改变传统的服务模式和服务观念，面向社会，服务社会，为社会读者提供文化、信息知识，在开展社会读者终身教育，建立社会全民终身教育体系中，发挥其应有的作用，是高校图书馆界普遍面临的问题。

3 高校图书馆开展社会读者信息服务的可行性和制约因素

高校图书馆以其地理区域的合理布局和庞大的信息资源及服务手段，在开展社会读者信息服务方面具有先天优势。以我馆为例，软、硬件方面，我校图书馆现有建筑面积

8019 平方米，纸质图书 70.14 万册。主馆覆盖旅游学院、信息学院、管理学院、自动化学院、国际文化交流学院等五所学院，设有：书刊外借服务、电子资源阅览服务、图书阅览服务、报刊阅览服务、学习室等部门，另外，在机电学院、昌平校区、北苑校区、特教学院设有本部分馆。自动化、网络化建设是我馆现代化建设与管理的重中之重，我馆于 1998 年开始，启用图书馆自动化集成管理系统，实现了图书馆业务管理工作的自动化，并逐步建成图书馆局域网，随后与校园网接通，每天 24 小时不间断服务，读者可以在校园网上任一台终端，利用图书馆的各种资源。读者信息素养教育是我馆读者培训工作的重要内容，为用户提供了网上学习的各层次电子讲义，建立了虚拟参考咨询服务，营造了开放式学习的气氛和环境，初步形成了具有我校特色的用户信息教育体系。电子资源方面，我馆引进了中国学术期刊全文、万方等 19 个中外文电子资源数据库，为弥补纸质图书不足，本着资源共享的原则，由校本部图书馆牵头购买了涵盖各学院、各专业电子图书 45.8 万册，初步形成了具有我校特色的，以计算机、通信、现代制造、管理学、旅游学等多学科、多层次、多载体形式的馆藏文献和数据库体系。我校图书馆还积极参与北京高校网络图书馆文献资源共建共享服务体系建设，为学校的科研、教学提供信息服务。我校图书馆电子资源如下图：

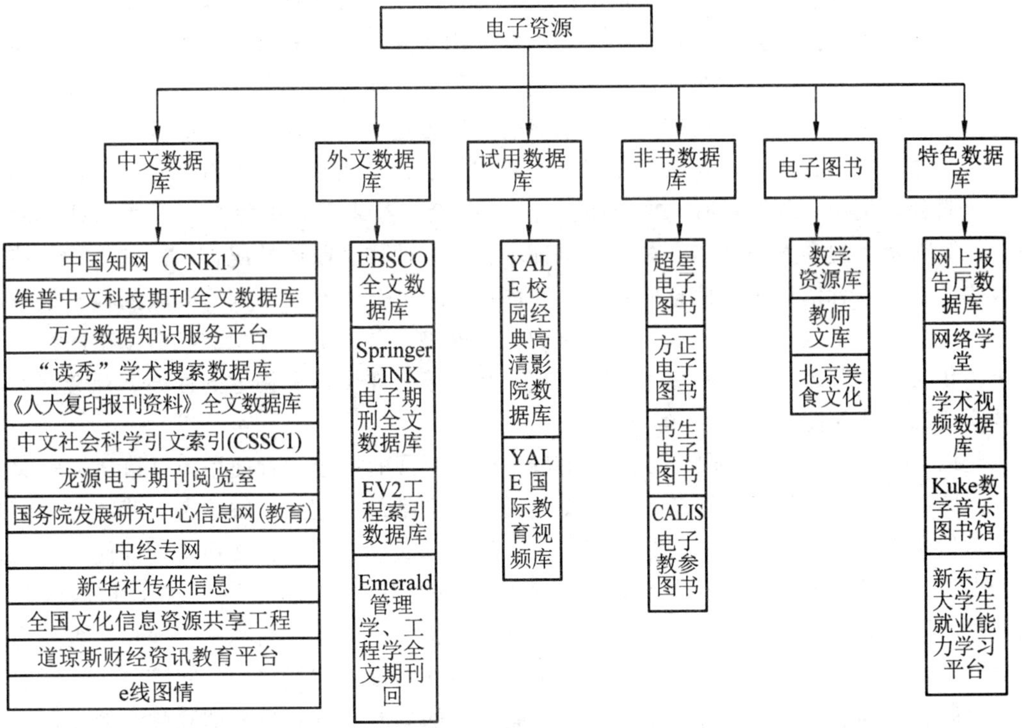

从软、硬件设施上看，高校图书馆具有开展社会读者终身教育的先决条件，但资源相对短缺是高校图书馆对外开放的最大制约因素。以北京大学图书馆为例，北大图书馆每年接待的校外人员达到近 3 万人，而其长期服务的对象，除了北大的师生，还包括家属以及相关合作单位的人员共 6 万多人，以图书馆现有的文献信息资源及学习阅览空间和服务管理人员，现实条件已基本饱和，根本不可能一下子开放并接纳社会上的读者。另外，还有一些大学图书馆的管理者担心，“现在对内图书和人力资源都吃紧，如果对外岂不是更紧

张?”。中国人民大学和华北电力大学的图书馆管理员也一直婉拒校外的读者，“图书馆的资源已经非常有限了，如果对外，则需要很多物质投入和工作协调”；其次，可能出现的图书丢失、借书不还等情况，也是管理者较为担心的问题。虽然北京已有34所高校图书馆宣布向社会读者开放，但是，开放还存在着这样或那样的问题，如何以现有条件为基础，科学规划，合理利用现有的软硬件设施为社会读者提供信息服务，是目前高校图书馆需要思考的问题。

4 高校图书馆开展社会读者信息服务模式设计

全民终身教育是未来社会可持续发展的重要环节，在建设学习型城市中，高校图书馆应利用所掌握的资源和技术为社会教育做出贡献。首先，高校图书馆在服务意识上要更新观念，树立为全民终身教育服务的理念，把自己融入到社会教育的大环境中。其次，丰富的文献资源是高校图书馆服务于全民终身教育的物质基础，在全社会倡导终身教育的形势下，高校图书馆必须在现有的文献资源基础上，积极开发利用虚拟资源，充分利用无线网络，在网络环境下，高校图书馆应成为社会读者通向整个信息环境的服务中心。

高校图书馆要想在终身教育中占一席之地，除必须进一步做好文献信息定题检索、最新文献报道等信息服务工作，并利用特色馆藏开发二、三次文献，提供高质量的信息检索服务，还必须加强馆员素质教育，结合图书馆工作实际和发展趋势，加强业务培训，使之适应社会快速发展的需要。在全社会终身教育背景下，面对各种不同知识结构、不同年龄结构的读者群体，高校图书馆馆员必须能够引导读者更快更准确地获得有效信息。

在具体的服务方式上，要依具体读者的阅读特点、文化水平开展有针对性的社会读者个性化服务。例如，利用现有的电子阅读器、Web2.0技术和图书馆专业人才为社会读者设置符合其特点的个人虚拟图书馆。在保证本校读者使用文献的情况下，以其个性、特点分级确定社会读者使用本馆信息的权限。不同级别读者分别给予不同时间段的检索权和不同信息文献的使用权，开展依靠以计算机和无线网络为条件的，虚拟文献为基础的社会读者个性化交互式分级服务，避免本部门读者和社会读者在资源利用上的冲突。社会读者使用数字资源方式如图1所示。

是以Web2.0为技术手段，以图书馆员为核心开展的社会读者使用图书馆虚拟资源方式图。图中，图书馆员通过博客、信息交流平台和文献使用记录了解读者阅读特点从而收集文献信息，设置读者个性化文献数据库，开展交互式读者服务。在现实资源使用上，高校图书馆还必须打破原有的运行机制，对现实资源由校内向校外逐步开放，扩展服务领域，提高图书馆资源的利用效率。由于各大学图书馆学习阅览空间现基本饱和，服务管理人员有限，在不影响本馆读者的情况下，是否可给社会读者在规定的时间段内，不同的日期、时间、不同的阅览室，分别对拥有不同阅览号的读者，分时或分期开放？例如，一周7天之内，每天或每天不同的时间段进入不同号码的读者，控制社会读者当天的阅读人数，使图书馆避免产生信息、文献等有限资源使用上的矛盾，又可保证社会读者对馆藏文献最底的阅览和借阅权。方式如图2。

以此种方式对社会读者开放，即可保证本校读者学习和科研的需要，又满足了社会读者对文献信息的渴求，还能保证图书馆对社会读者开展有学科馆员的个性化读者服务。另外，可定时、定期开展各类专题讲座，如，通过开设各类讲座进行信息素质教育，通过编

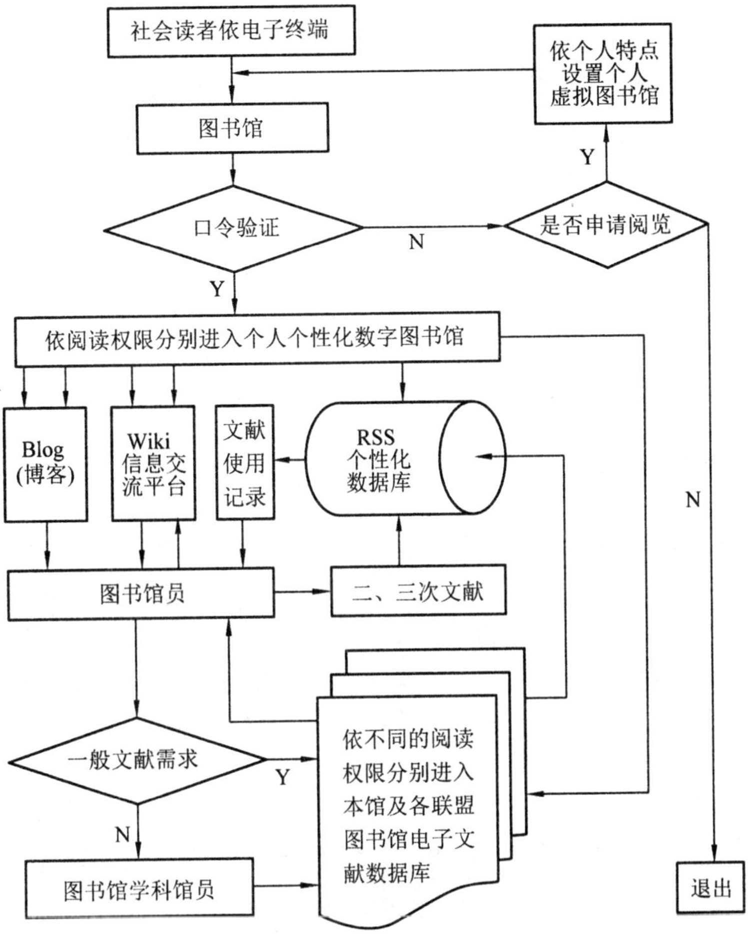
社会读者依电子终端
依个人特点设置个人虚拟图书馆
图书馆
Y
口令验证
N
是否申请阅览
Y
依阅读权限分别进入个人个性化数字图书馆
Blog (博客)
Wiki 信息交流平台
文献使用记录
RSS 个性化数据库
N
图书馆员
二、三次文献
一般文献需求
Y
N
依不同的阅读权限分别进入本馆及各联盟图书馆电子文献数据库
图书馆学科馆员
退出

图1

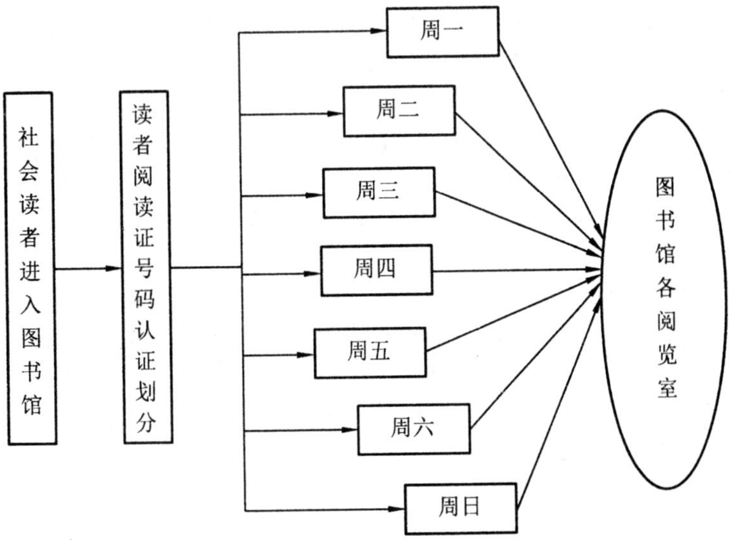
社会读者进入图书馆
读者阅读证号码认证划分
周一
周二
周三
周四
周五
周六
周日
图书馆各阅览室

图2

制推荐书目等方式进行阅读辅导等，通过这些活动让广大社会读者了解最新科技信息。随着图书馆各类资源的逐步丰富、完善，在首先保证本校读者的情况下可逐步扩大社会读者当天的阅读人数，直至全部对社会读者开放，真正使大学图书馆成为本地区的文化中心、社会活动中心、全民社会教育中心，成为本地区的文献、信息集散地。

在信息高速发展的当今，高校图书馆要充分利用现有的高科技设备，发挥虚拟电子信息资源的作用，开展网络虚拟图书馆以学科馆员为服务手段有个性化的个体信息服务。大学图书馆只有不断更新观念，拓展、强化、提高服务意识，重视文献、信息资源建设，实现社会化资源共享，适应终身教育的发展趋势，致力于提高全民族的文化素质，才能真正体现高校图书馆在全社会终身教育中的作用。

5　结　语

海不辞水，故能成其大；山不辞土，故能成其高。只有更加重视和善于学习，才能使人的思想道德素质和科学文化素质不断提高，使人的主观能动性和创造精神得到充分发挥，使人的生活更充实、精神更丰富、生命更有意义，真正实现人的全面发展。“学习型城市”是以终身教育为基础，能够满足全民终身学习需要的社会。每一个人在一生中都必须不间断地接受教育和学习，才能适应现代社会的发展。而开展社会终生教育是高校图书馆的必然趋势，图书馆藏书的连续性、系统性保证了图书馆教育的长期性和稳定性，其广博的知识信息贮藏和多层次的教育范围是任何一个教育机构所不具备的。所以图书馆面向社会所有成员平等开放，是高校图书馆职能的充分体现。

“问渠那得清如许，为有源头活水来”，告别学历化时代，创建学习型社会，构筑终身教育体系，是现代生活品质的重要体现和构建现代化城市的当务之急。

参考文献

[1]中共北京市委 北京市人民政府 关于大力推进首都学习型城市建设的决定[EB/OL](2007-06-18)http：//www. bjlearning. gov. cn/home/content/24/0. htm
[2]殷开明．学习型城市的内涵及特征剖析[J]. 重庆城市管理职业学院学报，2007(1)：28－30
[3]吴遵民．现代国际终身教育论[M]. 上海：上海教育出版社，1999
[4]徐丽 新世纪呼唤社区图书馆[J]. 图书馆建设，2002(5) ：37－38
[5]北京联合大学图书馆网页．http：//www. lib. buu. edu. cn/index _ out. asp
[6]王伟军，孙晶．Web210 的研究与应用综述[J]. 情报科学，2007(25)：1907－1913
[7]北京 34 所高校将向社会免费开放图书馆[EB/OL][2012-03-15]，http：//roll. sohu. com/20120315/n337852575. shtml
[8]何小平．新时期高校图书馆在知识创新与社会教育中的作用[J]. 长江大学学报，2004：124－126
[9]刘磊．论图书馆与终身教育的关系[J]. 科技与经济，2004(10) ：143－144

作者简介：赵润旗(1962—　)，男，馆员，图书馆学、情报学专业毕业。

面向教学科研的学科化服务初探

Subject Service Research Based on Teaching and Academic users' Requirements

张惠芳
（湖北大学图书馆）

摘　要：本文论述了学科服务的基本概念和高校图书馆学科服务的基本现状，并对高校图书馆学科服务的层次、模式和范畴等进行了探讨，分析和提出了高校图书馆学科服务的一些创新性可操作性实施方法。

关键词：高校图书馆　学科服务　学科馆员　服务创新

Abstract：This paper briefly analyzes basic concept and present status of the subject services in university libraries，expounds the hierarchy；the mode and the category in subject services of university libraries，analyses and put forward some innovative and maneuverable measures of subject services in university libraries.

Keywords：university library；Subject Service；Subject librarian；service innovation

1　高校图书馆的学科服务及其现状

1.1　学科服务的概念

学科化服务成为高校图书馆的主要信息服务内容，读者对文献的需求一般是从学科角度反映出来，图书馆学科服务是馆员深入到学校师生的科研或教学活动中，帮助他们发现和提供更多的专业资源和信息导航的一种开拓性的主动参与式服务。

高校是以学科为基础建构起来的学术组织，学科是高校的细胞组织，是为培养高级专业人才而设立的教学科目。它是对高校人才培养、教师教学、科研业务隶属范围的相对界定，高校的各种功能活动都是在学科中展开的。而学科建设是高校的基础性建设，牵涉到高校工作的方方面面，在高校发展中起着基础性的作用。因此，学科建设对于高校的发展具有非常重要的意义。

高校图书馆的学科服务是以学科为对象，依托具有某一学科专业背景、熟悉图书馆馆藏结构和资源利用手段、具有较强的信息组织加工及获取文献能力的图书馆高级专业服务人员，与学校某一学科建立专门联系和提供服务的方式，主要针对教学科研团队、重点实验室、教师、研究生层面开展工作。

1.2 学科服务的现状

美国于20世纪70年代中后期最早提出学科馆员(Subject Librarian)一词，国内清华大学图书馆在1998年率先成立了“学科馆员小组”，成为首家提供这种服务模式的国内大学图书馆。这种新的服务理念和模式在十年的时间里得到了很多高校图书馆的重视并取得迅速发展。国内外图书馆在这方面的实践表明，建立学科馆员制度、提供学科馆员服务，是图书馆业务发展的一种趋势，是图书馆服务工作适应信息化和用户需要，深化服务和创新服务的必由之路。近年来，大学图书馆学科化服务实践已成为图书馆界的热点问题，由于不同的校情、馆情，于是形成了多元化的管理模式与服务案例，也使得学科化服务理论研究变得丰富多彩。

2 高校图书馆学科服务的层次研究

高校图书馆学科服务的层次主要有专家教授、学科团队、教师、研究生、本科生等几个层次，每个层次有不同的服务特点。高校图书馆学科服务的对象具体分述为科研型、教学型、丰富知识型、社会活动型、消遣型等。

专家教授是高校从事教学科研的中坚力量，体现学校的教学质量和学术水平，是学校学科建设的主力军。为专家教授做好学科服务是学科馆员的重点对象。

学科团队围绕学科属性和特点组建，一般通过学科结构和学科层次组成教学团队和科研团队，是为提升教学和研究水平而组织的群体结构，参与者一般由专家教授带队，由不同层次的成员协同合作从事研究教学、专业培养、教材建设、课程建设、教育教学方法的研究等(人才培养)和科学(创造性)研究工作，是图书馆学科服务的重要团体。

教师是学校学科活动的普通成员，有的教师可能加入了某一教学或科研团队，有的自己从事相关教学科研工作，是学科服务的基本对象。

研究生有博士生和硕士生，大多跟着导师参与了教学或研究团队，也是学科服务的基础服务对象。

本科生是从事学士学位学习的人员，尚未完全从事教学科研工作，主要任务是学习知识积累经验，通常需要普通的学科推荐和引导服务等。

从上面几个层次的服务来看，对图书馆学科服务而言，主要是二大层次，专家教授、学科团队和研究生为对象的重点个性化服务层次和其他人员的普通推广层次。

3 高校图书馆学科服务的基本模式

到现在为止，我国开展学科服务的高校图书馆，在服务模式上主要有以下几种：

3.1 专职集中式

以清华大学学科馆员制度为代表，其特色在于从学科和文献资源的角度在学校聘请图情教授配合学科馆员的工作。

3.2 挂靠集中式

以南开大学学科馆员制度为代表，学科馆员在图书馆某部门(参考咨询部或信息部)的基础上建立，通过深化部门的业务工作逐渐向个性化、学科化服务发展。

3.3 专职分散式

以北京师范大学学科馆员制度为代表，学科馆员在全馆范围内聘任有学科背景、本科以上学历、掌握计算机检索技能的馆员专职服务。

3.4 兼职分散式

以北京大学学科馆员制度为代表，全馆范围内选聘学科馆员兼职，共同为用户提供全方位的服务。

除此之外，还有上述几种模式的混合型等。各高校一般根据自身学校的学科发展与建设特点，组建和设置相应的能适应学校学科服务的相应模式。

4 高校图书馆学科服务的有效范畴

高校图书馆的学科服务通常采用推广、培训、听取、辅导、指导和评估等方式来实施和进行，主要涉及宣传推广资源与服务；资源保障与信息需求分析；个性化信息服务、学科情报研究等范畴；具体每个范畴的做法如下：

4.1 宣传推广资源与服务

适用于全体师生的常规学科服务工作，包含图书馆、资源、服务和工具的推广。主要有参考咨询服务(通过电话、E－MAIL、QQ、WEB表单、FAQ及咨询台解答读者的问题)；学科资源采购征订，收集读者对资源采购的建议；系统的信息素质教育体系(新生入馆教育、教职工使用教程，不同类型读者信息素养教育、科研信息素养、专题信息素养、学科信息素养、课程信息素养)；开展的课题查新服务一立项查新及收录引用检索。与下属院系联络和沟通，通过建立和运用各种渠道，保持和学科院系的密切联系，跟踪并分析用户需求，主要交流和听取对图书馆资源建设与相关服务的意见和建议。

4.2 资源保障与信息需求分析

为适应学校的学科建设与发展，高校馆需开展具有各馆特色的学科服务，主要有学科信息导报；学科研究资源指南(纸本和网络版)、学科博客服务；期刊投稿指南；学科信息综述；学科馆员与用户研讨会等研究和分析工作。

4.3 个性化信息服务学科情报研究

面向学校科学研究与重点用户，提供个性化学科情报监测与分析服务，主要有学科发展态势分析；动态信息跟踪服务；课题研究现状与趋势、课题核心研究人员/研究机构分析；研究竞争力分析；课题研究热点与前沿分析；专题研究资料汇编；科研生产力排名；科研影响力排名；科研创新力排名；科研竞争力排名及综合性分析、报告等深层次的情报研究工作。

5 高校图书馆学科服务的创新方法探讨

学科化服务就是按照科学研究(例如学科、专业、项目)而不再是按照文献工作流程来组织信息服务工作，使信息服务学科化，使服务内容知识化而不是简单的文献检索与传递，从而提高信息服务对用户需求和用户任务的支持力度。学科服务是一项开拓性的主动参与式的创新服务。它要求学科馆员深入到用户的科研或教学活动中，帮助他们发现和提供更多的专业资源和信息导航，学科服务应由学科团队完成，学科馆员兼任学术秘书之职，采用学科服务矩阵管理模式，设立首席学科馆员岗位，引入学科信息共享空间，采用先在某一重点学科试点后逐渐推广的方法。学科服务组建模式包括确定学科服务试点学院；规划学科服务内容，明确学科服务小组成员及其工作职责；选拔人才，合理组建学科馆员队伍；完善图书馆相关制度，推进学科服务进程。大学图书馆学科化服务的基本流程为：

5.1 制定切实可行的规划

根据学校的学科情况和图书馆的工作实际，确定学科服务的工作规划。首先组建以具备相关学科背景的学科馆员为核心学科服务团队，依托图书馆文献资源和基础设施，将图书馆的学科服务推送到院系和实验室，融入教学，嵌入研究过程。同时，针对不同类型读者的文献信息服务需求，图书馆可采取分层次、点面结合的两种学科服务模式，即面向全校师生的普通推广型服务和针对重点学科科研团队的个性化知识服务。

5.2 有序推进及实施服务

以学科馆员为核心，组建包括"学科馆员—咨询馆员—辅助人员"的服务梯队，面向不同层次的学科服务对象，以某一重点学科为试点再逐渐向其他学科展开，通过以点带面来不断深化。

5.3 确立学科服务内容

学科服务的内容主要涵盖以下几个方面：收集院系联络信息；持续优化用户的信息环境，开展知识信息服务；提供文献资源保障；开展形式多样的信息素养教育、实施全方位学科咨询、开通学习和交流互动空间等，具体每项服务的内容如下：

5.3.1 传统信息服务

全文期刊导航、目次提供服务、科技查新和文献收录引用检索服务等。

5.3.2 外文期刊导读

定期推出某一学科的若干外文期刊，进行内容详细介绍和评价等。

5.3.3 专题服务

学科馆员定期或不定期地针对用户委托的某一特定主题进行跟踪信息服务，提交的内容可以是目次、文献、原文和经过分析后的专题报告个性化信息服务等。

5.3.4 信息定制与推送服务

建立详尽的专家个人资料信息库，利用信息推送技术为专家群体提供专题书目、专题文献资料、会议消息等，也可以定期向用户发送其感兴趣的信息或相关专题信息。最好能建立一套发现用户需求、了解用户困难、推送信息服务的快速流畅的服务反应机制。

5.3.5 学科信息门户

根据学校的重点学科情况确立相应的学科信息服务平台建设。如学科导航等。

5.3.6 嵌入课题全程的文献提供和分析服务

学科馆员嵌入相应的课题组各研究阶段提供全程文献跟踪与分析服务。

5.3.7 全方位立体化学科咨询

学科咨询内容主要包含下面三个方面：外文图书及电子资源的推荐及建议、文献资源检索服务和课题查新服务等层次。

5.3.8 学习和交流互动空间

学习和交流互动空间是图书馆提供集成的空间、资源和服务，在技能熟练的图书馆参考咨询馆员、计算机专家、多媒体工作者和指导教师的共同支持下，为读者(包括个人、小组或学术团队)的学习、讨论和研究等活动提供一站式服务，培育读者的信息素养，促进读者学习、交流、协作和研究。有实体互功空间和虚拟互动空间两种。

很多高校在学科化服务实践中，做了一些工作，比如学科馆员、咨询馆员、采访馆员与各院系建立了越来越密切的联系，主动甚至推送式地推荐新资源、了解和收集教师对文献信息资源的需求、提供课题检索服务等。各高校的学科服务都制定了比较高的目标和要求，但这是一个不容易达到的目标，专业人员的缺乏和受者对象的认可是目前存在的主要的问题和瓶颈，为此，许多高校馆仍在探索之中。

高校图书馆只有结合学校、学科以及本馆的特点，对学科服务模式、服务实施方式以及服务团队，精心规划，加强管理，完善体制，形成完整有效的学科馆员考核、评估和效果评介与激励机制，才能使学科馆员真正做到为学科提供全方位，多层次的集成化一站式信息服务，融入教学科研的全过程，成为学科教学和研究不可缺少的一员，使图书馆的学科服务真正成为融入一线，嵌入过程，用户在哪里，服务就在哪里的随机服务。高校图书馆学科服务最关键的其实也是贯穿我们服务工作的始终的就是要创新思路进行服务。

参考文献

[1]范爱红，邵敏．学科服务互动合作的理念探析与实践进展[J]．图书馆杂志，2010(4)

[2]龙雪梅．高校图书馆学科服务模式构想[J]．图书馆建设，2009(4)

[3]佚名，刍议高校图书馆学科化服务与学科馆员的素质培养[Z]．论文心连心，2010-11-8

[4]季颖斐，倪代川，戚颖．学科化服务：研究型大学图书馆学习共享空间服务的新领域图书馆学研究[J]．2010(4)

[5]郭晶．学科化服务的创新之旅，中国教育和科研计算机网 [Z] http：//www.edu.cn.2009-12-07

[6]袁红卫．高校图书馆建立学科馆员制度应采取的策略[Z]

作者简介：张惠芳(1963—　)，女，副研究馆员，湖北大学图书馆信息咨询部。

高校信息素养发展教育模式评析

周芝萍
（江西师范大学图书馆）

摘　要：高校信息素养教育主要经历了三种发展模式，即馆员为主文献检索课型、馆员专业教师协作型、泛在服务型。其中馆员为主的文献检索课教学模式是早期的信息素养教育的常见模式，目前在国内仍有一定影响；馆员教师协作型教学模式则是当前信息素养教育的主流模式。而从长远来看，泛在服务型教学模式将成为今后信息素养教育的主要发展方向。

关键词：信息素养教育　文献检索课　图书馆泛在服务

An analysis on the Development Models of Information Literacy Teaching in Institutions of Higher Education

Zhou Zhiping
(Jiangxi Normal University Library)

Abstract: Information literacy teaching in institutions of higher education has gone through three development Models——librarian-based information retrieval course, librarian-professional teacher cooperation and ubiquitous service. The model of librarian-based information retrieval course primarily appeared earlier Information literacy teaching, but now it has an impact on domestic Information literacy teaching; and the model of librarian-professional teacher cooperation is the mainstream model today. From now on, the teaching model of ubiquitous service will become a trend of Information literacy teaching in the long run.

Keywords: Information Literacy Teaching; Information Retrieval Course; Ubiquitous Service of Library

我国高校信息素养教育源于文献检索与利用课。1984 年 2 月，原国家教委颁发了《印发〈关于在高等学校开设文献检索与利用课的意见〉的通知》文件（以下简称《文献课》），明确指出："让学生具有掌握知识情报的意识，具有获得与利用文献的技能，是培养学生能力的一个重要环节"。自此以《文献课》作为高校信息素养教育及信息检索技术培养的一门课程，正式地在高等教育中扎了根，并迅速地在全国高等院校普及推广[1]。高校信息素养教育已经走过了近 30 年的发展历程，对培养大学生信息素养做出了巨大的贡献，同时也对提高高校馆藏资源的利用率发挥了重要作用。综观我国信息素养教育近 30 年的发展历程，主要经历了馆员为主文献检索课型、馆员专业教师协作型、泛在服务型三种教学模式的更迭。其中馆员为主的文献检索课教学模式是早期的信息素养教育的常见模式，目前在国内仍有一定影响；馆员教师协作型教学模式则是当前信息素养教育的主流模式。而从长远来看，泛在服务型教学模式将成为今后信息素养教育的主要发展方向。

1 馆员为主的文献检索课型教学模式

馆员为主的文献检索课型教学模式，就是指信息素养教育主要由高校图书馆馆员独立承担的文献检索课及新生入馆教育的单一教育模式。

信息素养教育的馆员为主文献课型教学模式具象化地展现信息素养教育的主要内容和实施主体，对信息素养教育理念普及和实践起到了重要的指导作用。

1.1 馆员为主的文献检索课型教学形式的重要意义

1.1.1 确立了文献检索课是培养大学生信息素养的基础

1984 年，原国家教委下发了《印发〈关于在高等学校开设文献检索与利用课的意见〉的通知》文件(84 教高一字 004 号文件)，明确指出："让学生具有掌握知识情报的意识，具有获得与利用文献的技能，是培养学生能力的一个重要环节"；"凡有条件的学校可作为必修课，不具备条件的学校可作为选修课或开设专题讲座，然后逐步发展、完善"。该文件下达后，我国高校普遍开设了文献检索课，在用户培训和教育活动中，无论从认识上还是从教育内容上都深化到了一个新的层次。如由原来的增强读者图书馆意识上升到增强读者用户的情报意识；由原来的帮助读者学会查阅文献方法和利用图书馆的技能提高到帮助读者获取与利用文献资料的技能；由原来的增强读者的情报意识深入到正规课堂教学式的文献检索知识教育，等等。1985 年，又下发了《印发〈关于改进和发展文献课教学的几点意见〉的通知》，进一步指出："开始文献检索与利用课的目的，在于使大学生和研究生增强情报意识，初步掌握与利用文献情报的技能，它不仅有助于当前教育质量的提高，而且是教育面向未来的一个组成部分，对人们不断吸收新知识，改善知识结构，提高自学能力和研究能力，发挥创造才能具有重要的意义。"1992 年国家教委再以高教司(1992)44 号文件的形式，印发了《文献检索教学基本要求》，为文献检索课教学指定了具体的标准，从而使文献检索课教学朝着规范化方向发展。这说明以文献检索课教学为主要形式的用户培训与教育，是我国高校实施信息素养教育的基础。

1.1.2 确立了由图书馆馆员承担信息素养教育的主体地位

(84)教高一字 004 号文件也明确指出"最好以图书馆作基地来组织教学"；原国家教委 1987 年 7 月 25 日颁布的《普通高等学校图书馆规程》文件的第一章第二条高校图书馆的主要任务中第三点"开展用户教育，培养师生的情报意识和利用文献情报的技能"；第二章第九条"高校图书馆应组织力量，采用多种方式对读者进行系统的检索与利用文献的教育，学校应将'文献检索与利用课'列入教学计划"。而教育部在 2002 年 2 月 2 日颁发的修订后规程中第四章读者服务第十七条中也明确规定"高等学校图书馆应开展多种层次多种方式的读者服务工作，提高各种文献的利用率……通过开设文献信息检索与利用课以及其他多种手段，进行信息素质教育"。

1.1.3 为图书馆人力资源的管理注入了新的活力

担任文献检索课的馆员作为一种层次较高的岗位，使普通馆员可以通过竞争聘任该岗位实现工作的转型，为馆员的职业生涯规划提供了一个新的方向。竞聘上岗、教学、与院系联络等具体内容保持了文献检索课老师的开放性，也有利于馆员素质的提高及全面发展。

1.2 馆员为主的文献检索课型模式评析

高校文献检索教育是信息素养教育的基础，通过长期的努力，在教学内容、教学方式、教学技术与手段、教材建设方面，取得了可喜的成果。1992年，国家教委进一步颁发了《关于印发〈文献检索课教学基本要求〉的通知》，除了阐明课程性质与任务、教学内容与基本要求以外，还特别强调要学习数据库和计算机检索的基本知识。近三十年来，全国绝大多数高等学校都把文献检索课列为公共必修课或公共选修课，不但在本科生层次上开设，也在研究生层次上开设，对于大学生科研和创新能力的培养发挥了显著的作用。但单一的文献检索课还不是实质性的信息素养教育。信息素养教育的目的，是培养人获取信息、分析信息和处理信息的能力，其内涵不仅包括文献信息检索知识，而且还应该包括专业基础知识和能力。由于信息素养教育具有全民性和跨学科的特点，这种由图书馆独立承担的文献检索课模式存在许多局限性：教学内容针对性不强、课程设置形式上仍旧是计算机技术课程和文献检索课程的简单结合，而对信息道德，信息整合、交流、再创造等综合运用能力的培养重视不够；教学方法仍然停留于单向的知识灌输与数据库操作演示等。教学模式缺乏吸引力、考核评价机制难以调动学生学习的积极性等问题日益突出，导致教学效果不甚理想，许多院校的“文检课”出现了下滑和萎缩。

2 馆员教师学科协作型教学模式

信息技术的飞速发展带来信息的多源性、可选性和易得性的同时，也导致了信息污染、信息过载等问题。面对浩瀚、动荡而又缺乏组织与控制的海量信息，人们普遍感到了由信息超载引发的困惑和茫然，甚至产生了信息饥渴、信息焦虑等症候。而信息素养是了解、发现、评价和利用信息的智力架构，不但融入信息技术和合理的研究方法，更重要的是融入了批判性的思维能力、鉴别能力和创新能力，是人们终身学习的基础与手段。因此信息素养教育与英语教育、计算机教育一样，都是基础性教育，它不仅是教学馆员的责任，也是教育机构各方面人员的责任，特别是学科教师的职责之一。专业教师既是信息教育的接受者，也是信息教育的承担者，通过这种教学，不仅使教师充分掌握信息技能，而且也用自己的行为去影响、引导学生，扩大信息素养教育的覆盖面[2]。

当今社会信息已经渗透到各个层面，无论是专业教师还是图书馆员都无法独立承担信息素养教育的任务，多层次、多形式、多渠道的合作教育方式已经获得广泛的支持与认同。

2.1 馆员教师学科协作型形式

图书馆员具有的全面信息技术知识、方法和教师具有的丰富的专业课知识使双方进行协同教学具有良好的互补性。目前开展馆员教师协作主要有两种形式：

2.1.1 支持专业课程教学的协作

这是一种最简单的非正式互动和交流，是协作的初始形式。馆员将近期图书馆可用的资源列表介绍给相关教师，后者参考此表，根据教学情况要求学生查阅资料。教师与馆员合作的原因是他们彼此需要对方来表达各自的目的，教师能更好地完成教学任务，馆员能让学生更好地利用图书馆资源，提高学生的信息检索意识和能力。馆员和教师之间不存在共同策划或完成教学的过程。这些资源列表主要是一些特色数据库，如北京大学图书馆的教学参考资料信息库、清华大学的“建筑数字图书馆”、中国农业大学的“肉牛养殖专题库”等。这些资源不仅为师生的专业课程教学提供更好的支持和保障，而且让学生在学习专业的同时增强了信息检索意识、提高了信息检索技能[3]。

2.1.2 与专业课相关的协作

这种协作往往是针对某一门专业课开设的，为辅助学生完成某一作业或研究项目而邀请图书馆员讲授课程及作业所涉及的资源，它支持该课程的教学目标，但它不把信息素养教育作为该课程的必要组成部分。课程的内容往往是在与专业课教师沟通之后由图书馆员组织和安排的，授课时间往往是在该门专业课的计划课时内进行的。如北京大学医学部在基于问题的专业课教学中，学生针对研究的临床病例提出问题后，就要针对问题去寻找答案。考虑到文献检索课及其培养学生能力的作用，邀请图书馆文献检索检课老师参与他们的教学活动。图书馆老师认真研究了每个专题的信息查询途径和方法，收集了相关的病例图谱和文献资料，分别向每个专题的学生介绍可以利用的所有资源，对每种资源介绍基本检索方法、技巧及评价，具体的操作由学生来实践。这种与专业课程相关的协作将信息素质授课的内容与专业课程作业有机地结合在一起，学生可以看到文献信息技能培训对他们获取文献信息和查找有力信息起到了非常大的帮助作用，激发了学生学习的积极性。信息素养教育课是在专业课堂时间讲授，选该课的学生都要参加，保证了信息素质教育的普及性。与专业课程相关的协作在国外高校普遍开展，但在我国有文献报道的实例并不多。

2.2 馆员教师学科协作型教学模式评析

图书馆员与教师的合作既能使学科教学随时获得信息资源支持，同时又可渗透到各学科教学过程中，使学生在学科信息问题解决中提高信息素养，而唤醒更多的教师参与合作，更可扩大信息素养教育覆盖面，惠及更多学生。信息素养能力需要在特定主题任务、专业研究课题中得到真实的培养和锻炼，学会在自己感兴趣的课题中，充分发挥自己的学习主动性。因此，在信息素养协作教学中，协作是成功的关键因素。没有教师的介入，与专业主题领域的结合也不可能出现，信息素养课程的目标可能就达不到。而一些教师已经习惯于按部就班的教学内容，不愿意改变自己的教学习惯，而且在许多专业教师眼中，图书馆只配处于教学辅助单位的从属地位，不愿意和馆员合作，有些教师甚至要“捍卫其授课的绝对权利和声誉的权威”[4]。这些阻碍了我过高校信息素养教育协作方式的深入开展。

通过馆员与教师的沟通，图书馆更进一步深入了解各学院学科教师和学生的信息需求，并在信息素养教育中提升了图书馆的形象，另一方面教师也增长了信息知识、磨练了信息技能，教学质量也有较大的提高。

3 泛在服务型信息素养教学模式

3.1 泛在服务型信息素养教育模式

2003 年 6 月，美国国家科学基金会(NSF)召开了“后数字图书馆的未来”又称“泛在知识环境”研讨会，会后，NSF 发表了《“Knowledge lost in information”(知识在信息中迷失)——NSF 数字图书馆研究方向研讨会研究报告》提出“泛在知识环境”这一新名词，把数字图书馆的普及所创造的信息环境称为“信息以太”，数字图书馆应该定位于提供泛在知识环境，如同无所不在的以太一样，成为未来生活、学术、研究、和教育的须臾不可或缺的公用设施[5]。

“数字图书馆使每一位公民都能够通过多种方式连入因特网，克服地理和文化的限制，友好、多形式、迅速高效地在任何时间、任何地点获取人类的所有知识。”这是泛在知识环境下数字图书馆的发展目标和宣言[6]。

泛在知识环境下的数字图书馆是未来知识型社会的一种综合、全面的数字化信息基础设施的重要组成部分，它的基本发展目标是使用户能够不受时空限制获取所需要的各种形式、多种语言的资源和服务，并重视用户参与和用户协作，为知识的整个生命周期提供支持，从而在泛在知识环境中发挥重要的作用……未来数字图书馆是建设为用户提供无所不在服务的‘泛在图书馆’、构建开放的、融入用户过程的知识管理与应用平台、实现以用户为中心的服务理念、提供面向需求、适应变化和灵活深入的知识发现机制[7]。

用户不仅希望可以随时随地地根据需要多途径、多渠道、方便快捷、成本低廉、无缝地获取各种资源，并且要求提供的服务更加个性化、专业化、开放化、主动化、多样化、可视化、人性化和知识化等。

泛在知识环境要求图书馆提供一种到身边、到桌面、随时随地地获取信息的泛在服务：即用户在哪里，服务就在哪里。信息素养教育的泛在服务型模式就是顺应泛在知识环境需要的一种新型的教学模式。图书馆员深入到课堂和各种教学平台，融入到整个教学及学习过程，提供主动的、专业的、到身边的、到桌面的泛在服务[8]。以学生为主体、以信息素养的完整内涵为教学内容，一方面无缝地嵌入到课堂和各种教学过程中；另一方面将学生自己的需求、教师指导服务有机结合，尝试由教师单方面给予知识转变为在教师引领下开展知识创新。在学生掌握信息检索基础知识、各类型资源技能的基础上，培养学生提炼问题、整合学科信息、解决问题的能力，激发其主动思考、个性发挥，从而培养学生的终身学习能力和评判性思考能力。

3.2 泛在服务型教学模式评析

泛在服务要求下，信息素养教育的外部环境发生了巨大的变化，知识在人们触手可及的地方有组织地出现，信息难以定位并且更加难以获取的局面将渐次式微，信息的检索将变成人们的一种自觉行为。与获取信息行为密切相关的信息素养教育，应既具有普通数字环境下信息素养教育的一些基本的特征，也具有泛在知识环境下的显著特征：

3.2.1 *泛在服务型信息素养教育是在泛在知识环境下图书馆提供的一种泛在服务，是传统信息素养教育寻求变革的一种新途径*

为了适应泛在知识环境的要求，图书馆改革服务方式和服务手段，主动嵌入到用户的工作、学习、生活空间，包括物理空间和虚拟空间，提供一种到身边、到桌面、随时随地地泛在服务。其主要特征是以用户为中心，图书馆员主动深入到课堂或网络教学教学平台，参与专业课程的整个教学过程，提供主动、专业、到身边、到桌面的泛在服务，图书馆员多层次地深入到专业课程教学中。美国威拉努瓦大学则将信息素养教育深入到多个年级的多门专业课程中，从工程的二年级到四年级，每一个学期至少有一门课将信息素养教育深入到专业课程中，这样循序渐进地深入到不同年级、不同课程中，使学生的信息素养有系统性的提高[9]。

3.2.2　注重学生信息素养综合能力的培养

运用案例教学、讨论式教学方法、教与学的互动，多层次的立体教学服务培养学生的信息道德、信息整合、交流、再创造等综合运用能力。建立科学评价信息素养教学水平与学生信息综合能力考核方法。2004、2006 年美国一个有关大学信息素养的调查中[10]，有 58%的院校承认图书馆参与了专业课程规划，占战略性地位的约为 43%。Sonoma 州立大学的教师和图书馆员将信息素养无缝地嵌入到英语 101 作文课程和 Hutchins 学院的通识教育——人类之谜：综述中，改进了学生的阅读策略，提高了他们合乎伦理地利用他人语言和观点的能力[11]。通过信息素养教育，学生具备了很强的信息素质能力和自学能力，离开课堂依然可以不断地自主学习并获得成功。

移动互联网的形成进一步拓展了图书馆信息素养教育的空间，手机、PDR 等移动通信设备成为重要的用户终端。馆舍阵地教育、网络数图教育和移动数图教育相结合的泛在服务教育机制正在形成，这必将使信息素养教育的目标更好地落实到教育实践之中。

参考文献

[1]杜桑海，陈英．四川省高校文献检索课的起步、发展与前景[J]．大学图书馆学报，2004(4)：22－23

[4]易斌．高校图书馆对大学生进行信息素养教育的现状及分析．图书馆 2007(5)：73－75

[2][3]吴漂生，易斌．信息素养教育教师－馆员学科教育合作模式的探索与实践，图书馆论坛，2009(1)：141－143

[5]Chatham M Knowledge lost in information[R/OL]．[2011-05-20]，http：//www. sis. pitt. edu/dlwkshop/report. pdf

[6][7]张会田．泛在知识环境下的数字图书馆发展研究[D]，兰州：西北师范大学，2009

[8]谢守美，赵文军．嵌入式信息素养教育——信息素养教育的新途径[J]．情报资料工作，2012(1)：108－111

[9]龚芙蓉．国外高校信息素养教育之“嵌入式教学模式”的思考与启示[J]．图书馆论坛，2010(3)：147－149，178

[10]TRAVIS T A. Librarians as agents of change：working with curriculum committees using change agency theory [J]. New Directions For Teaching and Learming，2008(2)：17－18

[11]彭立伟．学科信息素养整合教育探究[J]．情报理论与实践，2011(2)：34－37

作者简介：周芝萍(1968—　)，女，江西师范大学图书馆副研究馆员，副馆长。

高职图书馆学科服务模式探讨与实践

——北京农业职业学院图书馆为例

吕巧枝

（北京农业职业学院）

摘　要：在阐述高职院校图书馆学科服务必要性的基础上，以北京农业职业学院图书馆为例，概括了学科馆员管理规范制定的意义，及学科服务组织构架、服务策略、服务手段，并提出几点改进意见。

关键词：高职图书馆　学科服务　服务模式　服务策略　信息素养

学科服务是大学图书馆一种全新的服务模式，它立足于用户需求，依托具有某一学科专业背景，精通信息情报技术的图书馆高级人才，介入学科的研究领域，为大学的高端人才或科研人员提供高水平的科研信息服务[1]。高等职业院校图书馆也不例外，同样肩负着学科服务的责任和使命。目前大学图书馆学科服务研究较多，从 1998 年清华大学图书馆率先引入学科馆员制度以来，关于学科服务模式的探讨始终是图书馆界研究的热点，但高职院校图书馆学科服务研究并不多见。北京农业职业学院作为第三批国家示范性高等职业院校建设单位，已于 2011 年 3 月顺利通过验收，这一可喜可贺的建设成果，给图书馆如何进一步做好服务工作提出了挑战。为此，我馆确定全面推行"学科服务"主战略，推出一系列新的服务举措。学科服务如雨后春笋在全院各系部轰轰烈烈展开，得到师生们鼓励和好评。本文以北京农业职业学院近半年来学科服务实践为例，就其管理制度、组织架构、服务策略、服务手段等方面总结其成绩和不足，既可促进我院图书馆学科服务的深入发展，也可为其他高职图书馆开展学科服务提供借鉴与参考，具有一定的现实意义。

1　制定学科馆员制度，加强管理

2012 年初，图书馆出台了《北京农业职业学院图书馆学科馆员工作管理办法》文件，并在校园网主页公开发布。文件指出学科馆员服务以"服务至上，满意读者"为宗旨，以"主动服务"为理念，目的是通过规范和加强学科馆员工作，促进学科馆员的服务不断创新和进步，打造读者服务、信息服务的亮点和品牌。文件明确了学科馆员分配和职责及鼓励奖赏办法。

2　"小组和团队"互补的学科馆员服务组织架构

学科馆员服务组织分为小组和团队两种形式。小组式是根据馆员的专业背景和特长，强弱结合，指派两人为一组，分配到全院十个系部，责任到组，开展服务。团队形式则是依据学院所设专业性质，组建了农业学科团队、非农业学科团队、文法财经学科团队及综合性学科团队四个服务团队。

小组服务与团队服务两种形式并存，互为支撑和补充。在学科馆员小组定期开展服务的基础上，以团队的形式开展学科馆员工作，可以发挥团队成员知识结构互补的优势；不同业务部门成员组成团队，有利于更好地整合各部门的文献资源及服务优势；服务工作更有声势，更有影响；通过团队形式，集中馆内工作人员力量和智慧，针对各系部重点课题、重点服务对象，开展特色服务，保证了团队服务的效率和质量更高。

3 研究学科服务策略，增强信任度

在以“服务至上，满意读者”为宗旨的思想指导下，我们在开展学科服务前，从校园网资源入手，对用户需求信息进行了深入细致的全方位调查。比如通过“系部设置”可以了解各系部的专业设置、生源情况、就业去向等有关学生信息；借助“教务管理系统”和“科研管理系统”，可以准确掌握老师的任课和承担科研项目的基本情况。知道了服务对象的需求信息，就能有的放矢的地、有重点地开展相应的服务。

在了解用户信息的基础上，进一步探索沟通技巧和服务传递、服务推广等策略。图书馆工作人员的工作能力和水平，一般不被人们所认可，甚至有种“图书馆是养老的地方”说法。为此，要营销我们的服务，必须搞好与服务对象的关系，增加亲和力；在沟通和服务上下工夫，讲策略。

图书馆是书的殿堂，其神圣之处不言而喻。有机会就邀请师生们来馆坐坐，哪怕聊天，也是别有韵味。逢年过节放假前夕，紧张工作的老师们都会有放松心情的愿望，此时此刻通过腾讯通或 QQ 聊天、MSN 交流平台，向用户群发一个温馨的图片或是一句暖意的问候和美满的祝福，群的回复会立刻热闹起来，“谢谢”，或一个微笑的表情，都带有浓浓情意温。但要特别注意的时间和说话分寸，不能让对方感觉唐突和任何不舒服，甚至排斥。每次都要署名“贵部学科馆员某某”。如此几回，馆员和服务对象的距离就拉近了，为服务工作的开展打下人情基础。

根据图书馆实际情况，编制图书馆利用图册，在新生入馆培训时，免费发放。

搭乘馆内组织的各种工作和活动便车，进行学科服务。比如今年 5 月份图书馆成功主办的全院“读书活动月”，亲自设计的精美书签得到师生们的高度赞赏。借此机会，学科馆员把书签分份，送到系部办公室，并在腾讯通上温馨提示老师们领取礼物，言简意赅说明书签正面图案意义及背面的资源介绍。再比如，每次新书上架，图书馆都会在网上发布新书推介通知，学科馆员乘机把自己负责系部的专业书籍单独抽出，群发给专任老师。

4 提高学科服务手段，树立工作信心

随着信息化、数字化的高速发展，学科服务的手段和方式也要随之改变，与时俱进。教师和学生是高职图书馆服务对象的两大群体。据此，实际工作中我们把服务内容定为“学业服务”、“教学服务”和“科研服务”三大类别。

(1)充分了解学生信息，做好接力服务。新生入馆培训，一般每年都在新生入校 9 月份进行，这类培训是全院高度重视的一项新生入学培训。通过参观馆舍，介绍资源，配送图册等形式开展此项服务。除此外，根据学生培养计划内容和进度，开发相应阶段的讲

座。比如，大二开展课程论文和学位论文写作培训，就选题方法、文献查找、写作技巧、文档操作等方面提供辅导。辅导培训前，授课馆员首先要充分备课，内容之一便是全面了解掌握学院对毕业论文的要求，大到专业方向，小到论文封面、字体等论文格式要求。大三面临学生顶岗实习和毕业分配，收集信息咨询，做些相应辅导交流。为了第一时间能为学生服务，我们使用了“虚拟网络参考咨询服务”平台，馆员只要上班就在线服务。

(2)随时掌握教师的科研立项，做好跟踪服务。不论什么级别科研课题，校园网上都会及时发布申报信息，学科馆员下载并从中挑选所服务系部教师的科研情况，细看文件和表格填写要求，寻找服务点位。比如《北京农业职业学院开题报告(计划任务)书》填写说明中提到的学科分类填写要求：按《国务院学委授予学位学科专业目录(1997)》填写，学科馆员第一时间找出该目录，经科研处有关负责人员确认后，传递给课题负责人。同时，为了更好地提供资源服务，根据不同类别科研内容，更换馆员的“个人数字图书馆”关注热点，随时下载，并转发给服务对象。

(3)掌握教师代授科目，做好辅助服务。校园网教务系统在学期末公布下学期教师带授课详情，据此择选需要服务的重点对象，一般为新教师首次授课和老教师开设新课。利用图书馆资源，下载相关精品课件和试题库，分别转发到人。尤其是开选修课的老师，因为学生没有统一购买教材，参考书目显得尤为重要。

5 提高高职图书馆学科服务的几点建议

大学图书馆学科服务的发展与完善是一个系统工程，它包括学科资源建设、学科内容管理系统的应用、学科内容的挖掘、学科馆员服务方式的多样化等诸多方面[2]。尽管我们的学科服务工作开展比较顺利，取得了一定的成绩，得到了师生们的好评；但还是处于初始阶段，还不够完善。实际工作中，也发现了不少影响学科服务的制约因素。归纳起来有以下几点。

一是学科馆员人数不足，综合素质偏低。通过集体培训和个人自学，全面提高馆员的信息素养、文化素养、和服务意识。

二是评价制度不完善，缺乏激励机制。与学校每年都有优秀教师评选活动相比，学科馆员是被遗忘的角落。馆员中势必形成“干多干少、干好干坏一个样”的抑制氛围，不利开展馆员服务。因地制宜地制定学科馆员评价制度，建立健全激励机制很有必要。

三是服务手段不活，服务内容缺少研究。人的能力和水平有差异，学科馆员队伍也一样，有的积极主动，工作有创意，有成绩；有的则无所事事，虚挂其名。这样就给不同的服务部门带来不同的印象，服务质量自然截然不同。所以不论在服务手段，还是服务内容上都需要建立一个强有力的学科馆员组织，定期不定期地沟通交流，互传有无，共同提高，从而把此项工作做得更好，更有特色。

四是学科服务宣传不力，主页没有突出。浏览大学图书馆首页，大多数都有类似“学科服务”栏目，打开菜单都有比较详细的服务介绍和联系人。而高职图书馆网页此栏目少见，师生们不知道还有“学科馆员”一说，更不知有谁能为他服务和愿意为他服务。建议通过页面设置，增加“学科服务”栏目，来宣传和引领学科馆员工作，让学科馆员名正言顺，工作起来更主动，更有紧迫和成就感。

参考文献

[1]王唯玮，马克芬．大学图书馆学科馆员制的困境及影响因素分析．图书情报工作，2009(17)：89
[2]熊欣欣．中美高校图书馆数字化学科服务比较分析．图书情报工作，2011，55(13)：133

作者简介：吕巧枝(1968—　)，女，高级实验师，硕士，现从事图书情报研究。

高校机构知识库组织管理策略研究

于红玮
（北京服装学院图书馆）

摘　要：本文结合高校机构知识库的建设实践，研究并总结了机构知识库建设中有关目标定位、版权方案、资源组织、存储策略、信息服务等重要组织管理策略和规范体系，它们是高校机构知识库建设和持续发展的根本保障。

关键词：机构知识库　高等院校　管理策略　规范体系

Study on the Organization and Management of Academic Institutional Repository

Yu Hongwei
(The Library of Beijing Institute of Fashion Technology)

Abstract: Based on the construction practice of academic institutional repository, this paper studied and summarized some important management strategy and standard system of IR, such as the target localization, copyright scheme, resource organization, storage strategy, information service, and so on, they guarantee the academic institutional repository's construction and sustainable development.

Keywords: institutional repository(IR); academic; management strategy; standard system

高校机构知识库（简称 IR）是由高校组建的、利用网络信息平台收集、整合、保存、发布、利用本校成员在教学科研工作实践中所创建的各种数字化知识产品为内容的数据库。IR 的规划、建设、管理及维护是一项可持续发展的系统工程，需要根据学校特色制定严密的组织管理策略和标准规范体系，包括 IR 的目标定位、版权方案、资源组织、存储策略、信息服务等方面，以保证本校知识产品的系统收集、有效传播、深入利用和长期保存。

1　IR 目标定位

IR 的目标定位是其立足的根本，只有定位准确、目标合理、管理科学、组织规范，IR 才能顺利且可持续发展。我校以纺织、服装艺术为鲜明办学特色，以建设"服装人才培养中心、服装科技研发中心、服饰文化传播中心"为发展目标与定位，据此，我校 IR 的目标定位应分为三个层次：

1.1 电子档案管理平台

IR 集中收集、保存学校教学科研成果，通过数据深度挖掘、资源有序整合，使学术成果得到系统收集和统一管理，其是衡量与展示学校学术水平的电子档案管理平台。

1.2 网络传播管理平台

IR 是基于开放获取理念建立的学术信息发布平台，其以学校为单位全面展示教学科研成果，改善学术信息的交流渠道，扩大学术信息的传播范围与影响力，并能有效避免科研重复立项或跟风现象，促进科技创新及成果转化，进而提高学校在纺织服装领域的知名度和社会影响力，为学校良性发展创造条件，是学校对外进行学术交流的网络传播平台。

1.3 信息服务管理平台

IR 通过对学术成果的收集整合、加工组织、导航揭示，以 Web 方式向社会公众提供信息服务，实现检索、浏览、下载、评价等功能，是以学校自主知识产权成果为内容的信息服务平台。

2 IR 版权方案

IR 的良性发展必须以法律法规为准绳，各种版权解决方案，如知识共享协议、版权转让协议、存储许可使用协议等是 IR 建设与发展的基本法律规范。我们根据 IR 建设中的实际情况，制定两个版权解决方案，以尽可能合法实现 IR 的开放获取。

2.1 存储许可使用协议

这是 IR 管理者与版权人之间订立的协议，是 IR 版权管理的核心工具。IR 只有妥善处理好与版权人之间的法律关系，获得版权人赋予的非排他存储使用许可，才能合法行使存储权、复制权和网络传播权，满足开放存取的基本需求。IR 资源涉及的版权问题较为复杂，版权归属因出版状态及各出版机构的版权政策而各不相同，需要根据具体情况签订不同的许可协议，以获得在指定时间及空间范围内的存储、复制和网络传播权。

2.1.1 版权归属学校或著者：包括本校成员的教学课件、学位论文、设计作品、会议论文、预印本等，或由学校经费支持或者委托的学术成果，如科研成果及研究报告、工作报告、会议资料等，其可直接签署协议并授权给 IR。

2.1.2 版权归属出版商或第三方：包括著者为出版目的将版权转移给出版商的作品，以及得到其他机构赞助的科研成果。版权归属要根据著者所签署的版权协议而定。如著者必须征得出版方或第三方许可才能在 IR 中进行自存储，我们建议著者签订版权转让协议时，同时附上著者的权利要求许可协议，保留自己作品的权利，至少获得可以在 IR 存档的权利。

2.1.3 对于版权问题较难解决的资源：我们援用《信息网络传播权保护条例》第 7 条规定作为 IR 版权问题的基本法律依据："图书馆可以不经著作权人许可，通过信息网络向本馆馆舍内服务对象提供本馆收藏的合法出版的数字作品和依法为陈列或者保存版本的需要以数字化形式复制的作品，不向其支付报酬，但不得直接或者间接获得经济利益。当事人另有约定的除外。"该条例为图书馆在馆舍服务范围内对馆藏数字或传统资源进行数字化复制和传播提供了合理使用的许可，IR 可以不再签署任何版权协议而直接合理使用。

2.2 知识共享许可协议

这是 IR 管理者与使用者之间订立的许可协议，主要涉及 IR 存储内容的使用权。在

IR开放获取过程中，版权人除了要授权IR进行保存和在一定范围内传播外，还要对IR用户授予一定的权利，使其能够合理地使用其作品，如非商业目的的复制、合理引用、传播交流等权利。

知识共享协议是一种在作品有效保护期限内全球范围免费使用版权人作品的非排他性许可使用协议，可以为IR的建设提供一种便利且易操作的许可授权机制，促进科学文化的传播，以达到知识共享的目的。

常用的CC协议组合有6种，我们采用"署名-非商业使用-保持一致"，即著者保留署名权，允许对资源重新创作，但不得进行商业使用。

3 IR资源组织

IR的核心是资源建设，即本校学术成果的收集、整合、加工、发布，必须要根据学校的纺织服装艺术特色对资源建设制定统一的标准规范体系，包括内容组织、元数据标引、质量控制等等，这是确保IR的学术质量及可持续发展的基础与关键。

3.1 内容组织

IR所收录的内容为本校自主知识产权资源，以学术研究成果为主，应包括本校教职员工的所有学术研究成果(学术论文、教材论著、设计作品、专利成果、科研报告、科研成果、多媒体资源、课件等等)，还应包括本校博硕士及优秀本科生的学术研究成果(学术论文(学位论文为主)、获奖成果(设计作品为主)、多媒体资源(服装SHOW、设计大赛为主)等等)。

其中多媒体资源最能展示我校艺术特色及学术成就，包括服装Show、流行趋势发布会、设计大赛、作品发布会、设计作品展示会等的视频及设计图片以及教学课件及视频等等，尤其是我院设计的2008年北京奥运会、残奥会制服、奥运火炬接力服装、中国运动员领奖服、颁奖礼仪服装之"青花瓷"系列、残奥会入场服装、"神舟七号"航天服、建国60年国庆群众游行方队和志愿者的服装、2010亚运会颁奖礼仪服装、国际国内大赛获奖作品等重大设计成果，凸显了我校在纺织服装领域的学术地位，是IR收录的重点。

IR资源类型多种多样，需制定统一规范的文件格式，文本文件以PDF格式、视频文件以WMV格式、图片文件以JPEG格式为资源类型标准，设计作品并提供缩略图、预览图、大图等几种度量图片以供不同权限用户使用。

3.2 元数据标引

IR以"都柏林核心元素集"为标引著录的基础，根据所收录资源类型的内容特点，扩展一些不同的描述字段，或者赋予部分元数据字段新的寓意，并依据客观性、一致性、系统性、互操作性、专指性与通用性相结合等基本原则进行元数据的标引著录。

根据我校的艺术特色，IR所收录的特色资源为设计作品图片资源，我们结合学科特色将其元数据定为16个核心元素：

(1)资源类型：作品内容的属性或类别，赋值"设计作品"。

(2)主要责任者：对作品内容的创作负有主要责任的实体。

(3)其他责任者：对作品内容做出贡献的除创建者外的实体。如设计作品的拍摄者、演绎者(模特)、编辑等。

(4)题名：作品的名称及说明文字。

(5)标识符：在特定的环境中确认设计作品的唯一标识。包括文献出处、统一资源标识符、统一资源定位符、数字对象标识符、国际标准书号、国际标准连续出版物编号、获奖项目编号等一切说明作品出处的信息。

(6)语种：表达作品内容的语言种类。

(7)主题：描述作品内容的词汇，包括关键词、主题词、学科专业、中图分类、作品类型(可赋值“毕业作品、比赛作品、展览作品、出版作品、项目作品、作业作品、其他作品”等)。其中IR的类目归属以《中国图书分类法(第四版)》为准，学科专业以教育部2009年颁布的《普通高等学校本科专业目录》为规范。

(8)描述：对作品内容的描述说明，包括摘要、获奖情况、参展情况、资助、作品体裁(可赋值“静物图、着装图、设计图”等)。

(9)出版者：颁发设计作品的实体。

(10)日期：与设计作品的制作、颁发、修改等有关的日期。

(11)格式：作品的物理或电子形态，包括载体类型(赋值“JPEG”)、篇幅、尺寸、分辨率、页数。

(12)权限：关于作品的权利和约束，如版权所有者、授权使用者、版权声明、授权使用等。

(13)来源：提供该作品的机构、单位。

(14)时空范围：作品内容所涉及的空间与时间范围。如反映少数民族地区或某一历史时期的设计作品。

(15)关联：指明相关资源的参照，包括版本、参照等。

(16)个别元素：以设计作品为基础，仅适用作品的相关信息，包括服装款式、制作工艺、适用对象、材料、平面图案、民族文化、品牌等。

3.3 质量控制

IR的建设质量直接影响到IR作用的发挥，严格的质量控制是保证IR良性发展的重要手段。

IR管理者对库中资源要进行定期审查，学科馆员全程参与数据的核验工作，包括著者身份、专业背景、成果类型和格式、元数据标引等规范，并对学术成果进行法律意义上的鉴定，滤掉与现行法律法规及传统道德观念相悖的内容。

根据所收录的学术成果出版状况的不同，IR采用不同的审查制度。

对于公开出版的文献，如期刊论文、会议论文、教材论著等，往往已经过了专家学者比较严格的出版审查，学术水平和质量较有保障。IR简化审查手续，如实收录成果并永久保存，但对于其中观点有悖于国家利益的文献全文暂不发布。

对于灰色文献，由于缺少同行评议等严格的专家审查环节，随意性和自由度较大，质量参差不齐。IR采用学科馆员负责制，并聘请各院系图情专家担任义务审稿人不定期审查，原则上是以不违反国家现行法律与传统的道德观念、且要具有一定的学术价值为规范，对著者可做出强制性或非强制性的修改或撤稿建议。

资源呈缴者在成果呈缴后，随着研究的进一步深入或其他原因，对现有的结论需要进行修改或完善，IR采用并行保存模式，即对同一学术成果的不同修改版本都加以保存并赋予不同的标识符。

4 IR存储策略

IR目前主要有自存储、强制性自存储、协议性代存储等几种存储方式，我们采用以图书馆为IR管理者和建设者的协议性代存储模式，根据版权归属实行不同的呈缴制度，并适当引入鼓励机制。

4.1 呈缴制度

即强制呈缴，版权归属为学校的学术成果必须提交给IR进行长期保存。这些成果如果不强制收集保存，就会不断遗失，给学校造成极大的损失。强制政策是最直接、最有效的建设IR的一种方式。

4.2 自愿呈缴制度

为主动呈缴，不具有强迫性。对本校成员产生的、版权不归属学校的学术研究成果采取著者自愿的呈缴方式，自愿呈缴将是IR建设中一种持久的解决方案。

4.3 鼓励机制

存储率的制约要素是版权人对IR和开放获取的认同度，呈缴制度只能适用于与本职工作相关的职务作品，大多数学术成果在知识产权的保护下是不能通过呈缴制度强迫提交的，这就需要鼓励政策的扶持，通过意识层面的引导或通过一定的奖励机制提高IR存储率和机构成员提交的积极性。

我们建议学校相关权力部门将IR成果直接与个人业绩认定相联系。比如在职称评定、业绩考核、岗位聘任、项目申报时，以IR呈现的学术成果作为重要的参考源与评估依据，科研人员必然会自觉地将成果存储到IR中。

5 IR信息服务

IR是以本校学术成果为核心内容的信息服务平台，以Web方式通过统一的检索入口与知识导航体系实现数字资源的检索、浏览、下载、评价等功能。

根据学校的教学科研体系以及IR的内容特色，我们采取科学合理的资源组织方式，建立了比较完善的层级式组织结构和知识导航体系。可以优化资源结构，提高检索效率。

· 按院系机构组织导航：系统展示各院系机构的科研教学成果、水平、研究热点、发展趋势；

· 按教师姓名组织导航：有序揭示每一教师的所有学术研究成果；

· 按资源类型组织导航：按期刊论文、学位论文、会议论文、专著、设计作品、科研项目、科研成果、专利、视频、课件等资源类型来组织分类，集中揭示同一资源类型的所有学术成果；

· 按学科专业组织导航：按资源主题的学科归属组织揭示，集中展示同一学科的所有研究成果；

在IR立体结构中几种组织方式既独立又层层交叉融合，每一导航体系下又可按其他几种组织形式重新有序揭示本体系所有资源，便于读者检索利用。

IR的开放获取权限依版权协议而在不同范围进行不同级别的数据开放与信息服务。在公网范围开放IR收录的所有内容的元数据以及OA资源，依权限开放授权的资源全文；馆舍服务范围内开放IR收录的所有内容的元数据以及资源全文。用户首次访问需要点击签署“知识共享许可协议”方能正常使用 IR。

6 结语

IR 是基于开放获取理念的以用户为中心的一种新的资源组织形式和服务方式，探索适合本校 IR 的发展策略，建设具有纺织服装艺术特色高水平的 IR，对促进资源共享、扩大学术交流具有重要意义，并可以提高学校的国际影响力，为学校的良性发展提供坚实可靠的信息支柱。

参考文献

[1]张晓林．机构知识库的政策、功能和支撑机制分析[J]．图书情报工作，2008，52(1)：23－27，19
[2]孙振良．高校机构知识库建设现状及策略研究[J]．情报科学，2010，28(3)：353－360
[3]胡芳，钟永恒．机构库建设的版权问题研究[J]．图书情报工作，2007，51(7)：50－53
[4]陈琳．机构知识库建设机制探析[J]．大学图书馆学报，2010(4)：59－63
[5]李晓辉．机构库愿景实现过程中面临的若干问题述评[J]．图书馆建设，2010(4)：2－5

作者简介：于红玮(1966—)，女，副研究馆员，大学本科，研究方向为数字图书馆建设及参考咨询。

基于学术信息交流的图书馆服务功能拓展

李继娟

（北京交通大学图书馆）

摘　要：学术信息交流的发展推动图书馆的发展，在传统学术信息交流发展阶段，图书馆处于中心地位；网络环境下学术信息交流数字化，图书馆传统服务方式受到挑战，图书馆应该通过对信息的收集、整理、传递功能为用户提供高质量的信息服务；在数字环境下，搜索引擎等商业咨询机构与图书馆的竞争更加激烈，图书馆只有拓展服务功能，承担更多责任，才能满足学术信息交流发展的需要。

关键词：学术信息交流　网络环境下　数字环境下　搜索引擎　服务功能

Abstract：Developing the Academic information exchange can put forward the development of library. Library plays the foremost role in the developing stage of the traditional academic information. While with the digitalization of the Academic information exchange in the internet age，library's traditional services has been challenging. Library should provide users with high quality information service by promoting its function of collecting，sorting and delivering information in the Academic information exchange. In the digital environment，the competition between business consulting agency like search engine and library will be fiercer and fiercer. Only when library expand its function and undertake more responsibilities，can it meet the need of the development of academic information.

Keywords：Academic information exchange；internet age；digital environment search engine；service function

任何一项科学技术的研究与发明，都是社会成员的个体劳动或局部承担的科研活动的结晶，而为了科学技术的进步和全人类的发展，很有必要将少数人的成果变成全人类的共同财富。学术信息交流成为社会成员之间相互交流、共同利用科研信息的重要方式。学术信息是在科学研究活动中产生和利用的反映自然与社会现象本质或规律的信息。学术信息是学者们在研究过程中经过研究和思索产生的对自然界和人类社会的新的认识，携带着人类智慧的结晶。学术信息交流是科学技术继承和发展的基本活动。

图书馆是学术信息产生发布以后，作为收集、整理、组织、传递和保存学术信息以供人们交流的机构，在学术信息交流中起着重要的作用。由于社会的需求、科技的发展使学术交流体系不断发生变化，图书馆在学术信息交流体系中只有不断巩固地位，充分发挥作用，拓展服务功能，才能适应学术信息交流的发展。学术信息交流体系的变化推动着图书馆的发展。

1 传统学术信息交流与图书馆

1.1 传统学术信息交流的发展

传统的学术信息交流往往是由出版商、发行商、联机检索服务商、书目检索服务商和图书馆组成，传统的学术信息交流是科学研究生产、传递、组织、存储、服务的基础。上个世纪 50 年代以后，在世界和平环境下，科学技术蓬勃发展，学术信息交流的发展到 90 年代，传统学术信息交流体系存在以下问题。

1.1.1 传统出版方式的不足

传统的学术信息交流所需的时间过长，作者将研究成果投稿到使用者最终取得和利用学术信息要经历一段相当长的时间，严重影响了学术信息交流的时效。学术研究的作者人数及其生产的学术论文数量大幅度增加，受学术期刊版面限制，不少论文不得不减少篇幅甚至失去出版机会。

1.1.2 图书馆成为学术信息交流的瓶颈之一

学术出版被许多大型商业出版商垄断，学术信息交流在这些出版商控制下也逐步被商业化。商业出版商以赢利为目的，学术信息交流链上的图书馆因无法承担不断增长的高额采购费用，不得不减少对出版物尤其是学术期刊的订购数量，从而直接导致科研工作者获取的学术信息的减少，使学术信息交流不能充分发展。

1.2 传统学术信息交流中图书馆的地位

在以印刷型文献为主要信息载体的环境下，图书馆是传统学术信息交流中的重要环节，是学术信息收集、整理、传递过程中的枢纽。在促进科学技术发展中发挥了积极的影响，在学术信息交流中起过不可替代的作用。但图书馆的传统服务方式不能适应发展的学术信息交流体系，正如张晓林所说，传统服务方式的图书馆往往将主要注意力和人力、物力投入到具体文献资源的收集和管理，往往受本地化影响陷入封闭式的小而全结构，往往习惯于并依赖这种体系固有的秩序，以及被俘获受保护，同时又受限制的地位。[1]

2 网络环境下学术信息交流与图书馆

2.1 网络环境下学术信息交流的变革

随着计算机、网络技术、信息技术的发展，因特网成为报纸、广播、电视之后的第四大主流媒体，电子出版、数字图书馆的出现，以及信息检索方式、知识产权条例以及作者、出版商与读者互相之间关系的变化，导致学术信息交流的变革。几乎所有的传统载体形态的信息内容都被转换成或逐渐被转换为数字形式，有的信息更是直接以数字形式生产和传播。出版商、发行商、文摘索引商、检索服务商都改变了原来的传统角色，开始直接向用户提供信息服务，用户还可以从学会、协会的学术信息交流系统获得，或者从网络上，通过信息服务部门或搜索引擎工具找到所需信息。

2.2 用户需求的演变挑战图书馆的传统服务

据中国互联网信息中心发布的第 29 次中国互联网发展状况统计报告，截至到 2011 年 12 月底，中国网民规模达到 5.13 亿，全年新增网民 5580 万；互联网普及率较上年底提升 4 个百分点，达到 38.3%，是 1997 年 10 月第一次调查结果 62 万上网人数的 82.7 倍。

随着信息技术的进一步发展，上网将逐步成为人们获取信息的主要途径，信息的获取也将更为方便快捷，人们的需求也更加多样化、个性化。图书馆不再是向用户提供学术信息的唯一途径。这些变化必然对以提供学术信息为主的图书馆传统服务方式提出挑战。

2.3 网络环境下如何发挥图书馆的作用

面对学术信息交流体系的变化，是由网络代替图书馆进行学术信息交流，还是由图书馆利用网络将高质量的更加丰富的学术信息提供给需要者，图书馆必须做出的选择。图书馆只有通过加强自身馆藏建设、资源重组、服务方式变革、转变思想观念以及系统更新等多种形式有机地融入到学术信息交流中，才能继续发挥其不可替代的作用。

2.3.1 充分发挥图书馆的馆藏优势

图书馆是收藏保护科技成果、传递科技情报的专职机构，图书馆馆藏是为科技人员进行学术信息交流，开展信息服务的物质基础。图书馆不仅有印刷版的图书、报纸、还有丰富的电子资源，形成实体与虚拟互补的馆藏结构。这些文献资源学科覆盖面广、科技信息含量高，具有专业性、系统性、连续性、完整性和实用性的特点，如此丰富、系统、高质量的文献信息资源是其他信息机构没有的，可以持续不断地给图书馆带来竞争优势。只要图书馆充分利用馆藏资源，就可以为科学技术人员提供学术信息，在学术信息转化为生产力中发挥作用。

2.3.2 加强对信息的筛选和过滤

在当代社会信息数量急剧上涨、质量不断下降、内容交叉重复，而用户的精力是有限的。据美国科学基金会统计，一个科研人员花费在查找和消化科技资料上的时间占全部科研时间的51%，如果能缩短文献信息查阅时间，就能提高科研效率，将有限的时间和精力用于创造性的研究中。[2]作为始终承担着对文献进行收集整理功能的图书馆来说，在网络时代，承担起文献资源的鉴别整理任务，尽一切努力剔除尽可能多的垃圾信息、虚假信息、冗余信息，发挥在文献资源建设中的质量监督者和控制的作用。

2.3.3 对信息的有效组织与管理

据联合国教科文组织的统计：人类近30年来所积累的科学知识，占有自古以来积累的科学知识总数的90%，而在此之前的历史长河中所积累的科学知识只占10%。同样，英国技术预测专家詹姆斯·马丁的测算结果也表明了类似的发展态势：人类的知识在19世纪是每50年增加一倍，20世纪初是每10年增加一倍，70年代是每5年增加一倍，而近十年约每3年增加一倍。[3]据统计，现在每天约有数十亿信息单元的信息量向世界发送，并以每年18%－20%的递增率发展。[4]在一个知识爆炸时代，信息的展示和组织方式已经和内容本身变得同等重要。[5]作为知识与信息收集、分类、传播中心的图书馆，必须利用现代化的技术手段，使纷繁复杂、无序的网络信息资源逐步向有序化、便于用户索取的理想状态发展。

2.3.4 开展信息推送服务

图书馆通过对用户的需求分析，将合适的信息推送给需要的用户，图书馆可为用户开发一种可以用于对网络资源进行搜索、发现、组织、加工、整理的信息处理系统，并借助网络向用户提供网络信息检索、全文镜像推送、专题追踪等信息服务，避免用户在网上盲目漫游，使用户能获取大量的网上信息，及时关注行业动态追踪热点、了解科技前沿。

2.3.5 建立学术资源门户

在分布、异构、变化的信息环境下，信息资源数量巨大而且高度分散，用户要找到真正符合其所需的资源很困难，学术资源门户的作用是在保持知识体系整体性和关联性及知识因子的有序化和知识关联的网络化基础上，沟通相互隔绝的学科领域，使之成为相互渗透、相互作用的有机体而形成的获取便捷、利用率高的新的资源体系。

3 数字环境下学术信息交流与图书馆

3.1 数字环境下学术信息交流的重组

开放存取和 Web2.0 应用服务的广泛开展，为学术交流提供了新的交流渠道和方式，开放获取作为一种新的学术交流机制，改变了学术信息链上各个节点的功能，从而引发学术信息交流的重组。由于社会的需求、科技的发展驱动数字环境下学术交流发生了重大变化，现代学术交流体系变成了互动的网状交流体系(如图 1)。

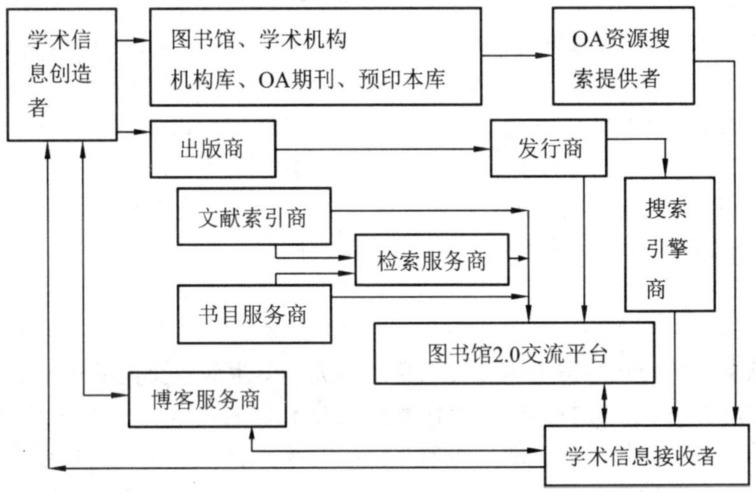

图 1 数字环境下学术信息交流体系

3.2 行业竞争的加剧威胁图书馆的生存

社会上信息服务机构激增，特别是商业性咨询机构的兴起对图书馆造成很大冲击。根据 WTO 协议之一《服务贸易总协定》的基本精神，跨国公司可以申请与东道国图书馆相同的税收补贴，这意味着图书馆面临生存危机。搜索引擎提供商成为信息服务新的参与者，也是图书馆学术信息服务的有力竞争者。Google 通过抓取网上的学术资源，并与数据库商合作，能够让网民更方便地搜索和获取全球的科研成果。据调查，Google 成为科技人员搜索学术信息的首选工具[6]。另外，掌握一种信息交流方式，就拥有一种传播思想文化的权利和影响力。搜索引擎不仅仅是作为一种信息交流的工具而发展，而是作为一种思想文化、战略资源在崛起，Google 只不过是一家搜索引擎公司，可是 Google 却积累了成为一个非常庞大的人类信息库，这个庞大的信息库足以成为一种控制社会的力量。[7]

3.3 图书馆功能的拓展

在数字环境下，图书馆面临前所未有的挑战，学术信息交流的用户需求有着更高的要求。图书馆被赋予了新的内涵，图书馆只有拓展功能，才能在数字环境下学术信息交流体系中发挥更重要的作用。在新的学术交流体系中，由图书馆、学术机构和科学家承担电子预印本文库、机构库、图书馆 2.0 交流平台的建设，同时负责开放资源搜索门户建设与运行。因此图书馆、学术机构和科学家参与和控制学术信息的编辑、出版、传播、存档的整个交流过程，图书馆成为学术信息交流全程参与者。

3.3.1 发展开放获取机制

开放获取是在网络环境下发展起来的一种新的重要学术交流模式，是国际学术界、出版界、图书情报界为打破商业出版者对学术信息的垄断而采取的推动科研成果通过网络免费或低价自由利用的运动。其目的是促进学术信息的广泛交流及资源共享，促进利用网络进行学术交流与出版，提高科学研究成果的产出率，使世界各国的研究人员都能平等有效地利用人类科技成果。开放存取对学术界还是整个社会都有积极的意义，图书馆是支持开放获取发展的主要力量之一，应充分发挥自身作用，发展开放获取机制，在国外许多廾放获取期刊由图书馆组织管理，在我国特别是大学图书馆可以建立本校的开放获取资源。

3.3.2 构建图书馆 2.0 学术交流平台

利用现代信息技术 Web2.0 构建图书馆 2.0，为学术信息交流搭建开放、共享的交流平台。学者们可以通过图书馆的 Blog、Wiki、发布、交流、编辑反馈科学信息，借助 RSS、Tag、Bookmark 进行信息订阅、分类和收藏，并通过用户自发的或系统自动的聚合给内容提供索引。美国 OCLC 年度报告《审视发展环境，认清前景趋势》给出了用户获取信息的三个主要趋势："自助服务"、"用户满意"和"无缝性"。图书馆 2.0 不仅是 Web2.0 技术在图书馆的应用，而是一种服务理念的革新，是图书馆为用户尽力构建一个"自助服务"、"用户满意"、"无缝性"的学术交流空间。

4 结语

学术信息交流的变化与图书馆的发展息息相关，学术信息交流的每一次变革，都使图书馆工作发生质的飞跃。分析学术交流体系的变化和发展趋势，认识图书馆面临的挑战，立足图书馆的优势，抓住发展机遇，采取相应的措施，满足学术信息交流的需要，确保图书馆在学术交流中的地位，转变思想观念，拓展图书馆的服务功能，适应新的学术交流的发展，才能充分发挥图书馆在学术信息交流中的作用，促进科学技术的进步。

参考文献

[1]张晓林，党跃武，李桂华．网络化数字化基础上的新型学术信息交流体系及其影响[J]．图书馆，2000(3)：1－3

[2]文庭孝，刘晓英．基于引文分析的我国研究者信息获取能力评价研究[J]．图书与情报，2011(6)：21－25，32

[3]方志祥．现代图书馆数字化建设与数字图书馆经营管理[M]．北京：中国知识出版社，2005：377

[4]乔欢．信息行为学[M]．北京：北京师范大学出版社，2010：2

[5](美)沃尔曼(Wurman，R. S)．信息饥渴——信息选取、表达与透析[M]．北京：北京电子工业出版社，2001：15－23

[6]徐佳宁．数字环境下科学交流系统重组与功能实现[M]．北京：光明日报出版社，2011：224

[7]东鸟．中国输不起的网络战争[M]．长沙：湖南人民出版社，2011：180

作者简介：李继娟(1962—)，女，馆员，本科毕业，学士学位。

数字图书馆时代用户信息服务策略探析

Analysis of the Information Resource Service in Digital Library

于 丽

（东北财经大学图书馆）

摘　要：本文通过对数字图书馆时代用户群需求特征的分析，认为用户的信息行为对图书馆信息服务的发展方向有着巨大影响，提出数字图书馆时代为用户提供信息服务需要从拓展文献资源空间、数字交流空间、泛在图书馆等三个方面开展服务的策略及需要注意的问题。

关键词：数字图书馆　信息服务　服务策略

Abstract: The paper through the digital library users demand characteristics analysis and points out that the user group information on the library information service development direction has a great influence , put forward for this group to provide information service strategies and should be paid attention.

Keywords: digital library; information service; service strategy

1　引言

据中国互联网信息中心(CNNIC)2011 年 7 月 20 日发布的《第 28 次中国互联网络发展状况统计报告》显示：截至到 2011 年 6 月底，我国网民总数达到 4.85 亿，2011 年年底将超过 5 亿，互联网普及率达到 36.2%。这部分用户群将互联网和电脑作为生活中的一部分，互联网的普及以及用户获得文献信息的方式对图书馆信息服务的变革产生了深远的影响——数字图书馆应运而生。本文着重对他们的信息需求特征加以分析，以期冀提供更贴近这个用户群的周到服务。毕竟图书馆服务是依托于用户需要而存在的。

2　数字图书馆时代用户群的需求特征

数字图书馆时代的用户是一个重视生活品质、希望在互联网中不断汲取新知识的群体。针对用户的这一特点，如果图书馆能够从现在开始有意识地培养他们对图书馆的信赖，并有的放矢地充分利用图书馆的信息资源，这个读者群将是图书馆长久发展的有力拥笃者。

该用户群对图书馆的信息需求现状又如何呢，针对这一问题，作者在高校范围内开展了一项读者调查，本次调查采取问卷调查结合读者访谈方式，调查对象为在校师生，下发调查问卷200份，收回198份，调查结果如下：

表1 您对馆藏质量的总体评价是

内容	非常满意	基本满意	不太了解
人数	29	145	24
所占百分比	14.6%	74.1%	11.3%

表2 请您对馆藏文献的品种和数量做出评价

内容	比较丰富	还可以	不太了解
人数	35	101	62
所占百分比	17.7%	51%	31.3%

表3 您利用图书馆的主要目的

内容	学术研究	撰写论文	课下自习	休闲娱乐
人数	56	23	36	83
所占百分比	28.3%	11.6%	18.2%	41.9%

表4 您获取信息的主要途径

内容	自己熟悉的网站	专业数据库	纸质文献	不知道如何查
人数	77	82	23	16
所占百分比	38.9%	41.4%	11.6%	8.1%

另外从用户需求调查分析看，用户的阅读倾向虽然是纸质和电子文献并行使用，但数字资源的使用比例显然更高，归纳起来有如下特点：

2.1 满足个性化需求

用户阅读的个性化特征体现在用户希望网络技术能够提高传统阅读的便利性，可以在任何时候上网查找任何信息。互联网络作为一种新兴的信息传播媒介在阅读顺序、阅读内容等方面给当代用户的行为方式等带来了许多影响和冲击。互联网的多元化、个性化特征使得这些年轻的用户群的个性需求得以彰显。

2.2 提供可信赖资源

通过调查大多数用户表示，图书馆的网上信息是最可信赖的信息源，其提供信息的可信任度在各类信息资源如商业信息和个人网站信息中排名第一。这一结果表明公众对图书馆的信任已经包含了网络环境。图书馆在网络时代生存和发展取决于图书馆是否能够为信息用户提供可信赖的资源。

2.3 信息需求多元化，对电子资源需求增大

随着数字化时代的来临，用户对图书馆数字资源的需求日益增大，该用户群的网上行为主要还是以休闲娱乐为主，但是他们已经充分认识到利用网络这种优势资源查找资料。所以如果图书馆实体环境和硬件不断优化，还有可能增加对图书馆网站的访问量。

2.4 对图书馆服务方式有着更深更高的要求

年轻用户对新事物更容易接受，网络时代的新产品对他们有极大的吸引力。所以单纯

为用户提供文献信息资源已不可能满足读者多方位的需求，一些用户提出希望图书馆能提供更专业的定题跟踪服务，对图书馆的服务水平提出了更高的要求。

3 数字图书馆时代用户信息服务的策略

图书馆的文献资源都是有限的，而用户对文献资源的需求是无限的。要想最大限度地满足用户需求，必须优化图书馆的资源配置，拓展图书馆的发展空间。以数字化、网络化为基本发展策略，实现“图书馆的一切都是围绕提供最高质量的信息服务”[1]的发展目标。

笔者所在的图书馆已经开始了数字图书馆的建设，通过这段时间的总结及对国内外图书馆相关服务的了解，针对数字图书馆时代用户群的特点可采取下列相应的服务措施。

3.1 拓展文献资源空间

在信息资源需求增加，经费资源相对不足的形势下，图书馆需要更多地利用网络，利用图书馆联盟，拓展自己的资源范围，延伸服务领域。

3.1.1 图书馆结成联盟

图书馆要开展多样化服务必须有足够的文献资源做保证，采用数字化手段和信息技术，与相关图书馆结成联盟。在今天的国外图书馆，联盟已成为图书馆的一种生存方式和发展模式。[2]

图书馆联盟包括地区性协同联盟(数字图书馆)，行业性协同联盟、联盟与联盟的协同，单馆入盟协同服务(OCLC)，联盟使图书馆有限的空间能容纳无限的文献资源。

3.1.2 建立信息合作机制

图书馆通过拓展内容资源的价值链，在区域内外建立广泛的合作机制。如与Google、Yahoo、Amazo等网络信息服务商和超星等“元数据商”广泛开展协同合作，借助外力加快数字图书馆建设的步伐。在国外，部分图书馆已率先将其馆藏提供给Google数字化，OCLC对Google开放了部分元数据记录。宁波市数字图书馆2009年初成立以来，广泛开展协同服务，积极与Google、重庆维普和元数据商超星公司开展合作。2009年文献保障率高达99%以上[3]。

3.2 拓展数字交流空间

数字图书馆是今后图书馆的发展方向，图书馆目前资源利用率低下的一个重要原因就是与用户之间存在着交流障碍，数字图书馆为图书馆与用户之间的交流提供了广阔的空间，图书馆可以利用数字图书馆的空间优势逐步开展下列服务。

3.2.1 创建良好的网络环境

网络越来越成为用户获得外部信息和受教化的重要场所。但是网络在给用户提供丰富知识的同时，还充斥着很多无序的信息、病毒等网络垃圾，这就需要图书馆利用技术手段对网络信息有一种过滤功能扫除这些垃圾，培养用户在线阅读的自觉性和自控性。图书馆有义务利用网络向用户有重点地系统宣传、管理和传播科学、健康的各种文献资源，帮助用户高效快捷地检索到所需的优秀网络文献信息。

3.2.2 建立网络导航系统

图书馆可根据本馆的性质、任务，选择有一定用户群使用的数据库和专业网站及其相应栏目进行整合：对网络资源建立索引，构架虚拟知识树，不断评价和筛选，最后给出路径；大力发展数字图书馆建设，选择内容准确、更新及时、检索方便的权威数据库，介绍其内容特色、检索利用方法和功能。对网络资源加以合理的组织，建立一个开放的信息导航系统供用户查找和使用[4]。随着搜索引擎发展的日趋专业化、精准话，用户搜索引擎的使用行为也越来越具有针对性和目的性。

3.2.3 设立信息资源导航员

信息资源导航员指图书馆员及用户通过利用一些软件，如博客、RSS、供稿、IM、维基、播客、视频播客、网络会议等，建立网络虚拟群落；馆员可利用数字化交流空间开展包含博客导读、论坛导读、即时通讯导读、电子邮件导读、电子布告栏导读、常见问题导读等服务。Kajewski 认为，博客是一种按时间顺序显示的在线网络日志，更重要的是可以随时更新，利用博客，可以交流新闻或信息，它体现了网络导读的即时性、交互性、能动性、个性化和人工智能化。通过设立信息资源导航员，利用博客等实时交流平台能快捷解答读者在使用图书馆和网络信息所遇到的问题，目前很受青年学子的欢迎。[5]

3.2.4 建立我的个人数字图书馆

为顺应用户的个性化需求，我馆推出的"我的个人数字图书馆"这样的个人知识管理的服务，目前很多用户已经开始利用。

图书馆还为读者提供一个网络荐书平台，使想要荐书或推介图书的人，可以通过网络轻松如愿：如让各行业专家为年轻学子推荐名著导读，读者通过推荐书目发表自己的阅读见解，提高阅读积极性。

3.2.5 建立特色数据库，实现品牌效应

David Hood 和 Key Henderson 对英国公共图书馆的品牌服务进行了系统研究，认为在充满竞争的环境中，品牌服务可以提供图书馆读者对服务的认识，促进图书馆服务的进一步延伸。品牌服务重心应放在读者需求和服务潜能上，它可能会帮助图书馆面对各种挑战[6]。

每个图书馆都有大量独具特色的文献资源，不同专业人才具有各自的学科需求，各图书馆可根据本馆特色，自建有学科特色的数据库。目前许多图书馆开展的特色数据库建设，拥有具有自主知识产权的文献资源体系。自主知识产权、准确的文献信息是数字图书馆有别于网上其他信息的重要特征，图书馆应以此为契机确立自己的品牌信息文献库，适时开展更深层次的服务。

3.2.6 建立学科馆员制度

以学科馆员为桥梁，加强图书馆与用户之间信息资源与信息需求的深层交流，提高信息资源的利用率。目前我国许多图书馆已经设有学科馆员，它可以提供如下服务：

(1) 围绕用户开展深层次的定题服务

根据读者要求，特色数据文献资源库可通过检索、集成信息等方式对馆藏资源进行深度开发，进一步满足读者对相关产业领域数字文献信息的相关需求。

(2)高品质竞争情报分析

依托数字图书馆特色库，由专业人员对收集的信息进行分析整理，并进行竞争情报分析[7]。

3.3 泛在的服务环境—创建移动图书馆

数字图书馆的发展趋势是提供泛在的知识环境，即构建一个无所不在的数字环境，在此数字环境下，计算、存储和数据传输容量均可达到最大限度。它将网络平台、网络资源

库和用户紧密地联系在一起，增强了用户信息需求的针对性、专指性，拉近了用户与所需信息之间的距离，所提供的个性化信息更符合Y时代用户的心理需求[8]。移动图书馆就是由用户需求驱动而适时地出现了。目前国内已有23所高校图书馆和11家公共图书馆开展了移动数图服务。

依据本次调查数据和国外研究报告，移动数图目前服务对象为掌握一定信息技能的年轻用户群。移动图书馆是指依托无线移动网络、互联网，通过手机、手持阅读器、笔记本电脑等各种便携移动设备开展信息资源服务的新模式。它是数字图书馆泛在功能极其重要的形式和载体。它具备信息资源广泛、覆盖率强、无时空限制、付费方便、个性化服务、便于互动等特点，深受用户青睐。“手机图书馆”是集手表、电脑、播放器、数码相机等电子产品于一体，整合了互联网、移动数据网和固定通讯网等信息资源，可实现100%网络连接。

目前国家图书馆以电视、手机为终端，依托现代信息技术和第三代移动通信网(3G)推出数字电视(国图空间)国家图书馆移动服务(掌上国图)两项服务，这标志着国家图书馆突破时空限制，实现24小时、每周7天连续提供服务的泛在化方向迈出了新的一步。

4 为用户提供服务需要注意的问题

数字图书馆时代用户信息需求的特点推动着图书馆信息技术的发展。图书馆提供网络信息服务时，应时刻调整自己的服务方式来适应用户的需求特点，培养用户在使用信息资源时首先想到的是利用图书馆的文献资源的习惯。为用户提供服务应注意以下问题：

4.1 保证网络运行畅通

网络运行的快捷性、同步性和使用简便性有利于用户效率观念和行为习惯的培养。而沟通渠道必须顺畅：使用户既能反映自己的意愿，又能得到图书馆的及时反馈。

4.2 加强用户服务保障

在资源有限的情况下，通过服务留住用户。如何在知识产权保护的情况下，使用户快速获得所需要的文献呢？一是在统一认证的中心门户，减少用户注册时间与登录的切换，化繁为简；二是保障服务单位的积极性，激励机制落实到个人，优化工作流程。及时反馈用户意见。三是图书馆需加强建设主体与服务对象的交互性，聚合用户资源，让“用户当家做主”，加强其“归属感”，挖掘图书馆潜在的服务能力，突出图书馆的学术特性和教育职能，使用户不再只是图书馆服务的被动接受者，而且还是服务质量的评判者[9]。

5 结　语

图书馆的功能之一是教育功能，图书馆今后的发展方向就是针对不同的用户群提供相应的服务，对他们的偏好和行为进行跟踪和分析，对用户的各种需求做出及时的反馈。数字图书馆时代的用户群思想活跃，对网上新鲜事物和精神文化生活有较高兴趣。图书馆通过对用户信息素质的培养可以引导更多的用户使用信息资源，并逐步改变用户对图书馆服务的印象。通过图书馆人的努力，相信一定能够让用户更加信赖图书馆。

参考文献

[1]Nitecki D A. Changing the concept and measure of service quality in academic libraries [J]. The Journal

of Academic Librarianship，1996(5)：181－190

[2]初景利．在变革的环境中需求图书馆的创新变革[J]. 图书情报工作，2011(1)：10－16

[3]黄幼菲．泛在知识环境下后数字图书馆的发展趋势及走向 [J]. 图书馆工作与研究，2011(10)：20－25

[4]魏书娟．大学生个性化网络阅读及导读探究[J]. 图书馆论坛，2011，31(5)：175－177

[5]Kajewski，M. A.. Emerging Technologies Changing Our Service Delivery Models[J]. The Electronic Library，2007，25(4)：420－429

[6]Hood David，Henderson Kay. Branding in the United Kingdom Public Library Service [J]. New Library World，2005，106(1208－1209)：16－28

[7]豆洪青．面向产业的区域数字图书馆可持续发展研究[J]. 图书馆杂志，2010(1)：41

[8]欧阳剑．新网络环境下用户信息获取方式对图书馆信息组织的影响[J]. 中国图书馆学报，2009(6)：97－102

[9]陈传夫．图书馆学研究进展[M]. 武汉大学出版社，2010：450

作者简介：于丽(1968－)，女，副研究馆员，大学本科，东北财经大学图书馆采编部主任，研究方向为图书馆管理。

嵌入式教学的案例分析与分享

李金芳
（首都师范大学图书馆）

摘　要：对首都师范大学近期开展的嵌入式教学进行了回顾、总结，进而分析了开展嵌入式教学的长效工作机制，包括组织因素，方案特点和馆员角色。

关键词：嵌入式教学　案例分析　工作机制

Abstract：The review and summarization of Embedded teaching of the Capital Normal University，and are displayed in this article. And the long-term working mechanism to carry out the embedded teaching are discussed from the point of organizational factors，program characteristics and the librarian role.

Keywords：Embedded teaching；Case study；working mechanism

图书馆嵌入式教学顾名思义就是嵌入到院系课程中去开展专业信息素养教育，是嵌入式学科服务的一个组成部分。嵌入式学科服务倡导以用户为中心，提供用户需求驱动、主动交互、灵活支持知识创新的开放式信息交流服务，用以满足高校图书馆分布式、深层次学科服务的要求。因此，嵌入式教学实际上就是进入院系，融进一线的教学科研过程中，根据用户的需求提供针对性、交互性的教学与培训服务。美国图书馆纷纷开展嵌入式学科服务，将图书馆员通过各种途径和各种方式嵌入到院系的物理空间和虚拟空间，有机地融入到教学和科研过程中，提供更为深入的学科信息服务[1]。本文从首都师范大学图书馆近期开展的嵌入式教学实践案例，分析了开展嵌入式教学的长效工作机制。

1　嵌入式教学的案例回顾

自 2003 年起试运行学科馆员制度起，首都师范大学图书馆就鼓励学科馆员为院系提供培训。学科馆员进入院系，根据课程所需提供有针对性的培训就是嵌入式教学最早的雏形。部分学科馆员已经开始了嵌入课程，融入教学一线的培训实践工作。根据笔者记录嵌入课程的实践始见于在 2009 年 3 月，曾应教科院徐玲老师为英语系本科二年级学生开设的《社会科学论》公选课以及开展过培训服务。

2011 年我馆彭艳老师获批了一项北京市教育委员会社科计划面上项目《大学图书馆学科馆员与教师合作的实践研究》，对教师和馆员合作开展信息素质教育进行了详尽的研究，推进了首都师范大学图书馆开展嵌入式教学的研究和实践工作。笔者本人在 2011－2012 第二学期中共独立完成了 10 余场讲座，形式包括新疆班导览、定期讲座以及嵌入式教学等等。其中本学期嵌入式教学共针对外国语学院法语系课程《社会科学研究与论文写作课》

三次，笔者主讲两次；嵌入化学系两次。这两次嵌入从起因、要求和过程均不一样。在此将对比介绍。

2.1 嵌入起因

笔者负责"百分讲座"具体工作，曾在2009年开设过"百分讲座——教师专场"，共举办了五场讲座，平均参与人数是22人。比例66%的教师愿意将信息检索以"教学合作"的形式引入到课堂中。教师认为在信息环境中这是学生需要掌握的一项重要技能，有利于独立学习和开展科研工作。法语系王老师对讲座内容印象深刻，当时提出过嵌入课程教学的合作愿望。2012年初在负责人发布了百分讲座教学日程安排后，王莹老师数次联系，开始了首次合作。

而化学系与此不同。笔者兼任化学学科馆员，长期为化学系研究生新生开展系列专题培训活动，同时为课题组提供定题服务中工作，获得了化学系教师和学生的认可。在笔者提出希望嵌入课程《化学文献检索与科技论文写作》之后，老师认为不仅是这个选修课学生需要相关知识，整个本科生三年级学生都需要。因此，由主管学生工作的副书记协助组织了两次培训。

2.2 嵌入内容

再确定了与法语系教师合作上课之后，笔者提供了百分讲座的全部主题供王老师选择，并就选择的主题沟通了合作的细节如内容调整、时间安排，课中实时演示等。期间笔者了解到法语系除了常规的检索策略和检索技巧，在获取法语文献方面存在难题，这在后期调查中得到进一步印证。法语资源属小语种资源，我馆资源保障主要为英语文献资源。内容还从开放获取资源和文献传递服务的保障性角度做了深度讲解，得到了老师和学生的一致认可。

化学系为研究生开设了选修课《有机化学文献检索课程》，在2009年化学系负责科研的主任曹老师提出过希望，能和学科馆员一起丰富课程内容，提高课程的实践性和应用性特点。2012年由于课程改革，该课程更改为《化学文献检索与科技论文写作》，为平台课程，由三个老师共同负责。该课本科生和研究生都可以选修，一般本科学过这样的课程，研究生就不用学了。除了常规的资源介绍、检索语言、策略和结果分析都过程一一展现外，在课题选择上由老师提出要求，笔者提供检索思路和方案，以马占芳老师主持的北京市属市管高校人才强教计划知识创新团队"癌症诊断纳米新技术"(PHR20100718)为例展现了分析、检索与获取等预检索和检索评价的全过程。

2.3 嵌入过程

法语系授课是在教室，只有一台教师机和投影仪。为保证学生尽可能当堂掌握所学知识和技能，该课教师和学生如遇到需要详细解释的内容则随时停止授课，共同讨论并演示后，确定学生们基本掌握后继续授课。另外在知识点讲解完毕后会设有问题，随时考核学生的掌握程度。课后设有练习题，授课老师在教师机上演示，演示步骤则由学生提供以增加学生的印象。并在第一次合作讲课后，负责教师根据自身课程设置和同学要求又陆续提出了合作的需求包括论文的格式编辑、数据整合与转换等。

化学系授课内容安排充分考虑了本科生三年级的需求。我校加大了对本科生的培养力度，化学系在本科生培养上也有了极大创新。三年级本科生可以申请课题，开展研究工作。为了帮助他们顺利完成课题开题工作，同教师商定先讲中英文文献的检索、获取与分析利用等方面的知识。待该批学生进入大四，继续培训论文的撰写和编辑等内容。在讲完第一讲《化学中文文献资源的检索与获取》，效果反响极好。在第二讲《化学外文文献资源的检索与获取》中，负责《化学文献检索与科技论文写作》课程的黄老师前来听课，并在课后与笔者进行了交流。黄老师是一位博学的海归博士后，所学跨高分子、生物、医药等学科。黄老师认为图书馆的教学思路非常适合学生及早掌握，建立一种科学可行的检索思路，形成良好的检索习惯。黄老师致电希望能与笔者商讨"化学文献检索与科技论文写作"课程内容，在构建课程内容过程中表示在检索方法与细节上还需要帮助。

2 开展嵌入式教学的案例总结

各种教育信息资源的生成、分析、处理、传递和利用应根据教育过程的特点、要求展开，有效推进优质教学资源共享和利用。嵌入式教学既存在共性也存在个性。根据上述嵌入式教学的实践案例，分析如下：

共性是：

(1)教学设置上，院系设有相关的《文献检索与论文写作》的相关课程。教师和馆员授课的内容和角度可以互补，在保证课程完整连续的基础上，馆员的参与可以提高课程的应用性。

(2)教学意愿上，均有前期工作基础，无论是法语系师生还是化学系师生大都参加过百分讲座，对讲座内容非常认可，希望馆员进入院系讲授相关文献检索知识与技能，以弥补课程的不足。

(3)内容需求上，均从专业需求角度提出了要求。

(4)时间安排上，基本是提前一周联系，在随后的课程中及时安排。

个性是：

(1)内容需求不同。化学系是以最新课题为例进行检索呈现，注重获取高质量的最新文献信息；法语系是希望从小语种资源保障角度讲解，注重文献全文的获取方法。

(2)讲课形式不同。化学系为了保证实操，将课程安排在机房，以保证学生可以现场实践，保证教学效果。法语系是在教室，由教师带领学生一步一步演示。

(3)意愿表现不同，法语系老师是在讲完第一讲之后，陆陆续续提出第二讲和第三讲的要求。化学系是和馆员商量之后根据课程内容以及实践操作等安排了两讲。

3 开展嵌入式教学的经验和体会

嵌入式教学是在获得院系教师支持的基础上开展的，保持与教师的良好合作关系至关重要。这其中包括：

一是敏锐的把握用户需求。这是保障培训质量的关键所在。把握培训需求可以通过与教师面谈，读者调查等获得。其中与教师面谈是直接获取用户需求的途径。笔者在与化学系教师交谈的过程中，负责老师说："学生用得最多的还是 SciFinder，而且用的都很熟练，其他的内容比如伯恩斯坦、专利等等用的就不多了。信息检索的技能最多的还是研究生在查找文献的过程中培养的，跟其他的基础课程比起来，这个对研究生来说是容易了一些。"这就给了我们丰富的信息，在讲座中可以充分体现。SciFinder 客户端版本今年年底前更新成网页版，及时的培训就越发重要。更重要的是教学内容的更新给嵌入式教学带来了挑战，馆员必须更新教学内容，与用户的需求步调相一致。信息资源在教学中的广泛应用，强调知识内在联系、基本理论、与现实相关的教学内容在教学中占据越来越重要的位置，而那些大量脱离实际、简单的知识传授和技术培训的教学内容则慢慢退居其次[2]。

二是及时地满足用户需求，真正体现“一切以用户为中心”的服务理念。培训要及时嵌入课程中，才能发挥作用。用户需求不会一直保持原地不动的状态，只有及时满足，不断跟进才能保持与用户同步，保持畅通的交流渠道。良好的交流才是合作的基础。

三是不断地挖掘需求。有时候培训需求是需要挖掘的。读者需求是模糊的，需要在交谈中逐步确认需求，引导读者提出新的需求来。在给法语系的授课内容《国外学位论文的检索与获取》中除了常规的资源介绍、检索语言、策略和结果分析都过程展现外，重点讲了 OA 资源中的小语种资源如 NDLTD 中法语文献，还有高校机构库中的法语资源，同时建议学习小语种的同学不要轻易从语种角度选择文献，考虑到英语是世界性语言，千万不要忽视了英语语种文献的重要性。

4 开展嵌入式教学的长效工作机制

嵌入式学科服务要想开展的有成效，必须有一套运行机制来保障。一般来讲，组织因素、方案特点以及馆员角色非常重要。

4.1 有效的组织

一项工作是否能够长期有效的坚持下来，仅仅依靠馆员的主动意识和自觉是不够的。嵌入式学科服务必须获得来自图书馆领导的支持和有院系的大力配合。只有加强图书馆和院系之间的协商与沟通，不断合作才能使嵌入式学科服务顺利、长期的开展。图书馆应该从领导者角度来实现高度的组织性，这种组织至少应该体现在以下几个方面：

一是建立图书馆与院系领导的大力支持并能够协商开展合作探索，为嵌入式教学提供可行的实践通道。领导的支持和认可才能解除馆员和教师的思虑。比如化学系教师就表示“化学系对教师有一年 250 学时的要求，而我下一学期只有 100 学时，离工作量要求甚远。因此自己只能先尝试教学，凑够工作量后，再下一年度通过申报校内教学改革项目的方式再进行深度合作。”

二是持续的服务营销与有计划的宣传。服务项目的营销和品牌化建设是项目组织与完成的重要环节。发挥馆员、教师和研究者的宣传作用，树立品牌代言人形象。其一是馆员宣传，通过发送邮件，详细描述项目等进行推销，提高项目的知名度。并通过参加教师会议，学术活动等努力推进项目的有效使用。其二是教师和研究者的重视与宣传。教师重申服务对学生的重要性，并鼓励和培养学生和馆员间的接触将极大地鼓励学生利用嵌入式学科服务。

4.2 可行的方案

凡事预则立，不预则废。没有一个可行的方案计划，任何伟大的想法都将是昙花一现。方案是保证嵌入式教学进入实践领域并能够长期不懈开展的有效保证。这个方案应该包括三点：

一是提前调研，根据嵌入对象的特点和要求详细列出培训内容、培训手段。

二是有一个完整的培训预设。精心准备培训中的每一个细节，包括知识点引入、讲解与提问以及课后试题的设计等等，要体现群体和学科的特点和需求。

三是培训后的反馈收集与分析工作，为完善嵌入式培训提供参考。笔者对法语系的嵌入式培训工作的效果进行调查。调查数据反映嵌入的三个主题内容都非常好，其中一个主题中案例丰富，而且贴近法语系专业需求，另一个主题则是基于实践的教学，非常符合读者需求。仅有一个主题是利用了通用培训的课件，而且受限于主讲人的知识，无法使用法语案例教学，在评价上略逊于前两个主题。此外，由于读者都在接收速度上略慢，因此在讲课速度和课件播放速度上需要进一步放慢。

4.3 馆员积极的配合与努力

一项工作能否长期持续的开展，与馆员自身的努力是息息相关的。从量变到质变，馆员在其中发挥了关键的作用，离不开其长期的工作积累与一贯的宣传。在对法语系的调查中我们了解到参与调查的 19 名同学中，有 11 名同学选修了图书馆开设的通识选修课程，6 名同学参加过百分讲座，但只有两名学生是同时参加了上述两个教学活动。不曾参加过类似活动的读者人数为 5 人，占总体比例 25％。也正因为此，多数同学才有了比较，更认可嵌入课程的培训形式。这也对馆员的综合能力提出了较高的要求。一是馆员自身有较强的人际交往技能、了解学科和课题组的文化特点、理解所处的工作环境、具有强烈的团体协作意识和个性化服务方向的热情并保持一贯持续的努力。二是馆员创新意识要强，能突破，注重采用多种形式开展服务，通过各种途径和方式融入到专业课程教学过程中，使嵌入式教学成为信息素养能力教育的新途径。同时馆员的自我成长意识强，能够主动学习以迅速改善知识技能和专业背景，在具体领域中发现、思考、研究和解决问题，利用专长提供深度的信息服务。

参考文献

[1]谢守美，赵文军．美国嵌入式学科服务实践及其启示[J]．图书馆建设，2011(5)：60－62
[2]胡越．大学图书馆——困惑、改革与使命[R]．首都师范大学图书馆，2008

作者简介：李金芳，女，理学硕士，馆员，从事用户教育和学科馆员工作。

面向学科建设的高校图书馆学科服务支撑体系探究

周晓丽　熊欣欣　张　南　刘　亮
（北京工商大学图书馆）

摘　要： 学科建设是高校科学研究和人才培养的重要基础，高校图书馆与学科建设是相互依存相互作用的关系。本文阐述了高校图书馆学科服务支撑体系的六要素，包括学科资源服务、学科信息服务、学科咨询服务、技术服务支持、信息素质教育、学科服务团队，明确了高校图书馆学科服务支撑体系对学科建设的作用。

关键词： 图书馆　学科服务　学科建设　支撑体系

Research on Supporting System of Academic Libraries' Subject Services Oriented to Discipline Construction

ZhouXiaoli, Xiong Xinxin, Zhang Nan, Liu Liang
(Beijing Technology and Business University)

Abstract: Discipline Construction is an important foundation of university scientific research and talents training. The relationship of Academic university library and the discipline construction is in interdependence and interaction. This papers describes the six components of subject services which include subject resource service, subject information service, subject consultance, technology support, information literacy, subject librarians, making clear that subject services help in a general improvement of discipline construction.

Keywords: library; subject service; discipline construction; supporting system

1　引言

学科建设是高校科学研究和人才培养的重要基础，其质量是衡量高校办学条件的关键所在，其综合实力体现了高校的整体办学水平。近年来，随着学科建设在高校竞争中的地位和作用的日益凸显，高校图书馆学科服务逐渐成为图书馆工作的重点与发展方向。

学科服务是一个系统工程，它涉及图书馆研究与实践的方方面面，近年来，国内外高校图书馆就学科服务开展了丰富多样的开拓与创新，取得了前所未有的进展，并且开始向纵深发展，网络技术、云计算为学科服务提供了先进的技术平台，因此，有必要对高校图书馆学科服务支撑体系做深入的探讨与研究。

目前，学科服务支撑体系还没有明确的定义，笔者认为高校图书馆学科服务支撑体系包括资源、信息、人员、技术、沟通渠道以及信息素质等要素，它们彼此之间相互影响相互作用，构成了学科服务完整的、不可分割的整体。

2 面向学科建设的高校图书馆学科服务支撑体系构建

2.1 高校学科建设与图书馆的相互作用关系

高校学科建设从内容上看，包含科研队伍建设、科学研究与人才培养、科研活动的软硬件条件等内容。图书馆作为文献信息中心，构成学科环境与条件环节上的重要因素。高校学科建设指导图书馆学科资源建设、学科信息服务，而学科资源与服务为学科建设提供文献信息保障，促进学科建设的发展与完善，二者之间存在相互依存、相互作用的关系。

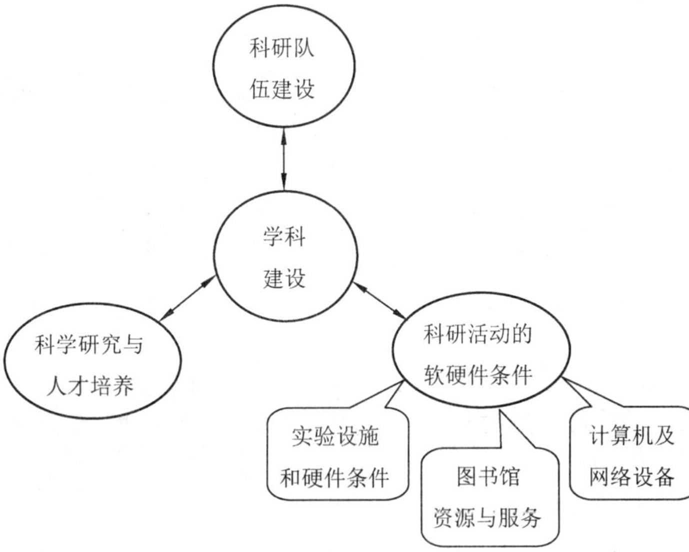

图 1 高校学科建设构成及与图书馆资源服务的相互关系

2.2 高校图书馆学科服务支撑体系的构成

学科服务作为图书馆深层次的信息服务，是一项知识含量和技术含量较高的服务，它以用户为中心，以学科馆员服务为基本模式，按照某一学科、专业而不再是文献工作流程来组织信息资源，使信息服务学科化、服务内容知识化，为图书馆拓展出新的发展空间。

近年来，随着云计算技术及 Web2.0 的应用，图书馆在新的技术环境下开展了多项新型的服务内容与服务方式，实现了为用户提供专业化、集成化、个性化且具有互动性的学科服务，这些新的服务方式

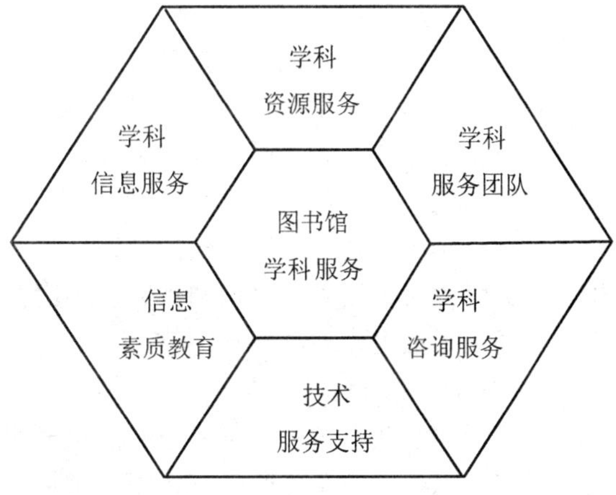

图 2 高校图书馆学科服务支撑体系构建

与服务内容支撑了新型的高校图书馆学科服务支撑体系。笔者认为，高校图书馆学科服务应包括六个要素，分别为学科资源服务、学科信息服务、学科服务团队、学科咨询服务、技术服务支持、信息素质教育。这六个要素构成了服务支撑体系，彼此相互影响、相互作用，为高校学科建设提供了有效的文献信息保障。

3 高校图书馆学科服务支撑体系的构成要素

3.1 学科资源服务

图书馆馆藏是图书馆收集的各种类型文献资料的总和。高校图书馆的馆藏建设应始终根据学校的学科需要、学科发展收藏与学科相关的各类型资源相调整。

3.1.1 结合学科确立馆藏建设与发展制度与规划

馆藏建设与发展政策应根据学校的重点学科配置相应的资源，同时根据学校的学科发展制定馆藏发展规划。

3.1.2 根据重点学科确定经费的计划、预算及分配

国内高校图书馆通常根据年内专项经费购置文献资源，为了使有限的经费发挥更大的效用，高校图书馆应有重点、有计划地配置经费，根据各学科在学校的重要性，依据统计工具进行经费预算。

3.1.3 馆藏资源的发展、选择及采购

高校重点学科的馆藏要求要高于非重点学科，有国家级重点研究课题的学科馆藏应高于仅支持教学的图书馆馆藏资源。

3.1.4 资源的使用及维护

无论是纸本还是数字馆藏，图书馆在使用及维护上应该确保学校重点学科资源的借阅顺利、使用流畅，尤其是数据库资源访问在供本校教师及学生使用上不出现任何权限限制或障碍。

3.1.5 资源的分析与评估

馆藏资源的分析与评估应根据学科评价指标从数量、质量及使用上对文献进行系统的分析评价，目的在于确认图书馆的馆藏是否能满足读者的要求。图书馆的馆藏应该能够凸显出学校的重点学科及办学实力。

3.2 学科信息服务

近年来，国内外高校图书馆学科信息服务已经开始蓬勃发展。学科服务的实现方式不仅包括实体的物理的学科服务，如走到院系中开展讲座，开展学科咨询，服务宣传与推广，也包括虚拟的基于网络的学科服务，如基于 Blog、Wiki、Rss、云计算等技术的学科服务方式相继诞生，如清华大学图书馆的学科信息服务网页、上海交通大学图书馆的学科服务平台、华中科技大学图书馆的学科博客、北京师范大学图书馆的《教育信息摘编》、中国农业大学图书馆建立的机构知识库、中国人民大学图书馆的整合学科专题综述、北京邮电大学图书馆的国内外高教动态等。

3.2.1 基于 LibGuides 的学科资源导引

资源导引是图书馆实现学科服务的重要体现，近年来，云计算以及 Web2.0 技术的出现催生了图书馆资源服务的创新，图书馆员开始通过内容管理系统(Content Management System) 自己创建并更新资源导引，一些常用的软件工具如 Greenstone、Wiki software、

Joomla、Plone、Wordpress 等相继被用于建立图书馆资源导引，但是，这些系统存在各自的优势与不足。2007 年，基于网络的 LibGuides 系统的出现为图书馆实现学科服务创新开辟了新的发展空间，它将已有的 CMS 与 SaaS 服务模式、社会性网络软件融合，形成一个用户、图书馆员、技术人员都可以参与的内容管理与知识共享平台，它无需深入的编程技能，操作便捷，真正意义上实现了通过管理工具开展学科服务。系统服务器有自己的安全门户网站与防火墙，可以确保用户浏览使用导引时的网络安全以及各馆上传数据的安全。系统界面整体设计风格简洁、友好，后台操作快捷、容易，是图书馆深入开展数字化学科服务的好助手。

目前，国内外许多高校图书馆开始应用 LibGuides 为教师学生提供学科信息服务，导引也成为面向学科建设的必不可少的学科信息门户。

3.2.2 学科资源整合

随着图书馆数字资源的迅猛发展，馆藏数据库的种类与数量日益增多。然而，由于不同数据库往往拥有不同的检索界面和使用方式，用户在进入各个数据库时需要进行不同的身份认证，频繁地登录和退出使得即使是那些对于图书馆资源十分熟悉的用户，在面对数字图书馆这个信息海洋时也望而却步。因此，图书馆大量的信息资源并没有像图书馆员所预想的那样得到充分和有效的利用。如何让用户能够更有效地利用多个数据库的集成资源与检索能力，从而保证数字图书馆已经拥有的分布式、异构型的信息资源得到充分和有效的利用。为了解决这一个问题，各个图书馆都在开发基于 Web 的跨库检索系统。

国内外目前较为常用的异构资源整合系统包括国外 Ex Libris 公司的 Primo、Ex Libris 公司的 metalib、Serial Solutions 公司的 Summon、AquaBrowser、Oclc 的 Worldcat Location、Innovative 公司的 Encore 等，国内有清华同方的易搜、超星公司的读秀等。这些异构资源整合系统均可实现按学科进行资源检索，为用户提供了便捷的查询界面。

3.3 学科咨询服务

伴随现代网络技术的发展，图书馆参考咨询服务的方式、手段和内容已经发生了变化。2008 年 1 月 14 日，经 RUSA(Reference and User Services Association) 即参考咨询和用户服务协会董事会核准，图书馆参考咨询业务被定义为图书馆馆员为满足他人对信息特定的需求而提供推荐、解释、评估、或使用信息资源的咨询业务。在提供信息咨询的服务中，学科馆员开始直接参与用户的文献信息沟通与互动，也可称之为学科参考咨询，学科参考咨询更具学科性，能够为用户提供更为深入有效、定位准确的文献信息，不仅局限在图书馆一般性、指向性问题，成为参考咨询工作的重要内容。

目前，国内外高校图书馆纷纷构建各具特色、功能不同的学科平台或网页，它们普遍重视与用户的在线沟通与互动，学科馆员联络方式由静态向动态转变。

学科参考咨询数字化和深层次化是图书馆参考咨询服务的发展趋势。学科参考咨询服务作为高校图书馆的核心业务，是提升图书馆服务竞争力的重要手段，也是彰显图书馆社会功能与学术水平的高度体现。

3.4 技术服务支持

技术服务已渗透到图书馆的各个业务环节，技术支持服务对图书馆资源利用的作用也越来越明显，以往技术支持的对象主要是图书馆工作人员，其任务是保障图书馆的业务系统运行和用户服务，当今信息技术的迅猛发展为信息服务以至整个社会文化所带来的变化是无法估量的。云计算、移动阅读等新的技术日新月异，可能再一次深刻地改变世界信息传播的基本格局，改变社会信息服务的原有模式。在这种大变局中，图书馆有可能寻找到新的发展机遇。上海图书馆的数字图书馆专家刘炜先生提出了未来图书馆技术十大热点，其中包括图书馆的移动应用与电子书服务模式、虚拟社区服务、机构库的可持续发展、图书馆的云计算、数字资源的规范控制和知识组织、数据资源的保藏、RDA 的实施路径、语义网与关联数据应用、MARC 与 OPAC 的未来、ILS 的走向等，这些都预示着技术支持对于高校图书馆学科服务的深刻影响。

图书馆没有先进的信息与网络技术支持，就不可能有服务内容集成化、程序化、更不可谈及图书馆高质量的服务，因此，只有依托先进的技术才有可能形成创新的学科服务模式。

3.5 信息素质教育

信息素质教育是学科服务的重要组成部分。1974 年，美国信息产业协会(The Information Industry Association)主席 Paul G. Zurkowski 提出，信息素质是指经训练掌握了广泛利用信息工具(信息源)的技能，利用信息提出解决工作、生活中所遇到的问题的方案。此定义在三十多年后的今天仍然被广泛采用。在国外，信息素质教育的内容与形式较为丰富，不仅仅是单纯的数据库检索，专业信息的利用、个人文献管理工具等都是培训热点，同时注重信息素养、技术素养、媒体素养教育。培训的组织方式严谨、管理科学，包括听讲注册制、讲座定制化，有些高校图书馆还提供常被申请的讲座主题列表供参考。

国内清华大学图书馆、北京大学图书馆、上海交通大学图书馆等相继开展了信息素质类学分课、图书馆导览、联系讲座、课程网站建设等，旨在通过各种形式的培训与教育提高用户使用文献信息的能力，从而培养他们的信息素养。

3.6 学科服务团队

团队工作是提供优质服务的保障。高校图书馆学科服务团队绝不是单纯由学科馆员组成的，它是图书馆与各对口院系、学科专家、教学科研人员之间的密切交流与合作。在学科服务中，院系师生、学科馆员、信息资源之间需要建立有机联系，图书馆通过对信息资源和服务进行有机整合，通过学科馆员的桥梁发挥作用，构建成一套比较完整的学科服务流程，为院系师生在教学和科研的各个阶段提供具有针对性的支持与服务。

近年来，高校图书馆学科服务经历着学科馆员以院系为单位一对多、一对一服务向团队服务方式发展的过程，从“学科馆员团队”、“学科服务团队”、“学科馆员集群”、“学科服务组”等称谓在专业文献上的出现即可见一斑。

学科服务团队建设是高校图书馆面向学科建设的学科服务重要环节，没有高素质的信息服务人员和高效的服务团队，就没有优质的学科信息服务。

4 学科服务支撑体系促进学科建设发展

《国家中长期教育改革和发展规划纲要(2010～2020 年)》指出：以重点学科建设为基础，启动特色重点学科项目，目的在于通过加快学科建设优化办学结构与特色来提高高等教育的质量。由此看出，学科建设已成为高校发展的核心任务，是高校生存和发展的根本。高校图书馆作为教学和科研服务的文献信息中心，服务学科建设也就意味着服务高校的科研与教学工作。

4.1 依据科学数据评价高校科研水平

学科服务以学科建设为基础，利用先进的信息技术为手段，建立学科馆员和学科用户共同参与、交互开放、共建共享的服务机制，通过开展嵌入式用户信息素养教育、面向学科发展的学科评估、以学科为中心的信息推送、使图书馆服务融入学科的教学科研，为学科建设提供高效的增值服务，推动学科发展。

学科馆员以学科背景优势及图书情报学的学科素养，主动联合学校相关部门或院系，共同建立基于学科的学术评价体系。国内外许多高校图书馆开展评价与分析，以 ISI Web of Knowledge、EI、CPCI－S、CSCD、CSSCI 等检索工具为主要数据来源，收集、整理、分析本校教师的学术成果，用可靠的数据、数字来反映，包括发表论文数量、被引用情况、获奖数、发表字数、获专利数等，最终评价其学术价值或某学科在国内外学科发展中所处的位置。根据不同的评价目的，学科馆员选择恰当的引文数据库，合理、正确地使用引文数据，通过纵向和横向比较，最终提供学科发展的分析报告。这些数据虽然不能说明一切，但可能是评价的基础，尤其是在学科建设、人才评定、学科评估方面具有重要的参考价值。

4.2 对高校教学工作的辅助作用

课堂教学是培养全面发展的大学生的基本途径，是实现学校教育目标的主渠道。如果说课堂教学是学校教学组织的主要形式，那么图书馆则是课堂教学的补充，是内涵丰富、知识多样的第二课堂。我们的课程设置与教学安排不可能完全地表达和囊括学生所必须具备所有的知识技能，特别是在有限的课堂教学时间内。高校学生要更好理解和掌握课堂所学的知识，就要靠大量的课外辅导资料来巩固专业知识和拓展知识面。要强化课外训练。其学习的主要场所无疑就是图书馆，它对课堂教学具有重要的辅助作用。高校图书馆可利用丰富的馆藏资源，按学科建设课程资源、课程导引、组织管理多媒体资源以及课程学习虚拟环境管理等。

图书馆也拥有大量先进的信息检索工具，可以为各专业教学部门提供全面的信息检索和加工服务。图书馆可以通过开展课程资料专题检索、论文查新、案例收集和加工等工作，为专业教学提供服务。随着信息技术的发展，图书馆学科服务应向以专业化信息服务为核心的服务新模式发展，也就是根据学科资源优势，建立和完善专业化服务机制，为学科专业教师、学生提供深层次的专业性服务，做好教学辅助工作。

5 结语

学科建设对于高校发展具有非常重大的意义，它指导高校图书馆学科服务的方向；同时，学科服务也从资源、设备、服务、人员等方面给予学科建设充分的文献信息保障。加强学科服务支撑体系建设，提升服务质量，是高校图书馆更好地为教学和科研服务的必然趋势。高校图书馆应适应高等教育与学科建设的发展，推动图书馆学科服务不断地探索与实践。

参考文献

[1]魏智芳．高校图书馆建设是学科建设的重要组成部分[J]．情报杂志，2010(29)：195－197

[2]金旭东．21 世纪美国大学图书馆动作的理论与实践[M]．北京：北京图书馆出版社，2007：76－78

[3]王智琦，李秋实．网络环境下数字图书馆异构资源整合及案例分析[J]．情报资料工作，2009(4)：48－52

[4]熊欣欣，李艳芬，周晓丽．高校图书馆学科服务解决方案——LibGuides综述[J]．图书馆学研究，2011(6)：33－36

[5]何为参考咨询？RUSA给出新定义[EB/OL]．[2008-03-03]，http：//cunfu.info/？p=1448

[6]大学图书馆信息素养教育的实践与创新[EB/OL]．[2011-09-27]，http：//www.lib.swust.edu.cn/pub/xnkjdxv1/nbxx/ywyd/tqdt/201111/P020111123360355951014.pdf

[7]范并思．图书馆信息技术应用的战略思考[J]．图书馆建设，2011(10)：12－16

[8]Keven．图书馆技术十大热点[J]．大学图书馆学报，2011(2)：37

[9]国家中长期教育改革和发展规划纲要[EB/OL]．[2010-07-29]，http：//www.gov.cn/jrzg/2010－07/29/content_1667143.htm

[10]王丽琳，李冠强，陈伏利．论高校图书馆在学科建设中的作用[J]．图书馆学刊，2006(2)：33－34

作者简介：周晓丽(1963—)，女，副研究馆员，发表论文数十篇。

图书馆知识转移研究综述

曾健敏　刘琳丰

（贵阳学院；黔东南民族职业技术学院）

摘　要：通过分析图书馆知识转移理论和实践领域的研究进展，对我国图书馆知识转移研究成果以及今后我国图书馆知识转移研究的走向做出述评。

关键词：图书馆　知识转移　述评

Library Knowledge Transfer Review

Zeng Jianmin，Liu Linfeng

（Guiyang University；Southeast National Vocational and Technical College）

Abstract：By analyzing the library of knowledge transfer and progress of theoretical and practical research in the field. Intended to make our library of knowledge transfer research results and the future of library knowledge transfer research toward commentary.

Keywords：library knowledge transfer；review

知识转移的概念自从被提出以来，其价值逐渐被个人和组织认可，知识转移的理论正向图书馆实践渗透。学者们在国内外相关研究基础之上，分析知识转移与图书馆其他职能之间的联系，以及知识转移与图书馆其他知识活动的关系，从而肯定知识转移在图书馆知识活动中的重要作用。本文力求在大量分析、研究的基础上，探寻目前图书馆知识转移研究存在的一些问题以及图书馆知识转移发展的新趋势、新动向。

引言

本文采用的数据取自中国期刊网(CNKI)。作者用“知识转移”进行题名检索，从中发现我国知识转移研究始于1995年，经5年左右缓慢地探索后，从2000年起，有较多的学者开始关注和进入这一研究领域。以“图书馆知识转移”作为检索词，收集共有119篇文献(含硕士学位论文6篇)。通过对所获得的数据进行了初步整理和过滤，在此基础上对数据进行了分析，从而对图书馆知识转移研究的发展做出如下判断：因为知识转移理论来自企业知识管理，从发文的数量上来看，和管理界相比，图书情报界对知识转移的研究显得稍晚和稍弱一些。我国对图书馆知识转移的研究从8年前开始，在较早出现的相关文献中，只是简单地提及图书馆存在知识转移活动，以及图书馆与用户之间的知识转移是双向的看法。其中概念理论研究所占比例相对较多，引用国外的理论较多，国内提出自己独立的理论较少，理论尚未形成体系，没有能够进行实证分析支持，表现为在实际应用中的价值体现得还不是很明显。随着理论研究向着实践应用的方向发展，知识转移研究的范围已经涉及图书馆知识转移的理论、特征、模式、效率的测度方法、绩效评价指标、影响因素，对策等具体研究领域，出现了不少关注实例的研究，积累了大量的研究成果。这足以说明了人们已经开始重视知识转移在提高图书馆效率，为知识创造更多价值上的作用。

1 图书馆知识转移相关理论分析

从整个社会的知识流动和扩散来看，知识转移是较高层次的知识流动，在知识生产、知识交流和知识利用三个环节都存在着知识转移。知识转移过程包括知识源(即知识发送者、转移途径和知识接受者)三个方面。知识转移的关键在于知识通过发生移动使其在接受者身上重新构建成新的知识体系。从而实现个体能力水平的提升。通过对中国期刊网(CNKI)的知识转移相关论文进行研究分析，以年度为单位进行统计，并对所获得的数据整理和过滤，在此基础上对数据进行了分析，从而得出以下结论：知识转移的企业通过技术的国际转移，能积累起大量跨国界应用的知识；知识转移是指知识跨组织或个体边界的有目的、有计划的知识共享。总体来看，国内对知识转移的研究，大多是通过借鉴国外的先进理论来研究与分析我国在知识转移领域存在的问题，研究热点主要是组织间知识转移和组织内部的知识转移。通过对中国期刊网(CNKI)的“图书馆知识转移”相关论文行研究分析，从表1我们看到，国内图书馆知识转移研究始于2005年，2007年该学科的研究水平和发展呈上升趋势，预示着图书馆知识转移研究正在逐步深入发展。

表1 图书馆知识转移论文年代分布

发表年代	2005	2006	2007	2008	2009	2010	2011
发表数量	2	4	11	19	21	23	33

董小英认为：知识转移是知识价值的提升过程，知识转移是把实践证明有效的知识或技能应用到不同的环境中，以提高知识的产出和应用范围的过程。金建军认为：图书馆知识转移是指通过一定的管理理论、技术和手段，对图书馆内外各种知识资源进行挖掘、过滤、分类、整合、存储、创造、传递等，使知识在个体、群体、组织之间流动并形成良性循环，从而实现知识共享和知识增值，促进知识价值溢出的过程。谭大鹏认为：知识环境是在受控环境中实现知识从拥有者到接受者的传播，从而缩小人类或组织之间的差距并促进人类共同发展的过程。由此可见，由于出发点和研究角度不同，对图书馆知识转移概念的理解也不尽相同。其相同点在于：都认可图书馆知识转移的对象是图书馆内外知识资源，图书馆知识转移要借助一定的技术手段，强调图书馆知识转移的目的是知识共享和知识增值。一致认为：图书馆知识转移，就是指图书馆运用知识管理的理论和技术，通过对图书馆的各种内部和外部知识资源进行发现、挖掘、选择、整合、存储、输出等工作为读者提供知识服务，把读者所需要的图书馆知识转移给读者，以提高读者获取、共享和创新图书馆知识资源的能力的过程。共同主张图书馆知识转移是发挥知识价值最大化的有效途径，知识只有在不断转移的过程中，才能被更多的人掌握，才能形成更多的社会价值。在图书馆实践中咨询服务、参考咨询、网络服务等可以看做是图书馆知识转移的具体形式。

2 图书馆知识转移的基本概念及其特征分析

学者们通过相关研究比较分析，从不同的角度对图书馆知识转移的概念予以界定：知识转移是在特定的情境中实现知识从知识源到知识受体的转移过程，从而最大化利用知识资源获得竞争优势的过程，知识接收方通过知识传输途径，从知识发送方接收知识，通过学习将其转化为自身的知识并指导行为。主要的观点有：徐洪升认为：有丰富的知识资源，是实现图书馆知识进行有效转移的首要条件。邓文红认为：图书馆知识转移是指图书馆运用知识管理的理论和技术，通过对图书馆的各种内部和外部知识资源进行发现、挖掘、选择、整合、存储、输出等工作，为读者提供的知识服务，把读者所需要的图书馆知识转移一部分给读者，以提高读者获取、共享和创新图书馆知识资源能力的过程。同时一致认可：图书馆知识转移的具有两个明显特征：一是开发已有的知识；二是支持知识创新。知识转移的目的是吸收新知识和有效利用新知识通过转移现有的知识，可以节约大量的物质产品生产和社会运作的成本。由此得出结论：①图书馆知识转移是知识转移在特定环境中形成的一种特殊模式。知识转移与图书馆其他职能之间，以及知识转移与图书馆其他知识活动的有必然联系。②图书馆是知识源，主要是通过文献载体和网络手段来转移知识。使得图书馆知识转移又具有知识转移中介机构和服务机构的基本特征。③图书馆在知识转移体系中起到辅助知识转移作用。伴随着知识产生增值、裂变、聚合，形成新的知识，实现原有知识的增值化。④知识转移存在于图书馆工作流程的各个层次之中，不仅存于馆员与馆员之间，存在于馆员与部门之间、部门与部门之间、馆员与图书馆整体之间，还存在馆员于外界个人和组织之间。由此可见：图书馆知识转移是双向的，图书馆的知识转移是授体与受体直接接触和互动的转移形式。⑤图书馆知识转移属于知识管理的范畴，具有知识扩散的一般特征。图书馆知识转移具有转移过程目的性、动态性、创造性、知识资源的增值性、知识拥有者与知识受体者之间的互动性等特征。

3 图书馆知识转移机理及其模式分析

图书馆知识转移是一种有别于图书馆信息转移的转移方式。图书馆知识转移属于知识管理的范畴，图书馆信息转移是图书馆知识转移的基础，图书馆知识转移是图书馆信息转移的延伸和发展。图书馆知识转移的机理是为了达到有效转移知识，形成图书馆自身的知识特色，并转化为竞争优势的目的。是要让知识在组织和个人之间流动和传播，努力达到人员的流动和知识的共享相一致。可以这样说：图书馆知识转移是在个人或群体在实践中积累的知识、经验、技能能够被其他人或群体所共享，在不同主体之间产生的，存在于图书馆工作流程的各个层次之中。一致认可：图书馆内部部门间的知识转移应该是一个持续的动态过程。在图书馆知识转移中，有价值的知识资源，是实现图书馆知识进行有效转移的首要条件。知识转移转的基本要素包括来了转移的知识、知识源、知识受体以及转移情境。众所周知，知识转移是一个由知识势能高的主体向知识势能低的主体知识流动的过程。那么知识转移能否实现以及实现效果，很大程度上取决于是否拥有高知识势能的人。

首先，图书馆知识转移的内容为显性知识的转移和隐性知识的转移两部分。而隐性知识具有内隐性、复杂性和系统性等障碍因素。本人认为，任意两个部门或多部门之间只要存在着知识的差异性和互补性，只要没有人为的壁垒或制度的制约，各部门之间就会有知识的流动或者说是知识的转移。实现图书馆知识转移第一步就是把个人化的隐性知识转换为组织内共同化的隐性知识和外部化的显性知识，同时把零散的显性知识转化为相互关联的整体化显性知识和个人内化的隐性知识，只有这样才能实现原有知识的价值化，从而使图书馆知识得到有效转移。董燕萍提出：将知识本身、知识源、知识受体、转移媒介，以及知识源和知识受体的距离纳入到知识转移概念模型中，对影响因素进行细化，并对图书馆个体或组织知识转移能力构建评价指标体系。由此我们看到了一些非常宝贵的探索性工作。许多学者根据其出发点的不同，提出了不同的知识转移模型：主要有过程模型、要素模型和其他模型等，从卢兵建立组织间隐性知识转移的微分动力模型；魏江通过问卷调查和结构方程分析建立知识转移的影响因素模型；唐方成利用虚拟实验建立了知识转移与网络组织的动力学行为模式；到王君在分析了组织内知识转移的过程和 Multi-Agent 技术的特征的基础上，依据提出的模型框架，以及建立知识转移的评估模型及定量研究模型，等等模型。对增进知识转移的效果，对有效转移、吸收和保持的知识进行评估和量化。在此基础上，提出知识转移的研究局限以及未来展望，明确组织知识转移的进一步研究方向。由此得出结论：图书馆知识转移是指图书馆采用知识管理理论和技术，通过对图书馆的知识资源进行挖掘、选择、整合和输出等工作，使知识在不同主体之间流动和转化，并形成良性循环，把读者所需要的图书馆知识转移给读者，从而缩小知识差距、促进知识增值，以提高读者获取、共享和创新图书馆知识资源的能力的活动和过程。

4　图书馆知识转移的影响因素及其绩效分析

在众多知识转移研究中，影响知识转移的因素分析得较为透彻，学者们根据影响因素的不同作用，把它们分类为动力因素、支撑因素以及环境因素。大多的都是以知识转移所涉及的要素为研究出发点。知识转移的基本要素包括知识源、转移渠道、信息、接受者和情境。这些要素相互作用，形成了影响知识转移的绩效的一般影响因素：即主观因素和客观因素。但感到欠缺的是，给出的解决策略却比较模糊，对解决实际问题意义不是很明显。而对影响因素综合性、系统性的研究，尤其是将多个影响因素整合在一个模型中还显得约有欠缺。从文献查阅的情况来看，吉卫红和邓文红论述了图书馆领域内知识转移的特征及提出的相应对策，更多的则是探讨了岗位轮换过程中的隐性知识转移。徐洪升认为：知识、动机、认识、能力、信任、利益和体制障碍制约着图书馆知识转移的顺利进行。王锟在对天津工业大学图书馆知识转移进行了实证调查研究后认为：在影响图书馆内外知识转移的因素中，知识的可表达性、知识源的转移能力、知识受体的挖掘能力、相关情境的知识距离对图书馆知识转移的绩效的影响最为明显。综合分析下来，学者们的共同观点是：知识转移过程是个复杂过程，知识在过程中受到诸多因素影响。对知识转移的效果有最重要影响力的是：知识的可表达性、嵌入性和可观察性。知识转移包括知识的发送和知识的接受两个基本过程。在知识转移过程中，不同知识形态在不同层次分别转移，既涉及被转移知识的特性、知识发送方、知识接受方和知识转移背景等层面因素，同时又涉及知识转移过程、合作持续时间、合作网络结构和合作透明度等权变因素影响。知识受体吸收知识的意识、捕捉知识源的能力、对新知识的前瞻性和知识产品的市场潜力等预见能力、接受新知识的能力和知识保持能力是与知识转移的程度成正比的。同时知识的深度和广度也直接决定其转移效果。总结如下：①知识转移依赖于知识是否易于移植、理解和吸收。

②在知识转移的过程中，知识本身的时效性，复杂性和特有的性质是影响知识转移的关键因素。③图书馆员和馆外其他部门的人彼此互为知识源和知识受体。在知识的转移过程中产生的障碍不仅存在于图书馆员之间，还存在于图书馆员与读者之间。总的来说，知识转移存在的障碍因素包括知识本身、知识拥有方、知识需求方及文化环境几方面。它涵盖了知识转移主体的意愿，知识转移主体的知识存量价值，知识转移客体以及知识客体对知识的吸收能力，知识客体的学习意愿，知识自身特性，知识转移保障因素，图书馆文化等等知识转移的渠道。

结　语

通过对上述的研究和分析，总体来看，学者们的观点和结论是基本一致的。在促进知识转移对策研究方面，主要集中在共同愿景、社会资本、互动学习、转移通道和创新平台等方面，我们得出以下结论：知识转移是在受控环境中实现知识从拥有者到接受者的传播，从而缩小个体或组织之间的知识差距，并促进知识创新和共同发展的过程。图书馆作为人类文明传承和创新的基础性设施，其最重要使命是支持、促进、推动知识的更新、改革和更广义的创新知识以造福人类。知识转移将成为图书馆的核心价值追求，是图书馆进行知识管理不可或缺的部分。目前图书馆知识转移研究已经取得一定成果，一是探讨了众多的图书馆知识转移过程的层次模型，形象描绘了图书馆知识转移的过程；二是构建了图书馆知识转移能力评价指标和绩效体系，对于个体或组织知识转移能力的定量测评进行了积极的探索，在此基础上提出研究现存的局限，明确了未来的研究方向。下一步需要从实证角度研究上述因素之间的相互关系，并在此基础上分析有效的知识转移影响因素的相对重要性程度。研究的重点和走向将是转移客体知识的组织以及知识转移中主体人的行为因素和知识转移的情境因素的理论与实证、案例研究相结合，从点上深入分析和挖掘，从整个面上来印证模型和提出假设。建议图书馆加大知识发现的力度，充分利用各种知识载体的优势，加强深入到知识转移的运行模式、过程要素和图书馆中的各个工作流程实践中。从隐性知识、技术平台、成本因素、吸收能力、组织文化、激励模式六个因素加强知识转移活动，提出提高图书馆知识转移绩效的策略。

参考文献

[1]董小英. 知识管理提升企业创新能力的实证研究[J]. 清华大学学报(自然科学版)，2006(s1)：956－963

[2]谭大鹏，霍国庆等. 知识转移及其相关概念辨析[J]. 图书情报工作，2005(2)：80－84

[3]金建军. 图书馆知识服务与发展趋势[J]. 图书馆学刊，2011(8)：94－ 97

[4]徐洪升. 图书馆知识转移的障碍与对策分析，情报杂志，2007(2)：27－30

[5]邓文红. 论图书馆的知识转移[J]. 图书馆，2005(4)：85－87

[6]吉卫红. 岗位轮换与图书馆内部隐性知识转移[J]. 高教研究，2005(7)：89－90

[7]魏江，王铜安. 个体、群组、组织间知识转移影响因素的实证研究[J]. 科学学研究 ，2006(1)：91－97

[8]王锟. 高校图书馆知识转移机制与绩效实证研究[D]. 硕士学位论文，天津大学，2007

[9]张婷. 图书馆知识转移的机制及其效度研究[D]. 硕士学位论文，山西大学，2008

[10]徐洪升. 图书馆知识转移机理与方式探析[J]. 情报杂志，2007(1) ：94－97

[11]董燕萍．图书馆知识转移影响因素及其对策研究[J]．图书馆论坛，2008(28)：47－49
[12]陈静，赵捧未．图书馆知识转移的一般过程模型及影响因素分析[J]，现代情报，2010(12)：25－28

作者简介：曾健敏(1956—)，女，江西南康人，贵阳学院图书馆，研究馆员，研究方向：知识管理，知识服务，已发表论文近 40 篇。
刘琳丰(1963—)女，安徽安庆人，黔东南民族职业技术学院图书馆副馆长、副教授。

信息素养教育研究的可视化引文分析

张　霞　郭太敏　肖　毅

（中国矿业大学图书馆）

摘　要：研究主要运用引文时序可视化分析软件系统 HistCite，以 Web of Science 的信息素养教育 724 篇文献为数据，对当前国内外的研究成果进行实证分析。利用 LCS、TLCS、LCSb、LCSe、LCR 等具体指标对信息素养教育研究的主要国家、核心期刊、核心文献、研究热点文献进行分析与评价。绘制了信息素养教育研究的引文编年图，借助 Pajek 网络分析软件进行主要路径图谱分析，确定了引文时序网络中主干节点文献，以便更好地揭示信息素养教育发展的轨迹。研究所获得的信息有助于国内相关领域的工作者熟悉信息素养教育研究进度与动态，同时为从事信息素养教育的研究人员提供文献参考。

关键词：信息素养　HistCite　引文分析法　引文编年图　主路径分析

The Visualized Citation Analysis on Information Literacy Education

Zhang Xia，Guo taimin，Xiao Yi

(China University of Mining and Technology of Library)

Abstract: In this research, by applying visualization software HistCite visualization and bibliometric analysis were used to investigate 724 document records related Information literacy education from the Web of Science. The main countries, core journals, core literature, hot subjects were analyzed and evaluated by using LCS, TLCS, LCSb, LCSe, LCR such specific indicators. Mapping the visualized citation chronological chart for documents of information literacy education, the results are imported into Pajek so as to describe the main path and reveal the development track in this research field. The information obtained not only helps researchers better understand information literacy education research progress and trends, but also is useful for information literacy education related studies.

Keywords: information literacy; HistCite; citation analysis method; citation chronological chart; main path analysis

1　引言

世界信息素养的发展是一个从产业界到教育界、高等教育界，到图书馆界，以至国家政府部门介入和共同参与的过程[1]。在这个发展过程中，国内外学者取得了丰硕的研究成果。参考这些现有的科研成果是我们进行系统知识架构和进一步科学研究的基础。然而，在高速发展的全球社会信息环境中，如何快速清晰地把握信息素养教育领域的发展轨迹、研究热点和研究趋势？我国在全球信息素养教育研究中处于什么地位？对于这些问题的解答，若只依赖经验性的总结，想必会造成一些认识上的片面性与分歧。本研究尝试采用WoS(Web of Science)数据库中的引文数据，通过文献中引证事项的时间序列及联系，并运用引文时序网络图综合展示信息素养教育的核心文献、核心期刊和主要研究国家、研究热点，以期对上述问题的解答提供一种新的解决之道。

2 数据来源与研究方法

本研究主要运用引文时序可视化分析方法对信息素养教育的研究进行实证分析。WoS 数据库被认为是世界上最权威的科技文献索引工具。不仅可以从文献引证的角度评估文章的学术价值，还可以迅速方便地组建参考文献网络。2001 年，美国著名情报学家尤金·加菲尔德(Eugene Garfield)及其团队推出的引文时序可视化分析软件系统HistCite，不论对于开展文献信息服务，还是对于专业科研人员，都是鉴别重要文献及其相关关系的一种重要工具[2]。HistCite 可以指导我们如何从众多的科学文献资料中找出学科本身，以及之间的研究历史轨迹、发展规律和未来趋势[3]。

2.1 数据来源

有关信息素养教育的研究，既涉及社会科学，也与自然科学和工程学科密不可分。为此，本研究以 WoS 数据库中的五个子库(SCI-EXPANDED，SSCI，A&HCI，CPCI-S，CPCI-SSH)为数据来源，检索策略为"TS＝[‘information literacy’AND (educat* OR teach*)]"，检索时间设定为"所有年份"，共检索出 725 条文献记录。为了便于数据处理和分析，将包含引用的参考文献的全记录格式的详细文献信息"保存为纯文本格式"。本研究采集数据时间为 2011 年 11 月 10 日。

2.2 研究方法

引文分析法是文献计量学中最重要的研究方法之一。科学文献间的引用与被引用关系构成了引文网络。引文分析可视化可以把引文网络以一种直观网络图的形式显示出来。常见的引文网络有：时序网络、同引网络、耦合网络。HistCite 软件系统就是根据引文时序网络，生成一系列表格和编年图。通过对这些表格和编年图进行分析，可以快速描绘信息素养教育的发展脉络；锁定信息素养教育的重要文献、重要期刊和研究机构；洞察信息素养教育的最新研究进展等。HistCite 软件系统的功能一直在不断完善中，为了使 HistCite 搜索和导出功能与 WoS 平台兼容，汤森路透公司对该软件也进行了同步更新[4]。本研究所使用的软件版本为 HistCite11. 9. 12。

3 结果和分析

HistCite 软件系统读取 725 条文献记录后，自动去除了 1 篇重复文献记录，当前数据库的文献集合总记录数为 724 条，共涉及 1234 位著者，256 种期刊，被引参考文献记录13778 条，关键词 1399 个。本研究分别通过"Yearly output"、"Country"、"Journals"、"Cited References"、"Words"和可视化引文时序图几方面考察信息素养教育领域的研究概况。

3.1 信息素养教育文献研究的年际变化和引文频次分析

信息素养教育研究文献按照出版年代划分的记录数量及其引用频次的统计情况如表 1 所示。引用频次在 HistCite 软件系统中分为 LCS 和 GCS 两类，LCS（Local Citation Score）是指一篇文献在当前数据库中的引用频次，GCS（Global Citation Score）是指一篇文献在 WoS 数据库中的引用频次，TLCS 和 TGCS 分别表示 LCS 和 GCS 的总被引频次。由表 1 可以看出，最早的信息素养教育研究文献出现在 1983 年，1983—1995 年的文献除了 1993 年外，都在 3 篇以内，1993 年文献数量为 7 篇。通过查看详细文献记录，发现这是由于在 1993 年澳大利亚举行了一次有关信息素养的国际会议（INFORMATION LITERACY：THE AUSTRALIAN AGENDA），有其中的 4 篇文献在当前数据库的文献集合中。1996—2001 年的文献数量基本呈上升趋势，但上升幅度不大，文献数量在 20 篇以内。但是从 1999 年开始引文频次（TLCS 和 TGCS）有了较大幅度的提升，说明在这一年信息素养教育的研究已经产生了重要的研究成果。2002 年—2011 年，无论是文献数量还是引文频次都有了大幅上升，尤其 2002 年文献的 TLCS 值达到高峰，说明这一时期信息素养教育的科学交流越来越活跃，研究成果也越加丰富。

表 1 发文数量与引用频次时间分布

出版年	发文数量	TLCS	TGCS	出版年	发文数量	TLCS	TGCS
1983	1	0	0	2001	14	67	152
1988	1	0	0	2002	29	96	226
1989	1	0	0	2003	27	74	187
1991	2	4	5	2004	40	58	189
1993	7	0	9	2005	41	67	228
1994	1	0	9	2006	53	73	238
1995	3	8	14	2007	81	53	214
1996	9	14	27	2008	83	50	147
1997	15	36	103	2009	107	29	101
1998	9	14	23	2010	94	10	32
1999	20	60	127	2011	72	3	10
2000	14	70	146				

3.2 信息素养教育研究文献的国家分布分析

通过统计发现，724 篇文献分布于世界上的 54 个国家。按发文数量进行排序，排名前 16 位的国家的发文数量及其文献的引用频次的统计情况如表 2 和图 1 所示。由图表可以看出，美国在信息素养教育领域的研究发文数量最多，TLCS 和 TGCS 值也是处于第一位。这说明美国在信息素养教育领域的研究走在世界的前列，居于主导地位。英国、澳大利亚、加拿大，虽然在文献数量上与美国有一定差距，但 TLCS/Recs（当前数据库文献总引用频次/文献记录数量）则与美国的水平接近，甚至略高。因此，从文献内部的相互引用来看，美国、英国、澳大利亚、加拿大文献得到同行更多的重视，反映出其文献质量也高。值得一提的是，芬兰的文献数量虽然只有 9 篇，但 TLCS 值为 26，TLCS/Recs 比值最高，说明该国的在信息素养教育研究领域有重要的研究成果，表现出其文献质量也很高。由图 1 可以清晰地看出 TLCS/Recs 比值有几个最低点，是中国、日本、中国台湾和巴西，虽然这几个国家从文献数量上榜上有名，但 TLCS 和 TGCS 值均比较低，说明与信息素养教育强国美国、英国、澳大利亚、加拿大相比，文章质量和影响力方面还存在巨大差距。我国最早的信息素养教育研究文献是清华大学孙平教授 2002 年发表的《中国高等教育信息素养》(*INFORMATION LITERACY IN CHINESE HIGHER EDUCATION*)一文[5]，其 LCS 值为 0，GCS 值为 1。我国的 42 篇信息素养教育研究文献 TLCS 值为 7，究其原因，一方面是由于我国信息素养教育研究起步较晚，整体科研实力有待于进一步提升；另一方面与我国对信息素养教育的重视程度、科研投入、科研活动、激励机制等因素相关。

表 2 信息素养教育研究文献的国家分布表

序号	Country	Recs	TLCS	TLCS/Rec
1	USA	213	277	1.30
2	UK	66	154	2.33
3	Australia	57	104	1.82
4	China	42	7	0.17
5	Canada	33	69	2.09
6	Spain	17	10	0.59
7	Japan	16	0	0.00
8	South Africa	14	8	0.57
9	New Zealand	13	10	0.77
10	Sweden	11	12	1.09
11	Taiwan	10	1	0.10
12	Turkey	10	6	0.60
13	Finland	9	26	2.89
14	Brazil	8	0	0.00
15	Singapore	8	8	1.00
16	Netherlands	7	5	0.71

3.3 信息素养教育研究按期刊来源的计量分析

由 HistCite 的统计结果看，分析信息素养教育的期刊种类多达 256 种。在 HistCite 软件系统中，LCR (Local Cited Reference)是指一篇文献在当前数据库中引用的参考文献数量。TLCR(Total Local Cited Reference)是当前数据库中的引用的参考文献数量总和。本研究主要按照文献记录数量(Recs)、引文频次(TLCS)和引用的参考文献数量(TLCR)三个指标对信息素养教育研究文献期刊进行综合分析。分别根据这三个指标选取排名前 20 位的期刊列表，去除重复期刊数据后，最终筛选出 29 种期刊。这些期刊基本构成了信息素养教育研究核心期刊的雏形。通过查阅 2011 年 SCI、SSCI 收录信息科学与图书馆学

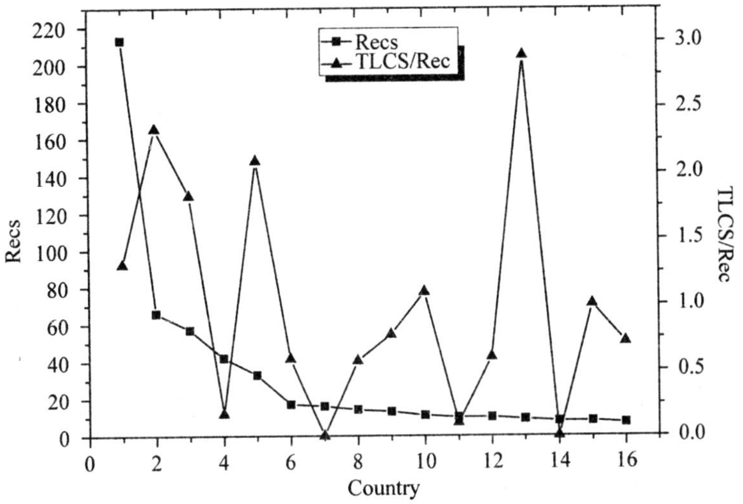

图 1　信息素养教育研究文献的国家分布图

学科期刊目录，发现 29 种期刊中有 22 种为信息科学与图书馆学学科期刊，表 3 列出了部分重要期刊。美国期刊《JOURNAL OF ACADEMIC LIBRARIANSHIP》(《学术图书馆业杂志》)无论从 Recs、TLCS 还是 TLCR 指标分析均排名榜首，可见其在信息素养教育研究领域的学术影响力最大。美国期刊《COLLEGE & RESEARCH LIBRARIES》(《大学与研究机构图书馆》)、《PORTAL－LIBRARIES AND THE ACADEMY》(《入口：图书馆与学校》)和英国期刊《JOURNAL OF LIBRARIANSHIP AND INFORMATION SCIENCE》(《图书馆事业和信息科学》)、《JOURNAL OF DOCUMENTATION》(《文献资料工作杂志》)在三个指标的排名上也均位于前十名之列，因此其在信息素养教育研究领域的学术影响力也不容小觑。

表 3　信息素养教育研究期刊列表

序号	Journal	Recs	TLCS	TGCS	TLCR
1	JOURNAL OF ACADEMIC LIBRARIANSHIP	50	107	250	59
2	PORTAL-LIBRARIES AND THE ACADEMY	39	43	111	39
3	COLLEGE & RESEARCH LIBRARIES	33	86	199	36
4	JOURNAL OF LIBRARIANSHIP AND INFORMATION SCIENCE	24	39	98	56
5	LIBRI	23	8	35	34
6	INFORMATION RESEARCH-AN INTERNATIONAL ELECTRONIC JOURNAL	22	0	27	22
7	ELECTRONIC LIBRARY	17	10	29	15
8	LIBRARY TRENDS	16	46	131	7
9	JOURNAL OF DOCUMENTATION	15	73	185	49
10	LIBRARY & INFORMATION SCIENCE RESEARCH	15	21	33	44

续表

序号	Journal	Recs	TLCS	TGCS	TLCR
11	ASLIB PROCEEDINGS	13	5	9	20
12	REFERENCE & USER SERVICES QUARTERLY	11	7	18	3
13	CANADIAN JOURNAL OF INFORMATION AND LIBRARY SCIENCE-REVUE CANADIENNE DES SCIENCES DE L INFORMATION ET DE BIBLIOTHECONOMIE	10	18	38	11
14	HEALTH INFORMATION AND LIBRARIES JOURNAL	10	4	14	12
15	PROGRAM-ELECTRONIC LIBRARY AND INFORMATION SYSTEMS	9	2	13	0

3.4 信息素养教育研究领域研究热点分析

HistCite 软件系统中，通过文献计量学(Bibliometric)视图，可以查看 LCS 更为细致的引用情况。LCSb(Local Citation Score in the beginning)默认为最开始 3 年的 LCS，LCSe(Local Citation Score in the end)默认为最近 3 年的 LCS。按 LCSe 进行排序，排名前 20 位的文献详细情况如表 4 和图 2 所示。2003 年的文献 148 和 2005 年的文献 219 表现为 LCSb 值较低而 LCSe 值较高，说明这两篇文献在开始 3 年中并不被人关注或很少被人关注，但是最近 3 年的引用尤其频繁，也证明了这两篇文献在信息素养教育研究热点方面有着重要的参考价值。文献 148 为 Johnston Bill 发表在《高等教育研究》(*STUDIES IN HIGHER EDUCATION*)上的文章《高等教育信息素养：审查和个案研究》，文献 219 为 Tuominen Kimmo 发表在《图书馆趋向》(*LIBRARY QUARTERLY*)上的文章《信息素养作为一个社会技术实践》。文献 148 对高等教育课程的信息素养进行了讨论，对信息素养标准和模式在英国、美国和澳大利亚的主要发展进行了评论。通过斯特拉斯克莱德商学院的本科生信息素养类的个案研究分析认为，信息素养可以通过适当的教学方法作为单独一个研究的课题并提出了大学生信息素养模式[6]。文献 219 提出信息素养包含了复杂的社会关系系统、社会技术配置和工作组织，认为信息技术、工作场所中的学习和特定领域知识形成过程之间的相互作用对于推进信息素养措施的是必要的[7]。

表 4 信息素养教育研究领域关键文献列表

序号	Record	LCS	LCSb	LCSe	LCS(e/b)	序号	Record	LCS	LCSb	LCSe	LCS(e/b)
1	72	40	3	14	4.67	11	266	14	6	8	1.33
2	92	35	4	17	4.25	12	230	14	3	7	2.33
3	113	20	4	6	1.5	13	264	12	5	7	1.4
4	219	17	1	11	11	14	82	12	2	5	2.5
5	69	17	0	7	7/0	15	214	11	2	6	3
6	107	17	1	7	7	16	149	10	2	5	2.5
7	148	16	0	11	11/0	17	183	9	2	6	3
8	91	16	4	6	1.5	18	246	8	1	7	7
9	150	15	1	7	7	19	166	8	1	5	5
10	62	15	1	5	5	20	247	7	2	5	2.5

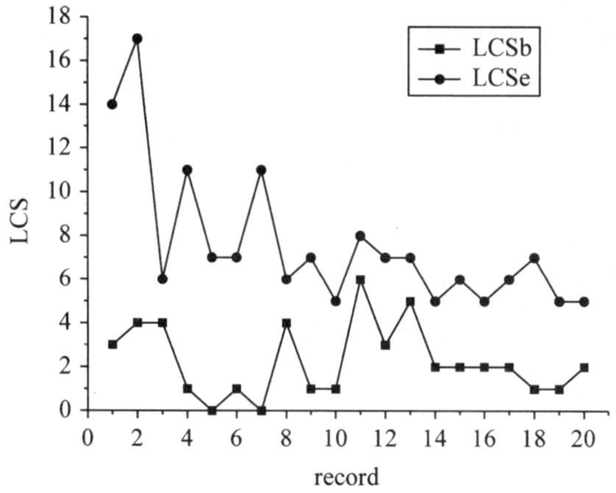

图 2 信息素养教育研究领域关键文献引用图

3.5 信息素养教育研究领域可视化引文分析

3.5.1 HistCite 可视化引文时序图分析

本研究中以 LCS 为依据编制引文编年图，所分析的文献阀值首先选择“value”值限制为 7(即 LCS 值大于等于 7)的 34 条记录，如图 3 所示。在 HistCite 软件系统中，以圆形或正方形的大小表示 LCS 或 GCS 的多少，以带箭头的连线表示文献之间的引用关系，圆形或正方形内的数字表示一篇文献在当前文献数据库中的序号。从引文时序图上可以清晰地看出，信息素养教育研究领域可以划分为左侧较大引文网络组成的区域(A 区)和右侧较少引文网络组成的区域(B 区)。这一现象主要是由于交叉学科所致。通过查看节点文献的详细题录信息，发现 A 区文献是信息素养教育研究领域的主干网络。B 区文献主要是以医学护理“NURSING”为核心的信息素养研究。由图可见，1995—2007 年间，信息素养教育研究领域文献内部引用频繁，特别是 2000 年文献 72 的节点面积最大(LCS 值最大)，说明其研究成果的影响力最大。2002 年节点数目最多，说明有关信息素养教育的研究开始进入蓬勃发展期，众多有价值的研究成果开始涌现。通过查看文献节点的详细信息发现，LCS 值最大的两篇文献 72[8]、92[9] 研究主题均为信息素养概念，再一次印证了对信息素养概念的探讨有着广泛的关注度。同时也说明了随着时代的进步和网络信息技术的发展，信息素养概念的内涵和外延处于不断地变化之中。

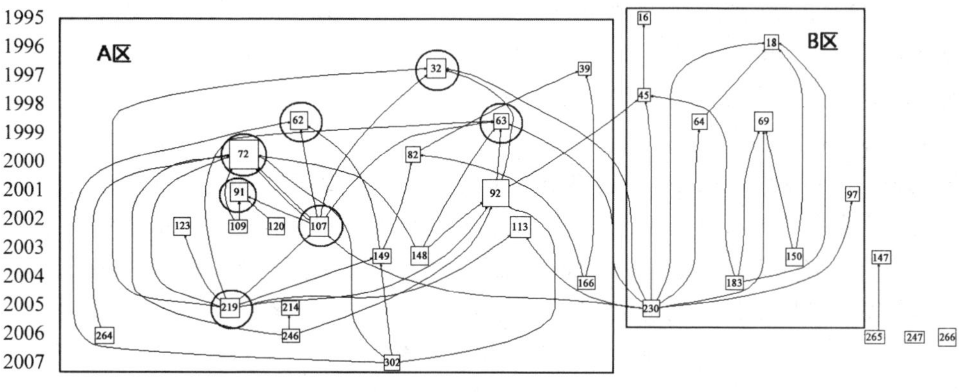

图 3 信息素养教育领域关键文献引文时序图

3.5.2 Pajek 可视化引文网络图分析

HistCite 软件系统中，生成的编年图数据可以保存并输入到网络分析软件 Pajek 进行进一步分析。通过把图 3 中 34 条文献的编年图数据导入到 Pajek 软件进行 SPC(Search Path Count)遍历后，生成编年图主要路径图共涉及 7 篇文献(图 3 中圆圈标记的文献)。说明这 7 篇文献是信息素养教育研究领域极其重要的研究成果，在该领域中有承上启下的关键性作用。

由于生成的编年图阈值的设置，导致分析结果年限限定在不同范围。如果阈值设置为全部 724 条记录，则生成的编年图难以辨别关键节点文献及其之间的关系。通过把全部 724 条文献的编年图数据导入到 Pajek 软件进行 SPC 遍历后，生成编年图主要路径图共涉及 14 篇文献。上述 7 篇文献也在其中。分析 14 篇主要路径文献，总结信息素养教育研究的发展历程，主要经历了信息素养教育与学科课程整合[10]；信息素养概念定位[8,11,12]；信息素养培训、实践[7,13-16]；中学生[17]、本科生[18]、硕博士研究生[19]信息素养教育；信息素养评价[20]；网络信息素养教育[21]等。

4 结论

本研究通过传统的文献计量与可视化引文时序分析相结合对信息素养教育研究领域进行了快速的追根溯源。LCS 与 GCS 相比是对当前文献集合的内部引用情况的更为科学的指标，因此通过 LCS 对信息素养教育研究文献的年际变化、国家分布、期刊分布等情况进行量化分析，使得统计结果更为精准、有效。通过查看 LCS 引文时序图不仅可以直观、快速了解信息素养教育研究领域的发展脉络和文献间的继承关系，而且能够借助 Pajek 等网络分析软件进行主要路径图谱分析，为进一步深入研究和分析提供了良好的接口。具体结论如下：

①通过发文数量及 TLCS 指标定位了信息素养教育研究领域强国为美国、英国、澳大利亚、加拿大。我国与其的差距不仅表现在发文数量上，更重要的是 TLCS 值所表现出的文章质量和影响力方面的差距尤为显著。

② 通过发文数量、TLCS、TLCR 等指标确定了信息素养教育研究的核心期刊，这些期刊构成了信息素养教育研究重要的参考源，也成为发布信息素养教育研究成果的主要的渠道。

③ 通过参考文献网络核心文献分析，发现 ACRL、ALA 等著名的组织对信息素养教育研究具有极高的影响力。通过 LCSe 和 LCSb 的分析，可以把握主要的研究热点文献。信息素养教育研究人员目前关注高等教育课程的信息素养标准和模式，大学生信息素养模式和信息素养的社会技术实践。

④ 根据 LCS 的关键词及引文编年图的研究分析，发现信息素养教育研究主要与图书情报、教育学高度相关，也在医学护理方面得到高度的重视。借助 Pajek 等网络分析软件进行主要路径图谱分析，确定了引文时序网络中最重要的文献，总结信息素养教育研究的发展历程，主要经历了信息素养教育与学科课程整合，信息素养概念定位，信息素养培训、实践，中学生、本科生、硕博士研究生信息素养教育，信息素养评价，网络信息素养教育等。此历程为信息素养教育研究人员提供了有益的参考。

参考文献

[1]孙平，曾晓牧．认识信息素养[J]. 大学图书馆学报，2004，22(4)：34－37

[2]李运景，侯汉清，裴新涌．引文编年可视化软件 HistCite 介绍与评价[J]. 图书情报工作，2006，50(12)：135－138

[3]张月红．HistCite——一个新的科学文献分析工具[J]. 中国科技期刊研究，2007，18(6)：1096

[4]http：//www. histcite. com/[EB/OL]. [2011-11-10]

[5] Sun P. Information literacy in Chinese higher education[J]. LIBRARY TRENDS，2002，51(2)：210－217

[6]Johnston B，Webber S. Information literacy in higher education：a review and case study[J]. STUDIES IN HIGHER EDUCATION，2003，28(3)：335－352

[7]Tuominen K，Savolainen R，Talja S. Information literacy as a sociotechnical practice[J]. LIBRARY QUARTERLY，2005，75(3)：329－345

[8]Webber S，Johnston B. Conceptions of information literacy：new perspectives and implications[J]. JOURNAL OF INFORMATION SCIENCE，2000，26(6)：381－397

[9]Bawden D. Information and digital literacies：A review of concepts[J]. JOURNAL OF DOCUMENTATION，2001，57(2)：218－259

[10]Sonntag G，Ohr D M. The development of a lower-division，general education，course-integrated information literacy program[J]. COLLEGE & RESEARCH LIBRARIES，1996，57(4)：331－338

[11]Snavely L，Cooper N. The information literacy debate[J]. JOURNAL OF ACADEMIC LIBRARIANSHIP，1997，23(1)：9－14

[12]Marcum J W. Rethinking information literacy[J]. LIBRARY QUARTERLY，2002，72(1)：1－26

[13] QUINN K T. Information literacy in the workplace-education training considerations [J]. INFORMATION LITERACY ：LEARNING HOW TO LEARN，1991：13－22

[14]Bruce C S. Workplace experiences of information literacy[J]. INTERNATIONAL JOURNAL OF INFORMATION MANAGEMENT，1999，19(1)：33－47

[15]Limberg L，Alexandersson M，Lantz-Andersson A，et al. What matters? Shaping meaningful learning through teaching information literacy[J]. LIBRI，2008，58(2)：82－91

[16]Herring J E. From school to work and from work to school：information environments and transferring information literacy practices [J]. INFORMATION RESEARCH-AN INTERNATIONAL ELECTRONIC JOURNAL，2011，16(4732)

[17]Lundh A，Limberg L. Information practices in elementary school[J]. LIBRI，2008，58(2)：92－101

[18]Leckie G J，Fullerton A. Information literacy in science and engineering undergraduate education：Faculty attitudes and pedagogical practices [J]. COLLEGE & RESEARCH LIBRARIES，1999，60(1)：9－29

[19]Streatfield D，Allen D，Wilson T. Information Literacy Training for Postgraduate and Postdoctoral Researchers：a National Survey and its Implications[J]. LIBRI，2010，60(3)：230－240

[20]Maughan P D. Assessing information literacy among undergraduates：A discussion of the literature and the University of California-Berkeley assessment experience[J]. COLLEGE & RESEARCH LIBRARIES，2001，62(1)：71－85

[21]Sundin O. Negotiations on information-seeking expertise-A study of web-based tutorials for information literacy[J]. JOURNAL OF DOCUMENTATION，2008，64(1)：24－44

作者简介：张霞(1978—)，女，馆员，研究方向：信息咨询与科技查新。

学科馆员走入一线课堂的实践与思考

庞跃霞

（北京第二外国语学院图书馆）

摘　要：学科馆员承担着信息素养教育的重任，读者培训是信息素养教育的形式之一，现行的读者培训工作方式各有优缺点，因此考虑引入学科馆员走入一线课堂的制度，并探讨引入该制度需要思考的问题。

关键词：学科馆员　一线课堂

Abstract: Information literacy education is an important task of subject librarian, read's training is a part of information literacy education, the current read's training work has advantages and disadvantages, so establish a practice that subject librarian can introduce the resources of the library to students in class, discuss how to establish the practice.

Keywords: subject librarian; class

学科馆员制度在国外最早出现在 1981 年，是由卡尼基梅隆大学图书馆最先推出的学科馆员服务，在国内，清华大学图书馆最早实行了学科馆员制度，之后很多高校图书馆都开始推行学科馆员制度。[1]目前，学科馆员主要的任务包括以下几个方面：日常咨询服务、读者培训、课题查新服务、定题服务、重点学科项目的嵌入式全程式服务、信息编译服务、开发学科专业信息的分析预测与建库工作等等。[2]学科馆员的工作为高校的教学和科研提供了有力的保障，得到了广大师生的认可和赞誉。

1　学科馆员读者培训工作的主要任务

读者培训也可称为信息素养教育，是学科馆员的基础工作之一，主要包括五个方面：一是每年的新生入馆教育，针对本科生和研究生的特点，分别讲解图书馆的藏书、地理位置、开放时间、借阅政策、入馆须知、数字资源的概况、深层次的服务介绍等。二是每年的新教工入职教育，图书馆主要负责向老师们详细讲解图书馆的数字资源详情、校外访问数字资源的方法、原文传递与馆际互借等服务以及学科馆员所能提供的课题查新、定题服务等。三是定期的数据库专题讲座，定期在图书馆的电子阅览室举办某一个或几个数据库的专题讲座，详细讲解数据库的使用方法。四是到院系做专题讲座，预约院系教师或者学生，到指定地点做专题讲座。五是开设信息检索课，通过一学期系统地学习信息检索的理论与实践。通过这些培训工作，不仅使读者能够了解图书馆的资源和服务，满足了读者的信息需求，而且还提高了图书馆的资源利用率。

2 现行的读者培训工作的优点和缺点

新生培训可使新生快速了解图书馆的概况和服务，缺点是新生刚入校，对图书馆基本上一无所知，所以只能了解大概，尽管新生培训时已经告知，但是很多新生并没有记住，等新生实际入馆借书或阅读时，还是会出现很多问题不知道该如何解决，会再次咨询图书馆工作人员。新教工入职培训时，图书馆的培训能够使新教工详细了解图书馆的数字资源和服务，缺点是培训时间往往较短，只能泛泛而谈，不能按照院系和专业深入到每个数据库的详细介绍和使用。定期的数据库专题讲座深入到每个数据库的详细介绍和使用，缺点是不带有强制性，自愿到场参加讲座的学生数量较少。到院系做专题讲座是比较好的培训方式，一般由院系提前通知老师或者学生，组织情况较好，大部分老师和学生都能按时到指定地点听讲座，可以有针对性地讲解某一个或几个专业相关数字资源与服务。信息检索课能使学生了解文献信息检索及利用的基本知识和一般原理，掌握文献信息检索及利用的主要方法，培养学生获取与利用信息资源的能力，提高信息素质，为充分利用各种信息资源、拓宽专业视野、提高专业能力、提高论文写作水平与终生学习打下良好的基础，缺点是很多学校可能未开设该门课程，即使开设了这门课程，很多也是选修课，选课的人数较少。

3 学科馆员走入一线课堂的实践

北京第二外国语学院图书馆目前没有开设信息检索课，鉴于现行的读者培训工作各有优缺点，借鉴国内外嵌入式信息素养教育的实践经验，考虑引入了学科馆员走入一线课堂的制度，以我校旅游管理学院为试点，进行了积极的实践与探索。

首先由学科馆员与院系专业教师建立联系，了解专业课的设置，每门课程的教学目的、教学内容、教学方法和手段，表达愿意与教师共同参与课堂教学的意愿，争取能占用教师一节课的时间来讲解与该课程有关的图书馆的资源和服务。征得老师的同意后，认真听取老师的建议和同学们的需求，详细沟通需要学科馆员到课堂上讲解的内容。

其次由学科馆员准备相关课件，特别注重分配好通用数据库、特色数据库、专业数据库的时间，要以同学们感兴趣的课题来举例，提高课堂上学生们听课的积极性。

然后按照约定好的时间地点去给学生们上课，注意讲课技巧和方法，增加师生互动环节，调动课堂气氛，吸引学生认真听课。

最后讲课结束后，认真听取教师和学生们的建议，总结经验，为以后更好地进行一线课堂培训工作做好准备。

4 学科馆员走入一线课堂的思考

4.1 加强与院系沟通，需要双方领导的支持

由于这种走入一线课堂的培训方式，会占用教师的课堂时间，而教师的课时设计一般是学期初就设计好的，占用教师的课堂时间会打乱正常的教学秩序，因此需要在教师准备开设该门课程之前，就与教师提前取得联系，争取把图书馆的课堂培训融入到一线课堂。但是学科馆员直接和院系专业教师联系，缺少有效的沟通途径，也难以取得教师们的信任与支持。这就需要图书馆领导和院系领导先行沟通，建立双方沟通的畅通渠道，后续的具

体工作再由图书馆学科馆员与院系专业教师沟通，确定具体的培训时间、地点和内容。

4.2 加强学科馆员队伍的建设

学科馆员队伍的素质直接关系到服务的质量，因此加强学科馆员队伍的建设，是为用户提供满意优质高效服务的基础。网络环境下的学科馆员需要具备并加强以下几项素质建设：

(1)良好的职业道德。学科馆员首先需要具有“用户至上，服务第一”的工作理念，俯首甘为孺子牛的奉献精神，积极主动的进取精神，良好的心理素质，去主动地挖掘用户的信息需求，主动提供服务。[3]

(2)较强的沟通组织协调能力。走入课堂一线的培训方式，需要学科馆员提前与相关院系领导、专业教师和学生进行一系列的沟通活动，学科馆员需要有较强的人际交往能力、语言表达能力和沟通组织协调能力，取得领导、教师、学生的信任，建立长期的稳定的合作伙伴关系。

(3)较高的计算机和网络操作能力。由于电子图书、期刊全文数据库、学位论文数据库、视频数据库等数字资源的盛行，网络免费信息资源的增加，使得用户越来越依赖于网络和计算机来获取信息资源，这就要求学科馆员也具有相当高的计算机和网络操作能力，能走在用户的前端，引导用户正确高效地使用这些信息资源。

(4)具有一定的专业知识背景。要想融入到一线课堂的教学，就需要具备专业的知识背景，才能深入地提供信息资源服务与培训。目前学科馆员主要由两部分组成，一部分人具有一定的专业知识背景，这一部分学科馆员具有学科优势，紧跟学科发展的趋势，通过不断地自我学习或进一步深造提高自己的专业知识；另一部分是图书情报学科出身，不具备专业知识背景，除了通过自我学习之外，馆员可以根据自己的兴趣，选择一个专业，到相关院系旁听专业课的方式来快速补充专业知识的不足。无论通过哪种方式来提高专业知识水平，都需要图书馆政策的支持，允许学科馆员占用一定的工作时间来充实自身的专业学术水平。图书馆还应该与各职能部门沟通，将图书馆员的培训计划也列入学校的“人才强教”项目，争取更多的培训经费，有选择性地派送学科馆员去参加各种培训。图书馆还需要做一个长远的学科馆员规划，每年引进人才时，根据目前学科馆员的结构，有目的有计划地引入新的馆员，特别是要引入图书馆所缺乏的学科专业背景的研究生，最终能与现有学科馆员一起，形成一个覆盖全校各个院系专业的学科馆员团队。

(5)学科信息情报分析能力。图书馆 web2.0 时代，对学科馆员提出了全新的要求，必须具备学科信息情报分析能力，才能真正实现个性化和知识化的服务，将某一学科的信息知识进行分析、比较、归纳、总结，形成系统的知识产品，在一线课堂上，讲授给老师和同学们。[4]

(6)具有教学基本功。学科馆员走入一线课堂只有一节课或几节课的时间，如何在这短短的时间内，把握好教学内容，运用好教学方法，激发出学生的听课兴趣和学习的主动性，调动课堂气氛，增强师生的互动，实现既定的教学效果至关重要。[5]

4.3 培训内容与时间要因地制宜

不同的年级、不同的专业，在培训内容和时间上要因地制宜。比如对于低年级本科生，培训内容以图书馆的纸本资源、借阅政策、馆际互借、英语学习数字资源、计算机学习数字资源、视频类数字资源为主，其他数字资源与服务为辅，一线课堂培训时间选择在学期初。对于高年级本科生，培训内容侧重于本科生毕业论文写作指导，以本科生论文写作指导和CNKI等中文数据库的使用方法讲解为主，其他内容为辅，培训时间选择在本科生开题之前。对于研究生，培训内容需要以外文数字资源和NoteExpress、EndNote等文献管理工具为主，其他内容为辅，培训时间选择在研究生开题之前。不同的专业培训内容也有所侧重，除了讲解通用的数据库外，还要详细讲解本专业的特色数据库，比如我校的旅游管理专业，在培训时详细讲解EBSCO HTC旅游学全文数据库、WTO世界旅游组织数据库等旅游学科特色数据库，而给西葡语系培训时，重点讲解EBSCO西班牙全文数据库、EBSCO葡萄牙全文数据库，给韩语系培训时重点讲解KISS韩国学术信息数据库，给俄语系培训时重点讲解俄罗斯大全数据库。

5 结束语

学科馆员走入一线课堂是一个尝试，在具体的实施过程中，可能会遇到各种各样的困难，这就需要学科馆员具有坚忍不拔的精神，百折不挠的抗挫折能力，勇于开拓进取的创新精神，将图书馆的文献信息资源与服务带入到一线课堂。

参考文献

[1]李英珍．高校图书馆学科馆员制度建设的困境与对策[J]．前沿，2012(6)：110－112

[2]楚存坤，孙恩琴．高校图书馆学科馆员分层服务模型研究[J]．图书馆工作与研究，2012(2)：50－52

[3]王保成．论学科馆员的核心竞争力[J]．图书情报工作，2011年增刊(2)：312－314

[4]张洁．学科馆员素质中的非智力因素[J]．情报理论与实践，2009(2)：91－94

[5]范钦珊，邓宗白，蔡新等．提高课程教学质量要从教学基本功抓起[J]．中国大学教学，2009(1)：14－16

作者简介：庞跃霞(1982—　)，女，馆员，硕士研究生，研究方向是文献信息资源建设与整合。

高校图书馆为学科建设提供优质服务研究

孙晶岩
(北京农学院图书馆)

摘　要：学科建设是高校的根本建设，是现代高等教育制度建设必须解决的重大任务之一，是高等学校建设发展的基础与核心，也是高校图书馆服务工作的重中之重。作为文献信息资源保障中心的高校图书馆，在为学科建设服务中，应不断提升为学科建设提供优质服务的理念，不断创新为学科建设提供优质服务的内容，实施优化为学科建设提供优质服务的策略。

关键词：高校图书馆　学科建设　服务　研究

Study on the University Library Providing Quality Services for Discipline Construction

Sun Jingyan
(BeiJing University Agriculture of library)

Abstract: The subject construction is the basic construction in the university and the most significant task when exploring the system construction of modern university. It is also one of the most important tasks of library service. In the subject construction services, the university library acts as the literature information resource center, should promote constantly the concept of quality service, should update continuously the idea of service for the subject construction, and optimize the strategy of service for the subject construction.

Keywords: university library; subject construction; service; study

高校学科建设是提高教学质量、科研水平的重要途径，是综合实力的核心象征，是高校一项长期的根本性任务。高水平的大学必须以高水平的学科为支撑，高校的学术水平、人才培养质量和科研成果是学科建设的关键，为建成高水平的大学，只有认真抓好学科建设，构建一流的师资队伍和教学科研软硬件设施，才能培养出创新型、复合型人才，才能在不断创新的基础上产出有社会影响的科研成果。高校图书馆作为学校的文献信息中心，是为教学科研提供服务的学术性机构，应紧密围绕学校学科建设提供有力的文献信息资源支撑，提供一系列超越传统服务模式的优质服务，是现代图书馆的重要任务和研究课题。笔者认为，在新形势下图书馆为学科建设提供优质服务应重点做好以下几方面的工作：

1 不断提升为学科建设提供优质服务的理念

图书馆服务理念是图书馆工作的内涵和灵魂，是图书馆事业发展的重要因素，是馆员的服务态度、工作效率与服务宗旨的集中体现，是图书馆实现自身价值的关键。高校图书馆要完成为学科建设提供优质服务的使命，充分发挥图书馆在学科建设中的重要职能，就必须提升服务学科建设发展的理念，新理念、新思维是图书馆服务创新的基本前提和必然趋势。

1.1 从"以文献为本" 转向"以读者为本"

高校图书馆首先应自觉站在主动服务的位置上，为学科梯队教师提供优质高效服务。这就要求我们转变观念，从"以文献为本"转向"以读者为本"，也就是以读者的需求为本，研究学科的发展动向以及学科梯队读者的信息需求，重视与学科梯队教师的沟通交流，最大限度满足他们的要求。高校馆只有坚持"以读者为本"，才会把人性化服务落到实处。以读者为本包含两层含义：一是处理人与物的关系时，要重人轻物，把读者放在第一位，要特别关注学科教师的需求。图书馆的技术装备与资源建设都要围绕学科建设发展和读者需求展开；二是处理馆员与读者之间的关系时，要以学科教师为重，最大限度满足学科教师的科研需求，实现服务读者的两个坚持：(1)管理上坚持"以读者为本"，要求馆员不仅要知道怎样管理好文献，更要懂得如何帮助读者，尤其是帮助学科教师用好各类信息资源，包括纸质资源和数字资源，从而真正实现"以文献为本" 向"以读者为本"的根本转变；(2)服务上坚持"为资源找人"，是一种主动服务，它要求馆员了解学科读者阅读心理和需求，掌握学校学科发展动向，研究为学科建设提供优质服务的特点、规律，熟悉馆藏资源和馆藏特色，主动做好"为资源找人"的服务工作。

1.2 从"文献利用"转向"信息资源开发"

信息时代，高校馆的服务是一种高效的网络化、数字化服务，是现代信息服务的高级形式，其服务内容、服务方式、服务载体等都发生了根本性的变化。

1.2.1 服务内容隐性化知识化

学科建设发展具有前沿性，而学科梯队教师的研究领域具有很强的专业性。因此，服务内容呈现隐性化、知识化，图书馆应以学科建设发展和学科梯队的需要为目标，将信息服务工作的重点从文献利用转移到知识管理与知识服务上，更加突出信息资源的开发，为学科梯队教师提供的不仅仅是信息线索及相关文献的显性知识资源，更主要的是能从浩如烟海的复杂信息中寻找与学科建设发展相关的有效的隐性信息资源，并对这些资源进行有效提炼加工，成为学科建设发展的重要参考资料。应将知识管理理念运用到学科建设服务中，知识管理理念就是以知识管理为核心，文献、信息、知识三驾马车并驾齐驱的管理方式，它的优势在于能够向广大师生提供专业化有序的信息和知识，最大限度满足师生需求，实现知识的价值和服务的价值，开展创新服务。

1.2.2 服务方式专题化个性化

高校图书馆利用数据库开展定题服务、课题查新等都是数字图书馆为学科建设发展提供服务的重要方式。图书馆在为学科建设服务过程中，可以从互联网上的各类网站和搜索引擎按学科建设发展的重点和要求，分专题建立网上学科导航站或学科指引库，并存放于某一网页，引导学科专家浏览或检索，按学科或专题搜集、下载、筛选、分析、整合相关学科信息资源，在此基础上建立学科专题数据库，为学科专家提供快捷高效服务；同时，馆员要积极主动深入到各系部中，根据学科用户的特殊需求，积极开展有针对性的个性化服务，帮助用户提高对相关资源的整体把握力度与有效程度，对一些重点服务对象要实施跟踪服务，为其量身定制新书通报、文献题录信息以及研究方向的新闻聚合、热点问题的采集分类等信息。

1.2.3 服务载体的网络化虚拟化

图书馆的馆藏资源既包括各类纸质资源、数字资源，又包括大量网上的虚拟信息资源。高校馆在为到馆读者提供优质高效服务的基础上，还应更充分利用四通八达的信息高速公路的网上资源，对众多的数字资源进行整合，包括纵向整合和横向整合，提炼核心观点及创新成分，通过深加工和重组，将大量分散庞杂无序的信息资源转化为有序可用的知识，将分散于不同载体的有效网络信息资源以数字方式存贮起来，并通过网络相互连接，借助虚拟化的技术，创建特色化、个性化与多元化的网络知识平台和资源库，向相关学科推荐，不断扩大学科信息资源的拥有量，提高服务学科建设发展的针对性效益性，充分满足虚拟读者潜在的信息需求。

2 不断创新为学科建设提供优质服务的内容

2.1 构建合理的学科建设发展资源体系

服务学科建设必须突出学科资源保障系统建设。高校图书馆应紧紧围绕学科建设的要求，强化学科资源优势，优化馆藏资源结构，创新馆藏资源布局，加强文献采集的针对性和有效性，有计划、有目的地系统收藏学科前沿信息资源，逐步形成具有学科特色的馆藏文献数字资源体系。在建立学科资源保障体系中，做到重点建设学科全面系统收藏，相关学科选择收藏，以形成较完备的学科体系。一是要突出馆藏特色。根据学校的重点建设学科和特色学科，全面系统地收藏相关学科的国内外主要教材和专业权威性论著、具有代表性观点、专题报告、各阶段有影响的论著、创始性的前沿论著、专家讲座、会议资料、博士研究生论文等特色文献信息资源；二是选购有关学科国内外有影响、信息密集的检索性书刊；三是加大电子资源数据库的采购力度，数字馆藏将是高校图书馆馆藏的重要组成部分，也是学科用户需求度很高的信息资源，须合理配置印刷型文献信息资源、电子信息资源、网络信息资源三位一体的馆藏资源体系。

2.2 建立学科专业数据库和特色资源库

伴随互联网技术的飞速发展，高校图书馆为学科建设发展服务的职能正在发生根本性变革。网络信息资源将成为为学科建设发展提供优质信息服务的重要组成部分，网络学科资源数量丰富，部分资源质量较高，对教学和科研具有较大的参考价值。但是，网络学科资源呈无序化、离散状态，需要进行广泛搜集和深入挖掘。因此，高校馆的信息开发方针路线、信息服务模式、信息服务内容必须形成自己的品牌和特色，应根据学校学科建设发展的实际，深入了解学科基础及发展方向，既要建立与学科建设发展相适应的学科专业数据库和学科特色资源库，为学科教师的教学和科研提供前瞻性服务；又要在学校图书馆网站上建立学科建设发展资源交流平台，为学科教师的学术交流、教学科研课题研究、学科发展跟踪研究提供专业化特色化服务。并积极搜集校内学科师生的重要研究成果，建设多个学术数据库。师生们可以通过校园网登陆各个数据库，免费使用这些资源。有效弥补了馆藏学科文献信息资源的不足，也使师生的学术成果得到了有效保存，更好满足学科建设发展的需要。

2.3 形成具有个性化的服务品牌

为主动把握学科前沿，了解学科骨干的特定需求，高校图书馆应为学科建立学科档案和“学科教师学术档案”，积极搜集整合最新的学科和科研信息动态，并从中筛选出针对性强的资料和信息，按学科分类制作成“综述”、“专题研究报告”等规范的“信息产品”，定期提供给学科骨干教师参考，并开展跟踪服务。重点学科的教学、科研既需要获取全局的信息，又需要获取局部的信息，这就要求图书馆应根据实际需求，广博和专深相结合、全面服务和重点服务相结合，开展形式多样的信息服务和知识服务。学科馆员应根据学科骨干教师在课题查新、成果检索、咨询、参考工具利用等方面的需求，提供全程服务，以节省学科骨干教师检索文献的时间和精力。因此，高校馆应成立类似于“智囊团”的动态知识服务小组，为学科建设发展提供可参考的信息资源；向参与学科建设的骨干教师提供面向学科发展的分析报告；积极主动及时向他们提供新到馆的图书、核心期刊以及数据库等学科发展方面的最新信息；创建学科建设发展文献资源研究室等，形成有个性的服务品牌，最大限度满足学科发展和学科骨干教师的研究需求。

2.3.1 开展学科资源导航服务

网络化服务是高校图书馆对学科馆员提出的基本要求，学科导航系统是高校图书馆有效地组织和利用信息资源的重要方式，学科馆员应以数字图书馆的资源和技术为基础，以图书馆主页为载体，为学科建立专业资源学术信息导航网站，这些网站包括：国内外本专业专题研究数据库、学科学术活动网站、学科专业图书与期刊网站、学科教育机构网站、学科课件资源网、有关的搜索引擎、网络导航库等。有针对性、有侧重点地收集国内外各学科领域的各种学术信息、科研状况、动态信息和综述信息，并对其进行鉴别、分析、组织、有序化整合，链接到图书馆网站主页上。建立题录数据库、学术论文、“灰色文献”等数据库，使学科用户在网上能迅速查到自己所需的文献信息，快捷、方便地利用网上丰富的信息资源，掌握学科前沿信息和最新学术动态，充分发挥图书馆为学科建设发展提供优质服务的功能。

2.3.2 开展个性化信息服务项目

学科馆员要为相对应的学科或学科课题组建立专门的“系统”界面，为学科骨干教师及时提供学科研究动态、学科会议动态、学科课题研究报告、学科图书内容分析、学科专题文献、学科检索工具等信息，并根据学科骨干教师的研究情况，分析检索需求，优化检索过程，选择检索结果，将个人的界面和学科骨干教师需要的服务集成起来，形成学科骨干教师个人图书馆，为学科骨干教师提供全方位、个性化的信息服务。

3 实施优化为学科建设提供优质服务的策略

3.1 着力提高学科馆员服务学科建设发展的能力

高校图书馆要想为学科建设发展提供优质高效的知识、信息服务，就必须优化学科馆员的知识结构，提高学科馆员的整体水平和服务能力。

3.1.1 加强学科馆员的业务学习

学科馆员的文化层次、价值观、经验、技能等认知结构都是隐性的知识资源，要强化每个图书馆员隐性知识资源的不断发挥，充分释放他们的聪明才智，最大限度发挥他们的积极性创造性，造就一支道德高尚、专业化、技术化知识管理队伍，帮助广大师生实现知识获取智能化、个性化的目的。高校图书馆要为学科馆员提供多途径培训的机会，加强网络知识和专业知识的学习，不断提高学科馆员的网络信息鉴别水平、数字文献资源开发水平、学科信息资源整合水平，促使学科馆员不断地了解、跟踪学科发展前沿，熟练运用现代化技术手段，将馆藏资源与网络资源有序化，创造出有价值的知识，提供优质高效的知识服务，自觉承担起服务学科建设发展的重要责任。

3.1.2 提高学科馆员的学术水平

学科馆员是数字时代高校馆对馆员的学术要求。数字时代的到来，使文献的传递方式发生了质的变化，它再不受时空限制，加速文献流通已不是高校图书馆工作主流。学科馆员的任务主要体现在为高校的学科建设发展的服务上，应成为学科文献资源开发专家，确保信息服务的质量、内容、深度、广度与方向。数字时代要求学科馆员必须了解和掌握一二门学科知识，高校馆应有计划有重点地培养有学科专业背景的学科馆员，除了派送进修、参加学术研讨会、学术讲座以外，规定每位学科馆每学期至少要听一、二门专业课。不管是在虚拟的网络课堂还是在日常业务培训中，学习型团队有利于促进学科馆员向“通才”方向发展，能比较熟练地掌握学校各门学科的基本理论，把握学科发展的最新动态，具备对学科文献进行较为系统的分析和研究能力。

3.2 着力实现人本管理

高校馆要为学科建设发展提供优质服务，转变管理思想是重要方面。高校馆现代化最重要的标志是看其服务能力。不管何种层次的服务，其质量的好坏，效率的高低都取决于人，即图书馆员。因此，必须创新管理思路，实现人本管理，人本管理是现代企业的一种成功管理模式。随着社会的进步，高校馆应从传统图书馆向现代图书馆转变，其管理思想和管理模式应从以“物”为中心的静态管理向以“人”为中心的动态管理转变。

3.2.1 了解学科馆员的内心需求

高校图书馆是教学科研的辅助单位，学科馆员所从事的是一种无私奉献，甘当“人梯”的工作，往往得不到领导和教师的理解尊重。对于学科馆员来说，对尊重的要求往往多于对物质的需求。作为高校馆的各级管理者，要经常深入到学科馆员中间，了解每个馆员的能力、个性、需求，知人善任，让最合适的馆员担任最合适的工作，最大限度调动学科馆员的工作积极性创造性，尽心尽力做好服务工作。

3.2.2 营造尊重理解的和谐环境

高校馆的职业特性决定其工作性质，主要是为学科建设发展和广大读者提供不同类型、不同层次的服务，因而馆员的工作非常普通，工作质量也很难用一个精确的标准进行量化。因此，他们最需要的是工作上的理解，人格上的尊重。所以，管理者在实施管理时，要体现人性、体现情感性，投入真诚的感情，将传统的建章立制“硬”管理转为人文特色的“软”管理，形成一种和谐的工作环境，从而使每个馆员自觉把管理目标内化为自己认同的理想，创造性地完成服务学科建设发展的重要使命。

3.3 构建用户学术信息环境

在数字化和网络化环境下，学科服务需要积极融入用户的虚拟社区(如 BBS、BLOG、MSN、QQ 等)，引导和指导用户进行学术信息交流(如课题信息、会议信息、投稿信息、自存储等)。高校图书馆要积极运用新技术，如图书馆 2.0、学术共享空间、开放存取、数字仓储、智能代理等，创造学科用户学术信息环境，提供更多的信息交流和知识服务平台。

参考文献

[1]刘晓艳．图书馆微博服务调查与思考[J]. 图书馆学研究，2011(9)：74－77
[2]马东明，张金环．大学图书馆学科馆员创新服务的模式[J]. 图书馆学刊，2011(8)：83－85
[3]吴兴功．建立和完善学科馆员制度为高校学科建设服务[J]. 图书情报，2011(3)：87－89
[4]刘艳红．高校图书馆重点学科文献资源建设[J]. 图书馆学刊，2011(2)：68－70

作者简介：孙晶岩(1966—　)，女，大学本科，副研究馆员，研究方向：图书馆文献信息资源建设，已发表论文 20 多篇、著书 2 部、研究项目 3 项。

从高被引论文看我国信息素质研究发展及热点趋势*

钟文娟　吴雪芝
（首都师范大学　图书馆）

摘　要：运用文献计量学与文本分析的方法，统计了 2005～2009 年我国信息素质专题研究论文被引用情况。利用普赖斯定律确定高被引论文为 318 篇，通过对信息素质专题高被引论文的作者、年代、地区、机构、主题等分布情况进行详细地统计和分析揭示信息素质研究发展现状及热点趋势。

关键词：信息素质　高被引论文　被引频次　文献计量学

The research development and trends on information iiteracy based of statistics and analysis about the high-cited papers

Zhong Wenjuan　Wu Xuezhi
(Library of Capital Normal University)

Abstract: through the statistics and analysis of the high-cited papers of information literacy research from 2005 to 2009, it determined 318 high-cited articles by price law. this paper discusses the distribution of the author, year, mechanism, region, theme about the high-cited papers of information literacy research articles, reveal the research development and trends on information literacy.

Keywords: Information literacy; High-cited article; Cited frequency; Literature metrology

"信息素质"一词最早源于美国。1974 年，美国信息产业协会（AIIL）主席保罗・泽考斯基（Paul・Zurkowski）在向美国图书馆学和信息科学委员会（NCLIS）提交的一份议案中，首先提出了"Information Literacy"概念，并指出：具有信息素质的人，是那些经过训练、掌握了利用大量信息工具及主要信息源的技术与技能、并能将其用于解决实际问题的人[1]。由此提出适应信息社会的信息事业及信息从业人员的综合要求。我国的信息素质研究起步较晚，对于"Information Literacy"这一概念，国内多数译为"信息素养"或"信息素质"，最早的相关研究论文产生于 1989 年，是熊扬华率先在《江西社会科学》发表的《浅谈

* 北京市高等学校人才强教深化计划——中青年骨干人才项目（项目编号：PHR201108160）资助。

企业经营者市场信息素养》[2]。此后，在1990～1999年10年间，大约有200余篇相关研究论文；到2000年后，随着我国大力倡导和全面推进素质教育，越来越多的高等院校开始关注和参与到信息素质的研究中，关于信息素质的研究逐渐扩展到了整个高等教育领域，并迅速成为高校培养学生终身学习能力的实践性内容。2000年有关信息素质的论文增至95篇，此后逐年递增，至2007年达到最高，为828篇；截止到2012年，关于信息素质的研究论文已达6000余篇，我国各界人员在信息素质研究中进行了较为全面的探索并取得了一系列研究成果。

通常用来衡量一篇论文被吸收利用的是论文的被引频次，而论文的被引量在论文发表2～3年后才会有较好的积累，凸显其学术价值和影响。因此，笔者综合采用文献计量学与文本分析的方法，通过对2005～2009年信息素质专题被引论文进行统计分析，力图通过学术论文之间引证与被引证的关系来展示文献的学术价值，并由此揭示信息素质研究发展现状、未来发展趋势和研究热点。

1 研究对象与方法

选择“中国知网”(http：//www. edu. cnki. net)的“中国引文数据库”为数据源，通过设定检索项为“被引文献题名”，检索词为“信息素质”、“信息素养”、“信息能力”、“信息意识”、“信息伦理”，以上检索词之间的逻辑关系为“或”，限定文献被引的时间范围为2005～2009年，并且匹配“精确检索”，检索获取关于信息素质专题研究的论文，检索时间为2012年3月30日。运用相关统计软件对获取到的检索结果进行筛选查重，得到有效论文2707篇，以此为数据统计源，从论文被引期刊分析、高被引论文作者、机构、合作情况、高被引论文主题分布等多方面进行统计分析。

2 研究结果与分析

2.1 “信息素质”专题论文年代及被引频次分布

2005～2009年有关“信息素质”的专题论文的被引论文共计2707篇，发表在861种期刊上，总被引频次14555次，篇均被引频次5.38。“信息素质”专题被引论文年代及被引频次分布见表1。其中，在2005～2009年间，“信息素质”专题被引论文最早发表年份为1989年；被引1～5次的论文2088篇，占总论文篇数的77.13%，被引频次共计4267，占总被引频次的29.32%；被引6～10次的论文301篇，占总论文篇数的11.12%，被引频次共计2253，占总被引频次的15.48%；被引大于等于11次的论文318篇，占总论文篇数的11.75%，被引频次共计8035，占总被引频次的55.20%。

表1 “信息素质”专题被引论文年代及被引频次分布

年份	不同被引频次的论文篇数					当年总被引论文数	当年总被引频次	当年篇均被引频次
	被引1－5次	被引6－10次	被引11－15次	被引16－20次	被引大于20次			
2009	74	1	0	0	0	75	104	1.39
2008	281	8	1	0	0	290	542	1.87

续表

年份	不同被引频次的论文篇数					当年总被引论文数	当年总被引频次	当年篇均被引频次
	被引 1－5 次	被引 6－10 次	被引 11－15 次	被引 16－20 次	被引大于 20 次			
2007	406	38	7	2	2	455	1253	2.75
2006	372	63	23	8	12	478	2008	4.20
2005	324	49	21	15	20	429	2279	5.31
2004	218	49	20	13	24	324	2289	7.06
2003	169	37	18	12	29	265	2308	8.71
2002	115	22	14	8	22	181	1660	9.17
2001	72	20	9	4	11	116	1139	9.82
2000	21	8	4	5	6	44	616	14.00
1989—1999	36	6	4	2	2	50	357	7.14
合计	2088	301	121	69	128	2707	14555	5.38

2.2 高被引论文统计分析

学术期刊、学术论文之间引证与被引证的关系，在一定程度上揭示了学术文献的学术价值，而其中的高被引学术论文则更加集中和准确地反映出相关研究领域的发展现状、未来发展趋势、研究热点，并可了解国内学术期刊的影响力。高引用论文(highly cited papers)指的是某一科学家或科研机构在特定领域和年限中被引频次排名在前 1％的论文，对于国家和期刊而言应该是排在 50％的论文。笔者在以上判断标准的基础上借鉴确定核心作者的方法，依据文献计量学中著名学者普赖斯(PRICE. D)所提出的计算公式来确定高被引论文：

$$M=0.749\sqrt{N_{max}}$$

式中，M 为高被引论文被引频次的最小值，N_{max}为被引频次最高论文的被引频次，只有那些被引频次 M 以上的论文，确定为高被引论文[3]。在所统计的“信息素质”专题论文中，被引频次最高的论文为张倩苇的《信息素养与信息素养教育》，其被引频次为 204，即 N_{max}＝204，将此数代入公式，得出 M 值为 10.697 次。在实际应用中，按照取整的原则，取 M 值数为 11，即 2000～2009 年期间信息素质专题研究论文被引频次大于等于 11 次以上的为高被引论文，共计 318 篇。其中 2 位以上作者论文 6 篇，3 位作者的合作论文 22 篇，2 位作者的合作论文 84 篇，高被引论文的合作度为 35.22。

2.2.1 高被引论文作者分布

高被引论文作者发表 1 篇论文的为 255 位；发表 2 篇以上论文的第一作者 17 位；发表 3 篇以上论文的第一作者 3 位，分别是马海群(总被引频次 160)、陈文勇(总被引频次 115)、王朴(总被引频次 81)；发表 4 篇以上论文的第一作者 2 位，分别是孙建军(总被引频次 231)、曾晓牧(总被引频次 99)；发表 5 篇论文的作者 1 位，为李武(总被引频次 180)；发表 6 篇论文的作者 1 位，为杨晓光(总被引频次 112)。

2.2.2 高被引论文期刊分布

318篇信息素质高被引论文分布在88种期刊中，其中220篇(占高被引论文总数的69.18%)发表在30种重要的图书情报期刊中，占期刊总数的34.09%。318篇信息素质高被引论文总被引频次是8035，30种图书情报期刊中的220篇高被引论文的总被引频次为5369，占高被引论文总被引频次的66.82%。统计结果见表2。

表2 信息素质高被引论文期刊分布

期刊名称	高被引论文数	期刊总被引频次	篇均被引频次	期刊名称	高被引论文数	期刊总被引频次	篇均被引频次
高校图书馆工作	27	645	23.89	图书馆杂志	5	89	17.8
情报科学	16	367	22.94	图书馆学刊	4	61	15.25
现代情报	16	212	13.25	情报学报	3	162	54
大学图书馆学报	12	599	49.92	图书与情报	3	62	30.67
中国图书馆学报	12	471	39.25	情报理论与实践	3	89	29.67
图书馆论坛	12	401	33.42	科技情报开发与经济	3	49	16.33
图书情报工作	12	258	21.5	情报探索	3	34	11.33
图书情报知识	11	285	25.91	现代图书情报技术	2	29	14.5
图书馆工作与研究	10	226	22.6	津图学刊	2	28	14
图书馆建设	10	190	19	江苏图书馆学报	1	20	20
情报杂志	9	203	22.56	农业图书情报学刊	1	14	14
图书馆学研究	9	198	22	四川图书馆学报	2	55	27.5
情报资料工作	8	174	21.75	河北科技图苑	2	33	16.5
图书馆理论与实践	7	159	22.71	江西图书馆学刊	2	30	15
图书馆	7	137	19.57	其他期刊	98	2666	27.20
大学图书情报学刊	6	89	14.83	合计	318	8035	25.27

2.2.3 高被引论文地区分布

318篇信息素质高被引论文分别来自于我国29个省、市、自治区，见表3(其中2篇论文无地址)。由表3可知，北京、广东、湖南、江苏等排在前列，分别是41篇、38篇、32篇和28篇。

表3 高被引论文地区分布

地区	高被引论文数	地区	高被引论文数	地区	高被引论文数	地区	高被引论文数	地区	高被引论文数
北京	41	黑龙江	16	辽宁	8	河北	5	安徽	2
广东	38	浙江	16	河南	8	江西	4	青海	1
湖南	32	天津	14	重庆	7	山西	3	内蒙古	1
江苏	28	上海	10	福建	7	宁夏	3	贵州	1
吉林	18	山东	10	甘肃	6	云南	2	广西	1
湖北	17	陕西	10	四川	5	新疆	2	合计	316

2.2.4 高被引论文作者机构分布

除了2篇论文无作者机构署名外，其余316篇高被引论文分别来自于187个不同的机构。其中，168个为高等院校，5个为科研院所，3个中小学校，1个其他机构。拥有5篇以上高被引论文的机构均为高等院校。

2.2.5 被引≥50次的高被引论文及其被引频次

2005～2009年信息素质专题研究被引≥50次的论文及其被引频次见表4。

表4 信息素质专题研究被引≥50次的论文及其被引频次

作者	论文题目	发表时间	被引频次
张倩苇	信息素养与信息素养教育	2001	204
马海群	论信息素质教育	1997	108
何高大	“美国高等教育信息素养能力标准”及其启示	2002	107
陈维维等	信息素养的内涵、层次及培养	2002	103
黄晓斌	美国高校的信息素质教育及其启示	2001	102
张义兵等	“信息素养”新界说	2003	92
张进良等	从美国的信息素养教育谈我国大学生信息素养的培养	2003	87
王玉明	试论教师信息素养及其培养	2004	86
王旭卿	美国的信息素养教育	2000	85
李艺等	信息素养详解	2003	82
孙平等	面向信息素养论纲	2005	82
孙平等	认识信息素养	2004	80
符绍宏	论当代信息环境下中国的信息素质教育	2003	80
王波	全国高校信息素质教育学术研讨会综述	2002	79
孙建军等	面向21世纪的大学生信息素质教育	2000	79
邹志仁	试论大学生的信息素质教育	2000	74
钟志贤等	关于中小学教师信息素养状况的调查研究	2003	72
章慧敏等	信息素养与信息技术教育	2001	72
孙建军等	信息素质教育研究进展	2003	71
孙建军等	信息素质评价标准研究	2001	67
郭太敏	论信息素质与人才培养	2002	66
陈文勇等	高等院校学生信息素养能力标准研究	2000	63
王俊杰	略论高校大学生信息素养教育	2004	62
肖自力	信息素养教育和高校图书馆的使命	2005	56
李迎丰等	美国大学图书馆与信息素质教育及对我国的启示	2003	56
李爱武等	国内外信息素质教育	2002	53
宫淑江等	创新推广理论与信息时代教师的信息素养	2002	53
杜道群	论大学生的信息素质教育	2004	52

2.2.6 高被引论文主题分布

高被引信息素质论文研究主题分布见表5。从表5中，我们可以大致了解信息素质的研究关注的内容和发展状况。2000年之前关于信息素质研究还比较分散，但历年都对"信息素质教育理论"有关注。2000年之后，随着国内素质教育的开展，信息素质研究的论文有了较快增长，引起研究者的注意。其中"信息素质教育"方面的理论研究逐年增加，2004年至2008年被关注的高被引论文最多，达到20篇，该研究主题高被引论文占比最大，达到31.45%；这其中关于大学生信息素质教育理论研究文章占大多数，反映出高等教育研究机构对信息素质教育的重视和关注。排在第二位的是关于各个不同群体的信息素质培养研究论文，达到65篇，占高被引论文的20.44%，有关高校教师与大学生的信息素质培养论文占大多数，其次是不同行业的相关人员的信息素质培养，近年来关于不同群体的培养甚至触及到乡村农民等弱势群体。各机构与信息素质的关系研究论文为42篇，排在第3位，主要讨论的是高校图书馆与信息素质的关系。有关信息素质的调查分析、现状发展等的论文也在逐年增加，达到39篇，占总比例的12.26%。而有关信息素质定义、内涵和评价标准等探索文章虽然逐年均有被关注，但相对被关注程度较低。

表5 高被引论文研究主题年代分布

高被引论文研究主题年代分布	信息素质研究主题								
	定义及内涵	评价标准	信息素质教育理论	各群体信息素质培养	各机构与信息素质关系	文检课与信息素质关系	调查分析、现状分析	其他与信息素质相关研究	合计
2008							1		1
2007	1	1	2		2	1	4		11
2006	1	4	20	5	3	4	4	2	43
2005	4	1	18	10	12	1	10		56
2004	3	4	20	15	6		9		57
2003	6	5	14	15	7	2	6	4	59
2002	4	4	9	9	9		3	6	44
2001		5	7	8			1	3	24
2000		2	6	2	1			2	15
1999	1		1	1	2	1	1		5
1997			1						1
1995			1						1
1994			1						1
合计	20	26	100	65	42	9	39	17	318
占比(%)	6.29	8.18	31.45	20.44	13.21	2.83	12.26	5.34	100

3 分析及讨论

3.1 高被引论文年代与期刊

318篇高被引论文年代分布呈现出两头低、中间高的状态，显示在2003—2005三年被引量达到高峰值，共计172篇，占高被引信息素质研究论文总数的54.09%，符合文献半衰期的标准。

在高被引论文的期刊分布中，图情核心期刊被引论文最多的是《情报科学》，为16篇。其他18种图情核心期刊均对信息素质研究论文有所关注，且均具有较高的篇均被引频次。说明图情领域对于信息素质的研究非常重视，且是信息素质研究的主力军。除图情类期刊外，不同行业的期刊，如教育技术、医学、综合学报等期刊对信息素质的关注也很多，这反映出对于信息素质的认识和重视已经扩大到各个行业，特别是涉及素质教育的相关机构和研究人员。

3.2 高被引论文研究作者与机构

高被引论文中，来自华南师范大学的张倩苇的《信息素养与信息素养教育》的被引频次高达204次，而被引论文3篇以上的研究者中，马海群、孙建军等的论文不仅被引论文频次高，而且篇均被引频次也在50次以上。28篇被引超过50次的论文来自25位作者(这里仅指第一作者)，充分反映出这些作者对我国信息素质研究的重要贡献，他们也是信息素质研究领域的中坚力量。

高被引论文研究作者中，高被引论文的合作度为35.22。论文平均合作强度是文献计量中衡量作者合作程度的重要指标。它是反映论文作者智力和协作能力的重要指标，合作度的值越高，则合作智能就发挥得越充分[4]。信息素质高引论论文中有超过三分之一的为合作论文，这种科研中的合作有较好的互补性，有助于扩大研究成果的影响力。值得注意的是这些高被引信息素质合作论文更多的是集中在某一机构内部的合作，跨学科、跨地域、跨机构的联合研究较少，这在一定程度上削弱了信息素质研究的影响范围和影响深度。不同机构、不同群体的信息素质的研究应该注重结合集体的力量，才能有助于信息素质的研究深度的拓展和扩大其实际应用效力。

发文5篇以上的高被引论文机构分别是北京大学、南京大学、吉林农业大学、北京师范大学、清华大学、华南师范大学、武汉大学、中山大学、黑龙江大学和哈尔滨学院，共发表高被引论文72篇，占高被引论文总数的22.64%；其余244篇论文(2篇无机构)则分别由175个机构完成。这一方面体现出以上高校机构在信息素质研究中的领先地位，一方面也反映出信息素质研究机构分布的不均衡情况。

3.3 高被引论文研究主题

由高被引论文主题分布统计结果显示，关于信息素质教育理论研究、各群体的信息素质培养、各机构与信息素质的关系、信息素质现状调查分析等是信息素质研究关注的热点。随着信息海量的增长和信息环境的急剧变化给人们工作生活学习带来了巨大的影响，个体的信息素质也越来越受到关注，不同群体的信息素质的培养，信息素质的标准和评价体系的构建，信息素质教育的深入研究等将是信息素质研究需要进一步拓展的内容。而对信息素质的深入研究必然进一步推动个体的信息素质的提高，推动全民素质教育的发展。

参考文献

[1]Shirely. J. Behrens. A conceptual analysis and historical overview of information [J]. College&research libraries, 1994(3): 309－322

[2]熊扬华．浅谈企业经营者市场信息素养[J]. 江西社会科学，1989，12(1)：53－54

[3]丁学东．文献计量学基础[M]. 北京：北京大学出版社，1992：204－209，220－232.

[4]幸建华，汪卓赟．《中国科技期刊研究》2000～2006年载文作者群分析[J]. 中国科技期刊研究，2008，19(3)：398－401

作者简介：钟文娟(1972—)，女，副研究馆员，硕士，主要研究方向学科信息咨询、文献计量学。

吴雪芝(1972－)，女，馆员，硕士，主要研究方向学科信息素质教育、读者服务。

普通高校图书馆参考咨询馆员培养研究

夏晓慧
（山东理工大学科技信息研究所）

摘　要：本文以山东理工大学建设 CALIS 虚拟示范馆为例，论述了数字环境下普通院校参考咨询馆员需具备的素质，以及提高参考咨询馆员服务水平的策略。以满足用户不断增长的个性化信息需求，为学校的教学与科研服务。

关键词：参考咨询　参考咨询馆员　高校图书馆　培养

Research on Culture of Reference Librarians in University Libraries

Xia Xiaohui
(Institute of Science & Technology Information of Shandong University of Technology)

Abstract: This paper, with CALIS virtual demonstration construction in Shandong University of Technology as an example, discusses the must-have-quality in this digital environment university reference librarians, and the strategy to improve the service art of reference librarians so to satisfy the consumers' growing personalized information needs and the overall teaching and research services as well.

Keywords: Reference Consulting; Reference Librarian; University Library; Culture

1　引言

根据教育部对中国高等教育文献保障系统(China Academic Library & Information System，简称 CALIS)统一部署，逐步实现 CALIS 三期服务体系建设，其中包括虚拟参考咨询系统共享版的建立；山东省于 2011 年在省设立 7 个区域中心，指定各区域中心负责学校，计划以区域中心为单位宣传推广 CALIS 的这一服务。山东理工大学是山东省省属高校，是鲁中地区唯一一所综合性大学。图书馆根据学校的发展形势要求，近年来，文献资源与基础设施建设实现了新突破，形成了基于网络环境的全开放管理服务模式。我馆还与国家图书馆、国家科技图书文献中心、上海图书馆、厦门大学图书馆相继建立了馆际互借与文献传递关系，一并与 CALIS 山东省文献信息中心构成了山东理工大学图书馆完整的文献资源保障体系。为图书馆开展参考咨询建立了强有力文献资源保障。大学图书馆数字化、网络化的信息环境已经形成，网络信息资源已经成为大学图书馆读者的主要信息来源。为了适应数字化信息资源和网络信息技术的快速发展，满足读者不断变化的个性化信息需求，山东理工大学图书馆依托CALIS强大的资源共享服务平台，实现信息资源与服务体系的对接，完成深层次的功能挖掘，申请了中国高等教育文献保障系统三期建设子项目——虚拟参考咨询应用服务示范馆建设。为读者提供网络时代实时、动态、便利、高效的信息服务，以此提升图书馆信息资源的共建、共知、共享水平，服务于学校的教学科研工作。经过三个多月的努力，虚拟参考咨询示范馆验收顺利通过。作者作为负责人收获颇多。本文就虚拟咨询示范馆建设中普通高校图书馆虚拟参考咨询馆员应具备的素质及提高策略谈一点自己的认识。

2 普通高校图书馆参考咨询工作的主要特点

虚拟参考咨询服务是指在网络化数字化的虚拟信息环境下，图书馆利用各种信息网络技术，跨越时间和空间的限制，向在网络上使用数字化信息资源和图书馆网络服务功能的读者们提供指导与帮助。数字环境下的普通院校图书馆参考咨询服务主要以计算机网络操作为主要服务手段，以本校教师、学生为主要服务对象，依靠图书馆丰富的馆藏资源和数字共享资源，通过参考咨询馆员与读者充分交流了解其咨询目的后，制定出合理的检索策略，来搜寻读者所需信息，并经过整理加工，为读者提供准确快捷的信息资源。目前国内高校图书馆数字参考咨询主要采用这样几种咨询方式：当面咨询、电话咨询、FAQ常见问题解答、电子邮件、Web表单、实时在线解答读者咨询等。数字参考咨询突破了时空的局限，读者可以足不出户，只要有台上网的电脑，就可随时随地查询图书馆馆藏的各种信息，咨询有关问题，享受到数字图书馆提供的全天候服务。

3 普通高校图书馆参考咨询馆员素质存在的问题

参考咨询馆员的素质，决定了参考咨询工作的效率和质量，是开展参考咨询服务的关键。在现代高校图书馆尤其如此。新信息环境改变了咨询服务内容。图书馆将从提供图书借阅的机构逐步过渡成为向用户提供广泛信息服务的机构。图书馆不仅应提供本馆的已有信息，还要提供网络信息，图书馆提供的信息要深入文献的知识单元。参考咨询馆员将扮演信息的组织分析者、信息的提供者、信息利用的导航者、信息认知的教育者等多重角色。这就对高校图书馆现代参考咨询馆员素质提出了更高的要求。

长期以来，高等院校图书馆属于教学辅助部门。传统的高校图书馆服务工作对馆员的素质要求不是很高，年龄结构偏大，整体素质偏低。随着网络技术的发展，师生信息需求量日益增长，他们更希望获取图书馆提供的更加广泛、及时、高质量的信息资源。而目前高等院校图书馆内掌握图情专业知识、英语、信息技术和其他学科专业知识及技能的人才较少，能够将学科知识、图情知识、英语、信息技术等融会贯通的复合型人才更是严重缺乏，使图书馆各种文献资源利用率不高，不能有效地服务于学校的教学与科研。以山东理工大学图书馆为例：现有工作人员98名。专业人员中有博士2人，硕士12人，大专以上学历占90%以上，副高以上职称的有42人。真正图情档案专业的馆员较少，知识结构分散，没有掌握较为全面的图书馆学、情报学等方面的专业知识，以借还服务为主，限制了图书馆事业向更高层次的发展；年龄结构偏大，目前我馆的实际状况是，年龄在30岁以下仅1人，年龄在31—35岁之间的有6人，36—40岁14人，41—45岁25人，46—50岁之间 23 人；其余都在 51 岁以上，共 30 人。一般男女比例为 1∶2，在女性占大部分比例的图书馆，女性的工作热情与工作状况决定着图书馆的服务质量与水平，女性职工的素养决定着图书馆的整体素养，因此加强女性职工的专业培养与提高是当务之急。由于大部分职工是图书馆专业的“门外汉”，因此在专业技能上，需要不断培训与自学相结合。目前基本业务技能还是掌握的不错，但与现代化信息时代相比，我们部分馆员还有很大差距，特别是在信息意识、计算机专业技术等方面，需要加大力气学习、提高。

4 普通高校图书馆参考咨询馆员的素质要求

4.1 热爱参考咨询工作

首先参考咨询馆员对工作要有浓厚的兴趣和热情。兴趣是干好某一项工作的基础。没有兴趣，就难以投入热情，难以认真地完成工作。只有对本工作充满兴趣，才可能情愿去干，才可能愿意在工作中全身心投入时间与精力。即热爱是最好的老师，是这个世界上最美丽的情感，它能促进潜力的开发，调动人的积极性与创造性，使之对事业的完美充满渴求，即便是遭遇困难挫折，也能做到“衣带渐宽终不悔，为伊消得人憔悴”，这是做好咨询馆员的前提。作为参考咨询馆员，就应该有“甘为他人作嫁衣”的思想觉悟，即咨询馆员必须树立起为用户服务的观念。参考咨询馆员是知识的布道者，对自己所从事的工作应有一种神圣的使命感和强烈的责任感，不为名利，不怕麻烦。全心全意为读者服务。

4.2 敏锐的信息意识与创新意识

“意识”是人的头脑对于客观物质世界的反应，是感觉、思维等各种心理过程的总和。它是一种自觉的心理活动，是人们对客观现实的自觉的反应。信息意识专指信息这个客体在人脑中的反映即人对各种信息的自觉心理反应，反映人在信息活动过程中对信息的认识、态度、价值趋向与一定的需求。信息意识越敏锐就越会促使人们想方设法去捕捉所需要的稍纵即逝的信息。参考咨询馆员应具备这样敏锐的信息意识，在庞大的信息体系里，要善于从读者的角度去观察事物，思考问题，善于捕捉对读者有用的信息。参考咨询并不是一项简单的工作，特别是随着技术的发展，服务对象不断拓展，内容不断深入，技术越来越复杂，信息资源越来越丰富。那么咨询馆员要保持对新知识的高度敏感，不断地学习新知识，不断的补充自己的知识，否则很难处理在工作中用户提问的各种咨询问题。而且要学会善于判断什么信息对什么读者有用，注意随时跟踪有价值的网络信息源和信息，抓住信息的时效性，挖掘读者的隐性信息需求，以体现参考咨询服务带来的信息价值。

其次，创新意识也是普通高等院校图书馆参考咨询馆员提高自我的内在动力。随着网络和数据库新技术的层出不穷，读者个性化需求不断增加，要求参考咨询馆员必须在工作中学会运用创新的思维进行思考、不断掌握信息服务的新方式、新知识、新技能，创造性地开展工作。当今国内一些高校图书馆都在积极拓展参考咨询服务方式和内容，如利用 Q 系统、雅虎通等进行在线咨询，基于 IC 模式，（即信息共享中心）的参考咨询，利用元数据、数据挖掘与可视化等新技术开展参考咨询工作，这些都是创新能力和以用户为中心的服务理念的体现。

4.3 咨询馆员应具备的综合素质

咨询馆员应具备一定的公共关系能力。因为在数字环境下随着读者咨询问题的增多、问题复杂性的加深，一个人的知识和能力是有限的，不可能胜任所有专业问题的咨询。比如在参考咨询中遇到网络技术问题，在开发网上资源，自建数据库等方面都要得到技术部门的支持与帮助，所以，合格的咨询馆员必须有一定的公关能力与语言沟通技巧，与相关部门人员团结协作，保持良好的人际关系，才能圆满完成参考咨询任务。另外，还要善于与读者沟通，具有较好的观察力、想象力、倾听力、思考力、分析判断力与语言表达能力等；其次，了解本馆领导和各部门的工作方针和政策；随时发现各部门服务的新变化并及时反映给读者；参考咨询馆员的工作是充分开发和利用馆藏文献资源，为读者提供各种信息服务使读者尽快地获得各种有用的文献信息。这就要求参考咨询馆员要建立和掌握信息源，掌握信息检索技术、方法、途径，要学会筛选、整序、浓缩、分析信息等；还要具有一定的外语应用和文字表达能力。由于参考咨询工作的特点，文字工作仍占重要部分，咨询馆员除了负责查找、筛选信息资源以外，还要用准确、清楚的文字来撰写各种信息评价、专题报道、综述、学术论文等，通过文字组织将经过加工提炼的优质信息资源提供给读者。

5 普通高校图书馆参考咨询馆员素质培养途径

5.1 建立参考咨询专家团队

首先应成立参考咨询工作小组，负责推进参考咨询的各项工作。图书馆提供的参考咨询是人工介入的知识性劳动，但又是一种劳动密集型的工作，需要投入一定的人力、物力和财力，保证为用户提供及时、良好的咨询服务。山东理工大学图书馆为此专门成立咨询服务部门，参考咨询人员由正高、副高中级人员构成，参加 CALIS 的学习与培训后上岗，与相关部门密切配合，保质、保量地完成了虚拟参考咨询示范馆的建设任务，为广大师生提供高效、及时的信息服务，受到到了广大师生的欢迎与好评。

5.2 与学习新技术、新知识紧密结合

在知识更新速度急剧加快的时代，加强再学习和岗位职业教育对每个现代人都是必要的。图书馆应该为馆员的学习与成长创造条件，制订有目标、有组织的培训计划和教育计划，并将其作为一项与参考咨询服务同等重要的常态工作，由专人负责。为了保证培训效果，应该在培训内容、方式及考核评价等方面精心组织，并针对不同类型馆员的实际情况，制订不同次、不同阶段、不同目标的培训内容。同时鼓励互相学习，创造自学条件，使馆员在感兴趣的领域成为专家，具备更加扎实的专业技能和服务能力，努力提高知识层次。作为参考咨询馆员，自身也要不断努力，通过参加各类学历教育来提升文化素质。针对普通院校学科交叉渗透的特点以及今后学科馆员制度建立的趋势，咨询馆员也可以参加相关学科专业学习。

5.3 培养咨询馆员的技术服务能力

现代参考咨询服务广泛应用信息技术，如在线(联机)咨询服务(Online Support)、通过 Homepage 进行的常规咨询服务、网上信息导航服务、开展电子邮件解答咨询服务、开展联机信息检索服务、利用数字化馆藏和各类数据库开展专题咨询服务等，无不体现出技术化的特点。在当今美国图书馆界，参考咨询工作中的技术应用已成为服务手段的主流。这就要求现代参考咨询馆员熟悉计算机的操作，能够利用各种网络终端查寻所需资料，并能利用计算机组织信息和数据，以供用户使用。针对 CALIS 虚拟参考示范馆的建设，要求参考馆员去听文献检索课老师的本科生课程；开展数字培训月活动，要求参考咨

询馆员参加数据库商培训讲座。尽快提高虚拟参考咨询馆员的技术与业务水平，保证了CALIS虚拟示范馆的顺利建成。

5.4 掌握咨询解答技巧

培养咨询馆员的咨询解答技巧，要求咨询馆员首先要尊重读者，采取中性的解答技巧，不得表现出对读者进行说教和指责等携带个人情绪的态度；在咨询中使用谈话的语气要平等、亲切、热情；解答语言要简洁明了，细致周到。对读者模糊性的提问，要耐心引导，再做出有针对性的解答；使用规范的文明礼貌用语和职业用语。在技术术语方面，注意采用读者熟知的通用语，避免采用读者不熟悉的专业术语；注意语气和语境的烘托，避免简单生硬的语言，以免读者感到被冷落或不友好；要注意礼仪，做好开头和结尾的礼貌用语，切忌粗疏。如：对不能马上回答的问题，要注意向读者报告工作进程，或请读者提供联系方法。由于各种原因而导致延误解答的，要表示道歉，等等；解答问题时要提供最终答案，不能用提供电话号码等方式将问题推给其他部门。

6 结语

综上所述，数字和网络环境正改变着人们的生活与学习方式，图书馆的服务质量和生存能力归根结底是由人的素质和能力决定的。图书馆人坐拥书城，更应该保持对知识的追求之心，自觉增强专业技能。参考咨询馆员要与时俱进，从多方面寻求途径不断充实和完善自己，提高自身的综合素质和能力，使自己努力成为高层次、全方位、复合型的人才，推进高等院校图书馆参考咨询的发展步伐，努力满足学校教学与科研需求，为数字环境下图书馆的可持续发展做出贡献。

参考文献

[1]罗彩冬．图书馆参考咨询服务[M]．北京：海洋出版社，2009：65－77

[2]袁红军，吴起立．图书馆数字参考咨询服务理论与实践[M]．北京：海洋出版社，2011：38－45，169－171

[3]燕今伟，刘霞．信息素质教程[M]．武汉：武汉大学出版社，2008：1－3

[4]唐伟明，肖仁城．浅谈数字环境下参考咨询馆员的素质培养[J]．科技情报开发与经济，2003，V.13，13(8)：25－26

[5]李玉花，孙晓明．图书馆知识服务的实践和模式[J]．情报资料工作，2010(1)：74－76

[6]赵怀忠．高校图书馆参考咨询馆员素质提高策略研究[J]．图书馆理论与实践，2010(9)：95－97

作者简介：夏晓慧(1961—　)，女，副研究馆员，毕业于武汉大学信息管理学院图书馆学系，管理学硕士，研究方向：信息检索与参考咨询，竞争情报。

图书馆员在高校信息素养培养中的作用

魏代香
（首都师范大学图书馆）

摘　要：信息素养是指对信息社会中人的信息行为能力、独立学习能力以及批判性思维能力概括性描述的概念。本文论述了高校图书馆员在信息素养教育中的作用。

关键词：高等院校　图书馆员　信息素养

Abstract： Information literacy is a concept that describes the information retrieval ability，independent learning ability as well as critical thinking ability of the people in a society. This paper analyzes librarians play a role in the education of information literacy.

Keywords： Universities；Librarians；Information Literacy

21 世纪，信息正以惊人的速度渗透到人们的工作、学习和生活当中，已成为人类社会的重要资源，社会发展的一种潜在驱动力。培养和提升大学生自主获取信息、分析和评价信息的能力已成为高校图书馆的责任之一。图书馆员作为信息的传递者，在大学生信息素养教育过程中扮演着引路人。因此，高校图书馆员应不断提高自身信息素养，在大学生信息素养教育中发挥更大的作用。

1　信息素养的定义

“信息素养”一词最早是由美国信息产业协会主席保罗·泽考斯基提出的，当这一概念提出后，世界各国对信息素养的研究就没有终止过，产生了众多的信息素养的定义。比较典型的信息素养的定义，如最初保罗·泽考斯基将信息素养定义成：“具有信息素养的人，是指那些在如何将信息资源应用到工作中这一方面得到良好训练的人。有信息素养的人已经习惯了使用各种信息工具和主要信息来源的技术和能力，以形成信息解决方案来解决问题。”从信息素养的内涵来看，它分狭义和广义之分。狭义的信息素养是指具有应付和适应信息技术的能力；广义的信息素养是关于检索和利用各种信息源以解决信息需求的能力。

信息素养是构成人们终生学习的基础，是人们投身社会的一个先决条件，是每个人都应具有的一项能力。信息素养的培养有助于人们独立学习的能力及创新意识、批判精神及社会责任感、参与意识和信息道德的培养和提高，从而能极大地促进和谐社会建设，推动社会进步。

信息素养的能力范围可以概括为以下几点：具有信息素养的人能够决定所需信息的范围；有效地获取所需信息；严格评价信息及其相关资源；把所选信息融合到个人的知识库

中；有效运用信息达到特定目的；运用信息同时了解所涉及的经济、法律和社会因素，合理合法地获得和利用信息。

2 大学生信息素养培养的必要性

中国大学生作为新世纪具有良好计算机及网络检索能力的一代，通过互联网获取信息基本不存在障碍，但严重缺乏对所获得的信息进行去伪存真，并将真实、可靠、有用的信息与已掌握的专业知识融为一体的能力。广东外语外贸大学图书馆 2006 年曾做过调查，对“在使用数据库检索信息时遇到的主要困难”一题的回答显示，排在第一位的是“不知道检索方法和途径”，排在第二位的是“不了解数据库的基本内容”，排在第三位的是“不会构造检索式”。多位研究者也通过调查指出中国大学生对网络以外的信息源、获取渠道、检索技巧所知甚少，在判断评价信息、将信息与自身知识融合并创新以及信息伦理道德方面更为欠缺。这是中国大学生信息素养现状的共性特点。

2002 年 2 月，教育部颁发的《普通高等学校图书馆规程(修订)》总则中明文规定：当前高校图书馆的主要任务之一就是：“开展信息素养教育，培养读者的信息意识和获取、利用文献信息的能力”。据中国互联网络信息中心 2000 年 7 月 27 日发布的最新《中国互联网络发展状况统计报告》显示，截止到 2000 年 6 月 30 日，中国上网用户已经达到 1690 万。由于目前教育体制的影响，学生在入大学前获得的信息素养教育甚微，加之现代网络技术，图书馆数字化技术的发展迅猛，因此，培养好大学生信息素养能力是他们生存于信息时代必备的手段，更是实现终身学习的必经之路。

3 图书馆员在大学生信息素养培养中的作用

3.1 图书馆员的特殊性

高校图书馆不但拥有相对丰富的馆藏资源，良好的信息环境，更重要的是具有开展信息素质教育得天独厚的资源、技术人员优势。现代图书馆吸引了很大一批高学历、多学科的人才队伍，他们是对大学生进行信息素质教育的人力资源保障，他们既有实际工作经验、合理的知识结构、信息管理和信息检索等方面的知识，又有其他相关学科的专业基础，如语言文学、教育、计算机、经济、化学、生物等等。席拉曾说：“最精锐或最有实力的图书馆员，是那些带着广博知识或某一专业知识背景而进入图书馆行业的人。”很多图书馆员，长期积累了信息处理经验和导读能力，具备检索、加工、处理、组织信息能力。他们利用其敏锐的信息意识、丰富的检索经验和技巧、科学的态度、创新的精神运用网络对信息进行搜集、甄别和分析，根据大学生不同的信息需求而提供不同层次的信息内容，他们是大学生信息素质教育的领航员。

3.2 图书馆员担任的角色

(1)学生信息素养教学的承担者

高校图书馆拥有一批受过图书馆学、情报学、计算机学等高等教育，并具有其他相应专业背景的图书馆员，他们在长期的工作实践中积累了丰富的识别信息、收集信息、分析综合信息以及评价信息的经验。图书馆员通过课程教授信息素养技能，帮助学生针对特定的问题制定系统的信息检索策略；帮助学生掌握并熟练利用检索工作获取信息的能力；帮助学生掌握如何熟练利用信息并将信息变成知识的技能。在信息时代，学校图书馆已成为处理信息的门户，具有双重功能。其一，提供给学生掌握信息和知识的方法；其二，为专业学习发挥导向作用。现代图书馆电子资源及数据库的比例越来越多，电子化与信息化大大提高了馆员对学生进行信息素养教学的作用。

美国佛罗里达国际大学开展信息素养教育的第一步就是从图书馆开始的。该大学图书馆开设了“图书馆证书课程”，这个课程是“新生素质教育项目”的一部分，所有科系的学生都必须参加。“图书馆证书课程”分两个学习阶段，都安排在第一学年，由各科系指导教师组织学生去图书馆学习。第一个学习班的主题是“信息时代的批判性思维”，向学生介绍“图书馆利用信息系统”，并在学习结束时进行一次图书馆利用信息系统能力测试。第二个学习班的主题是“研究策略”，一般安排在学生确定其专业研究报告的主题以后进行，其中主要包括学生主动学习的“研究策略进展表”等。

“授人以鱼不如授人以渔”，教会学生去伪存真的方法，提高学生辨别真伪信息的能力是图书馆员对学生进行信息素养培养的目标之一。

(2)学生课题研究的参与者

图书馆员利用自身优势加入到学生课题研究之中去，帮助学生迅速准确地确定研究主题，获取全面前沿的信息资料，成为学生科研的重要参与者。

(3)信息素养教学的建设者

高校图书馆是大学生学习的第二课堂。图书馆通过开展信息知识讲座、学术报告、课题研讨等形式多样的活动，激发大学生热爱图书馆，渴求新知识并获取新知识的欲望，为大学生信息素养的培养提供必要的学习场地。

3.3 培养大学生信息素养的措施

对刚入学的大学生而言，刚刚踏进大学，对大学生活的一切都充满着新奇感，利用这个特点，对新生介绍本地资源、文献便捷查获、科学数据查询、学科热点跟踪、文献管理工具使用、全文传递等图书馆服务，增强他们对图书馆的感性认识，培养良好的学习习惯、学习兴趣以及最基本的获取信息和利用信息的能力。

对高年级学生而言，可通过开设选修课或者讲座培训来提高他们的专业检索能力和信息资源利用能力，提高他们自学本学科专业知识的能力，培养主动学习的能力，为其终身学习打下基础；结合专业知识的学习，进一步培养学生对专业信息的收集、整理、利用与评价的能力，使他们能够承担研究课题，为今后的科研工作提供经验。

4 图书馆员自身信息素养的提高

随着网络和计算机技术的发展，图书馆已进入了一个“泛数字化”的新时期。大量的信息资源更多的以数字形态出现，管理手段日趋现代化，读者追求服务个性化，网络资源极大丰富，使得高校图书馆的发展面临着更加严峻的挑战。作为大学生信息素养的重要影响者和教育者，高校图书馆员信息素养的高低不仅是图书馆事业发展的需要，也是社会发展的需要，这使得图书馆员必须不断提高自身的信息素养。

注重信息道德素质修养。信息道德修养是指在整个信息交流活动中具有信息的道德品质。信息道德是调节信息创造者、信息服务者、信息使用者之间相互关系的规范的总和。三者在享受权利的同时也要承担相应的责任和义务。计算机网络化实现了信息资源的共享，极大方便了读者，但同时也带来了侵犯知识产权等一系列问题。因此，图书馆员获取和利用信息时也必须遵守相关的法律和一定的信息伦理与道德，规范自身的信息行为与活动。

提高信息意识。信息意识是指人们对信息交流活动在社会中的地位、价值、功能和作用的认识。图书馆员应时刻树立“信息就是资源”、“信息就是财富”、“信息就是商品”的基本信息价值观念。

不断完善基本技能。通过主动学习，增强计算机技术、多媒体技术、图书情报专业、外语等方面的知识。信息技能主要包括信息分析判断能力、信息获取能力、信息处理能力及信息创新能力等。

馆员可以通过在职进修、报读学位、学术研讨会议、讲座、短期培训等形式提高自身的业务水平，努力使自己成为高层次、全方位、复合型的图书馆管理人才。

培养学科馆员，通过学科馆员的建设来带动其他馆员信息素养的发展与提高。学科馆员的培养要结合高校自身发展的特色，突出高校的优势专业，要符合社会应用的实际需求，能够满足高校人才培养、教学科研、服务社会的基本需求。学科馆员不仅要是专业学科的专业人才，同时更要接受系统的图书馆学、情报学的专业教育，成为图书馆信息管理、信息服务的复合型人才。

开展馆内外学术交流。学术交流应当包括图书馆员内部自身的学术探讨以及图书馆员与外部的学术交流。馆内的“学术交流”与传统意义上的图书馆内部培训有所区别。这种“交流”强调的是图书馆员内部的学术探讨，是一种互助式的自我培训。在信息日新月异发展的今天，许多高校图书馆员能积极主动地通过不断学习获取更新知识，提高自身的信息修养。因此，高校图书馆要为图书馆员创造一个内部交流的平台，鼓励馆员培训，开展专题研讨、专题讲座，相互学习，优势互补，使馆员学会自我学习、自我教育，共同提升信息素养。同时，有条件的高校图书馆可创造便利条件，选派图书馆员骨干参加国内外图书馆界的学术交流活动，掌握研究国内外最新学术动态与发展趋势，或邀请有关专家学者来馆举行学术报告，或组织馆员参观考察，开阔视野。简而言之，要通过馆内馆外各种学术交流形式，改善和提高图书馆员的知识结构，提高其信息素养。

建立激励与压力并存的管理机制。要把图书馆员信息素养教育作为高校信息素养教育体系的一个重要组成部分。高校图书馆要进一步强化行之有效的激励机制和约束机制，最大限度地激发图书馆员工作积极性和学习主动性，促使图书馆员自觉地提高信息素养和修养。可与学校人事部门配合，结合目前正在进行的事业单位工资改革，科学合理地核定工作岗位及工作量，真正突出绩效工资，彰显公平与公正。要把图书馆员信息素养水平作为职称评聘和职务晋升考核标准之一，以客观公正的评价标准，使更多年轻的、优秀的人才“进得来，留得住”，成为高校图书馆发展的中流砥柱。

信息素养是信息社会每个人应具备的基本能力，是人们赖以生存和发展不可缺少的重要素质。大学是培养学生信息素养的重要基地，学生在学校培养起来的信息素养将帮助他们在今后的工作中更具竞争实力。因此，图书馆员应发挥其优势，不断提高完善自身信息素养，充分发挥其在学生信息素养培养中的作用，使学生成为具备创新意识、科学精神、适应信息社会发展的现代化人才。

参考文献

[1]唐晓应．浅谈高职院校图书馆及馆员在信息素养教育中的作用[J]．现代情报，2008(2)
[2]周晓杰．浅谈高校图书馆员的信息素养教育[J]．黑龙江档案，2011(3)
[3]雷迎春．论高校图书馆及馆员在信息素养教育中的作用[J]．江西图书馆学刊，2007(2)
[4]钟开玫．论高校图书馆参考咨询服务中大学生的信息素养[J]．科技情报开发与经济，2009(27)
[5]张爱优．广东外语外贸大学信息素质教育调查分析报告[J]．图书馆论坛，2008(4)
[6]谢婷，马莉．大学生信息素养及其教育研究综述[J]．晋图学刊，2011(2)

作者简介：魏代香，(1984—　)，女，助理馆员，硕士，研究方向为语义及语用学。

《信息检索与利用》精品课程建设与探索

樊怡菁
（广东海洋大学图书馆）

摘　要： 针对《信息检索与利用》精品课程的建设，从教学内容、教学方法和手段、实践教学环节、课程考核形式、课程网站以及教师队伍等方面进行了探索与实践，并总结了课程的建设成效。

关键词： 信息检索课　精品课程　课程建设

Abstract: To build the top-quality course for information retrieval, we have explored and practiced on these aspects: the content of course, teaching method and means, practice Teaching Links, testing form, course website and teaching staff etc., thus forming top-quality course with notable results.

Keywords: information retrieval course; top-quality course; course construction

目前，大学生的信息素养主要是从各高校普遍开设的《信息检索与利用》课程中得到一定的提高。因此，国内高校基本上将信息检索课的教学视为信息素养教育的前身，将此课程作为信息素养教育的主体课程来实施。各高校根据信息环境的变化和时代的要求，对信息检索课程的改革和创新从未间断。从 1984 年原国家教委颁发的《关于在高等学校开设〈文献检索与利用〉课的意见》开始，信息检索课至今已经走过了将近 30 年的历程，在教育部和高校图工委的指导下，课程从最初的以培养大学生如何利用图书馆及简单的文献检索能力为目标的《文献检索与利用》课，到今天注重数字信息资源和网络信息资源的检索与利用能力培养的《信息检索与利用》课程，它一直在有序、健康地发展，有效地提高了大学生的信息意识和信息利用能力，成为我国高校对大学生进行信息素养教育的主要方式[1]。2003 年 4 月，教育部启动了高等学校教学质量与教学改革工程精品课程建设项目。以此为契机，统筹规划，建设《信息检索与利用》精品课程，为课程的全面发展再次创造了机会。

1　课程基本情况

《信息检索与利用》课程在学校合并之前就分别有了长足的发展。1984 年原国家教委发文督促各高校开设文献检索与利用课程，1985 年再次下发 065 号文件“关于改进和发展文献课教学的几点意见”，原湛江水产学院即从该年起有选择地在个别系开课。80 年代末，该课程转由当时的社科系在全校统一开课，图书馆选派教师授课。1992 年，原国家教委下发 044 号文件《高等学校文献检索课教学基本要求》。同年，原湛江农业专科学校图书馆面向全校所有专业开设此课；原湛江水产学院将课程划归图书馆统一开课，并成立

“文献检索教研室”。2003 年 9 月教研室更名为“信息检索教研室”。课程性质的定位经历了由“必修课”，到“专业选修课”，再到如今的“公共选修课”的过程。课程名称经历了“文献检索”、“情报检索”、“文献检索与利用”、“科技情报信息检索与利用”、“信息检索与利用”等一系列更改。

课程于 2001 年荣获学校教学成果三等奖，2005 年开始进行“信息检索课双语教学研究和实施”的教学改革，2006 年获批校级精品课程，同年课程作为图书馆工作的一部分通过 ISO9001 质量管理体系认证，2007 年开始进行“信息检索课研究性教学模式的构建与实践”的教学改革活动，这些改革课题已结题，所取得的成果也已运用到了教学实践中。

2 精品课程建设的探索与实践

随着 2006 年获批并实施校级精品课程建设以来，课程的教学目标定位也愈加明确。目前，课程的教学目标定位为：以培养大学生的自学能力和综合分析能力为出发点，通过教学使大学生具有对信息进行检索、分析、评价、组织和利用的能力。围绕精品课程建设，我们从以下六方面展开探索与实践：

2.1 及时更新教学内容，适应课程发展需要

《信息检索与利用》课程的教学内容随着文献载体和信息技术的变化而同步更新，经历了手工检索、光盘检索和网络信息检索等几个发展阶段。回顾近五年的课程教学，教学内容实现了四个转变：一是以讲授印刷型检索工具及利用为主转变为以讲授网络信息检索系统及利用为主，以适应检索类文献资源的演变趋势；二是淡化理论知识，突出具体检索系统的检索技巧及文献综合利用的方法，体现检索知识的服务性和实用性[2]；三是与学校的专业设置密切结合、与学生的毕业设计密切结合，使教学内容具有很强的针对性；四是增加了社会科学领域各学科的专业检索知识，以适应学校各专业学生学习的需要。目前，课程的教学内容包括以下三方面：文献信息环境与意识教育、文献信息检索基础理论和技能教育、文献信息分析和利用教育。教研室于 2007 年组织教师重新编写课程教材，2007 年、2011 年两次修订教学大纲。为配合双语教学的实施，制定了英文版教学大纲和相关教学文件，教学内容处于动态更新中。

除正规的课程教学外，图书馆也举办系统的、连续的信息检索专题讲座，讲座内容在教学内容的基础上有所拓展，涉及利用信息检索的延伸功能来满足学术研究需求的各种解决方案。这一系列的专题讲座与课堂教学一起形成了完整的信息检索教学体系，不仅为课堂教学补充了新的内容和知识点，而且也为没有选课的学生提供了学习机会。

2.2 创新教学方法和手段，培养学生综合能力

《信息检索与利用》课程是一门关于如何查找和利用专业文献信息的方法性和工具性课程，具有很强的实践性和操作性，同时能够与各个专业实现结合，为专业的深入学习提供帮助。针对上述特点，我们以在线教学为手段，综合采用了研究性教学法和案例教学法。

研究性教学法是以专题研究的形式，对信息检索与利用的相关知识进行教与学，同时引导学生根据掌握的信息检索技能对某个学科领域的某项专题进行探究。具体实施方案为：引导并帮助学生围绕某个学科领域确定研究选题，根据该选题选择适宜的检索系统、构建合理的检索策略并实施检索，根据研究需要对检索结果进行筛选，最后对得到的相关文献进行比较分析，撰写文献综述以揭示该选题的研究概况。近年采用研究性教学法，由

学生自主完成的报告如：《转基因食品食用安全性研究概况》、《大学生实践能力培养问题研究概述》等。

在实践教学环节，我们采用了案例教学法。从学校各学科真实的科研课题中选取典型案例，围绕这些实际的科研课题讲解如何进行课题分析、如何实施检索、如何通过检索结果分析课题的研究进展情况等。案例教学法的实施，引导学生积极思维，提高了学生的学习兴趣，有效培养了学生的专业信息检索能力以及分析问题、解决问题的综合能力[3]。

在教学手段上，采用了多媒体教学和在线教学相结合的方式以增强课堂教学的直观性和生动性。教师利用服务器对网络检索系统进行在线实时讲解和演示，每位学生利用配备的终端计算机同步操作。课堂教学内容直观生动，学生学习热情高涨。

2.3　突出实践教学环节，强化学生检索技能

检索课的理论教学环节阐述了信息及其检索的相关基础知识，但要使学生充分掌握和灵活运用各种检索技能，仅靠教师的课堂讲授是无法实现的。针对课程实践教学要求比较强的特点，我们将实践教学和理论教学的学时比定为 2∶1，并在实践教学环节安排了 4 个学时的综合性实验。同时，为了给学生检索实习提供指导，教研室还编写了《信息检索与利用课程检索操作指导书》，针对常用的中外文检索系统编写了详细的检索指南并提供具有代表性的检索实例。

在实验室建设方面，2007 年增设一间信息检索实习室，现共有信息检索实习室 2 间，配备曙光 1450C 服务器 2 台，C—2500 终端计算机 90 台。信息检索实习室采用终端服务器工作模式，终端通过服务器访问互联网，与服务器的配置保持一致。每间实习室还配备了中控展台、投影仪、音响、话筒、白板等设施，具备开展多媒体教学和在线教学的条件，实现学生和教师的检索同步操作。另外，检索实习室通过金盘管理系统对终端进行控制，可适时监控学生的课堂上网行为。除保障课堂教学需求，2007 年起还增设了开放性实习，学生可利用课余时间在专兼职教师的指导下，利用信息检索实习室进一步巩固检索操作技能。

2.4　完善课程考核形式，科学检验教学效果

考核的目的是检验教学效果。科学的考核方式，能真正反映学生对所学知识掌握的广度与深度。对《信息检索与利用》课而言，选课学生能否掌握信息检索和信息利用的技能成为检验教学效果的最好标准。经过几年的摸索与实践，课程最终确定以完成“综合性实验项目报告”作为考核的形式，即：要求学生在完成课程内容的学习后，围绕某一专业领域的研究课题，综合运用中外文检索系统查阅相关文献，将检索过程形成检索报告，并对相关文献进行比较分析撰写课题研究概述。此考核方式突出了对选课学生查阅资料能力和综合分析能力的检验，强化了“信息检索”为专业研究及课程学习服务的功能，提高了学生对所学知识融会贯通的能力。

2.5　建设精品课程网站，充实网络教学资源

精品课程强调利用现代化的信息手段将课程内容上网并免费开放，以实现优质教学资源共享。教研室依托图书馆的硬件环境和技术力量，开发了《信息检索与利用》精品课程网站，将课程的教学大纲、实习大纲、教案、教学视频、实习指导书、多媒体课件、练习题、参考文献等教学资源上网。网站的“教学互动”栏目连接了每位主讲教师的教学博客，教师通过教学博客实现新课件的及时发布、作业在线布置与批改、问题讨论等。

2.6 加强教师队伍建设，注重教学能力培养

经过多年的发展，我校信息检索课程已经形成了一支教学水平较高，职称结构、年龄结构、专业结构比较理想，具有丰富实践经验的教学团队。目前，从事检索课教学的教师有5人，其中精品课程立项以来晋升职称的2人，获硕士学位的2人。现有教师中，高级职称2人，占40%；中级职称3人，占60%；硕士学位3人，占60%；成员年龄在33—40岁之间，中青年结合，形成了可持续发展的梯队。从所学的专业来看，除2位教师的专业为信息管理外，其余3位教师都有大农业学科背景，具有农业方面的相关知识。从事检索课教学的所有教师还是图书馆长期从事信息咨询服务及科技查新工作的业务骨干，在熟练利用各专业文献开展学科服务方面积累了丰富的经验，为进一步提高教学质量打好基础。近五年，图书馆分批次地派遣任课教师参加了各种学术研讨会、进修研讨班等，以提高其教学能力。

3 精品课程建设成效

3.1 教学效果显著提高

综合教学督导的随机听课评价意见、网上教务管理系统对课程负责人历年评估结果和学生教学质量座谈会调查结果，教学督导和学生对本课程教学的总体评价为“优良”，认为课程主讲教师教学认真、严谨，讲课熟练、重点突出，并能注意学生兴趣和学习能力的培养；课件条理性、逻辑性强；实践教学部分紧密结合各学科领域的研究内容来展示检索技巧。精品课程立项以来，课程负责人课堂教学质量评估平均成绩为91.2分。其还受邀为教学督导组的全体老教师讲授中文文献检索的相关知识，所讲授内容为课程主要内容之一，获教学督导组成员的较高评价。

3.2 教学研究取得丰硕成果

精品课程立项以来，教学团队发表了19篇教育教学研究论文和学术论文，自建专题数据库2个。“信息检索课研究性教学模式的构建与实践”项目获批学校2007年教育教学改革项目。集教学团队智慧结晶所制作的教学课件荣获学校2008年多媒体教学课件评比三等奖。

3.3 图书馆的服务能力明显提高

《信息检索与利用》精品课程建设，不仅为课程的发展提供了机遇，也对深化图书馆服务起到了促进作用，同时还为读者更好地利用文献信息资源打下了坚实的基础。近年来，图书馆各种文献资源的利用率明显提高。从某种意义上来说，《信息检索与利用》课已经成为展现高校图书馆教育职能的重要窗口。

参考文献

[1]樊怡菁．基于大学生信息素养教育的信息检索课程的教学改革[J]．科技情报开发与经济，2007(18)：231－232

[2]杨长平．“文献检索”精品课程建设的探索与实践[J]．四川图书馆学报，2007(3)：32－34

[3]黄碧云，胡德华等．信息检索精品课程中应用案例教学法研究[J]．图书馆学研究，2007(1)：58－60

作者简介：樊怡菁(1971—)，女，硕士，研究馆员，研究方向：信息服务和读者教育。

大学生信息素养教育与文献检索课的建设

蔺继红　旭荣花
（内蒙古农业大学图书馆）

摘　要：信息素养是一种基本能力、综合能力，对大学生加强信息素养能力的培养是素质教育的重要内容。信息素养教育面临一系列紧迫性的难题，提高人的信息素养就成了当前世界各国的教育问题。提高大学生信息素养能力，通过有效开展文献检索课来实现。

关键词：大学生　信息素养　教育

1　信息素养论

信息素养及其教育的理论仍在发展中，关于信息素养定义就有很多。我们认为，信息素养是贯穿于从信息获取到使用全过程的一系列思想、意识、技能和知识体系。

1.1　信息素养由来和发展

美国信息产业协会主席保罗·泽考斯基在给美国图书馆与信息科学委员会的报告中首次提出"信息素养"这一概念。他认为，信息素养是利用大量的信息工具及主要信息源使问题得到解答的技能。20 世纪 70—80 年代，为数不多的国家研究信息素养；随着信息用户教育在美国和西方国家的普及，90 年代以来，越来越多的国家和组织开始探讨信息素养；在教育学、情报学、商业等领域中，信息素养已成为热点问题。美国于 1990 年成立了由英国、加拿大、澳大利亚、新西兰等国家广泛加盟的信息素养国家论坛；1992 年"信息素养"一词正式被 ERIC 数据库纳入索引词典，这标志着信息素养得到确认。英国城市大学 David Bawden 通过《图书馆和信息科学文摘》和《社会科学索引》调研 1980 年—1998 年期间发表的信息素养文献，结果显示，90 年代后，信息素养成为高等院校的研究热点。1973—2003 年以英文出版的关于"信息素养"教育的书籍多达五千多种，绝大多数在美国出版。在美国有专门的信息素养研究所、图书馆教育资料交换中心、专门刊物，有众多网站从事信息素养教育工作，信息素养教育在美国是跨学科、跨专业合作推进的，其内容是由全国性组织、专业协会和部门协同研究、发展、提炼决定的，信息素养的理论、标准、政策措施和活动推动了信息素养在全美国范围内德全程教育实践，并已进入制度化阶段。

关于信息素养的定义，美国信息产业协会主席保罗·泽考斯基首先提出了它包括文化素养、信息意识和信息技能三个层面。美国图书馆协会经过十多年的研究认为，具备信息素养的人能认识到何时需要信息，并能检索，评价和有效利用所需的信息；具备信息素养的人是学会了如何学习的人，是能够进行终生学习的人。归纳起来，信息素养是一种基本能力、一种综合能力。信息素养需要诸多知识背景；信息素养需要技术的支持，信息技术是它的有力工具；信息素养是一种信息能力；信息素养是一种了解、搜集、评价和利用信息的知识结构。信息素养教育的研究内容已不在于探讨教育的重要性，而在于如何开展信息素养教育。与信息素养有关的概念有：(1)信息能力(2)传媒素养(3)计算机(4)视觉素养。

1.2 信息素养的意义和价值

从学科的角度，我们把信息素养界定为：从技术视野看，信息素养应定位在信息处理；从心理学视野看，信息素养应定位在信息问题解决；从社会学视野看，信息素养应定位在信息交流；从文化学视野看，信息素养应定位在信息文化的多重建构的能力。当然，有的学者从总的特征角度判断和分析，认为信息素养是基于信息时代对人的基本要求而言的具有整体性的一个动态变化的发展型的概念，信息素养的任何单一角度的描述都会带上人与时空交汇的烙印，也都有其不可忽视的积极意义和不可避免的局限性。

(1)从技术学看，信息管理具有重要的现实意义和历史价值。尽管目前学术界对信息和信息管理的理解尚不能达成统一的共识，但是，对于每一个信息的管理者、使用者和控制者，有必要树立正确的信息管理理念，包括认识与理解信息的属性与特征，信息的划分标准及目的，信息的功能、作用和价值，信息运动的规律，信息管理的概念及其与知识管理的关系。与此同时，还包括了解和掌握信息管理的基本概念，信息管理与个人素质之间的关系，信息的起源、背景、价值和基本的知识及素质与能力要求，以及从信息的生命周期出发，研究信息资源的产生、传播、利用、再生、在传播、再利用的周期性过程中的各个环节。

(2)从社会学看，信息素养应该定位在信息问题的解决。随着信息技术人性化改革的推进，信息技术及其应用已经不是常人难以企及的象牙塔，也不是只被少数社会精英掌控的稀缺资源，信息技术工具与信息技术教育已走入人们的日常生活，渗透到社会生活的每一个角落。因此，社会发展需要信息技术的，人的发展也需要信息技术。从社会意义而言，只有将信息技术的学习与社会活动中各种各样问题的解决结合起来，才能显示其巨大的价值。离开问题的解决，信息技术将失去意义；离开信息技术，信息问题也难以解决。一般而言，信息问题的解决过程是：确定信息问题或信息需求，选择信息策略，检索和获取信息，对信息进行整理和分类，整合信息与构建问题的解答而成为信息作品，最后是评价和展示信息作品。

(3)从文化学看，信息素养应定位在信息文化的多重建构。文化与技术并非二元对立非此即彼的关系，从广义文化的角度说信息文化也包括信息技术。因此，信息技术隐含的潜在意义包括技术文化；文化隐含的潜在意义也包含了技术层面的东西。一方面，社会的伦理道德乃至各种价值观无不影响技术的发展；另一方面，技术也影响着它们的进一步发展，不断生成新的观念，也带来了许多积极与消极的影响，忽视这些问题也必然带来技术意识乃至整个社会意识的危机。如果在科学技术教育中只强调科学的概念结构和熟练的技术能力，忽视人文概念的形成，那么，培养出来的人必然是畸形的、片面发展的。因此，作为基础教育一个重要组成部分，中小学、大学信息技术教育也应该对技术教育的理念提升到文化层面上来，并在此基础上完成信息处理、信息问题解决、信息交流的整合等信息技术教育任务。

从更深的意义上，信息文化的多重建构是对传统社会的民主、平等等观念进行在诠释；是对教育从精英走向大众、从阶段教育走向终生教育的观念的再深化。中小学生信息素养的培养，其途径是多方面的，基于当前的状况，要培养我国公民的信息素养，在中小学普及信息技术教育，特别要处理好信息素养与信息技术课程的关系，信息技术课程与其他课程的关系，小学、初中与高中的衔接和新课程标准与《纲要》及信息技术课程内部的关系等。总的指导思想是：要依靠信息生态环境的建立打通信息技术课程的内部关系，建立良好的信息素养的内生态；在其他课程中渗透信息技术，把信息技术教育与其他课程整合起来，建立良好的信息信息素养的外生态；把个人与社会 、学习与生活整合起来，内外结合，形成良性运行的整合生态环境。信息素养的价值表现有社会价值与个人价值两个方面，信息素养的社会价值与个人价值的实现，都需要经过学校教育与科学研究的共同艰苦努力才能实现。

在信息多元的推波助澜之下，信息素养教育所面临的问题时：许多人可能在价值多元的冲击下而迷失了判断力，在商品化地逻辑之下失去理性和信念，信息社会的迅速变化与价值多元尤其容易使人迷惑，学校的教育常被商业媒体力量抵消，在各种各样的光怪陆离的信息情境下，大学生的综合素质教育比往更为困难。当信息媒体从四面八对人进行轰炸时，信息素养教育面临一系列紧迫性的难题，提高人的信息素养就成了当前世界各国的教育问题。当前信息素养既是素质教育的重点，又是素质教育薄弱环节。如果不重视加强青少年、大学生的信息素养的培养与教育，容易导致心智尚未健全的青少年在信息丛林般的诱惑面前陷入危机，这将严重地危机家庭幸福乃至人类社会的未来。可见，信息素养教育应该列入当前我国素质教育的重点工作中，科学引导青少年、大学生正确认识信息，解读信息影像背后的真实意图、科学实践的能力等。可以说，随着信息社会的迅猛发展，教育的当务之急就是把素质教育拓展到信息素养教育中来。

2 大学生信息素养教育的重要性

大学生作为一个特殊的群体，在大学里既要学习专业课又要加强人文素养知识的学习，在信息时代，为有效应对知识信息急剧扩张和不断变化的环境，大学生不仅需要恰当的知识基础，还需要有扩展其知识信息的意识和技能来与其已有的知识库相配和并在实践中使用。原来的基础已经改变，新的基础包括知识基础和信息素养。信息素养教育本质上是教会学生学会学习，并使用现代技术和方法进行高效率学习，树立起终生学习、在实践中学习的观念，真正成为学习的主人。

提升信息素养的基本方法是：学会和使用分析技能去简单陈述问题，明确研究方法以及能对实验性结论进行批判性的评价；学会利用越来越多的复杂方法寻求问题的答案；一旦明确了要寻找的东西就一定能够找到。无论信息是从计算机、书本、电影、海报、谈话等还是从其他可能的来源而来，信息素养概念的本质都是具有把从书本、电视屏幕、海报、图片、其他图画所看到的及所听到的信息进行分析和理解的能力。如我们要培养学生的信息素养，我们则必须培养学生对呈现的信息进行分类、区别、选择、分析及排列等地能力。

我们通过调查发现，现在的大学生对计算机使用率是非常高的，但对自己学习、写论文帮助是非常低的。而且文献检索课的开设率非常低，以致信息素养教育跟不上。没有认识到信息素养作为信息时代是一种必备的能力，正日益受到世人的关注。随着“终生教育”

口号的提出，具备信息素养的学生是有能力的、独立的学习者。大学生知道自己的信息需要，能积极参与到概念的讨论中。他们通过解决问题来展示自信，懂得什么才是相关信息；会运用技术去获得信息和进行交流；能在存在多种答案及无答案的环境中自如地工作；会对工作采取高标准、高要求，创造出高质量的产品；能适应变化，从事独立工作，也从事协同工作。美国图书馆协会信息素养委员会在其一份报告中提出，培养具有信息素养的人，各院校必须重视把信息素养整合到各自的教学工作中去，同时要在信息社会中发挥个体和机构都能在内在机遇中获益作用。简而言之，即知道如何学习，懂得知识如何组织的，如何获得信息，如何学习使用信息，为终身学习作准备，为任何工作和决定找到所需要的信息。美国科罗拉多州教育媒体协会1998年，提出大学生信息素养标准：

大学生信息素养标准(1998)

信息素养

1. 具有信息素养的学生有能力有效地确定信息。
2. 具有信息素养的学生有能力批判性地评价信息。
3. 具有信息素养的学生能准确和创造性地利用信息。

独立学习

4. 有独立学习能力的大学生具有信息素养，能寻求与个人兴趣有关的信是息。
5. 有独立学习能力的学生具有信息素养，能鉴别文献和对其他信息作创造性表达。
6. 有独立学习能力的学生具有信息素养，在信息查找和知识生产方面占有优势。

社会责任

7. 对学习化社区和社会积极尽力的学生具有信息素养，并能认识到信息对一个民主社会的重要性。
8. 对学习化社区和社会积极尽力的学生具有信息素养，并能实践关于信息与信息技术的伦理学行为。
9. 对学习化社区和社会积极尽力的学生具有信息素养，并能在集体中积极参与跟踪和生产信息。

信息素养的标准对于我们目前理解和培养信息素养有指导意义。信息素养作为素质教育的当前重要任务，是一个终生学习和实践的课程。因此，提高信息素养教育，要借鉴国外的先进经验，加强高等院校对信息素养教育的建设与管理，加强大学生信息素养教育，提高学生信息检索能力和社会责任感，能根据信息社会特点指导大学生的数字化生存和进行心理健康教育。

3 加强高校对文献检索课教育的建设与管理

适应信息社会的素质教育转型，高校应率先借鉴美国经验，使素质教育能顺应全球教育的发展趋势，采取行之有效的教育策略。第一，高校应该成立信息素养的研究机构，应该鼓励出版信息素养教育的教科书、教学参考书，应该专门为本科生、研究生乃至博士生开设一定的文献检索课教育，这是国际社会的共识，并正在成为优秀项目，高校学术机构应定期召开信息素养教育会议，制定跨学科计划，促进最大范围的信息素养的提高，培养有信息素养的公民来形成有效的文明社会、有能力的工作团队，以缩小数字化的鸿沟；需要执行战略计划并评估执行情况。第二，高校应在政策导向上采取双管齐下的文献检索课教育计划，确保信息素养教育优先，对教师、图书馆员和信息工作者的教育和业绩预期也应包含信息素养教育要求；对教师、图书馆员等人的资质认证要有信息素养的要求；对学生和接受职业培训的人要检测其信息素养并作为结业和聘用的依据之一。第三，在课程设置上，高校要推进专业的信息素养能力，加强院系的联系，有针对性地开设《文献检索与论文写作》课程。在课程设置上要多样化，有必修/选修、有学分/无学分、本科生/研究生/专业研究生的课程和与院系合作的管理。在政策上要引导发展多种教学培训模式，包括图书馆参观、专题讲座等，在培训方式、内容、组织、频道、队伍等方面做到灵活多样，形成一种多彩的可持续发展的教育形式。

参考文献

[1]朱银端．网络道德教育．社会科学文献出版社，2007年10月
[2]马张华．后组式检索系统的组织体系研究．北大图书馆学开放论坛演讲集，2009年11月
[3]闫伟东．美国图书馆商业信息服务馆员在教育研究与实践．图书馆理论与实践，2011年7月

作者介绍：蔺继红(1968—)，女，硕士，研究方向：阅读心理学、教育学。
旭荣花(1970—)，女，本科，研究方向：读者服务、少数民族文献。

高校机构知识库研究

吴　雷
（济南大学图书馆）

摘　要：基于开放民主、信息成本、智能资本和被引率，高校都应构建自己的机构知识库。机构知识库具有明确职责、方便评价和提升大学排名等优势。探讨在内容征集和推广策略等方面存在及面临的问题，为我国高校实施开放获取的机构知识库提供参考。

关键词：开放获取　机构知识库　高等学校

Study about University Institutional Repository

Wu Lei
(University of Jinan Library)

Abstract: Based on open democracy, information cost, intellectual capital and citation rates, university should build their own institutional repository. IR has a clear responsibility to facilitate the evaluation and promotion of university rankings and other advantages. Discuss exist problems in content collection and dissemination strategies, etc, reference for our university IR on Open Access.

Keywords: open access; institutional repository; university

开放获取（Open Access，OA）就是网页内的所有内容均开放自由获取，包括取阅、转载、传递与收藏。OA 四个最重要的渠道[1]：同行评审的科学期刊（electronic, refereed, scientific periodicals）、特定研究领域的预印本服务器（research-area-specific archive [e-print] servers）、高校机构知识库和作者的个人主页（self-posting on authors' home pages）。

机构知识库（或称机构仓储、机构典藏，Institutional repository，IR）是指机构将其内部成员的研究产出以数字资源保存，并且开放获取。Clifford 的定义[2]：一个大学向其成员提供的、用以管理和传播该大学及其成员所创造的电子资料的一系列服务。IR 对内统一保存机构的研究产出，对外彰显其研究成果，可提供检索与索引等衍生的信息服务，促进图书馆和研究人员的合作，有助于学术传播。

1 高校IR的缘起

1.1 基于开放民主

网络民主意味着网络没有任何预设的价值观或道德观，各种信息公平竞争。从科学的精神与学术传播的本质来看，学术信息传播当然应该由学术生产者与终端使用者控制，而非交给以营利为目的的传播媒体。网络民主的现实使得学术界必须发挥学术良知，尽其所能散布学术的真善美，引导人类的进步。无论是学者个人或是研究机构，理应主动捍卫自身的学术产出及传播权利，使之能合理合法且自由开放地呈现。经由OA的IR恰是最佳途径。

传统的学术传播，无论纸本或是电子文件，多半是由营利性期刊与出版社所控制，订购费用的门槛对于学术传播无疑是个障碍，更剥夺了学者与学术机构在学术传播上的自主。因此基于学术自主的原则、学术传播的天职与网络民主的现实，学术机构建立IR成为对社会应尽的责任，高校与研究机构的经费因来自公共部门更是如此。学者理应尽其所能，配合其所属机构全力建构IR，以降低营利机构造成的人为障碍，在法律许可的范围内，通过网络将研究成果开放获取与传播。

1.2 基于成本

在面临教育经费短缺及竞争压力环境下，图书馆购置教学研究所需馆藏资源的经费保障也受到挑战。加之书刊订费成本增加，导致书刊资源典藏不丰，不但影响研究的质量，也会降低教学的效果。

学者无偿的提供论文发表研究成果，但却完全由经营者控制、传播，并收取高额的订阅费。研究型大学图书馆对免费的OA期刊将越来越采取接受与开放的态度，且会越来越倚重。电子期刊的成本远低于纸本期刊，传统的馆藏发展与征集方式，需更经济地审视新的多元渠道，IR系统即是以最低经费扩充研究资源的方式。价格昂贵的学术期刊或电子数据库，论文引用率未必与费用成正比。若仅单单一所高校教师愿意将所有著作交付所属IR，也只是高校所需期刊论文中的一小部分。但是，当大部分高校与学术机构都全面实施IR，其叠加效果就相当于所有重要的学术论文都开放获取，即当IR普及时，分散在不同期刊的重要论文，无论是纸本或电子文件，只需到其不同作者所属高校IR网址免费获取。

高校开始构建自己的IR系统，成本几乎取自图书馆原有的人力与设备，系统软件也都采用免费开源(Open source)软件，其他如复印等业务费、保存数字化成本可能需依赖额外的经费支应，保存内容的征集则是最重要的成本。对长期构建IR的策略而言，可先征集免费的论文，未来再考虑购置重要期刊论文的版权成本。IR后续系统维护和内容征集的成本，与传统采购学术期刊的成本相比，均已大幅降低。未来通过全球IR系统的交流与共享，研究者得以享有更丰富便利的研究资源，以缓解经费紧缩、出版社价格垄断等影响馆藏征集的困境。

1.3 基于引用率

学术论文的被引率(Citation rate)是衡量其品质的量化标准之一。就在国际科学杂志上发表的论文数量而言，中国已上升至世界第二位，但被国际引用次数却相对偏低。除了受限于研究课题的区域性外，获取成果论文的方法繁复，导致透明度不佳也是主要原因。

因此，若各高校及研究机构能够建立起自己的IR，使研究成果能够被检索和下载，势必能大幅提高论文的透明度与影响力。随着网络发展，许多实证研究均证明网络OA的全文论文被引用几率将大幅提升。OA和非OA文章的引用率，检验多位作者、作者一生的出版量和影响、投稿路径、通讯作者国籍、资金组织和学科领域，发现OA文章在出版后4至10个月内有两倍以上的被引用率[3]。除引用率，OA在使用者数目与跨领域合作上也具有明显优势。

1.4 基于智能资本

智能资本(Intellectual capital)是指个人与团队能为机构带来竞争优势的一切知识与能力的总和，包含文章、期刊文献、个案研究、书籍等，借由如IR技术平台，搜罗机构产出的智能资本，使其得以在学术社群间交流分享。随着数字科技的发展，数字典藏(Digital repositories)朝向知识分享与管理新技术发展，搜集、保存、索引并分享机构产出的智能资本，即学术出版品(Scholarly publications)和教材(Teaching materials)。

高校通常是以教职员和学生产出的智慧产品作为IR的基础，提供高校开放获取，增加学术传播的速度与研究成果的影响力，并增加该学校的声誉，以获得政府及各界赞助的研究经费。将IR定义为征集、保存单一或数所高校的智慧产出，以进行数字资源长期保存及开放获取，藉由集中管理呈现整体学术成果，增加高校的知名度、地位与公共价值等，进一步提供新的学术出版品数字资源长期保存模式。IR能汇集、保存，使高校的智能资本被广泛获取，并建构起全球化的分布式系统(Global system of distribution)及互操作的典藏库(Interoperable repositories)，提供一个新形态的学术出版及传播模式。

在目前学术传播的系统下，许多机构学术产出的智能资本分散在各个学术期刊中，通过IR便能将这些散落的智慧结晶汇集起来，并易于证明其科学价值、社会价值和经济价值。因此，IR使评估高校生产力和声望的机制更为完整，以学术透明度对照其学术质量，并将其价值反应于实际利益，最终借由高校地位和声誉的提升，获得更多的经费资助。

IR提供一个集中化数字资源长期保存方式，以彰显研究成果、促进学术传播及竞争力，降低营利性学术期刊的垄断，并可作为衡量机构研究质量的指标，成为高校或机构的学术资产管理系统：对内是科研人员的研究交流平台，记录高校研究传承与发展；对外则展现科研实力，提高学术成果的透明度与影响力。

1.5 基于资助方的权利

高校聘用研发人员所产生的研究成果，应当属于该高校。然而当今学界却有类似的情况：高校聘任的教师与研究人员，接受高校的薪酬、利用高校的软硬件资源，或以高校所赋予的身份获得研究经费，但却将研究成果论文发表于营利期刊，高校却需负担期刊订购费才能取得这些论文。学者应正视研究出资机构的权利，来改善这种不合理的现象。高校既已供给教师稳定的薪酬与软硬件设施从事研究，理应享有如同出资机构相同的权利。

总之，无论从学术道德、社会正义、法律或是经济层面考虑，学者均应该积极参与高校所实施的开放获取的IR。

2 高校IR的优势

2.1 明确职责

大多数学术研究赞助机构会要求受资助的研究者将其研究报告或相关论文开放于该机

构网站上，包括OA的IR模式，此乃授予研究经费的条件之一。所有的鼓励与要求皆是为了提升学术研究而推动，使研究成果能更有效率地传播与交流。高校教师任务包含研究，学校提供研究经费和资源给教师，理应有取得研究成果的权利，因此教师提交其研究成果应视为职责的一部分。高校若采取IR政策，等于宣告研究和教学同为教师职责，应将公共部门资助的学术成果公之于世，因此积极参与IR是一种明确的职责。

2.2 索引目录的完整性

IR与自我典藏最明显的差异在于前者是凝聚的群体，而后者为零散的个体。群聚效益使得整体大于部分之和，针对此完整与整体性特征，IR可进一步制作目录与索引，甚至以全文检索提升搜索效率，1+1的效率远远大于2。

2.3 方便评价

进行高校的评价时可借助IR平台，直接点击院系教师的著作目录和论文，检验研究产出。教师与研究人员的晋升、评价及各项奖励，各学院评估考核等所需的个人研究成果，均应由本校IR系统输出相关数据为依据。评价单位通过IR系统便能检索核查教师产出，简化了评价程序。

2.4 防止学术弊端、增进学术质量

学术研究偶有抄袭等违反学术道德的弊端发生，若学者著作有极高的透明度、容易获得，其著作被抄袭的几率应会有效降低。从积极面来看，IR帮助学者了解相关的研究，增进学术合作交流；因荣誉感的驱使，形成同行间的良性竞争，使研究质量得以提高。

2.5 提升大学排名

西班牙网络计量研究中心(Centre for Scientific Information and Documentation, CINDOC-CSIC)网络实验室(Laboratory of Internet)年度世界大学网路排名(Webometrics Rankings of World Universities)年度世界大学网路排名，依现有大学网络学术表现进行全球性评比，每年1月、7月分别公布一次排名，其指标包含规模(size)与透明度(visibility)两大类。IR应为提升网络排名最积极的有效方式。

3 存在的问题与应对策略

3.1 内容征集策略

推动IR面临的第一个障碍就是内容的征集。征集IR内容的策略常见有三种：Bottom-up approach作者自发性存档、Mediated submission中介者上传、Top-down approach机构政策性典藏。无论是由第三者协助上传或强制性政策规范提交著作，由作者自我上传仍是IR内容发展的最终目标，也是IR可持续发展的关键。高校及图书馆应规划完善配套措施，包括清楚简明的上传指南、著作权授权等，以吸引作者本人愿意自行上传。

3.2 著作权的授权

进行IR需要处理两方面的著作权问题：从专家学者处搜集资料时，必须确保IR在散布及保存上的权利；散布内容资料给一般使用者时，须兼顾开放获取与著作权保障之间的平衡。图书馆可提供IR的著作权服务可包括：提供著作权确认的工作流程(SOP)，以方便师生参考SOP作为上传的著作权处理策略流程，取得合法授权；其二是提供出版社授权查询服务，从而上传符合要求的版本。

3.3 推广策略

常见的推广宣传活动或营销手法如发行小册子、张贴公告于学校或图书馆网站、校讯校报等，亦可主动在教师会议或院系行政会议进行简报宣传，其中由教职员亲自推荐IR是最有效的宣传推广策略。此外，通过奖励计划，提供经费进行开发，提交数字内容于IR中；使用经费奖金激励院系回溯大量且丰富的数字内容，建立起教师对自我典藏的共识，进而以具体行动支持高校IR，可谓是成功的推广策略。

3.4 增值服务

研究者、作者是决定OA成功的关键，原因在于他们拥有学术成果的著作权。除了提高研究者对IR的认同度外，必须加以系统功能扩展，推广增值服务，以增加高校及教师参与的积极性。还可与图书馆馆藏目录及其他资源整合，目的都是在使学术成果有更多的获取渠道，增加IR内容被引用的机会。

3.5 人力资源与专业需求

图书馆在IR发展扮演重要的推动与执行角色：包括服务与技术管理者，前者管理有关人方面的IR事项如政策、营销推广、人员训练与联系沟通者的角色；后者则处理技术面的IR运作，如个性化、维护管理软件、制订诠释数据与维护质量、编制统计报表并追踪IR技术课题等。

4 结 语

为完整全面的保存，从回溯过去的数据开始着手，利用已存于系统内的著作以起到示范作用，对短时间内征集学术著作并扩充系统数据量起到立竿见影的作用；运用各种可行的推广策略，不仅明确改进的方向，也能够吸引研究人员自主参与；倚赖学科馆员与教师的联系渠道，准确掌握研究人员的学术产出，增进IR文献的搜集效率；由高校将IR纳入教师晋升、院系评估和高校评估的统计项目，进一步采取奖励办法等配套措施，能有效落实IR，完整呈现高校学术成果，达到可持续发展目标。

参考文献

[1]Björk，B-C. Open access to scientific publications-an analysis of the barriers to change? *Information Research*，2004，9(2)：170

[2]Clifford A. Lynch. Institutional Repositories：Essential Infrastructure for Scholarship in the Digital Age [EB/OL]. [2012-01-04]，http：//www.arl.org/resources/pubs/br/br226/br226ir.shtml

[3]Gaule，P. & Maystre，N. Getting cited：Does open access help? [EB/OL]. [2012-01-04]，http：//cdm-it.epfl.ch/repec/cmi-wpaper/cemi-workingpaper-2008-007.pdf

作者简介：吴雷(1967—)，男，副教授，研究兴趣：数字图书馆、知识组织。

对图书馆嵌入式服务模式的探索与思考

范万兴　袁　梅　吴　荣
（西安市洪庆镇西安高技术研究所图书馆）

摘　要：通过对军校图书馆学科馆员嵌入教学科研过程提供服务，探索了在培养方案修订、教学实施、学生学习过程中的服务模式，以及科研项目立项、研究过程和结题等环节的服务模式，提出了信息与技术保密和用户隐私的保密要求。

关键词：学科馆员　嵌入式　服务模式　探索

学科馆员制度在国内高校、特别是211院校图书馆已经逐步建立起来，学科馆员嵌入教学科研工作中，提供个性化服务既是需求牵引的结果，也是图书馆服务创新的一个重要途径和方法。这种嵌入式服务有一个发展过程，需要把握好关键环节并遵循一定的规律。实施嵌入式服务，既满足了用户的需求，也促进了馆藏文献信息体系建设，提高了图书馆的服务质量，同时，也提高了馆员的服务能力与水平。

1　嵌入教学工作的学科馆员服务

学科馆员为教学服务，主要是针对教学的实施者、教学对象和教学内容三个方面进行服务。教学内容方面的服务主要是针对学科培养方案调整与完善、重点学科及重点实验室建设、教学评价、各种比赛等环节，主动提供相关的信息服务和培训。嵌入科研团队的服务主要是围绕项目立项、科学研究、项目结题三大环节开展深层次的个性化服务。

1.1　培养方案制订、调整、完善过程中的信息服务

大学针对本科生的培养方案一般每间隔几年就需要进行较大规模的调整，每年都有少量的培养方案完善工作，研究生的培养方案调整、完善则更为频繁。这个过程中，学科馆员应该及时通过互联网等渠道搜集国内外大学相关专业培养方案的信息，以及相关专家意见和建议，有相当部分内容体现在论文文献或研究报告中，包括对某专业国内外培养方案的比较。通过不断地跟踪搜集相关信息，并进行初步的分析加工，以一次文献和二次文献的方式为相关学科提供服务，有时候也会应邀参加相关的学科发展问题的小型研讨。主动搜集在实验室建设方面，各个大学及专业实验室的做法，提出参考意见。在这种嵌入教学过程的服务的过程中，也宣传、推介了馆藏，会发现馆藏文献信息的不足，从而提高学科文献信息资源建设质量。

1.2　教学实施过程中的信息服务

教学实施过程中，各门课程在课程建设、检查与评比等环节需要大量的信息服务。学科馆员可以及时提供国内外相关专业与课程建设的信息，包括教学内容的设计、课件制作、教学方法的改进、实验环节的设计与组织实施等。在服务过程中，针对个别教师在文

献信息检索技术与方法方面的不足，及时提供帮助。针对各个学科核心课程经典图书馆藏的不足，及时提出改进建议，丰富馆藏，提高保障效益。

1.3 大学生学习过程中的服务

学科馆员通过分析不同年级大学生的特点和文献信息需求情况，指导馆员提高针对大学生服务的针对性。针对大学生参加各种比赛或各种活动过程中的文献信息需求，及时提供具体的服务和检索培训。将针对大学生的文献信息检索课程培训内容，落实到具体的服务过程中，既可以巩固学生的课程学习效果，也能够大大提高他们文献信息检索的查全率与查准率。这种服务方式也是提高读者对图书馆满意度的很好途径。

2 嵌入科研过程中的服务

学科馆员嵌入科研过程中的服务，服务对象主要是教师和研究生。在科研项目的立项申请、研究设计、鉴定报奖、推广实施等环节可以根据需求的不同，提供针对性的服务，主要的服务工作一般是在立项申请阶段完成。只有嵌入科研过程中，才能提供有建设性的服务。

2.1 立项阶段的嵌入式服务

科研项目立项前，研究者需要了解某一课题的研究现状、研究进展、应用情况，以及研究者分布、实验条件、相关政策等信息。科研过程中的嵌入服务，就需要作为科研团队的一分子，及时提供相关信息，包括相关研究综述、最新理论与方法、科研成果、专利申请情况等；参与分析科研项目的创新点；通过专利文献检索，初步分析其专利性；根据项目难点和国内研究者现状，分析拟合作对象。

对学科馆员而言，立项阶段的嵌入式服务，任务相对比较繁重。服务内容主要包括，及时了解科研团队成员、特别是课题负责人的具体思路和观点；通过大量的文献信息检索，并进行初步分析，提供一次或者二次文献服务，以便帮助完善项目科研思路；针对项目难点，通过检索提供科研最新动态信息服务。这个过程需要学科馆员真正的完全融入科研团队，提供个性化的信息服务。

2.2 科研过程中的嵌入式服务

学科馆员在科研过程中，首先要随时跟踪搜集相关信息，研究分析国内外相关研究进展，为科研段对及时提供有关科研进展与动态方面的信息；其次，在检索的基础上，归纳分析相关研究的各种方法，以及可资借鉴的理论与方法；第三，搜集提供相关实验方案、仪器设备等信息；提供相关国内外标准等信息以及相关专利信息。在研究分析的基础上，提出自己的合理化建议。

这个过程中，需要提醒研究团队成员，对研究成果的保密问题。很多研究者，习惯于及时发表研究论文，必须注意的问题是：对有可能申报专利的研究成果，发表的论文应该不涉及项目解决方案的核心技术与方法，按照专利法的规定，不因论文的发表而丧失新颖性。否则，论文应该推迟至申报专利后再发表。

2.3 在科学研项目结题过程中的嵌入式服务

在科研项目结题过程中，学科馆员对研究成果的保护应及时提出建议。首先要对研究成果进行初步的专利性检索，对项目成果的新颖性和创造性提出评价意见，与科研团队成员一起研究分析，决定是否申报专利。对拟申报专利的，为了不丧失专利法规定的新颖性，建议在申报专利后再进行成果的鉴定。对拟参加新产品展览的，也应当在申报专利后实施。并提供新产品市场竞争力分析等评价意见。

对不准备申报专利的项目，与研究团队成员一起研究对技术诀窍的保护方案。

科研成果的保护非常重要，保护的方法也有多种，申报专利只是其中的一种方法，有的不适合申报专利，而用技术诀窍的方式保护效果也很好，具体采取什么形式保护，学科馆员要与科研团队一起研究分析。对科研成果的利用，不仅仅是发表几篇论文和参与评比获奖，更重要的是研究成果的转化。学科馆员嵌入科研团队，在提供个性化信息服务的同时，在成果的保护和转化利用方面，也必须进行必要的研究，提出具体的建议。要通过我们的工作，帮助研究人员逐步转变观念，更加重视研究成果的保护和转化利用。

3 嵌入式服务对学科馆员的信息品质要求

学科馆员嵌入教学科研团队，提供的是个性化的增值性的信息服务。用户对学科馆员的信息能力一般不存在质疑，担心的是非智力方面的因素。主要涉及的是信息保密与隐私保护问题。这也是学科馆员难以真正融入用户教学科研过程的主要原因。

3.1 用户教学科研信息的保密问题

学科馆员参入用户教学科研过程，对用户的学习内容、科研课题内容及进展等具有一定程度的了解和掌握，如果学科馆员有意无意地泄露科研秘密，将对用户带来经济上、声誉上的极大损害。所以，在服务过程中，必须树立严格保密的思想。对提供服务的科研课题查新、立项申报、开题报告、检查验收等环节的信息或者加工过的信息，必须严格按照用户要求的保密范围、保密期限进行保密，不得进行任何形式的泄露。未经用户允许，不主动对了解相关技术信息。对了解到的技术解决方案、产品情况、主要研制人员信息等，要按照用户要求和专利法要求，在规定的时间内保密。不探听核心技术秘密，对了解到的技术要永久保密。学科馆员严格的保密工作是取得用户信任的前提和关键，必须严格遵守相关法律法规和用户要求。

3.2 用户隐私问题

学科馆员嵌入式服务过程中，将了解到用户在利用信息和学习研究过程中的一些隐私，保护用户的隐私既是法律法规的要求，也是对用户人格的尊重。

从用户检索获取文献信息的情况，可以推断出用户拟研究申报的课题内容、进展等信息；用户个人的爱好、习惯、电子邮件联系方式等均属隐私范畴，在嵌入式服务的环境下，学科馆员和用户会有密切的联系，这些隐私不难掌握。有意无意地泄露会给用户带来声誉、经济等各个方面的不利影响，学科馆员必须具备良好的信息品质，充分尊重用户的隐私权，这是嵌入式服务得以深入开展的基础。

参考文献

[1]初景利．嵌入式学科服务的实践与思考[EB/OL].[2010-7-15]，http//202.118.250.137；88/document

[2]初景利，张冬荣．第二代学科馆员与学科化服务[J]．图书情报工作，2008(2)：6－10，68

[3]陈廉芳，许春漫．嵌入式学科服务的信息伦理问题探析[J]．国家图书馆学刊，2011(2)：61－64

[4]林敏，麦林．探析学科馆员在高校重点学科建设中的作用[J]．农业网络信息，2011(9)：140－142

[5]邱彩红．论学科馆员与高校学科建设[J]．现代情报，2011(31－1)：120－122

作者简介：范万兴(1963—　)，男，副研究馆员，从事参考咨询。
袁　梅(1965—　)，女，副教授，研究生教学。
吴　荣(1976—　)，女，馆员，学科馆员。

基于云计算图书馆面临的挑战与服务创新

苑桂萍　杜慰纯　冯花朴　惠　瑶

（北京航空航天大学经济管理学院）

摘　要： 云计算是一种极具潜力的商业模式，目前已成为包括图书馆界在内的广大应用领域的研究热点，本文从云计算的权威定义出发，探讨了图书馆的云技术应用模式，分析了以云存储和应用服务迁移为核心的应用方向。同时结合目前读者阅读模式的改变和趋势，讨论了云计算和新一代互联网技术对广大图书馆所带来的冲击，探讨了图书馆的角色定位和服务转型与创新。

关键词： 图书馆　云计算　云存储　云迁移　新一代互联网

Abstract: Cloud computing is a business model with tremendous potential. It has become one of the hottest research point for application field, including library research. In this paper, based on the main definition of cloud computing, the application model of cloud technique for library is discussed. We analyze the main application ways, cloud storage and applications-hosing. Combined with the change of reading mode, the challenge, due to the cloud and new generation internet, which the libraries have to face is discussed. And the role orientation for library, transformation and innovation of library services are deal with.

Keywords: library; cloud computing; cloud storage; cloud hosing; new generation internet

引言

云计算是一种划时代的商业模式，其概念最早由 Google 公司提出，由于价值潜力巨大，近年来已成为 IT 领域的核心话题，被美国数据研究 IDC 咨询视为驱动 IT 行业未来 25 年持续成长的关键因素。

云计算技术的迅速发展，促进了图书馆功能及服务的拓展。2009 年 7 月，美国国会图书馆 NDIIPP 项目组与 Duraspaces 一起，启动了一项为期一年的验证性项目(Dura Cloud)，用于测试云技术在数字内容永久性存储方面的应用，该项目总监 Karl W. Schornagel 认为云技术"潜在的好处不仅包括节省成本和能源，也关系到图书馆在技术前沿的位置"，并强烈建议开展相关调研[1]。美国俄亥俄州图书馆与信息合作网(OhioLINK)采用 Amazon 的云计算服务托管了部分数字公共资源，美国 Wake Forest 大学 Z. Smith Reynolds 图书馆已经将系统移植到云计算环境中，华盛顿特区的公共图书馆系统的网站也利用了 Amazon 的云计算服务[2][3]。

国内图书馆和情报学领域，关于云计算的研究也迅速升温，2009 年召开了以“云计算与图书馆”为主题的图书馆前沿技术论坛，对云计算技术及其对图书馆领域所产生的影响进行了剖析和讨论。CALIS 中心提出了 CALIS 数字图书馆云战略，通过设计和开发 CALIS 数字图书馆云服务平台(Nebula)整合资源和服务。在相关文献中，张文华等[2]等对云计算在图书馆中的应用现状和面临的障碍进行了讨论；张进英[4]对 2010 年以前在国内 10 种图书馆学期刊上的 19 篇相关文章进行了分析，并对未来 5 年可能的研究方向进行了展望；胡新平等[5]讨论了区域云数字图书馆的构建问题，分析了其中的关键技术、体系结构以及现阶段所面临的问题；宋戈等[6]、王长全等[7]对基于云计算的图书馆服务模式进行了讨论；王红[8]讨论了基于开源软件的图书馆云平台开发；隋会民等[9]讨论了 MooseFS 系统在图书馆云存储方面的应用研究；马晓亭等[10]讨论了数字图书馆的信息资源安全问题；康春鹏等[11]讨论了基于云安全的图书馆防病毒策略。本文在上述研究的基础上，探讨了图书馆领域的云技术的应用模式以及核心的应用方向，并结合云技术和新一代互联网技术对广大图书馆带来的挑战以及服务创新进行了讨论。

1 云计算概述

1.1 云计算的定义

根据美国商务部国家标准与技术研究所(NIST)发布的定义[12]，云计算被定位为一种能够广泛地、方便地、按需地通过网络访问一个共享的可配置计算资源(例如网络、服务器、存储设备、应用程序和服务)的模式，这些可配置资源可以被快速地提供和释放，同时保证管理成本或服务商互动最小化。NIST 给出了云模式的五个基本特征、三种服务模式和四种配置模式。

五个基本特征：

➢按需自助服务(On-demand self-service)

➢广泛的网络接入(Broad network access)

➢资源池(Resource pooling)

➢快速灵活(Rapid elasticity)

➢计量式服务(Measured service)

三种服务模式：

➢软件作为一种服务(Software as a Service——SaaS)

➢平台作为一种服务(Platform as a Service——PaaS)

➢设施作为一种服务(Infrastructure as a Service——IaaS)

四种配置模式：

➢私有云(Private cloud)

➢社区云(Community cloud)

➢公共云(Public cloud)

➢混合云(Hybrid cloud)

1.2 云计算的应用现状

美国是拥有和使用超级计算机最多的国家，是软件和硬件核心技术的提供商和开发者，并占据世界软件产品三分之二的市场份额，拥有众多业界一流的公司和规模庞大的科技人员。云计算理论在美国已经较为成熟，在美国政府的大力扶持下，Amazon、Google、IBM 等大公司是云计算的开拓者。表 1 列出了 2011 年全球 10 大主要云技术提供商及其主要从事的云服务模式。表 2 是各类型服务的说明和产品示例。

表 1 2011 年度全球 10 大云计算提供商[13]

排名	公司	服务模式		
		IaaS	PaaS	SaaS
1	Amazon	√	√	√
2	Verizon/Terremark	√	√	√
3	IBM		√	√
4	Salesforce. com		√	√
5	CSC			√
6	Rackspace	√	√	√
7	Google		√	√
8	BlueLock			√
9	Microsoft		√	√
10	Joyent			√

表 2 类型服务的说明和产品示例

服务模式	说 明	云产品举例
SaaS	用户通过不同的客户端设备，由 web 浏览器等搜客户端接口，访问和使用云设施上运行的应用程序，用户不管理或控制底层的云设施(网络、服务器、操作系统、存储等)。	Amazo Ec2、IBM Blue Cloud、Sun Grid
PaaS	把开发环境作为一种服务来提供。用户可以使用云计算商的设备、开发环境、库、服务器和工具来开发自己的程序，用户不能管理或控制底层的云设施，但可以控制已开发的程序和用于应用托管环境的配置设置。	IBM IT Factory、Google APPEngine、Force. com、VMware
IaaS	把云计算基础设施作为服务提供给客户，这些设施包括处理器、存储、网络和其他基本的计算资源，用户能够部署和运行任意软件，包括操作系统和应用程序。用户不管理或控制相关云计算基础设施，但能控制操作系统、储存、已部署的应用，也有可能对选择网络组件进行有限的控制。	Google APPS、Soft-Ware+Services

2 图书馆的云技术应用模式探讨

2.1 图书馆的云服务模式选择

传统数字图书馆的管理系统通常包括图书自动化管理系统、存储系统、面向服务的门户、统一身份认证系统、检索系统、虚拟参考咨询系统、数字版权保护、馆际互借和全文传递系统、CALIS资源调度系统、计费系统等大量的应用系统。图书馆需要建立独立的数据中心，并为此配备和维护基建设施、计算机、网络、空调等大量基础设备，配属专门机构和人员，各系统间的协调性、软硬件兼容性、可管理和可维护性差。而在云计算的商业模式中，更加基础和共性的IT相关业务将由专业的供应商托管，使客户降低成本的同时，更专注于自身的业务。

图书馆的云服务模式需要与自身的定位相结合，规模大、具有重要地位的高级别核心图书馆，需要建立自己的数据中心，充分依托现有技术，以相对较低成本实现云计算部署，采用IaaS模式是适合的选择之一。IaaS服务可以充分依托虚拟化技术，将对众多物理资源的需求集中到云端，建立高效、灵活、扩展性强、安全性好的IT基础架构，进行资源的统一动态调配，提高设备使用率，提高各系统和资源的可管理性，并为后续的云技术应用拓展打下基础。大型数字图书馆可以作为公有云来提供服务。

对于广大的中小型规模的图书馆来说，现阶段更适合采用SaaS模式进行云计算应用，从数据存储托管和应用服务托管开始应用。SaaS模式的优势在于可以快速实施通过托管获得专业的数据管理和服务，减少IT业务投入、降低总成本等。采用SaaS模式，将基于web的读者访问、检索和管理等系统，以及数据资源存储和相关管理系统进行托管，部署小型私有云是一种高性价比的方案。

相对于IaaS和SaaS模式，PaaS模式具有承上启下的技术优势，在技术实现上影响上下层架构，在应用中提供关键的平台与中间件接口，在“跨系统操作”、“云数据库”和“门户(Portal)”等系统的开发方面具有潜在的优势。虽然PaaS模式未来有可能更具技术优势，但其自身技术复杂，对于用户来说，需要掌握新的平台，并基于新平台进行开发，投入成本及风险更大。

2.2 图书馆云技术应用的着力点

数字图书馆的主要业务以数据存储、管理和服务为核心，无论采用何种云服务模式，对于图书馆来说，云计算技术的应用核心在于数据存储系统和应用服务系统的云迁移。

(1)云存储

在数据存储方面，图书馆需要管理海量数据，例如书目数据、数字化馆藏数据、读者数据等等。传统的图书馆数据资源存储方式，如直接附加存储(Direct Attached Storage，简称DAS)、网络附加存储(Network Attached Storage，简称NAS)、存储区域网络(Storage Area Network，简称SAN)等，都存在一定的问题，例如：存储模式和技术标准不统一，大规模数据的共享及跨系统的整合困难，存储系统动态扩展能力和可管理性差，缺乏数据快速备份、恢复和迁移能力，容灾能力不足，存储系统需要持续投入，建设和运行成本高。随着图书馆数据资源的不断更新，数据容量呈加速增长趋势，加之存储系统自身的损耗和更新，上述问题将越发严重。

云存储是以数据存储和管理为核心的云计算应用模式，主要由高性能计算、存储和网络，以及相关服务组成。对于数字图书馆来说，借助高性能的横向扩展存储架构及优秀的管理性能，云存储可以实现：

➢按需支持海量数据的存储和动态扩展；

➢支持高效的备份和恢复，以及数据的实时迁移；

➢便于实现数据跨库协同与共享；

➢存储和数据管理业务集中，有利于业务剥离，从而降低图书馆运营成本；

➢统一身份认证、权限管理和安全策略，维护方便，安全性提高。

(2)应用系统的云迁移

图书馆的众多应用系统，可以通过租赁云服务商的服务(SaaS模式)进行托管，应用系统的维护将由云服务商为主完成，从而有效降低图书馆日常管理和运营成本。例如数据库管理系统，由建立在云存储基础上的数据库系统统一托管；E-mail系统、论坛系统等由云服务商的相关产品托管；个人和机构的图书馆定制服务，可以基于云服务商的PaaS产品，进行针对性的定制开发，建立更加完善的基于云技术的图书馆服务平台。

对应用系统进行云迁移，可以充分利用云技术的平台化服务，例如对手机、平板电脑等移动终端访问的高效支持，本身即属于云技术的一个基本特征，这将大幅度压缩维护移动图书馆系统所带来的开销。另外，借助云计算系统对资源的动态管理和按需分配，图书馆将不必担心对数据传输带宽不足、系统访问量和并发数增加所带来的不稳定风险，云服务商将代替图书馆馆员对此类事件进行更专业的处理。

3 云时代的图书馆面临的挑战与服务创新

3.1 云时代的图书馆面临的挑战

(1)数字时代读者阅读方式的改变

随着互联网的普及，国民阅读模式也在发生变化，根据中国新闻出版报2012年4月23日的第九次全国国民阅读调查的初步成果显示，2011年我国国民综合阅读率为77.6%，其中图书阅读率为53.9%，电子书阅读率为16.8%，人均阅读电子书1.42本；各类数字化阅读方式接触率为38.6%，比2010年的32.8%上升了5.8%，增长率为17.7%；在阅读形式倾向方面：75.3%的人倾向于纸质图书阅读，11.8%的人倾向于网络在线阅读，9.4%的人倾向于手机阅读，有2.5%的人倾向于在电子阅读器上阅读，1.0%的人习惯从网上下载并打印下来阅读。随着电子书和平板电脑的迅速普及，电子阅读所占比重将持续增加。

(2)互联网服务对数字图书馆的冲击

随着移动终端的迅猛发展，网络阅读以及无处不在的移动阅读，使人们对图书馆的依赖不断降低，近年来针对智能手机、平板电脑为代表的新兴电子产品所发展的“电子书和电子书城”，直接影响到了传统的图书出版业。另外，以Google、百度等为代表的智能搜索引擎，提供了智能的知识获取渠道。同时，免费服务的百度文库等在线资料服务产品，与数字图书馆的功能有重叠，对传统数字图书馆的付费服务模式构成威胁。

(3)云计算技术对数字图书馆的挑战

云计算技术的兴起，将在很大程度上强化了资源丰富的数字图书馆的服务能力和服务优势，传统的馆藏资源管理、访问和交流瓶颈被打破，数字图书馆业务不可避免地面临着整合和淘汰，那么对于众多中小型图书馆的数字资源服务业务来说，需要积极应对已经到来的挑战，调整角色定位，探索新的发展和服务模式。

3.2 云时代图书馆的服务创新

现代图书馆的迅猛发展，起源于为公众提供低成本的知识服务，并承担知识存储的功能。在数字时代，图书馆不再是唯一的，甚至不再是主要的知识获取渠道，大多数图书馆在知识存储方面的地位也在不断弱化。传统非数字化资料的存储和服务，仍然会是图书馆的主要业务之一，借助云技术和新一代互联网技术，在数字化资料的服务方面，从图书馆的角色定位出发，可以发掘符合时代的服务模式，这些服务模式可能包括：

(1)为读者提供极低成本电子阅读服务

虽然目前电子图书等市场十分火热，但相对来说电子书价格仍然偏高，大量免费的电子图书都属于百年前甚至更古老的读本，近年的畅销书、新出版的各类书籍等，由于版权问题，读者的电子阅读仍然类似于“买书”而非“借书”，数字图书馆应当提供读者更加廉价的阅读资源。云技术为版权问题提供了一个很好的解决框架，例如图书馆通过购买一定数量的电子书，为读者提供云端的在线阅读，或类似于借阅的限时授权资料的下载服务等。

(2)专业领域的联盟和主动服务

对于某些有专业特色的图书馆，例如航空航天类高等院校图书馆，通过建立图书馆联盟，为航空航天专业高校、科研院所等提供专业的数字馆藏资料服务，并结合学术、工程单位的研究，主动进行技术服务、资料搜集等。

(3)客户的个性化私有馆藏服务

借助云技术的便利，针对个人、家庭、团体、企业等的特定需求，为其提供私有图书馆。可以通过云端的虚拟化私有云部署模式，来构建客户的私有馆藏空间，以专业的资料管理和知识管理提供优质服务，并将私有空间拓展到客户私有资料管理等方面，为客户提供能够代替本地个人电脑的存储服务。

(4)以人为本的全方位知识服务

借助个性化的私有馆藏服务，通过调查、分析读者需求，分析读者的职业和社会角色转变等，提供专业知识推送、网络培训服务、职场及人生规划等工作、学习和生活各方面的综合辅导服务。

(5)专业的数据分析和挖掘服务

基于丰富的馆藏信息，为相关部门提供专业的数据挖掘、知识推送、资料检索分析等服务。进一步加强传统资料分析、查新等服务。

4 总结

本文探讨了图书馆云计算应用的模式，讨论了云存储和应用服务迁移，对于图书馆来说，跟踪云技术的发展、开展试验性尝试等工作具有重要的意义，但现阶段立即实施大规模云迁移和部署，风险较大。

另外，针对近年来读者阅读方式的转变及趋势，讨论了云计算以及新一代互联网技术给广大图书馆带来的冲击，对于传统图书馆行业来说，需要紧跟时代步伐，积极调整角色定位，积极探索新的服务模式，为广大读者提供更加优质的服务。

参考文献

[1]Karl W. Schornagel. united states government library of congress memorandum[EB/OL]. [2010-10-22], http：//www. loc. gov/about/oig/reports/2011/rpt2010octMemoRe Cloud Computing. pdf

[2]张文华，冯凯，胡光林，胡春．云计算及其在图书馆中的应用现状和面临的障碍[J]. 图书情报工作，2010(7)
[3]林海青．图书馆的云计算应用模式[OL]. [2012-04-05]，数字图书馆论坛. http：//www. dlf. net. cn
[4]张进英．我国云计算与图书馆问题研究综述与展望[J]. 图书馆学研究，2010(8)：13－16
[5]胡新平，沈洪妹，张志美．区域云数字图书馆构建研究[J]. 情报理论与实践，2010(2)：77－80
[6]宋戈，魏志鹏．基于云计算的图书馆建设与服务发展[J]. 图书与情报，2011(1)：79－81
[7]王长全，艾雾．云计算环境下的数字图书馆信息资源整合与服务模式创新[J]. 图书馆工作与研究，2011(179)：48－51
[8]王红．基于开源软件的图书馆云平台研究[J]. 情报探索，2011(1)：101－103
[9]隋会民，刘万国，周秀霞．MooseFS 系统在图书馆联盟云计算架构中的应用研究[OL]. [2012-04-05]，数字图书馆论坛．http：//www. dlf. net. cn
[10]马晓亭，陈臣．云安全 210 技术体系下数字图书馆信息资源安全威胁与对策[J]. 现代情报，2011(3)：62－66.
[11]康春鹏，李维加．基于云安全技术的图书馆网络防病毒策略[J]. 情报搜索，2010(7)：87－88
[12]National Institute of Standards and Technology. The NIST Definition of Cloud Computing[OL]. [2011-09]，http：//csrc. nist. gov/publications/nistpubs/800-145/SP800-145. bdf
[13] http：//searchcloudcomputing. techtarget. com. Top-10-cloud-computing-providers-of-2011 [OL]，[2011]. http：//searchcloudcomputing. techtarget. com/feature/Top-10-cloud-computing-providers-of-2011
[14]http：//www. researchandmarkets. com. Survey of Library Use of Cloud Computing[OL]. [2011-11]，http：//www. researchandmarkets. com/reports/1957704/survey _ of _ library _ use _ of _ cloud _ computing

作者简介：苑桂萍(1978—　)，女，硕士，研究方向：情报学/情报分析、信息管理、知识管理等。
杜慰纯(1967—　)，女，博士，研究方向：信息素质教育与研究。
冯花朴(1966—　)，女，硕士，研究方向：情报分析，信息行为。
惠瑶(1980—　)，女，博士，研究方向：信息管理和情报研究。

图书馆人才交流与合作

信息时代编目馆员的继续教育

吴　雷
（济南大学图书馆）

摘　要：编目馆员在信息技术新环境下分担的责任不断增加，迫切需要不断地接受继续教育。论述编目馆员接受继续教育的重要性和必要性，提出编目馆员的继续教育策略。

关键词：编目　编目馆员　继续教育

Catalogers Continuing Education in the Information Age

Wu Lei
(University of Jinan Library)

Abstract: In the new environment of information technology, cataloging librarians continuous increase in shared responsibility, urgent need constantly to receive continuing education. Discusses the importance and necessity of catalogers to receive continuing education. Proposed continuing education strategy for catalogers.

Keywords: Cataloging; Catalogers; Continuing Education

1　引　言

馆员的素质是直接影响图书馆运作最为重要的因素，若缺乏素质不断提升的馆员，仅有良好的图书馆馆藏与建筑设备，也无法提供更优质的图书馆服务。而馆藏资料的分类编目是图书馆各项服务的基础，因而编目馆员的素质大大影响着图书馆服务的绩效。信息时代的来临，信息技术的迅猛发展，媒体形式的不断增加，读者需求的多样与差异，使得编目馆员的工作内容产生很大的变化，其角色也随着图书馆内外环境的改变而趋于多样性，为承接相继而来的工作职责，提升工作质量与效能，只有不断接受继续教育，提升专业素养，加强对自我角色的正确认识，才能克服随之而来的种种困难，也才能克尽新时代的新角色职责。

2　信息技术新环境下编目馆员的继续教育需求

编目馆员的工作内容在转变，所分担的责任不断增加，从技术服务扩及读者服务、系统信息服务与行政管理的范畴。编目馆员在信息技术的影响下，由书目控制为基础向外延伸，角色的扮演更多元化，所对应的知识与技能也必然增加，但这些因环境需求而产生的新知识技能，是编目馆员之前所未曾学习或仅粗浅涉猎，亟待继续教育的养成。

继续教育即现职馆员接受可增进专业知识技能、对其工作有所帮助的任何学习活动，包括参加图书馆馆内外所举办与图书信息学或与实际工作内容职责相关的正式与非正式的学习活动，例如进修学位、正式课程选修、旁听课程、参加研讨会、聆听相关演讲、参加远程教学、阅读相关书刊、参加相关学会团体、参与相关研究计划、参与相关论坛、发表著作等等各种学习活动。

继续教育的目的在于更新专业人员的专业知识，充实利用新技术的能力，弥补专业理论与实务推动上的落差，讨论各专业理论所面临的最新议题与解决之道，是持续对专业知识与技能温故知新的方法。继续教育对个人与组织双方面具有双赢的成效。对于个人方面，不仅可促使其专业成长，更可强化其适应社会与工作环境变迁的能力，激励其不断自我超越；在组织方面，可协助机构的稳定发展，并使人力优质化、卓越化。此外，继续教育更可帮助工作人员建立正确的角色认知与工作态度，使其处于不断变迁的环境中，能以更宽广的视野审视环境，理性思索工作的本质与意义，坚定努力的方向，因此继续教育一直是各行各业加强人力资源管理以提升工作效能的做法，更是改善其工作人员素质，不断提升其服务质量的途径，对图书馆而言更是如此。

编目馆员在求学时，学校所给予的图书情报学教育势必无法完全满足个人日后的实际工作所需。不仅是编目馆员，任何人即使在学校求学时接受充实的养成教育，但在知识进展快速的形势之下，随时学习新知、更新相关学识技能是绝对必要的。近些年来国内外图书情报学教育中的编目课程在信息环境急速变迁下，不但授课时数没有增加反而缩减，在此情况下，编目馆员要在工作环境变动中求得工作的胜任，力求工作质量的持续提升，唯有在工作的同时不断地接受相关的继续教育，才能拥有应变求变、持续更新的工作能力，维持良好的专业素质。

新信息技术应用不断影响着用户，产生许多新的用户需求，并改变着用户的使用行为；编目馆员必须不断追求更多的计算机信息技能，并与知识组织的专业技能相结合，以具备更符合用户需求的应对能力。图书情报学各方面改变速度之快是众人皆知的，昨日为提供某服务而需培育的能力，在今日可能已变得不再如此重要，或者需要加以改进，甚至必须重新学习全新的技能，而对编目工作而言亦是如此。技术与经济因素，大大影响编目工作，而技术更是影响编目专业技能的发展。愈来愈复杂的在线目录和共享系统，让编目馆员渐渐脱离冗长繁复的人工方式，取而代之应是他们对更高层次的书目控制和检索有更精深的理解，对系统的设计、输入和维护更具专业性；此外，诸如对环境的适应能力和解决问题的能力，在未来技术更加发展与经济条件限制之下，已是不可或缺的能力。

出版物的激增，让书目关系趋于错综复杂，亟须编目馆员详尽地描述其外延与内涵，以便于分类聚集。而在线公用目录突破以往卡片目录的限制，扩大了读者对目录的期待，编目馆员在信息技术的帮助下，实现可以在书目中提供目次、摘要、内容简介、评论等有助于辨识信息的相关内容，同时编目馆员也应在人工智能、类神经网络、模糊概念、内容分析和相关软件配合，能编制更高质量的书目纪录与目录。急速成长的电子资源对编目馆员而言，俨然是前所未有的考验。编目馆员需要不同于先前组织传统馆藏的技巧与能力来组织这些虚拟馆藏；而编目馆员也经常需要处理无法抄编的独特资料，需要独创性的组织架构去满足资料的特性和馆内特殊需求，以代替已有的架构，应该致力的是整体目录，而非仅是个别的书目纪录。然而这样的需求与挑战，必须靠编目馆员自身不断地学习新的知识来加以适应。

信息时代编目馆员诸多迫切需要不断地接受继续教育的原因中，除信息技术影响下编目馆员角色转变所对应的需求外，编目质量问题也包含其中。编目的质量，最重要的是其所记载信息的正确性与延伸性；编目的质量在于能掌握目录对读者的实用性与价值。图书馆目录建构的目的在于帮助读者找寻、辨认、选择与获得所需信息，同时也是管理信息的工具，倘若图书馆目录的书目纪录内容错误或记载不完整，不仅严重影响读者的检索效果，也将导致信息检索与管理的失败。编目馆员是图书馆目录的编制者，其素质大大影响编目工作的成效，攸关图书馆目录质量的良莠，也间接影响图书馆整体服务绩效与形象。此外，为消除各编目机构编目实践的差异，实现书目信息资源共享[1]，在合作编目以及电子资源日益增加的情况下，编目馆员的素养问题更是影响广泛而深远。

3 编目馆员继续教育策略

图情教育应提倡继续教育、终身教育、自我学习、团队学习和多媒体学习五种教育观。编目馆员进行继续教育的方式很多：如学历教育、各种专业培训、自学、参加专家讲座、加入专业学会、参与专业会议、阅读专业文献与利用编目相关工具，而利用编目相关工具指的是编目规则、分类表、标题表等，主要用以增进并更新基础的工作能力。此外，参观访问与进行研究，虽可能较受经费限制，但也是继续教育的可行方式。

3.1 强化编目馆员分类编目核心能力

尽管编目馆员的工作内容有扩大趋势，角色在逐渐转变中，但是分类编目工作仍是其最主要的工作，而编目馆员对于分类编目的专业知识技能也确实具有高度的需求。在信息时代，技术快速进步的带动下，任何知识的成长将以倍速方式不断成长扩散，任何技能的改变也将以倍速方式更迭，而在诸多猫鼠急需学习的知识技能中，不论是图书馆着眼于编目馆员的素质提升，或编目馆员对专业工作胜任的自我要求，应积极接受分类编目工作相关知识与技能的继续教育机会，不断地温故知新，持续强化工作的核心能力。

3.2 积极参与科学研究

在数字化的环境下，图书馆员需要担任新的角色，要求图书馆员参与到科研团体的研究过程中，深化图书馆服务，与研究团体一起承担科学研究项目。图书馆和未来的图书馆员虽然作为独立的个体仍然需要深入了解读者和团体的需求，并且要积极地参与到个人和团体的研究当中。

3.3 出版分类编目专业期刊

在对继续教育方式需求调查项目中，自行阅读相关书籍或期刊的需求排名靠前，可见专业书刊对编目馆员的重要性，而国内发行分类编目的专业期刊也实有其必要性。国外有分类编目或技术服务专业期刊发行，目前国内有关分类编目的相关文献，分散在各图书情报学相关期刊，同时也未有大量国外相关文章的译文，建议应有相关单位或院校发行专业性期刊，不论是学术论文发表或译文、工作心得分享、或任何相关信息刊登，都可利用此专业性期刊来提供编目馆员研读与交流之用，借以促进国内分类编目事业的研究与发展，提升编目馆员的专业地位与形象。

3.4 鼓励编目馆员多元化学习

确实有部分编目馆员仍然单纯地负责分类编目工作，但是大多数编目馆员工作内涵实已跨越分类编目的范畴，参与多项图书馆其他工作，而其对各种继续教育内容与方式，有着高度的认同与需求。面对信息时代来临带来工作上的诸多冲击影响，应加强继续教育，除加强分类编目核心能力外，更应培养编目馆员多元化的专业能力，以适应并胜任更多样性的工作内涵，减轻其对工作所产生的压力与焦虑感。对于继续教育的实行，就图书馆而言，应考虑编目馆员工作上相关知识技能广度与深度的需求以及个人的差异性，并在平衡图书馆事业整体发展趋势与组织目标前提下来计划实施；而对于学习意愿较为低落的编目馆员，应设法予以激励。而在编目馆员方面，也应配合图书馆的发展方向与工作所需，积极争取与参与相关继续教育机会。此外，图书馆除应确立继续教育政策，鼓励编目馆员平时即接受各种相关知识技能的继续教育外，更应明确其接受继续教育的权利与义务，以作为实质的激励与规范；而编目馆员本身也应有所自觉与警惕，勇于接受挑战、勤于学习，加强专业素养，培养更多元化的工作能力，以适应信息时代所带来工作上的诸多变革。

3.5 开展馆际交流

馆际交流，可使各馆间的交流与合作由以往的馆长这一层面扩展和深入到馆员层面，由管理层面扩展和深入到具体业务层面，使馆际间的交流与合作的内涵得到极大丰富。在馆员继续教育方面都不同程度地存在着重形式轻内容、重学历轻能力、重理论轻实践等方面的问题，严重影响了图书馆工作质量的提高，而广泛深入地开展馆员馆际间的工作交流，已被实践证明是解决上述诸类问题的行之有效的方法。通过广泛深入地开展编目馆员的馆际间工作交流，可使其冲破本地馆多年来形成的编目工作模式的束缚，了解、学习和借鉴他馆的先进经验，吸收和采用其适合本馆的合理部分，从而提升自己的理论水平和工作能力，达到改进本地馆编目工作的目的。

3.6 提供各种方式进行编目馆员继续教育

整体而言，编目馆员对各项继续教育方式实有颇高的意愿。然而编目馆员本身可能因个人或环境等因素，反映出不同程度的需求与期待，而年龄愈高，对于新兴技术与多样性的工作内容接受度则相对较低。因此，在图书馆单位本身、图书信息相关学会、院系等方面，应考虑编目馆员个性差异，因势利导来推广适宜的继续教育；同时也应加强辅导，协助其克服学习上的困难，且尽其可能地提供编目馆员各种学习途径，供其多方选择与接受继续教育的机会。而在编目馆员本身方面，也应当认清形势，认识到所处信息时代里，凡事皆在快速变化中，接受各种不同的继续教育方式，延伸广泛吸取专业知识的触角，是自我充实与能力提升的最佳方式。至于各种继续教育的消息，宜应透过各种公开发布的渠道，迅速地传达给编目馆员，特别是各馆应该有专人负责，提供专门渠道，集中提供给自己的馆员，并且融入本馆的指导性政策，使其能及时完整地掌握各项继续教育信息，有选择地积极接受各种适合自己的继续教育方式。

3.7 持续进行与评价编目馆员的继续教育

继续教育是因应工作所需而持续性进行的技能学习与专业素养提升的活动，其执行绝非仅限于某一时期或某特定条件对象，而必须是经常性与全面性的实行。编目馆员尽管性别不同、教育程度不同或在图书馆的工作年资不同，其对继续教育持有高度的认同态度与需求程度，因此各图书馆、相关学会、组织等，在考虑图书馆事业发展趋向与各馆组织目标下，应持续调查与评估编目馆员工作内涵与需求的改变情况，以及接受继续教育的学习成效作为持续提供继续教育时改进的参考，以便进行更切合需求的继续教育内容与方式。

4 结 语

图书馆应制定继续教育政策，明确接受继续教育的权利与义务，以给予编目馆员实质的激励与规范。编目馆员必须尽可能让自己接受多种形式的继续教育，如参与专业会议、研讨会、训练课程、视讯会议及网络教学，或阅读各种工作手册、专业书刊与电子论坛。时代的演变及技术的影响，促使编目馆员角色的转变，而编目工作与编目馆员职业的未来走向与信息技术的发展息息相关然而与其不断追问未来将会如何，不如去思索编目馆员如何去面对新的环境，如何在既有的知识基础之上加强专业素养，以求专业知识与相关技能的增长与提高，来扩展专业角色的扮演能力。编目馆员应该认识到环境的变迁既是危机同时也是机遇，在急速变动中持续学习、精益求精，对书目的控制与检索持续贡献力量，以扩大工作范畴，才能有所创新，拥有自己持续存在的新价值。

参考文献

[1]吴雷.《中国文献编目规则》与《资源描述与检索》编修机制比较研究[J]. 图书馆建设，2010(7)：72

作者简介：吴雷，济南大学图书馆副教授。

从图书馆人力资源现状分析人才培养的联合与共享

张桂岩
（首都经济贸易大学）

摘　要：本文通过对2005年至今国内有关图书馆人力资源管理相关主题论文的统计，并与南开大学唐承秀、曹歌老师合写的论文《图书馆人力资源管理国外研究简述》一文做了比较，分析了国内外图书馆关于人力资源管理上的不同与差距，诸如制度保障上的差异、馆员队伍素质标准的差异、人力资源管理体制的差异、继续教育和培训方式的差异、考核制度、竞争机制的差异等，阐述了我国图书馆内部在人力资源管理中存在的若干对矛盾：引进人才与人才流失的矛盾、人才紧缺与不能“人尽其才”的矛盾、鼓励竞争与建设和谐社会的矛盾、继续教育与经费不足的矛盾、馆员期待被重视与工作懈怠的矛盾等，力求找出解决矛盾的方法，提出人才培养要采取联合与共享的方式，提高人力资源管理者的水平、创造团结向上的快乐工作氛围、重视对馆员无偿激励制度的研究、重视馆员的继续教育与职业生涯规划、引进人才促进图书馆的发展等，让图书馆能够引进优秀人才、留住优秀人才，发挥人才优势和他们的潜能，以此推动图书馆事业在信息时代的快速发展，缩小中外图书馆管理质量及服务质量上的差距。

关键词：图书馆　人力资源　人才培养

人才在图书馆建设中的作用，早已在图书馆界达成共识，大家普遍认为，在图书馆服务所发挥的作用中，图书馆的建筑物占了5%，信息资料占了20%，而图书馆员则占了75%。图书馆事业发展不仅需要图书资料、信息设备等硬件设施的投入，更需要有高素质的人才队伍，人力资源建设和管理是图书馆发展的基础和保证。人才是图书馆创新与发展的最活跃的因素，是图书馆能否提供优质服务、使知识创新成果转化为现实生产力的关键，只有拥有人才，图书馆馆藏资源才能得到充分的开发，图书馆社会服务功能才能得到科学的发挥，图书馆才能实现可持续创新的发展。

1　近年来国内外图书馆人力资源管理研究的不同与差距

南开大学图书馆唐承秀、南开大学人力资源管理系曹歌老师合写的论文《图书馆人力资源管理国外研究简述》一文中，对国外1969—2007年间人力资源管理研究主题于LISA数据库做了分析和统计，得出结论：“研究重心依次是人员甄选、员工的培训与开发、薪酬管理、职业生涯发展、奖励机制、工作满意度、绩效评估、工作描述/分析和人事政策等，这大体反映了国外图书馆界对人力资源管理基本方面的关注程度”。

关于国内图书馆人力资源管理的相关研究，通过中国知网对2005年1月至今的论文做了统计：研究重心依次为：继续教育与培训、工作满意度、奖励机制、人事政策、职业生涯、绩效评估、工资薪酬管理等。

根据对以上资料的研读与统计，我们可以发现国内外图书馆人力资源管理的差异：

1.1 制度保障的差别

欧美以及日本、韩国等国家早已制订了各类图书馆法，是国家对图书馆事业进行领导、组织、发展的重要手段，而我国只有《公共图书馆法》初具雏形，其中会对图书馆工作人员的从业资格做出限定，这对我国图书馆事业的发展将有一定保障作用。

1.2 馆员队伍素质标准的差别

比尔·盖茨在谈到图书馆员作用时说过：“图书馆员懂得机构中信息的价值，他们是专业的知识组织者和导航者。”1999年11月在联合国教科文组织全体会议上获准通过的《学校图书馆宣言》中明确指出：“学校图书馆员是合格的专业技术人员，是图书馆工作的强有力的支柱。”“专业馆员”必须具备图书馆学硕士以上学位(有些还具有图书馆学、其他学科双硕士或博士学位)，并须获得美国图书馆协会的资格认证，能掌握图书馆学、现代信息技术等专业知识，懂得某个服务专业的学科知识，熟悉本馆馆藏和网络信息分布，能够熟练地解答读者的咨询，帮助读者获取信息、解决疑难问题。

我国的馆员制度分为四级：研究馆员、副研究馆员、馆员、助理馆员，与国外馆员是两个完全不同的概念，学历素质的要求也不同，即使研究馆员也很难达到国外“专业馆员”素质标准。

1.3 人力资源管理体制的差别

美国大学图书馆的人事体系，依照“人本管理”中能级对应原则，将工作人员分为四层：管理层—馆员层—职员层—雇员层。全馆人员每个人都有明确的上岗要求和角色定位，认真从事着自己力所能及的工作。雇员要不停地打扫、擦抹，保持图书馆环境的整洁，并协助职员做一些管理工作；职员要做好上架、值日、借阅、回答读者一般性的问题；馆员层即专业馆员。人的能量有大有小，对每个人都按其能量进行分级，使有相当能量的人处于相应能级的岗位。这样就可以形成一定的秩序和规范，以及一定的考核、评价标准，做到量才录用，各尽所能；人尽其才，各得其所。

反观国内的图书馆，虽已提出了“以人为本”、“以能为本”的管理理念，工作人员虽有职务、职称或学历、资历的差异，但在工作中所承担的任务常常大同小异——临时工和馆员，日复一日重复着图书馆的常规工作，有些要天天打扫卫生、整书上架，这种现象挫伤了工作人员的积极性；馆员和研究馆员在工作中也没有明显的差别，使工作人员缺乏积极向上的工作热情和责任意识。图书馆员工普遍存在着知识结构老化、服务技能单一等问题，缺少以精通专业为基点的复合型人才，尤其是缺少懂图书馆专业又懂其他专业知识的高级管理人才，难以满足现代图书馆发展的需要。

1.4 继续教育和培训方式的差别。

高素质的专业馆员队伍，来自不断的教育培训。在美国有新馆员的业务培训或者参加州、国家的训练项目；建立各种基金，每年有计划地组织图书馆专业的各种专题和新技术培训、讲座和专题研讨，使图书馆专业人员有机会经常接受培训和再教育，接受新的信息。比如加拿大图书馆协会官方网站上提供了许多图书馆的实习项目资源为图书馆员提供实习机会，温尼伯湖大学图书馆在2005年开展了“信息素养实习”(Information Literacy Intern)项目，该项目主要针对图书馆专业硕士毕业生，重点关注信息素养的整合，实习的内容主要包括：对信息素养项目进行规划和发展完善；协调温尼泊湖大学图书馆的在线帮助服务(Live Help Service)：参与馆藏发展建设；参加一些新项目，实践性强，收效大。

我国的图书馆员继续教育还局限在自主提高学历的学习、各类图书馆学会组织举办相关业务的短期培训班等，前者以理论学习为主，后者也仅局限在某一个业务岗位上，缺乏普遍性、计划性和持续性。

1.5 考核制度、竞争机制的差别

美国图书馆对馆员有一套严格的考核、晋升程序和优胜劣汰的竞争机制，除了高标准的进人条件和严格的筛选机制，对馆员的晋升要求也很高。首先，拟晋升馆员所在的图书馆必须获得美国图书馆协会的资格认证，这种资格认证在学术上具有很高的权威性；图书馆在取得认证后，才能对其拟晋升的图书馆员的专业能力给予评价。

我国图书馆界从20世纪80年代中期起，建立了专业技术职称评定体系，以后随着管理体制变革的深入，又陆续推出了“评聘结合”、“以聘代评”等一系列改革举措，但依然有着相当的缺陷：专业技术人员的合理晋升体系常常被传统管理机制干扰，论资排辈仍很严重，图书馆专业技术人员队伍常常出现具有高级专业职称的馆员，真正遇到现代信息技术实践发展难题时，能力明显不足的状况。

2 我国高校图书馆人力资源管理中存在的若干对矛盾

同处于一个信息社会，国内外馆员队伍虽存在着以上差别，但读者对信息的需求，对馆员的要求和期望值是相同的，造成国内馆员不能满足读者需求的状况，在人力资源管理过程中势必存在着以下若干对矛盾。

2.1 引进人才与人才流失的矛盾

近几年，高校图书馆开始吸收图书情报专业、计算机专业或其他专业的硕士生、博士生到馆工作，提高图书馆的整体文化层次。但同时，由于历史原因和各个图书馆发展水平的差距，很多图书馆缺乏高层次人才的使用空间和他们的生存环境，不能充分发挥他们的聪明才干，人才流失现象仍很严重。

2.2 人才紧缺与不能“人尽其才”的矛盾

由于传统图书馆的工作性质，多年来各图书馆都曾是解决学校教职工子女就业或其他部门岗位分流人员再就业的好去处，从而出现了人员引进的不合理性和人员配置上的学非所用、干非所长的情况，人力资源的结构不合理。目前图书馆的工作已不仅是简单的借借还还，主动性、个性化的服务已广泛开展起来，图书馆员应具备相关的专业知识，了解有关学科发展动态和最新成果，把馆藏文献中有价值的信息资源开发出来，并快速准确地提供给读者，这种适应当代数字图书馆发展的人才短缺，而引进的高素质人才由于一些主客观原因不能做到人尽其才或出现了“人才”与需求的不对等。

2.3 鼓励竞争与和谐环境的矛盾

岗位聘任制鼓励竞争上岗，废除以往任人唯亲、分配不公的旧模式，打破那种能上不

能下的用人体制。图书馆要营造一个鼓励馆员竞争、让人才脱颖而出的环境，打破年龄、资历、学历、职称等限制，充分调动馆员的积极性，在公开、公平、公正的前提下，馆员选择自己适合的部门及岗位。但是因此而造成的矛盾却与建设和谐社会、和谐环境相冲突，需要做大量的协调工作。

2.4 继续教育、培训与经费不足的矛盾

目前引进的高素质人才，无论是图书馆专业的还是其他相关专业的，都需要参加培训，学习其他领域专业知识或图书馆专业知识，而图书馆的经费虽连年增长，但都是对资源建设的保障费用，培训费却极少，远远不能满足馆员接收再教育和培训的需要。

2.5 期待被重视与工作懈怠的矛盾

图书馆在高校中与其他部门相比地位较低，馆员们期待被重视，被尊重，但相当一部分馆员却缺乏爱岗敬业的精神，工作中并不兢兢业业，只比待遇而不比工作业绩。虽然“鲶鱼效应”的管理方法早已运用与图书馆人力资源管理，但“鲶鱼”在图书馆的生存空间并不乐观，难以收到预想的积极向上、合理竞争的团队氛围。这一矛盾的解决还需要管理者做细致的工作，图书馆员从一点一滴做起，把自己的价值最大化，用自己的努力得到别人的认可和尊重。

3 人才培养的联合与共享

3.1 提高人力资源管理者的水平

帕累托原理因突出重点又称最省力法则和不平衡法则，但是图书馆的持续发展必须在人力资源管理上维持动态平衡。人的能力与他的级别相对应，才能发挥管理的最佳效能。而人是在不断变化的，能级对应关系也应相应地变化。一成不变的体制不仅会使处于高能级的人安于现状，不思进取；同时也会使处于低能级的人晋级无望，失去动力。现代管理的岗位能级必须是合理有序，人才运动又必须无序。一个人的能量高，就应登上高的能级。能量下降了或有更高能量的人才涌现，这个人就应当调整到相应的能级中去。这样的动态平衡将使每个人都有紧迫感，最大限度地发挥自身潜力。

实施岗位聘任制，让干部能上能下、岗位能上能下，真正做到人尽其才。同时这也对员工不断提高自身业务水平去适应岗位要求起到了激励作用。

图书馆领导者的能力、道德与选聘方式都对图书馆整体发展产生非常大的影响。人力资源管理者应该具备的知识和技能，如心理学、人事管理和组织发展等知识，具有图书馆从业的经历、高超的沟通技巧以及通过积极有效措施引进人才，学校应把引进的优秀人才放到图书馆的管理岗位上。目前实施的高校处级干部轮岗制度对图书馆馆长是一种冲击和考验，如果能在各高校图书馆之间实现轮岗，能否提高高校图书馆的管理水平和促进其发展呢?

3.2 充分发挥各种学会、团体的作用

图书馆协会在加强图书馆事业管理，扩展图书馆服务，以及图书馆员的继续教育等方面都发挥着举足轻重的作用。中国图书馆学会自 1925 年成立起，在开展国内外学术交流、图书馆员继续教育等方面都发挥了重要作用，但功能和作用还有待扩大。我们需要充分发挥图书馆协会在馆员交流和学习专业知识等领域中的作用，为图书馆事业发展推波助澜。在职业生涯规划管理方面，为图书馆的工作人员提供工作和实习机会，促进图书馆员的职

业生涯发展。

3.3　运用各种激励机制，创造团结向上的快乐工作氛围

低落的情绪不仅会使员工心情不畅，也会影响到与读者的交流，馆领导要了解员工情绪低落的原因，认真研究各类馆员的不同心理需求，学习沟通艺术，采取积极的措施，运用物质奖励、精神奖励等无偿激励措施，让馆员在快乐的工作环境中为读者提供高质量的服务。

3.4　图书馆间人才的交流与共享

在引进和培养自身人才的同时，我们要走外聘的方式，聘请图情领域、信息技术领域、管理领域的高校及科研院所的优秀学者和一流专家做图书馆的兼职馆员或顾问，为图书馆的重大决策把脉，提出解决方案。图书馆的业务馆员也需要机会到更多的高校图书馆学习，一周、一学期的交流与实践结合，会收到很好的学习效果。

3.5　馆员的继续教育与职业生涯规划

馆员的继续教育与职业生涯规划对人才的成长和可持续发展至关重要。在图书馆管理中，要重视图书馆对馆员的开发和培养，尤其要重视对中青年馆员的职业生涯规划管理，重视馆员自身的奋斗和自我管理；从管理者的层面来进行馆员的职业生涯规划，想方设法稳定人才队伍，最大限度降低人才外流数量；树立“以人为本”的管理理念，重视馆员自我发展的需要，承认个人的价值与能力，尊重他们的价值取向，让他们在工作中体验到自我满足，有实现抱负和创造的机会。在人才任用、选拔上“因事择人、量才适用”，坚持公开、公平、公正的原则，倡导合理竞争，打破“论资排辈”的陈规陋矩，建立和畅通“能者上、庸者下”的用人渠道，形成有序高效的人才管理机制。建立激励机制，对理论水平高、业务能力强、爱馆敬业，做出重要贡献的馆员要适时进行职位晋升，委以重任，对业务上、学术上取得突出成绩的给予表彰，进行物质和精神的双重奖励，让他们的付出得到相应的回报，使他们找到自身的价值和成就感，激励馆员，留住馆员，让馆员为图书馆的发展做出更大的贡献。

2001年国家图书馆颁布了《国家图书馆员工继续教育管理规定》和《国家图书馆人才发展基金管理办法》，包括在思想方面培养员工图书馆职业精神，增强图书馆职业吸引力，鼓励员工接受继续教育，使员工的整体文化素质明显提高；深化激励机制；完善监督机制；人才的深层次挖掘等方面，人才流失现象明显减少。

3.6　引进人才促进图书馆的发展

有计划、有步骤地逐步形成多学科、多层次的人才结构队伍，实现人才结构的优化组合，通过借用、聘任、兼职等方式吸引馆外的专业技术人才，特别是加快一些紧缺而又急需的人才，如计算机、网络、外语、图书情报等高层次专业人才的引进。在人才的引进上，应采用一定的鼓励性政策，如在生活待遇、工作环境、职称评定等方面给予一定的政策性倾斜，以吸引所需人才，加快人才结构的优化组合。例如，清华大学图书馆重视新人的招聘，面试流程设计精细，兼顾选拔应届毕业生和有工作经验的人才，兼顾当前需要的人才和长远需要的高学历人才，为各种人才结构都定下了合理的比例，是值得学习和借鉴的。

随着信息时代的到来，图书馆的服务职能、教育职能都发生了很大的变化。因此，对工作人员的要求亦越来越高，很多图书馆在人事制度上进行了相应的改革，实施聘任制和

考核制等。而对图书馆员的职业生涯管理将是图书馆人事管理的一个重要方面，重视图书馆员的职业生涯发展，将有利于为图书馆培养高素质、有创新能力的队伍。为此，我们可以借鉴国外图书馆界对于图书馆员职业生涯管理的方法和思路，探索出适合我国图书馆员的职业生涯规划和管理道路。帕累托原理在我国图书馆界一样通用。我们在借鉴外国先进经验时要采取积极而又慎重的态度，既不能简单照搬其具体做法，也不能畏首畏尾，改头不换面，没有实质性的改变。要勇于探索、转变观念、拓宽思路、结合实际、大胆实践。同时我们也盼望我国图书馆法早日出台，明确图书馆工作人员的权利和义务，以更优惠的政策、更合理的激励机制，使优秀人才留在图书馆事业中，在新时期信息服务、知识服务中发挥作用。

图书馆人力资源管理和开发，就是要在图书馆弘扬一种默默奉献的精神，开发出每个人的智能和潜力，使图书馆的每一个读者都享受到优质的服务，使图书馆每一个工作人员在适合自己的岗位上辛勤工作，建立成就并得到尊重。

参考文献

[1]姚琼．我国图书馆人才激活策略初探[J]．高校图书馆工作。2003(2)：63－66

[2]邱五芳．挥之不去的图书馆学的技术情绪[J]．图书馆，2002(3)：5－7

[3]孙继林．复合型人才与图书馆员职业生涯规划[J]．江西图书馆学刊，2005 (12)：322－324

[4]孙晓萌．关于高校图书馆人力资源管理若干问题的探讨[J]．文献信息论坛，2008(2)：39－41

[5]唐承秀．图书馆内部管理沟通实证研究[D]．北京大学博士生学位论文，2008

[6]许葵．国外关于图书馆员培训的研究[J]．科技情报开发与经济，2010 (32)：1－2

作者简介：张桂岩(1965—　)，女，副研究馆员，本科，研究方向，图书馆管理及服务创新。

强化高校图书馆员继续教育工作提升馆员综合素质培养

李继晓
（青海师范大学图书馆）

摘　要：文章阐述了高校图书馆员的继续教育是信息时代图书馆事业发展和图书馆员素质提高的需要，针对高校图书馆员继续教育存在的一些问题，提出了图书馆员应具备的素质以及强化高校图书馆员继续教育的对策与措施。

关键词：高校图书馆员　继续教育　素质

Abstract：This article expounds that the continuous education for the university li brarians is the requirement of the information times，development of library course and quality improvement of the librarians. At the meantime，it also discusses the required quality of the librarians and the measures to improve these qualities.

Keywords：university librarians；continuous education；quality

随着科技的发展，社会的进步，我国高校图书馆也将逐步进入数字化时代。图书馆使用计算机管理的业务越来越多，使传统图书馆在管理与技术应用方面发生了根本性变化，并且对图书馆馆员也提出了严峻的挑战。高校图书馆为确保学校文献信息中心的地位，充分发挥其在教学科研中的作用，必须有一支高素质的、能够担当起新时期高校图书馆事业发展重任的人才队伍。高校图书馆员必须接受继续教育，改变知识结构，提高工作技能，以适应现代信息技术发展的需要。如何培养、教育、提升、造就高校图书馆员的综合素质，便成了我们所要研究的新课题。

1　提升高校图书馆员综合素质的重要性

信息社会的到来，知识经济时代的逼近，极大地改变了人们利用、传播、存贮信息的方式，图书馆正在由传统的各自为政的“小图书馆”向“网络化大图书馆”迈进。各图书馆正以实现真正的资源共享，进而成为社会信息的枢纽为目标，努力沿着信息化，网络化方向疾驰。这对图书馆的自身发展也提出了新的要求，图书馆员的服务已经不仅仅是简单的借借还还，服务工作已由封闭、静态、单一、被动，转向了开放、动态、多功能、多方位和主动的服务方式。他们既是图书馆员，又是知识经济的参与者，这就对高校图书馆员的知识结构与服务技能提出了更高的标准和要求，人们愈加认识到继续教育的重要性和迫切性。

1.1 信息社会发展的需要

在科学技术日新月异、飞速发展的今天，信息量越来越大，信息流动速度和更新也越来越快，人们知识更新的周期大大缩短。据统计：一个大学生在参加工作后他原来所学知识的半衰期是五年，而十多年以后，他原来学的东西就已陈旧过时，他一生需要的知识90%要靠在工作岗位上的继续教育来补充。作为应用性很强的图书馆专业领域，这种现象同样表现得非常突出。高校图书馆员面临着需要不断更新知识、掌握新技能的挑战。特别是图书馆被称为没有围墙的大学，是人们继续教育的首选场所和终身学校，而图书馆员也责无旁贷地成为这所学校里的教师。教育者必先受教育，图书馆员要熟悉的是掌握知识的知识，他的继续教育关系着整个社会的继续教育。其严肃性和重要性是不容忽视的。为此，图书馆员必须加强继续教育，尽快调整知识结构，吸收新的成果，学习新的知识，才能跟上时代的步伐。

1.2 高校图书馆发展总体趋势的需要

随着信息时代的到来和高速互联网络的发展，高校图书馆发展总体趋势：资源数字化、服务网络化、管理知识化。传统的图书馆将被电子图书馆、数字图书馆、网络化图书馆所取代：在原来以纸张为载体的文本信息基础上，增加了视频、声频、缩微等信息，并能以数字化的形式在网上高速传递。图书馆服务工作应由传统被动服务模式转变为以信息研究和深度加工为重点，积极开展文献信息服务的现代务模式；由被动提供一次文献传递转变为主动提供二、三次文献服务，由封闭型、分散化向开放型、网络化转变，由静态服务向动态服务转变。由借借还还浅层次文献管理向深层的文献开发、学术研究方面转变。图书馆管理知识化是作为一种新的管理，不只是一种理念，而且是一种手段和方法，必须实现管理方式的转变，要将制度设计从少数领导制订转变为自下而上的图书馆员共同制订，从行政管理、人事管理为中心的管理模式转变为业务管理、人本管理为中心的模式，从单一行政决策转变为民主化科学化决策机制。这些对丁很多图书馆来说还十分困难，但却是管理改革的现实问题。未来高校图书馆的现代化、信息化、智能化、社会化、服务手段多样化，要求图书馆员成为一专多能的复合型、多元知识型的人才。目前，我们的图书馆员无论在知识上，还是在管理技能及思想观念上，都很难适应这样的要求。要想跟上图书馆事业发展的步伐，就要加强继续教育，否则将被时代的发展所淘汰。

1.3 高校图书馆综合素质提高的需要

长期以来，许多高校图书馆人员的安排在文化程度上没有严格的要求，忽视了馆员文化综合素质对读者服务质量的影响，馆员中以照顾性质进入的教职工家属子女为数不少，图书馆成了各类闲散人员的“蓄水池”，导致馆员队伍文化综合素质良莠不齐。一些馆员安于现状，观念落后，不爱学习，不求进取。拥有高级技术职称人员年龄老化，有的评上了高级职称但实际工作与研究能力却没有相应提高，现代计算机技术、外语方面的基础较薄弱，而面向信息社会需求的高标准、高水平和一专多能的复合型人才更是奇缺。虽然图书馆引进了不少人才，但整体知识结构单一，难以开展高层次的信息分析、咨询服务，不能满足技术知识密集型的信息资源发展的需要。所以高校图书馆应尽快培养一批高素质、结构合理、具有实际工作技能的图书馆专业队伍，仅靠普通教育或基础教育是不能完成这一历史使命的。因此，加强继续教育已成为图书馆的迫切任务。

2 高校图书馆员继续教育存在的问题

2.1 对继续教育的认识不足

在主观认识上，馆员对继续教育还缺乏足够的认识和重视，学习无动力，缺乏积极性。部分馆员急功近利，重视学历教育，轻视非学历教育。继续教育的内容与实际工作需求还存在一定的差距。

2.2 知识结构存在缺陷

当前，高校图书馆馆员知识结构失调是普遍存在的现象。首先，图书馆员中图书情报专业毕业的人员较少，图书馆专业毕业的又缺乏缺乏相关学科的知识；其次，大部分是非图书情报专业毕业的人员，这部分人员掌握比较丰富的相关学科知识，图书馆学专业知识匮乏，同时具有图书情报专业知识和相关学科知识的“复合型”人才甚少，亟待加强图书馆学专业知识和其他业务技能的培训。

2.3 缺乏配套的管理制度

高校图书馆至今都没有相应的继续教育管理制度，馆员对自身在继续教育中的权利，义务以及学习的时间，内容和经费来源模糊不清，继续教育工作长期处于一种无法可依，无规可循的状态，难以健康、有序、稳定持续地开展。

2.4 缺乏现代信息技术知识

随着电子信息技术的发展，信息瞬息万变，高校图书馆越来越陷入内容更新不快、服务手段落后的境地，馆员知识老化，缺乏现代信息技术知识，这是目前最大的缺陷。网络信息咨询是图书馆现代化服务的重要标志。但有些图书馆员缺乏现代信息咨询意识，观念封闭保守，不能适应网络环境下信息咨询服务的要求。他们普遍存在计算机知识水平偏低，网络知识匮乏，不能熟练利用现代信息技术对信息资源进行检索和处理的问题。

2.5 经费短缺

长期以来，经费短缺是制约图书馆发展的重要因素，包括馆员的继续教育问题，没有经费便很难进行。

3 提升高校图书馆员综合素质加强继续教育

3.1 完善继续教育是提高馆员综合素质的重要保证

现代高校图书馆发展的主要特征是现代化、信息化、智能化和网络化，它决定了图书馆业务服务手段多样化。高校图书馆员整体素质的提升能否跟上飞速发展的数字化进程，将直接影响到高校图书馆的建设和工作质量。随着学科的发展，图书馆学的理论也在不断发展，各种图书馆专业知识不断更新，例如图书分类法、图书编目规则等等都在不断扩充、更新。电子出版物的剧增，使馆藏资源由单一的纸型文献到多样化的电子文献，联机编目使图书馆专业知识有了极大的拓宽。图书馆员要根据不同岗位，加强专业知识培训，努力学习、积极探索、更新知识，以满足读者日益增长的需求。因此，开展高校图书馆员的继续教育是促进高校图书馆专业人员更新、拓宽和补充知识结构，提高创新能力和综合素质的重要举措。

3.2 建立健全高校图书馆员继续教育的学习模式

进入信息时代，高校图书馆馆员的继续教育，主要是提高对在职馆员的知识更新教育及专业知识的培训，使高校图书馆员知识不断进行补充、更新、提高；这将关系到高校图书馆未来发展的主动权和持续发展的内在动力。为此，高校图书馆必须把馆员的继续教育作为一项长期的工作来抓，并且在实施继续教育的同时应注意根据人员的年龄结构、知识结构以及本馆中长期的发展目标，制定相应的继续教育计划和规划。要按照灵活、有效、适用的原则，制定不同岗位的继续教育考核标准，保证继续教育的质量与实效。从而使继续教育制度化、规范化，真正发挥继续教育优化知识、提高整体素质、改进工作质量、提高工作效率的作用，建立健全高校图书馆员继续教育的学习模式。

4 高校图书馆员的继续教育的对策与途径

高校图书馆现代化设备的引进和现代化技术运用的发展，对高校图书馆员提出了新的要求，具有高学历、高素质的图书馆员才能适应高校图书馆事业的发展和现代化社会的需要，面对知识经济的挑战和图书馆员整体文化层次不高、知识结构不合理的现实，怎样提高高校图书馆员的整体素质将是决定未来高校图书馆发展水平的决定因素。要解决这个问题，主要是以通过继续教育的方式来满足信息时代对高校图书馆员提出的新要求。

4.1 加强高校图书馆馆员职业道德建设塑造良好的形象

首先，应当经常地对馆员进行职业道德的教育，倡导爱岗敬业，树立自觉遵守职业道德意识，在馆内形成良好的道德氛围和环境。其次，加强思想政治教育。在馆员中要大力提倡奉献精神，真正做到读者至上，服务第一，全心全意为读者服务，塑造良好的职业道德形象。

4.2 建立良好的有效运行机制

继续教育是图书馆员学历，专业水平和业务能力的一种手段途径，它必须与图书馆员的职业资格、岗位论证，职称评定相统一，用人机制在公正、公平、公开的原则下选拔骨干人员，实行公开选拔、竞争上岗机制，并制定成相关制度，通过选拔，择优聘任，并定期考核，依据结果给予奖励，激励馆员提高自身素质，发挥最大的能动性与创造性，以此形成继续教育与提高专业素质修养工作能力的良性互动，进一步推动继续教育工作的有效发展。

4.3 加强“终身教育”理念

面对现代化社会的飞速发展，“终身教育”理念已深入人心，图书馆学专业知识及其相关知识发展到今天，门类众多，内容浩繁，不必要也不可能都填入自己的头脑，作为图书馆员要继续学习新的信息知识，即在知识结构跟上时代合理安排，更新观念，要有创新的意识，使思维方式和知识结构跟上时代发展的要求。因此，图书馆员应树立终身学习的理念，自觉接受继续教育，掌握新的知识和技能，提高业务素质和能力。体现在学习机制方面应以继续教育为主导原则，突出以“用”为主的教育策略，将长期的知识教育同短期的专项培训相结合，在学习过程中应结合实际工作加入更多的信息技术内容，以提高馆员的信息开发能力作为培训的最终目标。

4.4 在职培训

在职培训是一种简单实用的方法，也是继续教育中最常见的形式。以学习新理论、新知识为主要内容。通常以图书馆员自己的工作需要结合实际水平和能力及所从事的具体工作，有计划有目的地进行培训。干什么学什么，缺什么专业知识补什么，使得馆员在较短时间里学习掌握新技术、新技能，达到完善知识结构、提高业务水平的目的。例如举办图书馆知识技能竞赛、岗位轮换、专题讲座、数据库使用、计算机操作等。通过培训，使馆员在较短时间内了解图书馆知识，掌握新技术、新技能，完善知识结构，提高业务水平，更好地为读者服务。

4.5 大力提倡自学成才

自学是高校图书馆员继续教育最主要形式之一，是每位馆员提高素质的必由之路。图书馆员坐拥书城，有着得天独厚的学习条件，馆员利用这些得天独厚的条件，在工作中边干边学，不但能增长知识提高业务素质，而且能为实际工作中发现问题、分析问题、解决问题提供理论依据和各种经验。图书馆中有现代化的技术设备，优雅素净的学习环境和丰富的馆藏资源，是图书馆员自学的物质条件。只要目的明确，方法得当并持之以恒地学习下去，就能够快速提高业务能力。

4.6 参加学术会议或组织业务考察

适当安排一些业务骨干参加有关图书情报信息的学术会议，了解图书馆的改革和发展前景。采取送出去与请进来相结合的培养方式，选送图书馆员到高校培训，定期聘请相关专业的专家、教授来馆授课，让图书馆员拓宽知识、开阔视野、提高工作能力和管理水平。定期召开学术研讨会、经验交流会、专题讲座或邀请国内外专家作学术报告，讲授有关图书情报方面的新知识、新进展、新技术、新方法，交流工作中的新经验，使图书馆员不断更新专业知识，以适应图书馆工作新技术、新方法发展变化的需要。图书馆学是一门实践性很强的学科，需要理论与实践相结合，图书馆员撰写学术论文不但提高自己研究问题的能力，而且有利于本学科的发展。

5 结语

高校图书馆的继续教育是当今信息时代的需要，是高校图书馆事业迎接新技术革命挑战的重要措施，是提高高校图书馆馆员业务水平、适应时代发展的必要途径。只有通过继续教育工作，终身学习，努力增长新知识，不断提高图书馆员自身的综合素质，才能跟上时代的步伐，才能使高校图书馆有一支优秀的高素质的队伍，从而保证高校图书馆事业的可持续发展。

参考文献

[1]张丽英．图书馆员的继续教育模式及其评析[J]．国家图书馆学刊，2004(3)：69－71，86

[2]王瑞珍．以人为本，确立科学的图书馆继续教育发展观[J]．河北科技图苑，2005(2)：77－78

[3]贾洪山．推进馆员继续教育 迎接知识经济挑战[J]．图书馆学刊，2004(S1)：98－99

[4]李晓岩．全媒体时代图书馆创新服务途径研究[J]．图书与情报，2011(5)：69－71

[5]黄宗忠．论图书馆创新[J]．图书馆论坛，2011(5)：1－4，81

[6]张芬月．王启祥．论知识经济时代图书馆创新人才的培养[J]．群文天地，2011(9)：162－164

作者简介：李继晓(1965—)，女，研究馆员。

高职院校图书馆人才资源共享模式设想

王　敏
（北京农业职业学院图书馆）

摘　要： 针对高职院校图书馆技术人才匮乏的现状，提出馆际、校内人才资源共享思路，建议借助校内以及其他高职院校图书馆解决单馆人才资源不足的问题。

关键词： 高职院校　图书馆　人才资源　共享

Abstract: This essay came to the thought of human resource sharing between libraries and in the college due to the lack of technicians in library science. It was advised to solve the problem with the help of all resources from other libraries and other parts of the college.

Keywords: higher vocational colleges; library; human resource; sharing

高职院校自国内产生到蓬勃发展再到现在的发展态势经历的时间并不算长，而国际上早已形成众多高职教育的管理流派和可作为经典教学案例的模型，并被知名教育机构所认可，成为支持其国家经济发展的重要力量。高职院校图书馆作为积蓄力量促进质变飞跃的思想引领工具在信息化网络新时代迸发出了新的生命力，图书馆的理论和技术被拓展到一个新的层面，与图书馆工作密切相关的信息技术，网络管理、安全，计算机技术和理念的发展，直接带动了图书馆界的变革[1]。

与此形成强烈反差的是图书馆人才的缺乏，尤其是校内图书馆。一方面是图书馆专业人员的严重流失，另一方面，新技术新设备的应用急需专业人才掌握和使用，没有专业人才的介入，相应的许多工作将难以展开。针对这一现状我们可以从哪些方面着手解决问题又不会占用本已经捉襟见肘的资源呢？对高职院校图书馆进行人才资源的共享可以有效缓解这方面的困扰。

1　高职高专院校的人才资源现状

1.1　高职院校图书馆缺少复合型人才

今天的图书馆如果没有数字技术作支撑那将是无法想象的事情，随着数字技术的广泛应用，拥有数字图书馆已不是梦想。而服务器架设、服务器调试维护甚至简单的故障排除这些都是网络中心组员必备的技能，一旦服务器出现故障专业人员可以第一时间抢救数据，避免损失，所以这里的单一技术已经没办法满足数字图书馆的建设和维护，这里已经包括图书情报专业、计算机技术、网络安全、通信技术等多种领域的技术，目前的图书馆队伍满足需求的人才寥寥无几。

1.2 人员素质参差不齐

我国高职院校图书馆的在职馆员专业素质普遍偏低，馆员年龄结构偏大女性偏多，新进的年轻人才少，没有对人才可持续性培养和储备策略。著名的心理学家马斯洛曾说过，每个人从事一定职业首先是希望获得一定的经济利益以满足物质生活所需，这个理论来自需要层次理论中强调的人最基本的需要。随着当今中国体制向市场经济转轨，人们的价值观念发生了变化，更直接刺了人们对物质生活的追求，薪酬的高低似乎成为人们择业的重要标准。如此一来图书馆能够吸收到的人力资源少之又少，更何况是高职院校呢？所以这个问题不是短期能解决的[2]。

1.3 人员流失严重

图书馆人力资源的主体主要是35岁以下的专业技术人力资源，由于其自身需求的不断改变不能得到满足，流失情况不可避免。年轻大学毕业生刚进入社会还处在对自己的价值定位阶段，这个阶段也是人力资源流失情况最严重的时候，无明确目标但又充满工作热情的年轻人不甘于在图书馆虚度光阴，年纪稍微大些的馆员更加现实，关心工资待遇和住房等现实条件，这些条件与校外条件相差甚大，结果造成了人员在各个层次的流失，人员得不到及时的补充，馆内人员始终处于缺少人手状态。

以上这些面临的矛盾非常突出，不仅影响工作的正常开展，甚至影响到图书馆专业技能的创新和发展。而馆际人才资源的共享是一种很好的策略。实行馆际人才资源的共享，可以在一定程度上缓解各馆专业技术人员的不足，也可避免专业技术人员闲置而造成的人才资源浪费，最大限度地发挥人才的作用，应该说，这是一个对全社会、对各个图书馆以及对专业技术人员本人都有利的举措。

2 馆际人才资源共享模式探讨

2.1 人才资源共享的理念

思路对于任何企业或者团队都是至关重要的，而产生好的思路需要一个长期的合作平台，这不仅可以解决当前的问题还可以为之后的工作起到良好的导向作用。如何创建平台，创建什么样的平台，平台的运作方式就是我们之后要说到的重点，不过在之前我们首先明确下哪些属于有效人力资源的范畴，图书馆专业人员，在读学生，国外院校的师生等等，这些都可以成为有效资源，只要能实现共享，那么人力将不再是问题。

2.2 构建平台的参与者

高职院校的图书馆之间，校内图书馆与系部之间，国内高职院校与国际院校之间，社会与院校之间，甚至是所有这些的总和等等，这些参与者参与平台的建设直接影响未来院校的发展。选择某一种或多种合作方式能尽可能地利用资源。

2.3 平台构建的形式

构建怎样的平台才能体现出资源共享的理念呢？

人才作为一种“热资源”，有着其他资源无法比拟的无限可开发性，不仅不会因为开发利用而枯竭，而且会随着时代要求变化和正确引导被源源不断开发出来。人才资源不同于自然资源等，它最具根本性，是活资源、智力资源。既然是智力资源，为了解决眼下面临的问题进行思想的交流在现在来看是非常的快捷和低成本。而有这种小范围的自发形式完全可以依托构建专门的网络平台来实现大范围的思想碰撞，并且能够暂时缓解遇到的问题。

网络是一个很好的平台，设立专门的网站或者论坛来解决当下的问题是非常有效和快捷的。可以由一些有经验的专家担任版主或者主持人组织人员定期举行讨论，当然，这种交流形式也可在相关专业院系的学生中广泛汲取他们的创新想法融入到工作中去，开辟博客专栏是不错的尝试，而且在国外尤其是美国英国等老牌教育机构已经是一种成熟的交流渠道。

随着数字技术的普遍，我们置身于数据的海洋中。在数字化的信息环境里，越来越多的文献资源，科研成果，学术交流，都以数据的形式存在和呈现。数据发布的成本更加低廉，任何人都可作为信息发布的节点，每个节点都是一个数据源，在这个开放共享的信息环境中恣意发挥。随着技术的演进，开放和共享的基石更加坚固[3]。

人才资源如果能作为一项共享资源分享在现在来说会更加炙手可热，在图书馆际网络平台发布个人或团队的相关信息以及经历和特长，实行招标或者人才互换的方式进行图书馆建设帮助或互助，当然这种招标面向社会，引入社会科研力量解决大型技术工程，会解决更加复杂的问题可以有效利用专业人才。现在图书馆专业技术发展也是非常迅速的，而且非常的实用化和专业化，公司会根据客户需求和客观情况考虑得更加细致。这种招标形式还可以延伸到技术层面，既通过协议和合同，把原本馆员的一些技术性工作转包给馆外公司或团队来完成。至于盖章、打条码、贴磁针等简单工作，也通过购书协议包给了书商。有些馆还将馆内的设备维修工作包给长期合作的一些公司。这样做，不但充分利用了社会资源，缓解了馆内技术力量不足对工作的压力，而且还大大提高了工作效率，收到了良好的经济效益。

对于之前无法通过网络解决的技术性问题，面对面地交流是会更富有成效。针对具体的问题不同的馆际间可能会碰到相同的问题但是解决办法各异，如能组织人员进行面对面的专题深入研究和探讨，制定图书馆间一个相对可操作性的规范。对更复杂的技术性难题，则可以采取多图书馆技术人员的联合攻关和技术援助，这种模式对于新建成不久没有经验的新馆尤其有好处。

对于涉及高职院校图书馆发展的重大课题或关键性技术问题，而馆内无法靠本馆人员解决时，可以与学校科研管理部门协商，将其归入学校科研立项内容，通过专题招标方式聘请校内专家解决。也可直接与校内科研人员联系，借助学校的自选科研基金，将图书馆需要解决的问题作为自选课题立项。这样既可充分发挥学校现有人才资源和科研经费的效力，也可为图书馆解决现实问题。

3 结 语

技术的进步和理念的创新始终左右着前沿图书馆技术的走向，对于处在培养面向生产、建设、服务和管理第一线的高职院校，图书馆对人才的需求愈加紧迫，解开传统理念的束缚，尝试用一种新思维去考虑问题反而是最重要的，也许教育的创新是从高职院校开始，而人力资源的共享就是解决现有困境的一剂良方。

参考文献

[1]吴智勇．高校图书馆的人才共享模式[J]. 高校图书情报论坛，2007(6)：14
[2]谢恩泽．制约图书馆人才建设的原因及其对策[J]. 科技情报开发与经济，2011(22)：66
[3]林申清，施士宇．高校图书馆人才共享设想[J]. 大学图书馆通讯，1985(01)：22

作者简介：王敏(1963—)，女，高级经济师，硕士，北京农业职业学院图书馆馆长。

构建图书馆员工战略共识研究

何　钧　刘　峰　李艳芬
（北京工商大学图书馆）

摘　要：本文论述了构建图书馆馆员战略共识是确保图书馆蓬勃的关键，分析了当前建立馆员战略共识存在的障碍并提出相应对策。

关键词：战略共识　基层馆员　战略规划　可持续发展

Construction of the library staff strategic consensus research

He Jun　Liu Feng　Li Yanfen
(Beijing Industry and Business University Library)

Abstract: This paper discusses the constructing librarian strategic consensus is to ensure that the key to vigorous library, and analyses the current establish librarians strategic consensus obstacles exist and put forward the corresponding countermeasures.

Keywords: strategic consensus; Grassroots librarians; Strategic Planning; Sustainable development

员工战略共识属于企业战略执行研究的范畴，是目前管理学界研究的热点问题。战略执行强调通过组织结构和控制机制的构建和变革来促进企业战略的有效执行，而战略共识则更关注员工在战略执行中的地位和作用，认为企业战略的有效执行，不仅需要运营流程的配合与支持，更需要各级员工特别是中下层员工对企业战略的清晰理解、普遍认可和倾力投入，强调员工战略共识是提升企业战略执行能力的有效手段。这一理论同样适用于图书馆。

进入“十二五”开局之年，各图书馆都带着对未来五年的宏伟描画和美好憧憬，雄心勃勃、蓄势待发，如何有效实施战略计划，调动广大员工全身心投入图书馆建设，确保“十二五”规划顺利完成，是每个图书馆关注的重点问题。因此，构建图书馆员工战略共识，提升图书馆战略执行效果，是当务之急。

1　建立图书馆员工战略共识的意义

员工战略共识是指在企业战略制定、澄清、沟通以及执行等过程中所实现的中下层员工对公司战略的清晰理解、认同感和责任感。可以解构为三大维度：一是员工对战略的认识。只有每一个员工了解战略，才能对企业未来的发展充满信心，知道企业的发展方向，明确自己所应当负担的责任。二是员工对战略的认同。只有员工认同战略，才能把企业的战略放在首位，主动融入到企业的战略管理中，积极配合其他部门和人员共同完成企业的战略。三是员工对战略的参与。员工战略共识最终要落实到行动中去，员工要完成战略分配的岗位任务，发挥自己的聪明才智，对战略的实现产生积极的影响。

在图书馆引入员工战略共识的意义在于：(1)有利于图书馆战略目标的实施。在美国图书馆界有这样一种说法：图书馆服务所发挥的作用5%来自图书馆建筑，20%来自信息资料，75%来自图书馆员的素质。馆员是第一线的劳动者，图书馆每一项计划都要通过馆员的工作才能实现，每一个战略目标都离不开馆员的共同努力。如果没有馆员参与，任何计划都是纸上谈兵，任何梦想最终只能是泡影。(2)有利于图书馆凝聚力的提升。通过构建馆员战略共识，不仅有助于图书馆目标的实现，更重要的是通过员工战略共识的构建，把馆员的思想统一起来，把他们的聪明才智汇集起来，形成强大的合力；同时，员工战略共识的构建必定增强馆员之间、部门之间互相配合和支持，图书馆的凝聚力必定得以提升。(3)有利于图书馆的可持续发展。员工战略共识的构建，让馆员参与到战略管理中，必然使馆员的工作能力得到锻炼和提高，馆员在工作中实现自己的价值，必然会坚定对图书馆未来发展的信心，增强他们的忠诚度，有了这些坚定而乐于奉献的馆员的支持，图书馆可持续发展就有了最根本的保证。

2 图书馆构建员工战略共识存在的障碍

2.1 领导层对基层馆员战略参与能力重视不足，影响馆员战略共识的建立

图书馆领导层对流通阅览等基层馆员是否了解本馆发展前景、是否清楚和理解自己在整个目标实施中所承担的角色关注度不高。潜意识中认为图书馆只要抓好参考咨询、网络技术、采访编目等核心业务部门、核心岗位就可以确保本馆目标的实现，而流通阅览等部门是馆内“二低一高”人员的集中地，即学历低、职称低、年龄高，大多数馆长认为他们“只要能值好班，不出事”就行，认为对他们即使提出要求也未必能做到，因此在主观上忽视对这些人员的战略规划宣传和解读。而目前大多数图书馆流通阅览的普通工作人员占在编职工的半数以上，如果这部分人员对图书馆的战略目标不理解、不认同甚至心存抵触，会极大地影响图书馆的发展。

2.2 基层馆员缺乏对图书馆发展战略的了解，影响战略共识的建立

长期以来图书馆大到全馆发展规划小到各业务部门年度计划大多由部主任撰写，经馆务会讨论通过以全馆大会或部门内会议进行传达后执行，往往缺少馆内和部门内讨论的步骤。再加上近年来各图书馆为强化服务，不断延长开馆时间，为不影响开馆，很多图书馆压缩甚至取消了传统的闭馆业务学习时间，少开、不开全馆大会成了部分图书馆的常态，对于两地办学的院校，人员集中就更加困难。因此，图书馆里的许多大事小情、方针政策基本由各部主任代为传达，常常流于形式，效果大打折扣。许多馆员特别是基层馆员对现阶段及将来图书馆要实现的目标以及自己在其中应当承担的任务不甚了解，久而久之一部分馆员逐渐对馆内大小事务不闻不问，对图书馆的发展漠不关心，影响了图书馆的健康稳定发展。

2.3 职业枯竭感影响馆员战略共识的建立

职业枯竭感是广为业界讨论的心理状态，表现为对自己工作的意义和价值的评价降

低，对自己的职业难以产生成就感和光荣感。笔者曾就这一问题与多名长期从事流通、阅览等一线岗位的工作人员进行探讨，他们普遍表示：在基层岗位不易有突出的工作业绩、得不到领导的关注，每日周而复始地重复着图书借还、查询、上架等简单劳动，容易产生倦怠，没有成就感，看不到前进的方向，这种情况在图书馆界特别是在基层馆员中屡见不鲜。受人事制度、岗位聘任等的制约，很多馆员特别是基层馆员受身份、学历的制约评职称无望，收入难以提高，个人职业生涯发展的停滞不前，造成了他们对自己职业心态逐渐的失衡，失落感和埋怨情绪加剧。职业枯竭的形成导致他们对日常工作、人际交往、集体活动没有积极性和主动性，不少人甚至放弃了对自身发展的要求，破罐破摔，不关心图书馆的现状及发展，更不愿为了图书馆的发展而接受挑战，只将工作看做是谋生手段。长此以往这种情绪会严重影响图书馆集体，影响团队的凝聚力和战斗力，从而阻碍图书馆规划目标的有效实现。

3 构建图书馆员工战略共识的对策

3.1 加强领导层对建立战略共识的重视程度

图书馆领导层应重视馆员特别是基层战略共识的建立，主动了解员工战略共识的情况，确定建立员工战略共识的重点并采取相应对策。首先要公平对待所有馆员，无论哪个岗位的职工都是图书馆的一分子，图书馆的每一个发展规划都离不开基层馆员的共同努力，只有让所有馆员了解图书馆的近期目标、发展方向，明确自己在战略中所应承担的责任，才能对图书馆的发展充满信心并付诸行动；其次，要尊重馆员特别是基层馆员，要让他们感到领导的关怀和组织的需要，增强归属感和荣誉感。馆领导在制定规划时应充分听取馆员的意见，每个馆员无论职务、职称高低，只要他们的意见、建议能对图书馆的建设和发展产生积极影响，就应及时做出回应并采纳，同时辅以相应的激励手段，让馆员分享图书馆发展的成果。取消或修订那些只便于管理，不便于实施的管理制度，通过相应的制度建设，让全体馆员树立主人翁的责任感，主动关心图书馆的发展，增强团队的凝聚力。

3.2 注重战略规划的宣传和参与，实现战略认同

员工战略共识的构建离不开对战略规划的宣传，图书馆应重视对馆员特别是基层馆员的战略规划的宣传和解读。(1)通过全馆大会、部门讨论、研讨会等形式进行宣讲。图书馆规划一经确定后，应及时将主要内容及具体实施方案、步骤通过各种方式告知每个馆员，让他们了解图书馆的近期工作及发展方向，了解自身在目标实施中的地位和作用，了解规划目标的实现对图书馆发展及个人前途的影响，从而获得每个馆员的认同，使图书馆的整体建设和馆员的个体发展形成共同体，增强员工对战略规划实施的责任心和紧迫感。(2)鼓励馆员特别是基层馆员参与到规划的制定环节。在讨论图书馆管理制度及制定有关图书馆发展规划、实施方案时，应充分听取馆员意见，并通过完善参与制度鼓励更多的馆员参与到图书馆的发展和建设中来，比如在讨论相关议题时可适当扩大馆务会参与人员，除馆领导和部主任外，还可推选部分具有一定代表性、关心图书馆事业发展、业务能力强、有较好表达能力和人际关系的馆员参加，使目标的制定更切合实际更为完善，更能被馆员理解和接受。另外还可通过征文、座谈等形式，让每个馆员为图书馆的发展出谋划策并给予相应的鼓励和表彰，使他们真正感受到参与的快乐和肯定的价值，感到自己与图书馆发展的密切关系，必定会增强员工的工作热情和凝聚力。

3.3　强化柔性管理创造和谐氛围，实现战略目标

职业枯竭感的客观存在，直接影响着图书馆的图书馆事业的建设与发展。因此，实施柔性管理，创造和谐工作环境，有助于员工战略共识的构建。

(1)要为馆员制定发展规划，提高馆员的社会地位。在现有的政策和体制下，努力为馆员提供更多的职务和职称的晋升机会，不仅是对他们学习和工作成果的认可，更可提高他们实现自我价值的愿望，这是构成战略实施的原动力；

(2)要为馆员改善工作环境，创造和谐氛围。充分发挥二级教代会的职能和作用，切实做到馆务公开，深入基层解决馆员的实际困难。同时，通过适时组织业务学习、技能比赛、旅游休闲等集体活动，缓解心理压力和工作倦怠，为馆员建立良好的工作环境和人际关系，增强馆员凝聚力和组织归属感；

(3)要为馆员创造展示的机会和平台，发挥个人才干。例如北京工商大学图书馆在开展学科馆员工作后感觉人力不足，馆领导拿着全馆花名册竟觉得无人可选，于是决定淡化身份、岗位及职称概念采用演讲答辩的形式在全馆进行招聘。出乎预料的是很多流通、阅览等部门的基层馆员纷纷报名，在答辩过程中馆领导发现他们中很多人工作能力强并且对馆内工作有一定的想法，很快他们很多人被充实到学科馆员的队伍中并成为馆内的业务骨干，此后，业务演讲、业务竞赛成了北京工商大学图书馆的固定活动，通过这一平台使很多馆员特别是基层馆员的个人能力得到了展示，增强了馆员的职业成就感，在全馆形成了积极向上的良好氛围。实践证明，通过让更多的馆员参加业务培训、岗位轮换、独立承担某项具体工作等方法，能充分挖掘其个人潜能、发挥个人才干，使馆员视野更开阔、更加自信，更具事业心和责任感，从而自觉、主动地参与到图书馆建设和发展中来，确保图书馆战略目标的顺利实现。

参考文献

[1]黄再胜. 战略共识理论研究述评[J]. 外国经济与管理，2010(3)：11－17

[2]黄再胜. 感知激励对员工战略共识影响的实证分析[J].2011(2)：85－93

[3]赵春英. 新时期图书馆员心理状况调研[J]. 图书馆学刊，2011(10)：30－32

[4]张亿平. 论我国民营企业构建员工战略共识存在的障碍及对策[J]. 北方经济，2010(11)：55－57

作者简介：何钧，(1966—　)，研究馆员，发表论文数十篇，研究方向：学科服务、数字资源建设；刘峰，(1972－)，馆员，发表论文十余篇，研究方向：读者服务工作；李艳芬，(1971－)，副馆长，副研究馆员，发表论文十余篇，研究方向：图书馆管理。

试论网络环境下高校图书馆馆员素质培养

许　亮　王锐英
（北京建筑工程学院图书馆）

摘　要：高等学校图书馆是学校的文献信息中心，是现代化大学的三大标志之一。高校图书馆员是高校图书馆的基本构成要素，是高校图书馆发挥作用、履行职能的关键所在。高校图书馆员素质的高低决定了高校图书馆服务质量与服务效益的高低。本文论述了网络环境下高校图书馆员素质的基本内涵、构成要素及存在问题，分析了高校图书馆员素质培养的必要性，提出了高校图书馆员素质培养与继续教育的具体措施。

关键词：高校图书馆　馆员素质　素质培养　网络环境

Discussion on University Librarians' Quality Training in the Network Environment

Xu Liang，Wang Ruiying
（Library，Beijing University of Civil Engineering and Architecture）

Abstract：University library is the documentation and information center and one of the three signs of the modern university. The university librarians are basic elements of the University Library，and the key to the university library' functions. University librarians' quality determines the service quality and benefit of the university library. This paper discusses the connotation，elements，and problems of quality of university librarians in the network environment，and analyzes the need for quality training of university librarians. On this basis，the paper puts forward the specific measures of quality training and continuing education.

Keywords：University Library；Librarians' Quality；Quality Training；Network Environment

高等学校图书馆是学校的文献信息中心，是为教学和与科研服务的学术性机构，是现代化大学的三大标志之一。高校图书馆员是高校图书馆的基本构成要素，是高校图书馆发挥作用、履行职能的关键所在。高校图书馆员素质的高低决定了高校图书馆服务质量与服务效益。现代信息技术与网络技术的发展，给高校图书馆带来了巨大的挑战。网络环境下高校图书馆要实现改革创新与科学发展，必须有一支高素质的馆员队伍。因此，高校图书馆员的素质培养与继续教育就变得非常重要。

1 网络环境下高校图书馆员素质的内涵、构成要素与存在问题

1.1 高校图书馆员素质的内涵

1.1.1 图书馆员的素质

图书馆是搜集、整理、保存与利用文献信息资源的文化教育机构。图书馆员(Librarian),又称图书资料馆员,是图书馆的基本构成要素之一,是指从事文献信息采集、组织、流通、管理、开发与服务等工作的人员。图书馆员是图书馆活动的管理者与组织者,是文献信息与用户发生联系的中介,是使文献、信息的价值由潜在变为现实的关键。“素质”(Quality),又称“素养”,是指人与生俱来的以及通过后天培养而获得的身体上与人格上的性质特征,包括生理特性、气质性格、兴趣爱好、知识结构、伦理道德等。

图书馆员的素质(Librarians' Quality),是指图书馆员具有的气质性格、兴趣爱好、思想道德等特性以及完成图书馆工作所必须具备的知识结构与业务技能。图书馆员的素质主要包括:职业道德、专业知识与技能、计算机与网络知识、外语能力、综合文化素养等。

1.1.2 高校图书馆员的素质

高等学校图书馆是我国图书馆事业的重要组成部分,是教师备课的后盾和学生学习的第二课堂。高校图书馆在高等学校中具有重要的地位,在高校人才培养的过程中具有重要的作用。高校图书馆员是高校图书馆的基本构成要素之一,是高校图书馆发挥作用、履行职能的关键所在。高校图书馆员的素质,主要是指高校图书馆员完成图书馆工作所必须具备的职业道德、服务态度、文化素质、知识结构与业务技能等。高校图书馆员素质的高低,决定了高校图书馆服务质量与服务效益的高低。英国图书馆学家哈里森说:“即使是世界第一流的图书馆,如果没有训练有素的工作人员,也难以提供广泛有效的服务。”这是因为,图书馆的服务都是通过图书馆员面向读者予以体现的,馆员的文化素质、专业技能、职业道德、服务态度等都时刻影响着图书馆的服务与读者的满意度。

1.2 网络环境下高校图书馆员素质的构成要素

网络环境下,高校图书馆员的素质主要包括科学文化素质、专业知识与技能、职业道德与精神、服务态度与方式等。

第一,具有良好的职业道德与高尚的师德。作为高等学校的工作人员,高校图书馆员首先“应忠诚于人民的教育事业,恪守职业道德与教师道德,认真履行岗位职责。”职业道德(Professional Ethics),是指同人们的职业活动紧密联系的符合职业特点要求的道德准则、道德情操与道德品质的总和。它是从事一定职业的人们在职业活动中应遵循的特殊的道德原则和行为规范。中国图书馆学会于2002年通过了《中国图书馆员职业道德准则(试行)》,为各种类型图书馆馆员的职业道德制定了行业自律规范,主要内容包括:确立职业观念,履行社会职责;适应时代需求,勇于开拓创新;真诚服务读者,文明热情便捷;维护读者权益,保守读者秘密;尊重知识产权,促进信息传播;爱护文献资源,规范职业行为;努力钻研业务,提高专业素养;发扬团队精神,树立职业形象;实践馆际合作,推进资源共享。

第二,具有较强的职业实力、良好的职业素养以及熟练的业务技能。高校图书馆员的职业实力是指图书馆员的职业资格、职业素养、职业竞争力等硬实力,以及职业道德、职业精神、核心价值观等软实力。高校图书馆员的职业素养包括科学素养、艺术素养、人文

素养、信息素养等。此外，高等学校图书馆员还需要掌握图书情报学、信息资源管理学等专业基础知识，以及文献信息资源采集、组织、流通管理、咨询服务等业务技能。

第三，具备较高的综合素养，掌握其他学科的专业知识。教育部于2002年发布的《普通高等学校图书馆规程(修订)》第三十条规定："高等学校图书馆专业人员要同时掌握图书馆学和一门以上其他学科的知识，重视培养高层次的学科专家。"高校图书馆工作具有多学科、多层次、综合服务的特点，所以高校图书馆员要掌握除图书情报学以外的其他学科专业知识，这样才能为广大师生和科研人员提供专业化的、高层次的文献信息服务与学科咨询服务。

第四，具备良好的信息素养，掌握计算机、互联网等现代信息技术。"信息素养"(Information Literacy)，又称信息素质，是美国信息产业协会主席Paul Zurkowski于1974年提出的概念，是指"利用大量的信息工具及主要信息资源使问题得到解答的技术与技能"。信息素养包括信息意识、信息知识、信息技能、信息道德四个层面。高校图书馆员要具备基本的信息素养，要掌握计算机系统与网络的使用方法，掌握数据库与数字资源管理知识，掌握数字图书馆、RFID、WEB2.0、搜索引擎、云计算等现代信息处理技术。

第五，具备熟练使用外语尤其是英语的能力。在现代信息技术与互联网高度发达的今天，全球化进程加快，国际间信息交流日益频繁，互联网上充斥着大量的外文尤其是英文信息。在这种环境下，外语尤其是英语就成为高校图书馆员开展工作必须具备的基本素质。

2 网络环境下高校图书馆员素质培养的必要性

2.1 网络环境下高校图书馆员素质存在的问题

第一，专业知识老化，缺乏信息科学与技术(IST)知识。当前，我国已经初步进入信息社会与网络社会。网络环境下高校图书馆不仅面临着信息社会的挑战，而且面临着信息服务工作改革创新的必要。然而，当下绝大多数高校图书馆员在专业知识和技能方面却存在着许多不足。许多高校图书馆员具备传统的图书情报学专业知识开始老化，并缺乏现代信息科学与技术(IST)知识，不能适应计算机网络时代图书馆信息服务工作的需求。

第二，科学文化素养不高，信息服务能力不强。当前，随着国家政府对高等教育的重视以及高等教育的快速发展，高校图书馆在馆舍建设、文献资源建设、人力资源建设等方面获得了很大的进步，许多高校图书馆不仅引进了硕士，而且招来了博士，使高校图书馆员队伍中具备了高学历、高层次人才。然而，国内大多数高校图书馆员队伍仍面临整体学历偏低、科学文化素养不高、人才队伍结构不合理、信息服务能力不强的问题。许多图书馆员不重视对学科专业知识、外语知识的学习，不能很好地掌握新技术、新方法，不能很好地胜任网络环境下图书馆的信息服务工作。

第三，职业危机感不强，缺乏竞争意识与创新意识。由于受传统观念的影响，许多高校图书馆员长期缺乏职业危机感和竞争意识，服务意识尤其是主动服务的意识不强，未深刻认识到网络环境下高校图书馆所面临的严峻挑战，缺乏创新意识，无法充分满足信息社会用户日益增长的、丰富多样的文献信息需求。

2.2 网络环境下高校图书馆面临的环境变化与生存压力，给图书馆员素质提出了更高的要求

网络环境下高校图书馆的工作环境发生了巨大的变化，高校图书馆员提供信息服务的方式

也发生了巨大变化。为了适应新环境的变化，高校图书馆员的素质培养就变得非常必要。

第一，网络环境下高校图书馆的发展面临着双重压力，给图书馆员的素质提出了更高的要求。这两方面的压力包括："一是高校图书馆需要进一步拓宽服务范围，深化服务层次；二是来自高校图书馆的用户及外部环境的压力。"网络环境下高校图书馆用户的信息需求日益提高，但信息获取与利用能力却存在不足，这就需要做好用户教育工作；而要做好用户教育工作，高校图书馆员必须进行素质培养和继续教育。

第二，网络环境下高校图书馆员的身份的转换，对图书馆员的素质提出了更高的要求。网络环境下高校图书馆员应该成为用户信息向导、信息素养教师、学科服务专家等。新的身份赋予了高校图书馆员更多的任务，胜任这些任务要求高校图书馆员必须加强继续教育与素质培养。

2.3 网络环境下高校图书馆员素质的高低，直接影响着高校图书馆信息服务的质量和效益

网络环境下许多高校图书馆的工作如采访、编目、分类、流通借还、参考咨询等都使用了计算机、RFID等现代化设备与技术。高校图书馆的工作已不仅仅是传统意义上的书刊借还工作，而且还包括网络信息资源开发，特色数据库建设，以及为读者提供多样化的信息服务。高校图书馆员作为信息服务的实施主体，既是信息资源的组织者、提供者，又是用户信息利用的指导者，承担着信息资源筛选、整序、导航和对用户进行信息素养教育的重要职责。因此，馆员素质的高低，不仅影响着高校图书馆信息服务的质量和效益，而且影响着广大师生信息素养与信息检索技能的提高。只有高素质的图书馆员，才能为用户提供高质量的信息服务，为用户信息素养的提升提供高效率的指导。

3 网络环境下高校图书馆员素质培养的途径与具体措施

3.1 加强高校图书馆员的继续教育

网络环境下，为适应新环境的要求和用户信息需求的变化，高校图书馆员必须加强继续教育。图书馆员的继续教育是指"对在岗的工作人员，为适应工作需要而进行更新知识和完善自身所学的知识的培训或进修。"继续教育是高校图书馆员素质培养的重要途径，主要包括以下内容：

第一，加强职业道德教育。高校图书馆员职业道德教育的主要目标是促使高校图书馆员"确立职业信念，履行社会职责，全心全意为读者服务，并在读者权利保护、文献资源保护、职业形象保护、资源共享精神的确立等方面做出贡献"。

第二，加强业务知识教育。高校图书馆工作包括文献信息资源的采访、编目、分类、典藏、流通，以及信息检索、文献传递、馆际互借、参考咨询、用户教育等。这些工作都需要高校图书馆员加强业务知识学习，熟练掌握相关技能。

第三，加强现代信息技术应用教育。随着数字图书馆、WEB2.0、RFID、云计算等现代信息技术在高校图书馆的应用，高校图书馆员需要掌握这方面的知识与技能，需要具备计算机、互联网及多媒体使用技能，掌握WEB2.0、搜索引擎、数据库、RFID等的使用方法。

3.2 通过职业生涯规划，明确馆员素质培养的目标

职业生涯规划(Occupational Career Planning)，又称职业发展，是指"一个人与职业

有关的生活、经验及其发展过程，包括职业目标的确定，职业能力的取得，职业兴趣的培养，择业、就业，以及退出职业劳动这样一个完整的发展链”。

图书馆员职业生涯规划，是指通过确定职业目标、明确职业发展前景、培养职业兴趣、取得职业能力，最终实现馆员自身价值的过程。高校图书馆员的职业生涯规划是提升馆员个人素质、实现自我价值的有效手段，是高校图书馆人力资源管理与建设的保证。通过职业生涯规划，可以帮助高校图书馆员明确个人的职业发展目标，为素质培养指明方向；可以增强高校图书馆员对职业环境的把握能力和对职业困境的适应能力；可以帮助高校图书馆员发现自身的优势与不足，通过加强学习改进不足，最终有助于提升广大馆员的职业素养，实现自我价值的最大化。

3.3 建设学习型高校图书馆，打造学习型高校图书馆员

学习型高校图书馆是“一种崇尚学习、注重创新，通过建立共同愿景和改善心智模式，通过系统思考和团队学习来实现自我超越，具备可持续发展能力和创新能力，在知识经济时代具有较强竞争力的新型高校图书馆。”建设学习型高校图书馆，是适应知识经济时代和学习型社会的必然要求，是应对各种挑战、提高高校图书馆核心竞争力的必然要求。高校图书馆员是建设学习型高校图书馆的主体。在网络环境下，高校图书馆员可以通过“改善心智模式”、“建立个人愿景”、加强“团队学习”与“系统思考”，来实现“自我超越”，把自己培养成为崇尚学习、主动学习、终身学习的“学习型高校图书馆员”，最终达到提升职业素养和专业技能的目的，为实现个人价值和可持续发展打下坚实的基础。

4 结语

网络环境下高校图书馆员素质的高低是高校图书馆发挥作用、履行职能的关键所在。高校图书馆要提高服务质量与服务效益，必须培养一支高素质的馆员队伍。通过职业生涯规划与继续教育，可以提高广大高校图书馆员的职业素养、信息素养与综合素养，为高校图书馆的改革发展与服务创新提供人力资源保障。

参考文献

[1]中华人民共和国劳动和社会保障部，文化部．国家职业标准·图书资料馆员(试行)[M]．北京：北京图书馆出版社，2005：1

[2]吴慰慈．图书馆学新探[M]．北京：北京图书馆出版社，2007：446

[3]徐建华，崔柯娃．人文视野中的图书馆员职业生涯开发与管理[J]．图书馆，2006(1)：63

[4]许亮，赵玥．基于知识经济时代的学习型高校图书馆建设[J]．农业图书情报学刊，2010(5)：47

[5]魏朝辉．论论网络环境下的高校馆员素质与读者服务[J]．长春师范学院学报(自然科学版)，2011(2)：158

[6]王宇佳．图书馆员职业素养新视野[J]．佳木斯大学社会科学学报，2008(4)：89－91

[7]唐淑香．图书馆职业问题研究进展[J]．高校图书馆工作，2012(3)：44－45

作者简介：许亮(1983—　)，男，馆员，哲学硕士，研究方向为图书馆学与信息哲学。

王锐英(1958—　)，男，研究员，北京建筑工程学院图书馆馆长，研究方向为道路交通工程、教育教学管理、图书馆管理。

高校图书馆学科馆员继续教育新探

史明文
（首都师范大学）

摘　要：高校图书馆学科馆员的继续教育很重要，关系到图书馆的发展前途。我们认为以课题为依托，将学科馆员的工作与学习、科研相结合和组织学习小组，在研讨中提高业务水平的方法能够提高学科馆员群体的整体素质。

关键词：学科馆员　继续教育　课题　研讨

New Explorations on the Continuing Education of Subject Librarian in University Library

Abstract: The continuing education of Subject Librarian in University Library is significantly important, which has a lot to do with the library's future development. As far as we confirmed, based on the projects, the over all quality of the subject librarians can be improved by connecting the subject librarian's work to his study and research, and by organizing study group to improve the professional skills in the seminar.

Keywords: subject librarian; Continuing Education; project

关于图书馆馆员的继续教育问题，学术界有较多的讨论，已经积累了丰富的实践经验，进行过广泛的理论探讨，有很多研究成果供参考。但关于高校图书馆学科馆员的继续教育问题，涉及的还比较少。学科馆员作为高校图书馆中学历高、专业知识扎实、科研能力强、思维活跃、勇于开拓创新的一个群体是图书馆拓展业务、提高服务质量的中坚力量，他们的继续教育关系到图书馆的发展前途，应该引起重视。对于学科馆员的继续教育，可以借鉴过去的经验，但需要根据实际情况来采取新的措施。在论及学科馆员的继续教育时，有人提出了完善定期培训制度、加强自学意识、鼓励交流等方法。笔者参考以往的研究成果，结合自身的学习经历，提出以下两点建议。

1　以课题为依托，引导学科馆员将日常工作与学习、科研相结合，学以致用

从事实上看，目前图书馆的定位是服务性机构，多数图书馆员也只从事简单的体力劳动。高校图书馆不仅是服务性机构，还应该是学术性机构；图书馆员不仅要从事借阅等繁杂的事务，也要进行一定的科研活动，只有把二者很好地结合起来，才能提高图书馆员的综合素质，提升图书馆的服务质量和工作水平。学科馆员作为图书馆中的一支新生力量，

是塑造服务型和研究型兼备的新型馆员的最佳人选，对他们的继续教育，不能拘泥于过去的方法，要探索新的途径。笔者认为图书馆以课题为指导，把学科馆员的继续教育与图书馆的日常工作结合起来，使他们学以致用，是一种行之有效的方法。

本文所说的课题是指高校或图书馆内部设置的课题，这种课题主要是为了解决本校图书馆发展及服务中出现的问题。课题的设置要围绕着图书馆工作中遇到的问题去考虑，特别是长期以来没有解决好的难点、重点问题。每个图书馆在工作中都会遇到一些问题，有些是特别棘手的难题，我们可以把这些问题提出来让学科馆员去思考，去研究，把复杂的难题分解、转化为具体的问题来解决。在解决问题的过程中促使学科馆员学习图书馆学知识。对于课题的设置，有多种方法。如每年在征集各部门意见和建议的基础上，通过研究，制定课题指南，让学科馆员根据自己的兴趣和工作需要，自行拟定题目进行申报。立项后要以课题为中心开展工作，在一定的时间内拿出成果。成果的形式要多样化，可以是调查报告、学术论文、工作总结，或切实行的建议等。这样既可以提高学科馆员的业务能力和科研水平，又能解决图书馆工作中遇到的实际问题。

目前，多数学科馆员不是图书馆学专业毕业，通过做课题来学习图书馆学知识，熟悉图书馆业务，笔者认为是一种很好的办法。如“四库学”是近年的一个热门话题，研究队伍不断壮大，出版的著作逐年增加，图书馆收藏的“四库学”文献受到关注。学科馆员可以以“‘四库学’文献的利用与采购研究”为课题，围绕着“四库学”文献的收藏、利用、出版、采购等开展研究。这个题目虽然以图书馆收藏的某一类文献为对象，但它涉及图书馆很多部门的工作，要想做好并不容易。首先要有一定的专业知识，知道“四库学”文献的收藏范围，通过各种途径来检索馆藏情况，摸清家底，为研究打基础。这就使学科馆员要学习、掌握检索文献的知识和技能。其次要对馆藏文献的利用进行分析，这就涉及图书馆文献的典藏、借阅等问题，不但要求研究人员要和这些部门的馆员沟通、协调好，还要懂得文献典藏和借阅的相关知识。第三，要想丰富馆藏，需要不断采购“四库学”文献，这样求学科馆员就要关注文献的出版，学习文献采访学知识。第四，通过对“四库学”文献的利用和需求情况的研究，学科馆员对学校的教学和科研有一定了解，这就要求学科馆员要通过各种途径来参与教学科研工作，加强图书馆与用户之间的交流与合作，培养他们的协作精神和全局观念。这样，通过对“四库学”文献的研究，让学科馆员在工作、研究中不断学习图书馆的相关业务知识，达到继续教育的目的。

笔者认为这种以课题带动工作和学习的方法比较适合学科馆员的继续教育，它既可以调动学科馆员学习的积极性，也能解决图书馆工作中的问题，是一种较为理想的继续教育方法。

2 组织学习小组，研讨学习与工作中的问题

通过读书会或各种研讨小组来培养科研能力是高校研究生和青年教师提高自身学术水平的一种途径。学科馆员可以借鉴这种学习形式，作为继续教育的一种手段。组建学科馆员学习小组，要注意以下问题：

首先，图书馆要统筹安排，为学科馆员研讨提供条件。图书馆工作不同于教学，学科馆员每天都有自己的工作，基本没有自由支配的时间去组织小范围的学习研讨，所以图书馆要把学科馆员的研讨时间纳入工作计划当中。把学科馆员的研讨会作为继续教育方法之一，给予一定的时间，如每学期固定次数，如果遇到新问题，再临时组织讨论。图书馆还

要为研讨会准备必要的物质条件，如会议场地、所需的文献等。此外，图书馆还要给予必要的指导和引到。组织学习小组的目的是通过共同学习、研讨来提高学科馆员的综合素养，解决工作中遇到的实际问题，因此图书馆要通过聘请工作经验丰富和理论素养高的老馆员给予必要的指导，在学习内容、研讨主题等方面为他们把关。

其次，围绕工作和学习选择研讨主题。学习、研讨的内容和主题很重要，内容选的好，能够激发大家的学习兴趣，提高自身素质和业务能力；内容选不好，达不到学习目的，还会使学科馆员消极应付，甚至产生抵触情绪。笔者认为，应该围绕两方面的内容去选择：一是图书馆学的经典著作和前沿著作。目前学科馆员多数不具备图书馆学专业背景，给工作带来一定困难，急需学习图书馆情报学专业知识。图书馆可以利用学习小组来组织学科馆员有重点的选读图书馆学经典著作，如从《图书馆学情报学经典著作选读》、《外国图书馆学名著选读》等文献中挑选一些论著来研读，以弥补知识上的缺陷。也可以读一些图书馆学的前沿著作，了解当今图书馆学发展的热点问题，使我们的思想跟上时代潮流。笔者认为《图书情报工作动态》中的文章比较适合研读。此外，还可以直接读国外图书馆学杂志原文，如 *New Library World*（《新图书馆世界》）、*Collection Building*（《馆藏建设》）、*Library Review*（《图书馆评论》）、*OCLC Systems & Services*：*International digital library perspectives*（《数字图书馆透视》）等。读外文报刊，既可以了解国际上最新的研究动态，又可以提高外语水平，应该提倡。二是工作中遇到的实际问题。学习小组不只是读书，还要研究讨论工作中遇到的困难和困惑，使大家统一思想，提高应变能力和工作水平。图书馆工作既是一项服务性工作，又具有一定的学术含量。学科馆员在工作中会遇到很多问题，怎样把自己所学专业与图书馆工作结合起来？遇到蛮横、不讲道理的读者怎么应对？怎样解决图书馆发展过程中出现的新问题、新挑战？这些问题都可以在学习小组上讨论。通过研讨提高认识水平，为图书馆的发展出谋划策。

第三，切实有用，不要流于形式。组建学习小组的目的是提高学科馆员的整体水平，为图书馆发展培养人才，这就要求所学的知识、研讨的问题要切实有用，每次学习都要围绕主题，让大家有收获，或解决了实际问题，或提高了理论素养。经验证明，学习小组很容易流于形式，开始做得比较好，后来慢慢地就徒有虚名，最后不得不停止活动。笔者认为，只要正确引导，学习、研讨的内容能够解决工作中遇到的实际问题，为学科馆员和图书馆的发展提供行之有效的方法和方案，持之以恒，一定能达到学科馆员继续教育的目的。

学科馆员要与时俱进，不断提高工作水平，必须坚持长期不懈地学习，通过各种途径来提高自身综合素质。学科馆员继续教育的方法和方式很多，上述两种方法只是其中一部分。此外，图书馆还可以采取聘请院系教授指导学科馆员提高某专业知识；加强学术交流，开阔学科馆员视野等措施。图书馆要在实践中不断创新学科馆员的培训、教育方式，使他们不断补充新知识、新技能，成为工作的中坚力量。

参考文献

[1]柯平，唐承秀．新世纪十年我国学科馆员与学科服务的发展（上）[J]．高校图书馆工作，2011(2)
[2]柯平，唐承秀．新世纪十年我国学科馆员与学科服务的发展（下）[J]．高校图书馆工作，2011(3)
[3]李莉．论我国学科馆员的教育[J]．农业图书情报学刊，2007(6)
[4]吴建中．21 世纪图书馆新论 [M]．上海科学技术文献出版社，2003

浅谈如何实现高校图书馆服务创新

韩晓宇
（贵阳学院图书馆）

摘　要：图书馆是为社会提供服务的，服务是贯穿图书馆发展的主线，是图书馆核心价值的体现，随着当代科学技术的迅猛发展，作为知识载体的各种图书资料、信息也以惊人的速度在增长，随着高校改革的不断发展和深入，高校图书馆也必须与时俱进，适应新的形势，转变思想观念，改善工作方式，从而达到更好地为读者服务的目的。

关键词：高校图书馆　服务创新

高校图书馆是高校教育的有机组成部分，它既是教育的“硬件”，又是“软件”，是现代化教育教学信息服务的中心，知识传播的媒体，因此有着无可替代的作用。读者服务是图书馆发挥其功能的基本形式，是其核心价值的体现过程，也是业界探讨的永恒话题。随着数字技术与信息技术的飞速发展，在为信息获取者提供更加丰富的信息资源、更加快捷的信息获取方式的同时，也对服务者所提供的服务方式和服务手段提出了更高的要求，服务创新已成为高校图书馆发展的必然趋势。

1　高校图书馆读者服务工作存在的弊端及现状

1.1　管理意识落后

高校图书馆属于教辅岗位，在学校的管理工作中不同程度地存在着重教学轻教辅的思想，长期以来，高校图书馆的作用没有得到人们充分的认识，什么人都可以到图书馆工作，学院领导也不重视，没学历，没文化的人统统都放到图书馆，在相当一部分人的眼里，图书馆只是一个消遣场所，有没有都无关紧要。而馆员的工作又比较单调辛苦，社会地位较低，得不到人们的尊重。因此，相当一部分馆员自身产生了失落感和自卑感，缺乏自信心和职业荣誉感。图书馆人才管理上，普遍存在着重视对物质的投入，忽视对人员素质的提高、对管理人员不重视培养的状况。这使得图书馆员自身的业务水平难以提高，图书管理人员知识老化，整体创新能力不强，不能够适应当前社会发展和教学、科研工作的需要。

1.2　高素质人才相对缺乏，职业道德有待增强

图书馆被称为“知识的宝库”、“知识的源泉”。图书馆收集了古今中外文化科学技术的结晶，随着世界科学技术发展的最大信息含量，同时也是人类思想、智慧、情感等纪录的总汇，是精神界、物质世界之外的一种客观知识世界，图书馆是“知识的海洋”，是情报信息储藏和交流的中心。图书馆员是知识的载体，是图书馆信息库的建造者和维护者，是信

息资源与读者用户之间的桥梁与纽带，是高知识含量信息产品的设计者、生产者、操作者，没有一定的实践经验，没有较高的文化知识水平和良好的修养，怎么能够称职和胜任呢？图书馆工作人员是搞好图书馆工作的最关键的因素。但是，大学图书馆员素质现状存在着一些问题。高校图书馆多年来一直强调文献资源及设备的数量和质量，甚至划分图书馆级别的标准也是以一个图书馆收藏和占有的文献数量为依据的，图书馆长期以来被人们所忽略和轻视，经济待遇的偏低不仅难以吸引高层次人才来馆工作，就是现有从业人员也因此缺乏业务钻研精神和知识更新欲望，服务水平和质量明显不高，馆员素质教育水平明显跟不上时代需要。近些年来，虽然很多高校图书馆馆员的素质有了进一步的提高，也相继引进了一批学历较高的人才，但馆员的整体素质距离开展高层次信息服务的要求还有很大差距。数字环境下高校图书馆的馆员除了要具备一定的专业知识外，还要掌握一定的计算机知识和网络知识，以及一定的外语知识。同时，随着数字时代的来临，图书馆服务的内容将更加广泛，所采用的技术也更加复杂，涉及计算机、通信技术和文献信息工作等领域，图书馆员原有的知识结构已不能适应信息技术发展的要求。另外，在一些地方高校，一部分馆员对图书馆工作缺乏正确认识，总觉得自己的工作低人一等，在学校没有出头露面的机会，在社会上没有地位，加上社会上对服务行业有偏见，使一些馆员产生自卑心理，导致工作不安心，情绪不稳定，做事不积极，服务不主动，影响了图书馆馆员的形象。

1.3 读者需求的变化

教师和同学他们都希望图书馆能为他们提供人性化服务，及时找到他们所需的文献信息，并且要求信息的全面性、准确性、快捷性。教师的信息需求相对来说目的比较明确，范围比较确定，强调信息的准确性、可靠性、全面性。科研人员对信息的需求与专业相连，他们希望通过信息服务随时了解掌握本专业及相关领域的信息资料，强调信息的新颖性。在数字信息化的今天，学生的获得知识的途径也不仅仅限于课本，仅仅具备专业知识是远远不能适应时代发展需要的，当代大学生必须注重全面素质的培养和提高。在学好自己的专业知识以外，还要广泛涉猎古今中外各学科知识，以丰富自己的人文科学知识素养。但目前还有相当一部分学生对图书馆所提供的各项服务了解很少或不很了解，对利用学校图书馆的现代化设备查找图书信息资料还不熟悉，缺乏主动意识，这在很大程度上影响了他们利用图书信息资源的效率和积极性。

1.4 服务对象单一，范围狭窄

我国传统的高校图书馆资源未能得到充分利用，高校图书馆基本被定义为本校教师、学生和科研人员提供信息服务和资源保障的机构，服务对象单一，服务范围狭窄，很少强调其社会服务功能这在某种程度上限制了高校图书馆整体优势的发挥。

2 如何实现高校图书馆服务创新

2.1 确立以人为本的管理机制

“以人为本”是指尊重人、理解人、关心人、激发人的热情，尊重人的个性，满足人的合理要求。图书馆服务机制更多地从行政、专业、习惯模式出发，强调上级领导的意志、制度的强制执行，而作为个体的人的作用与价值往往被忽视。建立以人为本的服务机制，就是要以人为中心，强调通过建立完善有效的人力资源管理系统，指导馆员树立全新的服务理念，以馆员价值的实现促进图书馆服务体系的落实。馆员是图书馆服务的主体，是提高服务质量、为读者提供优质服务的实践者。“以人为本”管理的核心是管理者对人的尊重、信任和激励。尊重知识、尊重人才是高校图书馆作为社会知识信息枢纽的追求，更是高校图书馆迈向“以人为本”管理的“通行证”。一般来说，高校图书馆管理创新的重心应放在制度创新和服务创新上。图书馆的管理要致力于营造一种促进馆内学习和引发员工健康向上的氛围，使每个员工都由被动的被管理者向自主的管理者角色转化，激励馆员发挥其创新能动性和积极性。

2.2 以人为本，开展个性化服务

理念是行动的先导，是连接理论与实践的纽带。理念的创新对高校图书馆的发展是十分关键的，网络技术和数字图书馆的发展是高校图书馆理念创新的基础和前提。高等院校图书馆的服务工作一直以来都只注重对图书馆已有的知识信息处理、加工等方面的研究，而没有深入了解读者需求，从读者的角度考虑，为读者开展有针对性的个性化服务。个性化信息服务是建立在“以人为本”的基础上的，图书馆要根据用户的知识结构、信息需求、行为方式和心理倾向等为具体用户创造符合个性需求的服务环境。个性化信息服务主要包括个性化信息参考咨询服务、信息定制与推送服务、个性化情报服务。面对高素质的读者群，图书馆只有摆脱各种陈旧腐朽观念的束缚，坚持以人为本的理念，并在图书馆服务与管理中贯彻这一新理念，走服务人性化的发展之路，才能提升自身的服务水平，更好地服务于广大师生。高校图书馆要吸引大量的读者，不仅要有尽可能多的藏书，还要尽可能地做好服务工作，满足读者和读者的各种要求。图书馆的工作都应该顺应读者的需求，理解、关心、爱护和尊重读者，树立以读者为中心的服务理念，并以读者满意与否作为衡量图书馆工作水平的重要指标，以“服务至上”的理念来整合图书馆的文献资源。因此图书馆服务的理念，应从服务的内容、方式、制度、流程等方面实现转变，即实现向“需求—资源—服务”转变。

2.3 培养高素质的图书馆员

随着网络的发展和普及，给现代图书馆的管理提出了许多新的挑战，对于高校图书馆来说，优秀图书馆员将成为当代图书馆的最重要的资源和财富，因为图书馆员是知识的载体，是图书馆信息库的建造者和维护者，是信息资源与读者用户之间的桥梁与纽带，中国高校图书馆与发达国家的先进图书馆的差距，不仅表现在信息技术的硬件设施及建筑环境，更表现在图书馆员的能力和素质上。新的形势对高校图书馆工作人员提出了更高的要求，造就一支职业素质好、知识面广、业务精通的图书馆工作人员队伍，是为读者提供高效服务的必然要求。

2.3.1 加强职业道德建设

一个高素质的图书馆员必须有良好的个人修养，要善于包容他人的缺点错误，我们要开展图书馆职业道德教育，让全体图书馆员工都有一种社会责任意识、服务意识，认识到图书馆发展到今天，在理观念、物质形态、信息传递手段和服务管理模式上已发生了深刻的变化。这是历史赋予图书馆人的社会责任。要结合本馆的实际制定出图书馆职业道德规范，同时制定工作条例、业务规范、考核标准及其他各种约束性的规定，来提高馆员的职业道德水平。

2.3.2　强化服务意识

为广大师生员工提供图书信息服务，是高校图书馆基本的、也是最重要的职能。爱岗敬业，勤勤恳恳、任劳任怨地干好自己的服务工作，树立“读者第一服务至上”的思想，以读者为中心，做到想读者之所想，急读者之所急帮读者之所需。积极工作，热爱读者，耐心细致、积极主动地为读者提供全方位的优质服务，具有全心全意为读者服务的敬业精神。

2.3.3　坚持不断学习，使图书馆员的知识不断更新

文化素质是学习专业知识、拓展知识面的重要基础。在实际工作中要努力学习文化知识和专业知识，掌握新的技术，不断充实和提高自己的整体综合素质，增强自己的职业道德，提高自己的专业服务水准。图书馆工作人员在掌握必需的自然科学和社会科学知识的同时，还要广泛学习新的学科知识，对不断涌现出来的新知识、新技术有比较全面的了解。在信息高度发展的今天，为了能够更好地服务读者，高校图书馆工作人员必须加强学习不断发展的现代技术，熟练掌握计算机等现代化工作设备的基本操作技能，能够使用各种网络工具及多媒体技术。

总之，随着经济、信息技术的发展，科技环境在不断地变化，信息社会正向知识社会演变，信息管理和信息服务正向知识管理和知识服务转变，图书馆服务的创新将为读者提供更方便、更快捷、更加人性化的服务。服务是图书馆存在的理由，而服务质量的提高就是需要不断地创新。我们要用“一切为了读者”的服务理念，把“服务”二字铭刻在每一位馆员心中，使其成为图书馆宗旨和图书馆精神，让广大读者真正体验到图书馆存在的价值。

参考文献

[1]张进．高校服务创新探讨[J]．河南财政税务高等专科学校学报，2008，12(6)
[2]谢凤萍，傅景礼．高校图书馆员的素质建设[J]．科技创新导报，2011，25
[3]胡芳芳，徐玉林，阮春英．高校图书馆服务创新研究[J]．科技情报开发与经济，2011，25
[4]梁纪凤．高校图书馆工作人员职业素质现状与提高措施[J]．科技情报开发与经济，2011，6
[5]宋智忠，吕精巧．谈高校图书馆员素质[J]．2008，13

图书馆馆员素质培养

——以沈阳航空航天大学为例

孙　敏　张春红
（沈阳航空航天大学图书馆）

摘　要：以沈阳航空航天大学图书馆为例介绍了如何培养图书馆馆员业务素质和道德素质，分析了存在的不足并给出解决的对策。

关键词：图书馆　馆员　素质

Librarians' Quality Cultivation Based on the Library of Shenyang Aerospace University

Sun Min　Zhang Chunhong
(Library, Shenyang Aerospace University)

Abstract: The librarians' quality cultivation based on the library of Shenyang Aerospace University is discussed in this paper. Problems are analyzed. And the strategy of solving these problems was given.

Keywords: quality; cultivation; librarian

素质是指人在先天的基础上，受后天环境和教育的影响，通过自身的认识和实践不断形成的比较稳定的基本品质。素质原是心理学上的一个专门术语，指人的一种较稳定的心理特征，分为先天和后天两个方面。先天的一面是自然的，是人的机体与生俱来的结构形态、感知器官和神经系统，特别是大脑结构和神经系统功能上的一系列特点；后天的主要是指社会性的，指通过学习、教育、培养和自我磨练而获得的一系列知识技能、文化涵养、行为习惯、品质特点的综合。

1　现代大学对图书馆馆员的素质要求

随着高校招生规模的不断扩大，许多大学建设了新校区，也建了新的图书馆，配备了全新的硬件设施，工作环境和网络环境都得到了改善。在馆舍、设备更新改变的同时，读者也对图书馆的服务有了更多的要求，图书馆的馆员素质面临着新的挑战。

1.1　业务素质

现代大学图书馆以网络化、数字化、自动化为主要特征，知识载体和传播方式发生了根本的改变。网络为读者提供了优越环境和无限的信息资源，为图书馆员提供了高容量、高效率的信息宝藏，也为图书馆员提供了现代化的服务手段。随着计算机技术、多媒体技术和网络通讯技术在图书馆的广泛应用，图书馆事业呈现出了前所未有的生机和活力，也对图书馆员提出了更高的要求，传统的、简单的服务已经满足不了当代大学生对信息的需求，新环境要求图书馆员不仅成为信息系统的建设者，还要成为信息使用的导航员。这就要求馆员必须具备过硬的业务素质，包括对馆藏的熟悉程度、对计算机和网络的操作技能、信息检索的能力、外语水平等等。

1.2 道德素质

大学的不断扩招导致生源质量的参差不齐，而且图书馆活动的社会化也导致了社会读者越来越多，这就要求图书馆员除了具有爱岗敬业的基本职业素质外还要具有很好的沟通能力和应变能力，理性地认识到图书馆工作的服务性质，愉快地完成自己的工作。

2 我馆的现状

沈阳航空航天大学图书馆始建于1952年，前身是沈阳航空工业学院图书馆，馆舍面积2万余平方米，纸本图书百万册，中外文数据库30余个，现有工作人员51人，其中研究生4人，本科34人。共分采编部、借阅部、期刊部、技术部、信息咨询部和办公室等几个部门，其中阅览部的人数为22人，担负着读者服务的重任。全部馆员中有16人是配合学校的人才引进需要而安置工作的博士家属，图书馆学、情报学和计算机的专业毕业生仅为11人。

3 为提高馆员素质采取的措施

面对馆员基本素质的参差不齐，图书馆在加强资源建设的同时采取了一系列的措施来提高馆员的业务能力和服务技能，促进馆员素质的提升。

(1)鼓励学历教育

图书馆鼓励年轻馆员利用业余时间进行学历教育，近几年共有2人考取了工程硕士，3人获得了图书馆学或情报学的同等学历硕士学位，带动了更多的年轻馆员进行自我提升。

(2)评比星级服务明星

为了强化工作人员的服务意识，图书馆的借阅部连续多年进行了星级服务明星的评选活动，由馆员开发了选举投票系统，学生进行不记名投票，系统统计投票结果。分别评出特级、一级服务明星若干人，并将在服务明星的等级标注馆员的服务牌上。通过此项评比，在一线工作岗位形成了比技能、比服务的竞争氛围，提高了图书馆的服务水平。

(3)年度业务考试

图书馆每年进行一次业务考试，业务考试分为两部分，一部分为图书馆基础知识，另一部分为岗位技能操作。为此，图书馆专门开发了业务考试系统，建立了一个图书馆基础知识试题题库，全部考试在计算机上完成，系统自动生成试卷，馆员在规定时间内答题，提交答卷，系统自动给出分数。岗位技能操作由各部门主任出题，馆员现场抽题当场操作，由部门主任给出成绩。业务考试提升了馆员们学习专业知识的热情，夯实了馆员的图书馆理论基础。

(4)馆内交流培训

图书馆利用每周半天的闭馆时间，组织了各种内容的培训，包括图书馆英语、计算机和网络的基本操作、数据库的使用方法等。馆员参加了馆外的学习交流，回馆后需向全体馆员进行汇报，通过这种方式拓展馆员的视野，使馆员的业务技能也得到了提高。图书馆还坚持举办“读一本好书”的活动，由馆员不定期向全馆做讲座，如《狼图腾》、《如何作一个好员工》等，通过对这些书的阅读增强了馆员们的凝聚力、执行力。

(5)流动红旗的评选

借阅部共有八个阅览室，每月由部门主任带领两名资深馆员，对各阅览室进行考评打分，考评的内容包括环境卫生、馆员的工作状态、合作情况等，得分最高的阅览室将得到流动红旗，通过流动红旗的评选强化了同室人员的团结合作精神。

(6)丰富的文体活动提高馆员的凝聚力

通过参加市里的歌咏比赛、学校的运动会等活动，增强图书馆员的集体荣誉感。图书馆也不定期举办跳绳、羽毛球、游泳、乒乓球等各种比赛，鼓励馆员强身健体的同时，也拉进了馆员们之间的关系。

4 馆员素质培训中存在的问题和对策

在长期的馆员素质培训工作中，虽然很多人付出了很多努力，但是还存在着一些问题。

(1)部分人员态度不端正

部分馆员不能正确对待业务考试和培训学习等活动，尤其是即将退休的馆员，混日子思想严重，抵触接收新知识，培训时注意力不集中，有闲谈的状况发生。

(2)馆员培训时间有限

图书馆实行全天制的开放阅览，每周只有半天的闭馆时间，而且首先要完成学校安排的政治学习和其他活动，所以馆员集中进行培训的时间非常有限。

(3)馆员欠缺外部交流学习

由于经费等限制，馆员较难获得参加各种学术会议或学习的机会，缺乏横向交流造成馆员不能及时获取行业的最新发展信息和动态。

面对馆员素质培养过程中出现的种种问题，图书馆需要采取相应的对策才能保证此项工作长久地顺利地进行下去。

(1)制定具有针对性的培养计划

馆员素质的培养是一项需要长期坚持的系统性的工作，图书馆针对不同的馆员应制定有针对性的培养计划，例如针对学科馆员，在进行图书馆学情报学专业知识培训的基础上，还应加强服务专业的基本知识培训、专业英语的培训等。

(2)建立完善的竞争机制和激励机制

完善的竞争机制会使馆员处于奋发向上的状态之中，让馆员产生一种紧迫感和激励感，迫使那些安于现状的馆员奋发向上，促使人才整体素质不断提高。鼓励馆员自我提高，适当奖励完成学位教育的馆员。鼓励科研，建立科研基金支持年轻馆员进行科研创新。

(3)重视和加强心理学的学习

在重视提高馆员业务技能的同时，注重馆员心理的健康发展，使馆员掌握基本的心理调适方法，克服消极心理，更好地为读者服务。

(4)强化“请进来”和“走出去”

鼓励馆员参加横向的业务交流和学习，及时掌握其他图书馆的发展动态；不定期请行业专家做报告，了解行业的最新发展动态，发现不足之后立刻改正争取取得更大的进步。

参考文献

[1]唐淑新．浅谈研究型大学图书馆员信息素质培养[J]．科技情报开发与经济，2010(23)：35－36
[2]师丽娟．我国高校图书馆队伍建设现状调查与分析[J]．图书馆，2011(5)：107－108
[3]杨玉林．在云计算云服务条件下高校图书馆馆员素质的要求及提高途径的探索[J]．长春大学学报，2012(4)：475－476
[4]杨晓凤．数字环境下图书馆员信息素质培养策略研究[J]．大学图书情报学刊，2009(5)：35－37
[5]凌玉丽．浅谈高校图书馆员的信息素质教育[J]．科技情报开发与经济，2011(16)：54－55
[6]杜琳．论信息化时代高校图书馆员信息素质的培养[J]．当代图书馆，2009(6)：176－178
[7]熊连珍．浅议如何发挥高校图书馆馆员的团队精神[J]．贵图学刊，2011(3)：28－31

作者简介：孙敏，女，副教授，管理学硕士，从事信息检索教学和参考咨询工作。

法国地区图书馆职业培训中心初探

杨　柳
（国家图书馆）

摘　要：主要介绍了法国地区图书馆职业培训中心的成立背景、主要工作、服务特点等方面的情况。

关键词：法国　图书馆　职业培训

Abstract：This article mainly introduces the founding of 12 French regional vocational training centers for librarians，their principal work spheres and specialties of their services.

Keywords：French；Library；Vocational Training

法国图书馆职业培训中心成立于上世纪 80 年代末，是法国图书馆届的一项创举。12 所培训中心依托高校、立足地区、辐射全国，构建了一个高效的培训网络体系，成为法国图书情报学教育培训领域独具特色、举足轻重的组成部分。

1　法国图书情报学教育培训概况

法国图书馆员的培养教育历史可追溯到 19 世纪，但在当时并没有专门培养图书馆员的学校，而是由创建于 1821 年的法国国立文献学院（Ecole nationale des chartes，又译法国国立古文书学校）代为培养。根据法国政府 1846 年 12 月 31 日条例的规定，在该校获得古文书学士的毕业生可以到图书馆任职，参与图书馆的管理和运营，或承担档案部门的档案管理职务。

进入 20 世纪，随着图书馆事业和文化产业的不断发展，法国国内对图书馆工作人员的需求日益旺盛。同时，由于新技术在图书馆应用的普及和图书馆功能的不断丰富，图书馆工作人员的分类也逐渐细化，传统的单一教育机构已经不能适应新形势发展的需求。另一方面，100 多年来，法国的教育体系与学位制度也发生了巨大的变化。在多方因素的共同作用下，法国图书馆职业教育与培训机构逐渐增多，已形成了较为完备的体系。目前共有四大类机构提供相关的教育培训服务：

专门的国家机构：主要有法国国立高级图书情报学学校、法国国立文献学院、法国图书馆员与文献管理员学校、法国国家行政区域公共职能中心等；

大学：目前约有 20 多所大学开设文献学、情报学基础课程，其中既有较低层次的两年制技术学校课程，也有较高层次的硕士、博士课程；

图书馆员协会培训中心：法国图书馆员协会成立于 1906 年，是法国历史最悠久的图书馆员协会，其下属的培训中心主要向未经培训或无高等教育文凭的图书馆工作人员提供培训；

地区图书馆职业培训中心：目前法国共有12所图书馆职业培训中心，均成立于上世纪80年代末。该培训网络依托不同的大学，受法国高等教育与研究部监管，主要提供基础培训、继续教育、应试备考等不同类型的培训。

2 地区图书馆职业培训中心成立背景与使命

2.1 成立背景

在图书馆职业培训中心成立之前，法国已有20多所由图书馆开办的非官方培训中心。1982—1983年，法国通过了涉及地方分权的德菲尔法案(Loi Deffere)，1984年，又通过了发展大学职业教育的萨瓦里法案(Loi Savary)。在地方分权和高校教育制度改革的双重背景下，1986年1月，时任法国教育部图书馆、博物馆和科技情报管理局局长的丹尼·瓦鲁特和图书与阅读司司长让·佳泰尼奥二人共同倡议成立地区图书馆职业培训中心。1987—1988年间，陆续成立了12所图书馆职业培训中心，具体包括：

• Bibliest：位于法国东部科尔多省省会城市第戎(Dijon)；

• 埃克斯-马赛图书馆职业培训中心：位于法国第二大城市马赛(Marseille)；

• 布列塔尼-卢瓦尔河地区图书馆职业培训中心：位于法国西北部的伊勒-维莱讷省省会雷恩市(Rennes)；

• 卡昂图书馆职业培训中心：位于法国北部卡尔多斯省省会卡昂市(Caen)；

• 克莱蒙-费朗图书馆职业培训中心：位于法国中部奥弗涅大区首府、多姆山省省会克莱蒙-费朗(Clermont-Ferrand)；

• 图卢兹图书馆职业培训中心：位于上加龙省省会、南部-比利牛斯大区首府图卢兹市(Toulouse)；

• Médiaquitaine：位于法国西南阿基坦大区首府、吉伦特省省会波尔多市(Bordeaux)；

• Média Centre-Ouest：位于法国中部普瓦图-夏朗德大区首府、维埃纳省省会普瓦捷(Poitiers)；

• Médiadix：位于法国巴黎西部市郊上塞纳河省省会楠泰尔市(Nanterre)；

• Medial：位于法国东部洛林大区默尔特-摩泽尔省省会南锡市(Nancy)；

• MédiaLille：位于法国北部最大城市、北部-加莱海峡大区首府、诺尔省省会里尔市(Lille)；

• Médiat Rhône-Alpes：该中心拥有两处校区，分别位于法国东南部的伊泽尔省省会格勒诺布尔以及法国第二大都市区里昂(Grenoble/Lyon)。

2.2 主要使命

成立初期，图书馆职业培训中心的使命主要有两点：

• 取代当时已有的非官方培训中心，减少数量，整合资源。这些非官方培训中心的主要开展针对技术人员的“中期”培训，具体包括国家级助理馆员考试和图书馆职业技能证书考试(Certificat d’aptitude aux fonctions de bibliothécaires，简称CAFB)的培训。

• 将各类合作性的培训纳入大学教育框架中，使其更加正规化。新建立的培训中心将与两年制的大学职业教育紧密挂钩，主要涉及大学技术教育文凭(DUT)及大学科学与技术文凭(DEUST)。

自1992年起，法国进行了图书馆工作人员职称改革，部分原有职称等级被合并、取消，而基于原职称体系的图书馆职业技能证书考试也逐渐被废除。在多重因素的相互作用下，主管部门对地区图书馆职业培训中心进行了重新定位，它们逐渐承担起以下新任务：

• 提供国家级图书馆工作人员考试培训，入职培训和继续教育；同时也对地区图书馆(根据与CNFPT的协议)及其他人员进行类似培训，但收取一定费用；

• 参与与大学文凭(特别是DUT和DEUST)挂钩的职业教育；

• 对图书馆职业培训进行研究，提出参考意见、职业咨询与导向等。

3 地区图书馆职业培训中心主要工作

经过20多年的发展变迁，法国图书馆职业培训中心目前的工作任务已经趋于稳定，主要涉及备考培训、大学基础教育、继续教育、国际交流合作等方面。

3.1 备考培训

法国的图书馆几乎均为国立或公立机构，其正式职员均属于国家或地区公务员的范围。目前，法国图书馆工作人员分为A、B、C三级。在国家级别，A级工作人员包括图书馆总馆长、图书馆馆长、高级图书馆员，B级工作人员包括图书馆专业助理馆员，C级工作人员包括图书馆书库管理员。在地方级别，A级工作人员包括地方图书馆馆长及地方图书馆员，B级工作人员包括遗产与藏书助理保管员，C级工作人员包括遗产助理保管员。无论国家或地方级别，其工作人员都需通过考试来录用。因此，目前大多数图书馆职业培训中心的备考培训工作都占到总工作量的1/3甚至更多，但大多仍集中在国家级考试方面。

3.1.1 B、C类人员的备考培训

法国图书馆职业培训中心的备考培训工作主要集中在B类及C类工作人员的考试方面。虽然备考培训在培训中心成立之初便作为其重要职责，但由于考试频率并不规律，这项工作在培训中心成立初期并未得到足够的重视。

1995年法国举行首次新职称体系中的助理馆员录取考试。尽管该考试要求考生具有DUT文凭或同等级别的培训，考试科目设置及试题的技术性仍让考生的准备过程异常艰辛，相关各界开始重视起职业培训中心的备考培训服务。

从1996年起，三种类型的书库工作人员(B类书库检查员、C类书库总管理员和书库专业管理员)开始通过图书馆学职业考试进行录取，同时已录用人员职称的变化也要通过内部考试来实现，而这类工作人员并未接受先期培训，亦不具备相关文凭。因此，此类考试的备考培训迅速成为一项必不可少的环节。该类考试基本上每年进行，使图书馆职业培训中心的工作量显著增加，各图书馆对培训中心需求也明显提高。

3.1.2 A类人员的备考培训

法国图书馆A类工作人员的录用考试从其性质上而言更接近公务员考试，并不具有较强的图书馆学或情报学背景。但是因为这类考试开展的非常规律(国家级每年一次，地方级两年一次)，需求庞大，并且一些考试环节(如评委会面试)也需要相应的专业辅导，图书馆职业培训中心也周期性地提供此类培训。

综上所述，备考培训是维持图书馆职业培训中心历史使命稳定性的重要因素之一，且其重要性比培训中心创立时所预期的要高出许多。对每一个培训中心而言，备考培训都是一项优先工作，根据其规模采取不同形式。另外，这些培训的开放程度也不尽相同：部分中心向外部公众提供培训，而另一些如 Mediadix，由于面临的需求十分庞大，则只能向图书馆内部考生提供培训。

3.2 大学基础教育

法国图书馆职业培训中心与其所依托的大学联合进行图书馆学文献学方面的基础教育。初期的大学基础教育主要集中在两年制的技术教育方面，主要颁发大学技术教育(DUT)和大学科学与技术(DEUST)两种文凭。

近年来，这两种基础教育由于过于大众化，需求逐渐减弱，取而代之的是专业性更强的大学文凭(DU)和大学专业教育学院(IUP)项目。IUP 属于大学系统中的院系，一般录取大学一年级以上的学生，学制三年，三年毕业后可颁发硕士或工程师硕士学位。与普通硕士学位相比，工程师硕士更注重审核学生职业技能，更重视三年中的实习经验等，因此更受用人单位的欢迎。目前已有三所培训中心参与了文献管理学工程师硕士学位的授课。

3.3 继续教育

法国图书馆培训中心所提供的继续教育主要涉及大学图书馆和公共图书馆，另外自 2001 年起，部分培训中心还承担了一项全国性的继续教育项目。

3.3.1 面向大学图书馆的继续教育

由于地区图书馆职业培训中心均依托大学设立，大学图书馆自然成为其所提供服务的最大受益者。1993－1994 年间，法国在大学图书馆设立了培训联络员，主要任务是收集图书馆工作人员的培训愿望，辨别图书馆的培训需求，明确培训重点，制定详尽的培训计划并追踪其后续进展。该培训计划既可上交法国国立高级图书情报学学校，也可上交地区图书馆职业培训中心。但后者因其在地域上的便利性和弹性的课程设置，迅速建立了能够满足大学图书馆需求并得到其认可的培训课程。

面向大学图书馆的继续教育是一项双赢的服务。一方面，高校图书馆员能够接受有的放矢的培训，而且，由于培训中心从其上级监管部门处获得财政支持，大学不必再支付额外的培训费用。另一方面，由于培训联络人的存在，地区图书馆职业培训中心与培训对象之间建立起畅通的联系，有助于培训中心紧密把握行业动态，及时改革培训课程，提供更具吸引力与竞争力的课程设置。

3.3.2 面向公共图书馆的继续教育

公共图书馆方面的情况较为复杂，且呈现一定的地域差异。一方面，作为图书馆职业培训中心发起机构之一的图书与阅读司逐渐淡出了这一舞台，改由大区文化事务局(la Direction régionale des affaires culturelles，简称 DRAC)负责此项工作。另一方面，随着地方分权的深化，地方公务员的培训活动不再由中央统一组织，而是改由法国地方公务员全国管理中心(le Centre national de la fonction publique territoriale，简称 CNFPT)负责。在不同的地区，地方公务员管理中心与当地图书馆职业培训中心之间的关系也不尽相同，既有能够紧密合作的，也有各行其是的。总的来说，前者主要起到辅助作用，由后者自行组织补充性的培训，但是此类培训的发展状况远不如提供给大学图书馆的继续教育培训那么乐观。

3.3.3 全国性继续教育

2001年，法国将原有的书库检查员与助理馆员两个职位合二为一，设立了图书馆助理职位，并决定对新录用的人员在其实习期内进行长达150小时的入职培训。该项培训交由地区图书馆培训中心来实施，最初有四家培训中心承担此项任务：Médiadix、Médiaquitaine、Médial 和位于马赛的培训中心。由于每届学生并不多，自2003年起，仅有 Mediadix 一家培训中心从事该项工作。

3.4 国际合作

随着多年的不断发展，法国图书馆职业培训中心逐渐成为法语国家及地区图书馆职业培训领域的专家，并与周边国家开展合作。如位于波尔多市的 Mediaquitaine 曾应突尼斯法国文化中心之邀，为突尼斯整个公共图书馆系统制订培训计划。马赛图书馆职业培训中心曾在2006—2009年与尼斯大学合作，为吉尔吉斯斯坦三所大学图书馆制订培训计划，并协助后者在大学教育中发展电子资源，成立相关院系。而拥有格勒诺布尔和里昂两处场馆的 Médiat Rhône-Alpes 则更倾向于积极参与欧盟组织的各项图书馆培训活动。

4 法国地区图书馆职业培训中心的服务特点

经过二十多年的发展，法国图书馆职业培训中心在与其他图书馆职业教育培训机构的竞争与合作中逐渐发展壮大，并形成了独具特色的全面、个性、网络化的服务特点。

4.1 全面性

法国图书馆职业培训中心所提供的服务既涉及大学图书馆，又涉及国家及地区公共图书馆，培训对象既涵盖了现行的A、B、C三种不同级别的图书馆工作人员，也包括学生及社会求职者，培训课程既包括不同等级的备考培训，又有全国性的入职培训、继续教育和大学基础教育等，还有面向不同对象不同需求的定制培训，可以说涵盖了图书馆行业的方方面面。全面性的服务有助于培训中心准确了解图书馆届的新动向，把握培训需求，及时调整工作方向，改革培训课程，为不同的对象提供最急需的培训服务。

4.2 个性化

个性化首先表现在培训课程的开发设计方面。在培训课程制定之前，首先有专门的工作人员收集培训对象的需求并进行分析，从而制定出最佳的培训计划。除了常规的培训之外，近年来各培训中心还逐渐开始开发新的按需定制的培训项目，根据培训对象在特定时期、特定的政策背景下所产生的特定需求与培训对象进行讨论，从而制定有的放矢的培训计划。另外，12所培训中心分别植根于不同地区，有利于各个培训中心充分挖掘地区文化特色，从而向本地区的培训对象提供更具区域特色的服务。

4.3 网络化

近些年来，随着网络通讯技术的不断发展，扎根于不同区域的12所法国图书馆职业培训中心也在朝着网络化的方向发展。各个中心的培训课程除去地区特性外，在内容设置上仍存在许多共同之处，因此各个培训中心之间完全可以互通有无，实现培训内容的资源共享，为更广大的培训对象提供更为便捷的网络服务。另外，由于地理位置的原因或人数过少的原因，有时当面授课难以实行或代价高昂，因此利用互联网进行远程培训便成为简便易行且经济实惠的解决方式。

5 结语

法国图书馆职业培训中心是法国图书馆行业的一项创举。12 所培训中心自成立 20 多年来不断与时俱进，丰富培训内容，紧贴行业动态，拓宽培训方式，已经形成了一套实用高效、覆盖广泛的区域性培训网络。在我国，随着文化事业的蓬勃发展，图书馆员作为一种职业选择也不断得到求职者的认可，图书馆工作人员群体日益壮大，从业人员的知识层次、教育程度等都呈现出一定的分化。同时各种新兴技术在图书馆的广泛应用也对传统从业者产生了不小的冲击。但目前各图书馆对其工作人员的培训大多仍处于各自为营的状态，未能形成较为完整的有机体系，不可避免地产生人力资源和物质资源的浪费。如何打破界限，建立一套覆盖广泛、行之有效的跨图书馆培训体系，实现培训资源的共建共享，探索图书情报从业人员培训教育的新模式，是一项值得思考的新课题。希望对法国图书馆职业培训中心的介绍能够为我国图书馆工作人员的培训与教育提供新的思考方向。

参考文献

[1] Pavlidès C, Tarin L, Saby M-M, etc. Les centres de formation aux carrières des bibliothèques? [J]. Bulletin des Bibliothèques de France, 2007(5): 51－51

[2] 李农．法国图书馆员的培养教育[J]. 图书馆杂志，2006(1)：56－59

[3] 段洁斌.《博洛尼亚宣言》与法国图书馆学情报学教育[J]. 浙江高校图书情报工作，2007(2)：54－56

作者简介：杨柳(1984—　)，女，助理馆员，硕士研究生。

其　　他

基于我国高校图书馆网站对资源揭示的调查研究

——以20所高校图书馆网站为例

胡　芳　钟　宇
（首都师范大学图书馆）

摘　要：资源与日俱增，如何对纷杂的资源在图书馆网站中进行科学合理的揭示，以便用户及时有效地查找所需文献，是当前图书馆网站建设需要重点考虑的问题之一。本文据武书连先生主持的“2011中国大学评价”及调研排名前20的高校图书馆网站对资源的揭示情况，考察其网站首页对资源揭示、资源栏目设置、资源整合与导航等方面，并提出高校图书馆网站对电子资源揭示的优化意见。

关键词：图书馆网站　资源揭示　调查

Abstract： With the increasing resources，how to reveal resources in library websites so that users can find them effectively and immediately is one of the important issues to be considered in library website development. This paper investigates the status of library websites in twenty high school libraries in China on the revelation of resources including how the initial pages show electronic resources，columns design，resources integration and navigation. Finally this paper ends up with some suggestions to improve the revelation of resources in high school library websites.

Keywords： library website；resource revelation；investigation

1　调查目的与对象

资源、服务是图书馆永恒的主题。近年随着计算机技术、网络技术的发展及其在图书馆的广泛应用，文献资源的类型呈多样发展。如何对纷杂的资源在图书馆网站中进行合理有效的揭示，以便用户在最短的时间找到所需文献，引领用户愿意并习惯访问图书馆网站是当前图书馆网站建设需要重点考虑的问题之一。

2011年12月，据武书连先生主持的“2011中国大学评价”中的排名，对前20所高校图书馆有关资源的揭示问题做了调查与研究。所调研的高校图书馆有：浙江大学图书馆、清华大学图书馆、北京大学图书馆、上海交通大学图书馆、复旦大学图书馆、南京大学图书馆、中山大学图书馆、武汉大学图书馆、华中科技大学图书馆、四川大学图书馆、哈尔滨工业大学图书馆、吉林大学图书馆、山东大学图书馆、西安交通大学图书馆、南开大学图书馆、中国科学技术大学图书馆、中南大学图书馆、中国人民大学图书馆、东南大学图书馆和北京师范大学图书馆。

2 高校图书馆对资源的揭示

2.1 资源揭示首页布局

图书馆向用户展示的最重要的信息往往在其网站的首页，资源的揭示也在此展开。在所调研的20所图书馆中，首页一般有四大板块揭示资源，即：一站式搜索框、资源、资源动态和其他途径。详细情况见表1。

表1 图书馆网站首页对资源布局一栏

序号	图书馆名称	首页资源揭示板块(个)	一站式搜索框	资源	资源动态	其他途径
1	浙江大学图书馆	4	√	√	√	√
2	清华大学图书馆	4	√	√	√	√
3	北京大学图书馆	3	√	√	√	
4	上海交通大学图书馆	3	√	√		√
5	复旦大学图书馆	2		√	√	
6	南京大学图书馆	2		√		√
7	中山大学图书馆	2		√		√
8	武汉大学图书馆	3	√	√	√	
9	华中科技大学图书馆	1		√		
10	四川大学图书馆	4	√	√	√	√
11	哈尔滨工业大学图书馆	4	√	√	√	√
12	吉林大学图书馆	3		√	√	√
13	山东大学图书馆	3		√	√	√
14	西安交通大学图书馆	2		√		√
15	南开大学图书馆	3	√	√		√
16	中国科学技术大学图书馆	3	√	√		√
17	中南大学图书馆	2		√		√
18	人民大学图书馆	1		√		
19	东南大学图书馆	3		√	√	√
20	北京师范大学图书馆	3		√	√	√

从表中可以看出，目前图书馆仍然以二级栏目——“资源”作为揭示资源最主要的板块，其次是“其他途径”，强调、补充了“资源”。“其他途径”指对重点资源所做的特别的揭示、推荐，多体现为首页最上方的导航条，或页面左、右边位，一般链接有二级或三级栏

目。在所调研的20所图书馆中有15所采用了这种办法，是揭示资源的一个重要途径。11个馆有“资源动态”板块，占所调研馆的53%，且名称基本一致，以新闻的形式展现信息，简单明了，实效性强。“一站式搜索框”仅有9个馆，占45%，从形式和技术看，这个板块是最新的，代表了新的趋势。

2.2 一站式搜索框

一站式搜索框，也即快速检索框，类似搜索引擎，是将一定范围的资源，如书目查询、中外文数据库等集成在该板块之中，通过一个检索框进行检索。其特点就是便捷，适用于对资源有一定了解和特定检索目的的用户使用。

2.2.1 一站式搜索框的设置

一站式搜索框一般由检索词输入框、检索字段、分类标签、相关链接和帮助等组成。在有一站式搜索框的9所图书馆中，浙江大学、清华大学、中国科技大学图书馆大约有3－4个分类标签，每个标签下又有相应的2－3个相关链接，界面简洁。其他图书馆只有分类标签，如上海交大图书馆，设有7个分类标签，极其清楚。北京大学图书馆的一站式搜索框与其他有所不同，既没有分类标签，也没有相关链接，仅仅是“图书、期刊、论文一搜即得”。但因它也能提供一站式的搜索功能，故将其归为有一站式搜索框的图书馆。

2.2.2 一站式搜索框揭示的内容

通过查看9个图书馆一站式搜索框的分类标签、相关链接，可得知该栏目所揭示的内容基本是馆藏纸本资源、所购置的电子资源和网络资源，细分为馆藏目录、数据库、整合检索、某一类型资源(如图书、期刊等)、单一检索系统(中文核心期刊检索系统)和网络资源，另外还有读者对资源的评价、观感、介绍等，如中国科技大学的“liser”，可看做读者对资源的揭示。

2.2.3 说明文字

有6所图书馆在该栏目中有检索资源范围和使用说明，对用户的使用具有相当大的帮助，其中上海交通大学图书馆还将该馆的“一站式搜索框”命名为“思源检索”，表达了图书馆对这个栏目的期待、栏目的意义和服务理念。

2.3 资源栏目

在图书馆网站首页面的二级栏目中，所涉及“资源”的，我们称其为“资源栏目”。资源栏目是图书馆揭示资源最为集中、内容最为详细、形式最为多样的板块，适用于不同用户的不同需求。这个板块设在首页的中间部分，占据最主要、最重要、最能抓住用户视线的位置，目的就是为用户提供最好的服务，充分地揭示资源，增值效益。

2.3.1 栏目设置

在所调研的20所图书馆中，有9所图书馆将资源分为电子资源和纸质资源两个栏目，9所图书馆将所有资源都集中在一个栏目中。不同的是，北京大学图书馆将资源分为常用资源和特色收藏的两个栏目；南京大学图书馆设有馆藏资源、电子资源和网络资源导航3个栏目。

将资源统设为一个栏目，符合现代用户的使用习惯，页面简洁。一般顺序为本馆的馆藏书目查询系统数据库、电子图书、电子期刊，某一检索系统等。将资源分为两个栏目，充分照顾到一些读者查找纸质资源的需求，同时也表达了图书馆对纸质资源和电子资源并重的理念。以纸质资源作为二级栏目，其三级栏目一般有图书、期刊、学位论文、古籍、会议论文、专利/科技报告、特色馆藏等；以电子资源作为二级栏目，则三级栏目一般按现代的称谓、检索习惯设置，顺序为数据库、电子期刊、电子图书、期刊导航、数据库导航、学术资源门户、特色资源和网络资源等。

由于首页面空间的限制，图书馆一般会选用用户使用量较大的、相对常用的，以及图书馆最需要向读者推荐的资源安排在首页，揭示出资源的类型、馆藏的大致位置、检索途径等。在二、三级页面对资源进行全面展示，有列举式的也有层级式的，或列举与层级相结合的形式揭示资源，以满足用户的不同需求。

2.3.2 栏目命名

在资源这个板块中，在所调查的20所高校图书馆中，在网站首页面作为二级栏目集中揭示资源的共有30个栏目，除中国人民大学图书馆“资源”揭示的二级栏目没有统一名称，其他19所都有对资源的命名。有直接命名为“资源”的，有以资源的复合词出现的“电子资源”、“资源导航”、“数据库资源”等；个别的是以“资料”命名的，如“资料查询”、“资料查找”、“查找资料”等，极个别还有“数据库”、“文献”、“馆藏书目”。由此看出，“资源”是多数图书馆对馆藏(包括实体馆藏和虚拟馆藏)的命名，符合现代社会用户对资源的理解和使用习惯，而“资料”则带有更多的传统色彩，纸质资源的痕迹明显。

2.4 实体馆藏资源的揭示

实体资源主要指馆藏的纸质资源、光盘、磁带、录像带、缩微胶片等。纸质资源包括购置的纸质资源、获赠的纸质资源和收录的本校学位论文、教职工文库等，在图书馆的网站中都有所揭示。

购置的纸质资源是图书馆藏量最大的一部分实体资源，包括图书、期刊、会议论文、标准、科技报告等，一般在本馆的馆藏书目查询系统中揭示，有的图书馆还将部分纸质图书与电子图书对接，馆藏书目查询系统中可查得部分电子图书、期刊等。一般通过题名、著者、出版者、主题、分类、索书号、ISBN、ISSN等字段揭示，在结果中会有馆藏地、借阅状况、内容简介等信息。在所调研的图书馆中有11个馆可在首页面直接输入检索词进行检索，其余图书馆在首页面设有馆藏图书、期刊等栏目，点击即可进入检索页面或介绍页面，一般有1—2个链接层次即可检索。表明纸质资源仍然是高校图书馆重要的资源，是用户需求量较大的资源，同时也是图书馆重点推荐的资源。

教学参考书、教材也是一些高校图书馆收藏的特色，有6所图书馆在其网站首页面有特别的揭示，有的命名为“教材教参”，有的命名为“教参”，或“国外教参”等，足见对这部分资源的重视，及对高校用户特别的推荐。其揭示方式是通过本馆的馆藏书目查询系统完成的。

特藏往往是某一个图书馆所特有的馆藏，是某一方面的系统收藏，或者是古籍，或是孤本，这部分馆藏非常珍贵，具有相当高的研究价值和收藏价值。对于特藏每个图书馆都非常重视，尽可能全面、准确地将其展示给用户。一般都没有纳入本馆的OPAC，单独收藏，独立检索。在所调研的20所图书馆中，有7所图书馆在首页面中揭示，有的则“藏”得较深，大约3—4层链接。

古籍是我们的文化瑰宝，在现代馆藏中属于特藏，在所调研的图书馆中有8个馆对古籍做了特别揭示，有的有其独立的揭示系统，有的还保留有卡片目录，在主页中有所提示。

2.5 电子资源的揭示

电子资源是近年发展最迅猛的文献信息资源，不仅包括图书馆购买的中外文数据库，还包括自建的特色库和网络资源。所调查的 20 所高校图书馆都涵盖了这三种类型的电子资源。

电子资源在图书馆网站首页占有十分优越的位置，享有相当大的空间，不仅在二级栏目——“资源”中有相当多的子栏，或者电子资源本身就是一个二级栏目，还在一站式检索框里有一席之位，有的馆还设有“常用数据库”的快速链接，“资源动态”也是其专有。不仅如此，图书馆还对电子资源进行整合，做了数据库导航、电子期刊导航等各类导航，以及整合检索、单篇文章查找。详情见表 2。

表 2 电子资源揭示一栏

序号	图书馆名称	电子资源揭示方式(个)	数据库导航	电子期刊导航	学术资源门户	单篇文章的查找
1	浙江大学图书馆	2	√	√		
2	清华大学图书馆	4	√	√	√	√
3	北京大学图书馆	2	√	√		
4	上海交通大学图书馆	1	√			
5	复旦大学图书馆	3		√	√	√
6	南京大学图书馆	1		√		
7	中山大学图书馆	1	√			
8	武汉大学图书馆	3		√	√	√
9	华中科技大学图书馆	0				
10	四川大学图书馆	4	√	√	√	√
11	哈尔滨工业大学图书馆	1		√		
12	吉林大学图书馆	1	√			
13	山东大学图书馆	1	√			
14	西安交通大学图书馆	2	√	√		
15	南开大学图书馆	2	√	√		
16	中国科学技术大学图书馆	2	√	√		
17	中南大学图书馆	1		√		
18	人民大学图书馆	2	√	√		
19	东南大学图书馆	2	√	√		
20	北京师范大学图书馆	4	√	√	√	√

2.5.1 数据库导航

在所调研的 20 所高校图书馆中，14 所有数据库导航，其中 3 所不提供检索，多数图书馆既可浏览，又可检索。例外的是吉林大学图书馆只有外文数据库导航，且没有检索功能。一般按“字顺”、“分类”、“学科”、“类型”组织，为用户提供浏览服务，同时还提供数据库名称的检索服务，所不同的是西安交通大学图书馆将数据库先以中文数据库、外文数据库、试用数据库、OA机构库、光盘数据库进行分类，再以数据库的字母顺序、文献类型、学科等方式提供浏览服务，并可按数据库名称检索。在电子资源类型繁多的情况下，给用户提供了更加清晰的检索途径。

2.5.2 期刊导航

期刊导航是图书馆揭示电子资源的一种方式。在所调研的20个图书馆中，浙江大学图书馆的首页面有“期刊导航”，但是无法打开，在此不做分析。有6个馆不提供这一服务，有期刊导航的图书馆提供浏览和检索两大服务，一般有字母顺序、学科浏览，其中有3个图书馆还进一步细分为按期刊篇名开头0—9为序、汉语拼音顺序、中文注音(日语字母)、中文笔画(数)和主题进行浏览。如人大、东南大、北师大图书馆。另外，有2所图书馆只对外文期刊做有导航，提供浏览和检索的服务。西安交通大学图书馆将纸质期刊和电子期刊相融合揭示，这是唯一将纸质与电子资源相融合的案例。

2.5.3 整合检索与单篇检索

整合检索是近年出现的一种揭示资源的方式，是图书馆借助特殊的工具将来自不同载体、不同来源、不同类型的文献进行整合处理在一个检索平台上，供用户在统一的界面中选择一个或多个数据库作为检索目标，发送检索请求，获得检索结果，而不必分别进入各个数据库的检索界面进行检索。在所调研的20所图书馆中，有8所为用户提供了整合检索平台，基本以字母顺序、文种、全部数据库、常用数据库、学科分类、资源类型等作为检索路径，可检索到目录、图书、期刊，甚至单篇文章。单篇文章不仅能在期刊、图书中获取，还能在数据库中检索到，且字段较为全面。

3 存在问题与优化建议

3.1 大胆创新，引领用户

图书馆网站是图书馆服务理念的诠释，是资源的揭示大全，是技术的最新体现。

本文所调研的20所高校图书馆，是我国高校图书馆的领军馆，但是大约50%的图书馆网站形式缺乏新意，揭示方式陈旧，有的主页至少使用了3年以上。“一站式搜索框”是较为新颖的揭示方式，有这一揭示方式的只有清华大学、上海交大等9所图书馆，占所调研图书馆的45%。落后的资源揭示服务与技术的突飞猛进，资源和需求的多变形成了巨大的反差。因此大胆创新，充分考量用户的需求，及时运用先进技术，做出更上一层楼的资源揭示方式，走在用户需求的前列，是图书馆服务理念的体现。

3.2 用户为本，开发简洁、易用的揭示

在调研中，有的网站栏目颇多，名称概括性不强，不免会使用户眼花缭乱，又不知所云；有的网站栏目设置较为简单，许多资源深藏在网站的三级、四级页面，不免也会给用户带来查找之繁。因此挖掘资源、高度概括，设计出简洁，而非简单的资源揭示方式对用户利用资源才是有所帮助的，也才能使资源发挥最大效益。

3.3 提供全方位的资源揭示

由于用户的不同需求和资源种类的丰富，图书馆应多角度、多层次，力图全面地对资源进行揭示。在揭示对象上，不仅有电子资源，还应注意纸质资源的揭示，以及纸质资源

与电子资源的对接。在字段选取上，提供多角度检索入口，如对数据库的揭示字段可包括：名称、学科、关键词、资源类型、提供商、常用资源快速链接等；对电子期刊的揭示字段可包括：期刊名称、所属学科、ISSN号、期刊的出版商或内容提供商等。对单篇文章的揭示字段则更多，可包括：文章题名、作者、卷期、页码、来源刊名、ISSN号、学科等。

另一方面，为用户提供多途径导航，提供字段检索的同时，还提供学科浏览、字顺浏览等功能，方便用户从学科和名称的角度直接查看电子资源，以满足用户浏览的需求。

参考文献

[1]http：//learning. sohu. com/20110504/n306781242. shtml
[2]浙江大学图书馆 http：//libweb. zju. edu. cn
[3]清华大学图书馆 http：//lib. tsinghua. edu. cn
[4]北京大学图书馆 http：//www. lib. pku. edu. cn
[5]上海交通大学图书馆 http：//www. lib. sjtu. edu. cn
[6]复旦大学图书馆 http：//www. library. fudan. edu. cn
[7]南京大学图书馆 http：//lib. nju. edu. cn
[8]中山大学图书馆 http：//library. sysu. edu. cn
[9]武汉大学图书馆 http：//www. lib. whu. edu. cn
[10]华中科技大学图书馆 http：//www. lib. hust. edu. cn
[11]四川大学图书馆 http：//lib. scu. edu. cn
[12]哈尔滨工业大学图书馆 http：//www. lib. hit. edu. cn
[13]吉林大学图书馆 http：//lib. jlu. edu. cn
[14]山东大学图书馆 http：//www. lib. sdu. edu. cn
[15]西安交通大学图书馆 http：//www. lib. xjtu. edu. cn
[16]南开大学图书馆 http：//www. lib. nankai. edu. cn
[17]中国科学技术大学 http：//lib. ustc. edu. cn/
[18]中南大学图书馆 http：//lib. csu. edu. cn/
[19]中国人民大学图书馆 http：//www. lib. ruc. edu. cn/
[20]东南大学图书馆 http：//www. xiaowu. com. cn/
[21]北京师范大学图书馆 http：//www. lib. bnu. edu. cn/index. jsp

作者简介：钟宇，女，大学本科，副研究馆员，研究方向为文献检索课教学、参考咨询服务。
胡芳，女，硕士研究生，馆员，研究方向为信息服务。

外文电子书用量研究

——首都师范大学案例分析

江杭生
（首都师范大学图书馆）

摘　要：本文以首都师范大学为例，从均衡使用及学科角度分析研究外文电子书数据库的使用量，并初步探讨这些资源相对于该校科研的适用性问题，为深入了解研究当前外文电子书的使用提供一个方面的案例，以期为全面的电子书数据库评估提供一种视角和借鉴。

关键词：外文电子书数据库　使用统计　使用评估

Abstract：Taking Capital Normal University as a specific target，this paper examines and analyses，from a quantitative and subject structure point of view，usage data of four ebook collections. It explores questions of fitness of these ebook collections for academic research in the university.

Keywords：ebook；usage；report；assessment；academic library

引言

近年来，电子书在高校图书馆的数字资源建设中占据越来越重要的分量，国外出版社和图书集成商也在不遗余力地促进其资源的推广。如何分析评估电子书数据库的使用情况及其对本机构读者的适用性，就日益成为重要课题，本文以首都师范大学图书馆(以下简称首师大)开通的几个外文电子书数据库为例，从均衡使用及学科角度分析研究其使用量，为深入了解研究当前电子书的使用情况提供一个方面的案例，以期为全面的电子书数据库评估提供一种视角和借鉴。

一、数据准备

首都师范大学图书馆 2008 年年底以年度使用权方式订阅 EEBO(Early English Books Online)电子书数据库，2009 年以相同方式订购 Ebrary 和 ACLS，2011 年又以一次性买断方式购买了 Springer 电子书，这期间开通试用了多种电子书数据库，如：iGroup 电子图书数据库、World Ebook Library、MyiLibrary、Taylor & Francis 电子书数据库。

使用统计是很多图书馆订购电子图书首先考察的依据，如 High Wire Press 在 2009 年做的“图书馆馆员电子书调查”(2009 Librarian eBook survey)显示的，49%的被调查者认为使用统计是电子书采购决策的最重要的驱动因素。

1. 资源对象介绍

本文选择使用统计符合 Counter 标准的 4 个数据库进行分析，它们是：Ebrary、Springer、Elsevier、Taylor & Francis。

在进行使用数据分析之前，先对这四个数据库作简单介绍：

Ebrary：该库整合了来自数百家学术、商业和专业出版商的 17 万册图书。首师大订阅的学科有历史和政治科学、法律、国际关系和政治哲学、教育、人文、语言文学和语言学、心理学和社会工作、社会学和人类学，书目总数达 31760 种。

Springer：该出版社是世界上权威学术出版社之一。首师大订购的学科涉及人文社科、教育学、基础学科和各主要科学技术领域，书目总数达 5640 种。

Elsevier：该出版集团历史悠久。首师大在 2008 年 10 月—2009 年 1 月期间试用了其少量电子书，涉及社会科学和心理学、基础学科和各主要科学技术领域，书目总数约 1600 种。

Taylor & Francis：该出版社拥有 200 多年的出版历史。首师大在 2011 年 4 月—2011 年 6 月期间试用了其电子书数据库，涉及人文社会、科技等各个学科领域，书目总数达 20000 种。

2. 选择理由

选择这 4 个数据库，是因为其使用统计都符合 Counter 标准，都提供分月的、每种书目的章节下载量或每种书的整本下载量。

从学术水平层次看，Ebrary 因包括了数百家出版社，其层次自然涵盖一般大学水平和较高研究层次；而 Springer、Elsevier 和 Taylor & Francis 图书则更多属于一流的学术研究层次。这种差别会在使用数据的结构特征上有体现吗？我们试图通过下面的分析寻找线索。

从学科的角度看，Ebrary 包括的基本是人文社科领域，Springer 涵盖理工和社科，Elsevier 基本是工程技术和科学，Taylor & Francis 侧重人文历史社会科学，我们也将试图寻找它们在使用数据上的特点。

上文已提到，这 4 个数据库提供的使用量数据格式基本一致，但仍有差别，即：Ebrary 和 Springer 的下载统计单位是“章节”(Section)，Elsevier 的是“章”(Chapter)，这三者的下载统计单位基本相同；而 Taylor & Francis 的统计单位是“书”(title)，即整本书，因此我们将对 Taylor & Francis 数据进行系数修正，权且以每个整本书转换 10 章节计算。

实际上，章节的下载量更能说明当代读者阅读电子书的特点，根据 JISC 2009 报告，53.5%的学生和 58.6%的教师以章节阅读方式使用电子图书，学生和教师分别只有 5.5%和 7.1%会下载整本图书。

二、分析

1. 分析项目设定

本文试图比较分析不同学术水平层次的图书在下载量方面的特点，并初步考察各数据库对于该校科研的适用性。为此确定从两个层面进行数据比对分析：

层面 A：全部下载量、月均下载量、月均下载量占比、下载图书种数、下载图书种数占全部图书比例；

层面 B：下载量最多的单种书目及所属学科，包括在下载量排名前 20 的下载量最多学科，以及在下载量排名前 20 的书目所属学科。

对这些数据项目的选择和用词，有必要进行一些解释：

在本文，下载量是指成功获得的章节数或整本书次数(转化为章节数)，这有别于下载图书种数；在层面 B 设定下载量排名前 20，意在取样重点数据以节省时间；另外，由于 Elsevier 和 Taylor & Francis 是试用期间的使用统计，试用期分别为 4 个月和 3 个月，因此需要设立月均下载量以便和使用统计期为 10 个月的 Springer 和 Ebrary 进行比较。

2. 数据制表和分析

下面就按照上述思路分两步进行比较。

表 1 层面 A

数据库	统计时期	图书总数	下载量	月均下载量	月均下载量占比	下载种数	下载种数占全部比例
Springer	2011.1—2011.10	5640	2365	236	4.2%	1062	18.8%
Ebrary	2011.1—2011.10	31760	6953	695	2.2%	385	1.2%
Elsevier	2008.10—2009.1	1600	1376	344	21.5%	104	6.5%
Taylor & Francis	2011.4—2011.6	20000	6810	2270	11.4%	107	0.5%

在比较此表格数据时，显然首先要注意到 4 个数据库的统计时期不同，图书总量也不同，因此下载量和月均下载量本身都不能说明其被读者阅读使用的程度；月均下载量占全部图书总数的比例对于评估阅读使用率则更具说服力，然而 Springer 和 Ebrary 的此项数据比 Elsevier 和 Taylor & Francis 低很多，这是为什么？也许这和数据库是否已经订购有关，对于已经订购数据库读者可能不急于下载，而对于试用数据库则会抓紧时机下载保存。这里，订购数据库和试用数据库都表现出一个有趣的相同特点，即巨大的图书总量并不利于出现较好的利用程度，相对于数千册图书，数万册总量没有显示出优势，反而显得资源利用率较低。

下载种数(有别于整本书次数)本身同样不能说明问题，下载种数占全部图书比例才具有可比性(在下文为行文方便称之为图书品种阅读率)。这里 Springer 远远超过其他数据库，说明其图书得到比较均匀的使用，而总量巨大的数据库同样没有显示优势，反而表现出很低的比例，意味着读者只集中阅读了相对很少的图书。Ebrary 的月均下载量占比最低，图书品种阅读率次低，这可以理解为是其数据库特性所致，整体学术水平层次低于另三个数据库。

表 2 层面 B

数据库	下载量最多单种书目及所属学科	下载量排名前 20 内下载量最多学科	下载量排名前 20 的书目所属学科
Springer	Automated Reasoning (computer science)	343，Mathematics & Statistics (29 种)	Computer，Life，Earth/Environment，Physics，Mathematics，Economics，Language/Education，Chemistry/Materials，Social Sciences，Humanities，Engineering

续表

数据库	下载量最多单种书目及所属学科	下载量排名前 20 内下载量最多学科	下载量排名前 20 的书目所属学科
Ebrary	100 Must-Read Classic Novels （Literature)	519，Linguistics （3 种）	Literature，Education，Linguistics，Humanities，History，Sociology，Arts，International relations，Psychology，Computer graphics
Elsevier	Chaos and Fractals (Computer Graphics)	273，Engineering and Technology(8 种)	Computer，Life，Engineering/Technology，Geography，Mathematics，Chemistry，Earth/ Environment
Taylor & Francis	A History of Medieval Political Thought (History)	246，History (6 种)	History，Sociology，Education，Humanities，Psychology，Medicine

这 4 个数据库下载量最多的书目分别属于计算机科学、文学、历史学，单种书目计算机科学得到第一是值得注意的现象；然而，把排名前 20 的书目包括进来后，下载量最多的学科有所变化，Springer 是数学和统计学第一，Ebrary 是语言学第一，Elsevier 是工程技术第一，Taylor & Francis 则仍然是历史学第一。在此，我们可以计算此表格内第二项的下载量和种数之间的比值，形成表 3 比值.

表 3　比值

数据库	下载量 / 书目种数
Springer	Mathematics & Statistics：343 / 29 种＝12
Ebrary	Linguistics ：519 / 3 种＝173
Elsevier	Engineering and Technology：273 / 8 种＝34
Taylor & Francis	History：246 / 6 种＝ 41

对这比值(为行文方便称之为学科书目下载均衡度)直接的理解是平均每种书的下载量，换个角度或许可以理解为均衡程度，此比值越小，均衡度越高。

表 2 的第三项内容是进入下载量排名前 20 的书目的所属学科。就首都师范大学图书馆订购或试用范围而言，Springer 的学科涵盖文理科技各领域，Ebrary 是人文社会科学，Elsevier 限于工程技术和科学，Taylor & Francis 侧重人文历史社会科学。

此项内容 Springer 只缺少行为科学和医学，说明该电子书数据库在学科方面得到较均衡的阅读使用；Ebrary 缺少政治科学和法律，相对于其很低的图书品种阅读率，在涉及学科方面这个数据库的使用表现还不错；Elsevier 缺少社会科学、心理学、物理、农业和生物科学、材料科学、能源、神经科学、地球和行星科学，相对于其较高的图书品种阅读率，在涉及学科方面这个数据库的使用均衡性不太好；Taylor & Francis 的使用涉及的学科较少，并且基本集中在人文历史、社会学、教育和心理学，和其图书品种阅读率综合看，此数据库的使用在均衡性上的表现不容乐观，但对应了学校的核心文科领域。

三、适用性评估

通过上述各个步骤的分析研究，我们认为有图书品种阅读率和学科书目下载均衡度两项指标是评价电子书数据库是否得到均衡阅读使用的重要指标。

图书品种阅读率是在整体层面评估数据库的均衡使用程度，图书品种阅读率较高，说明数据库得到较均衡的使用，无人问津的文献较少；学科书目下载均衡度是从学科角度考察数据库是否得到均衡使用。图书馆订购文献资源不仅希望其资源得到充分均衡的使用，而且要追求其资源对本机构科研需求的适用性。下面我们来看看这4个电子书数据库对应了该校哪些重点科研领域。

首都师范大学重点学科简要清单：

国家重点学科：基础数学、植物学、中国古代文学、世界史

国家重点培育学科：美术学

一级学科北京市级重点学科：数学

一级学科北京市级重点建设学科：教育学、外国语言文学

"十五""211工程"重点学科：

首都基础教育创新与现代化(教育科学学院、教育技术系)

中外历史与文明(历史学院)

中国文学研究与现代文化(文学院)

思想政治教育与哲学研究(政法学院)

艺术教育与艺术理论(中国书法文化研究院、音乐学院、美术学院)

基础数学与应用数学(数学科学学院)

遗传与生物工程(生命科学学院)

城市地理信息技术与首都圈生态环境保护利用(资源环境与旅游学院)

光物理科学与技术(物理系)

显然，Springer的数学吻合国家和北京的重点学科，多个其他学科也覆盖了"211工程"重点学科；Ebrary的语言学和一级学科与北京市级重点建设学科吻合，其教育、文学、艺术、心理、国际关系等也覆盖多个"十五""211工程"重点学科；Elsevier的工程技术吻合"十五""211工程"重点学科的最后3个，同时覆盖其他基础学科；Taylor & Francis的(世界)历史吻合国家重点学科，同时覆盖一级学科北京市级重点建设学科和几个"十五""211工程"重点学科。因此总体上这4个数据库吻合该机构的重点科研领域。

四、总结

本文着重从均衡使用的角度分析了4个电子书数据库使用的情况，并归纳出两项评价指标；也根据分析结果评估了它们相对于订购机构科研重点需求的适用性。

然而，我们应该充分意识到，本文采用的原始统计数据在可比性方面存在缺陷，如Taylor & Francis的下载量是整本书的下载次数，而其他数据库是章节的下载次数，在此主观地给Taylor & Francis的系数为10；其次，统计时期长短差别较大，图书总数差别也很大，统计时期短而图书总数又很大的Taylor & Francis可能就会处于很不利的地位；再有，因写作时间关系，本文对下载量排名的重点采样只取了前20名，如果加大采样力

度，可能会有更准确的代表性。另外，图书的出版年度及开通时间和使用量有什么关系，本文没有涉及，Terry Bucknell 在其对利物浦大学的 Springer 电子书使用分析中有详细考察。

传统图书馆纸本文献的二八定律是否适用于电子资源，从表 1 的最后一项数据看，Springer 比较接近这一定律，而其他数据库就相距甚远。本文依据的数据范围不足以对此做出明确判断，有待更多更广泛的数据分析。

参考文献

[1]Ashcroft L. Ebooks in libraries：an overview of the current situation[J]. Liverpool：Library Management Vol. 32，No. 6/7，2011. pp. 398－407

[2]Terry Burcknell. The e-book "big deal"：a usage-based study [J].. Serials Vol. 23，No. 2，2010，p. 126

作者简介：江杭生(1960—)，男，中级，外文电子资源建设。

慕尼黑工业大学图书馆特色及对中国高校图书馆发展的启示

吴　军
（中国人民大学图书馆）

摘　要：德国一流大学慕尼黑工业大学的图书馆具有借阅量大、开馆时间长、电子出版物增长迅速、远程借阅成本低、现代化程度高和管理人员素质高等特点，对我国高校图书馆发展方向具有一定启发和借鉴意义。

关键词：慕尼黑工业大学　高校图书馆　图书馆特色

The library's features of TUM and its revelation to the development of Chinese university library

Wu Jun
(The library of Renmin University of China)

Abstract: The library of Technical University in Munich which is one of the Germany's three elite universities has some features, such as the large amount, a long opening time, rapid growth of electronic publications, the low cost of remote borrowing, high degree of modernization and the high-quality management. It has some revelation to the development of Chinese university library.

Keywords: Technical University of Munich University Library Library; Features

1　慕尼黑工业大学图书馆

德国慕尼黑工业大学(Technical University of Munich)是德国最早评定的精英大学之一。慕尼黑工业大学图书馆被视为慕尼黑工业大学的科学信息中心，其拥有190多万册图书，还有丰富的电子图书、电子杂志和数据库资源。慕尼黑工业大学图书馆的特色除了馆藏丰富之外，还有较长的开馆时间，每年读者人数达120万人次。[1]图书馆不仅仅是信息的服务者，更是学习、教育和科学工作的交流地点。

慕尼黑工业大学图书馆拥有图书190多万册，杂志6000多种。因为校区分散的原因，慕尼黑工业大学图书馆由1个主馆和其他9个分馆组成。9个分馆分别是化学分馆、机械分馆、数学和信息分馆、医学分馆、物理分馆、社会科学分馆、体育科学分馆、斯特劳滨校区分馆(Straubing)和威燕斯特芬校区分馆(Weihenstephan)。因为慕尼黑工业大学的上述专业分布在城市不同区域，因此，这些分馆无法合并成为一体。尽管如此，这 10 个图书分馆还是通过网络非常好地联系在一起，查询和借阅图书并不会因此而受到影响，可以在任何一个图书馆借阅其他 9 个分馆的图书。

图 1 慕尼黑工业大学主楼图书馆借阅处

因为总共有十个分馆，所以慕尼黑工业大学图书馆的组织形式也是很特殊的。十个图书馆分布在慕尼黑城市的不同地方，在空间上不可能实现统一的管理，但是在组织形式上还是接受一个图书馆馆长的管理，通过位于大学主楼中心图书馆的核心管理部门实现对人员和物资的集中管理。总体而言，慕尼黑工业大学图书馆的十个分馆通过四个中心部门进行集中管理，这四个部门分别是读者服务部、信息服务部、媒体加工部和技术部。这四个部门要完成如下几个方面的任务：

①获取多学科的文献和信息

②建设和维护借阅图书资源

③建设和维护教科书资源

④参加图书馆联合组织

⑤管理图书分馆

⑥管理获取电子信息的中央图书馆信息技术

⑦图书和杂志装订成册

⑧维护馆藏

慕尼黑工业大学图书馆的组织管理结构如图 2 所示。

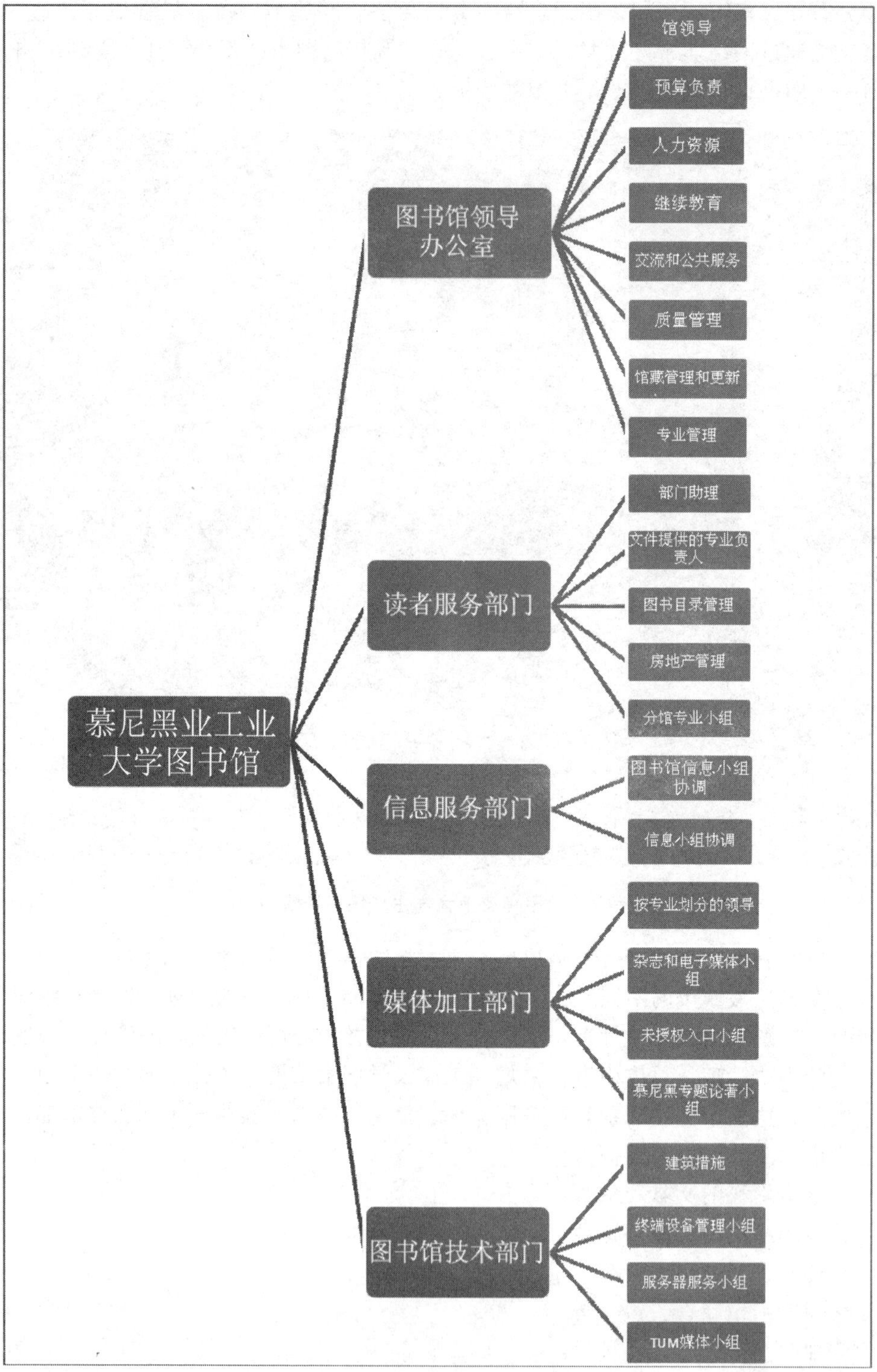

图 2 慕尼黑工业大学图书馆组织管理结构图①

---

① 参考慕尼黑工业大学图书馆网站 http：//www.ub.tum.de/files/webfm/organigramm/organigramm.pdf，有所删减。

慕尼黑工业大学图书馆把自己定义为大学的服务机构，根据慕尼黑工业大学的学校特色和发展重点设定图书馆的主要发展目标，即职业化、持续的内容创新、精英要求、创造性、在全球科技中的顶级服务以及灵活性和非凡能力。基于这方面要求，慕尼黑工业大学图书馆采取对应的竞争策略和专业方法，即创新管理和质量管理。慕尼黑工业大学图书馆是从 2007 年开始采用 DIN EN ISO 9001(欧洲质量标准 9001)进行质量认证和管理的，是德国第一所采用质量认证管理的大学图书馆。

2 慕尼黑工业大学图书馆特色

2.1 特色之一——教科书借阅量很大

据 2008 年统计资料显示，慕尼黑工业大学图书馆总共有教科书 86745 本，2008 年借阅 153237 次(不包括延长借阅期)，而当年的总借阅次数为 401556 次，教科书借阅次数占总借阅次数比例为 38%。与中国大学不同，由于德国的图书很贵，德国大学生在读书期间很少自己购买教科书。德国大学图书馆提供教科书借阅服务，一般能够满足大学生专业课程学习所需，不仅教科书数量多，而且借阅期长。通常第一个借阅期为 1 个月，如果没有其他人预约借阅，可以自动续期，最长借阅期可达半年。理论上讲，大学生能通过图书馆借阅到一个学期的教科书。

德国很多教科书都采用精装硬皮装订，因此比较容易保护，这也是教科书可以反复借阅使用的一个原因。从慕尼黑工业大学图书馆的发展战略目标来看，教科书借阅仍然是未来一个发展重点，不仅要维护目前的借阅量，还要不断扩大教科书的馆藏数量和借阅量。

2.2 特色之二——开馆时间长

慕尼黑工业大学的十个分馆开馆时间不同，位于郊区的、科研性质比较强的分校区的图书分馆，承担的服务于大学生自习的功能较弱，开馆时间相对主校区而言较短。开馆时间最长的是主校区的图书馆，周一至周五开馆时间是早 9 点到晚 24 点，周六日从 10 点到 22 点开馆，节假日从 10 点到 22 点开馆。而且未来的改革目标之一是继续延长开馆时间，慕尼黑工业大学主图书馆准备在周六全天 24 小时开放，方便大学生学习。

2.3 特色之三——电子出版物增长迅速

从 2008 年的年报统计数据看，慕尼黑工业大学图书馆总的电子刊物数量为 4065 份，数据库数量为 924 个，电子图书数量为 59837 册，慕尼黑工业大学电子博士论文数量为 3868 篇，每年新增电子博士论文数约为 490 篇。

慕尼黑工业大学图书馆新增加的图书越来越多是数字形式的。笔者曾采用关键字查询，得到的查询结果中最新出版的图书大部分是数字形式的。通过网络连接，查询结果被直接连接到出版社的数据库，查询到的电子版图书被完整地显示出来。通过授权还可以直接打印和下载，供读者进一步使用。对此笔者十分不理解，这样的图书使用方式如何保护作者的权益和图书版权。经过与图书馆工作人员交流探讨，终于明白了其中的原因。事实是，德国有比较完整的知识产权保护法律，读者也会自觉遵守该法律，从图书馆下载的电子出版物仅仅会用于自己阅读目的，不会拷贝给其他人，更不会用于商业目的。这样自觉地维护版权的行为大大地方便了图书阅读和知识传播，值得我们思考和学习。

2.4 特色之四——远程借阅

德国高校图书馆或者说德国图书馆的重要特色之一是馆际间的合作，通过馆际间合作可以最大限度地实现图书馆资源的共享和有效利用。慕尼黑工业大学图书馆积极参与馆际合作，积极参加联邦德国的资料提供服务项目 SUBITO。在 2008 年，其他图书馆在慕尼黑工业大学图书馆申请远程借阅的订单数量为 59232 份，寄出去的图书和文章数量为 56468 份，有效完成的远程订阅比率高达 95％。慕尼黑工业大学图书馆向其他图书馆申请的远程订阅数量为 17250 次，收到的图书和文章数量为 14343 份，有效完成订阅比率为 83％。

慕尼黑工业大学图书馆远程借阅的效率也是非常高的，通常从提交远程订阅单到拿到图书可以在一个星期内完成。远程订阅不仅效率高，成本也是很低的。慕尼黑工业大学的学生和科研人员订阅德国境内的图书资料不需要支付任何费用，而图书馆访客则需支付一定的包装、邮寄和版权费。

2.5 特色之五——借阅成本低

慕尼黑工业大学图书馆的借阅成本和在图书馆内复印资料文献的成本都是很低的。例如，在借阅协议规则内，大学生、大学员工和图书馆客人在德国全境内借阅图书都是免费的；而如果是拷贝文献资料，40 页之内的费用是 1.5 欧元，41－60 页的费用是 6 欧元，61－80 页费用是 8 欧元，81－100 页费用是 10 欧元。如果借阅不属于借阅协议规则内，图书馆的客人用户则需要支付加工费用（包装和邮寄）2.5 欧元，版权费 1 欧元（中学生、职业教育者）、3 欧元（私人读者）、6 欧元（个体和商业人士）。

根据需要，图书馆可以提供数字化的服务，但是要收取一定费用，比较而言这个费用是不高的（参见表 1 和表 2）。

图 3 慕尼黑工业大学主图书馆内的复印和扫描室

表 1　扫描费用　单位：EUR

扫描费用	大学生	大学工作人员	客人
没有光学识别的每页费用	0.06	0.06	0.12
有光学识别的每页费用	0.08	0.08	0.16
最低费用	5.00	5.00	5.00

表 2　扫描资料邮寄费用　单位：EUR/每张 CD+DVD

邮寄费用	大学生	工作人员	客人
德国境内＋欧洲	6.00＋1.25	6.00＋1.25	6.00＋1.25
其他国家	8.00＋1.25	8.00＋1.25	8.00＋1.25

表 3　复印费一览　单位：EUR

服务内容	大学生	工作人员	客人
黑白(自助服务)			
DIN A4	0.06	0.06	0.10
DIN A3	0.12	0.12	0.20
黑白(非自助服务)			
复印 DIN A4	0.12	0.12	0.20
复印 DIN A3	0.24	0.24	0.40
讲稿 DIN A4	0.08	0.08	不允许
讲稿 DIN A3	0.16	0.16	不允许
特殊服务			
彩色复印 DIN A4	0.50	0.50	0.50
彩色复印 DIN A3	1.00	1.00	1.60
缩小	0.18	0.18	0.30
放大	0.35	0.35	0.60
复印在胶片上	0.60	0.60	0.80
打印费			
DIN A4	0.06	0.06	0.10

图书馆内多处设有复印机，可以自助复印所需资料，也可以寻求图书馆员的帮助。复印资料需要支付一定费用，在德国复印资料费用很低，具体可以参考表 3。支付复印费方式灵活多样，既可以现金支付，也可以使用学生卡、工作卡、食堂卡或者大学研究所的复印卡。

2.6　特色之六——现代化程度高

作为发达国家，著名大学的图书馆的现代化程度也是比较高的，尽管图书馆本身建筑物可能比较老旧，但是内部设备、设施的更新速度和现代化程度还是比较快和比较高的。

比如，供读者查询检索图书所使用的计算机都是比较新的型号，运行速度比较快；而在阅读大厅里面供读者使用的计算机也同样是比较新型号的。供读者拷贝和扫描用的复印机、扫描仪同样是比较新的型号，不仅噪音低，也更加低碳和环保。而且，就连价格高昂的非接触式扫描仪也被提供给读者使用，不仅极大地方便了读者，而且也有效地保护了图书资源。

在阅览室里，摆放图书的书架质量也非常高。沉重的偌大书架可以毫不费力地被移动，移动过程没有任何噪音。供读者临时检阅图书的椅子也是多功能的，桌椅可以通过折叠自由变换(参见图5)。

通过现代化的设备和设施，图书馆节省了人力资源，因此，在图书馆里可以见到的工作人员比较少。很多服务和功能都是“自助式”的，甚至订阅的图书也可以由读者自己去订阅书架上取，借阅的时候也可以自助登记和消磁。

2.7 特色之七——预算资金有限，资金利用效率高

近些年来，德国高校的资金并不宽松，所以大学图书馆的经费也不宽松。慕尼黑工业大学因为其领先的研究成果和与工业领域的良好合作，科研经费还是相对比较充裕的。尽管如此，在与慕尼黑工业大学图书馆馆长 Kallenborn 博士交流的时候，他一再强调图书馆资金的匮乏。根据2008年馆报，慕尼黑工业大学图书馆的经费收入和支出如表4所示。

表4 慕尼黑工业大学图书馆2008年经费情况

收入(不包含工资)	金额	支出(包含工资)	金额
正常预算(州科技研究部支付)	2,835,000	文献支出	3,472,148
特殊经费	406,897	装订费用	111,030
来源于大学院系的经费	648,739	实物支出	366,582
来源于学费的经费	673,299	人员支出	4,955,548
来源于 TUM 其他机构的经费	6,245	投资(包含新购置和搬迁费用)	536,575
来源于有偿服务的收入和捐助	199,485	支出总计	9,441,883
收入总计	4,769,665		

数据来源：慕尼黑工业大学图书馆馆报2008

从表4中可以看到，在2008年全部收入(不包含工资)尚不足以支付人员支出。或者说，人力成本支出占总成本支出的比例是很高的，达到了52.5%。在文献支出当中，用于购买杂志的费用所占比例最高，达到了56.2%，其中，纸质杂志占36.5%，电子杂志占19.7%。因为杂志最能及时反映研究现状和动态，对科学研究的帮助相对而言比较大。所以，这也反映了慕尼黑工业大学图书馆在有限资金约束下的资金利用是科学和合理的。除了杂志之外，教科书和数据库的购买支出比例也较高，这与慕尼黑工业大学图书馆的发展目标也是非常契合的。

文献支出中其他各项支出所占比重参见图4。

2.8 特色之八——人员少，素质高

慕尼黑工业大学图书馆目前共有101.5个全职位置，其中，“简单和中等服务”等级有41个岗位，“较高级别”岗位16.5个，“高级”岗位44个。全职之外的岗位有14.43个，

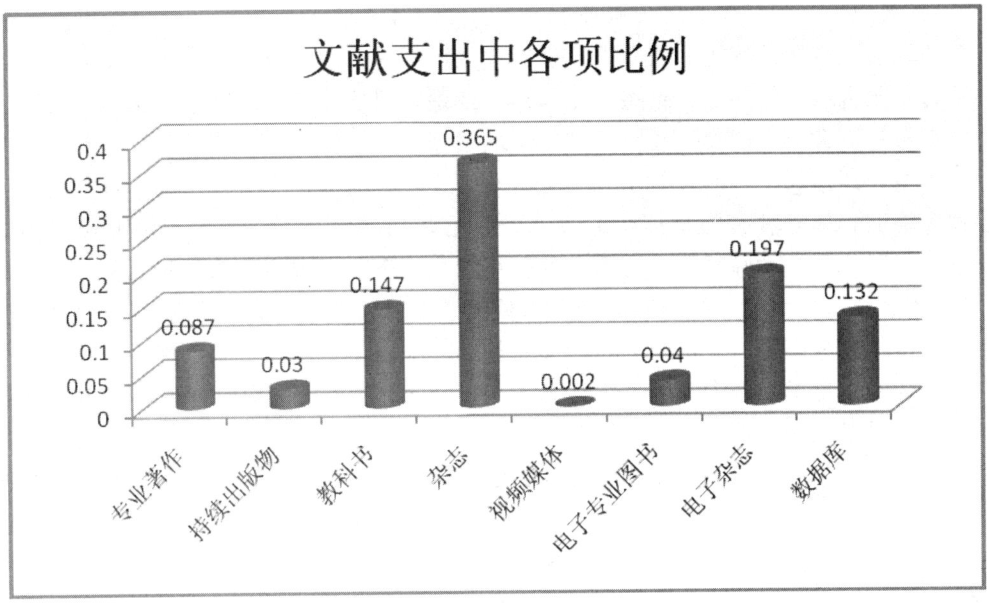

数据来源：慕尼黑工业大学图书馆馆报 2008

图 4 慕尼黑工业大学图书馆文献支出中各项比例

大学生助理 13.54 个岗位。这些岗位之所以会出现小数点，是因为根据德国工作岗位统计的方法，即根据岗位对应的工资进行测算。这样根据实际支付的工资计算岗位数量，就会出现非整数的情况。

从上述岗位设置来看，高级岗位占到了全职岗位的 43.3%，接近一半，这说明慕尼黑工业大学图书馆人员素质是很高的。因此，人员工资成本支出也是非常的高，这在前面资金收入与支出部分已经通过数据得到了说明。

精炼的工作人员可以充分保障图书馆的日常管理需要，并很好地贯彻图书馆的发展理念——“图书馆是信息的服务者，更是学习、教育和科学工作的交流地点”。

3 对我国高校图书馆发展的启示

通过总结慕尼黑工业大学图书馆的特色，并与中国高校图书馆进行对比，就可以发现值得我们借鉴学习的地方，具体如下：

(1)强化网络服务功能。可以说，只要读者愿意，基本上可以实现通过网络的完全自助服务，而无需图书馆管理人员提供服务。这不仅节省了人力成本，同样方便了读者，实现了图书馆服务的跨时空信息服务功能。网络服务不仅具有这些好处，而且符合科技发展潮流和方向，代表着未来图书馆的服务理念。慕尼黑工业大学图书馆的网站不仅仅可以提供文献检索、借阅等传统图书馆服务，还提供了关于图书馆自身的很多信息，让读者了解图书馆的发展历史和未来，使得读者和图书馆之间可以建立起来持久的信任的伙伴关系。读者完全可以通过图书馆的网站了解图书借阅规则、收费规定、服务功能等信息，这也就方便了读者自助服务，减轻了工作人员的压力，提高了图书馆的服务效率。我国高校图书馆虽然也具备了网络服务的基本功能，但是在人性化设计和功能完整性上与国外一流大学图书馆相比还存在差距，服务对人员的依赖程度比较高，未来急需改变。

(2)拓展以用户为导向的培训服务范围。慕尼黑工业大学图书馆非常重视针对读者的服务，并体现在日常的管理和服务工作上。前面已经介绍过，通过图书馆网站，读者可以查询到每项服务的具体规定，这些规定写得很清楚，只要读者仔细阅读，基本不需要工作人员再做解释。此外，图书馆还提供非常多的培训服务。比如，每年开学之初都举办若干次的图书馆介绍培训，针对大学毕业生还有查询文献技巧和论文写作培训，针对博士生的科学研究培训，针对教师的培训服务，多场讨论课和 workshops 等。我国高校图书馆针对大学生、博士生和教师的论文写作和科研培训比较少，在未来应该加强此类培训服务。

(3)拓宽读者与管理人员沟通渠道。针对读者可能存在的问题，慕尼黑工业大学图书馆提供了多种服务联系方式，比如，聊天工具、在线电子信箱、电子邮件、电话、短信以及现场服务。慕尼黑工业大学图书馆还开设了 Fachbook 专页，采用各种手段提供网络和电子服务，尽量减少人员面对面的服务。可以说，慕尼黑工业大学图书馆服务意识强都是静悄悄的在后台进行的，这一点很值得我们学习。相比之下，中国大学图书馆的很多服务是建立在馆员和大学生、教师等读者之间的面对面直接交流基础上的。这样的服务表面上看是很热情周到的，但实质上占用了图书馆员的大量时间，重复性的劳动很多，服务质量并不理想。而慕尼黑工业大学图书馆尽量将重复性的服务后台化，努力促使读者自我提高使用图书馆的能力和素质，让读者之间可以通过日常学习生活接触相互传递图书馆使用信息，从而减少对图书馆工作人员的数量和时间压力。服务不等于一味地满足读者各种要求，而是科学化地建立服务规则和制度。

(4)进一步对设备设施实施现代化和人性化改造。慕尼黑工业大学图书馆的设备设施是很先进的，例如服务于从图书馆藏书室提取图书并向读者借阅室传送的设备设施(参见图 6)，具有先进的物流设施功能，并且具备相应的自动化管理系统。因为图书比较重，除了新进的用于开架阅览和自助借阅的图书排放在阅览室之外，更多的图书收藏于藏书室内。将图书从藏书室运输到阅览室的功能是通过先进的图书运送系统实现的。工作人员从小车内取得新的图书借阅单之后找到图书，把图书和借阅单放在小车内，小车就会自动从藏书室运行到地上阅览室，阅览室工作人员检查图书是否正确后，把图书摆放到借阅架上，读者就可以自助完成图书借阅。这样的先进设备设施保证了图书借阅效率(一般 2 小时内可以完成)，也节省了大量人力资源。这样的先进设备设施值得我们学习和引进。

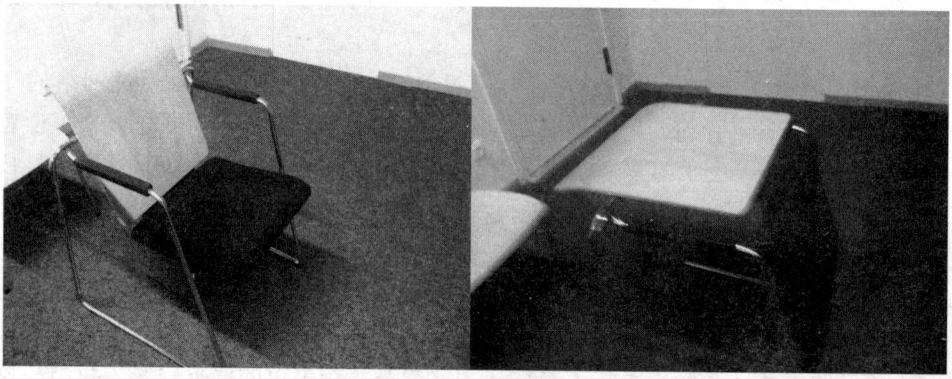

图 5　可变换桌椅

还有一些在阅览室内的设备设施很人性化，比如可以在座椅和书桌之间转化的家具

(如图 5)，可以根据需要临时围合起来的讨论区域，自助的复印机和扫描仪等，提供给读者充分的现代化设备设施带来的方便式服务。

(5)加强高校书馆馆际之间互借合作。借鉴慕尼黑工业大学图书馆与其他图书馆之间的合作经验，为了充分利用中国高校图书馆不同的馆藏优势，建立我国高校图书馆之间图书共享、资源共享制度，充分利用图书资源，并节约交叉重复的图书馆建设成本，是大势所趋。

图 6 慕尼黑工业大学图书馆内图书运输系统

(6)降低图书资料复制成本。中国大学生基本属于没有收入人群，生活来源主要是家庭。不少大学生来源于贫困地区，其家庭并不富裕，适度降低图书资料复制成本，改变某些高校图书馆复制经营垄断的状况，将更加有利于大学生充分利用高校图书馆资源，促进高校教育和科研水平的提高。

(7)延长开馆时间。慕尼黑工业大学图书馆开馆时间很长，周一至周五开到半夜 24 点，现在正在努力实现周六全天 24 小时不间断开馆计划。当然较长的开馆时间会给办公人员带来较大压力，也会增加运营成本。所以，在超过正常的开馆时间后，很多服务功能就被取消了，比如借阅等服务。这时候基本只剩下阅览室的开放时间，方便读者阅读和学习。特别是到了期末这一段时间，除了慕尼黑工业大学自己的图书馆开放时间较长之外，该市的巴伐利亚州图书馆也延长阅览室的开放时间以配合和补充大学图书馆阅览室座位数不足问题。这一点也值得我们学习和借鉴，特别是中国大学图书馆基本建设在校园内，而大学生也基本住在学校内部，在期末考试和论文写作期间，延长阅览室开放时间应该是提高服务的一种方式。

参考文献

[1]Jahresbericht der TUM Universitaetsbibliothek 2008-Statistischer Anhang，S8. http：//mediatum2. ub. tum. de/doc/958376/958376. pdf

[2]http：//www. ub. tum. de/files/webfm/organigramm/organigramm. pdf

作者简介：吴军(1971—)，女，馆员。

方志艺文志与正史艺文志辨析

马春晖
（北京工商大学）

摘　要：文章通过比较和列举实例辨析了方志艺文志与正史艺文志的区别和联系，说明方志艺文志是中华文化研究的重要内容。

关键词：艺文志　方志　正史

Abstract：This chapter differentiates and analyses the difference and interconnection between Yiwenzhi of Chinese Chorography and Yiwenzhi of official history through comparison and examples，indicating that Fangzhi Yiwenzhi is an important part for study in chinese culture.

Keyword：Yiwenzhi；Fangzhi；Official history

正史、方志同为中国史学之巨擘，正史是“国史”，是古代官修的如《史记》、《汉书》等二十四部纪传体史书，其是司马迁在编年体的基础之上，首创的以人物纪传为主的正史体例，专门记载一国之大事。《隋书》卷三十三《经籍志二》曰：“自是世有著述，皆拟班、马，以为正史，作者尤广。一代之史，至数十家。……今依其世代，聚而编之，以备正史。”方志则是对特定的历史时代和方域的自然环境、人文环境和历史的横向性的综合记述，“在中央者，谓之史；在地方者，谓之志”[1]。而正史艺文志是正史的重要组成部分之一，《汉书·艺文志》首开我国正史收录著述典籍之先河，并启发后学不断发展和完善。后来许多正史都宗承《汉书》，在隋书、宋史、明史等都著有艺文志。艺文志成为纪传体文献中专门用来反映古代图书目录及学术思想发展的专篇和体裁，成为史志目录的重要组成部分。早期的方志作为史学之分支，亦自觉效仿正史的“艺文志”和“经籍志”的规则和体例收录艺文，记载地方人士著作或目录，并逐渐发展成方志的一个重要组成内容，特别是在清乾嘉时代，方志艺文志卷帙之繁，前所未有。如此可见，方志艺文志具有正史艺文志中的一般特点，两者有一定的全息关系，分析二者的异同，可探勘两者的一般特点、甄别其得失，总结出规律性的认识。

一、方志艺文志与正史艺文志的联系

从其学术起源上，二者关系甚密。正史艺文志以班固的《汉书·艺文志》为发端，班固删刘歆七略中的“辑略”，对其余六略“删其浮冗，取其指要”，增遗补漏，以“书六略三十八种、五百九十六家、万三千二百六十九卷”，成“艺文志”。“班氏之志艺文也，在当日不过节《七略》之要，为史家立其门户，初不自以为详且尽也。今欲求周秦学术之源流，古昔典籍之纲纪，舍是志无由津逮焉。”[2]根据唐代刘知几《史通·史志篇》的记载，方志艺文志的开端之作，当是北朝齐周间宋孝王所著《关东风俗传》，其中的《坟籍志》是最早的地方志艺文志，记录了邺地的地方著作，它比最早的正史的《汉书·艺文志》晚出了约五百多年。到了宋代，艺文伴随方志的成熟和定型，作为文学艺术作品的诗文，被大量选录到方志中，艺文入志渐成惯例，不仅在方志中逐渐增加了比重，而且体例趋于完善，内容不断丰富，涌现了一些名家名作，如宋朝成书的《太平寰宇记》，历来被公认为方志艺文志之滥觞。

二者同受儒家思想的浸染，从属于相同的文化体系，具有形塑相似的价值观，编纂的宗旨是一样的。从目录学的角度来说，目的是“辨章学术、考镜源流”，都是以梳理学术史的脉络、以文献高位整合为己任，前者传承地方文化的资源价值，后者存续历朝历代之文脉。故《隋书·经籍志》曰：“夫经籍者也，机神之妙旨，圣哲之能事。所以经天地、纬阴阳、正纲纪、弘道德、显仁足以利物，藏用足以独善。学之者，将殖焉；不学者，将落焉。大业崇之，则成钦明之德；匹夫克念，则有王公之重。其王者之所以树风声、流显号、美教化、移风俗，何莫由乎斯道？”[3]对于汉书艺文志的评价，最为人们所熟知的莫过于清人王鸣盛载《十七史商榷》卷二十二中所引清儒金榜之语：“不通汉《艺文志》，不可以读天下书。《艺文志》者，学问之眉目，著述之门户也。”而对方志艺文志，章学诚曰“地方志乘，本是一地方的历史，与国史不过具体而微。国史有艺文志，所以纪一代的文献；志乘有艺文志，所以纪一地的文献”，此言切中肯綮。

“志随政出，系之于政，用之于政”，方志具有资治、辅政、教化的功能，方志艺文志所承接的思想是源自于母文化，因为只有向母文化靠拢，才能获取价值的肯定，故在艺文志编纂视野上，要体现政教特性，透过文教手段推行政治、社会、道德及教育的目的。而文人透过艺文的编纂，呈现方志文化的教养，诠释“立言”价值。故钱大昕说“志无论小大，皆道之所在”，“于地方利病，剀且言之，洵非率尔操觚”，认为志书关系国计民生，利于地方政治。

陈文达之《凤山县志》凡例第十条，也表达了艺文化理、风教的作用。“‘艺文’最宜慎选。邑志新拓，搜辑无自。就‘郡志’中择其事之有关于化理、文之有系于风教；而又择采新篇，略加次第而登载之。外此，概不录焉。虽不敢谓摛藻撷华，亦庶几不失立言之体云。”

民国《桐梓县志·艺文志》序云：“修志而无艺文，则后此之杞宋无征，然艺文过滥又终必束之高阁而已。古来选文家或以地重，或以事重，或以人重，可法可传，不拘一格。惟于政教有关则吉光片羽，足赅九苞矣。”其对于政教的认识，谓之即使是吉光片羽，但也“足赅九苞”。许多方志的编纂者都是站在这一文化优越的制高点，弘扬这一理念，并竭力贯彻，使方志艺文志的编纂千百年来成为改造心灵的文化工程。

正是因为编纂者希望借助于艺文，“化理之事、风教之文”，达到“立言”之目的，起到治国与化民之功效，艺文志成为国家施行“文治”的工具，官府主事者借助方志艺文志展现政绩，因而有了一些“宸翰”、“奏疏”、“公文书”等不属于纯文学范畴的文体。而府志、县志、厅志、采访册等根据地域的广狭之分，所选录的官牍文章也呈现不同的差异，行政区域越大，所录公文数量越大。

另一方面，方志艺文志也同样受制于社会政治的影响，清朝大兴文字狱，艺文志也受到打击，成为严格查毁的对象。乾隆四十四年(1779)十一月上谕："据(安徽巡抚)闵鄂元奏，各省郡邑志书内，如有登载应销各书名目及悖妄著人诗人者，一概奥行刊削等语，所奏甚是。钱谦益、屈大均、金堡所撰诗文，久经饬禁，以稗世教，而正人心。今各省郡邑志书，往往于名胜、古迹编入伊等诗文，而人物、艺文内，并载其生平事实及所著书目，自应逐加删削，以杜谬妄。"从统治阶级对艺文的打压可以看出其以方志艺文治国、化民的政治意图。

这也从另一侧面反映了一个事实，艺文史料无一不是经过编纂者的主观选择与主观组织而成，不论其是否心存公正，其内容都是其个人思想和识见的集中反映。爱德华·卡尔曾讽刺这种现象，"历史学家可以从文献、碑文等获得事实，就像获得鱼贩案板上的鱼一样。历史学家搜集它们，把它们拿回家，按他们所喜爱的方式加以烹调，摆上餐桌。"[4]纵观历史上各个朝代方志艺文志的编纂人员，包括了基层各个阶层、团体的知识分子，有掌握决策管理权和"话语权"的地方官员，有接受过传统儒学经典训练，从事教育的塾学、库校、书院的塾师、教授、县学生，在民国时还有接受过"西学"影响、西式教育的教育家、普通教职人员甚至还包括部分思想激进的人士。这些不同时代、不同层面的编者，出于对方志艺文志之目的不同理解，在编纂的过程中，采取了他们认为合适的体例、语言，启用了不同的思想，但本质都是施以以文教化的手段。

方志艺文志同正史艺文志，具有连续性和传承性，编纂连绵不绝，以浙东"四明"一地地方志为例，四明志的连续编纂，其从宋代始，到民国的连续记载，为浙东宁波地区的发展提供了重要的史料。

另外，方志艺文志同正史艺文志一样，坚持续修、补修的传统。例如，清代乾隆《福州府志》成书六年之后，李拔任福州郡守为后世追溯区域的人文和学术提供了重要资料。福州素有"邹鲁之滨"之美誉，文化昌明，教育发达，福州之有郡志始于晋陶夔，增于唐林之胥，再修于宋梁克家。明代有正德《福州府志》，万历《福州府志》、清代有乾隆《福州府志》，但其艺文的收录，较为简略，李拔有感于此，修《福州府志艺文志续编》。全书分四卷，首列弁言，姓氏、凡例。卷一为表、疏、议、考、论、说、序；卷二为记、传；卷三为碑、铭、箴；卷四为诗、赋、杂著。还有的艺文志，连续编纂和续修结合，如《同州府志》。

二、方志艺文志与正史艺文志的不同

"名"与"实"不同。追考"艺文志"一词，最早由班固草创，其不仅是一个学术术语，而且逐渐演进为一种独特的体裁和体例。"艺文"不但为正史所袭用，而且是方志惯用称法。在正史中，"艺文志"还有一些别称，二十五史中有艺文志者有六部，包括《汉书》、《隋书》、《旧唐书》、《新唐书》、《宋史》、《明史》，其中《隋书》、《旧唐书》曰经籍志者，其实质还为"艺文志"；方志艺文志的别称较多，如在《关东风俗传》中称坟籍志，在景定《建康志》中称文籍志，在清《西江志》中称经籍志，在元延祐《四明志》中称集古者，在民国《岐山县志》中称文艺，在明《仁和县志》称书籍，在明永乐《交阯总志》中称诗文，在明《鄢陵志》中称文章志，在明《滇略》中称文略，在清《续云南通志稿》称书目，在南宋《新安志》中称诗话。虽说名称繁多，但皆是艺文之质。

对于艺文志的名和实，傅振伦曾分析说："按刘向、歆父子校书，汇为《七略》，兰台作志，始著艺文之名，虽《隋志》及《旧唐志》改艺文为经籍，而诸史并遵班名。然经为著述或书籍志为宜。惟‘正史’相沿既久，亦不必纠俗立异，故姑仍之。唯‘正史’艺文志只列书目，且亦无序释，而后世方志因少著述可录，多代以诗文。”[5]此说见解独到。

内容不同。就方志艺文志和正史艺文志溯源逆流，分别找寻其学术源头，会发现其根植于两种不同的学术范畴：即“史”与“志”，二者是相辅相成的著作体裁，同中有异，异中有同。这从本质上决定了正史艺文志与方志艺文志选辑畛域的不同，史书上主要记载社会情况，着重于政治、军事、文化，而志书不仅记载社会情况，而且要记载自然情况，不仅要记载过去，而且要记载现状，可谓是无所不载，是“一地之全史”。正史艺文志一般是只录典籍，探讨的焦点集中在图书目录上。方志艺文志与之相比，其取材更为多元，蕴含的史料更为详尽。方志艺文志有的与纪传体史书的艺文志或经籍志相同，只录书目不录诗文的，有的方志艺文志是集录文学作品而并不是书目；有记载书序的，还有诗文与书目并载的，还有艺文目载目录及诗文碑铭，不拘一格多角度地反映了地域的文学及文献概况和社会文化、历史思想等多元意义。

另外，方志艺文志不仅就人物的数量和细节收录较多外，还经常在条目的设置和资料的排比上别出心裁，如景定《建康志》、乾隆《浙江通志》、乾隆《归德府志》。其类例分设较正统目录要灵活且能反映当时学术大势，特别是景定《建康志》于记载藏书而外，在每书下注明版本，又专设书版一门，为版本学者研究南宋南京一代刻书、藏书情况提供了依据。

地位不同。正史体尊，在《四库全书·史部·正史类》小序中云：“正史体尊，义与经配，非悬诸令典，莫敢私增。”正史艺文志亦然，它构成了我国史志目录的主流，“所谓史志目录，乃是正史中用来揭示某一历史时期国家藏书之盛的综合性大型目录。”[6]正史艺文的记载具有权威性，无论是从其编纂机构、作者乃至收录内容，都较方志艺文志正统和严格。

编纂时效性不同。正史艺文志编纂的时间远滞后于方志，通常是后一朝代的产物，而地方志艺文志的编写时间则较正史艺文志相对提前，虽然记载上继承了部分史所谓内容，然而更突出当代性特征。如康熙《南阳府志》云：“详搜近事，准之舆论，亲自撰录，不敢一字假手于人，至于见诸前代者，尤不敢依样葫芦，以抄袭塞责。”[7]

文风不同。同正史的大气稳重的文风不同，方志艺文志在内容上保存了大量鲜活的文学史料和数量较多的墓志碑记。通过阅读方志不仅可以从时、空、点、面多个维度全方位地、立体地了解某一地域的空间地理和时间纵轴某一时刻的著述情况和人文风情，而且在阅读中能体会到其独特的崇尚文教的风习。读者会从诗文、碑记、古迹等类之简约文字之间，体味到美妙的自然景色与厚重的历史文化叠加凝聚而成的独特韵味。

体例不同。从宋代始创艺文志以来，历代志书体例已成定俗。正史艺文志一般是以书为主体，分类编次，方志艺文志一般是以人为主体加以著录。以书为主体乃是正史艺文志的编纂通例，而以人为主体则是地方志艺文志常采用的变例，两种体裁相比较，以书编次较难，较为正规，而方志艺文则较灵活，具有独特的文体文风，它既有著也有录，既有述也有议，体例上限制较少。

作用不同。正史艺文及其补遗成果大体反映了我国近两千年系统厘然的典籍记载和各个时期学术文化的兴起发展概况。如，《新唐书·艺文志》其按经、史、子、集四部分类，记载了李唐时代的国家藏书之盛。而对于“艺文志”的价值，不少方志在志书之首都有所说明。

清《崖州志·艺文志》序云："文以载道。其叱辞为经，所以觉世牖民者，固焕乎若日月经天、江河之行也。即学士大夫凭吊登临，著为歌咏，亦足以抒发至情，宣扬胜概焉。"

这里，虽然对艺文志的作用有些夸大，但却表现了方志记载文献、表彰先贤、启迪后学的目的。故章学诚以为撰艺文可使"后人得所考据，或可为馆阁雕校取材"。

三、方志艺文志可补正史艺文志之不足

方志艺文志可补正史艺文志之不足。方志艺文志要晚出正史艺文志五百多年，方志袭用正史艺文志，必要因循志乘之旨，即使单行专著，亦以地方著述或守藏为约，遵守史志目录、官私藏书目录之规范，然而正史等文献除能够记载一些普遍性的书目文献外，其难以提供与现代意义相匹配的各种分县的文献资料、基层的鲜活的记录。因此，正史有不足，借用梁启超的话来说，中国的"正史"传统，"能铺叙而不能别裁；能因袭而不能创作"，傅振伦在《拟北平新志例目》中，提出"正史艺文志，只列书目，不列叙录"，也印证了这点。方志艺文除了收录各种著作、书目、著作的时间、作者以外，还计有相当数量的碑文、墓志、诗文、民歌、农谚，这些内容具有鲜明的地方特色，富有生活气息，不少作品在当政者看来是难登大雅之堂的，得不到传播，在方志艺文中却很丰富。

有学者曾以北宋初年成书乐史的《太平寰宇记》和正史艺文志就江西地方藏书情况作比较。《隋志》收录雷次宗《豫章古今记》、山谦之《吴兴记》共两种，《旧唐志》收录有《东阳记》仅一种，《新唐志》收录有《东阳记》、雷次宗《豫章古今记》、《浔阳志》共三种。《宋史》仅有雷次宗《豫章古今记》、王德琏《鄱阳记》共二种，记载较为疏略。结果得出结论，正史艺文志"实际存书之记载漏略甚多"，而其他类书也不详。如果和《太平寰宇记》比较，这部文献一直被后学作为方志收录艺文之滥觞，就可见正史之不足。其详记艺文，仅江西部分所引三十余种地志，其一定程度上裨补了正史艺文志之缺失和疏略[8]，《寰宇记》所载之史事传说，多为正史所不载，具有较高史料价值。

还有，方志艺文能订正正史之误，如宣统《湖北通志·艺文志》卷三第一百五十七页，在经部小学类著录汉胡广撰《汉官解诂》三篇，提要中有案语曰："《隋志》云：'汉新汲令王隆撰，胡广注。'高似孙《史略》因之，云'王隆有《汉官解诂》三卷，胡广所注'。今考广自序，则王书自名《汉官篇》，广为作注，因题'解诂'之名，自《隋志》以来，咸失分别。"此订正了《隋书·经籍志》以来的沿误。[9]

上述论述可知，正史艺文志和方志艺文志，虽各有侧重，但相济为功，既不应以此代彼，也不应彼此趋同。只有坚持史志并举，取长补短，才能更加繁荣。千百年来的事实也证明了，二者在历史发展进程中，相互影响、相互促进、相辅相成、交相辉映，为中华民族的灿烂文化做出了巨大的贡献。

参考文献

[1]见来新夏．中国地方志·概说

[2]姚振宗．汉书艺文志条理[A]//二十五史补编[Z]，北京：中华书局，1955：1531

[3]魏征等．隋书[Z]．北京：中华书局，1973：1089

[4](英)爱德华·卡尔．历史学家和历史学家的事实[A]．//历史是什么？[M]．北京：商务印书馆，

2007：90
[5]傅振伦．傅振伦方志论著选[M]. 杭州：浙江人民出版社出版，1992：473
[6]王锦贵．实至名归与名正言顺：浅谈我对史志、方志概念的理解[J]. 山东图书馆学刊．2009(4)：21
[7]《南阳府志·序》，康熙三十三年(1694)刻本，上海图书馆藏
[8]张保见．论《太平寰宇记》的文献学价值与地位[J]．上饶师范学院学报，2009(29)：58
[9]温显贵，吴猛. 试论《湖北通志·艺文志》案语的学术价值[J]. 中国地方志，2007(2)：36